UNIVERSITÄTSSEMINAR DER WIRTSCHAFT

USW-Schriften für Führungskräfte

Band 25

SCHÄFFER
POESCHEL

Universitätsseminar der Wirtschaft

USW-Schriften für Führungskräfte

Herausgeber:

Prof. Dr. Adolf Gerhard Coenenberg (geschäftsführend)
USW Universitätsseminar der Wirtschaft, Erftstadt-Liblar

Prof. Dr. Dr. h. c. Walther Busse von Colbe
Universität Bochum

Prof. Dr. Heinz Isermann
Universität Frankfurt

Prof. Dr. Manfred Perlitz
Universität Mannheim

Prof. Dr. Lutz von Rosenstiel
Universität München

Prof. Dr. Hermann Sabel
Universität Bonn

Prof. Dr. Hermann Simon
Universität Mainz

Band 25

Unternehmensakquisition und Unternehmensbewertung

Grundlagen und Fallstudien

herausgegeben von
Walther Busse von Colbe / Adolf G. Coenenberg
unter Mitarbeit von
Jürgen Brüggerhoff und Gerold Rieder

1992
SCHÄFFER-POESCHEL VERLAG STUTTGART

Die Deutsche Bibliothek – CIP-Einheitsaufnahme

Unternehmensakquisition und Unternehmensbewertung:
Grundlagen und Fallstudien / hrsg. von Walther Busse von Colbe;
Adolf G. Coenenberg unter Mitarb. von Jürgen Brüggerhoff und Gerold Rieder. –
Stuttgart: Schäffer-Poeschel, 1992
   (USW-Schriften für Führungskräfte; Bd. 25)
   ISBN 3-8202-0835-6
NE: Busse von Colbe, Walther [Hrsg.]; Universitätsseminar der Wirtschaft ⟨Köln⟩:
   USW-Schriften für Führungskräfte

ISBN 3 8202-0835-6

© 1992 Schäffer Verlag, Stuttgart

Satz und Druck: Gulde-Druck GmbH, Tübingen

Printed in Germany

Schäffer-Poeschel Verlag Stuttgart

EIN VERLAG DER SPEKTRUM FACHVERLAGE GMBH

Vorwort

Die Diskussion um Fragen der Unternehmensbewertung hat in der Betriebswirtschaftslehre eine lange Tradition. Grundsatzfragen wie Substanzwert versus Ertragswert und objektive versus subjektive Unternehmensbewertung standen bis in die 70er Jahre im Zentrum der Auseinandersetzung. Diese konzeptionellen Fragen haben durch die Entwicklung der Bewertungslehre hin zur zweckabhängigen, funktionalen Unternehmensbewertung sowohl in Theorie wie auch in Praxis ihre Auflösung gefunden.

Inzwischen sind längst neue Fragestellungen dazugekommen. Diese ergeben sich insbesondere daraus, daß Unternehmensbewertungen Bestandteil einer Strategieformulierung und einer Strategiebewertung sind. Restrukturierungsprogramme, Synergieziele, aber auch geschäftsspezifische Risikoeinschätzungen stellen neue Anforderungen an die Definition und Schätzung von Zukunftserfolgen bzw. zukünftigen Cash Flows sowie an die Ermittlung des Kalkulationszinsfußes. Außerdem ergeben sich Problemstellungen im Zusammenhang mit Unternehmenskäufen und -verkäufen, die weit über das engere Bewertungsthema hinausgreifen: Zu nennen sind hier insbesondere die notwendigen Vorüberlegungen zur strategischen Verträglichkeit und zur Integration von akquirierten Unternehmen, die wesentlichen Einfluß auf den Unternehmenswert bzw. den Wert der mit der Akquisition verfolgten Strategie haben.

Dieses Buch soll mit seinen insgesamt 23 Literaturbeiträgen einen vertieften Einblick in die Entwicklung und den aktuellen Stand der Diskussion zum Thema Akquisition und Unternehmensbewertung geben. Es ist in erster Linie als Lehr- und Lerngrundlage für Teilnehmer von Weiterbildungsveranstaltungen für Führungskräfte der Wirtschaft, aber auch für fortgeschrittene Studierende der Wirtschaftswissenschaften gedacht. Der breite Kreis der einbezogenen Aspekte und Themenstellungen wird das Buch aber auch für den Spezialisten auf dem Gebiet der Akquisition und Unternehmensbewertung zu einer wertvollen Fundgrube machen.

Entsprechend dem Ziel, in erster Linie ein Lehr- und Lernbuch zur Akquisition und Unternehmensbewertung zu schaffen, enthält Teil B der Schrift sieben in Zusammenarbeit mit Unternehmen entwickelte Fallstudien aus der Praxis der Akquisition und Unternehmensbewertung. Sie wurden bereits mehrfach in Seminaren für Führungskräfte der Wirtschaft und an Universitäten eingesetzt. Wegen des zumeist ganzheitlichen Charakters lassen sich die Fallstudien nicht eindeutig jeweils einem Kapitel des Lehrbuchs zuordnen. Gleichwohl akzentuieren die aufgenommenen Fälle verschiedene Aspekte des Themas Akquisition und Unternehmensbewertung. Eine Zuordnung der Fallstudien zu den Sachkapiteln des Buches gibt die folgende Übersicht:

	Strategische Grundlagen der Akquisition	Konzeptionelle Grundlagen der Unternehmensbewertung	Berücksichtigung von Unsicherheit und Geldentwertung	Unternehmensbewertung zur Bemessung angemessener Abfindung	Strategische Aspekte der Unternehmensbewertung	Finanzielle, bilanzielle und steuerliche Aspekte der Unternehmensbewertung und Akquisitionen	Integration von Akquisitionen
Alvarez Diversifikationsstrategien	X						
Alvarez Akquisition und Unternehmensbewertung		X	X		X		
Alvarez Finance						X	
Cardio		X			X		X
Lagoda Kommunikationstechnik AG		X				X	
CNT		X	X		X		
Rheinstahl AG / Thyssen AG				X			

Ein derartiges Werk entsteht aus dem Zusammenwirken vieler:

An erster Stelle sind die Autoren der Beiträge zu nennen, denen wir für ihre Mitwirkung und ihre bereitwillige Kooperation herzlichst danken. In der redaktionellen Vorbereitung des Buches wurden wir dankenswerterweise in einem Maße von unseren Mitarbeitern Dr. Jürgen Brüggerhoff und Dipl.-Kfm. Gerold Rieder unterstützt, daß wir sie im Titel als Mitarbeiter genannt haben. Darüber hinaus danken wir den Herren Andreas von der Gathen und Dipl.-Ök. Jörg Brotte für ihre Unterstützung bei den Korrekturarbeiten und bei der Zusammenstellung des Literaturverzeichnisses.

Walther Busse von Colbe und *Adolf Gerhard Coenenberg*

Bochum/Schloß Gracht, August 1992

Autorenverzeichnis

Arbeitskreis »Unternehmensakquisition« der Schmalenbach-Gesellschaft, Köln

Professor Dr. Wolfgang *Ballwieser*, Ludwig-Maximilians-Universität, München.

Professor Dr. Wolf-Rüdiger *Bretzke*, Management Consulting, Meerbusch.

Dr. Jürgen *Brüggerhoff*, Metzler Consulting, Frankfurt am Main.

Professor Dr. Dr. h. c. Walther *Busse von Colbe*, Ruhr-Universität Bochum.

Professor Dr. Adolf G. *Coenenberg*, USW Universitätsseminar der Wirtschaft, Erftstadt bei Köln, und Universität Augsburg.

Dipl.-Kfm. Ralf *Diedrich*, Universität zu Köln.

Professor Dr. Jochen *Drukarczyk*, Universität Regensburg.

Dr. Werner *Freund*, SIGRI GmbH, Meitingen.

Dr. Dr. h. c. Joachim *Funk*, Stellv. Vorsitzender des Vorstandes der Mannesmann AG, Düsseldorf, und Vorsitzender des Vorstandes des Vereins zur Förderung des USW Universitätsseminars der Wirtschaft e. V.

Dr. Torsten J. *Gerpott*, Booz-Allen & Hamilton Inc., Düsseldorf.

Dipl.-Kff. Edeltraud *Günther*, Universität Augsburg.

Dipl.-Kfm. Frank *Henes*, Universität Augsburg.

Professor Dr. Norbert *Herzig*, Universität zu Köln.

Dipl.-Kfm. Oliver *Hötzel*, StB, Technische Universität Aachen.

Professor Dr. Friedrich *Hoffmann*, Universität Augsburg.

Dipl.-Volkswirt Franz W. *Humpert*, Klöckner Ferromatik Desma GmbH, Achim.

Dr. Günter *Jaensch*, Siemens Medical Corporation, Siemens Pacesetter Inc., Sylmar, Kalifornien, USA.

Dipl.-Oec. Helga *Jung*, Universität Augsburg.

Professor Dr. Dr. h. c. Adolf *Moxter*, Johann Wolfgang Goethe-Universität Frankfurt am Main.

Professor Dr. Günter *Müller-Stewens*, Hochschule St. Gallen.

Professor Dr. Michael E. *Porter*, Harvard Business School, Boston, Massachusetts, USA.

Professor Dr. Alfred *Rappaport*, Graduate School of Management, Northwestern University, Evanston, Illinois, USA.

Dipl.-Kfm. Gerold *Rieder*, USW Universitätsseminar der Wirtschaft, Erftstadt bei Köln.

Dr. Michael I. *Sautter*, McKinsey & Co., Inc., Frankfurt am Main.

Dipl.-Ing. Hans-Peter *Schudt*, Siemens AG, Erlangen.

Professor Dr. Günter *Sieben*, Universität zu Köln.

Inhalt

Teil A: Aufsätze

Kapitel 1
Strategische Grundlagen der Akquisition   3

Kapitel 2
Konzeptionelle Grundlagen der Unternehmensbewertung 45

Kapitel 3
Berücksichtigung von Unsicherheit und Geldentwertung

ADOLF G. COENENBERG

WOLFGANG BALLWIESER

WOLF-RÜDIGER BRETZKE

Kapitel 4
Unternehmensbewertung zur Bemessung angemessener Abfindung 151

Kapitel 5
Strategische Aspekte der Unternehmensbewertung 187

Kapitel 7
Integration von Akquisitionen

Kapitel 8
Erfahrungen bei Unternehmenskäufen

Teil B: Fallstudien

Teil A: Aufsätze

1. Kapitel
Strategische Grundlagen der Akquisition

Michael E. Porter

1.1. Diversifikation – Konzerne ohne Konzept*

---

* © 1987 by the President and Fellows of Harvard College, erschienen in: HARVARDmanager, Heft IV/87, S. 30–49.

Die Konzernstrategie, der Gesamtplan eines diversifizierten Unternehmens, ist sowohl das Lieblings- als auch das Stiefkind der heutigen Managementpraxis – Lieblingskind, weil das Topmanagement seit Anfang der 60er Jahre geradezu besessen ist von der Idee, in neue Märkte zu gehen, und Stiefkind, weil es so gut wie keine Übereinstimmung darüber gibt, was eine Konzernstrategie ist, geschweige denn, wie sie aussehen sollte.

Ein diversifiziertes Unternehmen hat zwei strategische Ebenen: die Wettbewerbs- oder Geschäftsbereichsstrategie und die Konzern- oder Gesamtunternehmensstrategie. Bei der *Wettbewerbsstrategie* geht es darum, wie in den Geschäftsfeldern, in denen ein Unternehmen engagiert ist, Wettbewerbsvorteile aufgebaut werden können. Die *Konzernstrategie* betrifft hingegen die beiden übergeordneten Fragen: In welchen Märkten will das Unternehmen tätig sein? Und wie soll die Konzernleitung die Geschäftseinheiten führen? Eine gute Konzernstrategie macht aus einem diversifizierten Unternehmen mehr als die Summe seiner Teile.

Das ist in der Praxis allerdings höchst selten der Fall. Ich habe die Diversifikationsvorhaben von 33 großen, angesehenen US-Unternehmen in der Zeit von 1950 bis 1986 untersucht und festgestellt, daß die meisten dieser Firmen den größten Teil der zugekauften oder neugegründeten Geschäftseinheiten bereits nach kurzer Zeit wieder abgestoßen haben – letztlich zum Schaden der Aktionäre, da mißlungene Diversifikationsprojekte die Börsenkurse drücken.

Mehr denn je ist es daher heute erforderlich, die Konzernstrategie zu überdenken. Übernahmehaie vom Schlage eines Carl Icahn oder T. Boone Pickens, die bedenkenlos die Vermögenswerte übernommener Firmen plündern, profitieren von verfehlten Konzernstrategien. Mit Hilfe von sogenannten innovativen Finanzierungsinstrumenten wie Junk Bonds (hochverzinsliche Schuldtitel schlechter Bonität) können Börsenpiraten jedes Unternehmen, gleich wie groß oder solide, mit einer feindseligen Übernahme bedrohen.

1.1.1 Ein ernüchterndes Bild

Für den Erfolg oder Mißerfolg von Diversifikationsstrategien gibt es bislang keine befriedigenden empirischen Kriterien. Die wenigen vorliegenden Untersuchungen haben das Problem meist zu lösen versucht, indem sie die Bewertung von Akquisitionen durch die Börse (die Differenz der Aktienkurse des akquirierenden Unternehmens unmittelbar vor und nach Bekanntgabe einer Firmenübernahme) gemessen haben.

Diese Untersuchungen zeigen, daß der Kapitalmarkt Akquisitionen neutral oder leicht negativ bewertet – kaum als Anlaß zu ernsten Sorgen[1]. Doch die kurzfristige Marktreaktion ist ein höchst unvollkommener Maßstab für den langfristigen Erfolg einer Diversifikation, und kein Manager, der noch Selbstachtung hat, wird eine Konzernstrategie anhand dieses Kriteriums bewerten.

Weit aussagekräftiger ist es, Diversifikationsprogramme über einen längeren Zeitraum hin zu untersuchen. Zu diesem Zweck habe ich die erwähnten 33

---

(1) Siehe Jensen/Ruback, Corporate Control, 1983 sowie Jensen, Takeovers, 1984.

Unternehmen analysiert, die zum größten Teil als gut geführt gelten (siehe zu den näheren Einzelheiten den Kasten auf Seite 12). Diese Konzerne engagierten sich im Durchschnitt in 80 neuen Branchen, von denen 27 in keiner Beziehung zum Stammgeschäft standen. Rund 70 Prozent der neuen Tochtergesellschaften waren Akquisitionen, 22 Prozent Neugründungen und acht Prozent Joint Ventures mit anderen Unternehmen. Bei IBM, Exxon, Du Pont und 3M standen Neugründungen im Mittelpunkt, während Alco Standard, Beatrice und Sara Lee nahezu ausschließlich über Akquisitionen diversifizierten (Abbildung 1).

Meine Untersuchungsergebnisse lassen erkennen, daß Diversifikationen offenbar eine höchst magere Erfolgsquote beschieden ist (Abbildung 2): Die Unternehmen haben im Mittel mehr als die Hälfte der zugekauften Tochtergesellschaften überhaupt und über 60 Prozent der Akquisitionen in gänzlich neuen Geschäftsfeldern wieder abgestoßen. Und 14 Konzerne veräußerten oder liquidierten sogar mehr als 70 Prozent der übernommenen Firmen; von Akquisitionen, die in keiner Beziehung zum Stammgeschäft standen, wurden im Schnitt 74 Prozent wieder abgestoßen (Abbildung 3). Selbst ein so hoch angesehenes Unternehmen wie General Electric trennte sich schließlich von allen Geschäftseinheiten in branchenfremden Märkten.

Die Firmen an der Spitze von Abbildung 2 weisen eine bemerkenswert niedrige Desinvestitionsquote auf. In einigen Fällen ist dies gewiß auf eine sorgfältig geplante Diversifikationsstrategie zurückzuführen. In anderen mag es daran liegen, daß die Unternehmen marode Geschäftseinheiten weiterhin in ihrem Portofolio halten.

Ich habe für jedes einzelne Unternehmen im Untersuchungszeitraum den gesamten Börsengewinn (Kursgewinne plus Dividenden) berechnet und mit der Veräußerungsquote verglichen. Zwar weisen die Unternehmen an der Spitze der obengenannten Liste einen überdurchschnittlichen Aktionärsgewinn aus, doch ist diese Größe kein verläßlicher Maßstab für Diversifikationserfolg. Der Börsengewinn hängt vielfach stark von der Attraktivität der angestammten Geschäftsfelder ab. Unternehmen wie CBS und General Mills haben ein äußerst profitables Stammgeschäft, mit dem sie ein verlustreiches Diversifikationsprogramm subventionieren.

Noch eine Bemerkung zum Börsenwert als Leistungsmaßstab. Dies ist nur sinnvoll, wenn der *tatsächliche* mit dem *ohne Diversifikation möglichen* Aktienkurs verglichen wird. Da dies in der Praxis unmöglich ist, dürfte das von mir vorgeschlagene Kriterium – Anteil der langfristig gehaltenen Geschäftseinheiten – der beste Näherungswert für den Erfolg eines Diversifikationsprogramms sein.

Von den 33 untersuchten Unternehmen sind nach Abschluß meiner Untersuchung sechs von anderen Firmen übernommen worden. Nur die Rechtsanwälte, Investment-Banker und Erstveräußerer haben daran verdient, nicht aber die Anteilseigner.

Unternehmen	Gesamtzahl der neuen Geschäftseinheiten (1950–1986)	Geschäftseinheiten in neuen Branchen insgesamt	Davon (in Prozent)			Geschäftseinheiten ohne Beziehung zum Stammgeschäft	Davon (in Prozent)		
			Akquisitionen	Joint Ventures	Neugründungen		Akquisitionen	Joint Ventures	Neugründungen
Alco Standard	221	165	99	0	1	56	100	0	0
Allied Corp.	77	49	67	10	22	17	65	6	29
Beatrice	382	204	97	1	2	61	97	0	3
Borden	170	96	77	4	19	32	75	3	22
CBS	148	81	67	16	17	28	65	21	14
Continental Group	75	47	77	6	17	19	79	11	11
Cummins Engine	30	24	54	17	29	13	46	23	31
Du Pont	80	39	33	16	51	19	37	0	63
Exxon	79	56	34	5	61	17	29	6	65
General Electric	160	108	47	20	33	29	48	14	38
General Foods	92	53	91	4	6	22	86	5	9
General Mills	110	102	84	7	9	27	74	7	19
W. R. Grace	275	202	83	7	10	66	74	5	21
Gulf & Western	178	140	91	4	6	48	88	2	10
IBM	46	38	18	18	63	16	19	0	81
IC Industries	67	41	85	3	12	17	88	6	6
ITT	246	178	89	2	9	50	92	0	8
Johnson & Johnson	88	77	77	0	23	18	56	0	44
Mobil	41	32	53	16	31	15	60	7	33
Procter & Gamble	28	23	61	0	39	14	79	0	21
Raytheon	70	58	86	9	5	16	81	19	6
RCA	53	46	35	15	50	19	37	21	42
Rockwell	101	75	73	24	3	27	74	22	4
Sara Lee	197	141	96	1	4	41	95	2	2
Scovill	52	36	97	0	3	12	92	0	8
Signal	53	45	67	4	29	20	75	8	25
Tenneco	85	62	81	6	13	26	73	0	19
3M	144	125	54	2	45	34	71	3	56
TRW	119	82	77	10	13	28	64	11	25
United Technologies	62	49	57	18	24	17	23	17	39
Westinghouse	129	73	63	11	26	36	61	3	36
Wickes	71	47	83	0	17	22	68	0	32
Xerox	59	50	66	6	28	18	50	11	39
Summe	3788	2644	–	–	–	906	–	–	–
Durchschnitt pro Unternehmen	114,8	80,1	70,3	7,9	21,8	27,4	67,9	7,0	25,9

Anmerkung: Beatrice, Continental Group, General Foods, RCA, Scovill und Signal wurden nach Abschluß der Untersuchung von anderen Firmen übernommen. Die Angaben zu diesen Unternehmen reichen bis zum Übernahmezeitpunkt; spätere Veräußerungen sind nicht aufgeführt.

Abb. 1: Diversifikationsprofile von 33 führenden US-Unternehmen

Unternehmen	Alle Akquisitionen in neuen Branchen	Von den bis 1980 übernommenen Firmen wurden bis Anfang 1987 abgestoßen (in Prozent)	Von den bis 1975 übernommenen Firmen wurden bis Anfang 1987 abgestoßen (in Prozent)	Akquisitionen in neuen Branchen ohne Beziehung zum Stammgeschäft	Von den bis 1980 übernommenen Firmen wurden bis Anfang 1987 abgestoßen (in Prozent)	Von den bis 1975 übernommenen Firmen wurden bis Anfang 1987 abgestoßen (in Prozent)
Johnson & Johnson	59	17	12	10	33	14
Procter & Gamble	14	17	17	11	17	17
Raytheon	50	17	26	13	25	33
United Technologies	28	25	13	10	17	0
3M	67	26	27	24	42	45
TRW	63	27	31	18	40	38
IBM	7	33	0*	3	33	0*
DuPont	13	38	43	7	60	75
Mobil	17	38	57	9	50	50
Borden	74	39	40	24	45	50
IC Industries	35	42	50	15	46	44
Tenneco	50	43	47	19	27	33
Beatrice	198	46	45	59	52	51
ITT	159	52	52	46	61	61
Rockwell	55	56	57	20	71	71
Allied Corp.	33	57	45	11	40	80
Exxon	19	62	20*	5	80	50*
Sara Lee	135	62	65	39	80	76
General Foods	48	63	62	19	93	93
Scovill	35	64	77	11	64	70
Signal	30	65	63	15	70	67
Alco Standard	164	65	70	56	72	76
W. R. Grace	167	65	70	49	71	70
General Electric	51	65	78	14	100	100
Wickes	38	67	72	15	73	70
Westinghouse	46	68	69	22	61	59
Xerox	33	71	79	9	100	100
Continental Group	36	71	72	15	60	60
General Mills	86	75	73	20	65	60
Gulf & Western	127	79	78	42	75	72
Cummins Engine	13	80	80	6	83	83
RCA	16	80	92	7	86	100
CBS	54	87	89	18	88	88
Summe	**2021**	-	-	**661**	-	-
Durchschnitt pro Unternehmen	**61,2**	**53,4**	**56,5**	**60,0**	**61,5**	-

* Weniger als vier Akquisitionen in dieser Kategorie. Diese Fälle wurden bei den Durchschnittsberechnungen nicht berücksichtigt, um statistische Verzerrungen zu vermeiden. Siehe zu den sechs übernommenen Firmen die Anmerkung zu Abb. 1.

Abb. 2:   Desinvestitionsquoten der 33 untersuchten Unternehmen

1.1.2 Bedingungen der Diversifikation

Jeder Mischkonzern muß eine Reihe unabhängiger Voraussetzungen beachten, soll eine Diversifikation nicht von vornherein zum Scheitern verurteilt sein:

1.1.2.1 Der Wettbewerb findet auf Geschäftsbereichsebene statt

Nicht die Konzernmütter stehen im Wettbewerb, sondern nur ihre Tochtergesellschaften. Wenn eine Konzernstrategie nicht eindeutig darauf abgestellt ist, die Wettbewerbsfähigkeit der Geschäftseinheiten zu stärken, wird sie scheitern, gleich, wie elegant sie formuliert ist. Eine erfolgreiche Diversifikationsstrategie muß organisch aus der Wettbewerbsstrategie heraus entwickelt werden.

1.1.2.2 Eine Diversifikation bürdet den Geschäftseinheiten unvermeidlich neue Kosten und Zwänge auf

Die Umlage der Verwaltungsgemeinkosten des Konzerns auf die Tochtergesellschaften stellt noch nicht einmal die größte Belastung dar, die eine bislang selbständige Firma verkraften muß. Viel stärker zu Buche schlägt, daß eine Geschäftseinheit ihre Entscheidungen auf zeitraubende Weise dem Management der Konzernzentrale erläutern muß, sich an die Planungsverfahren, Richtlinien und die Personalpolitik der Muttergesellschaft anzupassen hat und die Mitarbeiter nicht mit einer direkten Gewinn- oder Kapitalbeteiligung motivieren kann. Diese Kosten und Zwänge lassen sich zwar vermindern, aber nicht völlig beseitigen.

1.1.2.3 Die Anteilseigner können leicht selbst diversifizieren

Es wird oft übersehen, daß die Aktionäre in der Lage sind, ihr Wertpapierportfolio in eigener Regie zu diversifizieren, indem sie jene Titel wählen, die ihre Präferenzen und Risikoprofile optimal erfüllen[2]. Sie können sogar häufig billiger diversifizieren als Unternehmen, da private Anleger Aktien zum Marktpreis kaufen können und keine gewaltigen Akquisitionsaufschläge zahlen müssen.

Diese drei Einschränkungen bedeuten, daß eine Diversifikationsstrategie keinen Erfolg haben wird, wenn sie nicht zusätzlich Wert schafft – für die Geschäftseinheiten, indem sie handfeste Vorteile bietet, die die unvermeidlichen Kosten verlorener Unabhängigkeit wettmachen, und für die Aktionäre, indem sie den Weg zu neuen Geschäftsfeldern auf eine Weise öffnet, die den Anteilseignern nicht möglich ist.

---

(2) Siehe beispielsweise Salter/Weinhold, Diversification Through Acquisition, 1979.

1.1.3 Drei unverzichtbare Tests

Eine Diversifikationsstrategie kann nur unter drei Bedingungen wirklich Vermögen und Einkommen der Anteilseigner mehren helfen:

1. *Der Attraktivitätstest:* Die für eine Diversifikation ausgewählten Branchen müssen strukturell attraktiv sein oder vom Erwerber attraktiv gemacht werden können.

2. *Der Eintrittskostentest:* Die Kosten des Markteintritts müssen niedriger sein als der Barwert aller künftigen Gewinne.

3. *Der Synergietest:* Die neue Geschäftseinheit muß aus der Verbindung mit dem Konzern Wettbewerbsvorteile schöpfen oder umgekehrt.

Meine Untersuchung zeigt deutlich, daß katastrophale strategische Konsequenzen zu gewärtigen sind, wenn eines oder zwei dieser Kriterien vernachlässigt werden.

1.1.3.1 *Wie attraktiv ist der Markt?*

Auf lange Sicht ist die Rentabilität einer bestimmten Branche eine Funktion ihrer grundlegenden Struktur[3]. In einen attraktiven Markt mit einer hohen Rendite einzutreten ist schwer, da die Zugangsbarrieren hoch sind, Lieferanten und Kunden nur begrenzte Verhandlungsmacht haben, Substitutionserzeugnisse oder -dienstleistungen kaum vorhanden sind und der Wettbewerb zwischen den Konkurrenten stabil ist. Ein unattraktiver Wirtschaftszweig wie Stahl hat immer strukturelle Schwächen, wie eine Fülle von Substitutionsprodukten, mächtige und preissensitive Käufer und scharfer Wettbewerb aufgrund hoher Fixkosten und einer großen Zahl von Mitbewerbern, von denen viele vom Staat unterstützt werden.

Diversifikation kann niemals Börsenwert schaffen, wenn die neuen Märkte keine Struktur haben, die eine Rendite über den Kapitalkosten ermöglicht. Liefert die Branche keine solchen Margen, dann muß das Unternehmen in der Lage sein, den Markt neu zu strukturieren oder anderweitig Wettbewerbsvorteile zu erschließen, die eine Rendite beträchtlich über dem Branchendurchschnitt erlauben. Ein neuer Markt muß keineswegs bereits zum Diversifikationszeitpunkt attraktiv sein. In der Tat kann ein Unternehmen davon profitieren, in einen Markt einzutreten, bevor dieser sein volles Potential zu erkennen gibt – wenn es in der Lage ist, die Struktur der Branche umzukrempeln.

Bei meiner Untersuchung bin ich vielfach auf Unternehmen gestoßen, die den Attraktivitätstest unterlassen haben, in der vagen Hoffnung, die neue Tochter werde sich nahtlos in das Unternehmensportfolio einfügen. In der Erwartung, daß die »großzügigen Möglichkeiten« schon zu einem guten Ende führen würden, ignorierten die Unternehmen fundamental schlechte Marktstrukturen. Wenn die enge Beziehung zum Stammgeschäft keine substantiellen Wettbewerbsvorteile schafft, dann wird die Rendite alles andere als hervorragend sein. Royal Dutch Shell und andere führende Ölgesellschaften haben diese leidvolle

---

(3) Siehe Porter, How Competitive Forces Shape Strategy, 1979.

Woher die Erhebungsdaten kommen

Die 33 untersuchten US-Unternehmen wurden mit einer Zufallsstichprobe aus allen großen Branchen der amerikanischen Wirtschaft ausgesucht.

Um Störeinflüsse aufgrund von Nachwirkungen des Zweiten Weltkrieges auszuschließen, wählten wir 1950 als Ausgangsjahr der Erhebung. Wir haben jede Akquisition, jedes Joint Venture und jede Neugründung seit diesem Zeitpunkt ermittelt – insgesamt 3788. Jede neue Tochtergesellschaft wurde als Markteintritt in eine völlig neue Branche (zum Beispiel Finanzdienstleistungen), als Eintritt in ein neues Geschäftsfeld in der angestammten Branche (Versicherungen) oder als geographische Expansion eines bestehenden Geschäftsfeldes klassifiziert. Außerdem haben wir geprüft, ob es zwischen der neuen Geschäftseinheit und dem Stammgeschäft strategisch relevante Berührungspunkte gab. Im nächsten Schritt haben wir ermittelt, ob und wann die Tochtergesellschaften veräußert oder liquidiert und wie lange sie im Konzernportfolio gehalten wurden.

Es wurden Geschäftsberichte, Handelsregisterauszüge sowie Veröffentlichungen von Rating-Agenturen ausgewertet, ergänzt um allgemeine Informationen zu den betreffenden Unternehmen und Branchen. In einigen wenigen Fällen haben wir die Firmen um weitere Auskünfte gebeten.

Es ist schwer, den Erfolg einer neuen Geschäftseinheit zu bestimmen, wenn man nicht weiß, wie hoch der Preis einer Akquisition oder die Kosten einer Neugründung gewesen sind, wie sich der Gewinn der Tochtergesellschaft entwickelt hat, wann und in welchem Umfang Investitionen stattgefunden haben, ob partielle oder vollständige Abschreibungen vorgenommen wurden und zu welchem Preis und zu welchen Bedingungen eine Einheit verkauft worden ist. Wir haben deshalb ein relativ schlichtes Erfolgskriterium angewendet: *ob eine Geschäftseinheit veräußert oder liquidiert worden ist.* Wir sind dabei davon ausgegangen, daß ein Unternehmen – abgesehen von einigen wenigen Sonderfällen – eine erfolgreiche Geschäftseinheit nicht verkaufen oder schließen wird. Viele neue Tochtergesellschaften wurden in unserer Erhebung bereits innerhalb von fünf Jahren wieder abgestoßen. In den verhältnismäßig wenigen Fällen, wo der Veräußerer Angaben zur Ertragslage einer verkauften Geschäftseinheit machte, mußte er zu mehr als 50 Prozent einen Verlust berichten.

Die Daten in Abbildung 1 decken den gesamten Zeitraum von 1950 bis 1986 ab. Die Desinvestitionsquoten in den Abbilungen 2 und 3 beruhen jedoch nicht auf der Gegenüberstellung sämtlicher Akquisitionen (beziehungsweise Joint Ventures oder Neugründungen) und Veräußerungen. Denn mit einem solchen Verfahren würde der Diversifikationserfolg zu günstig dargestellt – Unternehmen verkaufen oder liquidieren eine neue Tochtergesellschaft nicht sofort, sondern halten sie eine gewisse Zeit, um ihr die Chance einer erfolgreichen Entwicklung zu geben. Laut unserer Erhebung bleiben neue Geschäftseinheiten im Mittel fünf bis zehn Jahre im Portfolio des Erwerbers. Um den Erfolg von Diversifikationsprojekten präzise zu bestimmen, haben wir den Prozentsatz der bis 1975 beziehungsweise bis 1980 zugekauften oder neugegründeten Geschäftseinheiten ermittelt, die bis Januar 1987 veräußert oder liquidiert worden sind. Hätten wir auch jüngere Erwerbungen berücksichtigt, wäre die Erfolgsquote der Diversifikationsstrategien der untersuchten Unternehmen verzerrt dargestellt worden.

Dennoch gibt unsere Untersuchung vermutlich ein viel zu rosiges Bild. Denn Unternehmen kündigen Akquisitionen oder Neugründungen zwar mit großem Tamtam an, über Firmenverkäufe und Liquidationen schweigen sie sich aber häufig lieber aus. Wir haben unser Bestes getan, um jede Veräußerung und Betriebsschließung aufzuspüren, aber sicher ist unsere Aufstellung längst nicht vollständig.

Erfahrung bei der Diversifikation in Chemiemärkte machen müssen, wo schlechte Marktstrukturen den Nutzen vertikaler Integration und die Erfahrung in Prozeßtechnik nicht zum Tragen kommen lassen.

Ferner unterbleibt der Attraktivitätstest oftmals, weil die Eintrittskosten trügerisch niedrig erscheinen: Der Käufer hat vielleicht Insiderinformationen, oder der Verkäufer will unbedingt Kasse machen. Selbst wenn der Preis tatsächlich niedrig ist, kann ein Einmalvorteil nicht den Eintritt in einen ungesunden Markt rechtfertigen. Oft wird das Unternehmen feststellen, daß es erneut in die frisch erworbene Tochter investieren muß, und sei es nur, um Maschinen und Anlagen zu ersetzen und Betriebskapital bereitzustellen.

Schließlich fallen diversifizierende Unternehmen häufig dem Irrtum anheim, schnelles Wachstum oder ähnlich simple Indikatoren als Maßstab für die Attraktivität der Zielbranche zu nehmen. Viele Konzerne, die sich überstürzt in rasch wachsende Märkte (Personal Computer, Videospiele oder Roboter) engagierten, verbrannten sich die Finger, weil sie kurzfristiges Wachstum mit langfristigem Gewinnpotential verwechselten. Geschäftsfelder versprechen keine hohen Gewinne, weil sie sexy oder hochtechnologisch sind, sondern weil die Marktstrukturen attraktiv sind.

1.1.3.2 Wie hoch sind die Eintrittskosten?

Starke Marktkräfte bewirken in der Regel, daß die Markteintrittskosten die zu erwartenden Gewinne verschlingen. Will ein Unternehmen mittels einer Akquisition ein neues Geschäftsfeld aufbauen, dann muß es auf den zunehmend effizienten Markt für Firmenfusionen gehen. Ein diversifizierendes Unternehmen schlägt den Markt, wenn es einen Preis zahlt, der nicht völlig das Potential der neuen Geschäftseinheit widerspiegelt. Doch heute sind Konkurrenzgebote an der Tagesordnung; einschlägige Informationen machen schnell die Runde; und Investment-Banker und andere Mittelsleute arbeiten hart daran, den Markt so effizient zu machen wie möglich. Für übernommene Firmen sind kräftige Kursaufschläge zu zahlen – so manches Mal viel zu hohe. Philip Morris bezahlte beispielsweise für die Seven-Up Company den vierfachen Buchwert. Einfaches Rechnen hätte gezeigt, daß die Gewinne um mehr als das Vierfache steigen mußten, damit die Rendite von Philip Morris auf dem Niveau vor der Akquisition blieb. Da sich herausstellte, daß das Unternehmen zu den ausgefeilten Werbefeldzügen im Softdrinkmarkt wenig an Marketing-Know-how beizutragen wußte, konnte bei dieser Diversifikation nichts anderes als eine Kümmerrendite herauskommen. Philip Morris mußte sich letzten Endes wieder von Seven-Up trennen.

Bei einer Neugründung steht ein Mischkonzern andererseits vor dem Problem, Markteintrittsbarrieren überwinden zu müssen. Dies ist in der Tat eine verzwickte Situation, da attraktive Branchen eben gerade deswegen attraktiv sind, weil sie hohe Zugangsschranken haben, deren Bewältigung sämtliche künftigen Gewinne verschlingen kann. Wäre es anders, hätten Konkurrenten den Eintritt längst gewagt und die Rentabilität des Markts ausgehöhlt.

1.1.3.3 Gibt es Synergieeffekte?

Unverzichtbare Voraussetzung jeder erfolgreichen Diversifikation ist, daß der Erwerber dem neuen Geschäftsbereich beträchtliche Vorsprünge im Wettbewerb verschaffen oder umgekehrt die akquirierte Konzerntochter der Muttergesellschaft einen bedeutenden potentiellen Nutzen bieten kann. Nicht selten wird eine neue Geschäftseinheit von der Zugehörigkeit zu einem Konzern nur einen kurzfristig wirksamen einmaligen Vorteil haben; dies ist dann der Fall, wenn die Muttergesellschaft unmittelbar nach der Akquisition die Strategie der Tochter von Grund auf überholt oder ein erstklassiges neues Management einsetzt.

Ist der Akquisitionsnutzen für die neue Einheit unwiederholbar, dann hat die Muttergesellschaft keinen Grund, die zugekaufte Tochter langfristig in ihrem Portfolio zu halten. Denn der Konzern schafft, nachdem eine bessere Strategie oder ein besseres Management eingeführt worden sind, keinen weiteren zusätzlichen Wert, um die geschilderten Diversifikationskosten auszugleichen. Dann ist es das beste, die Einheit zu verkaufen und Unternehmensressourcen freizusetzen.

Der Synergietest impliziert nicht, daß eine Diversifikation von Unternehmensrisiken an sich zu empfehlen wäre – das können, wie bereits erwähnt, die Aktionäre viel besser und billiger. Nur für einen Familienbetrieb, wo Unternehmens- und Gesellschafterrisiko dasselbe sind, ist Diversifikation zwecks Risikostreuung ratsam. Ansonsten sollte Risikodiversifikation stets nur ein Nebenprodukt, nicht das Hauptziel einer Konzernstrategie sein.

Leider versäumen die meisten diversifizierenden Konzerne den Synergietest oder führen ihn nur oberflächlich durch. Das liegt unter anderem daran, daß sie Unternehmensgröße mit Börsenwert verwechseln. Im Drang, einen immer größeren Konzern zu führen, verliert das Topmanagement seine wirkliche Aufgabe aus dem Blick. Es mag den Verzicht auf den Synergietest mit dezentralisierter Unternehmensführung rechtfertigen – die Hauptverwaltung wird bis auf das Skelett abgemagert, und die Geschäftseinheiten bekommen nahezu völlige Handlungsfreiheit. Dabei gerät allerdings das wichtigste Ziel einer Diversifikation aus dem Blick, nämlich neuen Börsenwert zu schaffen.

1.1.4 Konzepte der Konzernstrategie

Die drei Kriterien erfolgreicher Diversifikation bilden die Maßstäbe, denen jede erfolgreiche Konzernstrategie genügen muß. Das ist jedoch offenbar so schwierig, daß die meisten Diversifikationsvorhaben scheitern. Viele Unternehmen haben nicht einmal ein klares Konzept einer Konzernstrategie. Bei meiner Erhebung habe ich vier solche Konzepte beobachten können, die in den Unternehmen mit unterschiedlichem Erfolg praktiziert werden – Portfoliomanagement, Sanierung, Know-how-Transfer und Aufgabenzentralisierung (Abbildung 4).

1.1.4.1 STRATEGIE 1: Portfoliomanagement

Die am weitesten verbreitete Konzernstrategie ist Portfoliomanagement, das vorrangig auf Akquisitionen beruht. Ein Konglomerat erwirbt gesunde, attraktive Unternehmen mit einem kompetenten Management, das bereit ist, auch unter dem neuen Eigentümer im Amt zu bleiben. Es ist bei dieser Strategie zwar nicht erforderlich, daß neue Geschäftseinheiten aus den gleichen Wirtschaftszweigen kommen wie die alten; im allgemeinen wird aber das Branchenspektrum im Unternehmensportfolio bewußt begrenzt, um die fachlichen Mindestkenntnisse der Konzernleitung nicht zu überfordern.

Die akquirierten Geschäftseinheiten sind autonom; die Manager, die an ihrer Spitze stehen, werden entsprechend den Ergebnissen ihrer Einheit entlohnt. Der Konzern stellt Kapital und professionelles Management-Know-how zur Verfügung. Gleichzeitig liefert das Topmanagement eine objektive und leidenschaftslose Überprüfung der Leistungen der Geschäftseinheiten. Portfoliomanager kategorisieren die Einheiten nach ihrem Potential und transferieren regelmäßig Ressourcen aus Einheiten, die einen hohen Cash-flow haben (»Cash-Cows«), in andere mit hohem Wachstumspotential und großem Finanzierungsbedarf. Der Konzern setzt seine Erfahrung und seine analytischen Ressourcen ein, um attraktive Akquisitionskandidaten ausfindig zu machen, die individuellen Anteilseignern verborgen bleiben.

Wenn das Diversifikationsprogramm eines Mischkonzerns mit einer Portfoliostrategie den Attraktivitäts- und den Eintrittskostentest bestehen soll, müssen gute, aber unterbewertete Unternehmen gefunden werden. Denn die Muttergesellschaft tut nach der Akquisition wenig für die erworbene Tochterfirma. Um das Synergiekriterium zu erfüllen, muß der Konzern den neuen Geschäftseinheiten signifikante Wettbewerbsvorteile bieten.

Unter den heutigen Bedingungen ist Portfoliomanagement nur selten ein wirksames Diversifikationsinstrument. Angesichts zunehmend entwickelter Kapitalmärkte haben nahezu alle privaten Anleger Zugang zu attraktiven Unternehmen mit gutem Management. Die Folge: Für Akquisitionen ist ein kräftiger Aufschlag auf den Börsenkurs zu entrichten. Zudem sind die Geld- und Kapitalmärkte bereit und in der Lage, jede aussichtsreiche Unternehmensstrategie zu finanzieren; kleine und mittlere Betriebe brauchen keine vor Liquidität strotzende Konzernmutter mehr.

Andere Vorteile sind ebenfalls geschwunden. Großunternehmen schöpfen nicht länger den Markt für professionell ausgebildete Manager ab; in der Tat setzt sich mehr und mehr die Einsicht durch, daß ein Unternehmen nicht ohne branchenspezifische Kenntnisse und Erfahrungen geführt werden kann. Ebenfalls zweifelhaft ist, ob die Revision der Geschäftseinheiten durch die Konzernleitung in einem Portfolio solider Unternehmen einen nennenswerten Vorteil bringt.

Schließlich ist zu fragen, welchen Nutzen weitgehende Autonomie hat. Denn die Geschäftsfelder eines Konzerns wachsen durch neue Technologien, miteinander vernetzte Absatzschienen und geänderte Bestimmungen und Auflagen des Gesetzgebers in immer stärkerem Maß zusammen. Hochgradig autonome Geschäftsbereichsstrategien können daher die Leistung der Konzerneinheiten schmälern. Die Unternehmen in meiner Untersuchung, die erfolgreich diversifizieren konnten, haben den Nutzen eng miteinander verknüpfter Geschäftseinheiten erkannt und eingesehen, daß eine klare Unternehmensidentität genauso wichtig ist wie der sklavische Blick auf die finanziellen Ergebnisse der Tochtergesellschaften.

Doch der wichtigste Grund, warum schließlich auch die besten Portfoliomanager scheitern, liegt in der schieren Komplexität ihrer Aufgabe. Wenn die Größe des Konzerns zunimmt, müssen, nur um das Wachstumstempo beizubehalten, immer mehr Akquisitionskandidaten gefunden werden. Ein Management, das Dutzende, ja hunderte disparater Geschäftseinheiten kontrollieren soll, zudem unter dem Druck steht, gleichsam in einer exponentiellen Wachstumskurve weitere Tochtergesellschaften zuzukaufen, wird zwangsläufig Fehler machen. Gleichzeitig fordern die unvermeidlichen Diversifikationskosten ihren Tribut; die Leistung der Geschäftseinheiten läßt nach, und die Konzernrendite setzt zu einer unaufhaltsamen Talfahrt an. Schließlich wird ein neues Management eingesetzt, das in großem Stil desinvestiert und das Konglomerat auf die Kerngeschäfte zurückschneidet. Gulf & Western, Consolidated Foods (jetzt Sara Lee) und ITT sind dafür nur einige wenige Beispiele aus der jüngsten Vergangenheit. Angesichts dessen ziehen heute die US-Kapitalmärkte von den Kursen von Unternehmen, die nach wie vor Portfoliomanagement betreiben, einen sogenannten **Konglomeratdiskont** ab – sie halten das Ganze für kleiner als die Summe seiner Teile.

1.1.4.2 STRATEGIE 2: *Sanierung*

Anders als bei Portfoliomanagement, wo es nichts weiter ist als Finanzier und Revisor, übt ein Unternehmen, das der zweiten Konzernstrategie folgt, eine aktive Rolle als Sanierer und Reorganisator von Geschäftseinheiten aus. Die neuen Tochtergesellschaften müssen nicht notwendigerweise in einer Beziehung zum Stammgeschäft stehen. Es ist nur erforderlich, daß sie ein bisher nicht verwirklichtes Potential aufweisen.

Bei der Sanierungsstrategie sucht ein Mischkonzern unentwickelte, kränkelnde oder akut bedrohte Firmen oder Branchen, die an der Schwelle eines grundlegenden Wandels stehen. Die Muttergesellschaft greift in das Tagesgeschäft ein, wechselt unter Umständen mehrmals das Management der Geschäftseinheit aus, ändert die Strategie und/oder injiziert dem Unternehmen neue Technologien. Dann tätigt es nachstoßende Akquisitionen, um eine kritische Masse aufzubauen, und verkauft nicht benötigte oder nicht zum Kerngeschäft gehörende Teile der übernommenen Firma und vermindert damit die effektiven Akquisitionskosten. Das Ergebnis: ein gestärktes Unternehmen oder gar eine neubelebte Branche. In diesem Stadium wird die Tochtergesellschaft mit Gewinn veräußert, da die Konzernmutter keinen zusätzlichen Wert mehr schaffen kann; das Topmanagement gelangt zu dem Schluß, daß es seine Aufmerksamkeit in eine andere Richtung lenken sollte.

Wenn das Sanierungskonzept sorgfältig umgesetzt wird, ist es durchaus tragfähig, da es den drei obengenannten Diversifikationsbedingungen genügt. Der Sanierer erfüllt das Eintrittskostenkriterium, indem er schlecht laufende

16

Unternehmen mit unrentablem Image aufkauft, für die kein Akquisitionsaufschlag gezahlt werden muß, oder in Branchen mit weithin unerkanntem Potential geht. Interventionen durch den Konzern erfüllen das Synergiekriterium. Vorausgesetzt, die Zielbranchen sind strukturell attraktiv, kann das Reorganisationskonzept einen enormen Börsenwert schaffen.

Zu erfolgreichen Sanierungsunternehmen zählen Loew's, BTR und General Cinema. Ironischerweise profitieren heute viele Sanierer von den gescheiterten Portfoliostrategien von gestern.

Damit das Reorganisationskonzept funktionieren kann, muß das Management imstande sein, unterbewertete Unternehmen oder unerkannte Marktchancen ausfindig zu machen. Ebenso ist die Fähigkeit verlangt, aufgekaufte Firmen erfolgreich zu sanieren, auch und gerade in unvertrauten Geschäftsfeldern.

Diese Erfordernisse laden dem Aufkäufer beträchtliche Risiken auf und begrenzen gewöhnlich die Zeitspanne, die für einen geglückten Turnaround zur Verfügung steht. Gute Sanierer wissen dies; sie sind sich darüber im klaren, daß sie nicht nur neue Geschäftseinheiten hinzukaufen, sondern eine ganze Branche aus den Angeln heben. Gelingt es ihnen nicht, ihre Akquisitionen zum Aufbau neuer strategischer Erfolgspositionen zu nutzen, sind sie nichts weiter als Portfoliomanager, die schlicht Etikettenschwindel treiben. Ein weiteres Problem entsteht, wenn Unternehmen sich zu einem Übernahmewettlauf hinreißen lassen, der rasch das Reservoir an geeigneten Akquisitionskandidaten erschöpft und die Preise verdirbt.

Die größte Schwierigkeit besteht wohl darin, daß die meisten Konzerne sich nur schwer von sanierten Geschäftseinheiten trennen können, die längst wieder schwarze Zahlen schreiben. Die menschliche Natur kommt der ökonomischen Vernunft ins Gehege. Größe löst Gewinn als Unternehmensziel ab. Die Muttergesellschaft veräußert die florierende Tochter nicht, obwohl sie jetzt keine zusätzliche Wertschöpfung mehr beisteuern kann und der Geschäftsbereich, im Grunde ja ein Fremdkörper, in einem anderen Konzern, zu dessen Stammgeschäft er paßt, besser aufgehoben wäre. Schritt für Schritt degeneriert die Sanierungsstrategie zu Portfoliomanagement. Die Rendite der Konzernmutter verfällt, da unabweisliche Reinvestitionen in die Tochtergesellschaft und die Risiken des Tagesgeschäfts den Sanierungsgewinn verschlingen. Aus dem Sanierer wird ein Wald-und-Wiesen-Konglomerat mit bestenfalls durchschnittlichen Gewinnmargen.

1.1.4.3 STRATEGIE 3: Know-how-Transfer

Das Ziel der ersten beiden Konzernstrategien besteht darin, durch die besondere Beziehung zwischen Mutter- und Tochtergesellschaft zusätzlichen Unternehmenswert zu schaffen. Die Konzernleitung spielt eine selektierende, finanzierende und interventionistische Rolle.

Bei den letzten beiden Konzepten werden hingegen Beziehungen zwischen den Geschäftsbereichen zu nutzen gesucht – sogenannte Synergieeffekte, die heute in aller Munde sind. Freilich haben die wenigsten Manager, die von Synergie reden, eine klare Vorstellung, was sie damit meinen. Schenkt man dem Wortlaut zahlloser Geschäftsberichte Glauben, dann steht nahezu alles mit allem in irgendeiner synergetischen Beziehung. Wie so oft im Leben hat aber der Wunsch wenig mit der Wirklichkeit zu tun. Die Übernahme von Hughes Aircraft durch General Motors, bloß weil Autos zunehmend elektronische Komponenten enthalten und Hughes Aircraft ein Elektronikunternehmen ist, beleuchtet, daß Synergie oftmals nichts weiter als ein gedankenloses Lippenbekenntnis ist oder die nachträgliche Rechtfertigung einer Diversifikation, die aus ganz anderen Gründen vorgenommen wurde.

Selbst ein klar definiertes Synergiekonzept kommt häufig nicht recht zum Tragen. Statt einträglich zusammenzuarbeiten, konkurrieren Geschäftsbereiche gegeneinander. Auch ein Unternehmen, dem es gelingt, die angestrebten Synergieeffekte präzise zu bestimmen, sieht sich beim Umsetzen dieser Ziele erheblichem innerbetrieblichen Widerstand konfrontiert.

Freilich: Nie war es so wichtig wie heute, synergetische Beziehungen zwischen Unternehmensbereichen zu nutzen. Neue Technologien und Marktbedingungen bewirken das Zusammenwachsen von Geschäftsfeldern und schaffen neue Chancen für Wettbewerbsvorteile. In den Branchen Finanzdienstleistungen, EDV, Büroausrüstung, Unterhaltungsindustrie und Gesundheitsfürsorge bilden Verbindungen zwischen einst getrennten Geschäftsbereichen den zentralen Angelpunkt der Unternehmensstrategie.

Voraussetzung ist jedoch, den Synergiebegriff präzise zu klären. Ich glaube, hierzu einen guten Ansatzpunkt geliefert zu haben – die Wertschöpfungskette[4]. Jede Geschäftseinheit ist ein Ensemble wohlunterschiedener Tätigkeiten – vom Verkauf bis zum Rechnungswesen –, die es ihr erlauben, im Wettbewerb zu bestehen. Ich bezeichne sie als »Wertschöpfungsaktivitäten«. Auf dieser Ebene, nicht im Unternehmen als Ganzem, erzielen Geschäftseinheiten Wettbewerbsvorteile.

Wertschöpfungsaktivitäten fallen in neun Kategorien. *Primäre* Tätigkeiten umfassen das Erstellen eines Produkts oder einer Dienstleistung, Liefern und Vermarkten sowie Anwenderunterstützung nach dem Verkauf. Zu diesen Kategorien zählen interne Logistik, Leistungserstellung, externe Logistik, Marketing und Verkauf und schließlich der Kundendienst. *Unterstützende* Wertschöpfungsaktivitäten stellen den Input und die Infrastruktur bereit, damit die primären Tätigkeiten ausgeführt werden können. Hierzu gehören Personalwirtschaft, Technologieentwicklung und Beschaffung.

Mit dem Konzept der Wertschöpfungskette lassen sich zwei Formen von Synergieeffekten definieren: Die erste beruht auf der Fähigkeit eines Unternehmens, Wissen und Erfahrung zwischen ähnlichen Wertschöpfungsketten zu übertragen *(Know-how-Transfer)*. Die zweite besteht in der Möglichkeit, Wertschöpfungstätigkeiten gemeinsam auszuführen *(Aufgabenzentralisierung)*. So können beispielsweise zwei Geschäftseinheiten dieselbe Verkaufstruppe oder die gleiche Logistik nutzen.

Nun können wir die beiden letzten (und wichtigsten) Konzepte der Konzernstrategie bestimmen. Der Know-how-Transfer innerhalb eines diversifizierten

---

(4) Siehe Porter, Wettbewerbsvorteile, 1986.

Konzerns bildet die Grundlage des einen. Zwar haben alle Geschäftsbereiche getrennte Wertschöpfungsketten, doch wird das Wissen, wie diese Tätigkeiten ausgeführt werden, zwischen den Tochtergesellschaften ausgetauscht. Ein Geschäftsbereich für Toilettenartikel, der erfahren ist im Marketing von Waren des täglichen Bedarfs, kann beispielsweise neue Positionierungskonzepte, Verkaufsförderungsmethoden und Verpackungstechniken an eine akquirierte Schwestergesellschaft übermitteln, die Hustensaft verkauft. Neue Geschäftseinheiten können von der Sachkunde alter Unternehmensbereiche profitieren und umgekehrt.

Solche Chancen ergeben sich, wenn Geschäftseinheiten ähnliche Kunden oder Vertriebskanäle, gleichartige Beziehungen zu Regierungsstellen oder Beschaffungsquellen, eine vergleichbare Struktur der Wertschöpfungskette, zum Beispiel ein dichtes Kundendienstnetz oder dasselbe strategische Konzept (etwa Preisführerschaft), aufweisen.

Sucht man lange genug, so lassen sich zwischen zwei beliebigen Geschäftseinheiten sicherlich immer irgendwelche Ähnlichkeiten oder Gemeinsamkeiten finden. Das hat zahllose Unternehmen zu einer übereilten Diversifikation verleitet. Doch bloße Ähnlichkeit ist dafür kein hinreichender Grund.

Ein Know-how-Transfer führt nur dann zu Wettbewerbsvorteilen, wenn die Ähnlichkeiten zwischen Geschäftseinheiten drei Bedingungen erfüllen:

1. Die Wertschöpfungsaktivitäten gleichen einander so stark, daß ein Wissens- und Erfahrungsaustausch sinnvoll ist. Gewisse allgemeine Ähnlichkeiten, wie gleiche Marketingintensität oder Produktionstechnologie, sind keine hinreichende Grundlage für eine Diversifikation. Ein Know-how-Transfer dürfte hier äußerst geringen Einfluß auf Wettbewerbsvorteile haben.

2. Der Austausch von Wissen und Erfahrung betrifft Tätigkeiten mit zentraler Bedeutung für Wettbewerbsvorteile. Know-how-Transfer in Randgebieten – etwa das Behördengeschäft eines Konsumgüterherstellers – mag vielleicht einen gewissen Nutzen abwerfen, wird aber schwerlich neue Marktchancen erschließen.

3. Das ausgetauschte Wissen stellt für den Empfänger eine wichtige Quelle von Wettbewerbsvorteilen dar. Es handelt sich um fortgeschrittenes und ausreichend geschütztes Know-how, das Mitbewerbern nicht zur Verfügung steht.

Der Erfahrungsaustausch ist ein aktiver Prozeß, der die Strategie oder das Tagesgeschäft einer Geschäftseinheit in bedeutsamen Aspekten verändert. Der eingeleitete Wandel muß spezifisch und erkennbar sein. Die schwache Hoffnung, daß ein solcher Know-how-Transfer schon noch eintreten wird, ist nahezu eine Garantie für einen Diversifikationsfehlschlag. Wissens-und Erfahrungsaustausch stellt sich nicht per Zufall ein. Das Unternehmen muß dafür kompetente Fachkräfte abstellen, vielleicht sogar auf Dauer; entscheidend ist ebenfalls die Beteiligung und Unterstützung des Topmanagements. Viele Konzerne konnten keinen wirksamen Know-how-Transfer einleiten, weil sie es versäumten, die Teilnahme von Geschäftseinheiten mit entsprechenden Anreizen sicherzustellen.

Ein Know-how-Transfer erfüllt die oben genannten Diversifikationskriterien, wenn es dem Unternehmen wirklich gelingt, konkurrenzloses Know-how im ganzen Konzern zu verbreiten. Dies gewährleistet, daß die Muttergesell-

Unternehmen	Anteil von Joint Ventures an den neuen Geschäftseinheiten	Von den bis 1980	Von den bis 1975	Anteil von Neugründungen an den neuen Geschäftseinheiten	Von den bis 1980	Von den bis 1975	Anteil der Akquisitionen ohne Beziehung zum Stammgeschäft	Von den bis 1980	Von den bis 1975
		gegründeten Joint Ventures wurden bis Anfang 1987 aufgelöst			neu gegründeten Tochtergesellschaften wurden bis 1987 abgestoßen			erworbenen Firmen wurden bis Anfang 1987 abgestoßen	
Johnson & Johnson	0	–	–	23	14	20	0	–	–
Procter & Gamble	0	–	–	39	0	0	9	–	–
Raytheon	9	60	60	5	50	50	46	40	40
United Technologies	18	50	50	24	11	20	40	0*	0*
3M	2	100*	100*	45	2	3	33	75	86
TRW	10	20	25	13	63	71	39	71	71
IBM	18	100*	–	63	20	22	33	100*	100*
DuPont	16	100*	–	51	61	61	43	0*	0*
Mobil	16	33	33	31	50	56	67	60	100
Borden	4	33	33	19	17	13	21	80	80
IC Industries	3	100*	100*	13	80	30	33	50	50
Tenneco	6	67	67	13	67	80	42	33	40
Beatrice	1	–	–	2	0	0	63	59	53
ITT	2	0*	–	8	38	57	61	67	64
Rockwell	24	38	42	3	0	0	35	100	100
Allied Corp.	10	100	75	22	38	29	45	50	0
Exxon	5	0	0	61	27	19	100	80	50*
Sara Lee	1	–	–	4	75	100*	41	73	73
General Foods	4	–	–	6	67	50	42	86	83
Scovill	0	–	–	3	100	100*	45	80	100
Signal	4	–	–	29	20	11	67	50	50
Alco Standard	0	–	–	1	–	–	63	79	81
W. R. Grace	7	33	38	10	71	71	39	65	65
General Electric	20	20	33	33	33	44	36	100	100
Wickes	0	–	–	17	63	57	60	80	75
Westinghouse	11	0*	0*	26	44	44	36	57	67
Xerox	6	100*	100*	28	50	56	22	100	100
Continental Group	6	67	67	17	14	0	40	83	65
General Mills	7	71	71	9	89	80	65	77	100
Gulf & Western	4	75	50	6	100	100	74	77	67
Cummins Engine	17	50	50	29	0	0	67	100	74
RCA	15	67	67	50	99	55	36	100	100
CBS	16	71	71	17	86	80	39	100	100
Durchschnitt pro Unternehmen	7,9	50,3	48,9	21,8	44,0	40,9	46,1	74,0	74,4

* Weniger als drei Geschäftseinheiten in dieser Kategorie. Diese Fälle wurden bei den Durchschnittsberechnungen nicht berücksichtigt, um statistische Verzerrungen zu vermeiden. Siehe zu den sechs übernommenen Firmen die Anmerkung zu Abb. 1.

Abb. 3: Desinvestitionsquoten von Joint Ventures, Neugründungen und Akquisitionen ohne Beziehung zum Stammgeschäft (Alle Angaben in Prozent)

schaft einen Akquisitionsaufschlag wieder hereinholen oder Markteintrittskosten senken kann.

Auch bei dieser Strategie müssen die Branchen, die für die Diversifikation ausgewählt werden, den Attraktivitätstest bestehen: Eine neue Geschäftseinheit mag sich noch so nahtlos in das bestehende Leistungsprogramm einfügen, dies kann eine schlechte Marktstruktur bei weitem nicht wettmachen. Allerdings mag ein Know-how-Transfer dem Erwerber helfen, eine übernommene Tochtergesellschaft in einer siechen Branche erfolgreich zu sanieren und mit Gewinn wieder zu verkaufen.

Der Wissensaustausch zwischen Schwestergesellschaften kann einmalig oder dauerhaft sein. Sind die Möglichkeiten, in einen frisch erworbenen Geschäftszweig neue Sachkunde einzuschleusen, erschöpft, dann sollte die Tochtergesellschaft unbedingt wieder abgestoßen werden – die Konzernmutter schafft keinen neuen Unternehmenswert mehr. Diese Erkenntnis ist freilich nur wenigen Firmen aufgegangen; sie haben denn auch mit mittelmäßigen Renditen zu kämpfen. Doch ein Unternehmen, das in sorgfältig ausgesuchte Branchen diversifiziert, kann durchaus imstande sein, auf immer neuen Feldern einen fruchtbaren Wissensaustausch in die Wege zu leiten. Die Konzernleitung muß freilich begreifen, daß ihr hier eine aktive Rolle zufällt, und organisatorische Vorkehrungen treffen, die einen konstanten Erfahrungsaustausch fördern.

Eine starke Know-how-Basis erlaubt es gelegentlich sogar, beim Vorstoß in neue Märkte auf Akquisitionen zu verzichten und die Diversifikation aus eigener Kraft mit einer Neugründung zu wagen. Erfolgreich diversifizierende Konzerne, die mit der Strategie 3 arbeiten, erwerben aber meist ein Unternehmen als Brückenkopf in der Zielbranche und bauen den neuen Markt dann mit internem Know-how aus. Damit können sie die höheren Risiken von Neugründungen vermeiden und die Diversifikation beschleunigen. Für diesen Weg haben sich 3M und Pepsico entschieden.

1.1.4.4 STRATEGIE 4: Aufgabenzentralisierung

Das vierte Konzept der Konzernstrategie beruht darauf, daß einzelne Geschäftseinheiten bestimmte Tätigkeiten der Wertschöpfungskette gemeinsam übernehmen. Procter & Gamble benutzt etwa für Papierhandtücher und Wegwerfwindeln die gleichen Vertriebskanäle und Verkaufstruppen, McKesson, ein führendes amerikanisches Handelshaus, vertreibt so unterschiedliche Produkte wie Pharmaka und Spirituosen in denselben Supermärkten.

Mit gemeinsamen Wertschöpfungsaktivitäten lassen sich aufgrund niedrigerer Kosten oder einer höheren Produktdifferenzierung beträchtliche Wettbewerbsvorteile schaffen. Das ist leider längst nicht immer der Fall; zudem können die Unternehmen auch bei wechselseitig vorteilhafter Aufgabenzentralisierung auf tiefsitzenden Widerstand in den Geschäftseinheiten stoßen. Das hat viele Firmen dazu bewogen, auf Synergieeffekte zu verzichten und sich auf – vermeintlich problemloses – Portfoliomanagement zu beschränken.

Eine Kosten-Nutzen-Analyse zeigt rasch, ob sich Synergieeffekte erzielen lassen. Mit gemeinsamen Wertschöpfungsaktivitäten können auf dreifache

Weise Kosten gesenkt werden: durch ökonomische Größenvorteile, durch höhere Kapazitätsauslastung und durch Erfahrungskurveneffekte. So hat General Electric bei Haushaltsgroßgeräten besonders niedrige Kosten für Werbung, Verkauf und Kundendienst, da diese Aufwandsposten auf ein breites Produktspektrum umgelegt werden.

Die Strategie 4 erlaubt ferner zusätzliche Produktdifferenzierung. Eine gemeinsame Auftragsabwicklung gestattet es zum Beispiel, neue Produkteigenschaften und Dienstleistungen zu bieten, die der Kunde honoriert. Gleichzeitig lassen sich die Kosten einer Produktdifferenzierung vermindern. Ein gemeinsames Kundendienstnetz läßt es vielleicht zu, aufwendige fortgeschrittene Wartungsverfahren wirtschaftlich einzusetzen. Häufig erlaubt Aufgabenzentralisierung, Wertschöpfungsaktivitäten von Grund auf neu zu organisieren, mit dem Ergebnis, daß sich kräftig erhöhte Wettbewerbsvorteile einstellen.

Die Strategie 4 muß, wie bereits erwähnt, auf Tätigkeiten angewandt werden, die von entscheidender Bedeutung für die Marktleistung sind. Das ist beim Vertriebsnetz von Procter & Gamble für Papierhandtücher und Wegwerfwindeln eindeutig der Fall, da es sich hier um Massengüter mit hohem Transportkostenanteil handelt. Umgekehrt ist eine Diversifikation mit dem Ziel, Gemeinkosten auf eine breitere Basis umzulegen, selten, wenn überhaupt, von Erfolg gekrönt.

Aufgabenzentralisierung verursacht unvermeidlich zusätzliche Kosten. Dazu gehört etwa der höhere Koordinationsaufwand. Von noch größerer Bedeutung ist die Tatsache, daß die beteiligten Geschäftseinheiten beim Gestalten dieser Tätigkeiten Kompromisse eingehen müssen. Eine Verkaufstruppe, die die Erzeugnisse zweier Unternehmensbereiche vertreibt, wird ihre Arbeit so organisieren müssen, daß weder der Vertrieb des einen noch des anderen Produkts aus Sicht der Schwestergesellschaften optimal ist. Wenn diese Kompromisse die Effizienz der Geschäftseinheiten untergraben, dann können gemeinsame Wertschöpfungsaktivitäten die Wettbewerbsfähigkeit schwächen, anstatt sie zu stärken.

Viele Unternehmen haben ihr Potential für die Strategie 4 nur oberflächlich ausgelotet. Andere legen Wertschöpfungstätigkeiten zusammen, ohne zu prüfen, ob sich damit wirklich Größenvorteile erschließen lassen. Ist dies aber nicht der Fall, dann macht der Koordinationsaufwand jeden denkbaren Nutzen zunichte. Werden die Kosten jedoch gleich zu Beginn eines Diversifikationsprogramms eingehend analysiert, dann lassen sie sich oftmals bequem senken, etwa indem die zu teilenden Aufgaben neu organisiert werden. Eine gemeinsame Verkaufstruppe bekommt beispielsweise tragbare Computerterminals, mit denen die Aufträge effizienter abgewickelt und den Kunden mehr Informationen geboten werden können.

Trotz aller Fallstricke breiten sich heute wegen der dynamischen Entwicklungen in der Technik und im Markt gleichsam wie ein Lauffeuer immer neue Chancen aus, Vorteile aus gemeinsamen Wertschöpfungsaktivitäten zu ziehen. Das Vordringen von Informations- und Kommunikationstechnologien in die Unternehmen schafft zunehmend Möglichkeiten, Geschäftsfelder miteinander zu verknüpfen. Die Strategie »Aufgabenzentralisierung« kann sowohl auf Akquisitionen wie auf Neugründungen angewandt werden. Letztere sind allerdings problemloser zu integrieren als aufgekaufte Unternehmen. Freilich ist es auch für Konzerne, die die Strategie 4 einsetzen, sinnvoll, mit Hilfe von Firmenübernahmen einen Brückenkopf in einem neuen Markt aufzubauen und die zugekauften Geschäftseinheiten dann mittels gemeinsamer Wertschöpfungsaktivitäten in den Konzernverbund zu integrieren. Diesen Weg haben unter anderem Procter & Gamble, Du Pont und IBM mit Erfolg beschritten. Jeder dieser Konzerne hat in ein Bündel von eng miteinander verzahnten Geschäftsfeldern diversifiziert. Die amerikanische Restaurant- und Hotelkette Marriott beleuchtet auf exemplarische Weise den Erfolg und Mißerfolg dieser Strategie (siehe Kasten Seite 29).

Das Wertschöpfungskonzept erfordert ein Konzernklima, in dem die Zusammenarbeit zwischen Geschäftseinheiten ermutigt und bestärkt wird. Hochgradig autonome Unternehmensbereiche stehen diesem Ziel entgegen. Das Topmanagement muß eine Reihe von, wie ich es nennen möchte, »horizontalen Mechanismen« einführen – eine von allen Mitarbeitern empfundene Unternehmensidentität, klar formulierte Konzernziele, zu denen auch die Integration der Geschäftsbereichsstrategien gehört, Anreize für das Erreichen gemeinsamer Ziele, bereichsübergreifende Expertenteams und ähnliches mehr.

Eine Konzernstrategie auf der Basis gemeinsamer Wertschöpfungsaktivitäten erfüllt zweifelsohne das Synergiekriterium, da die Geschäftseinheiten aus der Konzernzugehörigkeit dauerhafte materielle Vorteile haben. Sie besteht ebenfalls den Eintrittskostentest, denn andere, an der Akquisition interessierte Unternehmen, die keine gemeinsame Nutzung von Marktchancen bieten können, werden niedrigere Kaufgebote abgeben. Doch auch die Möglichkeit, im großen Maßstab Wertschöpfungsaktivitäten gemeinschaftlich auszuführen, entbindet einen Konzern nicht davon, sich dem Attraktivitätstest zu unterziehen. Es kommt nicht nur darauf an, wie zahllose Firmen meinen, ob sich ein akquirierter Unternehmensbereich gut in das bestehende Portfolio einfügt, die Zielbranche muß in jedem Fall auch eine attraktive Marktstruktur aufweisen, wenn eine Diversifikationsstrategie erfolgreich sein soll.

1.1.5 Eine Konzernstrategie wählen

Jedes der beschriebenen Diversifikationskonzepte erlaubt es auf unterschiedliche Weise, Unternehmenswert zu schaffen. Ein Konzern kann mit allen vier Strategien Erfolg haben, wenn das Topmanagement seine Rollen und Ziele klar definiert, die Bedingungen des Diversifikationsmodells erfüllt, für das es sich entschieden hat, den organisatorischen Rahmen zum Umsetzen dieser Strategie schafft und entsprechende Voraussetzungen auf dem Kapitalmarkt vorfindet. Der einzige Vorbehalt: Portfoliomanagement ist nur unter eingeschränkten Bedingungen sinnvoll.

Die Wahlmöglichkeiten eines Unternehmens werden allerdings von seiner Vergangenheit begrenzt. Sind die Geschäftseinheiten in unattraktiven Märkten tätig, dann muß der Konzern ganz von vorne beginnen. Wenn die Muttergesellschaft nur in geringem Maß konkurrenzloses Know-how oder Wertschöpfungsaktivitäten hat, die sinnvoll mit neuen Geschäftsbereichen geteilt werden können, muß die Diversifikation, jedenfalls vorerst, an anderen Punkten anset-

	Portfoliomanagement	Sanierung
Strategische Voraussetzungen	Überlegene Kompetenz, unterbewertete Unternehmen zu finden. Bereitschaft, verlustbringende Geschäftseinheiten abzustoßen. Begrenzen des Branchenspektrums im Unternehmensportfolio, damit die fachlichen Mindestkenntnisse der Konzernleitung nicht überfordert werden. Akquisitionskandidaten in Privatbesitz oder unterentwickelte Kapitalmärkte. Fähigkeit, zu einer anderen Diversifikationsstrategie zu wechseln, wenn Portfoliomanagement nicht mehr möglich ist.	Überlegene Kompetenz, sanierungsfähige Unternehmen zu finden. Bereitschaft und Fähigkeit, die Geschäftstätigkeit übernommener Firmen von Grund auf neu zu gestalten. Strukturelle Gemeinsamkeiten zwischen den Einheiten des Unternehmensportfolios. Bereitschaft, zwecks Verlustbegrenzung Einheiten abzustoßen, bei denen Sanierung nicht möglich ist. Bereitschaft, Einheiten zu verkaufen, wenn der Turnaround gelungen und der Markt hierfür günstig ist.
Organisatorische Voraussetzungen	Autonome Geschäftseinheiten. Sehr kleine Stäbe in der Hauptverwaltung. Leistungsanreize orientieren sich weitgehend an den Ergebnissen der Geschäftseinheiten.	Autonome Geschäftseinheiten. Die Konzernleitung hat das Knowhow und die Kapazitäten, um den Turnaround und die strategische Neupositionierung akquirierter Einheiten zu überwachen. Leistungsanreize orientieren sich weitgehend an den Ergebnissen der Geschäftseinheiten.
Häufig begangene Fehler	Portfoliomanagement wird in Ländern mit effizienten Kapitalmärkten und großem Reservoir an professionell ausgebildeten Managern betrieben. Unattraktive Branchenstrukturen werden nicht beachtet.	Rasches Marktwachstum wird als hinreichender Indikator für die Sanierbarkeit einer übernommenen Firma betrachtet. Es fehlt an der Entschlossenheit oder den Ressourcen, aktiv in das Management einzugreifen. Unattraktive Branchenstrukturen werden nicht beachtet. Der vermeintliche Sanierer betreibt in Wahrheit nur Portfoliomanagement.

Abb. 4:   Die vier Modelle der Diversifikation

Know-how-Transfer	Aufgabenzentralisierung
Dauerhafter Wissens- und Erfahrungsvorsprung bei Wertschöpfungsaktivitäten mit zentraler Bedeutung für Wettbewerbsvorteile in den Zielbranchen.	Wertschöpfungsaktivitäten in bestehenden Geschäftseinheiten können gemeinsam mit neuen Tochtergesellschaften ausgeübt werden.
Möglichkeit eines anhaltenden Know-how-Transfers zwischen möglichst vielen Geschäftseinheiten.	Der Nutzen einer Aufgabenzentralisierung überwiegt die Kosten der Diversifikation.
Akquisition von »Brückenköpfen« in neuen Geschäftsfeldern.	Neugründungen und Akquisitionen sind gleichberechtigte Instrumente der Diversifikation.
	Innerbetrieblicher Widerstand gegen die Zusammenarbeit von Schwestergesellschaften kann überwunden werden.

Weitgehend autonome, aber kooperierende Geschäftseinheiten.	Strategische Geschäftseinheiten werden zur innerbetrieblichen Kooperation angehalten.
Die Konzernleitung sieht ihre Aufgabe vorrangig in der Integration.	Strategische Planung auf Geschäftseinheits-, Unternehmensbereichs- und Konzernebene.
Bereichsübergreifende Expertenteams dienen als Schaltstellen des Know-how-Tranfers.	Die Konzernleitung sieht ihre Aufgabe vorrangig in der Integration.
Systematischer Erfahrungsaustausch gehört zu den Zielvorgaben des Linienmanagements.	Leistungsanreize orientieren sich weitgehend an den Ergebnissen der Unternehmensbereiche und des Gesamtunternehmens.
Leistungsanreize orientieren sich zum Teil an den Ergebnissen des Gesamtunternehmens.	
Unspezifische Gemeinsamkeiten mit dem Stammgeschäft werden als hinreichende Basis für eine Diversifikation betrachtet.	Aufgabenzentralisierung wird um ihrer selbst willen anstatt zum Aufbau von Wettbewerbsvorteilen betrieben.
Es bestehen keine praktikablen Möglichkeiten eines Know-how-Transfers.	Das Topmanagement beteiligt sich nicht aktiv an der Aufgabenzentralisierung.
Unattraktive Branchenstrukturen werden nicht beachtet.	Unattraktive Branchenstrukturen werden nicht beachtet.

zen. Die Wahl eines Diversifikationsmodells ist jedoch keine unwiderrufliche, ein für allemal getroffene Entscheidung; eine Konzernstrategie besteht vielmehr aus einem wandelbaren Konzept, das Zug für Zug realisiert wird. Ein Unternehmen sollte sich für die langfristig wünschenswerte Strategie entscheiden und sie dann pragmatisch nach Lage der Ausgangsbedingungen umsetzen.

Sowohl strategische Logik wie die Erfahrungen der untersuchten Unternehmen deuten darauf hin, daß ein Unternehmen um so eher neuen Börsenwert schafft, je weiter seine Diversifikationsstrategie vom Portfoliomanagement zum Konzept »gemeinsame Wertschöpfungsaktivitäten« fortgeschritten ist. Da sie nicht auf einer vermeintlich überlegenen Fähigkeit, geeignete Akquisitionskandidaten auszugucken oder ähnlich zweifelhaften Annahmen über die Kompetenz eines Konzerns beruhen, bieten die Strategien 3 und 4 den besten Weg, neuen Börsenwert zu schaffen.

Die einzelnen Konzepte schließen die vorhergehenden Stufen der strategischen Entwicklung keineswegs aus — wiederum ein erheblicher Vorteil der beiden letzten Diversifikationsmodelle. Ein Konzern, in dem ein gezielter Know-how-Transfer stattfindet oder bestimmte Aufgaben bereichsübergreifend erledigt werden, kann gleichzeitig ein Sanierungskonzept verwirklichen. Die Strategie »Aufgabenzentralisierung« wird um so schlagkräftiger, je intensiver der Austausch von Wissen und Erfahrung zwischen den Geschäftseinheiten ist. Wie der Fall Marriott zeigt, kann ein Unternehmen beide Strategien nebeneinander verfolgen, ja sogar in einem gewissen Rahmen als Sanierer tätig werden. Wenn es Zielbranchen wählt, in denen die Strategien 3 und 4 eingesetzt werden sollen, kann es ebenfalls versuchen, die Marktstruktur zu ändern. Setzt ein Konzern auf strategische Verknüpfungen zwischen seinen Geschäftseinheiten, dann legt er damit eine breitere Basis, um Börsenwert zu schaffen, als wenn die Strategie allein darin besteht, Unternehmen in unvertrauten Branchen zu sanieren.

Aus meiner Erhebung geht hervor, daß es am vernünftigsten ist, eine Konzernstrategie auf Know-how-Transfer oder gemeinsame Wertschöpfungsaktivitäten abzustellen. Aus den Daten zu den Diversifikationsprogrammen der untersuchten Unternehmen lassen sich die Rezepte erfolgreich diversifizierender Konzerne ableiten: Sie haben in weit unterdurchschnittlichem Maße Unternehmensteile zugekauft, die in keiner Beziehung zum Stammgeschäft standen. Mit »keiner Beziehung« meine ich, daß es keine Möglichkeiten für Know-how-Transfer oder Aufgabenzentralisierung gab (Abbildung 3). Selbst ansonsten erfolgreiche Diversifikateure wie 3M, IBM und TRW haben sich eine blutige Nase geholt, als sie sich in Geschäftsfelder vorgewagt haben, wo die Strategien 3 und 4 nicht anschlagen konnten. Gewinnbringende Diversifikation verlangt, daß jede Geschäftseinheit strategisch relevante Berührungspunkte mit möglichst vielen Schwestergesellschaften hat. IBM und Procter & Gamble operieren in 19 beziehungsweise 18 eng miteinander verzahnten Geschäftsfeldern und genießen deswegen zahllose Chancen zum bereichsübergreifenden Erfahrungsaustausch und zum Realisieren ökonomischer Größenvorteile.

Die Konzerne mit den erfolgreichsten Diversifikationsprogrammen haben in ihrem Portfolio weit überdurchschnittlich viele Neugründungen und Joint Ventures. Viele Unternehmen scheuen jedoch davor zurück, in einen neuen Markt anders als durch Firmenübernahmen einzutreten. Die Ergebnisse meiner Untersuchung werfen jedoch Zweifel auf, ob die weitverbreitete Skepsis gegenüber Neugründungen berechtigt ist. Aus Abbildung 3 geht hervor, daß Joint Ventures zwar genauso riskant sind wie Akquisitionen, Neugründungen jedoch nicht. Obendrein machen erfolgreiche Konzerne oft die besten Erfahrungen mit neugegründeten Geschäftseinheiten, so etwa 3M, Procter & Gamble, Johnson & Johnson, IBM und United Technologies. Wenn ein Unternehmen die interne Kapazität für Start-ups hat, kann eine Neugründung sicherer und billiger sein als die Integration einer zugekauften Firma. Das zeigen im übrigen auch die Erfahrungen der Japaner.

Aus den Untersuchungsergebnissen geht ferner hervor, daß keine der vier Diversifikationsstrategien funktioniert, wenn die Branchenstruktur miserabel oder die Umsetzung schlecht ist, gleich, wie eng die Beziehungen der akquirierten Unternehmensteile zum Stammgeschäft sind. Xerox kaufte sich beispielsweise in Nachbarbranchen ein, wo die Marktstrukturen so schlecht waren, daß das Know-how des Kopiergeräteherstellers nicht ausreichte, die Implementationsprobleme durch zusätzliche Wettbewerbsvorteile wettzumachen.

1.1.6 Ein Aktionsprogramm

Um die Prinzipien einer Konzernstrategie in erfolgreiche Diversifikation umzusetzen, muß ein Unternehmen zunächst vorurteilslos seine bestehenden Geschäftseinheiten analysieren und sich fragen, welchen Wert der Konzern hierzu beisteuert. Nur so kann es verstehen lernen, was gute Diversifikation ist und wie bei künftigen Akquisitionen, Joint Ventures und Neugründungen zu verfahren ist. Der folgende Maßnahmenkatalog liefert konkrete Hinweise für eine solche kritische Selbstprüfung.

1.1.6.1 Die Beziehungen zwischen bestehenden Geschäfts-
einheiten bestimmen

Ein Unternehmen, das eine Konzernstrategie entwickeln will, sollte in einem ersten Schritt alle Möglichkeiten von Know-how-Transfer und Aufgabenzentralisierung ausloten. Die Muttergesellschaft wird dabei nicht nur Wege finden, um Wettbewerbsvorteile bestehender Konzerntöchter zu verbessern, sondern auch neue Diversifikationschancen entdecken. Selbst wenn der Konzern feststellt, daß es an sinnvollen Beziehungen in seinem Portfolio fehlt, ist dies eine wichtige Erkenntnis, denn dann muß sich die Muttergesellschaft fragen, ob sie eine Wertschöpfung durch den Konzern nachweisen kann oder ob eine grundlegende Sanierung not tut.

1.1.6.2 Die Kernbereiche des Unternehmens auswählen, die das
Fundament der Konzernstrategie bilden sollen

Erfolgreiche Diversifikation beginnt mit der Analyse, welche Geschäftseinheiten die Basis für eine Konzernstrategie abgeben können. Solche Kernbereiche zeichnen sich dadurch aus, daß sie zu einem attraktiven Markt gehören, das Potential dauerhafter Wettbewerbsvorteile aufweisen, strategisch relevante Berührungspunkte mit anderen Geschäftseinheiten haben und Know-how für die Diversifikation liefern können.

Das Unternehmen muß zunächst sicherstellen, daß die Kernbereiche auf einem soliden Fundament stehen, indem es für ein erstklassiges Management sorgt, die Strategie auf den globalen Wettbewerb ausrichtet oder neue Technologien einführt. Meine Untersuchung zeigt, daß eine geographische Ausweitung bestehender Tätigkeitsbereiche, sei es durch Akquisitionen, Joint Ventures oder Neugründungen, eine beträchtlich geringere Desinvestitionsquote zur Folge hat als die Diversifikation in neue Produktmärkte.

Die Muttergesellschaft muß sich dann entschlossen jener Geschäftseinheiten entledigen, die nicht zum Kernbereich zählen. Damit werden Ressourcen freigesetzt, die sich anderswo gewinnbringender nutzen lassen. In einigen Fällen mag dies bedeuten, eine Geschäftseinheit sofort zu liquidieren; in anderen wird es ratsam sein, die Tochtergesellschaften optisch aufzuputzen und auf günstige Marktbedingungen oder einen besonders begierigen Käufer zu warten.

1.1.6.3 Horizontale organisatorische Mechanismen schaffen, um Beziehungen zwischen Kernbereichen zu erleichtern und die Grundlage für künftige Diversifikationsvorhaben zu legen

Das Topmanagement kann strategische Verknüpfungen zwischen Geschäftseinheiten anregen, indem es herausstreicht, wie wichtig die innerbetriebliche Zusammenarbeit ist, Tochtergesellschaften organisatorisch zusammenfaßt, die bestehenden Anreize diesem Ziel anpaßt und ein starkes Gefühl einer gemeinsamen Unternehmensidentität aufbaut.

1.1.6.4 Diversifikationschancen verfolgen, die gemeinsame Wertschöpfungsaktivitäten erlauben

Das Modell 4 der Konzernstrategie ist das reizvollste, vorausgesetzt, das Unternehmen erfüllt alle drei Diversifikationskriterien. Die Muttergesellschaft sollte alle Wertschöpfungsaktivitäten im Stammgeschäft durchleuchten, die hierfür in Frage kommen, wie etwa ein leistungsstarkes Vertriebsnetz oder Produktionstechnik auf Weltniveau. So können neue potentielle Geschäftsfelder gefunden werden. Neugründungen haben bei dieser Strategie gegenüber Akquisitionen den Vorteil, daß die Integrationsprobleme im allgemeinen geringer sind.

1.1.6.5 Diversifikation durch Know-how-Transfer anstreben, wenn die Möglichkeiten für gemeinsame Wertschöpfungsaktivitäten begrenzt oder ausgenutzt sind

Unternehmen können diese Strategie am besten mit Akquisitionen verwirklichen; es ist jedoch auch möglich, mit Neugründungen zu arbeiten, wenn die

Wertschöpfung mit Gastlichkeit

Die amerikanische Hotel- und Restaurantkette Marriott ging aus einem Speiselokal in Washington, D.C. hervor. Da ein großer Teil des Umsatzes mit dem Außer-Haus-Verkauf an hungrige Flugpassagiere des nahegelegenen National Airport gemacht wurde, beschloß der Inhaber, in das Luftfahrt-Catering einzusteigen. Da war es nur konsequent, später auch die Versorgung von Betriebskantinen zu übernehmen. Der nächste Schritt bestand im Aufbau einer Kette von familienfreundlichen Restaurants. Schließlich wagte Marriott den Sprung in die Hotel-Branche. Die nächsten Stationen: Restaurants, Snack-Bars und Ladengeschäfte in Flughäfen. In jüngster Zeit versucht sich das Unternehmen auch an der Veranstaltung von Kreuzfahrten und der Vermittlung von Pauschalreisen sowie an Freizeitparks, Gourmet-Restaurants, Billig-Motels und Senioren-Wohnanlagen.

Bei der Diversifikation in neue Geschäftsfelder konnte Marriott stets die Erfahrung aus der Gastronomie nutzen. Die Küchen der verschiedenen Marriott-Betriebe verwenden über 6000 standardisierte, auf Karteikarten festgehaltene Rezepte; auch die Arbeitsabläufe im Hotelgeschäft sind weltweit genormt und bis ins letzte Detail in dickleibigen Handbüchern dokumentiert. Ein einheitliches Beschaffungs- und Verteilsystem für Lebensmittel versorgt über neun Regionalzentren alle Betriebe des Konzerns, mit dem Ergebnis, daß Marriott im Restaurantbereich eine um 50 Prozent höhere Rendite einfährt als alle anderen Hotelketten. Obendrein hat das Unternehmen eine eigene Immobilienabteilung, die bei der Akquisition von Grundstücken sowie beim Entwurf und beim Bau neuer Hotels wirkungsvoll die Möglichkeiten eines Weltkonzerns einsetzen kann.

Bei Marriotts Diversifikationsprojekten befinden sich Akquisitionen und Neugründungen in einem ausgewogenen Verhältnis. Der Eintritt in einen neuen Markt wird, je nach den vorhandenen Möglichkeiten, bestimmte Aufgaben zu zentralisieren, mit neu gegründeten Tochtergesellschaften oder der Übernahme kleiner Firmen begonnen. Beim nächsten Schritt, der geographischen Expansion des neuen Geschäftsfeldes, stehen dann Akquisitionen im Vordergrund; Unternehmensteile, die nicht zum Kernbereich der übernommenen Tochtergesellschaft gehören, werden abgestoßen.

Trotz der durchweg erfolgreichen Diversifikationsstrategie mußte Marriott 36 Prozent aller Akquisitionen und Neugründungen veräußern oder liquidieren. Als Fehlschläge erwiesen sich vor allem die neuen Geschäftszweige Gourmet-Restaurants, Freizeitparks, Kreuzfahrten und Pauschalreisen, da es Marriott hier nicht gelang, die im Stammgeschäft gesammelten Erfahrungen sinnvoll einzusetzen. Mit standardisierten Rezepten kann man natürlich keine Feinschmecker gewinnen, und Kreuzfahrten und Freizeitparks, wo phantasievolle Unterhaltung geboten werden muß, verlangen andere Managementfähigkeiten als diszipliniert geführte Hotels und Billig-Restaurants. Das Reisegeschäft hatte einen schlechten Start, da Marriott hier in Konkurrenz zu einem wichtigen Kunden seiner eigenen Hotels geriet und dort außerdem keinen verwertbaren Know-how-Vorsprung oder die Möglichkeit zu einer wirksamen Zusammenarbeit mit anderen Tochtergesellschaften der Hotelkette finden konnte.

bestehenden Geschäftseinheiten relevantes Know-how besitzen, das sich leicht übertragen läßt.

Diese Strategie ist aufgrund der schärferen Bedingungen relativ riskant. Wegen der hohen Erfolgsungewißheit sollte ein Unternehmen es nach Möglichkeit vermeiden, allein auf Know-how-Transfer zu setzen. Besser ist es, dieses Diversifikationskonzept nur als Schritt hin zur Strategie 4 zu betrachten. Das Ziel besteht darin, ein Bündel miteinander verwobener und sich gegenseitig stützender Geschäftseinheiten aufzubauen. Strategische Logik gebietet, die Renditeerwartungen für einen Vorstoß in Neuland nicht allzu hoch anzusetzen.

1.1.6.6 Ein Sanierungskonzept verwirklichen, wenn das Management hierfür hinreichend qualifiziert ist und/oder keine aussichtsreichen Chancen für die Strategien 3 oder 4 bestehen

Entdeckt ein Konzern schlecht geführte Unternehmen und kann er für die zugekauften Tochtergesellschaften angemessene Managementkapazitäten und Ressourcen abstellen, dann ist eine Reorganisationsstrategie durchaus sinnvoll. Doch je effizienter die Kapitalmärkte sind und je aktiver die Märkte für Unternehmen, desto stärker verlangt die Sanierungsstrategie eine geduldige Suche nach geeigneten Akquisitionskandidaten; statt dessen können wir heute einen erbitterten Wettlauf beobachten, so viele faule Äpfel wie möglich einzusammeln. Sanierung kann (wie bei Loew's) eine dauerhafte Strategie sein oder ein Weg, ein Portfolio von Geschäftseinheiten aufzubauen, das den Übergang zu einer anderen Konzernstrategie gestattet.

1.1.6.7 Gewinne an die Aktionäre ausschütten, damit die Anteilseigner die Rolle des Portfoliomanagers übernehmen können

Dividenden zu zahlen ist im Zweifelsfall besser, als auf einem schwankenden Fundament zu diversifizieren. Steuerliche Überlegungen, mit denen viele Unternehmen den Verzicht auf Gewinnausschüttungen begründen, sind kaum ein legitimer Grund, um sich in neue Geschäftsfelder vorzuwagen, wenn die Muttergesellschaft nicht überzeugend darlegen kann, daß sie gewinnbringend zu diversifizieren weiß.

1.1.6.8 Eine klare Unternehmensidentität schaffen

Eine von allen Teilen des Konzerns gemeinsam empfundene Unternehmensidentität ist ein guter Weg, um das Aktionärsvermögen zu mehren. Eine stimmige Unternehmensidentität trägt dazu bei, die Tätigkeit der Geschäftseinheiten zu koordinieren und ihre gegenseitigen Beziehungen auszubauen; ebenso kann sie bei der Wahl neuer Geschäftsfelder Hilfestellung leisten. Die Nippon Electric Company (NEC) liefert mit ihrem Firmenmotto »Computers and Communications« (C&C) hierfür ein eindrucksvolles Beispiel. Damit gelingt es NEC, die Geschäftsbereiche Computer, Halbleiter, Telekommunikation und Unterhaltungselektronik miteinander zu verschmelzen.

Allerdings kann ein Unternehmen hier sehr leicht auf dem Holzweg landen. CBS wollte beispielsweise ein Unterhaltungskonzern werden und kaufte wahllos eine Gruppe von Unternehmen zusammen, die auf die eine oder andere Weise mit Freizeitgestaltung zu tun hatten. Der Medienriese stürzte sich Hals über Kopf in die Märkte Spielzeug, Heimwerkerbedarf, Musikinstrumente, Sport und Stereoanlagen. Dieses Konzept klingt vielleicht auf den ersten Blick ganz vernünftig, doch CBS hätte besser daran getan, genauer hinzuhören. Denn in keinem der neuen Geschäftsfelder gab es die leiseste Chance für Know-how-Transfer oder gemeinsame Wertschöpfungsaktivitäten mit Schwestergesellschaften oder dem Stammgeschäft von CBS – Rundfunk, Fernsehen und Schallplatten. Fast alle akquirierten Unternehmensteile wurden schließlich wieder abgestoßen – und zwar meist mit beträchtlichem Verlust. CBS, das Unternehmen mit dem schlechtesten Diversifikationsprogramm in meiner Erhebung, hat das Aktionärsvermögen, das der Konzern durch seine starke Leistung im Funk- und Schallplattengeschäft geschaffen hat, zu einem großen Teil wieder vernichtet.

Der Übergang von der Wettbewerbs- zur Konzernstrategie ist das ökonomische Gegenstück zum Aufstieg auf den Mount Everest. Der Fehlschlag so beklagenswert vieler Diversifikationsvorhaben spiegelt die mißliche Tatsache wider, daß die meisten Mischkonzerne sich sträflich wenig Gedanken darüber machen, welche Leistungen sie dann tatsächlich zur Performance ihrer Tochtergesellschaften beisteuern. Eine Konzernstrategie, die wirklich die Wettbewerbsvorteile von Geschäftseinheiten verbessern hilft, ist die beste Verteidigung gegen Firmenhaie und feindselige Übernahmen. Mit entschlossener Konzentration auf die drei eingangs genannten Diversifikationskriterien und einer klar formulierten Konzernstrategie können diversifizierende Unternehmen weit bessere Resultate erzielen, als das heute die Regel ist.

FRIEDRICH HOFFMANN

1.2. So wird Diversifikation zum Erfolg*

---

* © HARVARDmanager, Heft IV/89, S. 52–58.

Aufbauend auf der Untersuchung von Michael Porter aus dem Jahre 1987 über Diversifikationsprojekte US-amerikanischer Unternehmen bin ich dem Schicksal vergleichbarer Vorhaben deutscher Unternehmen nachgegangen. Der Harvard-Experte hatte seinerzeit die Diversifikationsaktivitäten von 33 amerikanischen Großfirmen in der Zeit zwischen 1950 und 1986 überprüft und dabei festgestellt, daß die Mehrzahl dieser Firmen den größten Teil der zugekauften oder neugegründeten Geschäftseinheiten beziehungsweise Tochtergesellschaften später wieder veräußert hatte. Insbesondere Akquisitionen in völlig neue Geschäftsfelder, das heißt in nicht verwandte Produkte, waren zu über 60 Prozent wieder abgestoßen worden. Auch eine in den USA und Großbritannien durchgeführte Untersuchung der Unternehmensberatungsgesellschaft McKinsey stellte fest, daß von 116 Akquisitionen nur 27 zum Erfolg führten[1].

Mit meiner Studie sollten nicht nur neue Erkenntnisse über verschiedene Diversifikationsstrategien und deren Ergebnisse gewonnen, sondern auch Unterschiede und Gemeinsamkeiten zwischen deutschen und amerikanischen Unternehmen herausgearbeitet werden. Zu diesem Zweck entwickelten wir einen Fragebogen, dessen Konzeption sich an Porters Vorgehensweise orientierte. 135 der größten deutschen Unternehmen unterschiedlicher Branchen (100 Industrieunternehmen, 11 Versicherungsgesellschaften, 12 Banken, 12 Handelsunternehmen) wurden – mit Blick auf die Jahre von 1960 bis 1987 – um Auskünfte zu Diversifikations- und Erwerbsart sowie Zielen und Erfolgen der angestrebten Strategien ersucht. 80 Unternehmen sandten den Fragebogen ausgefüllt zurück, 54 erklärten sich darüber hinaus mit der Veröffentlichung ihres Namens einverstanden (siehe Liste). 28 Firmen wollten den Fragebogen nicht beantworten, wobei acht doch immerhin die Ablehnungsgründe explizit angaben, was diese Absagen für die Auswertung von Nutzen sein ließ. Aus allem ergab sich eine Quote von auswertbaren 65 Prozent.

Der Gefahr, aufgrund dieses Vorgehens den Erfolg verschiedener Strategien zu optimistisch einzuschätzen, bin ich mir durchaus bewußt. Daher verstehe ich meine Ergebnisse auch eher als Tendenzaussagen, als einen Diskussionsbeitrag, in dem Meinungen von Managern diversifizierter Unternehmen wiedergegeben und resümiert werden.

1.2.1 Stammgeschäft und Geographie

Klar zeigt sich, daß sich etwa 72 Prozent der befragten Unternehmen bei ihren Diversifikationen an ihr Stammgeschäft anlehnten und hauptsächlich den Weg in verwandte Produktbereiche wählten; nur 22 Prozent diversifizierten ausdrücklich in nichtverwandte Bereiche. In Zukunft sollte dieser Trend noch wachsen: 90 Prozent der Unternehmen wollen dann in angestammte Geschäftsfelder investieren, nur etwa zehn Prozent in nichtangestammte Bereiche (siehe Abbildung 1).

Was die geographische Dimension angeht, so läßt sich festhalten, daß jeweils über die Hälfte der Unternehmen sowohl europaweit wie auch weltweit höchst

---

(1) Vgl. Coenenberg/Sautter, Unternehmensakquisitionen, 1988, abgedruckt in diesem Band.

aktiv sind. Zukünftig muß auch hier mit einem Anstieg der Engagements gerechnet werden – kaum verwunderlich angesichts der bevorstehenden Integration des europäischen Marktes 1993 und einer generell zunehmenden Globalisierung der Märkte. Tendenziell werden die Geschäftsbeziehungen in Europa jedoch stärker ausgeweitet als weltweit (siehe Abbildung 2).

1.2.1.1 Diversifikation durch Akquisition

Auffällig ist die Zunahme von Unternehmenskäufen innerhalb der vergangenen acht Jahre. Diversifizierten bis 1980 noch weniger als 40 Prozent durch Akquisitionen, so antworteten auf die Frage, wie die Entwicklung seit 1980 verlaufen sei, mehr als die Hälfte der Unternehmen (55 Prozent), daß sie in steigendem Maße diesen Weg wählen; in Zukunft möchten sogar 60 Prozent darauf setzen. Diese Entwicklung bestätigt das Zahlenmaterial des Bundeskartellamtes: Wurden 1973 nur 34 Unternehmenszusammenschlüsse registriert, so waren es 1980 schon 635 und 1987 bereits 887. Mit 1128 Zusammenschlüssen im Jahre 1988, bei denen weit über 50 Milliarden Mark bewegt wurden, hat dieser Trend seinen vorläufigen Höchststand erreicht.

Die Gründe für diese immer höheren Zahlen scheinen auf der Hand zu liegen. So sind nach dem wirtschaftlichen Tief im Jahre 1982 die Eigenfinanzierungsmittel der Unternehmen wieder deutlich angewachsen, und man weiß ja, daß in der Bundesrepublik für Beteiligungskäufe viel seltener Fremdkapital verwendet wird als in den USA. Darüber hinaus sind viele deutsche Unternehmen – gemessen an internationalen Standards – noch zu klein, um gleich europa- und weltweit erfolgreich agieren zu können.

Akquisitionen spielen sowohl bei der Diversifikation in verwandte wie nichtverwandte Produktbereiche eine Rolle, besonders wenn es darum geht, entsprechendes Know-how oder Marktanteile in Europa zu kaufen.

1.2.1.2 Diversifikation durch Joint Ventures

Diese zweite Möglichkeit, sich in neuen Märkten und Produktbereichen zu betätigen, fällt offenbar weitaus weniger ins Gewicht; durchschnittlich beteiligten sich nicht einmal zehn Prozent der Unternehmen an Joint Ventures. Von starker Bedeutung sind sie im internationalen Geschäft: Auf diese Weise diversifizieren etwa 14 Prozent der Unternehmen weltweit in hohem und sehr hohem Maß, primär in verwandten Produktbereichen.

Seit 1980 haben Gemeinschaftsunternehmen generell zugenommen, und dieser Anstieg wird sich wohl künftig noch fortsetzen: Etwa ein Drittel der befragten Unternehmen plant, verstärkt durch Joint Ventures zu diversifizieren.

1.2.1.3 Diversifikation durch eigene Neugründungen

Hat ein Unternehmen die interne Kapazität für solche Neugründungen, so können sich diese als billiger und auch erfolgreicher erweisen als die Integration akquirierter Unternehmen. Das gilt insbesondere bei Diversifizierung in verwandte Produktbereiche, wo – die Untersuchung zeigt es – weltweit eigene Gründungen dominieren. (40 Prozent der Befragten etablierten so in aller Welt neue Firmen.)

Der Tendenz nach nahmen in der Zeit ab 1980 eigene Neugründungen in nichtverwandte Produktbereiche zu, in verwandte hingegen ab. Diese Entwicklung entspricht einer schrumpfenden Risikobereitschaft bei den in fremde Produkte diversifizierenden Unternehmen, vermutlich die Folge schlechter Akquisitionserfahrungen. In Zukunft ist eher damit zu rechnen, daß die Zahl eigener Neugründungen stagniert.

1.2.2 Voraussetzungen erfolgreicher Diversifikation

Mit Porter habe ich primär drei unternehmensexterne Bedingungen unterschieden, die für den Erfolg zwar nicht hinreichend, aber doch notwendig sind: Die für eine Diversifikation ausgewählten Branchen

☐ müssen *strukturell attraktiv* oder vom Erwerber so beeinflußbar sein, daß sie attraktiv werden können;

☐ die *Markteintrittskosten* müssen *unter dem Barwert zukünftiger Gewinne* liegen;

☐ und es müssen *Synergiepotentiale* vorhanden sein, die zu echten Wettbewerbsvorteilen führen.

Übertriebener Optimismus im Hinblick auf potentielle Synergien, günstige Eintrittskosten oder akute Wachstumszahlen verleiten leicht dazu, strukturelle Marktschwächen zu ignorieren. Freilich gaben sich hier die befragten Unternehmen sehr selbstsicher: 80 Prozent sind überzeugt, die *Marktattraktivität* sowie die Beeinflußbarkeit des neuen Marktes gründlich überprüft zu haben.

Die Einschätzung langfristiger Gewinnpotentiale, vor allem in Relation zu den *Markteintrittskosten*, fiel bei den befragten Managern noch optimistischer aus. Nahezu 90 Prozent meinten, hier solide Arbeit geleistet zu haben. Zu den Bestandteilen der Markteintrittskosten gehören dabei nicht nur die – oftmals weit über dem Buchwert liegenden – Kaufpreise und die zu überwindenden strukturellen Markteintrittsbarrieren, sondern auch Kostenelemente, die sich unter den Begriff *Integrationskosten*[2] subsumieren lassen. Solche Kosten fallen an, weil zum Zweck der Realisierung von Synergiepotentialen Aufgabengebiete abgestimmt und zusammengelegt und die damit verbundenen Personalausgaben für Umsetzung, Schulung, Entlassung und Abfindung aufgebracht werden müssen; sie entstehen sowohl beim Akquisiteur wie beim akquirierten Unternehmen. Schließlich sind Planungs- und Abrechnungssysteme, Führungskonzepte und Entgeltsysteme einander anzugleichen, um wirklich Integration und damit einheitliche Steuerung und Führung der Teilbereiche zu gewährleisten. In diesem Prozeß zählen auch unternehmensspezifische Werte und Normen sowie ein zunächst voneinander abweichendes Selbstverständnis der Neuvermählten.

---

(2) Vgl. Krüger, Management von Akquisitionsobjekten, 1988.

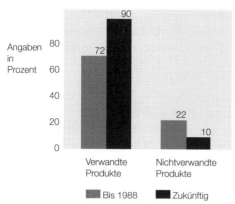

* Mehrfachnennungen möglich

Abb. 1:   Produktstrategien*

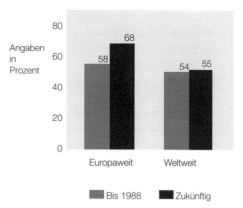

* Mehrfachnennungen möglich

Abb. 2:   Geographische Ausdehnung*

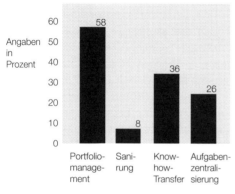

* Mehrfachnennungen möglich

Abb. 3:   Konzernstrategien*

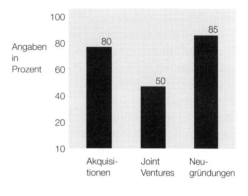

* Mehrfachnennungen möglich

Abb. 4:   Diversifikationserfolge

Synergieeffekte nehmen innerhalb einer erfolgreichen Diversifikationsstrategie eine Schlüsselstellung ein, sie stellen eine unverzichtbare Erfolgsvoraussetzung dar. Diversifikation ist nur sinnvoll, wenn sich beide Seiten langfristigen und nicht nur einmaligen Nutzen auf Gegenseitigkeit bieten können. Auch hier spiegelt die Untersuchung positive Tendenzen wider: So sind 74 Prozent der befragten Manager der Überzeugung, sie hätten potentielle Wettbewerbsvorteile aufgrund von Synergieeffekten in hohem und sehr hohem Maß vorab abgeklärt; nur etwa 15 Prozent geben zu, potentielle Synergien kaum bedacht zu haben.

1.2.3 Diversifikation als Teil der Konzernstrategie

Ob bestimmte Produkt-Markt-Strategien als sinnvoll beziehungsweise erfolgversprechend gelten dürfen, hängt in entscheidendem Maß davon ab, wie gut sie sich in eine konsistente Konzernstrategie einfügen. Ebenfalls in Anlehnung

37

an Porter habe ich zwischen vier Konzernstrategien unterschieden, denen diversifizierende Unternehmen folgen können: Portfoliomanagement, Sanierung, Know-how-Transfer und Aufgabenzentralisierung (siehe Abbildung 3).

1.2.3.1 Portfoliomanagement

Diese am weitesten verbreitete Konzernstrategie wandten etwa 58 Prozent der Unternehmen in hohem beziehungsweise sehr hohem Grade an; unwichtig ist hier, ob dabei konzentrisch (Erweiterung vorhandener Geschäftsbereiche) oder konglomerat (Einstieg in nichtverwandte Produktbereiche) vorgegangen wurde. 64 Prozent der Unternehmen, die in verwandte Produkte, und 60 Prozent der Unternehmen, die in nichtverwandte Produkte diversifizierten, verfahren so.

Zahlreiche Probleme können mit Portfoliomanagement direkt in Verbindung gebracht werden, etwa die Fähigkeit, laufend trotz zunehmend effizienterer Kapitalmärkte gute und gleichzeitig unterbewertete Unternehmen aufzufinden, die dem Anleger die Möglichkeit eröffnen, selbst effizienter und erfolgreicher zu diversifizieren. Oder man denke an die steigende Komplexität der Unternehmen aufgrund zahlreicher unabhängiger Geschäftseinheiten. Daher ist zu fragen, inwieweit Portfoliomanagement überhaupt dann Sinn macht, wenn es darum geht, Synergiepotentiale zu erschließen. Schließlich lassen sich Synergien nur realisieren, sofern es zwischen den einzelnen Teilbereichen des Konzerns ausreichend Berührungspunkte gibt, die eine enge Kooperation ermöglichen. Obendrein müssen auch Wunsch und Wille zu einer engen Zusammenarbeit vorliegen. Autonome Geschäftsbereichsstrategien im Rahmen des Portfoliomanagements können die Leistung des Gesamtunternehmens und seine Marktstellung womöglich eher gefährden als erhöhen.

1.2.3.2 Sanierung

Ein Unternehmen, das via Diversifikation eine Sanierungsstrategie verfolgt, wird wenig entwickelte oder akut bedrohte Unternehmen zu übernehmen trachten, die nicht unbedingt in der Nähe des eigenen Stammgeschäfts operieren müssen; es greift aktiv in das Tagesgeschäft der Neuerwerbungen ein, reorganisiert, wechselt gegebenenfalls das Management aus und veräußert nicht benötigte Betriebsteile, um die tatsächlichen Akquisitionskosten zu vermindern. Die wenigsten – nur etwa sieben Prozent – der befragten Unternehmen betreiben allerdings eine derartige Strategie.

Die Probleme ähneln denen beim Portfoliomanagement. So muß das aufkaufende Unternehmen zunächst in der Lage sein, unterbewertete Unternehmen beziehungsweise unerkannte Marktchancen, die langfristige Wettbewerbsvorteile mit sich bringen, ausfindig zu machen. Darüber hinaus steht die Fähigkeit auf der Probe, zugekaufte Unternehmen erfolgreich zu sanieren. Dies wird vor allem schwierig, wenn es sich um Unternehmen mit nichtverwandten Produkten handelt.

1.2.3.3 Know-how-Transfer

Beide bisher genannten Strategien sehen nur eine eher lockere Verbindung zwischen Akquisiteur und akquiriertem Unternehmen vor und lassen somit wichtige Bestandteile erfolgreicher Diversifikation, wie zum Beispiel die Realisierung von Synergiepotentialen, weitgehend unbeachtet. Im Mittelpunkt der Strategien jedoch, mit denen Know-how-transferiert oder Aufgaben zentralisiert werden sollen, steht eine enge Anbindung der Teilbereiche, um Wettbewerbsvorteile einzelner Geschäftseinheiten für den gesamten Konzern nutzbar zu machen. Ob diese Strategien zum Erfolg führen, hängt in entscheidendem Maß davon ab, ob Synergiepotentiale erkannt und im Sinne übergeordneter Ziele tatsächlich genutzt werden können. MAN-Roland-Chef Helmut Wohland zeigt sich hier überzeugt, daß es nicht reicht, dem jeweils anderen nur von den Vorzügen des Verbundes zu erzählen, vielmehr müsse man ein Gefühl von gemeinsamer Vaterschaft erzeugen: Synergien gelte es vorzuleben. Die Strategie des Know-how-Transfers wurde von rund einem Drittel der befragten Unternehmen in hohem und sehr hohem Maß angewandt. Über die Hälfte von ihnen diversifizierte dabei in verwandte Produktbereiche, geographische Unterschiede und räumliche Distanzen spielten keine Rolle. So strebten jeweils mehr als 50 Prozent der europaweit und weltweit diversifizierenden Unternehmen einen solchen Transfer von Know-how an.

1.2.3.4 Aufgabenzentralisierung

Hiernach sollen einzelne Teilbereiche der Unternehmen bestimmte Tätigkeiten gemeinsam wahrnehmen. Sämtliche betriebliche Funktionen kommen in Frage, beispielsweise gemeinsame Beschaffung, Produktion oder Distribution. Aufgrund der daraus resultierenden niedrigen Kosten und der Möglichkeiten einer erhöhten Produktdifferenzierung erlaubt diese Strategie die Realisierung von Wettbewerbsvorteilen.

Chancen zum Kostenabbau ergeben sich auf unterschiedliche Weise: Zunehmende Größe senkt anteilige Fixkosten und läßt die Nutzung von Lern- und Erfahrungskurveneffekten zu; eine erhöhte Kapazitätsauslastung gewährt deutliche Skalenvorteile; geringere Transaktionskosten können zu Kapitalmarktvorteilen führen[3]. Eine erhöhte Produktdifferenzierung kann beispielsweise durch ein gemeinsames Bestell- und Auftragsabwicklungssystem oder ein gemeinsam genutztes Kundendienstnetz verwirklicht werden.

Häufig erfordert Aufgabenzentralisierung eine grundlegende Reorganisation – auf sämtlichen Hierarchieebenen. Unter Umständen verursacht das immense Kosten und verlangt – ähnlich wie auch bei der Realisierung von Know-how-Transfer, jedoch in noch größerem Umfang – die unbedingte Bereitschaft der einbezogenen Geschäftseinheiten zu kooperieren und Kompromisse einzugehen. Das bedeutet freilich Verzicht auf die Praxis, lediglich bereichsbezogene Eigeninteressen zu verfolgen und statt dessen das Vertreten von Zielen, die das

---

(3) Vgl. Bühner, Strategie und Organisation, 1985.

Gesamtunternehmen betreffen. Die Grenzen dieser Strategie werden erreicht, sobald die Kompromißkosten infolge einer suboptimalen Realisierung von Bereichszielen die Effizienz der Geschäftseinheiten in einem Ausmaß reduzieren, die die Wettbewerbsfähigkeit des gesamten Unternehmens eher schwächt denn stärkt.

Aufgabenzentralisierung läßt sich sowohl mit Unternehmensakquisitionen als auch mit eigenen Neugründungen durchführen. Letztere sind in der Regel leichter in den Verbund integrierbar, da sich bereits bei der Konzeption der neuen Tochter jene Funktionsbereiche und ihr organisatorischer Aufbau berücksichtigen lassen, die gemeinsame Aufgaben mit der Muttergesellschaft wahrnehmen sollen. Die Befragung ergab, daß jeweils ein Drittel der Aufgabenzentralisierung verfolgenden Unternehmen in verwandte und nichtverwandte Produktbereiche diversifizierten.

Nur etwa zehn Prozent der Unternehmen lag dabei an einer europaweiten Diversifikation, weltweit sogar nur weniger als zehn Prozent. Dies legt den Schluß nahe, daß eine Zentralisierung gemeinsamer Aufgaben (vorerst noch) hauptsächlich von Unternehmen mit geringer geographischer Ausdehnung beabsichtigt wird, von Unternehmen also, deren Geschäftätigkeiten sich primär innerhalb eines engeren Wirtschafts- und Kulturkreises bewegen. Anscheinend wird diese Strategie um so schwieriger, je unterschiedlicher die Märkte und Kulturen sind, in denen sich die einzelnen Geschäftseinheiten betätigen. Dieses Problem vermag der zunehmende, weltweite Einsatz von Informations- und Kommunikationstechniken zwar zu mindern, jedoch nicht völlig zu beseitigen. Eine klare Identifikation der Mitarbeiter mit dem Unternehmen und seinen definierten Zielen, eine von allen Unternehmensangehörigen getragene Unternehmenskultur sowie das Schaffen von Anreizen, um gemeinsame Ziele zu erreichen, stellen deshalb sicherlich eine notwendige unternehmensinterne Voraussetzung dar für einen weltweiten Erfolg dieser Strategie.

1.2.4 Diversifikationserfolg

Diversifikation kann als erfolgreich gelten, wenn die neuen Unternehmensbereiche im Verbund verbleiben und nicht bereits nach kurzer Zeit wieder abgestoßen werden. Daran gemessen waren die Diversifikationsmaßnahmen der deutschen Unternehmen größtenteils als Erfolg einzustufen: 80 Prozent behielten ihre durch Akquisitionen erworbenen neuen Geschäftsbereiche oder Tochtergesellschaften in ihrem Portfolio – bei eigenen Neugründungen sogar 85 Prozent. Die gegründeten Joint Ventures wurden, soweit überhaupt als Diversifikationsart von Bedeutung, etwa zur Hälfte gehalten (siehe Abbildung 4).

Worauf ist dieser Erfolg zurückzuführen? Teilweise hat das wohl damit zu tun, daß die eingangs genannten Diversifizierungsvoraussetzungen gründlich geprüft wurden. Zudem diversifizierte die Mehrzahl der Unternehmen primär in angestammte Geschäftsbereiche. Synergieeffekte ließen sich am ehesten durch eine Konzentration auf verwandte Produktbereiche erzielen, da die kulturelle und technische Integration neuer Einheiten bei einem hohen Verwandtschaftsgrad nun einmal begünstigt wird. Dagegen erlaubt eine geographische

Ausdehnung des angestammten Geschäfts den diversifizierenden Unternehmen vor allem eine rasche Erhöhung des Absatzvolumens, mit positiven Effekten auf die Amortisationszeit von Investitionen, insbesondere in der Forschung und Entwicklung.

1.2.5 Probleme der Diversifikation

Im Rahmen der Studie wurden die Unternehmen auch zu konkreten Problemen bei der Umsetzung ihrer Diversifikationsstrategien befragt. Wie zu erwarten, bildete die Integration der akquirierten oder neu gegründeten Geschäftseinheiten in die Muttergesellschaft eines der am schwierigsten zu überwindenden Erfolgshindernisse. 43 Prozent der Unternehmen gaben sich überzeugt, daß die Integrationswiderstände mit zunehmender Entfernung vom Stammgeschäft sowie mit zunehmender geographischer Distanz zur Muttergesellschaft wachsen und folglich bei einer weltweiten Diversifikation in nichtverwandte Produkte am größten sind. (Tendenziell sind die Integrationsprobleme aufgrund geographischer Entfernung größer als diejenigen, die aus einer Diversifikation in nichtangestammte Geschäftsfelder herrühren.)

Kulturbedingte Unterschiede schlagen nachhaltig zu Buche, das zunehmende Interesse an internationalen Management-Trainingsprogrammen unterstreicht das nur. Denn hier soll kein technisches oder wirtschaftliches Fachwissen vermittelt, sondern Gesellschaft, Geschäftswelt und Kultur fremder Länder untersucht werden, um herauszufinden, wie Erwartungen, Motivationen,

---

An der Untersuchung beteiligte Unternehmen

Adam Opel AG	Deutsche Genossenschafts-Hypothekenbank AG	Osram GmbH
Akzo/Enka AG	Deutsche Lufthansa AG	Porsche AG
Allianz AG Holding	Deutsche Shell AG	Preussag AG
Aral AG	Esso AG	PWA Papierwerke
Bayer AG	Feldmühle Nobel AG	Waldhof-Aschaffenburg AG
Bayerische Hypotheken- und Wechselbank AG	Gedelfi Großeinkauf GmbH + Co. KG	Raab Karcher AG
Bayerische Motorenwerke AG	Gehe AG	Reemtsma GmbH
Bayerische Vereinsbank AG	Gerling Konzern Versicherungsgesellschaften	Rheinmetall Berlin AG
BayWa AG	HDI-Haftpflichtverband der Deutschen Industrie WaG	Robert Bosch GmbH
BBC Brown Boveri AG	Heraeus Holding GmbH	Rütgerswerke AG
Beiersdorf AG	Hoechst AG	R + V Allgemeine Versicherung AG
Bertelsmann AG	Hoesch AG	Saarbergwerke AG
Bosch-Siemens Hausgeräte GmbH	Kaufhof AG	Schenker & Co. GmbH
Carl Freudenberg	Linde AG	Siemens AG
Colonia Versicherung AG	MAN AG	Volksfürsorge Lebensversicherung AG
Daimler-Benz AG	Merck oHG	Volkswagen AG
Degussa AG	Mobil Oil AG	Wintershall AG
Deutsche Babcock AG		Zahnradfabrik Friedrichshafen AG
Deutsche Bank AG		Zeiss Ikon AG

Verhalten und Anschauungen sich von denen zu Hause und im eigenen Unternehmen unterscheiden. Ein solches Einfühlen in fremde Sprach- und Kulturräume soll letztlich Verständnis für andersartige Lebensweisen und -philosophien wecken und mögliche Vorurteile abbauen.

Gegenüber dem Vorhaben Portfoliomanagement scheinen mir Integrationsschwierigkeiten jedoch kein logisches Argument zu sein. Diversifiziert ein Unternehmen nämlich gemäß dieser Vorgabe, so kommt es auf intensive Integration der Unternehmensteilbereiche primär nicht an. Die betonte Feststellung von Diskrepanzen läßt eher auf eine Mißinterpretation von Portfoliomanagement schließen.

Unzureichende Vertrautheit mit neuen Märkten stellt über die Hälfte der Unternehmen vor große Probleme. Und die unzureichende Anpassungsfähigkeit der Kultur des Stammhauses ist für rund 40 Prozent der Unternehmen eine ernste Hürde vor erfolgreicher Diversifikation. Am wenigsten fallen kulturelle Anpassungsschwierigkeiten ins Gewicht bei Diversifikation in verwandte Produktbereiche, denn vertraute Produktkulturen wirken sich hier positiv aus. Auch ein zunehmendes europäisches und weltweites Engagement kommt der kulturellen Flexibilität des Stammhauses zugute und fördert damit letztlich den Erfolg einer Diversifikationsstrategie. Rund 80 Prozent der Unternehmen urteilen, daß sich kulturelle Anpassungsschwierigkeiten generell am ehesten abbauen lassen, wenn sie sich auf strategische Entwicklungen langfristig vorbereiten und ihre Kulturen daraufhin neu überdenken. Dagegen glauben elf Prozent, kulturbedingte Probleme würden sich durch die Hinzunahme neuer Subkulturen von selbst lösen.

Die ungenügende Anpassungsfähigkeit der Organisationsstruktur des Stammhauses ist für etwa ein Drittel der Unternehmen problematisch. Der Grad der Schwierigkeiten ist dabei analog zu unternehmenskulturellen Aspekten zu sehen und nimmt mit steigender Diversifikation in nichtverwandte Produktbereiche sowie wachsender geographischer Ausdehnung zu. Etwa 60 Prozent der Unternehmen meinen daher auch, durch eine Änderung der Organisationsstruktur im Zuge der strategischen Entwicklung zur Lösung organisatorischer Probleme beizutragen.

Voraussetzung ist allerdings wiederum die kulturelle Aufgeschlossenheit der Mitarbeiter gegenüber diesen Veränderungen. Der sprunghafte Anstieg von Reorganisationsmaßnahmen in großen Unternehmen innerhalb der zurückliegenden acht Jahre – 83 Prozent der befragten Unternehmen haben seit 1980 ihre Organisationsstruktur geändert, vor allem hin zu Holdingstrukturen – unterstreicht das Bemühen, Diversifikationsstrategien organisatorisch vorzubereiten. Problematisch bleibt indes die teilweise mangelnde Fähigkeit der Menschen, insbesonders auch der Führungskräfte, sich an neue Produkte und Märkte anzupassen. Eine Integration der verschiedenen Teilbereiche erschwert diese Trägheit erheblich, ein ernstzunehmendes Problem für ein Viertel der Unternehmen.

1.2.6 Deutsche und amerikanische Erfahrungen

Die berichteten Untersuchungsergebnisse lassen einige interessante Vergleiche mit der Porter-Studie zu. Am auffälligsten ist der relativ hohe Erfolgsanteil gelungener Diversifikationsprogramme bei den deutschen Unternehmen. Unterschiede in der Produkt-Markt-Strategie, der Erwerbsart neuer Teilbereiche sowie der Überprüfung notwendiger Voraussetzungen erfolgreicher Diversifikationen helfen, diese unterschiedlichen Erfolgsbilanzen zu verstehen.

1.2.6.1 Produktdiversifikation

Im Gegensatz zu amerikanischen Unternehmen diversifizierten deutsche Firmen weit mehr in verwandte Branchen und Produktbereiche als in nichtverwandte.

Offenbar sahen sie hier die besten Möglichkeiten, zu einer zügigen und kostengünstigen Realisierung von Know-how-Transfer beziehungsweise Aufgabenzentralisierung zu kommen. Auch Porter war ja darauf gestoßen, daß gerade jene Unternehmen erfolgreich abgeschnitten hatten, die in erster Linie in verwandte Produktbereiche diversifizierten.

1.2.6.2 Marktdiversifikation

Porter bescheinigte Unternehmen, die eine geographische Ausdehnung bestehender Produkt- und Tätigkeitsbereiche anstrebten, eine geringere Desinvestitionsquote als solchen, die in neue Produkte auffächerten. Meine Untersuchung kann dieses Ergebnis nur festigen: Deutsche Unternehmen haben nach dem Maßstab Geographie gut diversifiziert.

1.2.6.3 Erwerbsart neuer Teilbereiche

Die amerikanischen Unternehmen mit den erfolgreichsten Diversifikationsprogrammen hatten – weit überdurchschnittlich – viele Neugründungen und Joint Ventures in ihrem Portfolio. Diesen Befund von Porter bestätigt meine Studie: Gerade in verwandte Geschäftsfelder diversifizierten deutsche Unternehmen reichlich durch viele eigene Neugründungen, und seit 1980 nehmen auch Joint Ventures zu.

1.2.6.4 Überprüfen der Voraussetzungen erfolgreicher Diversifikation

Sowohl beim Überprüfen der Marktattraktivität und dem Abschätzen langfristiger Erfolgspotentiale als auch bei der realistischen Einschätzung potentieller Synergieeffekte gingen US-amerikanische Unternehmen entweder nur sehr oberflächlich vor oder ließen dies überhaupt vermissen – wohl in der Hoffnung, die neuerworbene oder gegründete Tochtergesellschaft werde sich schon irgendwie integrieren lassen. Meine Untersuchung zeigt, daß deutsche Unternehmen zumindest mit diesen erfolgsentscheidenden Kriterien gründlicher umgehen und bei Unklarheiten gegebenenfalls eher auf eine zunächst lockende Diversifikation verzichten.

2. Kapitel
Konzeptionelle Grundlagen der Unternehmensbewertung

ADOLF MOXTER

2.1. Die Bedeutung der Grundsätze ordnungsmäßiger Unternehmensbewertung*

---

* Erstmals erschienen in: ZfbF, 32. Jg. 1980, S. 454–459.

2.1.1 Das Problem

Die Grundsätze ordnungsmäßiger Unternehmensbewertung – im folgenden kurz GoU genannt – sind zu verstehen als ein System anerkannter betriebswirtschaftlicher Normen der Unternehmensbewertung: Die GoU bestimmen die bei Unternehmensbewertungen »erforderliche Sorgfalt« im Sinne des § 276 Abs. 1 Satz 2 BGB.

Es ist umstritten, ob es GoU im gerade skizzierten Sinne bereits gibt, ja sogar, ob es sie jemals wird geben können: Der Einwand liegt nahe, daß die Besonderheiten der Materie, vor allem die unaufhebbare Diskrepanz zwischen den bei Unternehmensbewertungen verfügbaren und den wünschenswerten Informationen (die »Unsicherheit«), jedem Normierungsversuch Hohn sprechen müssen. Es ist außerdem umstritten, ob die Wissenschaft die GoU verbindlich zu prägen vermag, oder ob die GoU – wenn man überhaupt von solchen sprechen will – der (Mehrheits-)Übung der Unternehmensbewerter gleichzusetzen sind: Orientieren sich die Gerichte an der Wissenschaft, so mag die Gefahr drohen, daß zur Norm erhoben wird, was gar nicht praktikabel ist, oder was sonst auf falschen Prämissen beruht; bei einem Abstellen auf die Mehrheitsübung kann nicht ausgeschlossen werden, daß die Interessen der Unternehmensbewerter (statt der Interessen der von Unternehmensbewertungen Betroffenen) normprägendes Gewicht erhalten. Umstritten sind drittens nahezu alle Einzelgrundsätze der Unternehmensbewertung: vom Verbot der Substanzwertberücksichtigung bis hin zu den Kapitalisierungsprinzipien.

2.1.2 Die Schutzfunktion der GoU

1. GoU dürfen nicht verwechselt werden mit schematischen Anweisungen, die »richtige« Bewertungen *garantieren* oder jedenfalls gewährleisten sollen, daß verschiedene Unternehmensbewerter ungefähr gleich hohe Unternehmenswerte ermitteln. Regeln dieser Art, wie sie in der nichtwissenschaftlichen Literatur offen propagiert werden, haben mit GoU nichts gemein. Zwar läßt sich verstehen, daß mancher Unternehmensbewerter, des ewigen Hin und Her von Gutachten, Gegengutachten, Ober- und Oberstgutachten müde, von solchen Patentlösungen träumt; doch ist die Materie zu kompliziert, um derartige Vereinfachungen zuzulassen. Das bedeutet nicht, daß Komplexitätsreduktionen, sogar drastische Komplexitätsreduktionen, ausgeschlossen wären: Das Problem besteht darin, unvermeidbare Komplexitätsreduktionen möglichst »wertneutral« vorzunehmen, genauer gesagt, jenes Optimum zu finden, das einen tolerierbaren Kompromiß zwischen den Interessen potentieller Käufer bzw. Verkäufer und dem Vereinfachungserfordernis darstellt.

Die derzeit bekannten GoU bilden nicht etwa ein abgeschlossenes, »fertiges« System von Regeln: Das Problem der optimalen Komplexitätsreduktion ist noch nicht umfassend gelöst; die sehr intensive Forschung in diesem Bereich führt ständig zu peripheren und eines Tages vielleicht auch zu ganz zentralen Korrekturen. Ärgerlicherweise läßt hier, wie überall in der Wissenschaft, ein gelöstes Problem mehrere neue entstehen, und man übertreibt kaum mit der These, daß schon heute die offenen Probleme zahlreicher sind als die gelösten.

Wer diesen Stand der Forschung zum Anlaß bzw. zum Vorwand nimmt, zu bezweifeln, daß wir bereits über GoU verfügen, der muß solche Skepsis z.B. auch auf die »anerkannten Regeln der ärztlichen Kunst« und auf die »Grundsätze ordnungsmäßiger Buchführung« ausdehnen.

Die gerade skizzierte »Vorläufigkeit« von GoU veranlaßt, sie mit Umsicht zu formulieren und anzuwenden, nicht etwa, auf sie zu verzichten; denn die Beachtung der derzeit geltenden GoU verhindert immerhin einige grobe, leider zum Teil noch immer anzutreffende Fehler bei der Unternehmensbewertung. Wiederum mag die Parallele zur Medizin hilfreich sein: Auch wenn wir nicht alle Interdependenzen zwischen den Determinanten des Unternehmenswertes differenziert beschreiben können, so ist unsere Einsicht doch ausreichend, um Scheindeterminanten des Unternehmenswertes als solche erkennen zu können. Mit den Scheindeterminanten des Unternehmenswertes ist es ähnlich bestellt wie mit fragwürdigen Therapien: Wie die Medizin mit hinreichender Wahrscheinlichkeit angeben kann, daß gewisse Therapien kontraindiziert sind (und andere effektlos), so läßt sich von bestimmten Bewertungsgrößen sagen, daß sie entweder zu schwerwiegenden und ganz systematischen Verfälschungen des Unternehmenswertes führen oder jedenfalls der Willkür, dem Zufall dort Raum geben, wo man bereits über bessere Einsichten verfügt.

2. Es wäre übertrieben und deshalb falsch zu behaupten, GoU hätten die Funktion, die von Unternehmensbewertungen Betroffenen vor den Unternehmensbewertern zu schützen. Immerhin wird man bedenken, daß die Materie äußerst schwierig ist, daß Bewertungsgutachten bei den Betroffenen sehr weitgehende Vermögensverschiebungen auslösen können, und daß nach der Lebenserfahrung jeder Berufsstand seine schwarzen Schafe hat: Die Gefahr besteht hier in der Inkompetenz, aber, eng damit verbunden, auch in der Korruption; es gibt viele Formen von Bestechlichkeit, darunter solche, die fast nicht wahrgenommen werden: GoU können den einen oder anderen Unternehmensbewerter etwas stabilisieren. Zwar wird dieser Stabilisierungseffekt beeinträchtigt dadurch, daß sich die Ertragsschätzungen, also die Annahmen über Wahrscheinlichkeitsverteilungen künftiger (Rein-)Erträge, nicht unmittelbar normieren lassen: Dem unehrenhaften Unternehmensbewerter bleibt jedenfalls insofern ein gewisser Ermessens- und damit Mißbrauchsspielraum; doch besteht ein (in der Praxis keineswegs als selbstverständlich empfundener) GoU gerade darin, die angenommene Wahrscheinlichkeitsverteilung der künftigen Erträge zu begründen. Von einem solchen Erläuterungszwang kann eine erhebliche Präventivwirkung ausgehen; denn hier wird Inkompetenz sichtbar.

Es wäre freilich lebensfremd, an einen Parteigutachter allzu strenge Anforderungen hinsichtlich der Unparteilichkeit zu stellen. Klüger ist es, auf dieser Basis zustande gekommene Gutachten nicht zum Nennwert zu nehmen: Ein Parteigutachten kann kein Schiedsgutachten ersetzen, gleichgültig, welchen Berufseid der Unternehmensbewerter geleistet haben mag. Das gilt um so mehr, als nach den GoU streng zu trennen ist zwischen dem Unternehmenswert (»Grenzpreis«), der für einen ganz bestimmten potentiellen Käufer oder Verkäufer maßgeblich ist, und dem Unternehmenswert, der als Ausgleich der Interessen von Käufer und Verkäufer dienlich sein kann (»fairer Einigungspreis«, »Schiedspreis«). Wenn ein (kleiner) Teil der Praxis demgegenüber an der heute als falsch erkannten Einheitskonzeption (»objektiver Unternehmenswert«, »Wert des Unternehmens an sich«) festhält, so zeigt das nur, wie wichtig die Durchsetzung der GoU gegen in ihrer Routine erstarrte Teile der Praxis sein kann. Auch die versteckte Orientierung an der alten Einheitskonzeption, nämlich die generelle Zugrundelegung des Unternehmens »wie es steht und liegt«, ist unvertretbar, vor allem nicht zwingend aus dem Erfordernis der Komplexitätsreduktion zu begründen: Die Entscheidung über Art und Ausmaß der Komplexitätsreduktion darf nicht unabhängig von den Verkäuferinteressen erfolgen; die Beispiele dafür, daß GoU notfalls gegen die Interessen der Unternehmensbewerter durchgesetzt werden müssen, sind Legion.

3. GoU haben nicht zuletzt eine Schutzfunktion gegenüber dem Unternehmensbewerter selbst: Es mag ihn geben, den sich grenzenlos erdreistenden, so beschränkt-dilettantischen wie verschlagen-bösartigen und infolgedessen vor sich selbst zu schützenden Unternehmensbewerter; erfolgversprechender ist freilich der Schutz des bescheiden-kenntnisreichen, bei unendlicher Sorgfalt doch von tausend Skrupeln geplagten Unternehmensbewerters. Diesen gilt es vor enervierenden Auseinandersetzungen über die »im Verkehr erforderliche Sorgfalt« zu bewahren: Gehäuft auftretende Kunstfehlerprozesse sind doch wohl auch in diesem Bereich nur noch eine Frage der Zeit. Ungefestigte GoU, Widersprüche zwischen verbreiteter Lehre und praktischer Übung, würden Kunstfehlerprozesse geradezu provozieren.

2.1.3 Überblick über wichtige GoU

1. Die heute geltenden GoU können hier, aus Raumgründen, nicht erschöpfend abgeleitet bzw. erörtert werden. Es mag genügen, die Kernsätze anzuführen und die Wandlung, die diese Kernsätze gegenüber älteren Interpretationen erfahren haben, herauszustellen: Die heute geltenden GoU beruhen auf Einsichten in die Determinanten des Unternehmenswertes, die erst nach dem letzten Weltkrieg gewonnen wurden. Zwar gibt es in der allgemeinen ökonomischen Theorie, insbesondere der Kapitaltheorie, ein bedeutend älteres gedankliches Fundament der modernen Bewertungslehre, doch eben nur ein Fundament, und kein umfassendes Theoriegebäude. Daß dieses Gebäude dann zügig errichtet wurde und heute die GoU zu bestimmen vermag, muß man in neidvoller Bewunderung in erster Linie Münstermann und seinem Schülerkreis (vor allem Busse von Colbe und Sieben) zuschreiben.

Die Bedeutung der heute geltenden GoU liegt im wesentlichen darin, den gerade erwähnten Einsichten zum umfassenden Durchbruch in der Praxis zu verhelfen: Die Praxis orientiert sich zum Teil noch an einer »Theoriestufe«, die heute überwunden ist, nämlich an den Arbeiten von Schmalenbach und Mellerowicz. So verdienstvoll diese Arbeiten zu ihrer Zeit waren, so unbefriedigend erscheinen sie heute: Es handelt sich im wesentlichen um die systematisierendbeschreibende Wiedergabe von in der Praxis anzutreffenden Bewertungsverfahren; die moderne Theorie dagegen entwickelt aus der Einsicht in die Zusammenhänge zwischen Bewertungsaufgaben und Bewertungsnormen selbst Bewertungsverfahren.

2. Basis der neuen Lehre und zugleich grundlegender GoU ist die Aufgaben-

orientierung: Bewertungsverfahren müssen aufgabenadäquat sein; eine sorg-fältige Aufgabenanalyse hat jeder Normenauswahl voranzugehen. Aus der Aufgabenorientierung ergeben sich unterschiedliche Konzeptionen des Unter-nehmenswertes und infolgedessen unterschiedliche Normensysteme; es ist also gerade nicht so, daß die GoU die Vielfalt praktischer Verhältnisse unberück-sichtigt ließen: Eine Bewertung etwa für steuerliche Zwecke (»Einheitsbewer-tung«) darf nicht nach den gleichen Grundsätzen erfolgen wie eine Bewertung, die den für einen potentiellen Unternehmenskäufer geltenden maximalen Kaufpreis (dessen »Verhandlungsgrenze«) bestimmen soll.

Einheitsbewertungen erfordern einen sehr hohen Objektivierungsgrad; sie müssen nach dem Grundsatz der Einzelbewertung erfolgen: Hier hat der »Sub-stanzwert« (die Summe der Teilwerte der einzelbewertbaren Wirtschaftsgüter) nach wie vor seinen Platz; wo diese Voraussetzung strikter Objektivierung nicht gegeben ist, widerspricht es den GoU, den Substanzwert offen oder ver-steckt heranzuziehen. Es ist dieses Substanzwertverbot, dessen Begründung (kraß wertverzerrend statt möglichst wertneutraler Komplexitätsreduktion) heute im Schrifttum niemand mehr wiederholen mag, und das dennoch in der Praxis eine zwar kleine, aber erbittert-verbitterte Gegnerschaft hat. Da die Mehrheit der (deutschsprachigen) Unternehmensbewerter den Substanzwert heute aufgegeben hat, dürften es weniger berufsständische Interessen sein, gegen die die GoU insoweit durchzusetzen sind; es deutet vieles darauf hin, daß (mindestens auch) grundlegende Mißverständnisse vorwalten. Diese Mißver-ständnisse einiger Praktiker beginnen, wie oft, mit einem schwindelerregend unklaren Sprachgebrauch (»Substanzwert« wird als eine Art begrifflicher Joker benutzt; der Ausdruck steht für »Teilreproduktionswert«, »Vollreproduktions-wert«, »Liquidationswert«, »Vermögen«, »Kapital«, eine Art »Normalertrags-kraft« und selbstverständlich auch für eine nicht näher definierte »Substanz« schlechthin); auf dieser Basis haben sich dann einige wenige (aber nicht ganz einflußlose) Praktiker einen nicht weiter überraschenden Theorie-Galimathias erstellt.

3. Der Grundsatz der Gesamtbewertung (Ertragswertermittlung) schließt eine Fülle von Untergrundsätzen ein. Besonders wichtig ist insoweit, daß man sich von den die Bewertungsaufgaben verkennenden Vorstellungen über den »Gewinn« (Reinertrag) gelöst hat: Gedankliche Basis ist heute der Zahlungs-strom, den der Unternehmenseigner (Anteilseigner) aufgrund seines Engage-ments zu erwarten hat; diese These konkretisiert sich in einer ganzen Reihe von technischen Einzelnormen, die nicht zuletzt berücksichtigen, daß der zu erwar-tende Zahlungsstrom unsicher ist: Alle Prognosetechniken haben nur die Be-deutung, die anzusetzende Wahrscheinlichkeitsverteilung von Erträgen etwas plausibler zu machen, nicht etwa »Sicherheit« dort zu schaffen, wo es der Natur der Sache nach nur Risiken und Chancen geben kann. Eine Grundnorm lautet deshalb: Unsicherheit, also das Vorhandensein von Risiken und Chancen, schließt einen »nachhaltigen« Gewinn aus. Die Praxis tut sich freilich noch etwas schwer, diesen Widerspruch überhaupt zu sehen, geschweige denn, den nachhaltigen Gewinn durch eine (vereinfachte) Wahrscheinlichkeitsverteilung von Gewinnen oder durch eine dieser äquivalenten Gewinngröße zu ersetzen. Wiederum ist freilich zu berücksichtigen, daß dort, wo streng objektivierte

Unternehmensbewertungen erforderlich sind, die Gewinnberechnungen extrem vereinfacht erfolgen müssen; doch selbst hier darf ein »nachhaltiger« Gewinn nur als »fiktiv-nachhaltiger« Gewinn verstanden werden. Das ist mehr als Übersorgfalt im Sprachgebrauch: Mit »Nachhaltigkeit« wird, indirekt, »Sicherheit« behauptet; wenn man jedoch unsichere Gewinne (eine Wahrscheinlichkeitsverteilung von Reinerträgen) in sichere Gewinne umrechnet (einen, wie die Theorie sagt, »sicherheitsäquivalenten« Gewinn bestimmt), so muß das nach wohlüberlegten Regeln erfolgen. Die Theorie kennt heute solche Regeln; die Praxis kennt sie zu einem guten Teil noch nicht: Sie greift ihren »nachhaltigen« Gewinn blind; die Folge sind Bewertungsgutachten, in denen der wertmindernde Einfluß der Unsicherheit rein intuitiv, das heißt nicht hinreichend marktorientiert berücksichtigt wird.

4. Die GoU, die den Kapitalisierungssatz regeln, sind ähnlich vielgestaltig wie die GoU zur Reinertragsermittlung. Ihre Aufgabe besteht im wesentlichen darin, die Vergleichbarkeit von »Zähler« (Reinertrag) und »Nenner« (»Kapitalisierungssatz«) zu sichern; es besteht deswegen eine weitgehende Parallelität, insbesondere hinsichtlich des Unsicherheitsproblems. Man erkennt das deutlicher, wenn man den Nenner nicht in der üblichen Kurzform, das heißt nicht als Kapitalisierungssatz (Zinssatz) ausdrückt, sondern als Verhältnis bestimmter (alternativ erzielbarer) Reinerträge zu deren Preis. Zwar gibt der Zinssatz dieses Verhältnis wieder, doch nur dann in angemessener Form, wenn es sich um den Kapitalmarktzins (»landesüblichen Zins«) handelt. Werden die Reinerträge und Preise anderer Kapitalanlagen zum Vergleich herangezogen, insbesondere die anderer Unternehmen, so verballhornt man den (differenzierten) Sachverhalt, wenn man ihn in einen Kapitalisierungssatz zwingt. Die Praxis nimmt ihre Ausflucht zu oft rein intuitiv gewählten (»gegriffenen«) Zuschlägen und Abschlägen zum Kapitalmarktzins; man kann diese Zu- und Abschläge bei entsprechender Sorgfalt jedoch durchaus marktorientiert wählen.

2.1.4 Zusammenfassung

1. Unternehmensbewertungen erfordern vielfältige Komplexitätsreduktionen; GoU sind zu verstehen als Regeln optimaler Komplexitätsreduktion: Art und Umfang der gewählten Vereinfachungen müssen die Interessen der vom Bewertungsergebnis Betroffenen berücksichtigen, also möglichst »bewertungsneutral« sein; solche Vereinfachungen dürfen das Bewertungsergebnis nicht einseitig beeinflussen.

2. Die GoU definieren, in diesem Bereich, die »im Verkehr erforderliche Sorgfalt« (§ 276 Abs. 1 Satz 2 BGB); die GoU haben also eine Schutzfunktion. Diesen Anspruch darf man nicht mißverstehen: Es ist nicht etwa so, daß die ganz große Mehrheit der Unternehmensbewerter heute der Zuchtrute der GoU bedürfte; diese Mehrheit leistet Vorbildliches (wenn sie auch durch eine etwas unglückliche Hand bei der Auswahl mancher Sprecher, den Studenten nicht unähnlich, dieses Bild nach außen hin gelegentlich empfindlich trübt).

3. Die GoU der Mehrheitsübung gleichzusetzen, bringt die Gefahr mit sich, daß sich die Gerichte statt an der Mehrheitsübung an dem orientieren, was

dafür ausgegeben wird. Hinzu kommt, daß das Nachdenken über die aufgabenadäquaten Bewertungsnormen, die so verstandene Wissenschaft, ein unentbehrliches Korrektiv jeder Mehrheitsübung darstellt: Die Bewertungspraxis wäre ohne dieses Korrektiv von einer gewissen Erstarrung bedroht; auch könnte die Bewertungspraxis versucht sein, in Teilpunkten ihr Eigeninteresse an einer Komplexitätsreduktion um jeden Preis, also gegen die Interessen Betroffener, durchzusetzen. Noch wichtiger ist, daß die Wissenschaft die Unabhängigkeit der Unternehmensbewerter gegenüber gewissen Mandantengruppen zu stärken geeignet ist. Es erscheint jedenfalls zweifelhaft, ob die Mehrheitsübung ohne die verbreitete Überzeugung von der normativen Kraft der Wissenschaft ihren gegenwärtigen Stand überhaupt erreicht hätte.

4. Unternehmensbewertungen werfen gelegentlich noch schwierigere moralische als ökonomische Probleme auf: Der Haß der schwarzen Schafe gegen die GoU hat seine bösen Gründe. Die schwarzen Schafe brauchen »Bewertungsfreiheit«; das Hexen-Einmaleins, das sie für GoU ausgeben, dient nichts anderem.

5. Skepsis gegenüber Behauptungen, irgendeine Regel entspreche den GoU, macht noch niemanden zum schwarzen Schaf, im Gegenteil: Wenn das »Nachdenken« über die aufgabenadäquate Bewertungsnorm die eigentliche »Quelle« der GoU bildet, dann muß jeder Bewertungsvorgang durch solche Skepsis eingeleitet werden.

6. Die Ergebnisse der Wissenschaft können das eigene Nachdenken des Unternehmensbewerters nur zum Teil ersetzen: Der Unternehmensbewerter muß vor allem stets prüfen, ob ein angeblich »allgemeiner« Satz für seinen Fall aufgabenadäquat ist. Auch wird man berücksichtigen, daß selbst der Wissenschaft, in einzelnen Vertretern oder »Schulen«, stets eine gewisse Erstarrung droht. Deshalb sind »Lehrmeinungen« im Kern unmaßgeblich; maßgeblich ist allein das Gewicht der Gründe, die sich dafür anführen lassen, daß eine Regel aufgabenadäquat ist. Auch den Richter enthebt nichts von der Verpflichtung, jedenfalls zu versuchen, dieses Gewicht selbst zu überprüfen.

7. Zum gegenwärtig als hinreichend gesichert anzusehenden Bestand an GoU zählen die Regeln, die sich als Anwendungen allgemeiner betriebswirtschaftlicher Lehrsätze darstellen. Grundlegend ist das aus den Anfängen betriebswirtschaftlicher Forschung stammende Gesamtbewertungsgebot, das heute durch eine Reihe von nicht mehr bestrittenen Einzelgrundsätzen spezifiziert wird.

8. Die unerquickliche Diskussion um die Grenzen der Einzelbewertung (des »Substanzwertes«), die sehr retardierend wirkte, gehört heute der Dogmengeschichte an. Mit der Abkehr vom Substanzwert ist der Weg freigeworden für eine der Natur der Sache entsprechende Lösung des Unsicherheitsproblems: Die Unsicherheit wird nicht mehr durch den Rückgriff auf angebliche »Normalgewinne« und »Normalertragswerte« verdrängt.

9. Die GoU-Forschung konzentriert sich heute darauf, den Einfluß der »Risikoneigung« auf die am Markt für Unternehmen bzw. Unternehmensanteile zustandekommenden Preise zu erfassen: Zwar ist es klar, daß subjektive Unternehmenswerte durch die als solche zu respektierende, oft schwer faßbare individuelle Risikoneigung geprägt sind; doch weiß man noch wenig Verläßliches darüber, wie sich diese individuellen Risikoneigungen zu der (für den Markt-

preis maßgeblichen) »Marktrisikoneigung« aggregieren. Eine voll befriedigende Antwort ist wohl nur in engem Zusammenwirken von Theorie und Praxis zu erlangen: Die Theorie muß sich ihre Empirie erst schaffen (sie schafft sie ständig, man denke etwa an die Verdrängung des Substanzwertes). Es erscheint nicht ausgeschlossen, daß die praktische Bewertungslehre auf diese Weise in absehbarer Zeit einen gewichtigen Teil ihrer Dankesschuld gegenüber der allgemeinen ökonomischen Theorie abzutragen vermag.

10. GoU ändern nichts daran, daß Unternehmensbewertungen zu den schwierigsten betriebswirtschaftlichen Aufgaben gehören: In der Unternehmensbewertung konzentrieren sich fast alle betriebswirtschaftlichen Einzelprobleme; Theorie (Einblick in die betriebswirtschaftlichen Zusammenhänge) und Praxis (intellektuell bewältigte Erfahrung) sind hier im Übermaß erforderlich. Das hat immerhin einen Vorteil: Der gute Unternehmensbewerter fällt durch seine Bescheidenheit auf, der schlechte Unternehmensbewerter durch einen Habitus, der in peinlicher Weise an Molières Ärzte erinnert.

WALTHER BUSSE VON COLBE

2.2. Gesamtwert der Unternehmung*

---

* Erstmals erschienen in: E. Kosiol/K. Chmielewicz/M. Schweitzer (Hrsg.): Handwörterbuch des Rechnungswesens. 2. Aufl. Stuttgart 1981, Sp. 595–606.

2.2.1 Begriff und Funktionen

2.2.1.1 Ertragswert als Zielinhalt des Gesamtwerts

Unter dem Gesamtwert einer Unternehmung ist der Gegenwartswert des zukünftigen Nutzens zu verstehen, den ein Bewertungssubjekt – eine Einzelperson oder eine Organisation (z.B. eine Unternehmung) – einer bestehenden oder geplanten Unternehmung oder einem technisch-organisatorisch abgeschlossenen Gliedbetrieb, dem sich quantifizierte Nutzen zurechnen lassen, als Bewertungsobjekt beimißt. Der zukünftige Nutzen wird am Grad der Zielerreichung der finanziellen und nicht-finanziellen Ziele des Bewertungssubjekts gemessen. Läßt man die nicht-finanziellen Ziele außer acht, so besteht der finanzielle Nutzen des Bewertungsobjekts für das Bewertungssubjekt im zukünftig wahrscheinlich zu erzielenden Geldeinkommen. Der Gesamtwert einer Unternehmung ist somit deren Ertragswert (Zukunftserfolgswert).

Eine weitere Komponente des Unternehmungswertes ist das Risiko, dem der zukünftige Geldeinkommenstrom unterliegt. Im allgemeinen wird man risikoscheues Verhalten unterstellen können; doch sind das Maß und das Ausmaß der Risikoneigung und die Verknüpfung zwischen dem Ertrags- und dem Risikoziel (»Nutzenfunktion«) in der Literatur noch strittig.

Zur Spezifizierung des Zielsystems und des zugrundezulegenden Entscheidungsfelds müssen die verschiedenen *Funktionen,* denen die Ermittlung des Gesamtwertes dienen soll, beachtet werden. Vornehmlich dient er zur Fundierung einer Entscheidung *(Beratungsfunktion),* etwa über den Kauf eines Unternehmens, und einer fairen Einigung *(Vermittlungsfunktion)* bei beschränkter Entscheidungsfreiheit der Parteien. Der Unternehmungswert wird auch der *Besteuerung* nach dem Vermögen zugrundegelegt, was hier aber nicht behandelt wird[1].

Nachdem sich der Gedanke, den Unternehmungswert als Zukunftserfolgswert zu definieren, in der deutschen betriebswirtschaftlichen Literatur seit etwa 1960 mehr und mehr durchgesetzt hatte[2], wird er nun auch in der Praxis der Unternehmungsbewertung[3] kaum noch bestritten. Damit kann der *Substanzwert als Summe der Wiederbeschaffungswerte der einzelnen Vermögensgegenstände abzüglich der Schulden,* dem früher eine große Bedeutung für die Unternehmungsbewertung beigemessen wurde[4], als Wertmaßstab für über-

---

(1) Vgl. Moxter, Stuttgarter Verfahren, 1976, S. 1585–1589.
(2) Vgl. Busse von Colbe, Der Zukunftserfolg, 1957; Jaensch, Unternehmensbewertung ohne Kalkulationszinsfuß, 1966, S. 660–679; Sieben, Bewertung, 1968; Münstermann, Wert und Bewertung, 1970; Matschke, Der Entscheidungswert der Unternehmung, 1975; Moxter, Unternehmensbewertung, 1976 und 1983.
(3) Vgl. IdW, Wirtschaftsprüfer-Handbuch, 1986, S. 1053–1152, und 1992, S. 1–136; Urt. BGH v. 13.3.1978, in: WM 1978, S. 401–406; IDW, HFA 2/1983, Grundsätze zur Durchführung von Unternehmensbewertungen.
(4) Vgl. Bankmann, Der Substanzwert, 1960, sowie Jacob, Ermittlung des Gesamtwertes, 1960, S. 131–147.

wunden angesehen werden. Er hat keinen direkten Bezug zum Zielsystem des Bewertungssubjekts.

2.2.1.2 Der Gesamtwert als Entscheidungswert

Die Ermittlung des Gesamtwerts einer Unternehmung kann dazu dienen, dem Bewertungssubjekt *kritische Entscheidungswerte* anzugeben. Der häufigste Anlaß dazu sind Kauf und Verkauf von Unternehmungen durch das Bewertungssubjekt. Der Verkäufer muß sich für die Verkaufsverhandlungen eine Vorstellung von der *Preisuntergrenze* machen, von der ab für ihn eine Veräußerung überhaupt in Betracht kommt. Dafür muß er einerseits einen Plan entwikkeln für den Fall, daß er die Unternehmung behielte, und die dann zu erwartenden Erfolge abschätzen; andererseits muß er die Verwendung des Verkaufserlöses innerhalb seines Entscheidungsfeldes planen und aus ihr voraussichtlich resultierende Erfolge veranschlagen. Entsprechend hat der Kaufinteressent für die Kaufverhandlungen die *Preisobergrenze* zu ermitteln, bis zu der der Erwerb der Unternehmung für ihn noch vorteilhaft ist. Dazu wird er aufgrund seiner Pläne den Nutzen abschätzen, den er mit dem Bewertungsobjekt erzielen kann, und ihn mit den Erfolgen aus alternativen Kapitalanlagen vergleichen. Für die Ermittlung des Gesamtwertes sind mithin jene Kalküle anzuwenden, die auch für die Investition von Geld in einzelnen Anlagegegenständen gelten.

Die Schätzung des Grades der künftigen Zielrealisation hängt dementsprechend von den individuellen Plänen ab, die das Bewertungssubjekt aufgrund seines Entscheidungsfeldes für die Unternehmung aufgestellt hat. Das Entscheidungsfeld ist die Menge der vom Bewertungssubjekt aufgrund seines Informationsstandes erkannten und ihm zugänglichen Handlungsalternativen – hier insbesondere der Investitions- und Finanzierungsmöglichkeiten – sowohl hinsichtlich der zu bewertenden Unternehmung als auch ohne diese. Der so ermittelte Entscheidungswert *(Grenzpreis)* ist gegebenenfalls noch um Einflüsse zu modifizieren, die von den nicht-finanziellen Zielen des Bewertungssubjekts ausgehen.

2.2.1.3 Gesamtwert als Einigungswert

Der Gesamtwert einer Unternehmung wird auch dann ermittelt, wenn ein *fairer Einigungswert (Arbitriumwert)* zum Interessenausgleich zwischen zwei (oder mehreren) sich gegenüberstehenden Parteien gefunden werden soll[5].

Beispiele dafür sind Auseinandersetzungen zwischen Gesellschaftern und deren Erben, Fusionen sowie Enteignungen nach rechtsstaatlichen Grundsätzen durch die öffentliche Hand und das Ausscheiden von Gesellschaftern nach UmwG und §§ 305, 320 AktG gegen eine angemessene Abfindung. Der Bewerter tritt dann gewöhnlich als neutraler Gutachter auf. Der Arbitriumwert wird als Kompromiß zwischen verschiedenen Entscheidungswerten oder als sogenannter »objektiver« Unternehmungswert zu ermitteln versucht.

---

(5) Vgl. Matschke, Der Arbitriumwert, 1979.

2.2.2 Entscheidungswert

2.2.2.1 Die relevanten Erfolge

Setzt man die Erwirtschaftung von Einkommen als Zielinhalt voraus, so gehen die Auffassungen noch darüber auseinander, wie der relevante Erfolgsstrom für den Bewertungskalkül zu definieren ist:

a) *Ausschüttungen.* Der ökonomische Erfolg einer Unternehmung besteht für deren Inhaber in denjenigen Beträgen, über die er frei verfügen kann. Das sind im Falle von Beteiligungen an Personen- und Kapitalgesellschaften die Gewinne, die voraussichtlich ausgeschüttet werden. Thesaurierte Gewinne sind für die Anteilseigner für die Zeit der Einbehaltung durch die Unternehmung nicht disponibel und so lange für sie kein Bestandteil des Nutzens, den ihnen die Beteiligung stiftet. *Für die Ermittlung des Zukunftserfolgswertes sind somit die künftigen Zahlungen zwischen Investor und Investitionsobjekt* (Gewinnauszahlungen, Kapitaleinlagen und -rückzahlungen) *als relevant anzusehen*[6].

b) *Betriebliche Nettoeinnahmen.* Meist ist es jedoch schwierig, die Gewinnauszahlung an die Unternehmungseigner direkt zu schätzen. Als zweckmäßig kann sich der Umweg über den Zahlungsstrom zwischen Umwelt und Unternehmung erweisen. Man schätzt diejenigen Ein- und Auszahlungen zwischen Unternehmung und Umwelt, die aufgrund der derzeitigen Pläne für die Unternehmung voraussichtlich anfallen werden. Diese Einnahmeüberschüsse werden entweder voll ausgeschüttet – dann hat man bereits die Zahlungen an die Unternehmungseigner – oder z. T. investiert. Die Investitionen werden aber nur dann vorgenommen, wenn der Barwert der aus ihnen vermutlich resultierenden Nettoeinnahmen wenigstens gleich oder höher ist als die Investitionsausgabe. Geht man für die Bewertung von künftigen Nettoeinnahmen aus, so *vernachlässigt man einen etwaigen Kapitalwert der aus den einbehaltenen Nettoeinnahmen finanzierten Investitionen und die daraus resultierenden Auszahlungen an die Unternehmungseigner.* Man erhält mit dieser Rechnung also eine vorsichtig geschätzte Größe für die künftigen Nettozahlungen der Unternehmung an die Eigentümer.

In die Berechnung der betrieblichen Nettoeinnahmen geht auch die *Substanz der zu bewertenden Unternehmung* ein, wenn ein potentieller Käufer den Kauf eines Unternehmens gegen die Errichtung eines Betriebes abwägt. Für die zu bewertende Unternehmung sind auf der Grundlage eines langfristigen Planes alle Betriebs-, Instandhaltungs- und Reinvestitionsausgaben sowie gegebenenfalls Ausgaben für Erweiterungsinvestitionen und Umbauten zu schätzen. Im Extremfall kann dieser Planung ein völlig anderes als das bisher in der Unternehmung laufende Produktionsprogramm zugrunde gelegt werden. Die Ausgaben, die in der zu bewertenden Unternehmung anfallen, werden den Ausgaben gegenübergestellt, die der Käufer für Errichtung und Fortführung eines Betrie-

---

(6) Vgl. Käfer, Bewertung der Unternehmung, 1946, sowie Münstermann, Wert und Bewertung, 1970.

bes aufzubringen hätte. Der Überschuß des Barwertes der Betriebsausgaben (A) und Investitionsausgaben (I) im Falle der Errichtung [B(A, I)$_v$] über den entsprechenden Barwert bei Fortführung der zu bewertenden Unternehmung [B(A, I)$_b$] ist der Wert, den die Substanz der zu bewertenden Unternehmung (S$_b$) für den Käufer verkörpert:

(1) $S_b = B(A, I)_v - B(A, I)_b.$

Substanz substituiert also künftige Ausgaben. Dieser Substanzwert stimmt gewöhnlich nicht mit der Summe der Wiederbeschaffungswerte überein. Wenn die Barwerte der erwarteten durchschnittlichen Einnahmen der zu bewertenden und der alternativ zu errichtenden Unternehmung identisch sind [B(E)$_b$ = B(E)$_v$], so ist der aufgrund der beiden Ausgabenpläne ermittelte Substanzwert zugleich der Unternehmungswert und damit der höchste Preis, den ein Käufer zahlen wird; andernfalls ist die kapitalisierte Einnahmedifferenz bei der Wertermittlung zu berücksichtigen.

c) *Gewinne.* Da die explizite Schätzung zukünftiger betrieblicher Nettoeinnahmen mit erheblichen praktischen Schwierigkeiten und großen Unsicherheiten verbunden ist, werden nach der wohl vorherrschenden Praxis die von der Unternehmung voraussichtlich erzielten Gewinne oder Verluste im Sinne der Differenz zwischen Aufwand und Ertrag der Bewertung zugrundegelegt. Zu diesem Zweck werden gewöhnlich die in den letzten drei bis fünf Jahren erzielten Gewinne und Verluste analysiert, von künftig vermutlich nicht mehr wirksamen Einflüssen bereinigt und unter Beachtung der erwarteten Datenkonstellation und der vom Bewertungssubjekt geplanten Unternehmungspolitik in die Zukunft extrapoliert. In Personenunternehmungen wird der Aufwand um den kalkulatorischen Unternehmerlohn erhöht, soweit dieser für den potentiellen Erwerber oder Veräußerer der Unternehmung Opportunitätskosten darstellt.

d) *Ansatz von Gewinnsteuern.* Wenn der finanzielle Nutzen aus einer Unternehmung – wie dargelegt – aus dem für das Bewertungssubjekt verfügbaren Betrag besteht, so sind grundsätzlich die Erfolge nach Abzug gewinnabhängiger Steuern, insbesondere der Körperschaftsteuer (KSt) und der Einkommensteuer (ESt), für die Unternehmensbewertung relevant. Für die Ermittlung des Barwertes ist dann freilich auch der Zinssatz nach Steuern zu verwenden.

Bei der Bewertung von Kapitalgesellschaften ist die KSt auf die voraussichtlich ausgeschütteten Gewinne jedoch nur insoweit zu berücksichtigen, wie sie nicht auf die ESt des Bewertungssubjektes angerechnet wird. Legt man die Ausschüttungen der Bewertung zugrunde, so sind die Bardividenden um die Steueranrechnungsbeträge zu erhöhen. Die gemäß KStG 1977 nicht anrechenbare erhöhte KSt auf thesaurierte Gewinne ist bei der Kapitalisierung der Nettoeinnahmen oder Gewinne erfolgsmindernd anzusetzen; allerdings sind für die spätere Ausschüttung von vorübergehend thesaurierten Gewinnen die dann eintretende Steuergutschrift und Steueranrechnung zu berücksichtigen. Die Gewinnsteuer des Bewertungssubjektes müßte in Höhe des marginalen Steuersatzes angesetzt werden. Aus Vereinfachungsgründen oder fehlender Zurechenbarkeit wird auch ein durchschnittlicher Steuersatz verwendet, falls nicht aus weiterer Vereinfachung diese Steuern ganz ausgeklammert werden und mit einem Kalkulationszinssatz vor Steuern gerechnet wird.

2.2.2.2 Die Kapitalisierung der Erfolge

Jede Bewertung eines Investitionsobjektes, hier einer Unternehmung, beruht auf einem *Vorteilsvergleich mit alternativen Investitionsobjekten* innerhalb des Entscheidungsfeldes des Bewertungssubjektes, für die die Anschaffungspreise sowie die Höhe der relevanten Erfolge je Periode bekannt sind.

Nach der in der dynamischen Investitionsrechnung üblichen Methode der Erfolgsbewertung werden die für jede künftige Periode t (t = 1, 2, ..., n) geschätzten Erfolge (E_t) der zu bewertenden Unternehmung durch Diskontierung (Abzinsung) mit dem Kalkulationszinsfuß i auf den Bewertungsstichtag zum Barwert (B_b) zusammengefaßt:

$$(2a) \qquad B_b = \sum_{t=1}^{n} E_t \cdot (1 + i)^{-t}$$

Gewöhnlich geht man von einer zeitlich unbegrenzten Existenz des Unternehmens aus. Die künftigen Erfolge können aber nur für einige künftige Perioden (n*) differenziert geschätzt werden. Danach werden durchschnittliche Erfolge ($\bar{E}$) unterstellt[7]. Dann ist der Ausdruck für B_b wie folgt zu modifizieren:

$$(2b) \qquad B_b^* = \sum_{t=1}^{n^*} E_t \cdot (1 + i)^{-t} + \frac{\bar{E}}{i}(1 + i)^{-n^*}$$

Der Kalkulationszinsfuß ist ein pauschaler Ausdruck der Rendite (d.h. der internen Verzinsung) der Investitionsalternativen des Bewertenden. Je höher der Kapitalisierungszinsfuß gewählt wird, um so geringer ist der Barwert der Erfolge.

Benutzt man einen risikofreien Zinssatz, etwa in Höhe des landesüblichen Zinssatzes, für die Kapitalisierung der Erfolge, so impliziert das den Vergleich zwischen der Anlage des Geldes in der zu bewertenden Unternehmung und in festverzinslichen Wertpapieren. Diese Investitionsalternative gehört zwar zu jedem Entscheidungsfeld, doch ist für die Bewertung der Unternehmung die *günstigste Alternativinvestition* relevant. Für den potentiellen Erwerber einer Unternehmung besteht diese gewöhnlich in einer Sachanlage, häufig in der Errichtung einer neuen Unternehmung anstelle des Erwerbs der bestehenden Unternehmung. Die günstigste Alternativinvestition weist bei einer Diskontierung der Erfolge zum landesüblichen Zinssatz einen positiven Kapitalwert (C_v) auf, d.h. einen positiven Barwert der Überschüsse der Einnahmen über die Investitions- und sonstigen Ausgaben. Auf diesen Kapitalwert verzichtet der Erwerber der Unternehmung. Daher sind zur Ermittlung des Gesamtwertes im Sinne der *Preisobergrenze* (W) die Opportunitätskosten in Höhe von C_v vom Barwert der Erfolge der Unternehmung abzuziehen[8].

---

(7) Vgl. UEC, Empfehlung, 1980.
(8) Vgl. Sieben, Der Substanzwert der Unternehmung, 1963.

(2c) $W = B_b - C_v$

Entsprechend muß der Verkäufer der Unternehmung zur Ermittlung der *Preisuntergrenze* vom Barwert der aus seiner Sicht geschätzten Erfolge der Unternehmung den Kapitalwert aus der Anlage des Verkaufserlöses abziehen.

Den Gesamtwert erhält man direkt, wenn man zur Kapitalisierung der Erfolge der zu bewertenden Unternehmung den internen Zinsfuß der günstigsten Alternativinvestition verwendet[9].

2.2.2.3 Berücksichtigung der Ungewißheit

Die Ungewißheit bei der Schätzung der Erfolge der Investitionsalternativen müßte direkt bei der Ermittlung der Erfolge berücksichtigt werden. Dies kann durch die Bildung subjektiver Wahrscheinlichkeitsverteilungen für sie und durch Beachtung der Risikoneigung des Bewertungssubjektes in unterschiedlicher Weise geschehen:

a) *Erwartungswert.* Schätzt man für die m alternativen künftigen Datenkonstellationen die Zeitreihen der Erfolge, diskontiert man sie mit dem risikolosen Zins i und gewichtet diese m verschiedenen Zukunftserfolgswerte mit den subjektiven Wahrscheinlichkeiten (w_j) für die Datenkonstellationen, so erhält man den Erwartungswert (EW) für den Unternehmungswert:

(3) $$EW(B_b) = \sum_{j=1}^{m} B_{bj} \cdot w_j$$

Bei risikoneutralem Verhalten ist der Erwartungswert der Unternehmung der Entscheidungswert für das Bewertungssubjekt.

b) *(μ-σ)-Modell.* Nach dem aus der Portfolio-Theorie bekannten (μ-σ)-Modell wird neben dem Unternehmungs-Erwartungswert [$\mu = EW(B_b)$] dessen Streuung (σ) als Risikomaß herangezogen. Die Entscheidung für den Kauf des Unternehmens oder Realisierung einer anderen Investition ist dann anhand einer Nutzenindifferenzkurve des Wirtschaftssubjekts zu treffen.

c) *Simulationsmodell.* Mit Hilfe der Risikosimulation macht man die Verteilung der Zukunftserfolgswerte unter alternativen Datenkonstellationen sichtbar und stellt sie – z. B. im Risikoprofil – dar. Das Bewertungssubjekt entscheidet dann gleichfalls unter Berücksichtigung seiner persönlichen Risikoneigung[10].

d) *Korrekturmethoden.* In der Praxis wird die Ungewißheit häufig nicht explizit dargestellt, sondern indirekt durch »vorsichtige Schätzung« der Erfolge und/oder die Erhöhung des Kalkulationszinsfußes um »allgemeine Risikozuschläge« vorgenommen. Basis dieses Vorgehens ist meist der landesübliche Zinssatz.

---

(9) Vgl. Münstermann, Wert und Bewertung, 1970.
(10) Vgl. Coenenberg, Monte-Carlo-Simulation, 1970, S. 793–804, in diesem Band abgedruckt.

2.2.2.4 Preisvergleich mit erfolgsäquivalenten Alternativ-investitionen

Die Kapitalisierung der Erfolge setzt einen vollkommenen Kapitalmarkt voraus. Vor allem bei Kapitalbeschränkungen für das Bewertungssubjekt muß der Entscheidungswert einer Unternehmung mit Hilfe eines Investitionsprogramms ermittelt werden. Ein potentieller Käufer würde direkt den Betrag feststellen, den er ausgeben müßte, um alternative Erfolgsträger aus seinem Entscheidungsfeld zu erwerben, die künftig insgesamt dieselben (durchschnittlichen) Erfolge[11] erbringen. Zu diesem Zweck wird zunächst das Investitionsprogramm aufgestellt, das ohne Erwerb der Unternehmung der Zielsetzung des Bewertungssubjektes optimal entspricht; im Falle der Zielsetzung der Einkommensmaximierung ist das das Investitionsprogramm mit den höchsten Periodenerfolgen. Im Spezialfall konstanter und zeitlich unbegrenzt anfallender Periodenerfolge für jedes Investitionsobjekt, Teilbarkeit der Investitionsobjekte und Begrenzung des Investitionsbetrages auf einen gegebenen Betrag, läßt sich das optimale Investitionsprogramm wie folgt bestimmen:

$$(4.1) \qquad \sum_{j=1}^{m} e_j x_j \to \max!$$

$$(4.2) \qquad \sum_{j=1}^{m} p_j \cdot x_j \leqslant K$$

$$(4.3) \qquad x_j \leqslant b_j$$
$$(j = 1, 2, ..., m)$$
$$(4.4) \qquad x_j \geqslant 0$$

In diesem Ansatz bedeutet:

e_j = Erfolg in Geldeinheiten je Einheit der Investitionsalternative j
x_j = Menge der Einheiten der Investitionsalternative j (z.B. Zahl von Gesellschaftsanteilen oder von Pfandbriefen von bestimmtem Nennwert)
p_j = Preis für eine Einheit der Investitionsalternative j
K = zur Investition verfügbarer Betrag
b_j = verfügbare Höchstmenge an Einheiten der Investitionsalternative j.

Die Nebenbedingung 4.2 sichert, daß nicht mehr als der verfügbare Investitionsbetrag ausgegeben wird, und die m Nebenbedingungen 4.3 beschränken den Erwerb von Investitionsobjekten auf die jeweils vorhandene Menge. Die Lösung des Ansatzes führt zu dem optimalen Investitionsprogramm $\{x_j^*\}$ (mit j = 1, 2, ..., m und x_j^*) mit dem maximalen Periodenerfolg E_v^*.

Wenn die Unternehmung in das Investitionsprogramm aufgenommen wird und der Investor sich nicht schlechter als vorher stehen soll, so darf von dem

---

(11) Vgl. Jaensch, Unternehmensbewertung ohne Kalkulationszinsfuß, 1966, S. 660–679; Sieben, Bewertung, 1968.

verfügbaren Kapital höchstens soviel für ihren Erwerb verwendet werden, daß der Erfolg E_v^* nicht unterschritten wird. Der maximale Preis (W) für die zu bewertende Unternehmung mit einem Periodenerfolg von E_b ergibt sich dann nach folgendem Ansatz der Linearplanung:

(5.1) $W \to \max!$

unter den Nebenbedingungen

(5.2) $E_b + \sum_{j=1}^{m} e_j \cdot x_j \geq E_v^*$

(5.3) $W + \sum_{j=1}^{m} p_j \cdot x_j \leq K$

(5.4) $x_j \leq b_j$

$\qquad\qquad\qquad (j = 1, 2, ..., m)$

(5.5) $x_j \geq 0$

Die Summe aus dem Unternehmungserfolg E_b und den Erfolgen aus dem Einsatz des restlichen Geldes in den alternativen Investitionsobjekten darf mithin nicht kleiner als E_v^* sein; das garantiert die Nebenbedingung 5.2. Die Nebenbedingungen 5.3 bis 5.5 entsprechen den Nebenbedingungen 4.2 bis 4.4 unter Berücksichtigung des maximalen Kaufpreises W.

Entsprechende Überlegungen und Ansätze lassen sich für den Verkäufer zur Ermittlung der Preisuntergrenze für den Unternehmungswert formulieren. Für nicht teilbare alternative Investitionsobjekte ist für das optimale Investitionsprogramm durch Anwendung eines geeigneten Algorithmus die Lösung ganzzahlig zu gestalten und die Ganzzahligkeit auch für die Ermittlung des Gesamtwertes zu beachten.

2.2.3 Arbitriumwert

2.2.3.1 Der Arbitriumwert als Schiedswert

Soll ein Unternehmensbewerter als Gutachter neutral zwischen Parteien (z. B. bei Erbauseinandersetzungen) vermitteln, so muß er die Entscheidungsfelder und die daraus abgeleiteten Entscheidungswerte beider Parteien berücksichtigen. Eine Lösung wird nur dann von beiden Seiten als gerecht angesehen werden, wenn sie keinen der Entscheidungswerte verletzt. *Notwendige Bedingung für einen akzeptablen Schiedswert ist die Existenz eines Einigungsbereichs,* d.h. die Preisobergrenze des potentiellen Erwerbers muß über der Preisuntergrenze des Ausscheidenden liegen. Zur Verteilung der Differenz zwischen den Grenzpreisen bedarf es eines interpersonalen Nutzenvergleichs und einer

Konkretisierung der Gerechtigkeitsvorstellung. Eine allgemeingültige Lösung kann es deshalb nicht geben.

Es wird vorgeschlagen, den Arbitriumwert so zwischen den Entscheidungswerten festzulegen,

a) daß der Gesamtgewinn, den die Parteien dadurch erzielen, daß der Arbitriumwert nicht ihrem Grenzpreis entspricht, maximiert wird; das ist dann der Fall, wenn die internen Grenzzinssätze bei Verwendung der Differenzbeträge durch die Parteien übereinstimmen[12]; wobei jedoch fraglich ist, ob diese Zinssätze durch den Gutachter feststellbar sind;

b) daß die Differenz zwischen den Entscheidungswerten im Verhältnis der Entscheidungswerte aufgeteilt wird[13];

c) daß die Grenznutzen beider Parteien aus dem zu verteilenden Betrag gleich sind, wobei eine allgemeingültige Nutzenkurve aus dem Verlauf des durchschnittlichen Einkommensteuersatzes abgeleitet werden soll[14].

2.2.3.2 Der »objektive Unternehmungswert« als Arbitriumwert

Bis etwa 1960 wurde im deutschsprachigen Schrifttum fast durchweg die Ansicht vertreten, das Ziel der Unternehmungsbewertung bestehe darin, den objektiven Tauschwert der Unternehmung zu ermitteln[15]. Es seien für die Bewertung aufgrund normaler Unternehmerdispositionen die normalen Kosten und Erträge zu schätzen. Auf diese Weise finde man einen marktmäßig objektiven Wert, das heißt einen Wert, der für alle Wirtschaftssubjekte der gleiche ist[16]. Inzwischen ist jedoch erkannt worden[17], daß ein in diesem Sinne objektiver Gesamtwert einer Unternehmung in sich widersprüchlich ist: Eine normale Unternehmerdisposition, normale Kosten und Erträge einer Unternehmung lassen sich nicht ermitteln. Für jede Unternehmung gibt es im Hinblick auf den Zielinhalt, aber auch bei gleichem Ziel dann bezüglich der Mittel (Strategien) verschiedene Möglichkeiten der Unternehmungspolitik. Die Entscheidungstheorie hat gezeigt, daß es zugunsten der einen oder anderen Art der Unternehmungspolitik angesichts der stets vorhandenen Ungewißheit über die künftige Datenkonstellation keine allgemeingültige Entscheidungsregel gibt. Den künftigen Datenkonstellationen können, wenn überhaupt, nur subjektive Wahrscheinlichkeiten zugrundegelegt werden. Aber selbst wenn verschiedene Personen die einzelnen Wahrscheinlichkeiten gleich einschätzten, bedürfte es für unternehmungspolitische Entscheidungen noch eines subjektiven Entschlusses darüber, welches Risiko die Unternehmungsleitung einzugehen bereit ist.

---

(12) Vgl. Matschke, Preisfestsetzung, 1969, S. 55–57.
(13) Vgl. Eisenführ, Beteiligungen mit Verbundeffekt, 1971, S. 467–479; Matschke, Arbitriumwert, 1979.
(14) Vgl. Krag, Konfliktbezogene Unternehmungsbewertung, 1975.
(15) Vgl. Jacob, Ermittlung des Gesamtwertes, S. 131–147.
(16) Vgl. Bartke, Erkenntnisobjekt und Zwecke, 1960, S. 266–279.
(17) Vgl. Sieben, Der Substanzwert der Unternehmung, 1963; Jaensch, Unternehmensbewertung ohne Kalkulationszinsfuß, 1966, S. 660–679 sowie Münstermann, Wert und Bewertung, 1970.

Wenn dennoch jüngst – vor allem bei der Ermittlung von Abfindungen einer größeren Zahl ausscheidender Gesellschafter (z.B. bei Umwandlungen, Fusionen) – die Ermittlung eines »objektiven Unternehmungswertes« empfohlen wird[18], so ist damit die Berechnung *typisierter fiktiver Entscheidungswerte*[19] gemeint. So kann ein Entscheidungsfeld konstruiert werden, in dem z.B. von unveränderten Produktions- und Finanzierungsbedingungen der zu bewertenden Unternehmung ausgegangen wird, in dem von Verbundeffekten abstrahiert wird, das Bewertungssubjekt als risikoneutral (Erwartungswertbildung) angesehen wird und in dem als Investitionsalternative nur eine Anlage zum landesüblichen Zinssatz unter Berücksichtigung irgendeines durchschnittlichen Steuersatzes betrachtet wird. *Ein so ermittelter Unternehmenswert kann jedoch nicht als »objektiv« bezeichnet werden, sondern könnte allenfalls als Konvention dienen, die aber leicht die eine Partei benachteiligt.* Der unter 1. genannte Weg, für beide Seiten jeweils ein auf den Fall bezogenes Entscheidungsfeld zu konstruieren, das bei mehreren Personen auf einer Seite aber typisiert werden müßte, führt eher zu einem akzeptablen Arbitriumwert.

---

(18) Vgl. IdW, Wirtschaftsprüfer-Handbuch, 1992; Bartke, Grundsätze ordnungsmäßiger Unternehmensbewertung, 1978, S. 238–250.
(19) Vgl. Bretzke, Prognoseproblem, 1975, sowie ders., Problematik des Objektivitätsanspruchs, 1976, S. 543–553.

GÜNTER SIEBEN

2.3. Wesen, Ermittlung und Funktionen des Substanzwertes als »vorgeleistete Ausgaben«*

---

* Erstmals erschienen in: Sieben, G.: Der Substanzwert der Unternehmung. Wiesbaden 1963, S. 79–97, 1992; um Abschnitt 2.3.4 erweitert.

2.3.1 Der Substanzwert als subjektive, zukunfts-bezogene und global zu ermittelnde Wertgröße

Im betriebswirtschaftlichen Schrifttum wird fast ausnahmslos, wenn auch nicht immer ausdrücklich, der Gedanke vertreten, daß der Substanzwert als eine objektive Wertgröße aufzufassen sei. Demgemäß sehen die Autoren das Ziel der Substanzbewertung in der Ermittlung des Wertes der »Substanz als solcher«. Der geeignetste Maßstab hierfür ist nach herrschender Ansicht die Summe der abgeleiteten Marktpreise der einzelnen in einer Unternehmung gebundenen Vermögensteile. Der Marktzeitwert steht somit im Mittelpunkt der herkömmlichen Betrachtung des Substanzwertes: Er ist der gedankliche und rechnerische Ausgangspunkt für seine Ermittlung. Daraus erklärt sich auch, daß der Substanzwert seither von der Mehrzahl der Autoren nicht nur als eine objektive, sondern darüber hinaus auch als eine statische, also nur von gegenwärtigen Bestimmungsgründen abhängige Wertgröße, definiert wurde. Für ihre Ermittlung mußte entsprechend der Vielzahl der in einem Betrieb zusammengefaßten Vermögensteile eine Fülle von Einzelbewertungen durchgeführt werden: Hierin ist das dritte Kriterium der in der Bewertungsliteratur und der Bewertungspraxis verbreiteten Vorstellung vom Wesen des Substanzwertes zu sehen.

Den Hintergrund dieser Wertvorstellung bildet das Bestreben, der Ermittlung der Kapitalbindung in Betrieben einen möglichst allgemein anerkannten Wertmaßstab zugrunde zu legen. Durch die Anlehnung an die allgemeine Nutzenschätzung des Marktes soll ein Wert gewonnen werden, der für alle an der betreffenden Unternehmung interessierten Parteien gleichermaßen Gültigkeit besitzt.

Tatsächlich liegt dieser Wertgröße jedoch eine Fiktion zugrunde: Sie impliziert die Möglichkeit und Ansicht, die einzelnen Bestandteile der betrieblichen Substanz zum Bewertungsstichtag wieder an ihrem jeweiligen Beschaffungsmarkte zu veräußern. Ein auf solchen Annahmen basierender Substanzwert ist wirklichkeitsfremd und deshalb auch als Grundlage für reale investitionspolitische Überlegungen ungeeignet.

Fällt der Markt aber als Garant eines bestimmten Wertes für die einzelnen Vermögensteile aus, so sind sie nur noch einer subjektiven Bewertung zugänglich; ihre Ergebnisse sind aber auch allein von Belang. Was sollten die an der Bewertung beteiligten Parteien mit einer Wertgröße anfangen, die von allen individuellen Gegebenheiten abstrahiert? Sie ist gedacht, allen zu dienen, beinhaltet aber letztlich für niemanden eine zuverlässige Aussage. Ein Investor, der in Verfolgung eines bestimmten ökonomischen Zieles vor der Alternative Kauf oder Errichtung eines Betriebes steht, fragt nicht nach der anonymen Nutzenschätzung des Marktes; er will vielmehr wissen, welchen Nutzen die vorhandene Substanz speziell für ihn, und zwar in einer gegebenen Lage und zu einem gegebenen Zeitpunkt, verkörpert. Dieser Nutzen äußert sich nicht in einem Konglomerat konditionaler Marktpreise, sondern kommt darin zum Ausdruck, daß dem Investor durch das Vorhandensein von Vermögensteilen entweder künftige Ausgaben ganz erspart bleiben oder doch zumindest ihr

Anfall zeitlich hinausgezögert wird: Substanz substituiert künftige Ausgaben; darauf beruht ihre ökonomische Bedeutung.

Der mit der vorhandenen Substanz verbundene Substitutionseffekt kann für verschiedene Subjekte je nach deren Vorhaben ganz verschieden sein. Beabsichtigt ein Investor beispielsweise, den zum Kauf angebotenen Betrieb zu erweitern, ihn auf andere Produktionsverfahren umzustellen oder gar den Produktionszweck zu ändern, so ist für ihn mit der Übernahme der betrieblichen Substanz sicherlich eine geringere Ausgabeersparnis verbunden, als wenn er die Unternehmung in der gegebenen Form weiterzuführen beabsichtigte. Ausdruck der Ziele des Investors ist dabei das im Alternativfalle neu zu errichtende Vergleichsobjekt. Seine Ausgabereihe bestimmt zusammen mit der Ausgabereihe des Bewertungsobjektes die Höhe des Substanzwertes. Die erforderliche Vergleichbarkeit beider Projekte wird jedoch hier im Gegensatz zur bisherigen Betrachtungsweise nicht durch die Anpassung der Leistungsfähigkeit des Vergleichsobjektes an die des Bewertungsobjektes erreicht; vielmehr wird umgekehrt davon ausgegangen, daß der Investor die Kapazität wie die Zusammensetzung des vorhandenen Produktionsapparates nach der Übernahme seinen Vorhaben entsprechend umgestaltet.

Diese Annahme erscheint dem Verfasser wirklichkeitsnäher als die bisherige. Die Substanzbewertung wird durch sie elastischer; gleichzeitig wird eine Verbindung zur subjektiven Erfolgsbewertung hergestellt, die ebenfalls geplante Änderungen der Betriebsgröße, der Betriebsstruktur und des Betriebszweckes berücksichtigt[1].

Die Gegenüberstellung von Objekt und Vergleichsobjekt auf der Ebene ganzer Betriebe und nicht, wie bisher üblich, auf der einzelner Vermögensteile wird aus verschiedenen Gründen befürwortet: Erstens ist nur auf diesem Wege sichergestellt, daß das Vergleichsobjekt überhaupt als Organismus lebensfähig ist und wirtschaftlich arbeitet, vor allem aber, daß es die tatsächlichen Absichten des Investors widerspiegelt; zweitens kann durch die Einbeziehung aller alternativen Ausgaben die zweifellos schwierige Zuordnung bestimmter laufender Ausgaben zu bestimmten Vermögensgegenständen, wie sie der Einzelleistungsvergleich erfordert, umgangen werden, und drittens gewährleistet allein der totale Ausgabenvergleich, daß wirklich alle Unterschiede in der Ausgabestruktur von Bewertungsobjekt und Vergleichsobjekt bei der Ermittlung des Substanzwertes Berücksichtigung finden. Die globale Bewertungsmethode unterscheidet sich vom Einzelleistungsvergleich nur durch die konsequentere Anwendung der Idee, daß bei der Substanzbewertung nicht nur die Investitionsausgaben, sondern auch die laufenden Ausgaben mitbeachtet werden müssen. Nur sie erlaubt es, bei komplexem Betriebsaufbau verschiedene Produktionsverfahren (z.B. lohnintensive und kapitalintensive) sinnvoll zu vergleichen.

Wird der Substanzwert als vorgeleistete Ausgaben in der geschilderten Form begriffen, trifft keines seiner herkömmlichen Definitionsmerkmale mehr zu: Er kann nicht mehr als eine objektive, gegenwartsbezogene und nach dem Prinzip der Einzelbewertung zu ermittelnde Wertgröße gekennzeichnet werden; viel-

---

(1) Vgl. Busse von Colbe, Der Zukunftserfolg, 1957, S. 15.

mehr ist er als eine subjektive, zukunftsbezogene und global zu bestimmende Wertkategorie aufzufassen.

2.3.2 Der Substanzwert als Differenz der Barwerte alternativer Ausgabereihen

Ehe ein Investor sein Kapital in einer bestimmten Branche anlegt, um mit einer geplanten Kapazität am Markte zu erscheinen, wird er einen Investitionskalkül aufmachen, um zu prüfen, ob es für ihn vorteilhafter ist, eine Unternehmung neu zu errichten oder eine vorhandene Unternehmung käuflich zu erwerben und – falls erforderlich – bis zur vorgesehenen Kapazität zu erweitern. Dazu wird er die alternativen Zahlungsströme beider Projekte ermitteln und daraus deren Zukunftserfolgswerte errechnen. Mit den Barwerten der Ausgabeströme für den Fall der Errichtung und des Kaufs gleich leistungsfähiger Unternehmungen sind aber zugleich die Daten für die Bestimmung des Substanzwertes in der Form vorgeleisteter Ausgaben gegeben. Die Ausgabereihe des Kaufobjektes wird dabei der Berechnung einschließlich eventueller Ausgaben für die Erweiterung oder Umstellung des vorhandenen Produktionsapparates und ausschließlich des Kaufpreises zugrunde gelegt.

Soll mit der Übernahme der Substanz für den Investor überhaupt ein Nutzen verbunden sein, muß der Barwert der Ausgabereihe bei Neuerrichtung höher sein als der Barwert der Ausgabereihe bei Verwendung eines gegebenen Sachapparates. Die Differenz beider Barwerte gibt die Höhe der vorgeleisteten Ausgaben an.

Abgesehen von Unterschieden hinsichtlich der Höhe und der Zusammensetzung der geplanten Ausgaben, weichen die alternativen Zahlungsreihen insbesondere dadurch voneinander ab, daß beim Vergleichsobjekt im Gegensatz zum Bewertungsobjekt sofort größere Investitionsausgaben anfallen. Damit sind aber trotz übereinstimmender Leistungsfähigkeit beider Objekte die alternativen Investitionsvorhaben nur bedingt vergleichbar, da sie einen unterschiedlichen Kapitaleinsatz erfordern. Beschafft der Investor das für die Durchführung der einen gegenüber der anderen Alternative benötigte zusätzliche Kapital auf dem Kreditwege, so müssen zur Herstellung der völligen Parität beider Projekte die Fremdkapitalzinsen mit in die Gegenüberstellung der Ausgaben einbezogen werden. Verfügt er über das zusätzliche Kapital selbst, kann er es bei der Wahl der mit geringerem Kapitaleinsatz verbundenen Alternativen zinsbringend ausleihen; in diesem Falle sind die Ausgaben um die Zinseinnahmen zu kürzen.

Um die folgenden Beispiele zu vereinfachen, wird, wie bei den meisten Wirtschaftlichkeitsrechnungen in der Praxis übrigens auch, unterstellt, »daß der Investor die Möglichkeit hat, zu dem gegebenen Kalkulationszinsfuß beliebige Beträge zu leihen und auszuleihen«[2]. Auf die Notwendigkeit einer zusätzlichen

---

(2) Vgl. E. Schneider, Wirtschaftlichkeitsrechnung, 1957, S. 38. Man kann jedoch auch von der Annahme ausgehen, daß etwaige Mehr- oder Minderausgaben, die sich aus der Finanzierungsweise beider Objekte ergeben, bereits beim Ansatz der laufenden Ausgaben, die neben den Investitionsausgaben beachtet werden müssen, berücksichtigt sind.

Kreditaufnahme oder die Möglichkeit einer zusätzlichen Kreditgewährung braucht dann keine Rücksicht genommen zu werden, da der Barwert einer solchen Finanzinvestition stets gleich Null ist[3].

Für die nachstehenden Untersuchungen sollen daneben noch einige weitere vereinfachende Voraussetzungen gelten:

1. Die Leistungsfähigkeit des Bewertungsobjekts und die des Vergleichsobjekts stimmen in jeder künftigen Periode überein.
2. Die Errichtungsdauer des neuen Betriebes und die Zeit, die für eine eventuelle Erweiterung der vorhandenen Unternehmung benötigt wird, ist gleich Null.
3. Die Lebensdauer beider Objekte ist unendlich.
4. Die Ausgaben zerfallen in Investitionsausgaben und laufende Ausgaben:
    a) Die Investitionsausgaben beinhalten alle Ausgaben für die Beschaffung von betriebsbedingten Anlagegegenständen und eines betriebsnotwendigen Vorrats an Material, Fabrikaten und Geld sowie für den Aufbau der benötigten inneren und äußeren Organisation. Sie fallen jeweils zu Beginn einer Rechnungsperiode an. Schrotterlöse und Abbruchkosten einer jeden Anlage gleichen sich aus. Soweit nichts anderes erwähnt ist, werden die Anlagen stets gleichartig reinvestiert; ihre Anschaffungskosten bleiben unverändert.
    b) Die laufenden Ausgaben enthalten Ausgaben für Personal, Material, Fremdleistungen und Steuern. Sie können nach solchen Ausgaben unterschieden werden, die einzelnen Vermögensgegenständen im Betrieb, und solchen, die nur der Unternehmung als Ganzem sinnvoll zugeordnet werden können (Steuern, Fremdkapitalzinsen, Transportkosten u.ä.). Die laufenden Ausgaben fallen stoßweise am Ende eines jeden Jahres an. Ihre Höhe bleibt, solange sich an der Struktur des Produktionsapparates nichts ändert, Jahr für Jahr gleich.
5. Bewertungsstichtag und Zeitpunkt der Errichtung des Vergleichsobjektes sowie der Übernahme des Bewertungsobjektes sind identisch.

Den anschließenden Berechnungen werden folgende Daten zugrunde gelegt:

SW	=	Substanzwert
K	=	Barwert Ausgabenreihe
J	=	Investitionsausgabe, einmalig
I	=	Investitionsausgabe, wiederholt
B	=	laufende Ausgaben, zuordnungsfähig
A	=	laufende Ausgaben, nicht zuordnungsfähig
n	=	Lebensdauer Anlage, moderner Typ
m	=	Lebensdauer Anlage, alter Typ
t	=	verstrichene Nutzungsdauer

---

(3) Ist ein Kredit in Höhe von K Geldeinheiten mit Zinsen und Zinseszinsen nach n Jahren zurückzuzahlen, so beträgt die Schuld nach Ablauf der fraglichen Zeit $K(1+i)^n$. Damit steht einer Einnahme von K Geldeinheiten im Zeitpunkt t = 0 eine Ausgabe von $K(1+i)^n$ im Zeitpunkt t = n gegenüber. Der Barwert dieser Ausgabe ist aber unter der Bedingung Zinsfuß = Kalkulationszinsfuß wiederum = K. K – K = 0. Analog verhält es sich bei einer Kreditgewährung.

$$
\begin{array}{lll}
r & = & \text{Restnutzungsdauer } (m - t)\\
n & = & \text{Index neuer Betrieb}\\
a & = & \text{Index alter Betrieb}\\
1 - z & = & \text{Index bei mehreren Anlagen}\\
\dfrac{p}{100} = i & = & \text{Kapitalisierungszinsfuß}\\
q & = & \text{Faktor } (1 + i)\\
GE & = & \text{Geldeinheiten}\\
ZE & = & \text{Zeiteinheiten}
\end{array}
$$

Der Kalkulationszinsfuß wird für alle Beispiele (nicht für die Tabellen und graphischen Darstellungen) gleichbleibend mit $p = 10\%$ oder $i = 0,10$ angesetzt.

2.3.2.1 Beispiel

Dem Investor wird ein Betrieb angeboten, den er im Alternativfalle sowohl hinsichtlich seiner Kapazität als auch hinsichtlich seiner Ausstattung völlig gleichartig errichten würde. Damit stimmen Bewertungsobjekt und Vergleichsobjekt bis auf Abnutzungserscheinungen beim vorhandenen Betrieb überein. Die Zusammensetzung der Substanz beider Objekte geht im einzelnen aus der folgenden Tabelle hervor; sie enthält auch alle übrigen zur Errechnung des Substanzwertes erforderlichen Daten.

In den Spalten J und I sind die Tagesneuwerte der verschiedenen Vermögensgegenstände angegeben. Sie sind einschließlich Grundstückswert sowohl für den bereits bestehenden wie für den neu zu errichtenden Betrieb gültig. Auch die laufenden Ausgaben fallen Periode für Periode bei beiden Projekten in gleicher Höhe an. Außerdem stimmen n und m überein. Im ersten Beispiel kann deshalb für die Kennzeichnung der Lebensdauer von Anlagen des Bewertungsobjektes und des Vergleichsobjektes dasselbe Symbol (n) verwendet werden.

Vermögensgegenstand	Index	J (GE)	I (GE)	B (GE)	A (GE)	n (ZE)	t (ZE)	r (ZE)
Grundstück	1	50	–	1	–	∞	–	∞
Organisation	2	30	–	6	–	∞	–	∞
Vorräte	3	100	–	2	–	∞	–	∞
Geld	4	20	–	–	–	∞	–	∞
Gebäude	5	–	75	5	–	25	10	15
Maschine I	6	–	180	20	–	10	0	10
Maschine II	7	–	100	10	–	5	2	3
Maschine III	8	–	60	5	–	3	3	0
insgesamt	1–8	200	415	49	15	–	–	–

Tab. 1 Zusammensetzung und Daten beider Objekte

Somit bleibt als Unterschied nur die zeitliche Diskrepanz zwischen den Investitionsausgaben beider Vorhaben:

$$SW = K_n - K_a$$

$$K_n = I_5\ \frac{q^{25}}{q^{25}-1}\ +I_6\ \frac{q^{10}}{q^{10}-1}+I_7\ \frac{q^5}{q^5-1}+I_8\ \frac{q^3}{q^3-1}+J_{1-4}+\frac{B_{1-8}+A}{i}\ ^{4)}$$

$$K_a = I_5\ \frac{q^{10}}{q^{25}-1}\ +I_6\ \frac{q^0}{q^{10}-1}+I_7\ \frac{q^2}{q^5-1}+I_8\ \frac{q^3}{q^3-1}+\ 0\ +\frac{B_{1-8}+A}{i}\ ^{4)}$$

$$SW = I_5\ \frac{q^{25}-q^{10}}{q^{25}-1}\ +I_6\ ^{5)}\qquad +I_7\ \frac{q^5-q^2}{q^5-1}+\quad 0\quad +J_{1-4}+\quad 0\qquad ^{6)}$$

---

(4) Bei gleichartiger Reinvestition entsteht eine Investitionskette, deren Barwert dem Kapitalwert einer ewigen Rente mit Zahlungen im Abstand von n Jahren entspricht.

Dieser beträgt: $K = I\ \dfrac{q^n}{q^n-1}\quad \dfrac{1}{q^{n-t}}$; der Faktor $\dfrac{1}{q^{n-t}}$

gibt dabei den Zeitpunkt an, zu dem die Investitionskette beginnt. Er hängt von der Restlebensdauer $(r = n - t)$ der vorhandenen Anlage ab;

für $t = n$: $\quad K = I\ \dfrac{q^n}{q^n-1}$ (Barwert einer ewigen vorschüssigen Rente)

für $t = o$: $\quad K = I\ \dfrac{1}{q^n-1}$ (Barwert einer ewigen nachschüssigen Rente)

für $o < t < n$: $\quad K = I\ \dfrac{q^t}{q^n-1}$ (Barwert einer ewigen vorschüssigen Rente, beginnend im Zeitpunkt r)

(5) $I_6\ \dfrac{q^{10}}{q^{10}-1}\ -I_6\ \dfrac{q^0}{q^{10}-1}\ =\ \dfrac{I_6}{q^{10}-1}\ (q^{10}-q^0)\ =\ \dfrac{I_6}{q^{10}-1}\ (q^{10}-1)=I_6$

(6) Allgemein gefaßt, stimmt diese Gleichung mit der von Busse von Colbe im Zusammenhang mit der Aufspaltung des Zukunftserfolgswertes entwickelten Formel für den Rekonstruktionsaltwert eines Betriebes überein (vgl. Busse von Colbe, Der Zukunftserfolg, 1957, S. 75 f.):
Die Formel von Busse von Colbe lautet:

$$SW = I_{1-z} - I_{1-z}\ \frac{i}{q^{n_{1-z}}-1}\ \cdot\ \frac{q^{t_{1-z}}-1}{i}\ +J_G\qquad \text{oder}$$

$$SW = \frac{I_{1-z}\,(q^{n_{1-z}}-1) - I_{1-z}\,(q^{t_{1-z}}-1)}{q^{n_{1-z}}-1}\ +J_G\qquad \text{oder}$$

$$SW = \frac{I_{1-z}\,(q^{n_{1-z}}-q^{t_{1-z}})}{q^{n_{1-z}}-1}\ +J_G$$

Für: $1 - z = 5 - 8$ und $G = 1 - 4$ deckt sie sich mit der oben am Beispiel entwickelten Formel:

$$SW = \frac{I_{5-8}\,(q^{n_{5-8}}-q^{t_{5-8}})}{q^{n_{5-8}}-1}\ +J_{1-4}$$

(7) $I_5\ \dfrac{q^{25}-q^{10}}{q^{25}-1}\ = 75\ \dfrac{10{,}835-2{,}594}{10{,}835-1}\ = \text{rd. } 63$ (Methode I)

$I_5\ \dfrac{r}{n}\ = 75\ \dfrac{15}{25}\ = 45$ (Methode II)

Vermögensgegenstand	Methode I	Methode II
Grundstück (J_1)	50	50
Organisation (J_2)	30	30
Vorräte (J_3)	100	100
Geld (J_4)	20	20
Gebäude (I_5)[7]	63	45
Maschine I (I_6)	180	180
Maschine II (I_7)[8]	66	60
Maschine III (I_8)	0	0
Substanzwert (SW)	509	485

Tab. 2 Ergebnisse der Substanzbewertung

Die folgende Gegenüberstellung zeigt das Ergebnis dieser Formel im Vergleich zu den Werten, wie sie sich aufgrund der in der Bewertungspraxis häufig angewandten Beziehung $SW = I \frac{n-t}{n}$ ergeben. Die vom Verfasser befürwortete Methode der Substanzbewertung wird als Methode I, die herkömmliche als Methode II bezeichnet.

Aus den auf den Seiten 87 und 88 wiedergegebenen Tabellen und Diagrammen geht hervor, daß Methode I für $p > 0$ stets zu einem höheren Ergebnis führt als Methode II; und zwar wächst die Differenz mit zunehmendem Zinsfuß und zunehmender Gesamtlebensdauer des vorhandenen Objektes. Bezogen auf die Restlebensdauer, steigt die Differenz zunächst an und fällt dann wieder allmählich ab[9].

Selbst bei völliger Übereinstimmung von Bewertungsobjekt und Vergleichsobjekt weichen also die vorgeleisteten Ausgaben von den Ergebnissen der zum Vergleich herangezogenen Bewertungsmethode II ab. Demgegenüber decken sie sich mit den Resultaten eines Einzelleistungsvergleichs[10], wie ihn insbesondere Schneider vorschlägt. Schneider gibt für die Ermittlung des kalkulatorischen Wertes einer Anlage folgende Formel an:

$$(8) \quad I_7 \frac{q^5 - q^2}{q^5 - 1} = 100 \frac{1{,}611 - 1{,}210}{1{,}611 - 1} = \text{rd. } 66 \quad \text{(Methode I)}$$

$$I_7 \frac{r}{n} = 100 \frac{3}{5} = 60 \quad \text{(Methode II)}$$

(9) Die Ergebnisse der Methode I werden mit (I), die der Methode II mit (II) gekennzeichnet. Die Differenz beider Ergebnisse wird mit Diff. abgekürzt. Der Untersuchung liegt das vereinfachte Modell eines Betriebes zugrunde, der lediglich aus einer Maschine besteht, die unendlich oft reinvestiert werden soll. Die Werte für (I) ergeben sich aus der Formel

$$SW(I) = I \frac{q^n - q^t}{q^n - 1}, \text{ die für (II) aus der Gleichung } SW(II) = I \frac{n-t}{n}.$$

(10) Eine Übereinstimmung der vorgeleisteten Ausgaben mit den Ergebnissen eines Einzelleistungsvergleichs ist jedoch nur für den Fall der gleichartigen Rekonstruktion gewährleistet. Vgl. dazu Kapitel 2.3.1.

74

p% →	1	2	3	4	5	6	7	8	9	10	15
(I)	269	288	308	328	347	367	387	407	426	445	537
(II)	250	250	250	250	250	250	250	250	250	250	250
Diff.	19	38	58	78	97	117	137	157	176	195	287

Abb. 1 Methode I und Methode II in Abhängigkeit vom Zinsfuß (I = 1000; n = 20; r = 5; p = x%)

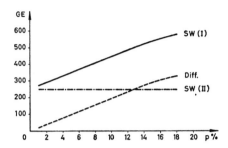

n →	5	6	8	10	15	20	25	30	35	40	100
(I)	1000	857	678	573	434	367	330	306	291	279	253
(II)	1000	833	625	500	333	250	200	167	143	125	50
Diff.	—	24	53	73	101	117	130	139	148	154	203

Abb. 2 Methode I und Methode II in Abhängigkeit von der Lebensdauer (I = 1000; r = 5; p = 6%; n = x)

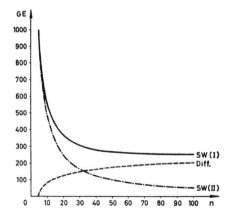

$$x = \left(I_n \frac{i\,q^n}{q^n-1} + B_n - B_a \right) \frac{q^{n-t}-1}{i\,q^{n-t}} {}^{[11]} \qquad \text{für } B_a = B_n \text{ und } I_n = I:$$

$$x = I\, \frac{q^n}{q^n-1}\, \frac{q^{n-t}-1}{q^{n-t}} = I\, \frac{q^n-q^t}{q^n-1}$$

---

(11) Vgl. E. Schneider, Wirtschaftlichkeitsrechnung, 1957, S. 110. Schneider verwendet andere Symbole. Er setzt $I_n = A_n$, $n = t_n$ und $m - t$ (im vereinfachten Beispiel gleich $n - t$) $= t_a$.

r→	1	3	4	6	8	10	12	14	16	18	20
(I)	82	233	302	429	541	642	731	810	881	944	1000
(II)	50	150	200	300	400	500	600	700	800	900	1000
Diff.	32	83	102	129	141	142	131	110	81	44	–

Abb. 3 Methode I und Methode II in Abhängigkeit von der Restlebensdauer (I = 1000; n = 20; p = 6%; r = x)

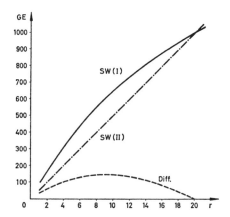

Versieht man I, n und t mit dem Index 1–z, so stimmt die Gleichung in dieser Form mit der vom Verfasser angegebenen Gleichung für die Ermittlung der vorgeleisteten Ausgaben überein. Der Unterschied beider Verfahren besteht darin, daß Schneider mit Annuitäten rechnet, während die vorgeleisteten Ausgaben unmittelbar aus den Barwerten der alternativ erwarteten Zahlungsströme hergeleitet werden.

Im Gegensatz zu den Ergebnissen der herkömmlichen Bewertungsmethode spiegeln die vorgeleisteten Ausgaben alle durch die Existenz von Substanz ausgelösten Veränderungen des vom Investor erwarteten Ausgabestromes wider. Liegt, wie oben unterstellt wurde, eine Investitionskette vor, so verschiebt sich nicht nur die erste Investitionsausgabe um die Restlebensdauer (r) der vorhandenen Anlage, sondern es fallen auch sämtliche folgenden Investitionsausgaben r Zeiteinheiten später an. Somit entsteht nicht nur eine Ersparnis für die Periode z = o bis r, sondern in gleicher Höhe für die Zeiträume z = n bis (n + r), z = 2n bis (2n + r), z = 3n bis (3n + r) usw. Die Summe der Barwerte dieser Ersparnisse verkörpert den Wert der vorhandenen Substanz. Er nimmt mit wachsendem Zinsfuß (p) zu, da die Ersparnisse auch Zinsvorteile enthalten, die durch die zeitliche Verschiebung der Investitionsausgaben entstehen. Darin, daß bei Anwendung des Bewertungsverfahrens (I) Zinsen berücksichtigt werden, bei Anwendung des Bewertungsverfahrens (II) aber nicht, liegen letztlich alle Abweichungen zwischen den Ergebnissen beider Methoden begründet. Dies wird offensichtlich, wenn p gegen Null strebt; der Ausdruck für den

Grenzwert der vorgeleisteten Ausgaben stimmt dann mit der herkömmlichen Formel für den Substanzwert überein, also:

$$\lim_{p \to 0} \frac{(1 + \frac{p}{100})^n - (1 + \frac{p}{100})^t}{(1 + \frac{p}{100})^n - 1} = \frac{n - t}{n}$$

2.3.2.2 Beispiel

Der Investor hat die Möglichkeit, einen Betrieb zu erwerben, der in bezug auf die Kapazität genau dem von ihm geplanten Unternehmen entspricht, nicht aber hinsichtlich seiner Struktur und des angewandten Produktionsverfahrens. Bewertungsobjekt und Vergleichsobjekt weichen somit qualitativ voneinander ab. Der Investor beabsichtigt, im Falle der Neuerrichtung ein weitgehend automatisiertes Produktionsverfahren einzuführen, das gleichzeitig eine höhere Wirtschaftlichkeit verspricht als das vorhandene. Allerdings kann der Investor den zu übernehmenden Betrieb ebenfalls mit der Zeit auf das moderne Produktionsverfahren umstellen. Die Daten der den alten Betrieb bildenden Vermögensteile und die des Vergleichsobjektes, die nach der Umstellung auch für das Bewertungsobjekt Bedeutung erlangen, sind in der nachstehenden Tabelle aufgeführt.

Vermögens-gegenstand	Index	J (GE)	I (GE)	B (GE)	A (GE)	n (ZE)	t (ZE)	r (ZE)
Bewertungsobjekt								
Grundstück	1	100	–	1		∞	–	∞
Organisation	2	50	–	5		∞	–	∞
Vorräte	3	180	–	8		∞	–	∞
Geld	4	80	–	–		∞	–	∞
Gebäude	5	–	360	6		60	48	12
Maschine I	6	–	150	30		10	2	8
Maschine II	7	–	50	15		5	1	4
Fahrzeug	8	–	10	5		6	0	6
Lade-vorrichtungen	9	–	5	1		8	6	2
insgesamt	–	410	575	71	25	–	–	–
Vergleichsobjekt								
Grundstück	1	110	–	1		∞		
Organisation	2	90	–	9		∞		
Vorräte	3	180	–	3		∞		
Geld	4	80	–	–		∞		
Gebäude	5	–	120	4		20		
Automat	6	–	400	5		10		
insgesamt	–	460	520	22	25	–		

Tab. 3   Zusammensetzung und Daten beider Objekte

Diese Daten genügen jedoch nicht, um die Alternative, vor der der Investor steht, zu charakterisieren. Es fehlen Angaben darüber, in welchem Umfang, in welchen Stufen und zu welchen Zeitpunkten das Bewertungsobjekt in die Form des Vergleichsobjektes überführt werden soll. Folgendes sei vorgesehen:

1. Maschine I und Maschine II werden nach Beendigung der optimalen Nutzungsdauer der Maschine I – nach 8 Jahren also – durch den gleichen Automaten ersetzt, der bei der neuen Unternehmung von Anfang an installiert werden soll. Damit wird aber erforderlich, daß die Maschine II, deren Restnutzungsdauer nur noch 4 Jahre beträgt, nochmals gleichartig reinvestiert wird. Sie muß dann allerdings im Zeitpunkt $t = 8 = 1$ Jahr vor Beendigung ihrer Lebensdauer von 5 Jahren ausrangiert werden.

2. Da das neue Produktionsverfahren erheblich raumsparender ist als das alte, ist es möglich, nach seiner Einführung die Vorräte, die bisher außerhalb des Betriebes in einer gemieteten Halle gelagert werden mußten, im Betrieb selbst zu lagern. Infolgedessen werden das Fahrzeug sowie die Be- und Entladevorrichtung, die speziell für den innerbetrieblichen Transport der Vorräte vorgesehen waren, vom Zeitpunkt der Installation des Automaten ab $(t = 8)$ nicht mehr benötigt. Dadurch fällt einmal von diesem Zeitpunkt ab keine Miete mehr für das Fremdlager an – sie war bisher mit 5 GE in den laufenden Ausgaben der Vorräte enthalten –, und zum anderen werden die innerbetrieblichen Transportkosten stark reduziert. Die Zeit von der Übernahme der Unternehmung bis zur Umlagerung der Vorräte soll durch folgende Maßnahmen überbrückt werden:

   a) Das Fahrzeug, welches an sich nur noch eine Restlebensdauer von 6 Jahren aufweist, soll besonders gut gewartet werden; auf diesem Wege verspricht sich der Investor eine Verlängerung der Nutzung um weitere 2 Jahre. Die höheren Wartungskosten sind in die laufenden Ausgaben einkalkuliert.

   b) Die Be- und Entladevorrichtung wird nach 2 Jahren nochmals gleichartig reinvestiert. Bei einer Gesamtnutzungsdauer von 8 Jahren müssen sie dann im Zeitpunkt $t = 8$ vorzeitig außer Dienst gestellt werden.

3. Das massive Gebäude, das ursprünglich anderen Zwecken diente, wird in 12 Jahren durch eine Leichtbauhalle ersetzt, und zwar des gleichen Typs, wie sie für das Vergleichsobjekt vorgesehen ist. Der Umbau ist ohne Störung des Produktionsablaufs möglich.

4. Die Ausgaben für die Organisation sind bei dem neuen Betrieb wegen der Anwendung des komplizierten Fertigungsverfahrens höher als beim alten Betrieb. Bei der Umstellung auf dieses Verfahren fällt dementsprechend beim Bewertungsobjekt im Zeitpunkt $t = 8$ eine zusätzliche Ausgabe in Höhe von 40 GE $(J_{n_2} - J_{a_2})$ an.

Unter Berücksichtigung dieser Angaben ergibt sich für das Bewertungsobjekt der nachstehend angeführte Ausgabeplan; die Ausgaben sind darin jeweils nur bis zu dem Zeitpunkt enthalten, von dem ab mit gleichartiger Reinvestition und konstantem Anfall der laufenden Ausgaben gerechnet werden kann[12].

---

(12) Die den einzelnen Ausgaben zugehörigen Indizes sind jeweils in Klammer angegeben. Die Reinvestitionsausgaben gelten als am Anfang, die laufenden Ausgaben als am Ende der

Periode (ZE)	J_n/a (GE)	I_a (GE)	I_n (GE)	B_a/n (GE)	A_a/n (GE)
1	–	–	–	71 $(_a)$	25
2	–	–	–	71 $(_a)$	25
3	–	5 (9_a)	–	71 $(_a)$	25
4	–	–	–	71 $(_a)$	25
5	–	50 (7_a)	–	71 $(_a)$	25
6	–	–	–	71 $(_a)$	25
7	–	–	–	71 $(_a)$	25
8	–	–	–	71 $(_a)$	25
9	40 $(2_n/_a)$	–	400 (6_n)	24 $(_a/_n)$	25
10	–	–	alle 10 ZE	24 $(_a/_n)$	25
11	–	–	–	24 $(_a/_n)$	25
12	–	–	–	24 $(_a/_n)$	25
13	–	–	120 (5_n)	22 $(_n)$	25
14	–	–	alle 20 ZE	22 $(_n)$	25
USW.					

Tab. 4 **Ausgabeplan**

Die Barwerte der alternativen Ausgabereihen betragen demnach:

Vergleichsobjekt

$$K_n = I_{n_5} \frac{q^{20}}{q^{20}-1} + I_{n_6} \frac{q^{10}}{q^{10}-1} + J_{1-4} + \frac{B_{n_{1-6}} + A_n}{i}$$

$K_n = 120 \cdot 1{,}175 + 400 \cdot 1{,}627 + 460 + 47 \cdot 10$
$K_n = 141 + 651 + 460 + 470$
$K_n = 1\,722\,\text{GE}$

Bewertungsobjekt

$$K_a = I_{a_9} \frac{1}{q^2}^{13)} + I_{a_7} \frac{1}{q^4}^{13)} + I_{n_6} \frac{q^{10}}{q^{10}-1} \cdot \frac{1}{q^8}^{14)} + I_{n_5} \frac{q^{20}}{q^{20}-1} \cdot \frac{1}{q^{12}}^{14)} +$$

$$(J_{n_2} - J_{a_2}) \frac{1}{q^8}^{13)} + B_{a_{1-9}} \frac{q^8-1}{i\,q^8}^{15)} + (B_{n_{1,2,3,6}} + B_{a_5}) \frac{q^4-1}{i\,q^4} \cdot \frac{1}{q^8}^{16)} +$$

$$B_{n_{1-6}} \frac{1}{i\,q^{12}}^{17)} + A_{a/n} \frac{1}{i}$$

---

jeweiligen Periode anfallend. Beispiel: $40(2n/a) = J_{n_2} - J_{a_2} = 90 - 50 = 40$; $24(a/n) = B_{n_{1,2,3,6}} + B_{a_5} = 18 + 6 = 24$.

(13) Barwert einer einmaligen Zahlung, geleistet nach Ablauf von 2, 4 bzw. 8 Jahren.
(14) Barwert einer ewigen vorschüssigen Rente, beginnend nach Ablauf von 8 bzw. 12 Jahren.
(15) Barwert einer endlichen nachschüssigen Rente mit 8 Zahlungen zu den Zeitpunkten 1 bis 8.
(16) Barwert einer endlichen nachschüssigen Rente mit 4 Zahlungen, beginnend nach Ablauf von 8 Jahren zu den Zeitpunkten 9 bis 12.
(17) Barwert einer ewigen nachschüssigen Rente, beginnend nach Ablauf von 12 Jahren zum Zeitpunkt 13.

$$K_a = 5 \cdot 0{,}826 + 50 \cdot 0{,}683 + 400 \cdot 1{,}627 \cdot 0{,}467 + 120 \cdot 1{,}175 \cdot 0{,}319 +$$
$$40 \cdot 0{,}467 + 71 \cdot 5{,}335 + 24 \cdot 3{,}170 \cdot 0{,}467 +$$
$$22 \cdot 10 \cdot 0{,}319 + 25 \cdot 10$$
$$K_a = 4 + 34 + 304 + 45 + 19 + 379 + 35 + 70 + 250$$
$$K_a = 1\,140 \text{ GE}$$

Vorgeleistete Ausgaben

$$SW\,(I) = K_n - K_a = 1\,722 - 1\,140 = \underline{582\,GE}$$

Die herkömmliche Bewertungsmethode II, die von der Formel $SW\,(II) = I\frac{m-t}{m} = I\frac{r}{m}$ ausgeht, ergibt den folgenden Substanzwert:

Grundstück (J$_1$)	100	Gebäude (I$_5$)	$360\,\dfrac{12}{60} = 72$
Organisation (J$_2$)	50	Maschine I (I$_6$)	$150\,\dfrac{8}{10} = 120$
Vorräte (J$_3$)	180	Maschine II (I$_7$)	$50\,\dfrac{4}{5} = 40$
Geld (J$_4$)	80	Fahrzeug (I$_8$)	$10\,\dfrac{6}{6} = 10$
		Ladevorrichtung (I$_9$)	$5\,\dfrac{2}{8} = 1$
J$_{1-4}$	410	I$_{5-9}$	243

$$SW\,(II) = J_{1-4} + I_{5-9} = 410 + 243 = 653\,GE$$

Tab. 5 Substanzwert

Die Differenz zwischen den Ergebnissen der Methode I und der Methode II beläuft sich auf $653 - 582 = 71$ GE. Sie resultiert aus zwei sich in ihrer Wirkung kompensierenden Berechnungsunterschieden: Die Methode II trägt einerseits der Entwertung durch den technischen Fortschritt – wie überhaupt der höheren Belastung des Bewertungsobjektes gegenüber dem Vergleichsobjekt mit laufenden Ausgaben – keine Rechnung; andererseits wird der Zinsvorteil, der mit der Ausgabeersparnis aufgrund des Vorhandenseins von Substanz verbunden ist, durch sie nicht berücksichtigt; die Methode I beachtet beides. Der erste Unterschied der Methode I gegenüber der Methode II führt dazu, daß SW (II) höher liegt als SW (I), der zweite hat die umgekehrte Wirkung zur Folge. In dem Beispiel wird der Zinsvorteil durch die höhere Belastung mit laufenden Ausgaben überkompensiert; somit ist SW (I) kleiner als SW (II).

Kann der Investor den vorhandenen Betrieb aufgrund irgendwelcher Umstände nicht auf das neue Produktionsverfahren umstellen, muß die Ausgabereihe des Bewertungsobjektes wie folgt geplant werden:

$$K_a = I_{a_5} \frac{q^{60}}{q^{60}-1} \cdot \frac{1}{q^{12}} + I_{a_6} \frac{q^{10}}{q^{10}-1} \cdot \frac{1}{q^8} + I_{a_7} \frac{q^5}{q^5-1} \cdot \frac{1}{q^4}$$

$$+ I_{a_8} \frac{q^6}{q^6-1} \cdot \frac{1}{q^6} + I_{a_9} \frac{q^8}{q^8-1} \cdot \frac{1}{q^2} + \frac{B_{a_{1-9}}+A_a}{i}$$

$K_a = 360 \cdot 1{,}003 \cdot 0{,}319 + 150 \cdot 1{,}627 \cdot 0{,}467 + 50 \cdot 2{,}637 \cdot 0{,}683$
$\qquad + 10 \cdot 2{,}295 \cdot 0{,}565 + 5 \cdot 1{,}874 \cdot 0{,}826 + 96 \cdot 10$

$K_a = 115 + 114 + 90 + 13 + 8 + 960$

$K_a = 1\,300\ \text{GE}$

Da sich der Barwert der Ausgabereihe des Vergleichsobjektes, der oben bereits ermittelt wurde, auf 1722 GE beläuft, betragen die vorgeleisteten Ausgaben

$$SW\,(I) = K_n - K_a = 1\,722 - 1\,300 = \underline{422\ \text{GE}}$$

Bei gleichartiger Fortführung ergibt sich somit ein um 160 GE niedrigerer Substanzwert als im Falle der Umstellung des alten Betriebes auf das neue Verfahren (SW (I) = 582 GE). Diese Wertdifferenz ist die Folge einer höheren Belastung des nicht modernisierbaren Betriebes durch künftige Ausgaben.

Ein Einzelleistungsvergleich, bei dem jedem vorhandenen Vermögensgegenstand ein gesondertes Vergleichsobjekt zugeordnet wird, würde sicherlich wiederum ein anderes Ergebnis liefern. Bei seiner Anwendung müßte beispielsweise der Automat als gemeinsamer Bewertungsmaßstab für die Maschinen I und II ausscheiden[18]. Dem Fahrzeug und den Be- und Entladevorrichtungen würde nach der Gegenüberstellung mit entsprechenden Vergleichsobjekten ein bestimmter Wert zugemessen, obwohl sie im Falle der Neuerrichtung von Anfang an nicht benötigt würden. Die Summe der Vergleichsobjekte entspräche dann aber nicht dem alternativ errichteten neuen Betrieb. In ihr wären Vermögensgegenstände enthalten, für die überhaupt nie eine Verwendungsmöglichkeit bestünde. Eine solche Bewertung entbehrt eines realen Hintergrundes[19].

2.3.2.3 Beispiel

Dem Investor wird ein Betrieb angeboten, der weder in bezug auf seine Kapazität noch in bezug auf seine Ausstattung seinen Vorstellungen entspricht. Er beabsichtigt, am Markte mit einer größeren Kapazität aufzutreten; außerdem würde er einen neuen Betrieb mit einem anderen, und zwar wirtschaftlicheren Produktionsverfahren ausstatten. Übernimmt er den bestehenden Betrieb, so hat er vor, diesen zu erweitern und stufenweise auf das moderne Produktionsverfahren umzustellen. Mit der geplanten Erweiterung seien Erst-, Reinvesti-

---

(18) Selbst bei Anwendung des Gruppenleistungsvergleichs entstehen für die Annuitätenmethode dadurch Schwierigkeiten, daß die Maschine II nochmals gleichartig reinvestiert werden muß, dann aber vorzeitig ausscheidet.

(19) Im Extremfalle ist denkbar, daß die Summe der einzelnen Vergleichsobjekte überhaupt nicht zu einem lebensfähigen Betrieb verbunden werden könnte.

tions- und laufende Ausgaben mit einem Barwert von ΔK_a Geldeinheiten verbunden.

Die Formel für den Substanzwert lautet unter dieser Bedingung:

$$SW = K_n - (K_a + \Delta K_a)$$

Dabei wird unterstellt, daß die alte Unternehmung durch die Erweiterung dieselbe Leistungsfähigkeit erreicht, die auch für das Vergleichsobjekt geplant war. In dem zusätzlichen Ausgabebarwert können einmalige und wiederholte Investitionsausgaben (ΔJ_a und ΔI_a) sowie einzelnen Vermögensgegenständen zuordnungsfähige und nicht zuordnungsfähige laufende Ausgaben (ΔB_a und ΔA_a) verrechnet sein. Die Formel für ΔK_a entspricht im Prinzip der für K_n, da bereits am Bewertungsstichtag die ersten Investitionsausgaben anfielen. Soweit die vorhandenen Maschinen und die Zusatzaggregate später gemeinsam durch größere Anlagen ersetzt werden, gehen die Zahlungsströme von K_a und ΔK_a vom Investitionszeitpunkt dieser Anlagen ab ineinander über.

Die Gleichung $SW = K_n - (K_a + \Delta K_a)$ gilt ebenso für den Fall, daß nicht nur die Kapazität und das Produktionsverfahren, sondern darüber hinaus auch noch der Produktionszweck geändert werden soll; ΔK_a beinhaltet dann alle zusätzlichen Ausgaben, die im Zusammenhang mit der Umstellung des vorhandenen Produktionsapparates auf die neue Fertigung entstehen. Sie stellt somit die allgemeinste Beziehung für die Ermittlung des Substanzwertes dar.

2.3.3 Der Substanzwert als Maßstab für die Höhe der vorgeleisteten Ausgaben und als Grundlage für die Bestimmung des kritischen Preises einer Unternehmung

Mit der vom Verfasser gewählten Deutung des Substanzwertes ist zugleich die Funktion dieser Wertgröße umrissen. Sie gibt Auskunft über die Höhe der in einer Unternehmung in Gestalt betrieblicher Substanz vorgeleisteten Ausgaben oder, anders formuliert, sie zeigt an, welche Mehrausgaben einem Investor künftig entstehen, der, statt zu kaufen, einen Betrieb mit einer bestimmten Kapazität selbst errichtet. Der Barwert dieser Mehrausgaben spiegelt die ökonomische Bedeutung des gegebenen Betriebsapparates wider: Er ist um so höher, je mehr betriebsnotwendige Substanz vorhanden ist, je länger sie noch genutzt werden kann und je weniger laufende Ausgaben mit ihr verbunden sind.

Nimmt der Barwert der Ausgabereihe ein und derselben Unternehmung (K_a) aufgrund einer Veränderung des Abnutzungszustandes der betrieblichen Substanz um einen Betrag x zu oder ab, so verändern sich der Substanzwert (SW_a) und der Zukunftserfolgswert (ZEW_a)[20], wie aus dem folgenden Diagramm zu

---

(20) Dabei wird davon ausgegangen, daß der Zukunftserfolgswert nach der von Busse von Colbe, Der Zukunftserfolg, 1957, entwickelten Methode als Differenz der Barwerte der Einnahme- und Ausgabereihe einer Unternehmung ermittelt wird.

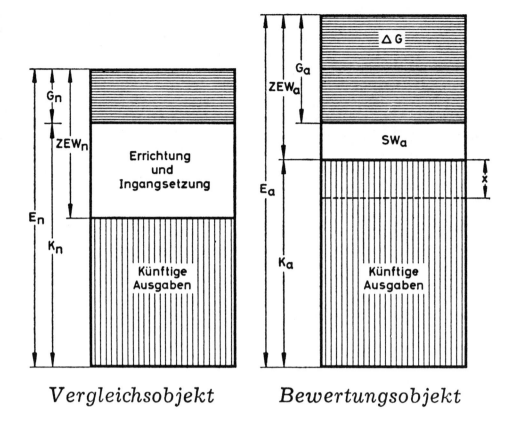

Vergleichsobjekt   Bewertungsobjekt

ersehen ist[21], bei gleichbleibendem Ausgabebarwert des Vergleichsobjektes (K_n) ebenfalls um diese Größe x[22].

Aus dieser Parallelität der Veränderungen von Zukunftserfolgswert und Substanzwert wird zuweilen der Schluß gezogen, daß letzterer bei der Ermittlung des Gesamtwertes einer Unternehmung neben dem ersten heranzuziehen ist. Eine solche Folgerung ist aber nicht berechtigt. Im Gegenteil, die gleichartige Veränderung beider Wertgrößen zeigt, daß im Zukunftserfolgswert bereits all die Daten zum Ausdruck kommen, die im Substanzwert verarbeitet sind und einen Einfluß auf den Gesamtwert eines Betriebes haben können; es handelt sich hier lediglich um zwei verschiedene Aspekte derselben Erscheinung.

Das Diagramm zeigt auch, daß ceteris paribus der Goodwill des alten Betriebes (G_a)[23] unabhängig von Veränderungen des Barwertes der Ausgabereihe

(21) Die Höhe der Einnahme- und Ausgabeblöcke ist in der Darstellung in Barwerteinheiten angegeben. Dabei steht E für den Barwert der Einnahmereihen, G für den Goodwill und ΔG für die Differenz zwischen G_a und G_n.

(22) Die Obergrenze des Barwertblockes, der den Substanzwert wiedergibt, liegt durch K_n fest; die Untergrenze variiert mit K_a.

(23) $G = ZEW_a - SW_a$.

(K_a) und damit vom Alterszustand der Substanz stets gleichbleibt. Zu demselben Ergebnis kommt auch Busse von Colbe[24], der den von ihm aus den Zahlungsströmen eines Betriebes hergeleiteten Zukunftserfolgswert in zwei Teile, den Unternehmensmehrwert und den Rekonstruktionsaltwert, aufspaltet. Er führt an, daß – »gleiche Bestände an Anlagen und Umlaufvermögen vorausgesetzt« – der Kapitalisierungsmehrwert eines Unternehmens in jedem Zeitpunkt derselbe ist, während der Rekonstruktionswert mit dem Alter der Anlagen schwankt. Der Unternehmensmehrwert wird dabei nach Busse von Colbe durch den »Gegenwartswert der Nettoeinnahmen im Zeitpunkt unmittelbar vor der Errichtung eines Unternehmens«[25], also durch $E_a - K_n$, dargestellt. Die Rechnung Zukunftserfolgswert abzüglich vorgeleisteter Ausgaben führt zum gleichen Ergebnis:

$$G_a = ZEW_a - SW_a = (E_a - K_a) - (K_n - K_a)$$
$$G_a = E_a - K_n.$$

Fallen bei einem Betrieb überhaupt keine Einnahmen an, so vermitteln die vorgeleisteten Ausgaben wenigstens eine Vorstellung von dem Wert der Substanz als solcher. Stimmen die Barwerte der Einnahmereihen des Vergleichsobjektes und des Bewertungsobjektes überein oder sind sie gar identisch, so geben die vorgeleisteten Ausgaben den kritischen Preis an, bei dessen Überschreiten die Investition »Errichtung« einen höheren Kapitalwert erbringt als die Investition »Kauf«. Dabei muß allerdings dem unterschiedlichen Kapitalbedarf, der sich aus den alternativen Finanzierungsplänen beider Projekte ergibt, durch Ansatz von Zinsen Rechnung getragen werden[26], es sei denn, man bediene sich der vereinfachenden Annahme von Schneider[27], daß beliebige Beträge zum Kalkulationszinsfuß geliehen oder entliehen werden können. Die Bedingung für den kritischen Preis (P_{max}) unter der Annahme $E_n = E_a$ und $\Delta G = 0$ lautet:
Kapitalwert »Errichtung« (R_n) = Kapitalwert »Kauf« (R_a).

$$
\begin{aligned}
R_n &= E_n - K_n \\
R_a &= E_a - K_a - P_{max} \\
E_n - K_n &= E_a - K_a - P_{max} \qquad \text{für } E_n = E_a: \\
P_{max} &= K_n - K_a = SW
\end{aligned}
$$

Identische Einnahmereihen treten vor allem dort auf, wo vorhandene Betriebe wahlweise durch Ausbau oder Ankauf erweitert werden können.

(24) Vgl. Busse von Colbe, Der Zukunftserfolg, 1957, S. 75 f.
(25) Vgl. ebenda, S. 57. Voraussetzung sind dabei gleichbleibende Einnahmen und eine unendliche Lebensdauer der Unternehmung.
(26) Preis und Zins sind dabei unbekannte Größen, zwischen denen ein gegenseitiges Abhängigkeitsverhältnis besteht. Je höher der Preis ist, desto höher ist unter sonst gleichen Bedingungen die Zinsbelastung beim Kauf. Die Höhe der Zinsen beeinflußt aber wiederum die Höhe von K_a. Demnach gilt:
$P_{max} = K_n - K_a$ und $K_a = f(P_{max})$ oder $P_{max} = K_n - f(P_{max})$.
(27) Vgl. E. Schneider, Wirtschaftlichkeitsrechnung, 1957, S. 33 f.

Soll die Preisobergrenze eines Betriebes ermittelt werden, dessen Einnahmereihe einen anderen Barwert wie die Einnahmereihe des Vergleichsobjektes aufweist, so gilt:

$$R_n = E_n - K_n$$
$$R_a = E_a - K_a - P_{max}$$
$$E_n - K_n = E_a - K_a - P_{max} \qquad \text{für } E_n \neq E_a:$$
$$P_{max} = (E_a - E_n) + (K_n - K_a)$$

Der kritische Preis ergibt sich hier aus der Summe der vorgeleisteten Ausgaben zuzüglich oder abzüglich der kapitalisierten Mehr- oder Mindereinnahmen des Bewertungsobjektes gegenüber dem Vergleichsobjekt. Setzt man

$$E_a - E_n = \Delta G, \text{ so beträgt:}$$
$$P_{max} = SW_a + \Delta G$$

Die dritte Formel für die Preisobergrenze lautet schließlich:

$$P_{max} = (E_a - K_a) - (E_n - K_n) \qquad \text{oder}$$
$$P_{max} = ZEW_a - ZEW_n$$

Setzt man ZEW_n, den Zukunftserfolgswert einer vor der Errichtung stehenden Unternehmung, $= 0$, so kommt man zu der häufig getroffenen Annahme, der Zukunftserfolgswert sei zugleich auch die Preisobergrenze der Unternehmung. Hier zeigt sich erneut, daß eigentlich gar nicht der Substanzwert als solcher interessiert, sondern die Höhe von K_n und K_a, die wiederum Rechenelemente der Erfolgsbewertung sind. Das heißt freilich nicht, daß der Bewerter damit der Notwendigkeit enthoben wäre, die betriebliche Substanz aus Anlaß der Bewertung der Unternehmung als Ganzes gründlichst zu durchleuchten. Nur bei genauer Kenntnis ihrer technischen Daten ist es möglich, einen zuverlässigen Wert für K_a zu bestimmen, der die Voraussetzung eines exakten Gesamtwertes bildet. Soll darüber hinaus der Preis festgestellt werden, den ein Investor bei ökonomischem Verhalten maximal für das Bewertungsobjekt bezahlen kann, ist es außerdem noch erforderlich, die Größe K_n zu schätzen.

2.3.4 Der Substanzwert im Sinne vorgeleisteter Ausgaben als Grundlage für die Bestimmung von Preisobergrenzen in den fünf neuen Bundesländern

Die angeführten, schon 1963 in meiner Dissertation veröffentlichten Zusammenhänge waren in jüngster Zeit mehrfach Gegenstand von Erörterungen in der Literatur. Reinhardt Schmidt bestätigt dem Substanzwert als vorgeleistete Ausgaben in einer 1991 erschienenen Schrift, daß diese Konzeption sich »in Wissenschaft und Praxis durchgesetzt hat«[28], und belegt dies mit über einem

---

(28) R. Schmidt, Sachzeitwert, 1991, S. 36.

Dutzend Zitaten aus der einschlägigen Literatur zur Unternehmensbewertung von 1970 bis 1991. Überlegungen im Zusammenhang mit der Privatisierung und Entflechtung der ehemaligen volkseigenen Betriebe und Kombinate in den fünf neuen Bundesländern haben die Diskussion um diesen Wertansatz erneut belebt[29]. Im Zuge der Umstrukturierung der Wirtschaft waren und sind dort eine Fülle von Unternehmensbewertungen vorzunehmen – sei es zur Ermittlung von Preisobergrenzen oder zur Ermittlung von Ausgangsgrundlagen für Preisverhandlungen mit der Treuhandanstalt –, bei denen eine Orientierung am Zukunftserfolgswert in der Regel an der Ungewißheit scheitert, mit der die künftige wirtschaftliche Entwicklung in Ostdeutschland, generell in Osteuropa behaftet ist. Rein theoretisch ist es zwar denkbar, die entsprechenden Risiken und Chancen über sie abbildende Erfolgsprospekte bei der Zukunftserfolgsbewertung adäquat zu berücksichtigen. Die prognostizierten Bandbreiten möglicher künftiger Ergebnisse wären aber zweifelsohne so groß, daß die daraus resultierenden Unternehmenswerte nur eine geringe Aussagekraft hätten bzw. bei den Bewertungsinteressenten nur wenig Vertrauen auslösen könnten.

In derartigen Situationen ist es schon fast Tradition, daß vermehrt Stimmen laut werden, die die Anwendung »sicherer« Bewertungsverfahren fordern, d.h. solcher Verfahren, die vermeintlich keine oder zumindest weniger Prognosen erfordern. Die Sicherheit der Ermittlung wird dabei mehr oder weniger bewußt der Sicherheit der Aussage vorgezogen. An erster Stelle der Beliebtheitsskala rangiert dabei der Substanzwert als Teilrekonstruktionswert, weil die zur Teilrekonstruktionswertermittlung zu bestimmenden Einzelwerte weitgehend objektiv feststellbar sind[30]. Es überrascht deshalb nicht, daß der Teilrekonstruktionswert auch derzeit im Rahmen der Diskussion um die Unternehmensbewertung in den fünf neuen Bundesländern wieder eine große Rolle spielt. Symptomatisch ist hierfür eine Verlautbarung des ehemaligen Finanzministeriums in Berlin, in der unter Mißdeutung von Aussagen in meiner Dissertation und der dort geprägten Terminologie ausgeführt wird, daß bei der Wertermittlung hilfsweise auf den Teilrekonstruktionswert zurückgegriffen werden könne, da dieser »ersparte Ausgaben« widerspiegele und damit als Bestandteil eines individuellen Investorkalküls zu deuten sei[31].

Nach den Ausführungen in diesem Beitrag dürfte klar sein, daß die relativ weit verbreitete Ansicht, der Substanzwert als Teilrekonstruktionswert spiegele ersparte Ausgaben wider, auf tönernen Füßen steht. Zwischen dem Teilrekonstruktionswert und den durch den Erwerb des potentiellen Übernahmeobjektes im Vergleich zur alternativen Neuerrichtung ersparten Ausgaben besteht allenfalls eine sehr lockere Beziehung: Können doch die ersparten Ausgaben niedriger sein als der Teilrekonstruktionswert, wenn z.B. ein Großteil der in die Bewertung einbezogenen Vermögensgegenstände überhaupt nicht mehr oder in der angetroffenen Kapazität nicht mehr benötigt wird und auch nicht zu den angesetzten Wiederbeschaffungskosten veräußert werden kann oder wenn

---

(29) Vgl. auch IdW, Stellungnahme, 1990.
(30) Siehe etwa die Diskussion um eine »Renaissance« des Substanzwertes, 1988, S. 41 ff., 533 ff und 679 ff.
(31) Vgl. IdW, Bewertung von Unternehmen in der DDR, 1990, S. 52.

modernere Anlagen wesentlich wirtschaftlicher arbeiten. Die ersparten Ausgaben können indes auch wesentlich größer sein, wenn etwa bei der Übernahme günstige Beschaffungskanäle offenstehen und die laufenden Ausgaben hierdurch gesenkt werden können, dies bei einer alternativen Neuerrichtung aber nicht möglich wäre. Ein Investitionskalkül, das den Teilrekonstruktionswert eines Unternehmens als Maßstab für die mit der Übernahme im Vergleich zur Neuerrichtung ersparten Ausgaben einbezieht, ist deshalb in aller Regel bedenklich, wenn nicht gar – aufgrund des Festhaltens an dem Mengengerüst des vorgefundenen Inventars trotz geplanter Umstrukturierung und der Außerachtlassung sonstiger Ausgabeneffekte – schon vom Ansatz her verfehlt. Wo – wie bei vielen Unternehmen in den neuen Bundesländern – der Anschluß an den technischen Fortschritt fehlt, gilt dies allemal.

Ähnliche Überlegungen waren es, die mich damals ermutigten, in meiner Dissertation gegen solche grundsätzlichen Irrtümer der klassischen Substanzwertinterpretation vorzugehen und die Konzeption des Substanzwertes im Sinne ersparter Ausgaben in Anlehnung an Kurt Rummel und Erich Schneider[32] vorzuschlagen. Wie dieser Substanzwert zu ermitteln und zu interpretieren ist, wurde bereits erläutert. Hier interessiert die Frage, ob denn der Substanzwert im Sinne ersparter Ausgaben einen Beitrag zur Bewertung von Unternehmen in den neuen Bundesländern leisten kann. Der Substanzwert alter Prägung in Gestalt des Teilrekonstruktionswertes erweist sich, wie dargelegt, als wenig hilfreich, auf ihn begründete Kaufentscheidungen können möglicherweise sogar im Gegenteil erhebliche Fehlinvestitionen auslösen. Die Antwort folgt im Grunde unmittelbar aus der in Kapitel C. hergeleiteten Beziehung[33]: Läßt sich der Zukunftserfolgswert eines potentiellen Übernahmeobjektes formal in den Substanzwert im Sinne ersparter Ausgaben und den Barwert der künftigen Einnahmendifferenzen aus Übernahmeobjekt und alternativ neu zu errichtendem Unternehmen aufspalten, so kann der Zukunftserfolgswert auch ausgehend von einem so verstandenen Substanzwert ermittelt werden. Notwendig ist dann allerdings eine Berichtigung dieses Wertansatzes um die aus der Einnahmenseite resultierenden Effekte. Stimmt die Einnahmenseite bei Bewertungs- und Vergleichsobjekt überein, was bei den Alternativen »Fortführung nach Neustrukturierung« und »Neuerrichtung« sicherlich häufig näherungsweise unterstellt werden kann, ist die Einnahmendifferenz Null, was dazu berechtigt, die Einnahmenseite zu vernachlässigen. Freilich ist darauf hinzuweisen, daß die Ableitung der Beziehung zwischen Zukunftserfolgswert und Substanzwert im Sinne ersparter Ausgaben im Rahmen der grundsätzlichen Darstellung auf relativ einschränkenden Annahmen im Hinblick auf die zur Verfügung stehenden Alternativen, quasisichere Erwartungen, der Ausschaltung von Geldwertänderungen usw. beruhte. Im Rahmen einer praktischen Unternehmensbewertung wird man diese Annahmen durch realitätsgerechtere Annahmen ersetzen müssen.

---

(32) Vgl. Rummel, Ermittlung des Zeitwertes, 1917/18, S. 1 ff.; Schneider, Wirtschaftlichkeitsrechnung, 1958, S. 108 ff.
(33) Vgl. auch Diedrich, Substanzwertorientierte Verfahren, 1991, S. 155 ff.

Auch wenn die Bewertung auf dem Umweg über den Substanzwert im Sinne ersparter Ausgaben schwieriger würde als die Ermittlung des klassischen Teilrekonstruktionswertes, so bildet sie doch eine interessante Alternative zur herkömmlichen Vorgehensweise. Wer allerdings glaubt, damit sei eine Möglichkeit gefunden, Prognosen überflüssig zu machen, verkennt das Verfahren. Ein Verfahren, das sichere Aussagen gegenüber sicherer Ermittlung präferiert, kommt an Prognosen nicht vorbei. Zu prognostizieren sind nicht nur die Investitionsausgaben und die laufenden Ausgaben der künftigen Perioden, und zwar sowohl für das Bewertungsobjekt als auch für das Vergleichsobjekt; Prognosen sind ebenso erforderlich, um ggfs. auf der Einnahmenseite bestehende Unterschiede zwischen Bewertungsobjekt und Vergleichsobjekt abzuschätzen und daraus resultierende Einflüsse auf den Unternehmenswert zu erfassen. Insbesondere die Planung des Vergleichsobjekts, das ja Ausdruck einer realen Alternative sein soll, setzt eine intensive Auseinandersetzung mit den möglichen Alternativen und den bei deren Ergreifen jeweils zu erwartenden Konsequenzen sowie die Auswahl der besten Alternative voraus. Davon, daß eine auf dem Substanzwert im Sinne ersparter Ausgaben aufbauende Unternehmensbewertung auf Prognosen verzichten kann, kann also keinesfalls die Rede sein. Schließlich wäre dies auch in höchstem Maße mysteriös, muß doch ein aussagekräftiger entscheidungsorientierter Unternehmenswert aus der Natur der Sache heraus stets zukunftsbezogen und damit zwangsläufig das Ergebnis von Prognosen sein. Der Umweg über den Substanzwert im Sinne ersparter Ausgaben führt allerdings in Einzelfällen zu Erleichterungen im Vergleich zur herkömmlichen Zukunftserfolgswertermittlung, da es genügt, Unterschiedsbeträge anstelle absoluter Größen zu prognostizieren. Am deutlichsten kommt dies in dem Fall zum Ausdruck, in dem auf die Berücksichtigung der Einnahmenseite ganz verzichtet werden kann, weil die Einnahmenströme des Bewertungs- und des Vergleichsobjektes aller Voraussicht nach annähernd übereinstimmen.

Adolf G. Coenenberg

2.4. Unternehmensbewertung aus der Sicht der Hochschule*

---

* Erstmals erschienen in: 50 Jahre Wirtschaftsprüferberuf. Berlin, Düsseldorf 1981, S. 221–245.

2.4.1 Von der institutionellen zur funktionalen Betrachtungsweise in der Betriebswirtschaftslehre und Unternehmensbewertung

Die Betriebswirtschaftslehre ist durch einen Wandel von der institutionellen hin zur funktionalen Betrachtungsweise gekennzeichnet. Äußerlich zeigt sich dies darin, daß die Einteilung der betriebswirtschaftlichen Fächer an den Hochschulen und der damit einhergehenden Lehrstuhlbezeichnungen nach einer institutionellen Gliederung wie z. B. Industriebetriebslehre, Handelsbetriebslehre, Bankbetriebslehre, einer Gliederung nach funktionalen Gesichtspunkten wie z. B. Beschaffung und Materialwirtschaft, Fertigungswirtschaft, Marketing, Unternehmensplanung, Unternehmensfinanzen, Unternehmensrechnung, gewichen ist. Dem liegt die Erkenntnis zugrunde, daß nicht so sehr die institutionellen Charakteristika den Kerngehalt der betriebswirtschaftlichen Theorie ausmachen, sondern daß im Mittelpunkt der betriebswirtschaftlichen Theorie die Frage nach dem zweckmäßigen und tatsächlichen Entscheidungsverhalten in den Unternehmen steht. Entscheidungen lassen sich aber nicht losgelöst von den funktionsspezifischen Aufgaben und Zielen analysieren und modellieren. Institutionelle Charakteristika treten bei einer solchen Betrachtungsweise nur mehr als Randbedingungen für das Entscheidungsverhalten in Erscheinung.

Die Entwicklung zur funktionalen Betrachtungsweise in der Betriebswirtschaftslehre hat auf dem Gebiet der Unternehmensbewertung ihre zwangsläufige Parallele in der Entwicklung von der »objektiven« Unternehmensbewertung hin zur »funktionalen« Unternehmensbewertung. Bis vor gut 10 Jahren war die Diskussion zum Thema Unternehmensbewertung durch die Kontroverse »objektive versus subjektive Unternehmensbewertung« gekennzeichnet. Diese Kontroverse war im Grunde der sichtbare, wenngleich oft nicht erkannte Ausdruck dafür, daß der »Wert« eines Unternehmens nicht losgelöst von dem Zweck ermittelt werden kann, für den die Unternehmensbewertung durchgeführt wird. Diese Kontroverse hat ihre Auflösung in einer funktionalen Sicht der Unternehmensbewertung[1] gefunden, die im Grundsatz auch von der Praxis[2] akzeptiert wird[3].

Die Theorie der funktionalen Unternehmensbewertung unterscheidet (neben den Nebenfunktionen der Steuerbemessung, der Informationsvermittlung und der Vertragsgestaltung) als Hauptfunktionen die Beratungsfunktion, die Vermittlungsfunktion und die Argumentationsfunktion.

---

(1) Vgl. Matschke, Arbitrium- oder Schiedsspruchwert, 1971; Matschke, Gesamtwert der Unternehmung, 1972; Coenenberg/Sieben, Unternehmensbewertung, 1976, Moxter, Unternehmensbewertung, 1976, S. 28 ff.; Matschke, Der Arbitriumwert, 1979, S. 16 ff.; Sieben/Schildbach, Bewertung ganzer Unternehmen, 1979.

(2) Vgl. Arbeitskreis »Unternehmensbewertung im Rahmen der unternehmerischen Zielsetzung«, Unternehmensbewertung, 1976; Institut der Wirtschaftsprüfer, Wirtschaftsprüfer-Handbuch, 1977, S. 1054 ff.; Arbeitskreis Unternehmensbewertung, Entwurf einer Verlautbarung, 1980; UEC, Empfehlung, 1980; Dörner, Unternehmensbewertung, 1981.

(3) Vgl. auch die Gegenüberstellung bei Lutz, Konsens und Dissens, 1981, S. 147 ff.

90

In der *Beratungsfunktion* geht es darum, für eine am Eigentumswechsel der zu bewertenden Unternehmung interessierte Partei in einer speziellen Entscheidungssituation die Grenze der Konzessionsbereitschaft zu ermitteln. Für den präsumptiven Verkäufer bedeutet dies die entscheidungsorientierte Bestimmung der Preisobergrenze, jenseits derer ein Eigentumswechsel des Unternehmens bei rationalem Handeln nicht in Betracht kommt. Ein solcher entscheidungsorientierter Unternehmenswert muß der spezifischen Entscheidungssituation der Partei, für die die Bewertung vorgenommen wird, Rechnung tragen. Als Grundsätze der entscheidungsorientierten Unternehmensbewertung gelten deshalb der Grundsatz der Entscheidungsfeldbezogenheit (d. h. die Gestaltungsmöglichkeiten und Alternativdispositionen des Entscheidungsträgers sind zu berücksichtigen) und der Grundsatz der Zielbezogenheit (d. h. die tatsächlichen Ziele und Risikopräferenzen des Entscheidungsträgers sind zu berücksichtigen).

In der *Vermittlungs-* bzw. *Schiedsgutachterfunktion* geht es um einen möglichst allen Seiten gerecht werdenden Interessenausgleich in Form des sogenannten »Arbitrium- oder Schiedsspruchwertes«. Zu einem solchen Interessenausgleich kommt es nur, wenn der Wert im Einigungsbereich zwischen der (niedrigeren) Preisuntergrenze des Verkäufers und der (höheren) Preisobergrenze des Käufers liegt. Für die vermittlungsorientierte Unternehmensbewertung gilt deshalb der Grundsatz der Berücksichtigung der Entscheidungswerte. Darüber hinaus lassen sich für die Bestimmung des Schiedsspruchwertes im Rahmen des Einigungsbereiches keine allgemein gültigen Aussagen machen. Aus der Schiedsfunktion ergibt sich lediglich der wenig griffige zusätzliche Grundsatz der Berücksichtigung von Gerechtigkeitspostulaten, die den Konsens der beteiligten Parteien finden. Dies gilt grundsätzlich auch dann, wenn der Eigentumswechsel gegen den Willen einer Partei erzwungen werden kann. Gibt es in diesem Falle keinen ökonomischen Einigungsbereich, so besteht ein besonderes Schutzbedürfnis der Partei, gegen deren Willen der Eigentumswechsel erzwungen werden kann: Der Entscheidungswert dieser schwächeren Partei gilt dann als angemessener Schiedsspruchwert.

Während die Beratungs- und Vermittlungsfunktion der Unternehmensbewertung von Theorie und Praxis weitgehend gleichermaßen interpretiert werden, finden die in den Stellungnahmen des IdW[4] und der UEC[5] genannte neutrale *Gutachterfunktion* einerseits und die von der Theorie der funktionalen Unternehmensbewertung genannte Argumentationsfunktion andererseits kein entsprechendes Pendant.

Die *neutrale Gutachterfunktion* wird in der IdW-Verlautbarung als eine »typische Berufsaufgabe des Wirtschaftsprüfers« bezeichnet. Es soll dabei ein »objektivierter« Wert der Unternehmung »wie sie steht und liegt«[6] ermittelt werden, der Ausgangsgrundlage für Preisverhandlungen darstellt. Dieser Wert ist zugleich auch Ausgangsbasis für die im Rahmen der Schiedsgutachter- und Beratungsfunktion zu ermittelnden Werte.

---

(4) Vgl. Arbeitskreis Unternehmensbewertung, Entwurf einer Verlautbarung, 1980, S. 412 ff.
(5) Vgl. UEC, Empfehlung, 1980, S. 2.
(6) Dörner, Unternehmensbewertung, 1981, S. 204.

Diese neutrale Gutachterfunktion im Rahmen der Unternehmensbewertung ist von seiten der theoretischen Literatur mit großen Vorbehalten aufgenommen worden. Mir scheint, daß für diese Kontroverse zum guten Teil ein sprachliches Mißverständnis verantwortlich ist. Bei der neutralen Gutachterfunktion scheint es primär nicht um eine Wertermittlung zu gehen. Im Vordergrund scheint vielmehr die Idee einer Arbeitsteilung zwischen objektivierter Datengewinnung über die Entnahmeerwartungen bei Fortführung des derzeitigen Unternehmenskonzeptes einerseits und der anschließenden Wertermittlung aufgrund der Dispositionsmöglichkeiten und Ziele einer Partei andererseits zu stehen. Die Aufgabe der Datengewinnung, -analyse und -prüfung obliegt dem sachkundigen, neutralen Gutachter, die Aufgabe der auf diesen Daten aufbauenden entscheidungsorientierten Bewertung dem Entscheidungsträger selbst oder dessen Berater. Zu dieser Interpretation geben die Ausführungen *Dörners* Anlaß: »Der Wirtschaftsprüfer stellt aufgrund seiner Prüfung die in der Unternehmung in ihrem gegebenen Konzept ›steckende‹ Ertragskraft fest, d. h. er legt Zahlengrundlagen auf der abgesicherten Basis seiner pflichtmäßigen Ermittlungen fest, die als Grundlage für die jeweiligen weitergehenden subjektiven Wertermittlungen dienen können.«[7]

Die eigentliche Wertermittlung selbst kann, von den Nebenfunktionen der Unternehmensbewertung abgesehen, letztlich immer nur den Zweck haben, Entscheidungsgrenzen zu bestimmen oder einen fairen Einigungspreis festzulegen. Dies wird auch in den UEC- und IdW-Stellungnahmen akzeptiert, die die neutrale Gutachterfunktion der Feststellungsphase zuordnen, die der Beratungs- und Vermittlungsfunktion ist unbestritten; für das Konzept eines eigenständigen »objektivierten« Unternehmenswertes ist indessen in der Theorie der Unternehmensbewertung kein Platz. Unter dem Gesichtspunkt der Beratungsfunktion würde ein solcher Wert in der Regel nur dem Entscheidungswert des Verkäufers nahekommen; unter dem Gesichtspunkt der Vermittlungsfunktion würde ein solcher Wert in der Regel den Käufer begünstigen und somit den Verkäufer benachteiligen.

Die in der Theorie genannte *Argumentationsfunktion* der Unternehmensbewertung dient der Unterstützung einer Partei in der Verhandlungsphase. Dabei sollen Argumente erarbeitet werden, die ein Einlenken der Gegenpartei auf ein angestrebtes Verhandlungsresultat bewirken sollen. Letzte Rückzugslinie des Argumentationswertes wird immer der Entscheidungswert der betreffenden Partei sein, ohne daß dieser der Gegenpartei bekannt werden darf. Für den Argumentationswert gilt deshalb der Grundsatz der Entscheidungswertbezogenheit, aber Nichtbekanntgabe des Entscheidungswertes. Zugleich muß der Argumentationswert Überzeugungskraft bei gleichzeitiger Verhandlungsflexibilität besitzen, was zum Grundsatz der Glaubwürdigkeit, aber Flexibilität des Argumentationswertes führt.

In dieser weiten Formulierung scheint die Argumentationsfunktion mit den Berufsgrundsätzen der Wirtschaftsprüfer kaum vereinbar[8]. Deshalb wird wohl diese Funktion auch in den UEC/IdW-Stellungnahmen in dieser Form nicht

---

(7) Vgl. ebenda.
(8) Vgl. Dörner, Unternehmensbewertung, 1981, S. 205 ff.

genannt. Gibt der Wirtschaftsprüfer einer Partei Argumentationshilfen, ohne daß diese der Gegenpartei offengelegt werden, so reduziert sich diese Tätigkeit auf die Beratungsfunktion. Eine der Argumentationsfunktion ähnliche Aufgabe wird im Rahmen der neutralen Gutachterfunktion ausgeübt. Allerdings werden nur Ausgangswerte (im Rahmen der »Feststellungsphase«) geliefert, aus denen die Parteien selbst ihre individuellen Entscheidungswerte ermitteln müssen.

2.4.2 Betriebswirtschaftliche Investitionstheorie und Unternehmensbewertung

Im Rahmen der Entwicklung der entscheidungsorientierten Betriebswirtschaftslehre hat bei den Bemühungen um die Modellierung betriebswirtschaftlicher Entscheidungsprozesse die betriebswirtschaftliche Investitionspolitik ein besonderes Interesse erfahren. Drei Fragen standen hier insbesondere in den 50er und 60er Jahren im Vordergrund:
— Nach welchem Kriterium ist die Wirtschaftlichkeit von Investitionen zu beurteilen?
— Auf welche Weise können unsichere Erwartungen bei der Beurteilung der Wirtschaftlichkeit von Investitionen berücksichtigt werden?
— Wie können bei der Beurteilung der Wirtschaftlichkeit von Investitionen die Interdependenzen zwischen verschiedenen Investitionsprojekten sowie zwischen Investitionsbereich und anderen betrieblichen Teilbereichen (Finanzierung, Produktion) berücksichtigt werden?
Zunächst soll die Frage nach dem zutreffenden Investitionskriterium aufgegriffen werden (auf die beiden anderen Fragen wird in den Abschnitten III und IV eingegangen).

Die betriebswirtschaftliche Investitionstheorie hat bezüglich des wirtschaftlich richtigen Investitionskriteriums zu folgenden Erkenntnissen geführt:
— Grundlage für die Beurteilung eines Investitionsprojektes muß eine die gesamte Nutzungsdauer des Projektes umspannende dynamische Investitionsrechnung sein, die an den Zahlungsüberschüssen anknüpft, die das Investitionsobjekt für den Investor erbringt.
— Das wirtschaftlich zutreffende Kriterium für die Beurteilung der Vorteilhaftigkeit einer Einzelinvestition und der Rangfolge zwischen Investitionen ist der Kapitalwert.
Der ertragsorientierte Unternehmenswert ist nichts anderes als ein Kapitalwert vor Berücksichtigung der Investitionsausgabe (hier: des Preises). Insofern sind die Erkenntnisse der betriebswirtschaftlichen Investitionstheorie unmittelbar auf die Unternehmensbewertung übertragbar[9].

---

(9) Diese von der Theorie seit langem vertretene These (vgl. insb. Busse von Colbe, Der Zukunftserfolg, 1975; Engels, Bewertungslehre, 1962, S. 110 ff.; Sieben, Der Substanzwert der Unternehmung, 1963; Münstermann, Wert und Bewertung, 1966; Matschke, Der Entscheidungswert der Unternehmung, 1975; Moxter, Unternehmensbewertung, 1976.) wird heute auch von der Praxis akzeptiert, vgl. Arbeitskreis Unternehmensbewertung, Entwurf einer Verlautbarung, 1980, S. 409 sowie UEC, Empfehlung, 1980, S. 3.

Der Theorie der dynamischen Investitionsrechnung liegt die Trennung der Zahlungsströme zwischen Investor und Investitionsobjekt einerseits sowie zwischen Investitionsobjekt und Umwelt andererseits zugrunde:

Abb. 1

Aus der Sicht des Investors kommt es letztlich nur auf die Einzahlungen und Auszahlungen zwischen ihm und dem Investitionsobjekt an. Nur hier anfallende Einzahlungsüberschüsse stehen in seinem Dispositionsbereich für eine ertragreiche Wiederanlage zur Verfügung. Bei Beurteilung von Investitionen im Unternehmen fallen Investor- und Investitionsobjektstandpunkt zusammen. Hier kommt es deshalb nur auf die Einzahlungen und Auszahlungen des Investitionsobjektes an. Beim Erwerb eines ganzen Unternehmens sieht die Sachlage anders aus: Hier fügt der Investor – sei dies eine natürliche Person oder sei dies eine Konzern-Obergesellschaft – seinem Entscheidungsfeld ein zusätzliches Dispositionsobjekt zu, das die Wertestruktur des Entscheidungsfeldes durch erforderliche Auszahlungen und zu erwartende Einzahlungen verändert. Die Bewertung kann deshalb theoretisch richtig auch nur an den Einzahlungen und Auszahlungen zwischen Investitionsobjekt (zu erwerbendem Unternehmen) und Investor (Unternehmenskäufer) erfolgen. In der Literatur wird deshalb zutreffend gelegentlich auch vom Zukunftsentnahmewert gesprochen[10].

Zwei Fragen stellen sich aus dieser Überlegung für die Unternehmensbewertung:

1. Wie sind die künftigen Nettoeinnahmen zu ermitteln?
2. Welche Bedeutung kann hierbei dem Substanzwert zukommen?

Zu 1.: Die Nettoentnahmeerwartungen ergeben sich als Residualgrößen der erwarteten künftigen Einnahmen und Ausgaben zwischen Unternehmung und der Umwelt. Daraus folgt als theoretisches Postulat, daß die Salden dieses künftigen Zahlungsstroms Grundlage für die Unternehmensbewertung sein müssen.

Von seiten der Praxis wird indessen darauf hingewiesen, daß die Befolgung dieses Postulats Schwierigkeiten bereitet[11]. Für die Ermittlung der Nettoentnahmeerwartungen wird deshalb eine modifizierte Ertragsüberschußrechnung vorgeschlagen. In ihr werden zeitlich wesentliche Differenzen von Aufwand und Ertrag bzw. Einnahmen und Ausgaben durch Zinsaufwendungen bzw. Zinserträge berücksichtigt, ferner die Aufwendungen nach dem Prinzip der Nettosubstanzerhaltung ermittelt sowie für die steuerlich nicht anerkannten

---

(10) Vgl. Münstermann, Der Zukunftsentnahmewert, 1980.
(11) Vgl. Arbeitskreis Unternehmensbewertung, Entwurf einer Verlautbarung, 1980, S. 410 sowie UEC, Empfehlung, 1980, S. 3.

Aufwendungen die Gewerbeertragsteuer und die Körperschaftsteuer (mit dem Thesaurierungssatz) in Anrechnung gebracht. Das Ergebnis dieser modifizierten Ertragsüberschußrechnung ist der verfügbare Überschuß, der nach dem Prinzip der Vollausschüttung der Unternehmenswertermittlung zugrunde gelegt wird.

Dieses Vorgehen entspricht dem theoretischen Postulat einer entnahmeorientierten Bewertung insofern, als es ökonomisch plausibel ist, für die Bemessung der maximalen Ausschüttung vom Konzept der (Netto-)Substanzerhaltung auszugehen. Wird weniger ausgeschüttet, so entspricht die Bewertung nach dem Prinzip der Vollausschüttung dem theoretischen Postulat nur, falls die interne Verzinsung der Ausschüttungsminderung mit dem Kalkulationszinsfuß übereinstimmt. Bei niedrigerer interner Rendite führt das Prinzip der Vollausschüttung zur Überschätzung, bei höherer interner Rendite zur Unterschätzung des Unternehmenswertes. Nur wenn man davon ausgehen kann, daß Minderausschüttungen nur bei höherer interner Rendite rationalerweise vorkommen, läßt sich das Prinzip der Vollausschüttung als ein vorsichtiges Schätzverfahren der tatsächlichen Nettoentnahmeerwartungen durchaus allgemein akzeptieren.

Ob die Annahme einer wenigstens gleichhohen oder höheren internen Verzinsung der Minderausschüttung realistisch ist, ist eine Tatfrage und kann nur im Einzelfall beantwortet werden[12]. Diese Erwägungen legen die Empfehlung nahe, die Hypothese der Vollausschüttung in jedem einzelnen Bewertungsfalle auf ihre Anwendungsprämissen hin zu überprüfen.

Zu 2.: Welche Bedeutung kann in einer an den Entnahmeerwartungen anknüpfenden Gesamtbewertung dem Substanzwert, verstanden als additive Einzelbewertung des Unternehmens, zukommen?

Unmittelbare Bedeutung hat der Substanzwert dann, wenn er die Entnahmeerwartungen reflektiert. Das gilt für den Liquidationswert, falls die Liquidation für den Unternehmensverkäufer die zur Unternehmensfortführung optimale Alternative darstellt[13]. In diesem Falle entspricht der Liquidationswert dem Grenzpreis des Verkäufers.

Unmittelbare Bedeutung für den Unternehmenswert kann ferner der Substanzwert im Sinne des Vollreproduktionswertes bei zweckidentischer Güterreproduktion haben. Er gibt den Betrag an, der aufgewendet werden müßte, um einen zweckidentischen und somit letztlich in bezug auf das Entnahmepotential äquivalenten Unternehmensnachbau zu ermöglichen. Er entspricht folglich

---

(12) Maul, Unternehmensbewertung, 1979, S. 108 f. hält die Annahme deshalb für unrealistisch, weil wegen des Körperschaftssteuereffektes nur 44% der Minderausschüttung für die Thesaurierung zur Verfügung steht; bezogen auf die Thesaurierung muß die interne Rendite somit um den Faktor 100/44 den Kalkulationszinsfuß übersteigen, d. h. bei einem Kalkulationszinsfuß von z. B. 10% muß die interne Rendite rund 23% betragen, wenn es nicht zu einer irreführenden Überschätzung des Unternehmenswertes aufgrund des Prinzips der Vollausschüttung kommen soll.

Bei dieser Argumentation bleibt allerdings der Renditeeffekt des Verschuldungshebels unbeachtet. Die Einbehaltung von Gewinn führt zur Stärkung des Eigenkapitals und gibt bei gegebener Plankapitalstruktur die Möglichkeit zusätzlicher Verschuldung. Die dadurch bewirkte Renditeveränderung muß natürlich im Kalkül berücksichtigt werden.

dem Grenzpreis des Unternehmenskäufers, falls der Unternehmensnachbau die zum Unternehmenserwerb optimale Alternative darstellt. *Moxter* weist allerdings zu Recht darauf hin, daß bei konsequenter Befolgung des Gedankens der zweckidentischen Güterreproduktion die Ermittlung des Vollreproduktionswertes von einer Einzel- in eine Gesamtbewertung übergeht[14].

Es gibt keine anderen unmittelbar[14a] bewertungsrelevanten Einsatzmöglichkeiten der Substanzwertrechnung. Die in der Praxis bekannten Kombinationsformeln von Substanz- und Ertragswert sind mit einer an den Entnahmeerwartungen orientierten Unternehmensbewertung nicht vereinbar. Darüber herrscht in Theorie[15] und Praxis[16] inzwischen Einigkeit.

2.4.3 Theorie der Entscheidungen bei Unsicherheit und Unternehmensbewertung

Die Frage, wie unsichere Erwartungen bei der Bewertung von Investitionsprojekten zu berücksichtigen sind, ist ein zentrales Problem der Investitionspolitik in der Unternehmenspraxis. Es ist daher nicht erstaunlich, daß sich die betriebswirtschaftliche Theorie diesen Fragen ausgiebig gewidmet hat. Die Frage hat zeitweise so im Vordergrund gestanden, daß das gesamte Gebiet der Entscheidungstheorie gelegentlich ausschließlich als ein Problem der Entscheidung unter Unsicherheit betrachtet worden ist.

Die Erkenntnisse der betriebswirtschaftlichen Theorie der Entscheidungen bei Unsicherheit lassen sich in allgemeiner Form so ausdrücken:

— Unsichere Erwartungen und damit Risiken drücken sich dadurch aus, daß die durch Entscheidungen verursachten Zahlungsströme nicht als jeweils einwertige Größen angegeben werden können, sondern in bestimmten Bandbreiten auftreten können, innerhalb derer der Investor im allgemeinen in der Lage ist, subjektive Eintreffenswahrscheinlichkeiten anzugeben. Bei unsicheren Erwartungen treten an die Stelle einwertiger Zahlungsschätzungen Wahrscheinlichkeitsverteilungen von Zahlungsströmen.

— Die Beurteilung der Vorteilhaftigkeit des Investitionsprojektes setzt bei Vorliegen unsicherer Erwartungen voraus, daß die Wahrscheinlichkeitsverteilungen der Zahlungsströme zu einem Projektwert aggregiert werden. Dies geht nur über eine subjektive Bewertung des mit der Unsicherheit verbundenen Risikos. Die Entscheidungstheorie löst dies über sogenannte Risikonutzenfunktionen. Praktisch gesprochen bedeutet dies, daß der Investor angeben muß, welche Risiken er angesichts welcher Chancen bereit ist hinzuneh-

---

(13) Vgl. ausführlicher Moxter, Unternehmensbewertung, 1976, S. 51 ff. Auf die Grenzen der Bewertung zum Liquidationswert weist Bartke, Bedeutung des Liquidationswertes, 1981, S. 393 ff. hin.

(14) Vgl. Moxter, Unternehmensbewertung, 1976, S. 69 f.

(14a) Zur indirekten Bedeutung von Substanzwerten vgl. Moxter, Unternehmensbewertung, 1976, S. 53 f., 65 f. Zur Kritik anderer der Substanzbewertung zugeschriebener Hilfsfunktionen vgl. Moxter, Wirtschaftsprüfer und Unternehmensbewertung, 1981, S. 418 ff.

(15) Vgl. stellvertretend Münstermann, Wert und Bewertung, 1966, S. 91 ff.

(16) Vgl. stellvertretend Arbeitskreis Unternehmensbewertung, Entwurf einer Verlautbarung, 1980, S. 420 sowie UEC, Empfehlung, 1980, S. 5.

men. Eine solche Risikobewertung ist stets Ausdruck einer subjektiven, d. h. auf die Ziele des Investors gerichteten Risikopräferenz.

In der älteren Unternehmensbewertungsliteratur und -praxis herrschte die Verwendung pauschaler Methoden zur Berücksichtigung unsicherer Erwartungen und von Risiken bei der Unternehmenswertermittlung vor[17]. Durch Abschläge vom Zukunftserfolg, Zuschläge zu Kalkulationszinsfuß und/oder Kombinationsformen von Ertrags- und Substanzwert bemühte man sich, einen vorsichtig geschätzten, möglichst sicheren Unternehmenswert zu ermitteln, also einen Wert zu errechnen, der ex post allenfalls niedriger, nicht dagegen höher als der tatsächliche Wert liegen kann. Entscheidungstheoretisch ist diese Vorgehensweise nicht allgemein begründbar, da sie grundsätzlich einen risiko-scheuen Entscheidungsträger unterstellt und in dieser pauschalen Form allenfalls zufällig die tatsächliche Risikoeinstellung des betroffenen Entscheidungsträgers trifft.

Mehrwertige Erwartungen über die zukünftigen Zahlungsströme beinhalten nicht nur Risiken, sondern komplementär dazu auch Chancen. Die Unternehmensbewertung bei unsicheren, d. h. wahrscheinlichkeitsverteilten Entnahmeerwartungen kann deshalb entscheidungstheoretisch fundiert nur mittels der tatsächlichen Risiko-/Chanceneinstellung des Entscheidungsträgers erfolgen. Diese wird in der betriebswirtschaftlichen Entscheidungstheorie – wie erwähnt – anhand der sog. Nutzenfunktion gemessen, mit deren Hilfe sich das Sicherheitsäquivalent des Entscheidungsträgers bezüglich der angegebenen Wahrscheinlichkeitsverteilung ermitteln läßt. Das Sicherheitsäquivalent gibt den sicheren Betrag an, dem ein Investor den gleichen Nutzen beimißt, wie den in der Wahrscheinlichkeitsverteilung erfaßten unsicheren Entnahmeerwartungen[18]. Ein Sicherheitsäquivalent in Höhe des Erwartungswertes der Entnahme drückt Risikoneutralität, ein geringeres Risikoaversion und ein höheres Risikobereitschaft aus.

Mit Hilfe dieser entscheidungstheoretischen Konzepte hat die Theorie der Unternehmensbewertung zwei ineinander überführbare Vorgehensweisen zur Berücksichtigung unsicherer Erwartungen bei der Wertermittlung abgeleitet[19]:

(1) Die unsicheren Entnahmeerwartungen werden mittels des Konzepts des Sicherheitsäquivalents zunächst auf einen äquivalenten sicheren Entnahmestrom überführt. Durch Diskontierung des Sicherheitsäquivalents der Entnahmeerwartungen mit dem risikofreien (landesüblichen) Zinsfuß wird der Unternehmenswert ermittelt.

(2) Die Erwartungswerte der Entnahmen werden mit dem Erwartungswert

---

(17) Vgl. Übersichten z. B. bei Jaensch, Wert und Preis, 1966, S. 63 ff.

(18) Vgl. z. B. Bamberg/Coenenberg, Betriebswirtschaftliche Entscheidungslehre, 1981, S. 60 ff.

(19) Vgl. insbesondere Moxter, Unternehmensbewertung, 1976, S. 179 ff.; ferner Reuter, Bewertung von Unternehmen, 1970, S. 65 ff.; Bretzke, Prognoseproblem, 1975, S. 210 ff. Zur nutzenorientierten Berücksichtigung der Unsicherheit bei der Unternehmensbewertung vgl. ferner Laux, Unternehmensbewertung bei Unsicherheit, 1971; Kromschröder, Unternehmensbewertung und Risiko, 1979 sowie Ballwieser, Wahl des Kalkulationszinsfußes, 1981, in diesem Band abgedruckt.

des internen Zinses einer mit dem Bewertungsobjekt risikoäquivalenten optimalen Alternativanlage diskontiert. Ein Grenzfall dieser Vorgehensweise liegt vor, wenn der risikoäquivalente Diskontierungszinsfuß bestimmt wird aus dem risikofreien (landesüblichen) Zins zuzüglich einem Risikozuschlag, wobei sich der Risikozuschlag aus dem Verhältnis vom Entnahmeerwartungswert und Entnahmesicherheitsäquivalent ergibt[20]. Dieses Verfahren ist mit dem zuerst genannten identisch.

Das Dilemma der Praxis liegt in der Unkenntnis der Risikonutzenfunktion und damit des Sicherheitsäquivalents des Entscheidungsträgers. Deshalb muß dieses theoretische Konzept jedoch nicht verworfen werden. Weil Risikozuschlag und Sicherheitsäquivalent gegenseitig abhängen, eignet sich das Konzept für eine Plausibilitätsprüfung der in Betracht kommenden Risikozuschläge: Die Ermittlung des Sicherheitsäquivalents für alternative Zuschläge zum Kalkulationszinssatz kann deutlich machen, welcher Risikoeinstellung bestimmte Veränderungen der Parameter entsprechen und ab welcher Höhe diese unglaubwürdig werden[21].

Eine vom Ansatz her abweichende Möglichkeit zur Berücksichtigung der Unsicherheit bei der Unternehmensbewertung besteht darin, eine Trennung

---

(20) Unter Benutzung folgender Symbole

W = Unternehmenswert
X = Zukunftserfolg
E = Erwartungswert
s = Sicherheitsäquivalent
i = risikofreier Zinsfuß
z = Risikozuschlag

gilt: $W = \dfrac{s\,(X)}{i} = \dfrac{E\,(X)}{i + z}$

und somit: $z = \left(\dfrac{E\,(X)}{s\,(X)} - 1 \right) \cdot i$

(21) Für die Konsistenzprüfung wird die Gleichung aus Fußnote 20 nach s (X) aufgelöst, z wird parametrisch variiert:

$s\,(X) = \dfrac{E\,(X)}{i + z} \cdot i$

Beispiel: Gegeben sei die folgende Verteilung der erwarteten durchschnittlichen jährlichen Entnahmen:

Mögliche Entnahmen:	80 000	100 000	130 000
Wahrscheinlichkeiten:	30%	50%	20%

Der landesübliche Zinsfuß beträgt 8%. Aufgrund obiger Gleichung ergeben sich für Risikozuschläge zwischen 1–2,5%-Punkte folgende Sicherheitsäquivalente

Risikozuschlag	*Sicherheitsäquivalent*
1 %-Punkt	88 889
1,5%-Punkte	84 210
2,0%-Punkte	80 000
2,5%-Punkte	76 190

Offenbar sind im Beispiel Risikozuschläge ab 2%-Punkten unplausibel. Ein Zuschlag von 2%-Punkten würde nämlich bedeuten, daß eine sichere Entnahme von 80 000 gleichgeschätzt würde einer Verteilung von Entnahmen, die mit Sicherheit ebenfalls mindestens 80 000, die mit einer Wahrscheinlichkeit von 70% aber 100 000 und mit einer Wahrscheinlichkeit von 20% sogar 130 000 erbringen würde. Vgl. dazu Ballwieser, Wahl des Kalkulationszinsfußes, 1981, S. 102 ff., in diesem Band abgedruckt.

zwischen Erarbeitung der Bewertungsgrundlagen einerseits und entscheidungsorientierter Bewertung andererseits vorzunehmen[22]. Aufgabe des Unternehmensbewerters ist es dabei, die aus der Unsicherheit resultierenden Risiken und Chancen dadurch transparent zu machen, daß der Gesamtwert aufgrund unterschiedlicher Szenarien bezüglich der Wertparameter ermittelt wird. Zur Durchbrechung verschiedener Parameterkombinationen und zur Ermittlung ihrer Eintreffenswahrscheinlichkeit kann gegebenenfalls das Simulationsverfahren eingesetzt werden. Als Ergebnis dieser Berechnungen entsteht eine Gesamtverteilung, die dem Entscheidungsträger Risiken und Chancen der anstehenden Kauf- oder Verkaufsentscheidung offenlegt. Aufgabe des Entscheidungsträgers selbst ist es dann, sich entsprechend seiner eigenen Risikoeinstellung auf einen bestimmten Entscheidungswert festzulegen.

Die zuletzt geschilderte Vorgehensweise scheint der funktionalen Bewertungskonzeption nahe zu kommen, wie sie in den Verlautbarungen des IdW und der UEC zum Ausdruck kommt. In der neutralen Gutachterfunktion beschränkt sich der Bewerter bezüglich der Berücksichtigung unsicherer Erwartungen auf reine sachlogische »Wenn-Dann-Aussagen«; subjektive Risiko-Chancen-Präferenzen des Verkäufers oder Käufers haben hier keinen Platz. Diese spielen für den Unternehmensbewerter erst dann eine Rolle, wenn er in der Beratungsfunktion der Unternehmensbewertung tätig wird.

Nur unter dem Gesichtspunkt einer derartigen Arbeitsteilung zwischen der Erarbeitung »wenn-dann«-orientierter Bewertungsgrundlagen und der Bestimmung des entscheidungsorientierten Grenzpreises erscheint der in den Verlautbarungen des IdW und der UEC formulierte »Grundsatz der Unbeachtlichkeit des Vorsichtsprinzips« verständlich. Die Bewertungsgrundlagen sind in der Tat nicht vorsichtig, sondern möglichst realistisch, also auch unter Berücksichtigung der alternativen Entwicklungsmöglichkeiten der Bewertungsparameter zu erarbeiten. Es mag aber sehr wohl sein, daß der entscheidungsorientierte Grenzpreis – je nach der Risiko-Chancen-Präferenz des Entscheidungsträgers – »vorsichtig« zu ermitteln ist, wenn er seiner Entscheidungsregelungsfunktion gerecht werden soll[23].

2.4.4 Die Theorie der Simultanplanung und Unternehmensbewertung

Die betriebswirtschaftliche Investitionstheorie hat sich neben der Frage nach dem zutreffenden Wirtschaftlichkeitskriterium und neben der Frage der Berücksichtigung unsicherer Erwartungen insbesondere auch mit der Abstimmung der Investitionsplanung mit anderen betrieblichen Teilbereichen beschäftigt. Dabei haben vor allem die Probleme der Abstimmung von Investitions- und Finanzierungsmöglichkeiten eine ausgiebige Diskussion erfahren. Ausgangspunkt der betreffenden Überlegungen ist die Tatsache, daß das Kapi-

---

(22) Vgl. dazu Coenenberg, Monte-Carlo-Simulation, 1970; Coenenberg, Informationsproblem, 1971 sowie Brunner, Simulationsmodell, 1977.
(23) Vgl. hierzu auch Krag, Bewertungen von Unternehmungen, 1981, S. 289 f.

talwertkriterium streng genommen nur dann gilt, wenn beliebige Finanzbeträge am Kapitalmarkt entliehen oder verliehen werden können, und zwar zu einem einheitlichen Zinssatz. Unter dieser Voraussetzung des sogenannten vollkommenen Kapitalmarktes ist die zu jedem sich bietenden Investitionsprojekt mögliche Alternativdisposition, an der die Vorteilhaftigkeit des betreffenden Projektes zu messen ist, in der Anlage bzw. in dem Verzicht auf Aufnahme von Mitteln zum Einheitszinssatz zu sehen. Der Einheitszinssatz ist somit der richtige, für alle Projekte anwendbare Kalkulationszinsfuß.

Die Ermittlung des Unternehmenswertes durch Diskontierung der erwarteten Entnahmen mit dem landesüblichen Zinssatz (gegebenenfalls vermehrt um einen Risikozuschlag) beruht also streng genommen auf der Annahme eines vollkommenen Kapitalmarktes mit dem landesüblichen Zinsfuß als Einheitszinssatz, d. h. man muß voraussetzen, daß die zur Unternehmensfortführung bzw. zum Unternehmenskauf optimale Alternativdisposition einheitlich zum landesüblichen Zinsfuß erfolgt. Beispielsweise wäre diese Voraussetzung dann hinreichend erfüllt, wenn ein potentieller Unternehmenskäufer über ausreichend große Geldbeträge für den Unternehmenskauf verfügt, die er bei Verzicht auf die Unternehmung in Wertpapiere anlegt, die die landesübliche Verzinsung erbringen.

In der Wirklichkeit ist die Prämisse des vollkommen oder wenigstens annähernd vollkommenen Kapitalmarktes allerdings im allgemeinen nicht erfüllt. Tatsächlich sind die einem Unternehmen verfügbaren Finanzmittel mehr oder weniger begrenzt und entstammen aus Quellen, die mit unterschiedlichen Konditionen ausgestattet sind. Der für die Kapitalwertberechnung der einzelnen Investitionsprojekte anzuwendende Kalkulationszinsfuß entspricht in diesem Falle der marginalen Rendite des optimalen Investitions- und Finanzierungsprogramms. Für die Bestimmung des optimalen Investitions- und Finanzierungsprogramms hat die Theorie eine Reihe von Lösungsansätzen entwickelt, die auf das Problem der Unternehmensbewertung bei unvollkommenem Kapitalmarkt analog angewendet werden können[24].

Betrachtet man z. B. den Kauf bzw. Verkauf eines Unternehmens aus der Sicht der Obergesellschaft eines Konzerns, so handelt es sich hier um Investitions- und Desinvestitionsentscheidungen, die mit vielen anderen Investitions- und Desinvestitionsentscheidungen sowie mit den Finanzierungsmöglichkeiten im Konzern in einem Verbund stehen. Das Problem der simultanen Abstimmung von Investitions- und Finanzierungsprogramm stellt sich hier deshalb in gleicher Weise wie bei der Betrachtung von Einzelinvestitionsentscheidungen. Wegen dieses Verbundes kennt man die im Falle des Nichtkaufs bzw. des Verkaufs anstelle der Unternehmen nun zu ergreifenden Dispositionen erst dann, wenn der optimale Investitions- und Finanzierungsplan jeweils mit und ohne die zu bewertende Unternehmung für die Planperiode festgelegt ist.

---

(24) Vgl. Jaensch, Unternehmensbewertung ohne Kalkulationszinsfuß, 1966, S. 660 ff.; Laux/Franke, Bewertung von Unternehmungen, 1969, S. 205 ff.; Wagner, Zweckmäßigkeit von Bewertungskalkülen, 1973, S. 301 ff.; Bretzke, Prognoseproblem, 1975, S. 58 ff.; Matschke, Der Entscheidungswert der Unternehmung, 1975, S. 253 ff. sowie Coenenberg/Sieben, Unternehmensbewertung, 1976, Sp. 4068 ff.

Die Vorgehensweise sei – ohne auf technische Details einzugehen – am Beispiel eines Unternehmenskaufs kurz skizziert. Zunächst ist der ohne Kauf des Unternehmens optimale Investitions- und Finanzierungsplan zu erstellen (= Basisprogramm). Sodann ist ein optimalter Investitions- und Finanzierungsplan unter Einschluß des zu kaufenden Unternehmens zu erarbeiten (= Bewertungsprogramm), der den gleichen Nutzen in Form von Zahlungsüberschüssen erwarten läßt wie das Basisprogramm. Das Bewertungsprogramm unterscheidet sich vom Basisprogramm dadurch, daß wegen des zu akquirierenden Unternehmens auf einige bei Nichtkauf beabsichtigte Investitionen verzichtet und/oder zusätzlich Finanzierungsmittel in Anspruch genommen werden (= Ausweichprogramm). Die Summe der freigesetzten bzw. aufgenommenen Kapitalbeträge dieses Ausweichprogramms entsprechen dem Unternehmenswert aus Sicht des potentiellen Käufers. Zahlt er gerade diesen Betrag, so bleibt der im Basisprogramm erwartete Zahlungsüberschuß durch das Bewertungsprogramm gerade erhalten. Mit der simultanen Optimierung aller Investitions- und Finanzierungsaktivitäten im Basisprogramm einerseits und im Bewertungsprogramm andererseits ist also auch der Unternehmenswert bestimmt. Gleichzeitig mit dieser Optimierung wird der Kalkulationszinsfuß ermittelt, der für eine Bewertung des Unternehmens durch Diskontierung anzulegen wäre. Da im Bewertungsprogramm der Zahlungsstrom des zu bewertenden Unternehmens den Zahlungsstrom des Ausweichprogramms substituiert, muß das zu kaufende Unternehmen wenigstens eine Rendite in Höhe der internen Verzinsung des Ausweichprogramms erbringen. Bei begrenzten Investitions- und Finanzierungsmöglichkeiten entspricht der für die Unternehmensbewertung maßgebende Kalkulationszinsfuß folglich dem internen Zinsfuß des Ausweichprogramms, ermittelt als gewichtetes arithmetisches Mittel der internen Zinsfüße der Investitions- und Finanzierungsprojekte des Ausweichprogramms. Im theoretischen Mittel ist die Anwendung dieses Kalkulationszinsfußes allerdings nicht erforderlich, da durch die simultane Optimierung das Bewertungsproblem bereits gelöst ist.

Ein derartiger simultaner Optimierungs- und Bewertungskalkül, der das gesamte Investitions- und Finanzierungsprogramm umfaßt, wird in der Praxis allerdings nur in seltenen Ausnahmefällen anwendbar sein. Als Ausweg bietet sich an, auch unter den Bedingungen des unvollkommenen Kapitalmarktes auf die Diskontierungsmethode als Näherungsverfahren zurückzugreifen. Die Theorie lehrt aber immerhin, daß der Rückgriff auf den landesüblichen Zinsfuß der Situation beschränkter Investitions- und Finanzierungsmöglichkeiten generell nicht gerecht wird. Der Kalkulationszinsfuß ist hier vielmehr unter Berücksichtigung der tatsächlichen ökonomischen Verhältnisse des Käufer- bzw. Verkäuferunternehmens zu bestimmen. Derartige Überlegungen sind bei der Bestimmung bereichs-, unternehmens- oder konzernspezifischer Soll-Zinssätze für die Investitionssteuerung in der Praxis durchaus üblich[25].

---

(25) Vgl. z. B. Hammel/Wahls, Dynamische Investitionsrechnung, 1979, S. 107 f.

2.4.5 Theorie der strategischen Planung und Unternehmensbewertung

Seit den 60er Jahren hat sich die betriebswirtschaftliche Theorie und die Unternehmenspraxis in starkem Maße mit der betrieblichen Gesamtplanung beschäftigt. In der Praxis hat sich dies sehr bald in der Installation von auf die betriebswirtschaftlichen Zielgrößen Erfolg und Liquidität gerichteten gesamtbetrieblichen Planungssystemen gezeigt. Erst Mitte der 70er Jahre hat sich der Blick verstärkt auf die Probleme einer strategischen Unternehmensplanung gerichtet. Die erhöhte Unsicherheit der Unternehmen insbesondere wegen verkürzter Produktlebenszyklen, verkürzter und verschärfter Konjunkturausschläge, Verschärfung des internationalen Verteilungskampfes zwischen den öl- und rohstoffreichen Ländern und Industrieländern sowie starker Zins- und Wechselkursschwankungen lassen eine Abschätzung der Zukunft durch Extrapolation der vergangenen Entwicklung, auf denen frühere Planungssysteme wesentlich beruhten, unmöglich erscheinen[26]. Dies führt zu verstärkten Bemühungen um eine zukunftsorientierte, langfristige strategische Planung, mittels derer die Stoßrichtung des Unternehmens im Hinblick auf die zukünftige Erfolgsentstehung festgelegt wird. Neben das betriebswirtschaftliche Instrumentarium der Erfolgs- und Liquiditätssteuerung tritt das Instrumentarium der Erfolgspotentialsteuerung, d.h. der Schaffung und Kontrolle von Potentialen für die langfristige zukünftige Erfolgssicherung. Diese Zusammenhänge sind in der folgenden Abbildung 2 zusammengefaßt[27].

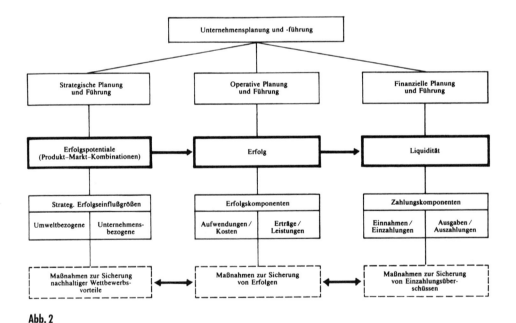

Abb. 2

(26) Vgl. Albach, Strategische Unternehmensplanung, 1978, S. 702 ff.
(27) in Anlehnung an Gälweiler, Führung der Unternehmung, 1979, S. 7.

Ähnlich wie Erfolge auf Dauer gesehen notwendige Voraussetzung für die Wahrung der Liquidität sind, sind Erfolgspotentiale notwendige Voraussetzung für künftige Erfolge. Erfolgspotentiale sind Produkt-Markt-Kombinationen, die durch unterschiedliche Konstellationen der umweltbezogenen und unternehmensbezogenen strategischen Erfolgseinflußgrößen gekennzeichnet sein können. Die umweltbezogenen Einflußgrößen sind Ausdruck der Marktattraktivität, die unternehmensbezogenen Einflußgrößen sind Ausdruck der Wettbewerbsposition einer Geschäftseinheit. Mißt man die Marktattraktivität vereinfacht ausschließlich am Marktwachstum und die Wettbewerbsposition ausschließlich am relativen Marktanteil, so kommt man zu der als Boston-Matrix[28] bekannten 4fachen Klassifikation strategischer Geschäftseinheiten[29]:

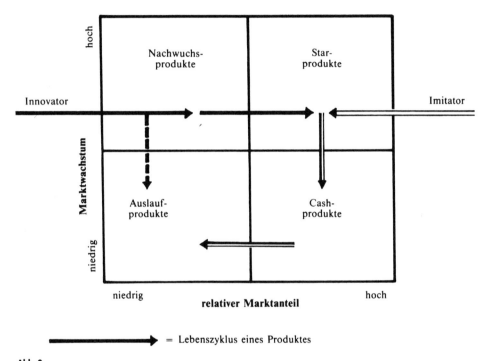

Abb. 3

Es ist unmittelbar einsichtig, daß ein Unternehmen, das hauptsächlich über Cashprodukte verfügt, bei sonst vergleichbaren Daten in bezug auf die Struktur der zu erwartenden Einzahlungsüberschüsse erheblich anfälliger ist als ein Unternehmen mit ausgeglichenem Produktportfolio. Durch Extrapolation der vergangenen oder der in der nächsten Zukunft erwarteten ausschüttbaren Ergebnisse ist dies im allgemeinen nicht erkennbar.

---

(28) Vgl. Henderson, Erfahrungskurve, 1974, S. 82 ff.
(29) Nach Arbeitskreis »Langfristige Unternehmensplanung« der Schmalenbach-Gesellschaft, Strategische Planung, 1977, S. 12. Zur strategischen Planung vgl. auch Hinterhuber, Strategische Unternehmensführung, Berlin/New York 1977.

Bei der Unternehmensbewertung geht es um eine auf die Gegenwart bezogene Wertermittlung der nachhaltigen künftigen Entnahmeerwartungen. Die umrißartige Skizzierung der Grundgedanken der strategischen Planung macht deutlich, daß die langfristigen Entnahmeerwartungen keinesfalls durch Extrapolation der vergangenen Erfolgsentwicklung geschätzt werden können, wie dies in der Literatur zur Unternehmensbewertung allenthalben empfohlen worden ist[30]. Jüngere Empfehlungen sind darauf gerichtet, die Entnahmeerwartungen wenigstens der nächsten Zukunft explizit zu planen und durch eine Analyse der unternehmensspezifischen und umweltbezogenen Unsicherheitsfaktoren zu ergänzen[31]. Über diesen Schritt in die richtige Richtung hinaus läßt sich aus dem Grundgedanken der strategischen Planung die weitergehende Forderung ableiten, daß die quantitative Planung der Entnahmeerwartungen stets durch eine Unternehmens- und Umweltanalyse der strategischen Erfolgseinflußgrößen zu unterlegen ist[32]. Besonders deutlich wird dies bei Unternehmenskauf durch ein bestehendes Unternehmen; der Unternehmenswert wird hier i. a. entscheidend davon abhängen, ob und wie das zu erwerbende Unternehmen mit seinen strategischen Einflußgrößen in das strategische Konzept des erwerbenden Unternehmens paßt[33]. Als eine vordringliche Aufgabe der Theorie der Unternehmensbewertung erscheint es mir, basierend auf den Erkenntnissen der strategischen Unternehmensplanung praktisch einsetzbare Konzepte für die strategische Analyse im Rahmen der Unternehmensbewertung zu erarbeiten.

2.4.6 Kapitalmarkttheorie und Unternehmensbewertung

Die ökonomische Kapitaltheorie hat sich seit geraumer Zeit verstärkt mit der Frage beschäftigt, wie risikobehaftete Vermögenswerte durch den Kapitalmarkt bewertet werden. Gegenstand ist dabei insbesondere die Bewertung von Unternehmensanteilen an der Börse. Insofern liegt die Frage nahe, inwieweit sich aus der Kapitalmarkttheorie Konsequenzen für die gutachterliche Bewertung von Unternehmen ableiten lassen.

Die Kapitalmarkttheorie umfaßt eine statische und eine dynamische Analyse der Gleichgewichtspreisbildung von Wertpapieren[34]. Die These der Kapi-

---

(30) Vgl. Übersicht Münstermann, Wert und Bewertung, 1966, S. 48 ff.
(31) Vgl. Arbeitskreis Unternehmensbewertung, Entwurf einer Verlautbarung, 1980, S. 411 sowie Bretzke, Prognoseproblem, 1975, S. 180 ff.
(32) Mit dem Zusammenhang von Unternehmensbewertung und strategischer Analyse beschäftigt sich der Beitrag von Rappaport, Selecting Strategies, 1981, S. 139 ff., in diesem Band abgedruckt.
(33) Vgl. hierzu Salter/Weinhold, Choosing compatible acquisitions, 1981, S. 117 ff.
(34) Zu knappen, deutschsprachigen Übersichten über die Kapitalmarkttheorie vgl. Swoboda, Kapitaltheorie, 1975; Saelzle, Kapitalmarktreaktionen, 1976; Schmidt, Kapitalmarktforschung, 1976; Standop, Kapitaltheorie, 1976; Franke, Betriebswirtschaftliche Theorie, 1977; Süchting, Finanzmanagement, 1978, S. 274 ff.; Rudolph, Theorie des Kapitalmarkts, 1979; Drukarczyk, Finanzierungstheorie, 1980, S. 319 ff.; Göppl, Capital-Asset-Princing-Theorie, 1980; Haegert, Investitions- und Finanzierungstheorie, 1980 sowie D. Schneider, Investition, Finanzierung und Besteuerung, 1989, S. 517 ff.

talmarkttheorie lautet, daß im Kapitalmarktgleichgewicht den Anteilspapieren solche Preise zugeordnet sind, die eine dem Risiko entsprechende Rendite erwarten lassen. Die statische Analyse der Gleichgewichtspreisbildung, die auf der Portefeuille-Theorie aufbaut, fragt nach dem Zusammenhang von Wertpapierrendite und Wertpapierrisiko in einem bestimmten Zeitintervall. Die Antwort gibt das »Capital Asset Pricing Model«. Nach diesem Modell entspricht die erwartete Rendite eines Anteilspapiers der risikolosen Rendite als Entgelt für den Verzicht auf die sichere Anlage zuzüglich einer Risikoprämie, die sich bestimmt nach dem Umfang des eingegangenen systematischen, nicht diversifizierbaren Risikos sowie dem Marktpreis dieses Risikos[35]:

$$\underbrace{\bar{r}_j}_{\substack{\text{Erwartete} \\ \text{Aktienrendite}}} = \underbrace{i}_{\substack{\text{risikofreier} \\ \text{Zins}}} + \underbrace{\frac{\bar{r}_m - i}{\sigma^2_m}}_{\substack{\text{Marktpreis des} \\ \text{Risikos}}} \cdot \underbrace{\text{cov}\,(r_j, r_m)}_{\substack{\text{übernommenes} \\ \text{(absolutes)} \\ \text{Risiko}}}$$

Erwartete risikofreier Marktpreis des übernommenes
Aktienrendite = Zins + Risikos · (absolutes)
Risiko

Durch Zusammenfassung von $\frac{\text{cov}\,(r_j, r_m)}{\sigma^2_m} = \beta_j$

kann man auch schreiben: $\bar{r}_j = i + (\bar{r}_m - i) \cdot \beta_j$

Die Risikobewertung erfolgt in diesem Modell durch den Vergleich der durchschnittlichen Marktrendite ($\bar{r}_m$) mit dem risikofreien Zins (i), der Umfang des übernommenen Risikos wird durch die Abhängigkeit der Aktienrendite (r_j) von der allgemeinen Marktrendite (r_m), also durch die Kovarianz bzw. den β-Koeffizienten gemessen.

Für eine Aktie j, deren Renditen unkorreliert mit der durchschnittlichen Marktrendite sind, für die also $\beta = 0$ gilt, besteht kein systematisches, marktbedingtes Risiko; der Preis dieses Anteilspapiers wird somit ausschließlich aus der erwarteten Rendite und dem risikofreien Zins als Kalkulationszinsfuß bestimmt. Bei positiven β-Koeffizienten wird ein systematisches Risiko eingegangen; der risikolose Zins muß somit um einen entsprechenden Risikozuschlag erhöht werden, um zum risiko-rendite-adäquaten Gleichgewichtspreis zu gelangen[36].

Die vorstehenden Überlegungen scheinen den Gedanken nahezulegen, die nach dem »Capital Asset Pricing Model« erwartete Rendite des Marktes als Kalkulationszinsfuß für die Unternehmensbewertung zu verwenden. Im deutschsprachigen Schrifttum ist dieser Gedanke kürzlich von *Göppl* aufgegrif-

---

(35) In dieser Formulierung beruht das Modell auf folgenden Prämissen: (1) Risikoscheu, (2) Standardabweichung als Risikomaß, (3) Einperiodiger Investitionszeitraum, (4) Homogene Erwartungen, (5) Beliebige Teilbarkeit der Anlageobjekte, (6) Keine Transaktionskosten, (7) Existenz eines risikofreien Zinssatzes für unbeschränkte Geldanlage und Geldaufnahme. Die Weiterentwicklungen des Modells sind insbesondere darauf gerichtet, diese Prämissen aufzuheben. Vgl. Übersicht bei Rudolph, Theorie des Kapitalmarktes, 1979, S. 1049–1053.

(36) Dabei ist es prinzipiell gleichgültig, ob das Risiko, wie in der oben angegebenen Formel, als Zuschlag zum risikolosen Zinsfuß oder nach entsprechender Umrechnung als Abschlag vom erwarteten Ertrag bzw. Endvermögen berücksichtigt wird. Vgl. dazu z. B. Standop, Kapitaltheorie, 1975, S. 89 f.; Swoboda, Kapitaltheorie, 1975, Sp. 2128; Rudolph, Theorie des Kapitalmarktes, 1979, S. 1060.

fen worden[37]; in den USA scheint dieses Konzept für die Unternehmensbewertung an Popularität zu gewinnen[38], wohl nicht zuletzt deshalb, weil die Grundgedanken der Kapitalmarkttheorie in der amerikanischen Praxis der Wertpapieranalyse stark rezipiert worden sind und die β-Faktoren von börsennotierten Gesellschaften durch Investmentgesellschaften laufend erhoben und veröffentlicht werden[39].

Die Anwendbarkeit des »Capital Asset Pricing Model« für die Unternehmensbewertung hätte den unübersehbaren Vorteil, daß die Messung des Risikos intersubjektiv überprüfbar und somit nicht dem Vorwurf der Willkür ausgesetzt wäre. Allerdings erscheint der Rückgriff auf die in der Börsenkursentwicklung zum Ausdruck kommenden Risiko-Rendite-Verhältnisse für eine Unternehmensbewertung nur dann akzeptabel, wenn dem Börsenpreisbildungsprozeß alle bewertungsrelevanten Informationen zugrunde liegen, die auch dem mit der Unternehmensbewertung beauftragten Gutachter zur Verfügung stehen, und wenn die bewertungsrelevanten Informationen im Marktpreisbildungsprozeß sachkundig verarbeitet werden.

Mit dieser Frage der Informationsgewinnung und Informationsverwertung im Aktienpreisbildungsprozeß beschäftigt sich die dynamische Theorie des Kapitalmarktgleichgewichts. Sie fragt nach der Informationseffizienz des Kapitalmarktes, indem die Reaktion der Gleichgewichtspreisbildung auf neue, bewertungsrelevante Informationen untersucht wird. In einem informationseffizienten Markt reagieren die Gleichgewichtspreise praktisch zeitlos und störungsfrei (erwartungstreu) auf neue, bewertungsrelevante Informationen; d. h. bei gleicher Informationsverfügbarkeit gibt es keine bessere Schätzung von Rendite und Risiko und somit des Wertes als die des Marktes.

Je nach den bewertungsrelevanten Informationen werden drei Versionen der Markteffizienz unterschieden: Die *schwache* Version der Markteffizienz bezieht sich lediglich auf die Informationen über die historischen Aktienpreise; auf einem in diesem Sinne effizienten Markt folgen die Aktienkurse einem Zufallspfad. Die *mittlere* Version der Markteffizienz bezieht sich auf alle öffentlich verfügbaren Informationen über die Aktiengesellschaften; bei dieser Effizienz kann keine noch so sachkundige Auswertung öffentlich verfügbarer Informationen zu verläßlicheren Schätzungen und somit höheren als den dem Kapitalmarktgleichgewicht entsprechenden Renditeerwartungen führen. Die *strenge* Version der Markteffizienz schließt zusätzlich alle bewertungsrelevanten unternehmensinternen Informationen ein; d. h. nach dieser Effizienzhypothese ist es nicht einmal möglich, Insiderwissen in bessere Schätzungen und damit überdurchschnittliche Erfolge umzusetzen.

Für die Erstellung eines Unternehmensbewertungsgutachtens hat der mit der Bewertung Beauftragte im allgemeinen Zugang zu den internen Informationen des zu bewertenden Unternehmens. Gemäß der Theorie hätte der Gutachter folglich nur dann keine Vorteile aus der Auswertung seiner Insiderinfor-

---

(37) Vgl. Göppl, Capital-Asset-Pricing-Theorie, 1980, S. 240, 243.

(38) Vgl. z. B. Rappaport, Strategic analysis, 1979, S. 104 ff. sowie ders., Selecting strategies, 1981, S. 142 ff., in diesem Band abgedruckt.

(39) Zur Ermittlung der β-Faktoren deutscher Aktiengesellschaften vgl. Hielscher/Heintzelmann, BETA-Faktoren, 1975.

mationen zu erwarten, wenn die strenge Form der Kapitalmarkteffizienz Gültigkeit hätte. Während die umfangreichen empirischen Tests, die sich überwiegend allerdings auf Börsenkursdaten der New York Stock Exchange beziehen[40], für die Gültigkeit der schwachen Effizienz sprechen und zumindest keine eindeutige Falsifizierung der mittleren Version der Effizienzthese erbringen, lassen sie doch erkennen, daß die These von der strengen Informationseffizienz des Kapitalmarktes nicht zutrifft[41]. Die in der Literatur angedeutete Anwendung des »Capital Asset Pricing Model« für die Bewertung ganzer Unternehmen erscheint aus diesem Grunde – zumindest wenn mehr als die öffentlich gehandelten Informationen zur Verfügung stehen – nicht möglich.

Es kommen weitere Einwendungen hinzu: Das »Capital Asset Pricing Model« untersucht die Rendite-Risiko-Beziehungen von Unternehmensanteilen; dabei wird der Unternehmensanteil im Verhältnis zu einem vollständig diversifizierten Portefeuille betrachtet. Bei der Unternehmensbewertung geht es um die Wertermittlung unter dem Gesichtspunkt vermögenswirksamer Entscheidungen über das Gesamtunternehmen. Die Existenz von Paketzuschlägen macht die unterschiedliche Qualität beider Situationen deutlich. Eine wesentliche Einschränkung für die Übertragung des »Capital Asset Pricing Model« ergibt sich auch daraus, daß sich das Modell auf die Bewertung *börsennotierter* Unternehmensanteile bezieht. Die bisherigen theoretischen Bemühungen, das »Capital Asset Pricing Model« auch auf nicht notierte Anteile zu beziehen[42], sind für eine praktische Anwendung allenfalls als grundsätzliche Leitidee verwertbar.

2.4.7 Zusammenfassung

1. Die Unternehmensbewertung kann unterschiedlichen Funktionen dienen. Der Unternehmenswert ist deshalb ein funktionsbezogenes, relativiertes Konzept.

2. Die Ermittlung des entscheidungsorientierten Unternehmenswertes und somit auch der Grenzwerte für die schiedsgutachterliche Wertermittlung ist nichts anderes als ein Investitionskalkül. Die Ergebnisse der betriebswirtschaftlichen Investitionstheorie gelten deshalb auch für die Unternehmensbewertung uneingeschränkt.

3. Die Ermittlung des Unternehmenswertes erfordert die Berücksichtigung unsicherer Zukunftserwartungen. Das von der Entscheidungstheorie entwickelte Konzept der Risikonutzenfunktion ist aus praktischen Erwägungen im allgemeinen nicht unmittelbar anwendbar. Es kann aber zur Plausibilitätsprüfung verschiedener Risikozuschläge eingesetzt werden. Ferner bietet sich an, die von der Entscheidungstheorie entwickelten Verfahren der Risikoanalyse in der Unternehmensbewertung anzuwenden. Sie ermöglichen zudem im Sinne

---

(40) Vgl. Übersicht bei Dyckman/Downes/Magee, Capital Markets, 1975. Zu Effizienzuntersuchungen für den deutschen Kapitalmarkt vgl. z. B. Swoboda/Uhlir, Einfluß der Einkommensbesteuerung, 1975; Coenenberg/Brandi, Annual Accounting Income Numbers, 1979 sowie Mühlbradt/Reiss, Das Verhalten deutscher Aktienkurse, 1980.

(41) Vgl. Ballwieser, Insiderrecht, 1976.

(42) Vgl. Rudolph, Theorie des Kapitalmarktes, 1979, S. 1050 f. sowie Göppl, Capital-Asset-Pricing-Theorie, 1980, S. 243 und die dort angeführte Literatur.

der neutralen Gutachterfunktion, schärfer zwischen der Erarbeitung der Bewertungsgrundlagen einerseits und der entscheidungsorientierten Bewertung andererseits zu trennen.

4. Die von der Investitionstheorie für den Fall des beschränkten, unvollkommenen Kapitalmarktes entwickelten Simultankalküle dürften für die Praxis der Unternehmensbewertung im allgemeinen nicht anwendbar sein. Es muß deshalb bei der Diskontierungsmethode als Näherungslösung bleiben. Die Theorie lehrt aber immerhin, daß diesem Fall nicht der landesübliche Zinsfuß, sondern nur ein unternehmensbezogener Kalkulationszinsfuß gerecht werden kann.

5. Erwerb und Veräußerung von Unternehmen oder Unternehmensanteilen gehören zu den strategischen Unternehmensentscheidungen. Sie können deshalb auch nicht allein an kurzfristigen Liquiditäts- und Erfolgsindikatoren orientiert werden. Der Unternehmensbewertung ist deshalb stets eine Analyse der strategischen Erfolgsfaktoren zugrunde zu legen.

6. Aus der Theorie des Kapitalmarktes ist der Schluß abgeleitet worden, daß es keine bessere Schätzung des Unternehmenswertes gibt als die des Marktes. Diese These setzt indessen voraus, daß der Markt über gleich gute Informationen wie der Gutachter verfügt und daß diese Informationen durch den Markt ebenso sachkundig verarbeitet werden. Diese Voraussetzungen erscheinen – trotz der in der Literatur vielfach zitierten These vom sogenannten effizienten Kapitalmarkt – unrealistisch; für eine Renaissance der börsenkursorientierten Unternehmensbewertung gibt es deshalb keinen Grund.

3. Kapitel
Berücksichtigung von Unsicherheit und Geldentwertung

ADOLF G. COENENBERG

3.1. Unternehmensbewertung mit Hilfe der Monte-Carlo-Simulation*

---

* Erstmals erschienen in: ZfB, 40. Jg., 1970, S. 793–804. Zur Ergänzung dieses Themas sei auf einen neueren Beitrag von Siegel verwiesen, der zahlreiche zusätzliche Literaturquellen enthält: Vgl. Siegel, Das Risikoprofil als Alternative, 1991.

3.1.1 Der Unternehmungswert als Entscheidungswert

Die wohl häufigsten Anlässe zur Unternehmungsbewertung sind der Verkauf und der Kauf ganzer Unternehmungen. Aus der Sicht des potentiellen Käufers der Unternehmung bezweckt die Gesamtwertermittlung die Bestimmung des Betrages, den der Käufer maximal für den Erwerb der Unternehmung zahlen kann. Liegt der vom Veräußerer geforderte Preis über dem Unternehmungswert, dann ist es für den Käufer günstiger, die der Unternehmungsbewertung als Vergleichsbasis zugrunde gelegte Vergleichsinvestition (Sach- oder Finanzinvestition) zu realisieren, deren interner Zinsfuß als Kalkulationszinsfuß bei der Unternehmensbewertung verwendet wird[1]. Entsprechend gibt der aus der Sicht des potentiellen Unternehmungsverkäufers ermittelte Gesamtwert den Mindestveräußerungspreis an. Bei einem den Gesamtwert unterschreitenden Veräußerungspreis ist es für den potentiellen Verkäufer günstiger, von der Veräußerung der Unternehmung abzusehen.

Diese subjektive, d.h. vom Ziel und vom Entscheidungsfeld des jeweiligen Entscheidungsträgers abhängige Gesamtwertkonzeption wird im Schrifttum zur Unternehmungsbewertung heute allgemein vertreten[2]. Umstritten ist hingegen bis jetzt die Frage, wie die Ungewißheit über die Parameter des Bewertungsmodells, nämlich über die mit dem Investitionsobjekt »Unternehmung« erzielbaren künftigen Einnahmeüberschüsse, über die Lebensdauer der Unternehmung und über die Höhe des Kalkulationszinsfußes, im Bewertungskalkül zu berücksichtigen sei. Dies mag insofern nicht verwundern, als wenigstens so viele unterschiedliche Verfahren zur Berücksichtigung der Ungewißheit bei der Unternehmungsbewertung denkbar sind, wie es unterschiedliche Risikoeinstellungen des jeweiligen Entscheidungsträgers geben kann. Ein risikofreudiger Entscheidungsträger wird einer bestimmten Unternehmung – unter sonst gleichen Bedingungen – zwangsläufig einen anderen Wert beimessen als ein risikoscheuer Entscheidungsträger.

Tatsächlich zeigt sich bei näherer Betrachtung, daß die im Schrifttum vorgeschlagenen Verfahren zur Berücksichtigung der Ungewißheit bei der Unternehmenswertermittlung jeweils eine bestimmte Risikoeinstellung des Entscheidungsträgers implizieren und somit keine Allgemeingültigkeit beanspruchen können. Dies sei am Beispiel der klassischen Verfahren zur Berücksichtigung der Ungewißheit bei der Gesamtwertermittlung, die als Verfahren »vorsichtiger« Wertermittlung gekennzeichnet werden können, und am Beispiel des neuerdings für die Unternehmungsbewertung vorgeschlagenen Erwartungswertprinzips verdeutlicht.

Bei den folgenden Erörterungen wird – lediglich aus Vereinfachungsgründen – von einer Unternehmung mit unendlicher Lebensdauer und einem sicher

---

(1) Münstermann, Wert und Bewertung, 1966, S. 72ff.; Sieben, Bewertungs- und Investitionsmodelle, 1967, S. 126ff.

(2) Außer den in Fußn. 1 genannten Arbeiten vgl. v. a. Busse von Colbe, Der Zukunftserfolg, 1957; Engels, Bewertungslehre, 1962, S. 110ff.; Bröhl, Der Kalkulationszinsfuß, 1966; Hax, Finanz- und Investitionsentscheidungen, 1966, S. 468ff.; Jaensch, Wert und Preis, 1966; von Wahl, Bewertung, 1966; Sieben, Bewertung, 1968; Käfer, Substanz und Ertrag, 1969, S. 295ff.; Matschke, Preisfestsetzung, 1969, S. 57ff.; Maus, Unternehmensbewertung, 1969, S. 397ff.; König, Bewertung, 1970, S. 72ff.

bekannten Kalkulationszinsfuß ausgegangen. Das Problem der Ungewißheit wird also auf die Bestimmung der periodischen künftigen Einnahmeüberschüsse reduziert. Diese Zukunftserfolge werden als stochastische Größen aufgefaßt, deren Eintrittswahrscheinlichkeiten bekannt sind.

3.1.2 Die im Schrifttum vorgeschlagenen Verfahren zur Berücksichtigung der Ungewißheit bei der Unternehmungsbewertung

Nach den Verfahren vorsichtiger Wertermittlung wird zunächst aufgrund der vergangenen Ertrags- und Aufwandsdaten ein repräsentativer Zukunftserfolg ermittelt. Der Ungewißheit der Erwartungen über die künftige Erfolgsentwicklung wird in einem zweiten Schritt durch Vornahme von – mehr oder weniger willkürlich bestimmten – Risikozuschlägen zum Kalkulationszinsfuß oder Risikoabschlägen vom Zukunftserfolg oder vom Zukunftserfolgswert selbst Rechnung getragen[3]. Ihrer Intention nach sind diese Verfahren auf die Errechnung eines »sicheren« Unternehmungswertes gerichtet, der sich ex post allenfalls als zu niedrig, nicht dagegen als zu hoch erweisen kann[4]. Die Verwendung eines solchen Unternehmungswertes als Entscheidungswert würde voraussetzen, daß der Entscheidende der Wahrscheinlichkeitsverteilung der Zukunftserfolge jeder Periode genau einen Nutzen in Höhe des in der betreffenden Periode geringsten für möglich gehaltenen Erfolges beimißt; d.h. dieser geringste für möglich gehaltene Erfolg stellt jeweils das Sicherheitsäquivalent zu der betreffenden Wahrscheinlichkeitsverteilung der Zukunftserfolge dar[5]. Die Verfahren vorsichtiger Wertermittlung können den Anforderungen an eine entscheidungsorientierte Unternehmungsbewertung – zutreffende Ermittlung der Risikozu- oder -abschläge vorausgesetzt – somit allenfalls für den Spezialfall vollkommener Risikofeindlichkeit des Entscheidungsträgers gerecht werden.

Eine ähnlich eingeschränkte Gültigkeit besitzt auch der Vorschlag von Jaensch[6], die Ungewißheit der Erwartungen über die Höhe der Zukunftserfolge dadurch zu berücksichtigen, daß die für die einzelnen Perioden repräsentativen Zukunftserfolge nach dem Prinzip der mathematischen Erwartung bestimmt werden. Er betont, »daß die Entscheidung für den Parameteransatz mit Hilfe der mathematischen Erwartung als optimal zu betrachten ist, denn die mathematische Erwartung einer Wahrscheinlichkeitsdistribution gibt denjenigen

---

(3) Zusammenfassende Darstellungen dieser Verfahren finden sich bei Jakob, Ermittlung des Gesamtwertes, 1960, S. 131 ff.; Jaensch, Wert und Preis, 1966, S. 63 ff.; Hax, Finanz- und Investitionsentscheidungen, 1966, S. 475 ff.; Münstermann, Wert und Bewertung, 1966, S. 75 ff., 113 ff.; Engeleiter, Unternehmensbewertung, 1970, S. 31 ff.

(4) Inwieweit diese Intention erreicht wird, soll hier nicht diskutiert werden. Vgl. dazu v.a. Sieben, Der Substanzwert der Unternehmung, 1963, S. 73 ff.; Bröhl, Der Kalkulationszinsfuß, 1966, S. 94 ff.; Jaensch, Wert und Preis, 1966, S. 88 ff.; Münstermann, Wert und Bewertung, S. 57 f., 75 ff., 113 ff.

(5) Zur Konstruktion von Präferenzfunktionen auf der Basis von Sicherheitsäquivalenten vgl. z. B. Wittmann, Unternehmung, 1959, S. 56 ff.; Schneeweiß, Entscheidungskriterien bei Risiko, 1967, S. 42 ff.

(6) Vgl. Jaensch, Wert und Preis, 1966, S. 188 ff.

Wert an, bei dem die Gesamtheit aller denkbaren Abweichungen ein Minimum darstellt. Oder anders ausgedrückt: der mit Hilfe der mathematischen Erwartung bestimmte Parameteransatz stellt bei subjektiver Ungewißheit im subjektiven Gesamtwertkalkül den rationalen Ansatz dar.«[7]

Nun läßt sich indessen die Rationalität der Entscheidung über den zu wählenden Parameteransatz im Rahmen einer subjektiven, auf das Ziel und Entscheidungsfeld eines bestimmten Entscheidungsträgers bezogenen Unternehmungsbewertung allein aus der Sicht eben dieses Ziels beurteilen. Die Entscheidung, der Gesamtwertermittlung jeweils den Erwartungswert des Zukunftserfolges zugrunde zu legen, ist folglich nur dann rational, wenn der Entscheidungsträger den Wahrscheinlichkeitsverteilungen der Zukunftserfolge jeweils ein Sicherheitsäquivalent in Höhe ihres Erwartungswertes zuordnet. Sicherheitsäquivalente in Höhe des Erwartungswertes der Verteilungen sind aber Ausdruck einer gegenüber Risiko und Chance indifferenten Risikopräferenzrelation des Entscheidungsträgers. Nur für den Fall der Risikoneutralität des Entscheidungsträgers führt die Gesamtwertermittlung auf der Basis des Erwartungswertprinzips mithin zu einem zutreffenden Entscheidungswert.

Es zeigt sich, daß die im Schrifttum zur Unternehmungsbewertung diskutierten Verfahren zur Berücksichtigung der Ungewißheit nur unter sehr speziellen Annahmen über die Risikoeinstellung des Entscheidungsträgers zu einer Lösung des Ungewißheitsproblems herangezogen werden können. Als Ausweg scheint sich anzubieten, das »Vorsichtsprinzip« und das »Erwartungswertprinzip« durch ein allgemeineres Prinzip zu ersetzen, das die Entscheidung über den zu wählenden Parameteransatz jeweils in Abhängigkeit von der tatsächlichen Risikoeinstellung des Entscheidungsträgers zu treffen gestattet[8]. Das in der Entscheidungstheorie diskutierte Bernoulli-Prinzip stellt ein solches allgemeingültiges Entscheidungsprinzip dar[9]. Seiner Verwendung zur Bestimmung der im Gesamtwertmodell anzusetzenden Zukunftserfolge stehen jedoch Schwierigkeiten entgegen. Seine Anwendung würde voraussetzen, daß der Entscheidende seine Risikopräferenzrelation a priori dem Bewerter anzugeben vermag. In einigen wenigen Fälen mag dies möglich sein, nämlich dann, wenn die Risikopräferenzrelation des Entscheidenden unabhängig von der Höhe und den Eintreffenswahrscheinlichkeiten der mit der Entscheidung über Kauf oder Verkauf der Unternehmung verbundenen Risiken und Chancen ist. Gilt diese Unabhängigkeitsannahme dagegen nicht, so ist denkbar, daß die Risikoeinstellung des Entscheidenden für bestimmte Ergebnisbereiche durch Risikoscheu, für andere Bereiche durch Risikofreude und für wieder andere Bereiche durch Indifferenz gegenüber Risiko und Chance gekennzeichnet ist[10]. In all diesen Fällen setzt die Spezifizierung einer Risikopräferenzrelation die Kenntnis der möglichen Risiken und Chancen sowie deren Eintreffenswahrscheinlichkeiten voraus. Die alternativ möglichen Zukunftserfolge und deren

---

(7) Vgl. Jaensch, Wert und Preis, 1966, S. 114.
(8) Diesen Weg hat Reuter vorgeschlagen; vgl. Reuter, Bewertung von Unternehmen, 1970, S. 265 ff.
(9) Vgl. Schneeweiß, Entscheidungskriterien bei Risiko, 1967.
(10) Vgl. z. B. Coenenberg, Gewinnschwellenkalkül, 1969, S. 189, 191 f.

Eintrittswahrscheinlichkeiten sind dem Entscheidungsträger zwar voraussetzungsgemäß bekannt. Risiken und Chancen liegen bei der Unternehmungsbewertung aber nicht darin, daß sich ex post andere Parameteransätze als richtig erweisen können als die, die der Wertermittlung zugrunde gelegt wurden. »Risiken und Chancen im Sinne von Verlustgefahren und Gewinnmöglichkeiten kann es nur dann geben, wenn das Eigentum am Bewertungsobjekt entweder ganz oder teilweise gegen andere Leistungen übertragen wird, d. h. wenn auf der Grundlage der subjektiven Gesamtwertvorstellungen vermögenswirksame Entscheidungen getroffen werden.«[11] Für den Käufer einer Unternehmung besteht das Risiko bei der Unternehmungsbewertung darin, daß er der Unternehmung einen – gemessen an der tatsächlichen künftigen Erfolgsentwicklung – zu hohen Wert beimißt und dementsprechend u. U. einen höheren Kaufpreis zahlt, als nach der tatsächlichen Entwicklung gerechtfertigt erscheint. Umgekehrt besteht die Chance für den Erwerber darin, daß der tatsächliche (ex post richtige) Unternehmungswert den Kaufpreis übersteigt, den der Erwerber aufgrund seines subjektiven Gesamtwertkalküls maximal für den Kauf der Unternehmung zu zahlen bereit ist. Das Risiko äußert sich mithin in der Möglichkeit des Entstehens von Kapitalwertverlusten, die Chance in der Möglichkeit des Entstehens von Kapitalwertgewinnen.

Diese Ausführungen, die analog auf die Situation des präsumptiven Unternehmensverkäufers übertragen werden können, machen deutlich, daß die Abschätzung der Risiken und Chancen bei der Unternehmungsbewertung, die der Spezifizierung einer Risikopräferenzrelation vorhergehen muß, die Kenntnis aller den möglichen künftigen Datenkonstellationen zugeordneten Gesamtwerte (Kapitalwerte) der Unternehmung und deren Eintrittswahrscheinlichkeiten voraussetzt[12]. Es wäre nun aber müßig, wenn überhaupt möglich, die aufgrund der Kenntnis der alternativ möglichen Unternehmungswerte und deren Wahrscheinlichkeiten ermittelte Risikopräferenzrelation nachträglich für die Bestimmung der im Gesamtwertkalkül anzusetzenden Parameterwerte heranzuziehen. Durch Bestimmung des der Gesamtwertverteilung äquivalenten sicheren Wertes kann der Entscheidende unmittelbar den für ihn maßgebenden Entscheidungswert bestimmen.

Damit bietet sich ein von den traditionellen Verfahren grundsätzlich abweichender Ansatz für die Berücksichtigung der Ungewißheit bei der Unternehmungsbewertung an: Die Risikoeinstellung des Entscheidungsträgers bleibt im Gesamtwertkalkül selbst unberücksichtigt. Statt die unsicheren Parameterwerte entsprechend der Risikoeinstellung des Entscheidungsträgers auf einwertige Größen zu reduzieren, wird für jede denkbare Kombination der Parameterwerte der zugehörige Unternehmungswert und seine Eintrittswahrscheinlichkeit berechnet. Die so entstehende Gesamtwertverteilung ermöglicht

---

(11) Jaensch, Wert und Preis, 1966, S. 61. Vgl. auch Hasenack/Mayer, Unternehmung, 1967, S. 527 f.

(12) Diese Schwierigkeit wird auch in dem von Reuter (s. Fußn. 8) vorgetragenen Ansatz offenbar. Reuter betont, daß der Entscheidende zur Bestimmung seiner Risikopräferenz zu ermitteln hat, »um wieviel die kapitalisierte Gewinnerwartung über dem (maximal zahlbaren, d. Verf.) Preis der Unternehmung liegen muß, damit seinem Sicherheitsbedürfnis ausreichend Rechnung getragen ist«. Reuter, Bewertung von Unternehmen, 1970, S. 268.

es dem Entscheidenden erst, Risiken und Chancen der zu treffenden Kauf- oder Verkaufsentscheidung abzuschätzen und sich entsprechend seiner Risikoeinstellung für eine Preisobergrenze bzw. Preisuntergrenze zu entscheiden. Die Forderung nach einer solchen Vorgehensweise klingt bereits in der 1957 erschienenen Schrift Busse von Colbes an: »Zur Beurteilung des Aussagewertes des Zukunftserfolgswertes ist es daher notwendig, die Berechnung unter verschiedenen wahrscheinlichen Voraussetzungen und Datenkonstellationen durchzuführen und zu untersuchen, in welcher Weise Variationen der Wertansätze das Ergebnis beeinflussen... ›Erst wenn man also die in die Rechnung eingehenden Größen als Variable betrachtet, anstatt mit bestimmten numerischen Wertkombinationen... zu rechnen, erhält man eine brauchbare zahlenmäßige Grundlage für die Entscheidung‹ zum Kauf oder Verkauf eines Unternehmens.«[13]

Im folgenden soll gezeigt werden, daß sich die Technik der Monte-Carlo-Simulation als ein geeignetes Verfahren erweist, die Ungewißheit bei der Unternehmungsbewertung in der angedeuteten Weise zu berücksichtigen.

3.1.3 Die Berücksichtigung der Ungewißheit bei der Unternehmungsbewertung mit Hilfe der Monte-Carlo-Simulation

Bei der Risikoanalyse von Investitionsentscheidungen findet die Monte-Carlo-Simulation in der Unternehmenspraxis in den letzten Jahren zunehmend Verbreitung[14]. Für die Unternehmungsbewertung ist diese Technik, soweit ich sehe, bisher nicht nutzbar gemacht worden. Dies ist um so erstaunlicher, als einerseits die Bewertung einer Unternehmung nichts anderes als ein spezieller Investitionskalkül ist, andererseits die Monte-Carlo-Simulation die explizite Erfassung der Risiken und Chancen ermöglicht, indem mit Hilfe der Zufallszahlentechnik alternativ mögliche Parameterkonstellationen gebildet und deren Auswirkungen auf den Unternehmungswert untersucht werden.

Die Monte-Carlo-Simulation läßt sich treffend durch Vergleich mit dem bekannten Stichprobenverfahren charakterisieren: »Bei der Stichprobe sind typischerweise n Werte einer Verteilung gegeben, und die beste Schätzung der Parameter der Verteilung ist gesucht. Beim Monte-Carlo-Verfahren sind die Parameter gegeben, und es gilt, mit einem gegebenen Aufwand Stichproben so zu konstruieren, daß diese die Verteilung möglichst gut repräsentieren. Ein weiterer Unterschied zwischen der Stichprobentechnik und dem Monte-Carlo-Verfahren liegt darin, daß bei der Stichprobe vom Experiment auf die Wirklichkeit geschlossen wird, wohingegen bei der Zufallszahlengewinnung von der Wirklichkeit her ein treffendes Experiment abgeleitet werden soll.«[15]

---

(13) Busse von Colbe, Der Zukunftserfolg, 1957, S. 179.
(14) Vgl. z. B. Hertz, Risk Analysis, 1964, S. 95 ff.; Hertz, Investment Policies, 1968, S. 96 ff.; Sieber, Simulation, 1969, S. 44 ff.
(15) Mertens, Simulation, 1969, S. 14. Eine Reihe anschaulicher Anwendungsbeispiele der Monte-Carlo-Simulation findet sich bei Henn/Künzi, Unternehmensforschung, 1968, S. 124 ff.

Unternehmung	i	t=1 p_{it}	E_{it}	t=2 p_{it}	E_{it}	t=3 p_{it}	E_{it}	t=4 p_{it}	E_{it}	t=5 p_{it}	E_{it}
A	1	0,2	500	0,5	700	0,2	600	0,3	900	0,2	1000
	2	0,6	600	0,3	900	0,5	800	0,4	1000	0,6	1100
	3	0,2	700	0,2	1000	0,3	900	0,3	1100	0,2	1200
B	1	0,1	400	0,1	700	0,3	500	0,5	800	0,2	800
	2	0,8	600	0,6	800	0,5	900	0,2	1100	0,6	1100
	3	0,1	800	0,3	900	0,2	950	0,3	1140	0,2	1400

Tab. 1

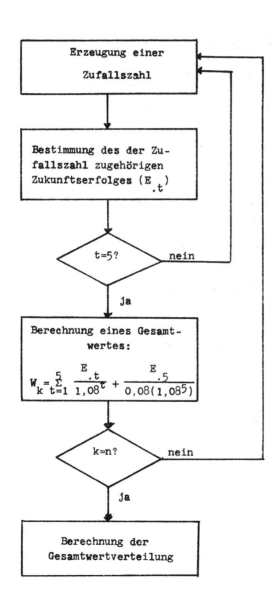

Abb. 1

Den folgenden Ausführungen liegt ein bewußt stark vereinfachtes Beispiel zugrunde. Zwei Unternehmungen, A und B, mit unendlicher Lebensdauer sind aus der Sicht eines potentiellen Käufers zu bewerten. Für die kommenden fünf Jahre $t = 1, 2, \ldots, 5$ rechnet der Bewerter mit den in Tabelle 1 angegebenen Zukunftserfolgen (E_{it}) und Eintreffenswahrscheinlichkeiten (p_{it}). Für die Zeit nach dem Planungshorizont nimmt der Bewerter einen durchschnittlichen Zukunftserfolg in Höhe des in der fünften Periode realisierten Erfolges an. Der Kalkulationszinsfuß beträgt einheitlich 8% p. a.[16]

Der Ablauf des Berechnungsexperiments ist in Abbildung 1 schematisch dargestellt[17]. Mit Hilfe eines Pseudozufallszahlengenerators, der gleichverteilte Zufallszahlen z_j, $0 < z_j < 1$, erzeugt[18], werden die der jeweiligen Gesamtwertermittlung zugrunde zu legenden Zukunftserfolge bestimmt. Die Zuordnung der Zukunftserfolge zu den Zufallszahlen erfolgt dabei auf der Basis der Eintreffenswahrscheinlichkeiten der Zukunftserfolge. Für die möglichen Zukunftserfolge der Unternehmung A während der ersten Periode, deren Eintrittswahrscheinlichkeiten $p_{11} = 0,2$; $p_{21} = 0,6$ bzw. $p_{31} = 0,2$ sind, gilt also folgende Zuordnungsvorschrift:

$$
E_{.1} = \begin{cases} 500 & \text{für} \quad 0,0 < z_j \leq 0,2 \\ 600 & \text{für} \quad 0,2 < z_j \leq 0,8 \\ 700 & \text{für} \quad 0,8 < z_j \leq 1,0 \end{cases}
$$

Ist für jede Periode ein Zukunftserfolg bestimmt, wird der Gesamtwert berechnet. Sodann wird mit Hilfe des Zufallszahlengenerators eine weitere Kombination von Zukunftserfolgen bestimmt und der ihr entsprechende Gesamtwert berechnet. Dieser Prozeß wird hinreichend oft wiederholt[19]. Im vorliegenden Beispielsfall wurden für jede Unternehmung 1000 Simulationsläufe durchgeführt[20]. Die Ergebnisse dieser Ziehungen sind in Tabelle 2 ausgewertet. Um die Darstellung zu vereinfachen, wurde der Bereich möglicher Gesamtwerte in Klassen mit einer Intervallbreite von je 350 GE eingeteilt.

---

(16) Da fünf Perioden mit jeweils drei möglichen Zukunftserfolgen betrachtet werden, sind je Unternehmung $3^5 = 243$ Gesamtwerte denkbar. In diesem aus Gründen der Veranschaulichung vereinfachten Beispiel wäre es natürlich ohne weiteres möglich, diese Gesamtwerte und deren Eintrittswahrscheinlichkeiten ohne Zuhilfenahme eines Berechnungsexperimentes analytisch zu ermitteln. Der Vorteil der Simulationstechnik zeigt sich aber rasch, wenn kompliziertere Verteilungsformen angenommen und außer den Zukunftserfolgen auch die anderen Wertparameter, Lebensdauer und Kalkulationszinsfuß, als Zufallsvariablen im Modell berücksichtigt werden und wenn ferner beachtet wird, daß die Zukunftserfolge der zu bewertenden Unternehmung im allgemeinen keine global planbaren Größen sind, sondern aus einer Vielzahl teils interdependenter, teils gegenseitig unabhängiger positiver und negativer Erfolgskomponenten zusammengesetzt sind, die jeweils unterschiedlichen Verteilungen unterliegen können. Vgl. dazu die Beiträge von Hertz, Risk Analysis, 1964, sowie Investment Policies, 1968. Vgl. auch Fraser/Henderson, Capital Budgeting, 1970, S. 49f.

(17) n = Zahl der Simulationsläufe

(18) Zu den Methoden zur Erzeugung von Zufallszahlen vgl. Naylor/Balinfy/Burdick/Chu, Computer Simulation Techniques, 1966, S. 68ff.; Koxholt, Simulation, 1967, S. 42ff.; Mertens, Simulation, 1969, S. 15ff.; Seelbach, Simulationsverfahren, 1970, S. 44ff.

(19) Vgl. z. B. Fraser/Henderson, Capital Budgeting, 1970, S. 49.

(20) Die Berechnung erfolgte auf der Siemens-Rechenanlage des Rechenzentrums der Universität zu Köln. Das Modell wurde in FORTRAN programmiert.

Gesamtwert (GE)	Unternehmung A		Unternehmung B	
	Relative Häufigk. (%)	Kumul. Häufigk. (%)	Relative Häufigk. (%)	Kumul. Häufigk. (%)
16000–15650	0,0	0,0	4,4	4,4
15650–15300	0,0	0,0	10,1	14,5
15300–14950	0,0	0,0	4,9	19,4
14950–14600	0,0	0,0	0,2	19,6
14600–14250	0,0	0,0	0,0	19,6
14250–13900	1,0	1,0	0,0	19,6
13900–13550	14,3	15,3	0,0	19,6
13550–13200	4,3	19,6	0,2	19,8
13200–12850	14,5	34,1	22,2	42,0
12850–12500	41,1	75,2	28,3	70,3
12500–12150	4,3	79,5	8,3	78,6
12150–11800	**10,4**	**89,9**	**0,8**	**79,4**
11800–11450	9,9	99,8	0,0	79,4
11450–11100	0,2	100,0	0,0	79,4
11100–10750	0,0	100,0	0,0	79,4
10750–10400	0,0	100,0	0,1	79,5
10400–10050	0,0	100,0	6,1	85,6
10050– 9700	0,0	100,0	12,0	97,6
9700– 9350	0,0	100,0	2,4	100,0
Mittelwert	12720		12680	
Standardabweichung	594		1755	
Schiefe[21]	–3112699		–85436064	
maximaler Gesamtwert	14054		15967	
minimaler Gesamtwert	11389		9391	

Tab. 2

Die beiden experimentell gewonnenen Verteilungen sind durch annähernd gleiche Mittelwerte gekennzeichnet. Der theoretisch exakte Erwartungswert, d.h. der auf der Basis der Erwartungswerte der Zukunftserfolge ermittelte Gesamtwert beläuft sich, wie aufgrund der Daten von Tabelle 1 leicht nachzurechnen ist, für beide Unternehmungen auf 12738 GE. Unterschiede zwischen den beiden Gesamtwertverteilungen bestehen in bezug auf Standardabweichung, Schiefe und Variationsbreite. Das hat zur Folge, daß der potentielle Unternehmungskäufer je nach seiner Risikoeinstellung einmal der einen Unternehmung und einmal der anderen Unternehmung einen höheren Wert zumißt. Anschaulich verdeutlicht dies Abbildung 2.

Die Ordinatenwerte geben die Wahrscheinlichkeiten dafür an, daß die ihnen jeweils zugeordneten Abszissenwerte nicht unterschritten werden. Die entsprechenden Gegenwahrscheinlichkeiten geben folglich die Risikowahrschein-

---

(21) Berechnet aufgrund des 3. zentralen Momentes der Verteilungen.

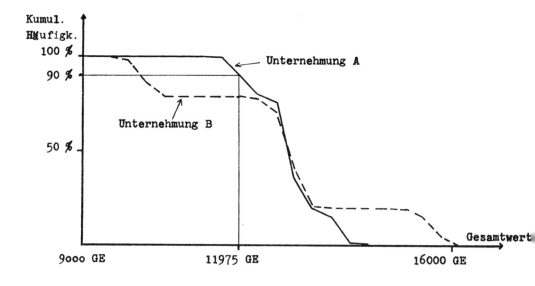

lichkeiten aus der Sicht eines potentiellen Unternehmungskäufers an. Nimmt der Käufer im Fall der Unternehmung A beispielsweise das Risiko gerade noch hin, daß der der Preisverhandlung zugrunde gelegte Gesamtwert sich mit einer Wahrscheinlichkeit von rund 10% als zu hoch erweist, u. U. sogar nur ein Preis in Höhe des minimalen Unternehmungswertes von 11 389 GE gerechtfertigt erscheint, dann beläuft sich der für ihn maßgebende Gesamtwert der Unternehmung A auf rund 11 975 GE. Dementsprechend steigt (sinkt) der Gesamtwert mit zunehmender (abnehmender) Risikobereitschaft des Entscheidungsträgers. Bei starker Risikoaversion besitzt Unternehmung A, bei starker Risikofreude Unternehmung B den höheren Gesamtwert.

3.1.4 Zusammenfassung

Die Ermittlung eines Unternehmungswertes, der dem potentiellen Käufer oder Verkäufer einer Unternehmung als Entscheidungsgrundlage in der Preisverhandlung dienen soll, setzt die Kenntnis der mit der Entscheidung über Kauf oder Verkauf der Unternehmung verbundenen Risiken und Chancen voraus. Bei Verwendung der herkömmlichen Verfahren zur Bewältigung des Ungewißheitsproblems bei der Unternehmungsbewertung bleiben diese Risiken und Chancen dem Entscheidungsträger verborgen, weil diese Verfahren die in den Gesamtwertkalkül eingehenden mehrwertigen Größen bereits im Ansatz auf einwertige Größen zu reduzieren trachten. Demgegenüber eröffnet die Simulationstechnik die Möglichkeit, Risiken und Chancen bei der Gesamtwertermittlung explizit zu erfassen, indem der Gesamtwert selbst als Zufallsvariable aufgefaßt wird. Aus der simulativ gewonnenen Gesamtwertverteilung kann der Entscheidende aufgrund einer sich anschließenden Risikoanalyse die seiner Risikoeinstellung entsprechende Preisgrenze bestimmen.

120

Wolfgang Ballwieser

3.2. Die Wahl des Kalkulationszinsfußes bei der Unternehmensbewertung unter Berücksichtigung von Risiko und Geldentwertung*

---

* Erstmals erschienen in: BFuP, 33. Jg. 1981, S. 97–114.

3.2.1 Problemstellung

In der Diskussion um funktionengerechte Unternehmensbewertungsverfahren spielt die Ertragswertmethode eine hervorragende Rolle. Sie wird – nachdem sie in der Theorie bereits seit langem unbestritten war – zusehends auch von der Rechtsprechung als alleinige Bewertungsmethode akzeptiert[1]. Während sich hier insgesamt eine wünschenswerte Entwicklung vollzieht, sind Einzelheiten der Ertragswertberechnung bis heute umstritten. So hat vor nicht allzu langer Zeit der vom Oberlandesgericht Celle erlassene Beschluß über die angemessene Abfindung nach § 305 AktG[2] erneut die Schwierigkeiten der Wahl des richtigen Kalkulationszinsfußes gezeigt. Das Gericht nahm in seiner Begründung Stellung zu einem Sachverständigengutachten, in dem der Kalkulationszinsfuß als Summe aus dem am Bewertungsstichtag geltenden landesüblichen Zinsfuß, einem Zuschlag für das allgemeine Unternehmerrisiko und einem Abschlag für die Geldentwertung ermittelt worden ist. Da die Sachverständigen unterstellten, daß Risikozuschlag und Geldentwertungsabschlag gleich hoch seien, ermittelten sie den Ertragswert faktisch aufgrund der Abzinsung des nachhaltigen Erfolgs mit dem landesüblichen Zinsfuß. Das Gericht hingegen sah einen nach dem Bewertungsstichtag geltenden, auf Dauer erzielbaren landesüblichen Zinsfuß als maßgeblich an, verminderte ihn wegen des höheren Risikos der Geldentwertung bei fest verzinslichen Wertpapieren gegenüber den Erträgen des Unternehmens um einen Prozentpunkt und hielt jeden Zuschlag für das allgemeine Unternehmerrisiko für unbegründet, weil dem Risiko die Chance mit gleicher Wertigkeit gegenüberstünde[3]. Auf einen anderen als den am Bewertungsstichtag geltenden landesüblichen Zinsfuß hatte im selben Rechtsstreit bereits das Landgericht Hannover zurückgegriffen, wenn auch mit einer anderen Begründung als die übergeordnete Instanz. Das Landgericht wollte »die Entwicklung des mittleren Anlageniveaus im Zeitraum von etwa zwei bis drei Jahren«[4] berücksichtigen, weil nach seiner Ansicht für die Partner des Gewinnabführungsvertrages erkennbar war, daß die Einschaltung des Gerichts gemäß § 306 AktG den ausscheidenden Aktionären eine entsprechende Frist bis zur Wiederanlage der Abfindung bescheren würde. Das OLG Celle hingegen wollte zur Bestimmung des auf Dauer zu erzielenden, ewig gleichbleibenden Zinssatzes die am Bewertungsstichtag vorhandene kurzfristige Wirkung der Geldpolitik der Bundesbank eliminieren und auf »normale« Verhältnisse abstellen.

Beide Beschlüsse, die den vorläufigen Endpunkt einer Vielzahl von, zum Teil auch höchstrichterlichen Entscheidungen über den Kalkulationszinsfuß bei der

(1) Vgl. BGH, Urteil vom 12. 2. 1979, II ZR 106/78, in: WM 1979, S. 432–435 und Münstermann, Der Zukunftsentnahmenwert, 1980, S. 114–124.
(2) Vgl. OLG Celle, Beschluß vom 4. 4. 1979, 9 W 2/77 (Ilseder Hütte/Salzgitter AG), in: AG 1979, S. 230–234.
(3) Vgl. OLG Celle, Beschluß vom 4. 4. 1979, 9 W 2/77 (Ilseder Hütte/Salzgitter AG), in: AG 1979, S. 232.
(4) LG Hannover, Beschluß vom 16. 6. 1977, 22 AktE 1/70 (Ilseder Hütte/Salzgitter AG), in: AG 1977, S. 349. Vgl. auch LG Hannover, Beschluß v. 6. 2. 1979, 26/22 AktE 2/72 (Alsen-Breitenburg AG/Hannover AG), in: AG 1979, S. 234f. Zur Diskussion des ersten Urteils vgl. Gansweid, Barabfindung, 1977, S. 334–341.

Ertragswertmethode markieren[5], stellen praktiziertes Verhalten in Frage und lösten deshalb eine Diskussion aus[6], die – wie nicht anders zu erwarten – zu recht gegensätzlichen Einschätzungen ihrer Begründungen führte. So wurde insbesondere die vom OLG Celle vertretene Vernachlässigung des Risikozuschlags einerseits als betriebswirtschaftlich nicht überzeugend bezeichnet[7], andererseits als Rechtsgrundsatz zur Unternehmensbewertung ausgegeben[8], der selbstverständlich begründet sei. Die Diskussion hat unseres Erachtens aber trotz dieser Stellungnahmen noch keinen befriedigenden Stand erreicht. Sie vernachlässigt bis heute wichtige Problemabhängigkeiten – beispielsweise bei der Frage, ob bzw. wie gut ein Risikozuschlag begründet werden kann – und basiert deshalb auf vielen Argumenten, die nur einem ersten Blick standhalten. Dies deutlich zu machen, ist Zweck der folgenden Ausführungen.

Die Funktion des Kalkulationszinsfußes wird hierzu – in Übereinstimmung mit Bewertungspraxis und Rechtsprechung, aber im Widerspruch zu einem Teil der Literatur[9] – auf die Repräsentation der Opportunitätskosten zum Unternehmenserwerb oder Unternehmensbehalt begrenzt, wobei diese durch die Rendite (den internen Zinsfuß) einer Anlagealternative gemessen werden sollen. Die Zeit- oder die Konsumpräferenzrate des Bewerters[10] und dessen Kapitalkosten als weitere Bestimmungsfaktoren des Kalkulationszinsfußes sparen wir aus, um einfacher argumentieren zu können.

3.2.2 Der Einfluß der Mehrwertigkeit auf die Bestimmung des Kalkulationszinsfußes

Ein potentieller Käufer oder Verkäufer eines Unternehmens wird normalerweise die Nettoentnahmen aus diesem und aus alternativen Projekten nicht mit Sicherheit angeben können[11]. Er hat vielmehr mehrwertige Erwartungen, entweder in Form von subjektiven Wahrscheinlichkeitsverteilungen oder in Gestalt von Bandbreiten für die Entnahmen. Die Mehrwertigkeit resultiert daraus, daß die erwarteten Einnahmen (1) Ergebnis eigener Maßnahmen sind, deren Durchführung trotz entsprechender Planung nicht sicher sein muß, (2) der Erfolg der eigenen Maßnahmen von Maßnahmen der Umwelt abhängt, für die nur subjektive Wahrscheinlichkeiten angegeben werden können, und (3) selbst bei Unterstellung der Durchführung bestimmter eigener und fremder Maßnahmen die Kenntnis über deren Wirkungen zumeist unvollständig ist.

---

(5) Vgl. z. B. BGH, Urteil v. 13. 3. 1978, II ZR 142/76 (Wintershall/Kali- und Salz AG), in: WM 1978, S. 401–406, hier S. 405 und in der Vorinstanz OLG Frankfurt/Kassel, Urteil v. 6. 7. 1976, 14 U 103/75, in: AG 1976, S. 298–304, hier S. 304.
(6) Vgl. Forster, Abfindung, 1980, S. 45–47; Roser, Barabfindung, 1980, S. 894–895; Meilicke, Rechtsgrundsätze, 1980, S. 2121–2123.
(7) Vgl. Forster, Abfindung, 1980, S. 45 f.
(8) Vgl. Meilicke, Rechtsgrundsätze, 1980, S. 2122 f.
(9) Vgl. insb. Sieben, Geldentwertung, 1976, S. 260–263.
(10) Die Literatur setzt im allgemeinen die beiden Begriffe gleich. Vgl. z. B. Drukarcyzk, Investitionstheorie und Konsumpräferenz, 1970, S. 39 und Sieben, Geldentwertung, S. 260. Lehmann, Zeitpräferenz, 1975, S. 80–98, belegt, daß es sich um verschiedene Größen handelt.
(11) Das Argument gilt gleichermaßen für Abfindenden und Abzufindenden.

Vernachlässigen wir – wie allgemein in der Literatur üblich – die erste und die dritte Mehrwertigkeitsursache, so wird sich der Bewerter um Wahrscheinlichkeitsurteile für das Verhalten der Umwelt bemühen, das bestimmte Umweltzustände im Zeitablauf oder kürzer: Umweltfolgen erwarten läßt. Ordnet er den Umweltfolgen im Rahmen seiner Politik eigene Handlungen zu, so wird er Entnahmereihen in Abhängigkeit von eigenen und fremden Maßnahmen zu prognostizieren versuchen. Abstrahieren wir (zur einfacheren Argumentation) von der zeitlichen Entwicklung der Nettoentnahmen, und nehmen wir an, daß der Bewerter aus den Umweltfolgen periodendurchschnittliche Umweltzustände herausbilden kann, denen er entsprechende Entnahmen zuordnet[12], so erwartet er vielleicht folgende Entnahmen aus dem zu bewertenden Unternehmen:

Wahrscheinlichkeiten für Umweltzustände	0,3	0,5	0,2
Umweltzustände	A	B	C
Nettoentnahmen bei Politik X	80 000	100 000	130 000

Will man diese Entnahmen nach der Ertragswertmethode bewerten, so gibt es pro Kalkulationszinsfuß drei Ertragswerte. Da bei der Bewertung durch einen Käufer (bzw. Abfindenden) oder Verkäufer (bzw. Abzufindenden) letztlich nur ein Entscheidungs- bzw. Entschädigungswert gesucht wird, ist eine Aggregation der Entnahmeverteilung unumgänglich. Genau dasselbe Problem stellt sich aber schon bei der Ermittlung des Kalkulationszinsfußes, wenn man von sicheren Anlageformen (zum landesüblichen Zinsfuß) absieht. Der Kalkulationszinsfuß ergibt sich dann aus einer Alternative, die selbst mehrwertige Entnahmen erwarten läßt. Beispielsweise erwartet der Bewerter bei einer Investition von 800 000 DM in ein anderes, als beste Alternative empfundenes Unternehmen folgende Entnahmen[13]:

Wahrscheinlichkeiten für Umweltzustände	0,3	0,5	0,2
Umweltzustände	A	B	C
Nettoentnahmen bei Politik Y	60 000	116 000	120 000

Obwohl der Preis der Alternative bekannt ist (und auf seine Angemessenheit nicht mehr hinterfragt werden soll), liegt der Kalkulationszinsfuß erst fest, wenn man die Entnahmeerwartungen aus der Alternative aggregiert. Die Verdichtung ist offenbar nur überflüssig, wenn es ein Unternehmen mit bekanntem (und für relevant gehaltenem) Preis gibt, dessen Entnahmeverteilung

---

(12) Vgl. hierzu im einzelnen Moxter, Unternehmensbewertung, 1976, S. 125–148.
(13) Man könnte einwenden, daß für das andere Unternehmen andere Umweltzustände (D, E, F, ...) und andere Wahrscheinlichkeiten maßgeblich seien. Träfe das Argument zu, so läge das an der Definition der Umweltzustände. Durch geeignete Definition der Umweltzustände kann man zu gemeinsamen Zuständen A, B, C und einer identischen Wahrscheinlichkeitsverteilung gelangen.

identisch ist – oder als gleichwertig geschätzt wird – mit der Verteilung, die für das zu bewertende Unternehmen gilt, oder wenn man das zu bewertende Unternehmen mit einer sicheren Anlage vergleicht.

Läßt man die sichere Anlage noch außer acht, so könnte eine Aggregation z. B. dadurch erfolgen, daß man die Verteilung durch die wahrscheinlichste Entnahme (d. i. 116 000) oder den Erwartungswert der Entnahmen (d. i. 100 000) repräsentiert. Der Kalkulationszinsfuß ist dann 14,5% bzw. 12,5%, der – wenn er bezogen wird auf den korrespondierenden Wert des zu bewertenden Unternehmens – zu Ertragswerten in Höhe von 689 655 bzw. 800 000 führt.

Beide Aggregationen haben Nachteile. Bei der ersten Verdichtung bleibt die Information unberücksichtigt, daß andere Entnahmen als die wahrscheinlichste denkbar sind. Bei der zweiten Aggregation wird die Verteilung durch einen Wert repräsentiert, dessen Wahrscheinlichkeit – wie in unserem Beispiel – oft Null ist, was die Aussage provozieren könnte, daß man mit Erwartungswerten nur rechnen sollte, wenn sich die zufälligen Zahlungen für den Bewerter mehrfach realisieren. Seine Verwendung bei einmaligen Entscheidungen läßt sich dann nur damit rechtfertigen, daß der Erwartungswert alle Daten der (subjektiven) Wahrscheinlichkeitsverteilung synthetisch verarbeitet. Betrachtet man die Aggregation weiterhin unter dem Gesichtspunkt, daß Individuen wahrscheinlich risikoscheu sind und ihre Risikoscheu durch die Gestalt ihrer Risikonutzenfunktion ausgedrückt werden kann, so ist die erste Aggregation nur zufällig, die zweite hingegen streng genommen nie sinnvoll.

Für risikoscheue Bewerter ist die Orientierung an dem Erwartungswert der Entnahmen deshalb sinnlos, weil dieser die Streuung der anderen Werte um ihn herum nicht erfaßt, diese Streuung aber als Maß des Risikos aufgefaßt werden kann[14], demgegenüber man nicht neutral ist. Will man bei Risikoscheu die Ertragswertmethode nicht aufgeben, so muß man entweder das Sicherheitsäquivalent der Entnahmeverteilung des Unternehmens bestimmen und dieses mit dem Zinsfuß für sichere Anlagen diskontieren oder den Erwartungswert der Entnahmeverteilung mit einem Zinsfuß abzinsen, der berücksichtigt, daß man den eigentlich unmaßgeblichen Erwartungswert diskontiert, und den bei der Aggregation begangenen Fehler korrigiert.

Das Sicherheitsäquivalent einer Wahrscheinlichkeitsverteilung ist der sichere Betrag, der nutzenmäßig den in der Wahrscheinlichkeitsverteilung erfaßten mehrwertigen Entnahmen gleichgeschätzt wird[15]. Für einen risikoscheuen Bewerter ist das Sicherheitsäquivalent einer Verteilung stets kleiner als der Erwartungswert. Will er die Ertragswertmethode verwenden, so muß er diesen Betrag bestimmen und ihn mit dem (quasi-)sicheren landesüblichen Zinsfuß diskontieren. Hierzu ist – zumindest bei einigermaßen überschaubaren periodendurchschnittlichen Verteilungen – nicht unbedingt die Explikation einer Risikonutzenfunktion notwendig. Der Grenzpreis kann vielmehr auch auf-

---

(14) Der Ausdruck »Risiko« wird synonym gebraucht mit »Mehrwertigkeit« oder »Unsicherheit von Werten«. Vgl. Streitferdt, Risikotheorie, 1973, S. 7. Definiert man Risiko enger, so ist die Streuung möglicherweise Maß für Risiko und Chance zugleich. Vgl. Bretzke, Prognoseproblem, 1975, S. 90–100.

(15) Vgl. Schneeweiß, Entscheidungskriterien bei Risiko, 1967, S. 42–46.

grund eines mehr oder minder intuitiven Abwägungsprozesses gefunden werden[16].

Alternativ zu dieser Vorgehensweise kann der Bewerter den Erwartungswert der Verteilung mit einem risikoangepaßten Zinsfuß diskontieren, der als Summe aus landesüblichem Zinsfuß und Risikozuschlag verstanden werden kann. Das scheint das Vorgehen von vielen Unternehmensbewertern zu rechtfertigen. Freilich liegt die Sache nicht ganz so einfach: Um einen *begründeten* Zuschlag ermitteln zu können, muß man schon wissen, welcher Ertragswert sich ergibt aufgrund der Diskontierung des Sicherheitsäquivalents mit dem landesüblichen Zinsfuß. Dies wird einsichtig, wenn man sich die Bedingung vergegenwärtigt, die für einen risikoscheuen Bewerter erfüllt sein muß. Bezeichnet EW den Ertragswert, SÄ$_U$ das Sicherheitsäquivalent für die Entnahmeverteilung des Unternehmens, E$_U$ den Erwartungswert dieser Verteilung, i den Zinsfuß für sichere Anlagen und z einen Zuschlag zum landesüblichen Zinsfuß, so muß unter den obigen Bedingungen gelten[17]:

$$(1) \qquad EW = \frac{SÄ_U}{i} = \frac{E_U}{i + z}$$

Der Zuschlag z liegt erst fest, wenn SÄ$_U$ ermittelt ist. Greift man z, ohne das Sicherheitsäquivalent zu berechnen, so kann man dies nicht begründet tun.

Theoretisch ist die Sachlage eindeutig: Kennt der Bewerter seine Risikonutzenfunktion, so folgt aus dieser das Sicherheitsäquivalent der Entnahmen aus dem Unternehmen, das man ohne weiteres mit dem landesüblichen Zinsfuß diskontieren darf. Die Risikozuschlagsmethode wird dann völlig überflüssig. Praktisch ergeben sich Probleme: Ist nämlich die Voraussetzung einer bekannten Risikonutzenfunktion nicht gegeben – was man beispielsweise annehmen darf, wenn ein Sachverständiger oder ein Richter über eine angemessene Abfindung zu befinden hat –, dann kann man auch das Sicherheitsäquivalent nur mehr oder minder unbegründet greifen, was die Risikozuschlagsmethode zu rehabilitieren scheint. Warum sollte es unter diesen Umständen vorteilhaft sein, das Sicherheitsäquivalent zu diskontieren? Es ließe sich doch einwenden, daß man lediglich einen Fehler durch einen anderen ersetze.

Zum Glück stellen sich die Bewertungsalternativen nicht in dieser Form. Der mögliche Einwand verkennt eine Chance, die sich aus der Bedingung (1) ergibt. Gerade weil sich Risikozuschlag und Sicherheitsäquivalent simultan bestimmen, kann man bei periodendurchschnittlichen und unendlich oder endlich lange geltenden identischen Verteilungen leicht prüfen, welche Implikationen ein vorgegebener Risikozuschlag für das Sicherheitsäquivalent hat. Gehen wir weiterhin von unendlich lange anfallenden identischen oder periodendurchschnittlichen Entnahmeverteilungen aus, so gilt aufgrund der obigen Gleichung offenbar:

---

(16) Vgl. hierzu Moxter, Unternehmensbewertung, 1976, S. 187–193, der zugleich die Grenzen dieses Verfahrens darstellt.
(17) Vgl. Robichek/Myers, Optimal Financing Decisions, 1965, S. 84 f., die auch den allgemeineren Fall mit periodenabhängigen Entnahmen diskutieren.

(2) $$SÄ_U = \frac{E_U}{i+z} \; i \; .$$

Diese Bedingung erlaubt in vielen Fällen eine Konsistenzprüfung und eine Ausschaltung von unzulässigen Risikozuschlägen.

Nehmen wir unser altes Beispiel auf und unterstellen, der landesübliche Zinsfuß sei am Bewertungsstichtag 8%, so bedeutet eine Diskontierung des Erwartungswertes der Verteilung in Höhe von 100 000 mit 9% (also mit 1% Risikozuschlag), daß das Sicherheitsäquivalent der Verteilung für den Bewerter 88 889 DM ist. Dies mag dem Bewerter zutreffend erscheinen, d. h., er schätzt (für sich selbst oder für seine Mandanten) die folgenden Entnahmen als gleichwertig ein:

Wahrscheinlichkeiten für Umweltzustände	0,3	0,5	0,2
Umweltzustände	A	B	C
Nettoentnahmen bei Politik X aus dem zu bewertenden Unternehmen	80 000	100 000	130 000
Nettoentnahmen bei Anlage von 1 111 111 DM zu 8%	88 889	88 889	88 889

Auch gegen einen Zuschlag von 1,5% läßt sich wenig einwenden. Bereits ein Zuschlag von 2% impliziert aber ein Sicherheitsäquivalent in Höhe von 80 000 DM, das unplausibel ist. Es wird damit unterstellt, daß dem Bewerter (bzw. dessen Mandanten) sichere 80 000 DM nur gleich viel wert seien wie eine Entnahmeverteilung, die mit 30% Wahrscheinlichkeit ebenfalls 80 000 DM erwarten läßt, mit den restlichen 70% aber mindestens 100 000 DM[18]. Kein rationaler Entscheider wird so bewerten (und kein vernünftiger Richter könnte eine solche Bewertung akzeptieren).

Nun gelten in der Praxis Risikozuschläge bis zu 50% zum landesüblichen Zinsfuß als üblich und Gerichte übernehmen sie in der Regel[19]. Zuschläge in dieser Höhe sind unseres Erachtens kaum zu rechtfertigen. Man müßte belegen, daß entweder größere Werte der Wahrscheinlichkeitsverteilung als der Erwartungswert mit dem risikoangepaßten Zinsfuß diskontiert werden – wofür es u. E. in der Praxis eher gegenteilige Anhaltspunkte gibt[20] – oder daß man das

---

(18) Ein ähnliches Beispiel findet sich bei Bretzke, Prognoseverfahren, 1977, S. 213. Bretzke hält allerdings den Kalkulationszinsfuß nicht für einen geeigneten Parameter, um Investitionsalternativen bezüglich ihres Risikos vergleichbar machen zu können. Dies liegt an einem engeren Risikobegriff als dem hier verwendeten. Vgl. ebenda, S. 209–212 sowie ders., Prognoseproblem, 1975, S. 90–100 und S. 104, Fn. 96.

(19) Vgl. z. B. die in Fußnote 5 angegebenen Urteile.

(20) Dies wird zumeist bedingt durch einen Abschlag wegen des speziellen Unternehmerrisikos. Vgl. auch Matschke, Der Arbitriumwert, 1979, S. 209–210. Mißverständlich sind in diesem Zusammenhang die Ausführungen des Landgerichts Hannover, nach denen eine optimistische Ertragsaussicht Ausgangspunkt der angemessenen Barabfindung sein sollte. Aus dem weiteren Zusammenhang ist zu schließen, daß nicht an Entnahmen am oberen Ende der Bandbreite gedacht wird. Vgl. LG Hannover, Beschluß vom 16. 6. 1977, 22 AktE 1/70, in: AG 1977, S. 348.

Zerschlagungsrisiko extrem stark gewichtet. Nehmen wir an, bei Unternehmenszerschlagung könne der Eigentümer netto gar nichts entnehmen, und die Wahrscheinlichkeit für die Unternehmenszerschlagung sei 10% und ginge (eine für das Gegenargument sehr günstige Annahme) zu Lasten der Wahrscheinlichkeit für die optimistische Prognose von 130000, so sähe sich der Bewerter folgender Verteilung gegenüber:

Wahrscheinlichkeiten für Umweltzustände	0,1	0,3	0,5	0,1
Umweltzustände	A'	B'	C'	D'
Nettoentnahmen bei Politik X	0	80000	100000	130000

Die Diskontierung des Erwartungswertes von 87000 DM mit 12% (8% landesüblicher Zinsfuß plus 4% Risikozuschlag) impliziert ein Sicherheitsäquivalent von 58000 DM, was auf eine schon pathologische Risikoscheu schließen läßt: Obwohl der Bewerter aus dem Unternehmen mit 90% Wahrscheinlichkeit mehr als 80000 DM erhält, schätzt er den nutzengleichen sicheren Betrag der Verteilung nur auf 58000 DM.

Aus der Diskussion folgt: Man kann die Methode des Risikozuschlags zum landesüblichen Zinsfuß durchaus rechtfertigen, wenn man dessen Höhe überprüft im Hinblick auf seine Implikationen für die Risikoscheu des Bewerters (bzw. seiner Mandanten). Überprüfungskriterium ist das Sicherheitsäquivalent der zu bewertenden Entnahmeverteilung[21]. Die Überprüfung kann nur Extremwerte ausschließen, solange der Bewerter seine Risikonutzenfunktion oder die seiner Mandanten nicht kennt. Das macht sie aber nicht überflüssig, weil auf eine andere Art und Weise Risikozuschläge überhaupt nicht zu verteidigen sind. Das Problem besteht bis heute darin, daß Gutachter nur nachhaltige Erfolge schätzen bzw. – wenn sie vorher von Bandbreiten ausgingen – nur die nachhaltigen Erfolge der endgültigen Bewertung zugrunde legen. Solange Gutachter so vorgehen, begeben sie sich selbst der Möglichkeit, den Risikozuschlag wenigstens so weit zu begründen, wie es ohne Risikonutzenfunktion geht. Es gelingt ihnen dann nicht einmal, die Bandbreite aufzuzeigen, innerhalb derer der Risikozuschlag mit guten Argumenten liegen kann.

Man kann nicht einwenden, es käme gar nicht auf die subjektive Risikoscheu des Bewerters an, sondern allein auf das allgemeine Unternehmerrisiko, das aber – entgegen seinem Wortlaut – eigentlich allein dem Unternehmen anhafte. Das allgemeine Unternehmerrisiko kann unseres Erachtens nur darin bestehen, daß im Extremfall das Unternehmen auf lange Sicht gar keine (und für eine begrenzte Zeit negative) Entnahmen erwarten läßt. Diese Gefahr ist mindestens in den Fällen begründet zu bewerten, in denen der Bewerter die Konsequenzen der Bewertung nicht alleine trägt. Voraussetzung ist hierzu, daß sie erkennbar wird. Bleibt dies aus, ist es nur folgerichtig, wenn man ihr (ebenfalls) nicht explizit gemachte Chancen entgegenhält und auf einen Risikozuschlag

---

(21) Dies übersieht beispielsweise Meilicke, Barabfindung, 1975, S. 100, wenn er in einem konkreten Fall bei einem mehr als fünfzigprozentigen Risikozuschlag moniert, daß die Abfindung um 35,7% sinkt. Der Hinweis auf die Ergebniswirkung besagt für sich allein noch nichts.

völlig verzichtet. Insofern handelt das OLG Celle konsequent. Jede kleinere Korrektur des Risikozuschlags muß ohne die angegebene Konsistenzprüfung stets willkürlich bleiben und bedeutet tatsächlich lediglich, daß man einen Fehler durch einen neuen ersetzt.

3.2.3 Der Einfluß der Geldentwertung auf die Bestimmung des Kalkulationszinsfußes

3.2.3.1 Die Problematik eines Geldentwertungsabschlags vom landesüblichen Zinsfuß

Die Entnahmen aus einem Unternehmen und einer Alternative können nur sinnvoll miteinander verglichen werden, wenn ihnen derselbe Maßstab zugrundegelegt wird. Man kann sie messen in heutigen oder in jeweiligem Geld bzw. genauer ausgedrückt: in heutiger oder späterer Kaufkraft. Beim ersten Maßstab muß man einen statistischen Warenkorb festlegen und die Kaufkraft der jeweiligen Entnahmen daran messen. Beim zweiten Maßstab entfällt jede Umrechnung. Da die zweite Rechnung einfacher ist, liegt es nahe, von der Prognose nominaler Entnahmen auszugehen und diese bei verschiedenen Investitionsalternativen miteinander zu vergleichen. Betrachtet man den Sachverhalt in dieser Weise, so scheint es – von der Prognose der Geldentwertungsrate abgesehen – gar kein besonderes Problem aufgrund der Geldentwertung zu geben.

Diese Sichtweise ist freilich nicht ganz so unproblematisch, wie sie scheinen könnte: Legt man – wie allgemein gefordert – dem Kalkulationszinsfuß den internen Zinsfuß der besten alternativen Investition zugrunde und bildet man diesen aus den Schätzungen für nominale Entnahmen, so kann der Zahlungsstrom aus dem Unternehmen und aus der Alternative eine stark abweichende Kaufkraft aufweisen. Dies liegt daran, daß der Kalkulationszinsfuß die zeitliche Verteilung der nominalen Entnahmen nicht berücksichtigt und beispielsweise aus einem Projekt stammen kann, das lange Zeit nur geringe und erst sehr spät hohe nominale Entnahmen erwarten läßt, während die zeitliche Verteilung der Entnahmen aus der Unternehmung gerade entgegengesetzt ist. Bei andauernder Geldentwertung sind kaufkraftmäßig Investitionen um so mehr begünstigt, je früher ihre Zahlungen anfallen. Will man die Kaufkraft der Entnahmen berücksichtigen, so kann man demgemäß auch nicht aus allen denkbaren Investitionen durch Rückgriff auf deren nominale Entnahmen und anschließenden Renditevergleich die beste alternative Investition bestimmen[22]. Man muß vielmehr mit kaufkraftkonstanten Geldeinheiten rechnen, d. h. die nominalen Entnahmen in reale Entnahmen überführen.

Die Praxis berücksichtigt nur selten andere Alternativen als die Anlage zum landesüblichen Zinsfuß. Sie vermindert diesen aber in der Regel wegen der Geldentwertung um einen Abschlag, den sie folgendermaßen begründet:

---

(22) Vgl. Sieben, Geldentwertung, 1976, S. 265, Fn. 12. Man kann diesem Problem nur entgehen, wenn man jede Investitionsalternative gemäß der vom Bewerter gewünschten zeitlichen Struktur umstrukturiert. Dann wird allerdings jegliche Diskontierung überflüssig. Vgl. Moxter, Lineares Programmieren, 1963, S. 298.

1. Im landesüblichen Zinsfuß sei eine (prozentual gemessene) Geldentwertungsprämie enthalten, die der erwarteten Geldentwertungsrate in etwa entspräche. Bewerte man reale Entnahmen des Unternehmens, so seien sie zu vergleichen mit realen Entnahmen aus der Anlage zum landesüblichen Zinsfuß. Als Realzins der Kapitalmarktanlage, der zur Abzinsung der realen Entnahmen aus der Unternehmung dienen soll, wird offenbar die Differenz zwischen dem landesüblichen Zinsfuß und der Geldentwertungsrate angesehen, d. h. der Kalkulationszinsfuß ergibt sich als $i - a$ (bzw. $i + z - a$)[23].

2. Investitionen in einem Unternehmen und Investitionen auf dem Kapitalmarkt zum landesüblichen Zinsfuß hätten ein unterschiedliches Geldwertrisiko. »Das Geldwertrisiko muß sich daher in einer höheren Bewertung der Sachwerte auswirken, z. B. durch einen Zuschlag zum Substanzwert oder durch eine Minderung des Kapitalisierungszinsfußes.«[24] Bezeichnet a' den Risikoabschlag, so ergibt sich der Kalkulationszinsfuß also als $i - a'$ (bzw. $i + z - a'$).

Während das erste Argument prinzipiell überzeugt, ergeben sich dort einige Unstimmigkeiten, wenn man die Begründung vergleicht mit der in der Praxis üblichen Prognose der zu bewertenden Entnahmen aus dem Unternehmen: Man stellt ab auf unendlich lange anfallende Entnahmen und erhält sie inhaltlich dadurch, daß man Bilanzgewinne der Vergangenheit um »Scheingewinnbestandteile« korrigiert und aufgrund der scheingewinnfreien Bilanzgewinne den für alle späteren Perioden geltenden, die Unternehmenssubstanz nicht gefährdenden Gewinn prognostiziert[25]. Offenbar muß man hierzu definieren, bei welcher Entnahme (bei welcher Ausschüttung eines Bilanzgewinns) die Unternehmenssubstanz noch ungefährdet ist. Theoretisch liegt es nahe, sich an dem Konzept des ökonomischen Gewinns zu orientieren. Er stellt den Betrag dar, der unendlich lange ausgeschüttet werden darf, ohne daß der Ertragswert der Unternehmung sinkt oder steigt[26]. Nun ist der Ertragswert aber gerade gesucht; hätte man ihn, so wäre jede Diskussion des Kalkulationszinsfußes unnötig. Man kann deshalb nur den Grundgedanken der Konzeption des ökonomischen Gewinns heranziehen: Substanz erhalten heißt, das Unternehmen als ewige Kapitalanlage zu erhalten[27].

Nach dieser Interpretation der Substanzerhaltung wird also der Gewinn prognostiziert, dessen Ausschüttung das Unternehmen auch weiterhin eine ewige Kapitalanlage sein läßt. Dieser Gewinn wird – nach dem Vorgehen eines Großteils der Praxis – so ermittelt, daß Bilanzgewinne der Vergangenheit beispielsweise um die Beträge vermindert werden, die am jeweiligen Bilanzstichtag notwendig gewesen wären zur Bildung von Rücklagen für gestiegene Wiederbeschaffungspreise von Anlagevermögen u. ä. m. Der sich daraus ergebende »scheingewinnfreie« Betrag ist aber noch immer eine *nominale* Grö-

---

(23) Vgl. insb. Dörner, Zinsfuß, 1971, S. 139 f. sowie Heigl, Ertragswert, 1967, S. 38. Heigl hält allerdings den landesüblichen Zinsfuß für unmaßgeblich.

(24) Hartmann, Unternehmenswert-Ermittlung, 1952, S. 199. Vgl. auch Institut der Wirtschaftsprüfer, Wirtschaftsprüfer-Handbuch, 1977, S. 1204.

(25) »Erst das von Scheingewinnen, z. B. u. a. durch Abschreibungsbemessung nach den Wiederbeschaffungswerten, befreite Ergebnis würde im entsprechenden, geldwertstabilen Zins seine Vergleichsbasis finden.« Dörner, Zinsfuß, 1971, S. 140.

(26) Vgl. z. B. D. Schneider, Investition und Finanzierung, 1975, S. 239 f.

(27) Vgl. Matschke, Der Arbitriumwert, 1979, S. 224–226.

ße, deren Kaufkraft, wenn sie umgedeutet wird in eine zu erwartende Durchschnittseinnahme, durchaus im Zeitablauf sinken kann. Dies bedeutet, daß eine Gegenüberstellung des in diesem Sinne verstandenen »realen« (scheingewinnfreien) Gewinns mit dem um die Geldentwertungsrate verminderten landesüblichen Zinsfuß nicht mit der Gleichwertigkeit der Alternativen im Hinblick auf die Kaufkraft der Entnahmen zu begründen ist[28].

Freilich handelt es sich nicht nur bei den Entnahmen aus dem Unternehmen um etwas anderes als kaufkraftkonstante Entnahmen. Auch die Differenz von nominellem landesüblichen Zinsfuß und erwarteter Geldentwertungsrate entspricht nicht dem Realzins bei der Kapitalmarktanlage. Der Realzins ist vielmehr $(i - a)/(1 + a)$, für den $i - a$ nur eine Näherung darstellen kann[29]. Diese Näherung ist nur dann gut, wenn a sehr klein oder fast so groß wie i ist[30].

Nun gibt es durchaus Annahmen, bei denen die Diskontierung mit $i - a$ sinnvoll ist: Betrachtet man einen mit dem Satz w geometrisch wachsenden nominalen Entnahmestrom, dessen erste Entnahme nach Ablauf einer Periode E_1 ist, so ergibt sich als Bar- oder Ertragswert dieses Stroms:

$$(3) \qquad EW = \frac{E_1}{i - w} .$$

Ist w gleich der Geldentwertungsrate a, so ergibt sich ein interpretierbarer Ertragswert – freilich nicht aufgrund einer Rechnung mit kaufkraftkonstanten, sondern mit nominalen Entnahmen. Damit unterstellt das Verfahren des Geldentwertungsabschlags in Höhe der erwarteten Geldentwertungsrate a, daß real die (scheingewinnbereinigten) Bilanzgewinne (Entnahmemöglichkeiten) aus dem Unternehmen konstant bleiben, während sie nominal genau mit der erwarteten Geldentwertungsrate wachsen[31], so daß die Geldentwertung die Unternehmung weder positiv noch negativ tangiert. Es läßt sich nur im Einzelfall klären, ob dies eine sinnvolle Annahme ist.

Das daraus resultierende Prognoseproblem[32] ist beachtlich: Um zu prüfen, ob die Wachstumsrate w der nominellen Entnahmemöglichkeiten aus dem Unternehmen der erwarteten Geldentwertungsrate a entspricht, muß man erstens festlegen, wie hoch eigentlich die *erwartete* Geldentwertungsrate ist (sie ergibt sich nur zufällig aus einem Vergleich von landesüblichem Zinsfuß und *vergangener* Geldentwertungsrate). Zweitens muß sich der Bewerter klar machen, wie die Erwartung einer Geldentwertung, die in der Regel nicht einwertig sein dürfte, seine Dispositionen beeinflussen wird, aufgrund derer er bestimmte Entnahmen erwarten kann. Dies bedeutet, daß man nicht ohne weiteres

(28) Vgl. Matschke, Der Arbitriumwert, 1979, S. 226. Dies wird z. B. übersehen in dem sonst recht kritischen Aufsatz von Müller, Der Wert der Unternehmung, 1974, S. 427 f. und in dessen Anschluß vom OLG Celle beim Urteil vom 4. 4. 1979, 9 W 2/77, in: AG 1979, S. 232.
(29) Vgl. z. B. Wilkes, Inflation, 1972, S. 46 oder Meilicke, Barabfindung, 1975, S. 103.
(30) Vgl. Sieben, Geldentwertung, 1976, S. 265.
(31) Vgl. Moxter, Unternehmensbewertung, 1976, S. 175; Schildbach, Geldentwertung, 1977, S. 230 f. oder in etwas anderer Formulierung Meilicke, Barabfindung, 1975, S. 112; Matschke, Der Arbitriumwert, 1979, S. 227–229.
(32) So bereits Engels, Bewertungslehre, 1962, S. 139 f.

nominale oder auch kaufkraftkonstante (vielleicht im obigen Sinne scheingewinnbereinigte) Gewinne der Vergangenheit extrapolieren darf, wenn man fragwürdige Ergebnisse vermeiden will. Man müßte beispielsweise angeben, mit welcher Wahrscheinlichkeit welche Kostensteigerungen überwälzt werden können. Diese Mühe macht man sich durch eine Bereinigung von i durch einen meist aus der Vergangenheit abgeleiteten Satz a gerade nicht: Man schätzt wieder einwertige, nachhaltige Erfolge, die durch die Geldentwertung zwar in ihrer Höhe, aber nach außen zumindest nicht in ihrer Sicherheit gefährdet sind. Man darf vermuten, daß die Methode des Geldentwertungsabschlags nicht zuletzt gerade deshalb so beliebt ist, weil man das beschriebene Prognoseproblem aufgrund der Geldentwertungserwartung umgehen will. Man muß sich dann allerdings bewußt sein, daß man sich seine Bequemlichkeit mit einer vermutlich fragwürdigen Rechnung erkauft.

Um das zweite Argument für einen Geldentwertungsabschlag zu würdigen, muß man das Geldwertrisiko interpretieren. Liegt das geringe Geldwertrisiko der Investition des Bewerters in einem Unternehmen darin, daß diese als eine Quelle verstanden wird, die unendlich lange Entnahmeströme sichern kann, während die Kapitalmarktanlage nur auf begrenzte Zeit (für zehn Jahre) zum landesüblichen Zinsfuß möglich ist, so kann der landesübliche Zinsfuß am Bewertungsstichtag tatsächlich ein schlechter Vergleichsmaßstab sein[33]. Der Bewerter müßte Annahmen treffen über die erwartete Zinsentwicklung und seine daraus resultierende Verkaufs- und Kaufstrategie, um zu dem internen Zinsfuß seiner Investitionsalternative auf dem Kapitalmarkt zu gelangen. Es ist allerdings fraglich, ob nicht ein Planungshorizont von mehr als zehn Jahren jegliche Rechnung zufällig werden läßt.

Es liegt nahe zu vermuten, daß das zweite Argument lediglich eine Umkehrung der Argumentation sein soll, die zu einem Risikozuschlag beim Vergleich einer riskanten mit einer sicheren Anlage führt. Wir haben im letzten Abschnitt gezeigt, daß der Kalkulationszinsfuß zur Bewertung unsicherer Entnahmen unter bestimmten Umständen zerlegt werden kann in den landesüblichen Zinsfuß und einen Risikozuschlag (i + z). Man könnte nun anführen, der Kalkulationszinsfuß sei analog um einen Abschlag zu korrigieren, weil die Entnahmen der Vergleichsalternative im Hinblick auf die Kaufkraftentwicklung (und nur darauf) unsicherer seien als die Entnahmen aus dem Bewertungsobjekt.

Die Argumentation kann – soll sie etwas Neues bieten gegenüber der ersten Begründung – nur gelingen, wenn man eine (möglicherweise begrenzte) Überwälzungsmöglichkeit der Geldentwertung seitens des Unternehmens unterstellt, ferner annimmt, daß die Geldentwertungsrate im Bewertungszeitpunkt ungewiß ist, und daß entweder der Kapitalmarktzins die ungewisse Geldentwertungsrate noch gar nicht – bzw. nur in ungenügender Höhe – berücksichtigt, oder daß der Bewerter risikoscheuer ist als der Markt. In jedem Falle hebt sich der Bewerter, dank unterschiedlicher Information oder dank unterschiedlicher Risikoneigung, vom Kapitalmarkt ab. Gezeigt sei dies anhand des ersten Bedingungskomplexes, d. h. Bewerter und Kapitalmarkt verfügen über unterschiedliche Information.

---

(33) Vgl. Matschke, Der Arbitriumwert, 1979, S. 226 f.

Wir unterstellen der Einfachheit halber, daß der Bewerter nur eine einzige Periodenentnahme erwarten kann, diese aber diskontieren will. Er ist risikoscheu und kennt (idealerweise) seine Risikonutzenfunktion, die sich schreiben läßt als u(y) = lgy, wobei y eine ungewisse Entnahme, u(y) den Nutzen dieser Entnahme und lgy den dekadischen Logarithmus von y bezeichnet.

Gehen wir vorerst davon aus, daß keine Geldentwertung erwartet wird, und die Unternehmung dem Bewerter die Verteilung

Wahrscheinlichkeiten für Umweltzustände	0,3	0,5	0,2
Umweltzustände	A	B	C
Nettoentnahmen bei Politik X	80 000	100 000	130 000

verspricht und der landesübliche Zinsfuß (ohne Geldentwertungsprämie) 10% ist. Dann ist das Sicherheitsäquivalent der Verteilung für den Bewerter 98 563 und der Ertragswert ergibt sich als

$$(4) \qquad EW = \frac{S\ddot{A}_U}{1+i} = \frac{E_U}{1+i+z}$$

$$= \frac{98.563}{1.1} = \frac{100.000}{1.116}$$

$$= 89.603 \ .$$

Der Risikozuschlag ist also 1,6% zum landesüblichen Zinsfuß.

Der Bewerter erwarte nun eine Geldentwertung von 10% bzw. 20% mit gleicher subjektiver Wahrscheinlichkeit, die er im Unternehmen voll überwälzen kann. Die Verteilung der nominalen Entnahmen des Unternehmens ist dann

Wahrscheinlichkeiten	0,15	0,15	0,25	0,25	0,1	0,1
Umweltzustände	A_1	A_2	B_1	B_2	C_1	C_2
Nettoeinnahmen	88 000	96 000	110 000	120 000	143 000	156 000

Der Erwartungswert der Entnahmen ist 115 000, das Sicherheitsäquivalent der Verteilung ist 113 241. Als Ertragswert ergibt sich nach (4)

$$(4a) \qquad EW = \frac{113.241}{1.1} = 102.946$$

Real erwartet der Bewerter aus dem Unternehmen noch immer die vor der Inflationserwartung angegebene Verteilung von (80 000; 100 000; 130 000). Aus der Alternative erhält er real bei einer Anlage von 1 Mio DM zu nominal 10% (einschließlich Veräußerungserlös) nach einer Periode:

Wahrscheinlichkeiten	0,5	0,5
Umweltzustände	D	E
Nettoentnahmen	1 000 000	916 667

Das Sicherheitsäquivalent dieser Verteilung ist 957 427 DM. Die mit Hilfe des Sicherheitsäquivalentes der kaufkraftkonstanten Entnahmen errechenbare reale Rendite ist −4.2575%. Diskontiert man das Sicherheitsäquivalent der realen Entnahmen aus dem Unternehmen mit diesem Zinsfuß, so ergibt sich

$$(4b) \qquad EW = \frac{98.563}{1 - 0.042575} = 102.946$$

Dieses bereits aus der Nominalrechnung bekannte Ergebnis entspricht der Diskontierung des Erwartungswertes der realen Entnahmen aus dem Unternehmen mit einem Satz $k = i + z - a'$, wobei sich a' als Residuum ergibt aus der Bedingung

$$(5) \qquad EW = 102.946 = \frac{100.000}{1 + k} = \frac{100.000}{1 + i + z - a'}$$

$$= \frac{100.000}{0.97138} = \frac{100.000}{1.116 - 0.14462}$$

Das Beispiel zeigt, welche im allgemeinen wohl kaum als erfüllt anzusehenden Bedingungen man setzen muß, um zu einem risikomäßig begründbaren Geldentwertungsabschlag zu gelangen. Es zeigt zugleich, daß diese Bedingungen im Widerspruch stehen zur ersten Begründung des Geldentwertungsabschlags: Maßgebend war hier, daß am Kapitalmarkt die (erwartete) Geldentwertungsrate als Geldentwertungsprämie im landesüblichen Zinsfuß honoriert wurde. Maßgebend für die zweite Begründung hingegen war, daß der Markt gerade keine – oder nur eine für den Bewerter unmaßgebliche – Prämie zahlte. Betrachtet man deshalb noch einmal etwas präziser die Begründungen des Risikoabschlags wegen der Geldentwertung in der Literatur oder der Rechtsprechung, so wird erkennbar, daß über mehrwertige Geldentwertungsraten gar nicht diskutiert wird. Mit dem Ausdruck »Risiko der Geldentwertung« wird vielmehr oft auf den Grad der Überwälzbarkeit der erwarteten Geldentwertungsrate von seiten des zu bewertenden Unternehmens abgestellt[34], d. h., man verwendet erneut das erste Argument, ohne daran Zweifel zu haben, daß man den Grad der Überwälzbarkeit einwertig wiedergeben kann.

3.2.3.2 Stichtagsbezogener oder periodendurchschnittlicher landesüblicher Zinsfuß?

Im Zusammenhang mit der angemessenen Barabfindung nach § 305 AktG ersetzten in den schon oben zitierten Beschlüssen das LG Hannover und das

---

(34) So beim OLG Celle, Beschluß vom 4. 4. 1979, 9 W 2/77, in: AG 1979, S. 232.

OLG Celle den landesüblichen Zinsfuß, der am Tag der Beschlußfassung der Hauptversammlung über den die Abfindung bedingenden Beherrschungs- und Gewinnabführungsvertrag galt, durch einen (niedrigeren) Durchschnitt aus landesüblichen Zinsfüßen späterer Perioden[35]. Das Landgericht hielt den »engen Zeitraum der Beschlußfassung über den Gewinnabführungsvertrag« für nicht ausreichend, »weil die Vertragspartner dem ausscheidungswilligen Aktionär die Ausschöpfung der Frist und damit eine spätere Wiederanlage des Abfindungsbetrages zubilligen mußten«[36]. Das Oberlandesgericht verwarf den Zinsfuß am Tag der Beschlußfassung, weil nur der Zinsfuß maßgebend sei, »der auf Dauer zu erzielen ist«[37]. Dieser Zinsfuß sei bei großen Schwankungen im Zeitablauf nur als Durchschnitt ermittelbar.

Gegen die Begründung des Landgerichts spricht u. E. der Wortlaut von § 305 Abs. II S. 2 AktG, nach der die angemessene Barabfindung die Vermögens- und Ertragslage der Gesellschaft im Zeitpunkt der Beschlußfassung ihrer Hauptversammlung über den (die Abfindung bedingenden) Vertrag berücksichtigen muß. Bestimmt wird die Vermögens- und Ertragslage durch die zukünftigen Entnahmemöglichkeiten aus dem zu bewertenden Unternehmen. Dem Abzufindenden gehen diese Entnahmen verloren. Will man in einer einzigen Wertziffer messen, was ihm verloren geht, muß man auf den Betrag abstellen, den er alternativ aufwenden müßte, um die Entnahmen zu realisieren. Diese Alternative stellt sich dem Abzufindenden nach dem Gesetz fiktiv zum Zeitpunkt der Beschlußfassung über den Vertrag, obwohl er tatsächlich die Alternative erst später wahrnehmen kann[38]. Man kann darin eine gewisse Objektivierung sehen, weil im einzelnen nicht festzustellen ist, zu welchem Zeitpunkt ausscheidende Aktionäre den Abfindungsbetrag tatsächlich wieder anlegen.

Gegen die Begründung des Oberlandesgerichts spricht nicht nur der Gesetzeswortlaut, sondern auch die ökonomische Bedeutung des Kalkulationszinsfußes. Arbeitet man sowohl bei dem zu bewertenden Unternehmen als auch bei der Kapitalmarktanlage mit der Fiktion, daß beide Investitionsarten unendlich lange Entnahmemöglichkeiten sichern, daß sich Wertpapierkäufe stets zum Ertragswert veräußern lassen und daß Transaktionskosten vernachlässigbar sind, so läßt sich zeigen, daß stets nur der landesübliche Zinsfuß am Bewertungsstichtag maßgeblich ist[39]. Berücksichtigt man, daß die Anlage zum landesüblichen Zinsfuß tatsächlich nicht unendlich lange Entnahmen sichert, so muß man – wie bereits erwähnt – Annahmen treffen über die vom Bewerter erwartete Zinsentwicklung im Zeitablauf und die daraus resultierende Verkaufs- und Kaufstrategie, um zu dem internen Zinsfuß der Investitionsalternative zu gelangen. Dieser ist maßgeblich als Opportunitätskostensatz. Er entspricht nur zufällig dem Durchschnitt der landesüblichen Zinsfüße aus mehreren Perioden, so daß jegliche Diskontierung mit dem Durchschnitt ebenso

---

(35) S. Fußnote 2.

(36) LG Hannover, Beschluß vom 16. 6. 1977, AktE 1/70, in: AG 1977, S. 349.

(37) OLG Celle, Beschluß vom 4. 4. 1979, 9 W 2/77, in: AG 1979, S. 232.

(38) Vgl. Meilicke, Barabfindung, 1975, S. 99.

(39) Vgl. Matschke, Der Arbitriumwert, 1979, S. 216 f.

fragwürdig ist wie eine Diskontierung mit dem am Bewertungsstichtag geltenden landesüblichen Zinsfuß[40].

3.2.4 Ergebnis

Wir haben gezeigt, daß Risikozuschläge zum landesüblichen Zinsfuß im Hinblick auf die Herstellung der Vergleichbarkeit der Entnahmen aus dem zu bewertenden Unternehmen und der Kapitalmarktanlage nicht völlig unbegründet bleiben müssen. Ihre Begründbarkeit setzt allerdings voraus, daß (1) Bewerter risikoscheu sind, (2) bei der Schätzung der Entnahmen aus dem Unternehmen vom nachhaltigen Erfolg abgegangen und die Mehrwertigkeit des Erfolges offenbart wird und (3) die Entnahmeverteilung für das zu bewertende Unternehmen durch den Erwartungswert repräsentiert wird. Unter diesen Umständen kann man ohne Rückgriff auf eine Risikonutzenfunktion eine Bandbreite von Zuschlägen ermitteln, die – je nach Grad der Risikoscheu – gerechtfertigt erscheinen. Man hat sodann noch immer das Auswahlproblem im Rahmen dieser Bandbreite, kann aber andererseits unsinnige Werte ausscheiden. Solange allerdings die Bewertungspraxis an der Konzeption des nachhaltigen Erfolgs festhält (und diesen nicht explizit als Erwartungswert einer Entnahmeverteilung berechnet), begibt sie sich selbst jeglicher Begründungsmöglichkeit. Unternehmensbewerter im Auftrage Dritter müssen dann das Risiko tragen, daß ihr nur unzulänglich begründbarer Risikozuschlag durch Überprüfung der Gerichte entweder ähnlich willkürlich geändert wird, wie sie ihn gebildet haben, oder daß er gar völlig eliminiert wird.

Die Methode des Geldentwertungsabschlags in Höhe der erwarteten Geldentwertungsrate vom landesüblichen Zinsfuß impliziert, daß das Unternehmen aufgrund seiner nominalen Entnahmen bewertet wird und daß diese erwartungsgemäß mit der Geldentwertungsrate wachsen. Geringere Abschläge bedeuten geringere erwartete Überwälzungsmöglichkeiten von Kostensteigerungen. Das eigentliche Problem aufgrund der Geldentwertung wird durch die einwertige Bemessung eines Abschlags nicht deutlich: Mit welcher Wahrscheinlichkeit gelingt es dem Unternehmen, bestimmte Kostensteigerungen an einem bestimmten Markt in bestimmter Höhe zu überwälzen? Welche Neuorientierungen in der Forschung, welche Umstellungen in Produktion und Absatz sind geboten aufgrund von erwarteten Kostensteigerungen? Die Antworten auf diese Fragen setzen eine Planung für die Zukunft voraus und können nicht mit Sicherheit gegeben werden. Die Methode des Geldentwertungsabschlags kaschiert diese Unsicherheit und macht damit die neue Mehrwertigkeit der Entnahmen aufgrund der Geldentwertung nicht deutlich. Stellt man die oben angedeuteten Fragen gar nicht erst oder ist man mit schnellen Antworten zufrieden, dann bleiben Änderungen des Geldentwertungsabschlags durch Gerichte ähnlich unbegründet wie ihr erster Ansatz.

---

(40) Vgl. ebenda, S. 217.

3.3. Risiken in der Unternehmungs-bewertung*

---

* Erstmals erschienen in: ZfbF, 40. Jg. 1988, S. 813–823.

3.3.1 Unternehmungsbewertung bei wachsender Marktdynamik

Die größte Herausforderung an das Management von Unternehmungen ist die wachsende Dynamik des Marktgeschehens, die sich in immer kürzeren Perioden homogener Planungsbedingungen (z. B. immer kürzeren Produktlebenszyklen) manifestiert. Die aus solchen Diskontinuitäten resultierende zunehmende Unsicherheit der Erfolgserwartungen wirft die Frage auf, ob die bislang propagierten Formen der Behandlung von Prognoserisiken noch angemessen sind. Sollten einzelne Bewertungsverfahren richtige Antworten zu falsch gestellten Fragen liefern, so wird die Unternehmungsbewertung selbst zur potentiellen Quelle des Risikos von Fehlentscheidungen. Im folgenden wird untersucht, wie die aus dem Bewertungsobjekt herrührenden (Prognose-)Risiken und die aus den Bewertungsmodellen herrührenden (Verfahrens-)Risiken zusammenhängen und inwieweit man sich vor beiden Risiken schützen kann.

Beginnen wir unsere Überlegungen mit einem Beispiel. Es ist »konstruiert«, steht für viele und dient lediglich dem Zweck, von Anfang an die Praxis bewußt zu halten, auf die sich die nachfolgend diskutierten Methoden beziehen und an der sie sich messen lassen müssen.

Das zum Verkauf angebotene Unternehmen stellt Stanzteile für bestimmte Zulieferer der Automobilindustrie her. Es hat einen beträchtlichen Know-how-Vorsprung in der Metallverformung und liefert deshalb Produkte mit einem deutlich höheren Präzisionsgrad als die Konkurrenz. Die Auftragslage ist ausgezeichnet, die Rendite dagegen unbefriedigend. Die Kunden drängen auf kurze Liefertermine, die der Verkauf glaubt, akzeptieren zu müssen. Die Produktionsplanung wird mit diesen Terminen schlecht fertig. Häufiger Sortenwechsel führt zu hohen Rüstkosten, die Maschinen stehen zu oft still, gleichzeitig sind die Materialbestände zu hoch. Die Finanzlage ist entsprechend angespannt. Der Kaufinteressent stellt sich nach einer ersten Betriebsbesichtigung unter anderem die folgenden Fragen:

Wie lange läßt sich der Know-how-Vorsprung gegen die Konkurrenz verteidigen? Wird die sich abzeichnende Marktsättigung für die Produkte der Kunden durch neue Systementwicklungen aufgehoben? Welche Wirkungen wird das geplante, EDV-gestützte Fertigungssteuerungssystem (PPS-Programm) auf die Durchlaufzeiten der Aufträge und die Maschinennutzungszeiten haben? Inwieweit läßt die qualitätsbedingt starke Marktposition eine Verlängerung der Lieferzeiten und damit eine Optimierung der Fertigungslosgrößen zu? Läßt der Qualitätsvorsprung im Markt auch eine Anhebung des Preisniveaus zu? Ist eine verbesserte Nutzung der Maschinen durch die Einführung einer dritten Schicht angesichts des Arbeitskräftepotentials in der Region möglich? Mit welchen Wechselkursänderungen ist in der Zukunft zu rechnen und welche Auswirkungen ergeben sich daraus auf das Exportgeschäft?

Fragen dieser Art machen in der Praxis das aus, was man in der Theorie »mehrwertige Erwartungen« nennt. »Diffuse Erwartungen« wäre vielleicht der bessere Ausdruck, weil sich der Bereich des zukünftig Möglichen zumindest zu Beginn der Unternehmungsanalyse kaum je auf eine begrenzte Anzahl einander ausschließender Entwicklungshypothesen begrenzen läßt.

3.3.2 Die Logik der Bewertung »unter Risiko«

Wie sind solche Unwägbarkeiten nun methodisch so in die Wertbestimmung einzubeziehen, daß die ermittelte Kaufpreisgrenze als verläßliche Orientierungsmarke für eine rationale Investitionsentscheidung gelten kann? Die Antwort, die die jüngere betriebswirtschaftliche Forschung hierauf gegeben hat, ist im Grundsatz einleuchtend: Risiken und Chancen kann man methodisch überhaupt nur dann angemessen berücksichtigen, wenn man sie zuvor transparent gemacht hat. Das empfohlene methodische Instrumentarium hierfür ist die Technik der Risikoanalyse, die auf einer Darstellung des Bewertungsobjektes als Wahrscheinlichkeitsverteilung alternativ möglicher Zukunftserfolge basiert[1]. Dieses Konzept begreift Risiken und Chancen als Möglichkeiten der (negativen oder positiven) Abweichung von einem bestimmten Referenzwert, etwa dem durchschnittlichen Erfolg der Vergangenheit. Es setzt voraus, daß der Investor angeben kann, innerhalb welcher Bandbreite sich die Zukunftserfolge des Unternehmens bewegen können und welche Wahrscheinlichkeiten den jeweiligen Entwicklungsmöglichkeiten beizumessen sind. Die nachstehende Abbildung demonstriert, wie ein solches Erwartungsspektrum aussehen könnte. Die unterschiedlichen Bedingungskonstellationen muß man sich dabei als unterschiedliche Antwortmuster auf Fragen der oben aufgeführten Art vorstellen.

Bedingungskonstellation	I	II	III	IV	V
Eintrittswahrscheinlichkeit	0,05	0,25	0,40	0,25	0,05
Erfolgserwartung (in Mio. DM)	0,4	1,0	2,0	2,5	2,8

Abb. 1   Mehrwertiges Erwartungsspektrum

Erweist sich die Voraussetzung der Ermittlung solcher Daten als erfüllbar, so erschließt die Technik der Risikoanalyse die Möglichkeit einer Unternehmenswertbestimmung, die sowohl den Unsicherheiten der Erfolgsprognose als auch der Bereitschaft des Investors zur Risikoübernahme expliziert Rechnung trägt. Die Unsicherheit der Erwartungen wird zwar nicht eliminiert (das würde »wahre« Prognosen voraussetzen), aber sie wird durch Quantifizierung rechenbar gemacht und schlägt deshalb nicht mehr auf den Unternehmungswert selbst durch. Wie kann eine solche Transformation unsicherer Ausgangsdaten in sichere Entscheidungskriterien bewerkstelligt werden?

Unternehmungsbewertungen unterscheiden sich von anderen Formen der Investitionsrechnung dadurch, daß die Rendite des Bewertungsobjektes nicht als interner Zinsfuß aus vorgegebenen Zahlen (erwarteten Ein- und Auszahlungsströmen) folgt, sondern in den Kalkül als zu erfüllende Voraussetzung eingegeben wird. Gesucht ist derjenige Unternehmungswert, bei dem die erwartete Rendite aus dem Akquisitionsobjekt gerade noch ausreicht, einen ratio-

---

(1) Vgl. Hertz, Risk Analysis, 1964, S. 95 ff.

nalen Investor von der Realisierung alternativer Investitionsprojekte abzuhalten[2]. Die Schwierigkeit der Ermittlung eines solchen Grenzpreises besteht unter anderem darin, daß sich Kapitalanlagen mit unterschiedlichem Risikogehalt nur schwer vergleichen lassen.

Der Vergleich von Kapitalanlagen, deren Erfolgserwartungen in unterschiedlichem Maße mit Unsicherheit behaftet sind, erhält etwas klarere Konturen, wenn man als Bewertungsmaßstab eine Investitionsalternative heranzieht, die weitgehend risikofrei ist, d. h., deren Erfolgserwartung nicht mehrwertig ist. Gemessen an der Verzinsung öffentlicher Anleihen als festem, empirisch eindeutig ermittelbarem Bezugspunkt erscheint die Unsicherheit der Prognose des Unternehmungserfolges nicht als relative, sondern als absolute Größe: Gemessen wird »das« unternehmerische Risiko, das mit dem Wechsel in die Unternehmerposition verbunden wäre (und nicht die Risikoverschiebung beim Wechsel von einer Unternehmerposition in eine andere). Die Methode, das Risiko des Unternehmungserwerbs durch einen Zuschlag zum Kalkulationszinsfuß zu berücksichtigen, verdankt dieser Vereinfachung ihre Popularität.

Wie jede Form der Komplexitätsreduktion[3] hat auch diese verfahrenstechnische Vereinfachung allerdings ihren Preis, der hier in der Gefahr einer versteckten Verletzung des Opportunitätskostenprinzips besteht[4]. Wenn man von diesem Mangel einer allzu drastischen Reduzierung der Vergleichsmaßstäbe (Investitionsalternativen) absieht, eröffnet die Orientierung am »landesüblichen Zins« jedoch einen zumindest theoretisch überzeugenden Weg, das Risiko der Erfolgsprognose, die Risikobereitschaft des Investors und die alternativ erzielbare Rendite gleichzeitig zu berücksichtigen. Der gesuchte Unternehmungswert läßt sich von dieser gedanklichen Plattform aus definieren als derjenige Preis, bei dem der Investor durch die Chancen, mit dem Unternehmen eine über den landesüblichen Zins hinausgehende Rendite zu erzielen, für die Risiken einer niedrigeren Rendite gerade noch entschädigt wird. Methodisch ließe sich ein solcher Wert, bezogen auf die Zahlen aus Abbildung 1, etwa dadurch bestimmen, daß man den Kaufinteressenten auffordert, dasjenige Einkommen aus der Anlage festverzinslicher Wertpapiere zu bestimmen, das für ihn gleichwertig ist mit der vorgegebenen Wahrscheinlichkeitsverteilung (bzw. der dahinterstehenden Unternehmerposition)[5]. Beziffert der Investor dieses Einkommen mit 1,2 Mio. DM und beträgt der landesübliche Zins 8%, so ergibt sich für die Zahlen des Beispiels ein Unternehmungswert U von DM

$$U = \frac{1\,200\,000}{0,08} = 15\,000\,000\,\text{DM}$$

---

(2) Vgl. etwa Bretzke, Das Prognoseproblem, 1975, S. 51 ff.

(3) Zu einer ausführlichen Diskussion der »Komplexitätsreduktion« im Kontext betriebswirtschaftlicher Modellbildung vgl. Bretzke, Der Problembezug von Entscheidungsmodellen, 1983.

(4) Für einen risikobereiten Investor wiegt der Verzicht auf andere, unsicherheitsbehaftete Formen der Kapitalanlage mit einer entsprechend höheren Renditeerwartung schwerer als der Verzicht auf den Erwerb öffentlicher Anleihen.

(5) Eine Darstellung dieser Vorgehensweise findet sich z. B. bei Moxter, Unternehmensbewertung, 1983, S. 187 f.

Die Herausgabe dieses Geldbetrages (die gleichbedeutend ist mit dem Verzicht auf das Zinseinkommen aus der Anlage in öffentlichen Anleihen) im Tausch gegen die unsicherheitsbehaftete Unternehmerposition würde zum Zeitpunkt der Durchführung dieser Transaktion den Nutzen des Investors weder mindern noch steigern. Die Transaktion wäre vermögenswertneutral, weil die unterschiedlichen Risiken der verglichenen Anlagealternativen durch eine an der Risikopräferenz des Investors orientierte Preisbestimmung für das risikoreichere Objekt »nutzenmäßig« ausgeglichen werden. Der Investor wird sowohl für den Verzicht auf das Zinseinkommen aus der alternativen Geldanlage als auch für die Übernahme des Unternehmerrisikos durch die Chancen einer höheren Kapitalverzinsung gerade entschädigt[6].

Abgesehen von der mit der Fixierung auf eine einzige Anlagealternative verbundenen Einschränkung des Opportunitätskostenprinzips ist dieser Weg theoretisch so klar, daß sich jede andere Form der Wertbestimmung gefallen lassen muß, an dieser Methode auf ihre versteckten Implikationen hin abgeklopft zu werden[7]. Angreifbar wird die hier skizzierte Methode erst dadurch, daß man ihre Voraussetzungen hinterfragt. Kehren wir deshalb gedanklich zu dem eingangs beschriebenen praktischen Beispiel zurück und fragen uns, ob es einen hinreichend verläßlichen Weg gibt, alternativen Erfolgsprognosen für ein Unternehmen Eintrittswahrscheinlichkeiten zuzuordnen.

3.3.3 Kann man unsichere Erwartungen sicher erwarten?

Aus der Statistik wissen wir, daß es nur zwei Wege gibt, Wahrscheinlichkeiten objektiv zu bestimmen: durch Ermittlung des Anteils bestimmter Merkmalsträger an einer Grundgesamtheit oder durch Ermittlung des Anteils der für ein Ereignis günstigen an der Gesamtheit aller möglichen Bedingungskonstellationen[8]. Die erste Methode, mit der »Wahrscheinlichkeit« als relative Häufigkeit definiert wird und für die das Urnenmodell der Statistik das meistzitierte Lehrbuchbeispiel liefert, scheidet im hier gegebenen Zusammenhang aus, weil die Periodenerfolge eines Unternehmens nicht als Stichproben aus einer homogenen Grundgesamtheit interpretiert werden können. Die Durchschnittsgewinne einer in dynamischen Märkten operierenden Unternehmung können in einem statistischen Sinne nicht repräsentativ sein, weil sich die Bedingungen laufend ändern, unter denen sie erwirtschaftet werden. In einer Welt strategischer Diskontinuität läßt sich die Zukunft nur durch nicht-extrapolative Szenarios »repräsentieren«.

---

(6) Vgl. hierzu auch Ballwieser, Unternehmensbewertung und Komplexitätsreduktion, 1990, S. 176.

(7) So läßt sich etwa im Vergleich deutlich machen, daß das Mittelwertverfahren mit seiner Definition des Unternehmungswertes als Durchschnitt aus Substanz- und Ertragswert dem Investor keine Gelegenheit gibt, das tatsächlich vorgefundene Ausmaß an Prognoseunsicherheit und seine persönliche Risikobereitschaft in den Kalkül einzubringen.

(8) Vgl. zu einer ausführlichen Diskussion des Wahrscheinlichkeitsbegriffs im Kontext Unternehmungsbewertung Bretzke, Das Prognoseproblem, S. 79 ff.

Die zweite Methode, die auf dem logischen Wahrscheinlichkeitsbegriff basiert und üblicherweise durch das Beispiel eines idealen Würfels exemplifiziert wird, scheidet aus, weil man weder sämtliche Bedingungskonstellationen angeben kann, unter denen die Erfolge eines Unternehmens entstehen können, noch genau sagen kann, wie hoch der Erfolg eines Unternehmens sein wird, wenn bestimmte Bedingungen eintreten.

Was bleibt, ist folglich die Angabe von subjektiven Wahrscheinlichkeiten, also »Graden des persönlichen Fürwahrhaltens von Hypothesen«. Die Beziehung zwischen den Befunden einer Unternehmensanalyse zu solchen Wahrscheinlichkeitsurteilen ist freilich von grundsätzlich anderer Natur als die Beziehungen zwischen den realitätsbezogenen Aussagen einer empirischen Wissenschaft zu ihrem Gegenstand normalerweise sind. Subjektive Wahrscheinlichkeiten sind in keiner Weise nachprüfbar, weil sie nichts behaupten, was irgendwie widerlegt werden könnte[9].

Den Mangel an Nachprüfbarkeit, durch den sich subjektive von objektiven Wahrscheinlichkeiten unterscheiden, könnte man gegebenenfalls noch in Kauf nehmen, wenn sich die Wahrscheinlichkeitsangaben wenigstens als stabile Expertenurteile fassen ließen[10]. Auch dies ist jedoch in der Praxis oft sehr schwierig. Jede einzelne der in dem eingangs beschriebenen Beispiel aufgeworfenen Fragen kann für sich schon nicht mit Wahrscheinlichkeitsangaben beantwortet werden, ohne daß dem Antwortenden dabei das Gefühl der Überforderung seines Wissens kommt (Wie »wahrscheinlich« ist ein Ansteigen des Dollarkurses?) Dieses Gefühl, dem vorgegebenen Bewertungskalkül zuliebe mehr aussagen zu müssen, als man eigentlich weiß, verstärkt sich noch, wenn die Folgen des Zusammenwirkens der in den einzelnen Fragen angesprochenen Sachverhalte in Wahrscheinlichkeitsangaben für alternative Gewinnschätzungen des Gesamtunternehmens umgesetzt werden sollen. Paradoxerweise wird die Angabe verläßlicher Wahrscheinlichkeitsschätzungen tendenziell schwieriger, je mehr man sich bemüht, der Komplexität der Materie durch eine Differenzierung der Analyse Rechnung zu tragen, weil die Vertiefung der Analyse das Bewußtsein der Komplexität verstärkt und den Schleier der Pseudosicherheit nimmt, der undifferenzierte Pauschalurteile gewöhnlich umgibt (und ihre Beliebtheit erklärt).

Wer dennoch die Transformation qualitativer Risikobefunde in quantitative Risikomaße als sinnvolle Voraussetzung einer zukunftsorientierten Unternehmungsbewertung befürwortet, sollte die Augen für die Grenzen dieses Ansatzes nicht verschließen. Es gibt keinen eindeutigen, aus den vorgefundenen Fakten und den Regeln der Logik vorgezeichneten Weg, der jeden Fachkundigen in gleicher Weise von den Ergebnissen der Unternehmensanalyse zu einer bestimmten, dem Bewertungsobjekt zugehörigen Wahrscheinlichkeitsverteilung möglicher Gewinnentwicklungen führt. Ein solcher Weg kristallisiert sich nur

---

(9) Die Aussage etwa, daß das eingangs geschilderte Unternehmen mit einer »Wahrscheinlichkeit« von 90% seinen Know-how-Vorsprung innerhalb von 2 Jahren einbüßen wird, wird dadurch nicht widerlegt, daß es diesen Vorsprung auch nach 5 Jahren noch innehat, da auch dies immerhin für möglich gehalten wurde.

(10) Vgl. hierzu ausführlicher Helmer/Rescher, Epistemology, 1959, S. 25 ff.

heraus, wenn man aus einem gedanklichen Dickicht unüberschaubar vieler Verzweigungen heraus durch das Akzentuieren bestimmter Möglichkeiten und das Vernachlässigen anderer, also durch eine Vielzahl problematischer Selektionen, Komplexität reduziert.

In einem solchen gedanklichen Prozeß, in dem aus dem Nebel schlecht durchschauter »Kreuz- und Querkausalitäten«, halb erkannter Wenn-Dann-Beziehungen und spekulativer Funktionsverläufe das klare Profil einer Wahrscheinlichkeitsverteilung entsteht, kann niemand Rechenschaft darüber ablegen, ob er wirklich alle relevanten Aspekte erfaßt hat[11] und ob die von ihm vorgenommenen Gewichtungen, Verdunklungen und Aufhellungen zwingend waren. Was bestenfalls an die Stelle von empirischer Validität und logischer Konsistenz treten kann, ist ein subjektives Gefühl von Plausibilität, wobei freilich der Eindruck einer sicheren Bestimmung des Ausmaßes an Unsicherheit nur dadurch entstehen kann, daß man die Problematik dieser Dekomposition und Konsolidierung gleich wieder vergißt.

Die Repräsentation einer Unternehmung durch eine Wahrscheinlichkeitsverteilung denkbarer Erfolgsentwicklungen entsteht durch die Bestimmung von etwas Unbestimmten. Wenn man nach der Qualität einer solchen »Abbildung« fragt, muß man folglich das Unbestimmte zum Maß des Bestimmten machen (also, im Bilde gesprochen, zurück in den Nebel der Komplexität). Die Frage nach der Angemessenheit der Repräsentation einer Unternehmung durch eine Wahrscheinlichkeitsverteilung von Erfolgsentwicklungen führt damit zum erneuten Verlust jener Orientierung, die durch die Konstruktion dieser Verteilung gerade erst hergestellt worden war. Auch die Wahrscheinlichkeiten selbst, die den Boden für den Einsatz der formalen Techniken der Entscheidungstheorie liefern, erweisen sich damit als nur »irgendwie wahrscheinlich«. Man könnte sich zu jeder Verteilung auch Alternativen denken, denen wiederum subjektive Grade der Glaubwürdigkeit beizumessen wären, für deren Begründung wieder das gleiche gilt usw. Die Unsicherheit der Erwartungen entzieht sich dem Versuch, sie durch Quantifizierung rechenbar zu machen, indem sie auf der nächst-höheren Ebene wieder in ihrer ursprünglichen, »ungezähmten« Form auftaucht: als »uncertainty of uncertainty«.

3.3.4 Die versteckte Intelligenz einer Daumenregel

Der Verzicht auf den Einsatz von Techniken der Risikoanalyse ist freilich auch vor dem Hintergrund der bisherigen Überlegungen nur dann sinnvoll, wenn angemessenere Formen des Umganges mit der Komplexität unsicherer Erwartungen verfügbar sind. Was verloren geht, wenn man den Umweg über eine Wahrscheinlichkeitsverteilung alternativer Erfolgsentwicklungen nicht geht, wird am besten deutlich, wenn man sich ein Verfahren anschaut, das in der Praxis weite Verbreitung gefunden hat und an Simplizität scheinbar kaum zu übertreffen ist: die Multiplikation des Durchschnittsgewinnes der letzten drei Jahre mit einem bestimmten Bewertungsfaktor b. Vor einer näheren Analyse

---

(11) Die Möglichkeit, daß einige Abnehmer ihre Fertigungstiefe erhöhen und damit als Kunden ausfallen, ist z. B. im eingangs erwähnten Beispiel gar nicht bedacht worden.

der Art und Weise, wie sich der Unsicherheitsaspekt in ein solches Verfahren einbringen läßt, sind jedoch noch einige Anmerkungen zur Logik des Verfahrens erforderlich.

Wer gewohnt ist, Ertragswerte im Wege der Diskontierung von Erfolgsgrößen zu ermitteln, wird vielleicht zunächst fragen, wo denn in diesem Verfahren das Opportunitätskostenprinzip (die Wertfindung durch Übertragung der Rendite der optimalen Alternativinvestition auf die Unternehmung) geblieben ist. Bei näherem Hinsehen zeigt sich, daß der Alternativenvergleich als Kern der Bewertungsoperation in diesem Verfahren erhalten geblieben ist und lediglich seine Form geändert hat: Anstelle eines Zinssatzes, also einer Gewinn/Preis-Relation, wird mit dem Faktor b eine Preis/Gewinn-Relation übertragen. Die Wertermittlung im Wege der Multiplikation eines »repräsentativen Gewinnes« mit einem Bewertungsfaktor b läßt sich also zumindest jederzeit in einen Diskontierungsvorgang (mit $i = 1/b$ als Zinssatz) zurückinterpretieren. Ist es dann aber nicht vernünftiger, von vornherein an einer Zinsgröße als Wertmaßstab anzusetzen, die die Logik des Opportunitätskostenprinzips unmittelbar zum Ausdruck bringt?

Die Vorliebe der Praxis für das umgekehrte Verfahren scheint einer anderen Logik zu folgen, und es lassen sich durchaus vernünftige Gründe hierfür ins Feld führen. Die Relation zwischen dem Preis einer Investition und ihrem erwarteten jährlichen Gewinn gibt bekanntlich die Anzahl der Jahre wieder, nach denen das investierte Kapital aus den Erträgen zurückgeflossen ist (die Amortisationsdauer oder »pay-off-period«). Wer also etwa für eine Unternehmung nicht mehr zu zahlen bereit ist als das Fünffache ihres Durchschnittsgewinnes, der bringt zum Ausdruck, daß er mit einer erwarteten Amortisationsdauer von fünf Jahren gerade noch einverstanden ist. Der Faktor b = 5 ist damit, ebenso wie seine Reziproke in Gestalt eines Kalkulationszinsfußes von 20%, gleichzeitig Ausdruck der am Markt erzielbaren Alternativrenditen, des Prognoserisikos und der Risikopräferenz des Investors.

Natürlich ist es außerordentlich problematisch, diese drei Einflußgrößen in einem einzigen Bewertungsfaktor gleichzeitig zu erfassen. Aber gerade diesem Einwand scheint mir das in der betriebswirtschaftlichen Literatur wesentlich häufiger propagierte Verfahren der Diskontierung erheblich stärker ausgesetzt, und vielleicht ist dieser Aspekt auch der (versteckte) Grund für die Popularität dieses Verfahrens[12].

Die Frage nach einem angemessenen Zuschlag, der aus dem risikoarmen landesüblichen Zins einen vom Makel fehlender Vergleichbarkeit befreiten Bewertungsmaßstab für risikobehaftete Investments macht, hat weder in der Literatur noch in der Praxis bislang irgend jemand befriedigend beantworten können. Der Grund hierfür ist naheliegend. Es ist sehr schwer, einen solchen Zuschlag zum Zins gedanklich in eine sinnvolle Beziehung zu den Unsicherheiten einer Erfolgsprognose bzw. zu seiner eigenen Risikopräferenz zu bringen,

---

(12) Nicht jeder Investor, der in der Praxis zu diesem Verfahren greift, wird es als pay-off-Kriterium verstehen. Insoweit, wie dieses Verfahren vielfach auch ohne vollständige Kenntnis seiner theoretischen Implikationen angewandt wird, handelt es sich hier um eine »rationale Rekonstruktion« dieser Praxis.

144

und deshalb erscheint die Bestimmung des »Risiko-Kompensations-Zuschlages« den Modellbenutzern immer wieder als eine Art Ratespiel. Die Diskontierung von repräsentativen Gewinnerwartungen ist zwar als Ausdruck des Opportunitätskostenprinzips für sich genommen methodisch sehr plausibel, aber mit der geforderten risikoorientierten Manipulation des Basiszinssatzes wird den Benutzern dieser Methode eine Aufgabe zugewiesen, die sie nicht frei von Willkür lösen können und die insoweit den Begründungsanspruch des gesamten Verfahrens unterläuft.

Auf die Frage nach der maximal akzeptablen Wiedergewinnungszeit für das zu investierende Kapital dagegen kann ein Investor, der die zu bewertende Unternehmung hinreichend analysiert hat und sich seiner eigenen Risikopräferenz zumindest annähernd bewußt ist, durchaus eine Antwort geben, die nicht aus der Luft gegriffen ist, sondern sich an den für möglich gehaltenen Abweichungen von der vorgegebenen Gewinnerwartung und an der eigenen Bereitschaft zur Risikoübernahme orientiert. Die Transformation des Diskontierungsverfahrens in ein Pay-off-Kriterium ist zwar logisch trivial, aber inhaltlich gleichwohl folgenreich: Sie ermöglicht sinnvollere und damit leichter zu beantwortende Fragen an den Modellbenutzer.

Nun könnte man gegen das Kriterium der Amortisationsdauer einwenden, daß es dem Bewertenden zwar sinnvollere Antworten auf die Frage ermöglicht, wie die Risiken des Bewertungsobjektes und die eigene Risikopräferenz den Unternehmungswert bestimmen sollen, dafür aber die Orientierung am Opportunitätskostenprinzip erschwert, die dem Diskontierungsmodell mit der Ausrichtung am landesüblichen Zins grundsätzlich innewohnt. Besteht hier nicht die Gefahr der Ermittlung von Werten, die nur noch Ausdruck der persönlichen Einstellung eines Investors gegenüber dem Risiko eines bestimmten Investments sind und nicht mehr die Renditen alternativ möglicher Kapitalanlagen reflektieren? Verführt also mit anderen Worten das Pay-off-Kriterium den risikofreudigen Investor nicht dazu, über eine relativ lange höchstzulässige Kapitalwiedergewinnungszeit implizit einer Renditeerwartung zuzustimmen, die unter den sonstigen Möglichkeiten des Kapitalmarktes liegt, während umgekehrt der risikoscheue Investor mit der Forderung einer sehr kurzen Amortisationszeit implizit so hohe Renditeerwartungen in den Kalkül einbringt, daß er (wegen des vergleichsweise niedrigeren Marktzinsniveaus) mit den daraus resultierenden Preisvorstellungen am Markt als Käufer nie zum Zuge kommt? Diesem Einwand ist die Pay-off-Methode zumindest dann nicht ausgesetzt, wenn sie sich einer hinreichenden Verbreitung erfreut, d.h., wenn sehr viele (potentielle und aktuelle) Käufer und Verkäufer von Unternehmungen ihre Preisvorstellungen als ein Vielfaches der Gewinnerwartung ausdrücken. Wenn der Markt Preisvorstellungen für Unternehmungen über das Pay-off-Kriterium kommuniziert (was er de facto vielfach tut), dann wird dieses Kriterium zu einem besseren Maßstab für Opportunitätskosten, als es der landesübliche Zins je sein kann. Denn die Forderung nach Vergleichbarkeit der Bewertungsobjekte, der der landesübliche Zins als Maß der Rendite risikoarmer Investitionen ja nicht genügt, ist hier im Grundsatz bereits erfüllt. Der Bewertungsfaktor b enthält als Marktrate die aktuellen Kapitalkosten *und* den marktüblichen Risikozuschlag, und er bringt darüber hinaus auch noch einen weiteren wertbestimmenden Faktor zum Ausdruck, der in anderen Kalkülen nicht vorkommt: das aktuelle Verhältnis von Angebot und Nachfrage nach Unternehmungen einer Branche.

Ein Kaufinteressent etwa, der weiß, daß der Marktpreis für Unternehmungen einer bestimmten Branche derzeit ungefähr beim Fünffachen des Durchschnittsgewinnes liegt, kann die besonderen Risiken und Chancen eines bestimmten Kaufobjektes ebenso wie seine besondere Einstellung zum Risiko dadurch zum Ausdruck bringen, daß er von diesem Faktor situationsbezogen nach oben oder unten abweicht. Besondere Risiken könnten etwa in einer hohen Abhängigkeit von einem einzelnen Kunden, besondere Chancen in ausgeprägten Synergieeffekten bestehen.

Mit dieser Marktorientierung hat der Investor dem Opportunitätskostenprinzip zumindest in dem groben Rahmen, den der Vergleich komplexer Bewertungsobjekte mit unsicheren Gewinnerwartungen überhaupt zuläßt, genüge getan, wobei der Vorteil der Pay-off-Methode nicht nur darin besteht, daß sie die risikobezogenen Korrekturen der Opportunitätskosten mit mehr Sinn erfüllt, sondern solche Manipulationen zum Zwecke der (künstlichen) Herstellung von Vergleichbarkeit weitgehend erübrigt. Es werden in diesem Verfahren von vornherein nur Objekte aufeinander bezogen, die zwar nicht identische Risiken in sich bergen, aber doch zumindest derselben »Risikokategorie« angehören.

3.3.5 Die beschränkte Relevanz von Bewertungsmodellen

Was bleibt, ist der Einwand eines allzu stark simplifizierenden Umganges mit der Unsicherheit der Erwartungen, und damit sind wir wieder bei der Frage angelangt, von der unsere Überlegungen ihren Ausgang genommen haben: Was wird damit verloren, daß das Modell nicht an einer Wahrscheinlichkeitsverteilung alternativer Erfolgsentwicklungen ansetzt und insoweit die Unsicherheit der Erfolgsschätzung, die (im Zusammenhang mit der Risikopräferenz des Investors) den Ausschlag bei der Bestimmung des Bewertungsfaktors b gibt, unartikuliert im »Hintergrundwissen« des Modellbenutzers beläßt? Besteht nicht der gemeinsame Nachteil des Diskontierungsverfahrens und der Pay-off-Methode, sofern sie an einwertigen Gewinnschätzungen ansetzen, darin, daß sie zu schnell zuviel Komplexität reduzieren und damit Werte generieren, die gar nicht mehr auf ihre Annahmen hinterfragt werden können? Und muß deshalb das Bestreben einer auf Praxisberatung ausgerichteten Wissenschaft nicht gerade darin bestehen, dem allzu starken Bedürfnis der Praxis nach Komplexitätsreduktion mit dem Angebot komplexerer Modelle entgegenzuwirken?

Bei einer Diskussion dieser gegenläufigen Standpunkte muß man wohl zunächst relativierend darauf hinweisen, daß diese Alternativen nicht das Kernproblem einer vernünftigen Unternehmungsbewertung markieren. Ausschlaggebend für die Qualität einer Bewertung ist die inhaltliche Qualität der Unternehmensanalyse und nicht die Form der Aufbereitung der dabei gewonnen

Erkenntnisse. Wo immer sich in der Praxis Unternehmungsakquisitionen im nachhinein als Fehlentscheidungen herausgestellt haben[13], war die primäre Ursache eine grundsätzliche Fehleinschätzung in der Entwicklung von Produkten und/oder Märkten, an der der Ersatz einwertiger Prognosen durch mehrwertige Erwartungsspektren insofern nichts geändert hätte, als diese Fehleinschätzung in der Struktur der Wahrscheinlichkeitsverteilung ebenso zum Ausdruck gekommen wäre wie in der tatsächlich zur Wertfindung herangezogenen Punktprognose. Fehlbewertungen kommen in der Praxis weniger dadurch zustande, daß die absehbare Breite des Spektrums denkbarer Erfolgsentwicklungen im Bewertungsverfahren zu früh und zu drastisch auf einen informationsarmen Mittelwert komprimiert wird, als vielmehr dadurch, daß die nach der Akquisition erkennbaren Abweichungen von dieser Schätzung vorher entweder nicht erkannt oder aber als zu unwahrscheinlich eingestuft worden waren.

Zwingt nicht aber die Technik der Risikoanalyse gerade dazu, sich verstärkt mit den Möglichkeiten solcher Abweichungen zu beschäftigen, und fördert sie insoweit nicht doch qualifiziertere Unternehmungsanalysen? Sicherlich ist die Technik hilfreich, wenn sie jemanden zu einer verstärkten Auseinandersetzung mit alternativen Erfolgsentwicklungen führt, der sonst den einwertigen Pfad einer Punktprognose gedanklich nicht verlassen hätte. Nur: für eine solche Vertiefung der Analyse ist die Technik der Risikoanalyse weder notwendig noch hinreichend. Man kann ebenso einer oberflächlichen Analyse mit der nachgeschobenen Präsentation einer Wahrscheinlichkeitsverteilung den falschen Schein geistigen Tiefgangs verleihen, wie man umgekehrt die Befunde einer tiefen Analyse qualifiziert in die Wertfindung einfließen lassen kann, ohne dabei vorzugehen, »das« Risiko quantifiziert zu haben. Wenn etwa die Wahrscheinlichkeit, daß ein besonders wichtiger Großkunde oder ein besonders wichtiger Mitarbeiter abspringt, undefinierbar erscheint, besteht der entscheidende Schritt darin, diese Gefahren überhaupt zu sehen und nicht darin, ihnen künstlich einen quantitativen Wert beizumessen. Die Quantifizierung mag das gedankliche Durchspielen von Alternativen fördern, die Diskussion in einem Team beleben oder dem Liebhaber solcher Techniken die formalen Voraussetzungen für eine Anwendung des Bernoulliprinzips schaffen[14]. Einen echten Zuwachs an Information verkörpert sie nicht.

Natürlich ist die Anwendung der Technik der Risikoanalyse deshalb nicht »falsch« oder schädlich. Man sollte sich aber vor einer Überinterpretation der gewonnenen Erkenntnisse hüten. Da Wahrscheinlichkeitsangaben für mehrwertige Erfolgsprognosen im Kontext der Unternehmungsbewertung zwangsläufig vage sind und das Mehr an Modellkomplexität nicht einem Gewinn an Wirklichkeitsnähe entspricht[15], wird nicht jeder Investor mit diesem Ansatz das Gefühl eines wesentlichen Zuwachses an Verhaltensorientierung verbinden können. Die Vagheit der Wahrscheinlichkeitsschätzungen schlägt durch die quantitative Risikoanalyse auf deren Ergebnis durch, läßt den Nutzen der

---

(13) Prominente Beispiele hierfür gibt es ja genug.
(14) Zu einer Kritik von Risiko-Nutzenfunktionen als Mittel der Unternehmensbewertung vgl. Bretzke, Das Prognoseproblem, S. 219 ff.
(15) Modelliert werden ja de facto nur die – höchst unvollkommenen – Wirklichkeits*vorstellungen* des Modellbenutzers.

verstärkten Modellkomplexität fraglich erscheinen und gibt dem ganzen Verfahren den Beigeschmack der Scheingenauigkeit. Vor dem Hintergrund unsicherer Erfolgserwartungen kann man eben keine sicheren Werte ermitteln, und es ist nicht unbedingt ein Vorzug, wenn ein Bewertungsverfahren über diesen Zusammenhang hinwegtäuscht.

Insbesondere dann, wenn die Aufbereitung der Daten nicht durch den Investor selbst, sondern einen Berater oder Gutachter erfolgt, geht leicht der Blick dafür verloren, daß ein Großteil der ursprünglichen Unsicherheit in der Definition eines mehrwertigen Erwartungsspektrums schon absorbiert und ein wesentlicher Teil der Problemlösung damit vorweggenommen worden ist. Als eigentlicher Bewertungsakt erscheint dann nur noch die Zuordnung eines Sicherheitsäquivalents zu der angegebenen Wahrscheinlichkeitsverteilung nach Maßgabe der persönlichen Risikopräferenz, während die wertbestimmenden Entscheidungen in der Aufbereitung des »Datenmaterials« (etwa die Bewertung eines Know-how-Vorsprunges als mehr oder weniger konkurrenzgefährdet) unerkannt im Hintergrund des Verfahrens bleiben.

Zwar kann man auch in einer Situation der »uncertainty of uncertainty« das Arbeiten mit subjektiven Wahrscheinlichkeiten rechtfertigen durch das pragmatische Motto: »do the best we can with what we have«[16], und manches spricht dafür, diese Entscheidung situationsabhängig zu treffen[17]. Aber man kann aus der hier geschilderten Problematik der Komplexitätsreduktion auch den Schluß ziehen, daß weniger formalisierte, qualitative Formen des Wertens (in Gestalt von Expertenurteilen über Erfolgs- und Risikopotentiale) gegenüber quantitativen Methoden und verfahrenstechnischen Verfeinerungen zunehmend an Bedeutung gewinnen, je größer die Unsicherheit in einer konkreten Bewertungssituation ist. Die seit geraumer Zeit von Wissenschaftlern, Unternehmern und Managern immer wieder beschworene Dynamik der Märkte entzieht insoweit den hochdifferenzierten Bewertungskalkülen entscheidungstheoretischer Herkunft tendenziell in ganz ähnlicher Weise den Boden, wie sie die auf ein Minimum an Strukturkonstanz angewiesenen statistischen Prognoseverfahren obsolet werden läßt.

Wo quantitative Modelle sich als beschränkt geeignet erweisen, der Komplexität realer Entscheidungssituationen angemessen Rechnung zu tragen, wird die Verantwortung für eine vernünftige »Datenverarbeitung« zunehmend auf die Modellbenutzer zurückverlagert. Einfache Kalkülstrukturen, die dem Urteil von Experten breiteren Raum lassen und mehr Gewicht geben, gewinnen an Bedeutung, weil sie in einem wesentlichen Punkt realistischer sind als viele der um mehr Realitätsnähe bemühten, hochdifferenzierten Modelle: in ihren Anforderungen an die Informationsbeschaffungsmöglichkeiten der Modellbenutzer.

Den Anhängern moderner, quantitativer Verfahren wird die Erkenntnis, daß man mit »soft facts« oft besser fertig wird, wenn man sie mit »soft methods«

(16) Vgl. zu einer solchen Modellierungsprogrammatik Little, Models and Managers, 1970, S. B 466ff.

(17) Die Zukunftserfolge eines Herstellers von Ziegelsteinen lassen sich vermutlich leichter schätzen als die Zukunftserfolge eines Herstellers von Personalcomputern oder eines Unternehmens der Gentechnologie.

verarbeitet, nur wenig behagen. Mehr konservative Geister dagegen werden vielleicht nicht ohne Genugtuung feststellen, daß Begriffen wie »Entscheiden« und »Bewerten« wieder jener Beiklang des nur beschränkt Rechenbaren zukommt, den ihnen die Alltagssprache mit auf den Weg gegeben hat. Aber auf solche »ideologischen« Positionen kommt es im Grunde gar nicht an. Was zählt, ist eine Verschiebung der Gewichte – weg von der Diskussion immer feinerer formaler Bewertungsmodellstrukturen und hin zu einer inhaltlichen Auseinandersetzung mit den Fragen, die den Wert eines Unternehmens ausmachen.

Ein Unternehmen kompetent bewerten heißt: seine Erfolgspotentiale kompetent beurteilen. Wie das eingangs angeführte Beispiel belegt, können solche Beurteilungen Kenntnisse auf den verschiedensten Wissensgebieten erfordern (von der Technik des Verformens und Härtens von Metallen über die Methoden der EDV-gestützten Fertigungssteuerung bis hin zur Analyse von Devisenmärkten). Der Wert einer fundierten betriebswirtschaftlichen Ausbildung wird deshalb durch die Relativierung der Bedeutung formaler Techniken auch nicht abgeschwächt, sondern ganz wesentlich hervorgehoben. Es gibt vermutlich kein zweites betriebswirtschaftliches Problem, bei dessen Lösung so breite Fachkenntnisse gefordert werden wie bei der Unternehmungsbewertung. Gute Unternehmungsbewertungen setzen hochqualifizierte Experten (erforderlichenfalls auch Teams) voraus, und solche Experten zeichnen sich nicht so sehr dadurch aus, daß sie über vorformulierte Antworten verfügen, sondern dadurch, daß sie die richtigen Fragen stellen. Ihr Beitrag zur Problemlösung besteht weniger im Griff in einen gut sortierten Instrumentenkasten als vielmehr in der Anwendung ihrer durch Ausbildung und Erfahrung geschulten Urteilskraft. Nicht die intime Kenntnis finanzmathematischer Verfahren und entscheidungstheoretischer Modelle macht den Unterschied zwischen einer guten und einer schlechten Unternehmungsbewertung aus, sondern die Fähigkeit zur Einschätzung von Produkten, Märkten und Strategien.

4. Kapitel
Unternehmensbewertung zur Bemessung angemessener Abfindung

JOCHEN DRUKARCZYK

4.1. Zum Problem der angemessenen Barabfindung bei zwangsweise ausscheidenden Anteilseignern*

* Erstmals erschienen in: AG, 18. Jg. 1973, H. 11, S. 71–79.

4.1.1 Das Problem

Umwandlungsgesetz und Aktiengesetz enthalten Bestimmungen, nach denen die Hauptversammlung einer Aktiengesellschaft unter bestimmten Bedingungen die Umwandlung der Gesellschaft in eine offene Handelsgesellschaft oder Gesellschaft mit beschränkter Haftung oder die Übertragung des Vermögens der Aktiengesellschaft auf eine bestehende oder eine gleichzeitig zu errichtende offene Handelsgesellschaft oder einen Gesellschafter beschließen kann[1]. Nach § 320 AktG kann die Hauptversammlung die Eingliederung der Gesellschaft in eine andere, die Hauptgesellschaft, beschließen. Gemäß § 291 (1) AktG kann die Hauptversammlung einer Aktiengesellschaft mit einer anderen Gesellschaft einen Beherrschungs- oder Gewinnabführungsvertrag beschließen. In allen Fällen haben außenstehende, nicht zustimmende und ausscheidende Anteilseigner Anspruch auf angemessene Abfindung[2], die teilweise Abfindung in Aktien oder angemessene Barabfindung sein kann. Ich beschränke die Diskussion auf das Problem einer »angemessenen« Barabfindung.

In der Literatur und Praxis herrscht über nahezu alle mit der Bestimmung einer angemessenen Barabfindung zusammenhängenden Fragen Uneinigkeit. Es ist umstritten, ob der Ausschluß der Minderheit durch Mehrheitsbeschluß nicht gegen kodifizierte Normen der Verfassung verstößt, wie »angemessen« zu interpretieren ist und welche Bedeutung dem Börsenkurs der Anteile bei der Festsetzung einer angemessenen Barabfindung zukomme. Meinungsverschiedenheiten dominieren auch in der Frage, wie Unternehmens- bzw. Anteilswerte zu ermitteln sind: es ist, wenigstens in der älteren Literatur, umstritten, ob dem Substanzwert des Unternehmens Bedeutung zukomme, welche Erfolgsgröße zu diskontieren sei, wie der Unsicherheit der künftigen Erfolge Rechnung getragen werden solle, welcher Diskontierungssatz anzusetzen sei, ob ein Wertabschlag für Anteile im Streubesitz angebracht sei, etc.

Ich diskutiere im folgenden zwei Probleme. Es wird eine Interpretation der Angemessenheit einer Barabfindung gesucht. Dann wird geprüft, ob der Börsenkurs zur Bestimmung der angemessenen Barabfindung herangezogen werden kann.

4.1.2 Das Problem der Angemessenheit der Abfindung

4.1.2.1 Die Meinung der Literatur

Die juristische Literatur sieht den Anspruch auf angemessene Abfindung in Analogie zum Anspruch des ausscheidenden Gesellschafters nach § 738 BGB. Der Minderheit stehe das zu, was sie bei einer Auseinandersetzung erhalten würde. Dabei sei von dem Wert des Unternehmens auszugehen, den dieses als lebende wirtschaftliche Einheit habe. Angemessen sei der dem Beteiligungsverhältnis entsprechende Anteil am vollen inneren Wert der Gesellschaft[3].

---

(1) Vgl. § 9, § 15, § 19 UmwG; § 369 AktG.
(2) Vgl. § 12 UmwG, § 305, § 320 Abs. 5, § 375 Abs. 1 AktG.
(3) Vgl. Böttcher-Meilicke, Umwandlung und Verschmelzung, 1958, TZ 24 und 25 zu § 12 UmwG;

Explizit oder implizit wird hier wie in der geübten Gutachterpraxis davon ausgegangen, daß ein für beide Parteien geltender »objektiver« Unternehmenswert zu ermitteln sei, von dem den ausscheidenden Anteilseignern eine ihrem Anteil entsprechende Quote als angemessene Barabfindung auszuzahlen sei. Ein Verkauf des ganzen Unternehmens wird unterstellt; den Abfindungsberechtigten ist ihr »quotaler Anteil auszukehren«. Die Ausscheidenden, die einen ihrem Aktienbesitz entsprechenden Anteil an diesem Wert erhalten, werden als angemessen abgefunden betrachtet, weil sie in die Position versetzt seien, in der sie sich befunden hätten, wenn der eine Abfindung bewirkende Umstand nicht eingetreten wäre.

Diese Ansicht ist in zweierlei Hinsicht zu korrigieren:

(1) Es gibt keinen »objektiven«, für Käufer und Verkäufer, Abfindende und Ausscheidende gleichermaßen geltenden Unternehmens- bzw. Anteilswert. Der Wert eines Anteils (eines Unternehmens) ist aus dem individuellen Entscheidungsfeld von Käufer bzw. Verkäufer abzuleiten. Erst wenn der Grenzpreis des Verkäufers, d.i. der Preis, den er mindestens erzielen muß, um seine ökonomische Position nicht zu verschlechtern, und der Grenzpreis des Käufers, d.i. der Preis, den er maximal bezahlen kann, ohne seinen Reichtum zu schmälern, bekannt sind, kann ein angemessener Preis bestimmt werden.

(2) Um die angemessene Abfindung für zwangsweise ausscheidende Anteilseigner zu bestimmen, ist nicht das Unternehmen zu bewerten, sondern es sind die Grenzpreise von Ausscheidenden und Abfindenden für die Anteile der Minderheit zu ermitteln. Dazu benötigt man, wie zu zeigen ist, hilfsweise den Wert des Unternehmens für die abfindungswillige Mehrheit.

Zu einem der Intention nach ähnlichen Ergebnis wie die zuvor genannte Literatur kommen auch Ökonomen, obwohl diese weit davon entfernt sind, »objektive« Unternehmens- bzw. Anteilswerte für möglich oder gar sinnvoll zu halten. Sie sehen die Ausscheidenden dann als angemessen abgefunden an, wenn ihre neue Position nach Abfindung ihrer ursprünglichen Position gleicht, wenn sie also entschädigt sind[4].

4.1.2.2 Die Meinung der Gerichte

Variantenreicher ist die Meinung der Gerichte. Das BVerfG hatte zu entscheiden, ob der Ausschluß einer Minderheit mit Art. 14 (1) GG vereinbar sei. Es bejahte dies[5] unter der Voraussetzung, daß die Minderheit für den Verlust ihrer Rechtsposition voll entschädigt werde. Es fehle jeder Grund für eine geringere als die volle Abfindung, weil der Ausschluß vom Großaktionär herbeigeführt würde und in dessen Interesse liege. Die Ausscheidenden hätten das zu

Gessler, Umwandlung von Kapitalgesellschaften, 1956, S. 1175–1179; Kropff, Rechtsfragen der Abfindung, 1962, S. 155–158; Kindermann, Einfluß des Börsenkurses, 1964, S. 178–181; Arbeitskreis unternehmerische Bewertung des IdW, Angemessene Abfindung, 1969, S. 130 sowie Schreib, Zur Bewertung von Minderheitsanteilen, 1967, S. 132–136.

(4) Vgl. Sieben, Anspruch auf angemessene Abfindung, 1966, S. 9; ders., Angemessener Ausgleich, 1969, S. 407; Busse von Colbe, Zur Maßgeblichkeit des Börsenkurses, 1964, S. 265; Institut der Wirtschaftsprüfer, Wirtschaftsprüfer-Handbuch, 1985, S. 1069f.

(5) Vgl. Urt. BVerfG v. 7. 8. 1962, in: AG 1962, S. 249–253.

erhalten, was ihre Beteiligung an dem arbeitenden Unternehmen wert sei[6]. Es wird nicht klargestellt, wessen Wertvorstellung Basis der Abfindung sein soll; es bleibt offen, was angemessen ist.

Das *OLG Hamm* urteilt, die Abfindung sei so zu bemessen, daß der übernehmende Hauptgesellschafter durch die Umwandlung keine Vermögensvorteile und die ausscheidenden Aktionäre keine Nachteile haben[7]. Unterstellt man, daß die Umwandlung (Eingliederung, der Abschluß des Unternehmensvertrages) finanzielle Vorteile für den Großaktionär bringt, müßten diese gemäß dieser Formulierung via Abfindung ganz den Ausscheidenden zufallen. Die weiteren Begründungen des Gerichts ergeben nicht eindeutig, wie die Aussage zu verstehen ist. Jedenfalls hält es das Gericht nach einer Nennung der Nachteile der Ausscheidenden (Kosten der Vermögensumschichtung, Verzicht auf höhere, künftige Anteilspreise) und der Vorteile der Übernehmerin »im Rahmen des billigen Ausgleichs« für gerechtfertigt, den Börsenkurs plus einem Zuschlag von 32% als angemessene Abfindung festzusetzen[8].

Eindeutig ist die Aussage des *OLG Düsseldorf*: »Entscheidend für... (die) Bemessung sind nicht die von dem Hauptgesellschafter mit der Umwandlung erstrebten Vorteile, sondern maßgebend ist allein der Wert, den die Aktienrechte der ausgeschiedenen Aktionäre (...) ohne die Umwandlung darstellen.«[9][10].

Andere Gerichte und Gutachter halten Abschläge von dem pro Aktie zu vergütenden Betrag dann für notwendig, wenn die Abzufindenden eine relativ einflußlose Minderheit darstellen[11].

4.1.2.3 Mögliche Interpretationen einer »angemessenen« Abfindung

a) Man könnte zwangsweise ausscheidende Anteilseigner dann als angemessen abgefunden ansehen, wenn sie den Betrag erhielten, der es ihnen erlaubt, die ökonomische Position wiederzugewinnen, die sie bei Nichtausschluß innegehabt hätten. Die Vorteile aus der Umwandlung, Eingliederung, dem Ab-

---

(6) Vgl. ebenda, S. 252.

(7) Vgl. Beschl. OLG Hamm 8 AR 1/60 v. 23. 1. 1963, in: Koppenberg, Bewertung, 1964, S. 31–49 und in: AG, 8. Jg. (1963), S. 218–224.

(8) Vgl. ebenda, S. 219. Daß das Gericht eine Interessenabwägung will, geht aus anderen Urteilen des gleichen Gerichts hervor. Vgl. Beschl. OLG Hamm 8 AR 1/58 v. 30. 4. 1960, in: Koppenberg, Bewertung, 1964, S. 51 und Beschl. 8 AR 2/60 v. 15. 5. 1963, in: Koppenberg, Bewertung, 1964, S. 146 f.

(9) Beschl. OLG Düsseldorf v. 31. 7. 1964, zitiert bei Busse von Colbe, Zur Maßgeblichkeit des Börsenkurses, 1964, S. 266.

(10) Weniger klar sind die Ausführungen des gleichen Gerichts an anderer Stelle. Es sieht dann, wenn (von Gutachtern) Erfolge vorsichtig bewertet und Diskontierungssätze hoch angesetzt werden, das Ziel, den Ausscheidenden einen vollen Ausgleich der aufgegebenen Rechte zu gewähren, nicht erreicht. Die Chance einer günstigen Entwicklung, die die übernehmende Partei zu dem die Abfindung auslösenden Beschluß bewog, fiele dann einseitig und ohne Entgelt ihr zu. Es setzt deshalb einen Aufschlag von 10% zu dem vom Gutachter errechneten Wert fest. Vgl. Beschl. OLG Düsseldorf 6. Spruchverf. 1/60 v. 27. 11. 1962, in: Koppenberg, Bewertung, 1964, S. 94 f. Es ist nicht eindeutig, ob der Zuschlag die Abschläge des Gutachters kompensieren, also den subjektiven Grenzpreis der Minderheit wieder herstellen oder einer einseitigen Verlagerung der Vorteile aus der Umwandlung vorbeugen soll.

schluß des Unternehmensvertrages, die ich hier vorläufig unterstelle, fließen in voller Höhe dem Abfindenden zu. Dies ist der in der juristischen und ökonomischen Literatur überwiegend vertretene Standpunkt. Für Vertreter des objektiven Unternehmenswertes ist der Standpunkt zwingend: gibt es einen für beide Parteien richtigen Wert, kann die angemessene Abfindung nur dem an der Zahl der Anteile gemessenen Anteil an diesem Wert entsprechen. Für Vertreter des subjektiven Unternehmens-(Anteils-)wertes wäre diese Position zu begründen. Warum kann auf diese Art der Anspruchsregelung das Prädikat »angemessen« angewendet werden?

Hätte der Gesetzgeber diese Regelung gewollt, hätte er die ausschließende Mehrheit zur Leistung von Schadensersatz verpflichten können. In der Terminologie *Siebens* hat die angemessene Abfindung das Gefälle der Position des Ausscheidenden vor dem Mehrheitsbeschluß zur Position nach dem Ausschluß auszugleichen[12]. Eben diese Funktion hat der Schadensersatz. Schaden ist nämlich der durch ein Ereignis geschaffene Unterschied zweier Güterlagen: der vorhandenen, durch das Ereignis geschaffenen und der unter Ausschaltung dieses Ereignisses gedachten. Da das Interesse des Geschädigten maßgebend ist, ist es unerheblich, ob und inwieweit der Schädiger durch die Handlung Gewinn erzielte[13]. Der Abfindungsanspruch könnte aber nur dann als Schadensersatzanspruch interpretiert werden, wenn ein Anspruch wegen Enteignung vorläge[14]. Eine Enteignungsbefugnis ist aber der mit Mehrheit beschließenden Hauptversammlung nicht verliehen worden, sondern lediglich ein Recht zur Umgestaltung der privatrechtlichen Beziehungen unter den Aktionären[15]. Der Anspruch auf angemessene Abfindung hat sich insoweit von dem Schadensersatzanspruch zu unterscheiden. Da die volle Abfindung gewollt ist[16], kommen den Schadensersatz unterschreitende Abfindungsbeträge nicht in Betracht.

b) Man könnte die Ausscheidenden dann als angemessen abgefunden ansehen, wenn der abfindende Großaktionär sich nach Abfindung in der ökonomischen Position befände, die er ohne den zur Abfindung führenden Mehrheitsbeschluß eingenommen hätte. Die angemessene Abfindung entspräche dann seinem subjektiven Grenzpreis. Diesen Fall zur allgemeinen Lösung zu machen, bedeutete, den Maßnahmen, die den Ausschluß von Minderheiten zur Folge haben, die finanziellen Anreize zu nehmen, womit sich das praktische Problem der Feststellung der angemessenen Abfindung u. U. nicht mehr stellte[17].

---

(11) Vgl. Beschl. OLG Celle v. 6.1. 1961, in: Koppenberg, Bewertung, 1964, S. 55, sowie die Gutachten der Schw. Tr. AG, des Prof. Dr. K.M., der D.R.-Tr.AG. Diese Gutachten wurden im Rahmen des Abfindungsfalls der C.H. Knorr AG erstellt. Vgl. Koppenberg, Bewertung, 1964, S. 58–60.

(12) Vgl. Sieben, Anspruch auf angemessene Abfindung, 1964, S. 9.

(13) Vgl. Palandt, Bürgerliches Gesetzbuch, S. 185.

(14) Vgl. Urt. KG Berlin v. 28. 4. 1964, in: AG, 9. Jg. (1964), S. 220 sowie Kropff, Rechtsfragen der Abfindung, 1962, S. 155.

(15) Vgl. Urt. BVerfG v. 7. 8. 1962, S. 250.

(16) Vgl. ebenda, S. 252.

(17) Es ist zumindest denkbar, daß die mit dem Ausschluß von Minderheiten erlangte Möglichkeit der Entfaltung der unternehmerischen Betätigung, die das BVerfG in seinem Urteil so hoch bewertet, für Großaktionäre so hohes Gewicht hat, daß sie auch diese Lösung akzeptierten.

c) Schließlich sind alle Zwischenpositionen möglich, die die Vorteile der übernehmenden Partei auf beide Parteien aufteilen. Manche Gerichte deuten eine die Interessen gewichtende Position an. Sie führen sie nicht deutlich aus und sind insbesondere nicht in der Lage, eine angemessene Vorteilsaufteilung herzustellen, weil die von der überwiegenden Zahl der Gutachter verwendeten Bewertungsmethoden die Vorteile einseitig zu verlagern tendieren.

Erst mit der Erkenntnis, der Gesetzgeber könnte eine dieser Zwischenpositionen gemeint haben, beginnt das Problem, eine angemessene zu bestimmen. Die dem Schadensersatz äquivalente Abfindung als angemessen zu bezeichnen, könnte gerechtfertigt sein, wenn keine aufteilbaren Vorteile der übernehmenden Partei vorliegen oder wenn das Eigentumsrecht der Minderheit ein dem Recht auf unternehmerische Entfaltung der Minderheit inferiores Recht wäre[18].

4.1.2.4 Ursachen für abweichende subjektive Grenzpreise der Parteien

Die Preise, die die Ausscheidenden mindestens fordern müssen und die Abfindenden maximal bezahlen können, differieren aus verschiedenen Gründen:

(1) Der Großaktionär erzielt durch die den Ausschluß der Minderheit bewirkenden Maßnahmen keine zusätzlichen Vorteile, aber die Bewertungsdeterminanten beider Parteien stimmen nicht überein: die Informationen über die künftigen Erfolge, die Alternativvertragssätze für die in Frage stehenden Mittelbeträge und die Risikoeinstellung der Parteien können divergieren.

(2) Der Großaktionär erzielt zusätzliche finanzielle Vorteile durch entfallende Beschränkungen, positive Verbundeffekte, etc.

Zu (1):

a) Der abfindende Großaktionär ist über die künftigen Erfolge und damit den anteiligen Erfolg der Minderheit besser informiert. Angenommen, er erwartet aufgrund seiner besseren Information höhere Erfolge als die Minderheit, dann übersteigt unter sonst gleichen Bedingungen sein subjektiver Grenzpreis W_k den subjektiven Grenzpreis der Minderheit W_v, d.h. den Betrag, den die Ausscheidenden mindestens erhalten müssen, um nach Wiederanlage des Abfindungserlöses die gleichen Erfolge zu erzielen. Erwartet der besser informierte Abfindende einen uniformen (unendlichen) Erfolg von b und rechnet die weniger wissende Minderheit nur mit einem periodischen Erfolg von c ($c < b$), dann ergeben sich bei gleichem Kapitalisierungssatz für beide Parteien die subjektiven Grenzpreise $W_k = b/i$ und $W_v = c/i$. W_k ist größer als W_v.

Für die Abzufindenden kann sich die Differenz $W_k - W_v$ nur insoweit vorteilhaft auswirken, als ein Gutachter die Informationslücke aufzudecken bzw. zu verkleinern in der Lage ist. Es kann bezweifelt werden, ob ein Gutachter den Informationsnachteil der Abzufindenden ganz aufholen kann. Es liegt dann eine Differenz zwischen den Grenzpreisen vor, die nur begrenzt aufdeckbar und daher einer Abfindungsregelung entzogen ist.

---

(18) Vgl. zur Kritik der vom BVerfG in seinem Urteil vom 7. 8. 1962 konstruierten Rangfolge von Rechten, von Falkenhausen, Grenzen der Mehrheitsherrschaft, 1967, S. 217 f.

b) Der Alternativvertragssatz des Großaktionärs kann die der abzufindenden Minderheit zugänglichen Anlagesätze übersteigen, weil der Abfindende den Gesamtbetrag für die Abfindung aller außenstehenden Aktionäre aufzuwenden hat, die Abfindungsempfänger aber nur über kleinere Geldbeträge, nämlich den jeweiligen Abfindungserlös zu disponieren haben. Für größere Geldbeträge sind häufig bessere Anlagesätze zu erzielen als für kleinere Mittelbeträge. Damit übersteigt der Alternativvertragssatz (= Diskontierungssatz) des Abfindenden den der Abzufindenden. Bei gleichen Erfolgserwartungen und gleicher Risikoneigung bewirkt diese Konstellation, daß W_v W_k übersteigt. In freien Verhandlungen könnte keine Einigung zustande kommen: die Minderheit würde immer einen höheren Preis fordern als der Abfindende bereit wäre zu zahlen. Wird das Ausscheiden erzwungen, wäre es unbillig, die Differenz beiden Parteien aufzubürden. Der abfindende Großaktionär hätte vielmehr W_v zu zahlen, d. h. das dem Schadensersatz Gleichwertige zu leisten. Wäre ihm dieser Preis zu hoch, könnte er von dem Ausschluß der Minderheit absehen. Die von der Literatur fast einhellig angebotene Lösung ist also für diesen Fall angemessen.

Gilt der sehr unwahrscheinliche Fall $W_v < W_k$, weil der Alternativvertragssatz der Abzufindenden den des Großaktionärs übersteigt, liegt eine aufteilungsfähige Differenz der Grenzpreise vor: Die Minderheit verfügte nach Wiederanlage der Mittel über größere Erfolge; der abfindende Großaktionär zahlte weniger als er maximal bezahlen könnte.

c) Die Parteien unterscheiden sich in ihrer Risikoneigung. Es ist schwierig, gute Gründe anzugeben für die geringere Risikoaversion einer Partei. Der Großaktionär könnte für Teilbeträge risikofreudiger zu disponieren geneigt sein, da er über größeren Reichtum verfügt und bessere Möglichkeiten des Risikoausgleiches hat: er hat durch seinen Einfluß auf die Geschäftsführung Möglichkeiten der Risikopolitik im Produktions- und Absatzbereich des Unternehmens und im Finanzanlagebereich, während der Minderheit oft nur die zuletzt genannte Möglichkeit offensteht. Der Abfindende rechnete dann bei gleichen Erfolgserwartungen mit höheren Sicherheitsäquivalenten[19] als die weniger risikofreudige Minderheit: $W_k > W_v$. Ganz ähnlich wie bei Unterschieden im Informationsgrad der Parteien ist die Differenz der subjektiven Grenzpreise der Parteien nur dann nutzbar zu machen, wenn sie aufdeckbar ist. Daß sie aufdeckbar ist, muß bezweifelt werden. Befragungen über die Risikoneigung sind von beschränktem Wert; die Beurteilung der Risikoneigung über vergangene, getroffene Entscheidungen ist dann zweifelhaft, wenn man den Informationsstand nicht kennt, der den Entscheidungen zugrunde lag. Wäre die unter-

---

(19) Ein Sicherheitsäquivalent ist der Betrag, dessen sicherer Erhalt von einem Individuum gleichgeschätzt wird einer gegebenen Erfolgsverteilung. Angenommen, einem Individuum wird die Teilnahme an einer Lotterie angeboten, die einen Gewinn von 100 mit einer Wahrscheinlichkeit von 0,1 und den Erfolg 0 mit der Wahrscheinlichkeit von 0,9 erwarten läßt und dieses Individuum verzichtet auf die Teilnahme an der Lotterie, wenn ihm ein Betrag von 10 ausgezahlt wird, dann ist das Sicherheitsäquivalent $\leq$ 10. Es ist der Betrag, der die Indifferenz des Individuums zwischen (sicherer) Auszahlung und Teilnahme an der Lotterie herstellt. Risikofreudige Individuen geben für gegebene Lotterien höhere Sicherheitsäquivalente an als weniger risikofreudige Individuen.

schiedliche Risikoneigung und die (nur) daraus resultierende Grenzpreisdifferenz aufdeckbar, läge eine aufteilungsfähige Differenz vor[20].

Zu (2):

Liegen positive Verbundeffekte vor und gleichen sich die übrigen Bewertungsdeterminanten der Parteien, fallen W_k und W_v in der Regel beträchtlich auseinander. W_v ist der subjektive Grenzpreis der Abzufindenden unter der Annahme, daß die bisherigen Unternehmenspläne durchgeführt werden. Die der Berechnung von W_k zugrunde liegenden Erfolge setzen sich zusammen (1) aus den Erfolgen, die an die außenstehenden Anteilseigner nicht mehr ausgeschüttet werden, wenn die Mehrheit die Minderheitsanteile erwirbt und (2) aus den Erfolgen, die die Umwandlung, Eingliederung, der Abschluß eines Unternehmensvertrages und damit die Sicherung unbegrenzter Leitungsmacht zusätzlich entstehen lassen.

Da das Gesetz der Minderheit keine Möglichkeit gibt, Mehrheitsbeschlüsse durch Anfechtung zu verhindern[21], ist es richtig, zur Bestimmung des subjektiven Grenzpreises des Abfindenden diese Erfolge in den Kalkül einzubeziehen: der Betrag kann maximal zum Erwerb der Minderheitsanteile aufgewendet werden, der den gesamten erzielbaren Vorteilen äquivalent ist. Die Differenz W_k-W_v ist der Betrag, über dessen angemessene Aufteilung zu entscheiden ist.

Die finanziellen Vorteile des Abfindenden können vielfältiger Art sein: Beim Abschluß eines Beherrschungsvertrages und der Eingliederung der Gesellschaft in eine andere entfällt die Verpflichtung zur Aufstellung des sog. Abhängigkeitsberichtes nach § 312 AktG. Der Aufwand für organisatorische Einrichtungen, die der Erfassung der hier berichtspflichtigen Rechtsgeschäfte und Maßnahmen dienen, unterbleibt ebenso wie der für die Prüfung des Berichts durch den Wirtschaftsprüfer und der möglichen Sonderprüfungen. Wird die Unternehmensform der Aktiengesellschaft verlassen, unterbleiben Aufwendungen für die aktienrechtliche Publizität und Prüfungskosten sowie Vergütungen für den Aufsichtsrat. Vorteile für den Abfindenden sind insbesondere dann zu erwarten, wenn dieser über andere Unternehmen verfügt. Mit dem Wegfall der Begrenzungen seiner Leitungsmacht wächst sein Spielraum für beschaffungsbezogene, produktionstechnische, absatzpolitische und finanzpolitische Verknüpfungen. Dabei ist es unwichtig, ob der Vorstand oder der die Anteilsmehrheit besitzende Großaktionär diese Möglichkeiten vor Beschluß der die Abfindung bewirkenden Maßnahmen hätte treffen können, also die Abfindung der Minderheit diese Möglichkeiten nicht erst eröffnet. Wichtig ist, daß der Mehrheit solche vorteilhaften Maßnahmen, die sie bisher noch nicht ergriffen hat, offenstehen. Diese bestimmen deren subjektiven Grenzpreis wesentlich[22].

---

(20) Fände man die Minderheit mit dem Betrag W_v, ihrem Grenzpreis ab, ginge der Großaktionär bereichert aus der von ihm ausgelösten Auseinandersetzung hervor. Er käme in den ungeschmälerten Genuß eines für ihn geldwerten Vorteils. Aus diesem Grund wäre eine andere Aufteilung der Preisdifferenz zu bejahen.

(21) Vgl. etwa § 305 Abs. 5, § 320 Abs. 6, § 375 Abs. 2 AktG.

(22) Es sind diese drei Möglichkeiten, die nach Meinung der Literatur die zum Teil beträchtlichen Paketzuschläge bewirken. Vgl. Stützel, Aktienrechtsreform und Konzentration, 1960, S. 959–971; Müller, Aktienpaket und Paketzuschlag, 1972; Leunig, Die Bilanzierung von Beteiligungen, 1970, S. 26–28.

Schließlich realisiert der Großaktionär auch spürbare nichtfinanzielle Vorteile, wenn er ohne jede Beschränkung durch Minderheitsrechte seine Pläne realisieren kann.

Die Ergebnisse lassen sich zusammenfassen:

a) Subjektive Grenzpreise, die nur wegen unterschiedlicher Information der Parteien divergieren, können von einem Gutachter (Gericht) nicht aufgedeckt und/oder bestätigt werden, solange Erwartungen nicht gemessen werden können. Zur Bemessung der Abfindung treten deshalb die nach bestem Wissen erarbeiteten Erfolgserwartungen des Gutachters an die Stelle der Parteien[23].

b) Unterschiedliche subjektive Grenzpreise, die ausschließlich durch die verschiedene Risikoneigung der Parteien begründet sind, sind kaum aufdeckbar, weil Gerichte (Gutachter) kaum eine verläßliche Möglichkeit haben, Hypothesen über Risikopräferenzen zu prüfen oder von getroffenen Maßnahmen auf die Risikoeinstellung der Entscheidenden zurückzuschließen, da zu diesem Zweck der Informationsstand und die Erwartungsstruktur der Parteien bekannt sein müßten.

c) Hauptaufgabe von Gericht (Gutachter) wird deshalb die Ermittlung der der Minderheit entgehenden Vorteile und der dem Großaktionär zufließenden zusätzlichen Erfolge sein, wenn dieser seine geplanten Maßnahmen durchgeführt hat, sowie die begründete Festsetzung der für die Parteien erreichbaren Alternativvertragssätze und schließlich die Aufteilung der Vorteile.

4.1.2.5 *Die Aufteilung der Grenzpreisdifferenz stützende Gründe*

Die Argumentation, eine angemessene Abfindung habe sich deshalb von einer Schadensersatz-Leistung zu unterscheiden, weil es dem Gesetzgeber offengestanden hätte, für die zwangsweise Ausscheidenden eine dem Schadensersatz äquivalente Regelung zu fordern, kann gestützt werden:

a) Generalklauseln, der auch die Beziehungen zwischen Mehrheit und Minderheit einer Kapitalgesellschaft unterliegen, sind der Grundsatz von Treu und Glauben und der Grundsatz der guten Sitten. Als sittenwidrig wird angesehen, was den Anschauungen eines redlichen, anständigen Geschäftsverkehrs widerspricht[24]. Ist die Verdrängung der Minderheit, verbunden mit einer Abfindung, die die gesamten Vorteile der zum Ausschluß der Minderheit führenden Maßnahmen der Mehrheit zuspricht, mit der Vorstellung von »guten Sitten« vereinbar? Soll oder kann der Gesetzgeber die Delegation von Zwangsbefugnissen an Private zulassen und diesen gleichzeitig die ungeschmälerten Erfolge aus der Anwendung dieser Zwangsbefugnisse zugestehen? Eine solche Regelung erscheint willkürlich[25].

Man kann einwenden, der Mehrerfolg, über dessen Aufteilung zu entscheiden ist, träte erst als Konsequenz der Maßnahmen ein, die der Großaktionär

---

(23) Nur insoweit wird die Vorstellung von einem objektiven, für alle Parteien geltenden Unternehmenswert wiederbelebt.

(24) Vgl. von Falkenhausen, Grenzen der Mehrheitsherrschaft, 1967, S. 24.

(25) Die die Mehrheit der Anteile besitzende Partei wäre in zweifacher Hinsicht allein bereichert. Sie erzielt die ungeschmälerten Erfolge aus den Maßnahmen und erreicht die Möglichkeit einer von Minderheiten nicht beschränkten unternehmerischen Autonomie.

nach Ausscheiden der Minderheitsaktionäre durchführt, weshalb diesem allein der Mehrerfolg zuständе. Zwei Fälle sind zu unterscheiden: (1) Das Ausscheiden der Minderheit ist notwendige Voraussetzung der Durchführung der vorteilhaften Maßnahmen. Mit ihrem Ausscheiden leistet die Minderheit damit einen Beitrag für das Entstehen der Mehrerfolge. Es ist billig, sie an diesen zu beteiligen. (2) Das Ausscheiden der Minderheit ist nicht Voraussetzung dafür, daß die vorteilhaften Maßnahmen durchgeführt werden. Der Großaktionär könnte die Mehrerfolge auch erzielen, ohne daß die Minderheit ausscheidet. Diese wäre dann an den Mehrerfolgen anteilsmäßig beteiligt, es sei denn, der Großaktionär setzte andere Mittel ein, um den Anteil der Minderheit an den Vorteilen zu schmälern (Gewinnverlagerung, Entzug von qualifiziertem Personal, Verfolgung bestimmter, für die Minderheit als nachteilig angesehener Ausschüttungsstrategien). Wird aber die Minderheit nur durch unfaires Verhalten des Großaktionärs daran gehindert werden, an den Mehrerfolgen zu partizipieren, kann eine Abfindung, die die Mehrerfolge ganz dem Großaktionär zuspricht, nicht als fair und der Vorstellung von den guten Sitten entsprechend bezeichnet werden.

b) Die Rechtsprechung gesteht den Gesellschaftern einer GmbH ein Ausschlußrecht anderer Gesellschafter aus wichtigem Grund zu[26]. Es ist nicht erforderlich, daß den Gesellschafter persönlich ein Verschulden trifft (verschwiegene Vorstrafen, vorgetäuschte Fachkenntnisse). Ausreichend sind in seiner Person liegende Umstände, die den übrigen Gesellschaftern eine Fortsetzung des Gesellschaftsverhältnisses mit ihm als unzumutbar erscheinen lassen. Der ausgeschlossene Gesellschafter ist für den Verlust in voller Höhe zu entschädigen. Er ist so zu stellen, wie er gestanden hätte, wenn der zum Ausschluß führende Umstand nicht eingetreten wäre. Die Entschädigungsforderung des Ausgeschlossenen ist schwächer fundiert als diejenige der aus der Aktiengesellschaft gedrängten Minderheit, weil ersterer in seiner Person einen Tatbestand liefert, der den Mitgesellschaftern die Fortführung der Gesellschaft mit ihm unmöglich macht. Einen solchen Grund liefert die ausgeschlossene und abzufindende Minderheit nicht. Anstoß zu ihrem Ausschluß sind allein Pläne und erwartete finanzielle und nichtfinanzielle Vorteile der Mehrheit. Es besteht deshalb kein Anlaß, der Minderheit nur einen gleich hohen Anspruch auf Entschädigung zuzugestehen. Die Minderheit hat ein gegenüber dem den wichtigen Grund liefernden Gesellschafter einer GmbH besseres, ungeschmälertes Recht auf Teilnahme an der Gesellschaft. Sie ist, läßt man den Zwangsentzug ihrer Mitgliedschaftsrechte überhaupt zu, besser zu stellen.

Erkennt man subjektive Unternehmens-(Anteils-)werte als allein sinnvolle Größen an und ist anzunehmen, daß die Grenzpreise der Parteien in aller Regel divergieren, ist Ergebnis, daß eine Abfindung nur in Höhe des Schadensersatzes nicht die angemessene Barabfindung ist.

---

(26) Baumbach-Hueck, GmbH-Gesetz, 9. Aufl., Einführung zu § 34.

4.1.3 Die Relevanz des Börsenkurses für die Bestimmung der angemessenen Abfindung

Die Meinungen in Literatur und Urteilsbegründungen sind vielfältig[27]. Dabei wird nahezu ausschließlich diskutiert, ob der Börsenkurs Grundlage für die angemessene Abfindung sein könne. Es wird nicht die weniger anspruchsvolle Frage gestellt, ob der Börsenkurs Anhaltspunkt für die Bestimmung der subjektiven Grenzpreise der Parteien, insbesondere der Ausscheidenden sein könnte. Die diffizilere Frage, ob die Preisbildung am Markt die gewollte Vorteilsaufteilung wenigstens annähernd bewirkt, muß dann u. U. nicht mehr gestellt werden.

4.1.3.1 Gründe für die Relevanz des Börsenkurses

Für die Beachtung des Börsenkurses wird mit folgenden Argumenten gefochten:

(1) Hätte die Mehrheit nicht die Möglichkeit, sich die Anteile der Minderheit zu beschaffen, hätte sie die Anteile nicht zu einem unter dem Börsenkurs liegenden Preis erwerben können. Der Börsenkurs stelle daher die Mindesthöhe der Entschädigung dar[28]. Spekulative Einflüsse seien durch die Ermittlung eines Normalkurses aus der Kursentwicklung eines längeren Zeitraums auszuschalten.

(2) Die angemessene Abfindung habe auch den Verkehrswert des Gutes zu berücksichtigen, dessen Eigentum aufgegeben werde. Am Markt gezahlte Preise seien eine sicherere Grundlage als Berechnungen des Ertragswertes[29].

(3) Die Minderheit sei einflußlos, weil sie sich den Investitions- und Finanzierungsentscheidungen der Mehrheit zu beugen habe. Der Kurs, der sich für Anteile einer von einer Mehrheit beherrschten Gesellschaft einstelle, entspreche den Erwartungen dieser (einflußlosen) Minderheit. Den Wert der Minderheitsanteile aus einer Bewertung des ganzen Unternehmens abzuleiten hieße, der Minderheit die Aufgabe einer Position zu vergüten, die sie nie besessen hätte[30]. Damit wird unterstellt, die zwangsweise ausscheidenden Aktionäre hätten nur Anspruch auf Schadensersatz.

(4) Es sei nicht sinnvoll, hinter dem Marktwert von Anteilen nach einem

---

(27) Vgl. etwa Buwert, Abfindung, 1938, S. 145–148; Rieger, Zur Frage der angemessenen Abfindung, 1938, S. 256–258; Heun, Abfindung, 1938, S. 220–223; Frank, Die angemessene Abfindung der Minderheitsaktionäre, 1937/38, S. 641–646; Busse von Colbe, Zur Maßgeblichkeit des Börsenkurses, 1964, S. 263–267; Kindermann, Der Einfluß des Börsenkurses, 1964, S. 178–181; Sieben, Anspruch auf angemessene Abfindung, 1966, S. 84; Huppert, Unternehmensbewertung, 1970, S. 320; Albach, Probleme der Ausgleichszahlung, 1966, S. 183f.; Beschl. OLG Hamm 8 AR 1/60 v. 23. 1. 1960, in: AG 1963, S. 218–224; Beschl. KG Berlin v. 28. 4. 1964, in: AG 1964, S. 220; Urt. BGH v. 30. 3. 1967, in: AG 1967, S. 264.

(28) Vgl. Beschl. OLG Hamm 8 AR 1/60 v. 23. 1. 1963, in: AG 1963, S. 219 sowie Beschl. OLG Hamm 8 AR 2/60 v. 15. 5. 1963, in: AG 1964, S. 41.

(29) Vgl. Beschl. OLG Hamm 8 AR 1/60 v. 23. 1. 1963, in: AG 1963, S. 219.

(30) Vgl. Busse von Colbe, Zur Maßgeblichkeit des Börsenkurses, 1964, S. 265; ders.; Die handelsrechtliche Umwandlungsbilanz von Kapitalgesellschaften, 1959, S. 610.

eigentlichen oder inneren Wert zu suchen. Der Wert von Aktien könne nicht zugleich nicht der Wert der Aktien sein[31].

Richtig ist, daß die Suche nach einem »inneren«, der Aktie innewohnenden Wert kein fruchtbares Unterfangen ist. Andererseits vernebelt die Gleichsetzung von Wert und Preis das Problem. Nur für denjenigen, der eine Sache verkaufen muß, ist der Wert einer Sache zwangsweise gleich dem Preis, zu dem ein anderer die Sache zu erwerben bereit ist. Sein höherer subjektiver Grenzpreis steht dann nur noch für das Bedauern über den zwangsweisen Verkauf. Der Ausscheidende hätte zwar bei freiem Verkauf seiner Anteile nur den Börsenkurs erzielen können. Der Erlös muß aber weder dem Wert des Anteils für ihn noch der angemessenen Abfindung entsprechen.

4.1.3.2 *Gründe für die Irrelevanz des Börsenkurses*

(1) Wegen der Marktenge bei Anteilen eines von einem Mehrheitsaktionär beherrschten Unternehmens könnten bereits unbedeutende Aufträge den Kurs wesentlich beeinflussen. Der Großaktionär könnte – entspräche die angemessene Abfindung dem Börsenkurs – die Anteile der Minderheit zu einem Preis erwerben, den er zuvor in seinem Sinn beeinflußt habe[32]. Da der Großaktionär auch die Wahl des Beschlußzeitpunktes habe, könne er, wenn er eine ihm günstige Börsensituation abwarte, zusätzliche Vorteile erzielen.

(2) Börsenkurse tendierten dazu, Veränderungen der wirtschaftlichen Lage von Unternehmen zu überzeichnen[33]. Sie seien deshalb zur Bemessung der angemessenen Abfindung, der der Wert des Unternehmens zugrunde zu legen sei, nicht geeignet.

Das Argument kann einmal dahin interpretiert werden, daß manche Marktteilnehmer die durch die Börsenkurse überzeichnete wirtschaftliche Lage von Unternehmen erkennen. Es bieten sich ihnen gute Gewinnchancen, denn sie sind besser informiert und/oder intelligenter als der Markt. Empirische Untersuchungen sprechen gegen diese Möglichkeit: Der Aktienmarkt zeigt sich als sehr effizient in dem Sinn, daß die Kurse die jeweils zu einem Zeitpunkt verfügbare Information widerspiegeln[34]. Allenfalls Insidern und Börsenmaklern wird ein ausreichender Informationsvorsprung zugestanden, aus dem sie für andere nicht erreichbare Zusatzgewinne erzielen können[35]. Andere Marktteilnehmer – und zu diesen zählen auch die alle verfügbaren Informationen sammelnden und verarbeitenden Investment-Fonds – erzielen nach diesen Untersuchungen keine systematischen Zusatzrenditen.

---

(31) Vgl. Rieger, Zur Frage der angemessenen Abfindung, 1938, S. 258; Busse von Colbe, Zur Maßgeblichkeit des Börsenkurses, 1964, S. 266; Buwert, Abfindung, 1938, S. 148.

(32) Vgl. Beschl. KG Berlin v. 28. 4. 1964, in: AG 1964, S. 219; Kindermann, Einfluß des Börsenkurses, 1964, S. 180.

(33) Vgl. etwa Frank, Die angemessene Abfindung der Minderheitsaktionäre, 1937/38, S. 645; Warneke, Abfindung, 1964, S. 448; Urt. BGH II ZR 141/64 v. 30. 3. 1967, in: AG 1967, S. 264.

(34) Vgl. Fama, Efficient Capital Markets, 1970, S. 383–417; Granger/Morgenstern, Predictability of Stock Market Prices, 1970.

(35) Vgl. ebenda, S. 20–37.

Wird das Argument in dem Sinn interpretiert, daß der Börsenkurs multipliziert mit der Zahl der ausgegebenen Aktien nicht den Unternehmenswert ergibt, ist ihm zuzustimmen. Den Unternehmenswert auf diese Weise bestimmen zu wollen, wäre reichlich vordergründig.

Diese Erkenntnis macht den Börsenkurs für die juristische Literatur suspekt. Denn kann vom Börsenkurs nicht auf den Unternehmenswert geschlossen werden, benötigt man aber nach juristischer Auffassung den (»objektiven«) Unternehmenswert, um in Analogie zu § 738 BGB die ihrem Anteil am Aktienkapital entsprechende Quote an die Ausscheidenden als angemessene Abfindung auszuzahlen[36], trägt der Börsenkurs nichts zu der gewollten Lösung bei. Die Gerichte verzichten dann auch – mit Ausnahme des *OLG Hamm* – auf ihn.

4.1.3.3 Die Relevanz des Börsenkurses zur Bestimmung des subjektiven Grenzpreises der Ausscheidenden

Das Problem, den subjektiven Grenzpreis der zwangsweise Ausscheidenden zu bestimmen, entspricht der Aufgabe, den vom Großaktionär zu leistenden Schadensersatz festzustellen. Hierzu kann man den Barwert der der Minderheit künftig entgehenden Erfolge (= Nettoausschüttungen) ermitteln, wobei man insbesondere einen typisierten, durchschnittlich erzielbaren Diskontierungssatz verwenden muß. Mögliche Schadensersatzleistung ist aber auch die Vergütung des Börsenkurses. Wer Anteile zu liefern hat, kann auch einen Betrag in Höhe des Kurses leisten. Decken sich beide Werte nicht, ist zu entscheiden, welcher der relevante ist. Die Bestimmung des § 305 (3) AktG und die des § 12 UmwG, nach der die Abfindung »die Vermögens- und Ertragslage der Gesellschaft« zu berücksichtigen habe, könnte für die Durchführung einer Anteilsbewertung sprechen. Nach dem Ausschußbericht soll dieser Satz aber lediglich verdeutlichen, daß es bei der Bemessung der Abfindung »nicht allein auf den Kurswert der Aktien« ankomme[37].

Was Schadensersatz im konkreten Fall ist, kann nur beurteilt werden, wenn der Schaden fixiert ist. Der ist abhängig von den Zielen, die die Abzufindenden verfolgt hätten, wenn die die Abfindung bewirkende Maßnahme nicht erfolgt wäre. Hätte ein Abzufindender seine Anteile am nächsten Tag verkauft, ist er nur entschädigt, wenn er einen Betrag in Höhe des Börsenkurses erhält. Ist ein Abzufindender Daueranleger, ist er mit dem Betrag entschädigt, der ihm bei Wiederanlage die entgehenden Nettoausschüttungen liefert[38].

---

(36) Vgl. die unter Fußn. 3 genannte Literatur und Urt. BVerfG v. 7.8. 1962, in: AG 1962, S. 250; Urt. BGH v. 30. 3. 1967, in: AG 1967, S. 264.

(37) Vgl. Kropff, Aktiengesetz, Düsseldorf, 1965, S. 299. Diese Erläuterung wurde für notwendig gehalten, nachdem der Gesetzgeber in § 6 (1) der Dritten Durchführungsverordnung zum Gesetz über die Umwandlung von Kapitalgesellschaften vom 5. 7. 1934 formuliert hatte, daß die angemessene Abfindung unter Berücksichtigung des Wertes... (der) Aktien zu bestimmen sei. Dies war verschiedentlich als Votum des Gesetzgebers für die Relevanz des Börsenkurses gedeutet worden.

(38) Vgl. zum Problem der »verdrängten Strategie« Sieben, Anspruch auf angemessene Abfindung, 1966, S. 9f.

Dem Gericht (Gutachter) stehen zur Ermittlung eines dem Schadensersatz äquivalenten Betrages vier Möglichkeiten offen:

1. Der jeweils höhere Betrag (Börsenkurs oder typisierter Anteilswert) wird als subjektiver Grenzpreis der Minderheit und damit als Abfindungsminimum anerkannt.

2. Es wird der individuelle Grenzpreis jedes Mitglieds der Minderheit ermittelt.

3. Die Strategien der Abzufindenden werden erfragt; der subjektive Grenzpreis wird nach dem von der Mehrheit angegebenen Ziel festgesetzt.

4. Die Ziele (Strategien) werden normiert. Es wird Daueranlage angenommen[39], wenn z.B. Depotprüfungen bei den Abzufindenden ergeben, daß diese Umschichtungen nur sporadisch vornehmen. Es wird Sofortverkauf unterstellt, wenn Depotprüfungen ergeben, daß die Inhaber regelmäßig versuchten, aus Kursänderungen Vorteile zu ziehen, und der Entschädigungsbetrag bei unterstellter Daueranlage unterhalb des Börsenkurses läge.

Möglichkeit (2) hat den Nachteil, eine sehr arbeitsintensive und wegen der oft mangelnden Nachprüfbarkeit der Angaben wenig zuverlässige Lösung zu sein. Sie widerspricht im übrigen der herrschenden Auffassung, daß die Ausscheidenden gleich zu behandeln seien.

Möglichkeit (3) hat den Nachteil, daß die erfragten Angaben unzuverlässig sein werden und das Gericht (den Gutachter) einer Interessengewichtung nicht entheben, wenn die genannten Ziele der Abzufindenden nicht übereinstimmen, was in der Regel angenommen werden kann. Möglichkeit (4) baut auf prüfbaren Daten auf, hat aber den Nachteil für einige Abzufindende nicht einmal eine dem Schadensersatz äquivalente Lösung zu erreichen.

Dieser Fall wäre gegeben, wenn:

a) Die Mehrzahl der Abzufindenden Daueranleger ist und der Börsenkurs den typisierten Anteilswert übersteigt, einige der Abzufindenden also die Differenz Börsenkurs minus typisierter Anteilswert einbüßen würden;

b) die Mehrzahl der Abzufindenden aus Kursänderungen Vorteile ziehen will und der typisierte Anteilswert über dem Börsenkurs liegt, einige Abzufindende also die Differenz zwischen beiden Werten verlören.

Ein der Möglichkeit (4) entsprechendes Verfahren entpuppt sich deshalb als nicht vernünftig, weil es vergangenes, durchschnittliches Verhalten auf eine Situation schematisch projeziert, d.h. vernünftigen Überlegungen keinen Raum mehr gibt. Vernünftige Anteilseigner verkaufen keine Anteile zum Börsenkurs, wenn dieser unterhalb eines typisierten Anteilswertes liegt.

Es bleibt damit nur die Möglichkeit (1). Gegen die Möglichkeit spricht scheinbar, daß, würde der Börsenkurs generell als Abfindungsminimum anerkannt, die Minderheit, der Markt, den Kurs in seinem Sinne beeinflussen könnte. Wird die Möglichkeit einer bevorstehenden Abfindung erkannt, könnte die Minderheit bzw. der Markt durch Nichtverkauf bzw. Kaufgebote, den Kurs hochtreiben. Daß zu steigenden Kursen überhaupt Verkäufe zustande kommen, kann mit der stochastischen Natur des Marktes begründet werden: auch wenn nur noch 10% oder weniger des Aktienkapitals eines Unternehmens gehandelt

---

(39) So etwa ebenda, S. 11.

werden und die Möglichkeit einer Umwandlung besteht, finden sich Verkäufer[40]. Das Risiko eines solchen Verhaltens wäre klein, wenn die Spruchstellen die Relevanz des Börsenkurses für die Bestimmung des subjektiven Grenzpreises der Ausscheidenden generell anerkennen würden. Es besteht darin, daß der Großaktionär nicht umwandelt, genauer erst dann umwandelt, wenn es ihm gelingt, dies zu günstigeren Bedingungen zu tun.

Unter empirischen Bedingungen ist die Möglichkeit, daß der Markt die Kurse von abfindungsverdächtigen Unternehmen übermäßig hochtreibt, wenig glaubwürdig. Bevor der Markt entsprechend handelt, muß zumindest einigen bekannt sein, daß eine entsprechende Maßnahme bevorsteht, d.h. eine Anteilskonzentration in der vom Gesetz festgelegten Höhe besteht. Dies ist oft anzunehmen. Zwar kennt das Gesetz Mitteilungspflichten nur für den vierten Teil der Aktien und die Mehrheitsbeteiligung[41], doch ist zu vermuten, daß zumindest Insider der aufkaufenden Gesellschaft über deren Pläne informiert sind. Schwieriger ist die Prognose, wenn ein Individuum Großaktionär ist oder mehrere Großaktionäre die vom Gesetz geforderte Anteilsmenge besitzen und durch Pakettransaktionen außerhalb der Börse oder Gründung einer Gesellschaft, in die sie ihren Anteilsbesitz einbringen, in einer Hand vereinigen. Doch selbst wenn die Prognose des Eintritts der Abfindung leicht wäre, ist die Wahrscheinlichkeit, daß der Markt die Kurse durch Aufkäufe wesentlich steigert, wenig wahrscheinlich. Weder die Relevanz von Börsenkursen für die Bestimmung der angemessenen Abfindung noch die Interpretation von Angemessenheit als angemessene Aufteilung der Differenz der Grenzpreise ist durch Gutachterpraxis und Rechtsprechung anerkannt[42]. Der Markt wird deshalb von solchem Verhalten abgeschreckt. Ein auf Basis dieser Erwartungen sich bildender Börsenkurs kann deshalb auch nicht als angemessene Abfindung akzeptiert werden, weil es bedeutete, die Erwartung der Minderheit über die Abfindungshöhe zur Bestimmung der Abfindungshöhe heranzuziehen. Die herkömmliche Abfindungspraxis bestätigte sich selbst.

Erkennt die Rechtsprechung die Bedeutung des Börsenkurses für den Grenzpreis der Ausscheidenden an, wäre eine deutlichere Einflußnahme des Marktes auf den Kurs möglich. Käme es nämlich zur Abfindung, wären Abfindungsbeträge unterhalb des Börsenkurses nicht möglich. Das Risiko der Käufer von Anteilen besteht lediglich darin, daß dem umwandlungswilligen Großaktionär die Maßnahme zu teuer wäre, der die Abfindung auslösende Beschluß also (zunächst) unterbliebe. Ergreift der Großaktionär die Maßnahme in Kenntnis, daß der Abfindungsbetrag mindestens dem Börsenkurs entsprechen wird, erkennt er diesen Preis an. Allerdings kann er nur an den Mindestpreis des Zeitpunktes gebunden werden, an dem er die Tagesordnung für die einzuberufende Hauptversammlung mit dem Punkt: Beschlußfassung über eine Abfindung nach sich ziehende Maßnahme verkündet. Die Kursbeeinflussung des

---

(40) Die finanzielle Mittel benötigen, um Schulden zu tilgen oder Konsumgüter zu finanzieren.

(41) Vgl. § 20, 21 AktG. Weitere Beteiligungsstufen sind also nicht mitteilungspflichtig.

(42) Vgl. etwa Urt. KG Berlin v. 28.4.1964, in: AG, 9. Jg. (1964), S. 217–221, das eine Abfindung von 320% festsetzte, obwohl der Börsenkurs vor Bekanntwerden der Umwandlungsabsichten 700% betrug.

Marktes bis zur Eintragung des Beschlusses ins Handelsregister, der nach herrschender Auffassung der Zeitpunkt ist, für den die angemessene Abfindung zu ermitteln ist[43], dürfte zur Bestimmung des Grenzpreises der Abzufindenden nicht herangezogen werden[44].

Untergrenze des subjektiven Grenzpreises der Abzufindenden ist deshalb der Börsenkurs zum Zeitpunkt der Bekanntgabe der geplanten Maßnahme. Die angemessene Abfindung kann damit nicht unter, wohl aber über dem Börsenkurs liegen. Die Begründung ist:

1. Der über die Relevanz des Börsenkurses informierte abfindende Großaktionär, der den Kurs zu beeinflussen versuchen und den Zeitpunkt seines Beschlusses wählen kann, erkennt mit seinem Beschluß diesen Mindestpreis an.

2. Es ist billig, den zwangsweise Ausscheidenden den Börsenkurs als Abfindungsminimum zuzugestehen, selbst wenn ein typisierter Anteilswert niedriger wäre. Dem zwangsweise Ausgeschlossenen sollte die für ihn günstigste Strategie zugestanden werden, da ihm die Wahl der für ihn besten Strategie genommen ist.

3. Die Ausrichtung des Schadensersatzes am jeweils höheren Wert (typisierter Anteilswert oder Börsenkurs) realisiert wirkungsvoller als andere Lösungsvorschläge, daß Abzufindende mindestens schadensersatzäquivalente Beträge erhalten. Der Vorschlag kann allerdings nicht generell sichern, daß das Abfindungsminimum den subjektiven Grenzpreis jedes Individuums erreicht. Das könnte nur durch eine individuelle Errechnung des Grenzpreises erreicht werden, die nicht praktikabel ist.

4. Der Großaktionär hätte die Anteile zu dem gewählten Zeitpunkt nicht unter dem Börsenkurs erwerben können. Die Umwandlungsgesetzgebung und die hier relevanten Vorschriften des Aktiengesetzes können (sollen) nicht als Mittel mißbraucht werden, ansonsten nicht erlangbare Vorteile zu erzwingen.

5. Der Gesetzeswortlaut nach dem bei der Bemessung der Barabfindung die Vermögens- und Ertragslage zu berücksichtigen ist, steht dieser Lösung nicht entgegen, da diese Formulierung ausschließen soll, daß nur der Börsenkurs beachtet wird. Dieser Idee folgt die hier vorgeschlagene Lösung.

Der Börsenkurs ist aber nur Untergrenze des subjektiven Grenzpreises der Ausscheidenden. Liegt der typisierte Anteilswert unter der Annahme der Daueranlage höher, ist dieser anzusetzen. Die Begründung ist:

1. Es ist die für die zwangsweise Ausscheidenden günstigste Strategie zu unterstellen, da ihnen die freie Wahl der Strategie genommen ist.

2. Es kann nicht ausgeschlossen werden, daß der Großaktionär bei alleiniger Relevanz des Börsenkurses, die ihm ohnehin möglichen Strategien verstärkt einsetzte: Verfolgung von Ausschüttungsstrukturen, die für die Minderheit als nachteilig angesehen werden, »vorsichtige« Informationspolitik und »vorsichti-

---

(43) Vgl. etwa Koppenberg, Bewertung, 1964, S. 15.
(44) Der Markt könnte sonst Sondervorteile erzielen. Zwar hat der Großaktionär die Möglichkeit, vom Vertrag zurückzutreten, wenn die vom Gericht festgesetzte angemessene Abfindung in seinen Augen zu hoch ausfällt; alle bis dahin vom Großaktionär vorgenommenen Auszahlungen wären aber nutzlos gewesen.

ge« Rechnungslegung. Auch hat der Großaktionär i. d. R. sowohl hinreichende finanzielle Mittel als auch eine gewichtige Manövriermasse an Aktien, um Kursbeeinflussung zu betreiben, obwohl ihm hier Grenzen gesetzt sind, da er eine qualifizierte Anteilsmehrheit anstrebt.

Die hier vorgeschlagene Lösung, Börsenkurs oder typisierten Anteilswert als Untergrenze des Bereichs möglicher Abfindungen anzusehen, ist die beste der praktikablen Lösungen. Besser schiene nur noch die individuelle, d. h. eine Strategie und Entscheidungsfeld jedes Abzufindenden berücksichtigende Lösung. Da diese auf eine »Selbstveranlagung« hinausliefe, ist sie nicht praktikabel[44a].

4.1.3.4 Das Problem der Bestimmung des Grenzpreises des Abfindenden

Der Grenzpreis des Abfindenden ist der Betrag, den dieser maximal für die Minderheitsanteile zahlen könnte, d. h. der Preis, dessen Entrichtung ihm die ökonomische Position beließe, die er ohne Ausschluß der Minderheit und deren Abfindung eingenommen hätte.

Dieser Grenzpreis ergibt sich auf derivativem Wege. Er ist die Differenz des Grenzpreises für das gesamte Unternehmen und des Grenzpreises der vor Abfindung vom Großaktionär gehaltenen Aktienmehrheit. Es ist also zunächst der Wert des ganzen Unternehmens zu ermitteln.

a) Soweit der Großaktionär nicht noch andere Unternehmen oder Einfluß sichernde Beteiligungen besitzt, stellen sich die bekannten Probleme der Unternehmensbewertung. Dabei ist die für den Großaktionär optimale Investitions- und Finanzierungspolitik zu unterstellen. Es darf nicht einfach die Fortsetzung der bisherigen Strategie unterstellt werden. Denn diese kann gezielt suboptimal gehalten werden, um die Ausscheidenden nicht an erzielbaren Mehrerfolgen partizipieren zu lassen und deren Grenzpreis entsprechend zu senken. Eine solche Politik kann vermutet werden, denn sie ist für den Großaktionär immer vorteilhaft:

Bezeichnet

W_k den Unternehmenswert für den Großaktionär bei Fortführung der bisherigen suboptimalen Politik,

ΔW_k den Zuwachs zu W_k bei optimaler Politik nach dem Ausscheiden der Minderheit,

T   den Wert der Anteilsmehrheit des Großaktionärs vor Ausschluß der Minderheit bei suboptimaler Politik,

W_v den Grenzpreis der Abzufindenden bei der eingeschlagenen (suboptimalen) Politik,

ΔW_v den Zuwachs zum Grenzpreis W_v, wenn eine optimale Politik betrieben worden wäre,

und wird angenommen, daß eine angemessene Aufteilung der Vorteile den jeweiligen Kapitalanteilen entsprechen könnte (etwa 9:1), ist eine suboptimale

---

(44a) Vgl. Sieben, Anspruch auf angemessene Abfindung, 1966, S. 11.

Politik natürlich immer dann vorteilhaft, wenn sie vom Gutachter (Gericht) nicht aufgedeckt wird. Die Abzufindenden erhielten

$$W_v + \frac{W_k - T - W_v}{10}.$$

Aber selbst wenn die bis zum Ausscheiden der Minderheit betriebene suboptimale Politik entdeckt wird, der Grenzpreis des Abfindenden also auf Basis einer optimalen Strategie errechnet wird, ist dies zum Vorteil des abfindungswilligen Großaktionärs. Die Ausscheidenden erhalten

$$W_v + \frac{W_k + \Delta W_k - T - W_v}{10}.$$

Bei von Anfang an optimaler Politik hätten sie aber

$$W_v + \Delta W_v + \frac{W_k + \Delta W_k - T - (W_v + \Delta W_v)}{10}$$

erhalten. Die Differenz beider Gleichungen,

$$\Delta W_v - \frac{\Delta W_v}{10},$$

ist der Nachteil der Ausscheidenden und der Vorteil der Übernehmenden, der aus der zeitlichen Erfolgsverlagerung resultiert. Einen Nachteil bedeutete eine solche Politik für den Großaktionär nur insoweit, als größere Erfolge erst nach dem Ausscheiden der Minderheit anfielen; er verlöre deren Reinvestitionsrendite.

Problem der Grenzpreisermittlung des Abfindenden ist dann die Bewertung von T. Herrschende Meinung der Literatur ist, daß der Wert von Aktienpaketen über dem Wert Börsenkurs multipliziert mit der Zahl der Aktien liegt[45]. Andererseits hat man Gründe, für T einen Wert anzusetzen, der kleiner ist als der, der der prozentualen Beteiligung am Unternehmenswert entspricht. Der unbeschränkte Besitz des Unternehmens gewährt Vorteile, die einen Aufpreis wert sind. Es entfallen alle Minderheitenrechte. Es entfallen die genannten Auszahlungen[46], wenn die Unternehmensform der Aktiengesellschaft verlassen wird. Der unbeschränkte Besitz gewährt insbesondere nichtfinanzielle Vorteile.

b) Hat ein Großaktionär »Nebeninteressen«[47], d.h. andere Unternehmen und/oder Beteiligungen, sind positive Verbundeffekte zu erwarten. W_k übersteigt dann in aller Regel den Wert im Falle nicht vorhandener »Nebeninteressen«. Ob T dadurch ebenfalls beeinflußt ist, hängt davon ab, in welchem Umfang von der Möglichkeit, die Verbundeffekte zu nutzen, bereits vor Ausscheiden der Minderheit Gebrauch gemacht wurde. Daß deren verzögerte Nutzung vorteilhaft sein kann, wurde gezeigt.

(45) Vgl. Elmendorf, Bewertung, 1966, S. 548–555; Leunig, Die Bilanzierung von Beteiligungen, 1970.
(46) Vgl. oben 4.1.2.4 zu (2) a. E.
(47) Vgl. Stützel, Aktienrechtsreform und Konzentration, 1960, S. 959–971.

4.1.4 Zusammenfassung

1. Eine angemessene Abfindung für die von einem Großaktionär übernommenen Anteile der Minderheit muß insbesondere die Vorteile, die der übernehmende Großaktionär erzielt, berücksichtigen.

2. Eine dem Schadensersatz gleichwertige »Abfindung« ist deshalb in aller Regel keine angemessene. Die angemessene Abfindung liegt vielmehr zwischen dem subjektiven Grenzpreis der Abzufindenden, dessen Erstattung der Leistung von Schadensersatz gleichkommt, und dem höheren subjektiven Grenzpreis des Abfindenden.

3. Untergrenze einer Abfindung ist der subjektive Grenzpreis der Ausscheidenden. Sie wird bestimmt durch den höheren der beiden Werte: Börsenkurs oder typisierter Anteilswert.

4. Der Börsenkurs gibt damit nicht die Höhe der angemessenen Abfindung an, wohl aber das Abfindungsminimum. »Abfindungen«, die den Börsenkurs unterschreiten, realisieren nicht einmal eine akzeptable Schadensersatzlösung.

5. Um wieviel im konkreten Fall das Abfindungsminimum zu überschreiten ist, hängt von der Differenz der Grenzpreise der Parteien und einem »angemessen« erscheinenden Teilungsmaßstab ab. Bei der Ermittlung des Grenzpreises der übernehmenden Partei sind die Erfolge bei optimaler Politik, d.h. insbesondere nach Nutzung aller Verbundeffekte zugrunde zu legen, unabhängig davon, ob diese bisher genutzt wurden.

WALTHER BUSSE VON COLBE

4.2. Die Resonanz betriebswirtschaftlicher Erkenntnisse zur Unternehmensbewertung in der zivilrechtlichen und steuerlichen Rechtsprechung*

---

* Erstmals erschienen in: Steuerberater-Jahrbuch 1981/82, S. 257–274, überarbeitet und ergänzt
um danach erschienene Urteile, die z.T. in dem Beitrag des Verfassers: Die Rechtsprechung zur
Bewertung ertragsschwacher Unternehmen, in: BFuP, 36. Jg., 1984, S. 508–517, berücksichtigt
wurden.

4.2.1 Problemstellung

Die Frage nach dem Wert eines Unternehmens ist seit der ersten Behandlung dieses Problemfeldes in der deutschen Betriebswirtschaftslehre durch ihren Altmeister, Eugen Schmalenbach[1], auch immer wieder Gegenstand zivil- und steuerrechtlicher Auseinandersetzungen gewesen.

Seit Ende der siebziger Jahre haben sich Land- und Oberlandesgerichte wieder zur Bewertung ganzer Unternehmen in Beschlüssen ausführlich geäußert. Anlaß dazu war mehrfach die Höhe der Ausgleichszahlungen und der Abfindung ausscheidender Minderheitsaktionäre anläßlich des Abschlusses eines Unternehmensvertrages gemäß §§ 304 und 305 AktG[2]. Auch der BGH hat zu Fragen der Unternehmensbewertung insbesondere im Zusammenhang mit der Kapitalerhöhung gegen Sacheinlagen gemäß § 183 AktG[3], der Berechnung des Pflichtteils gemäß § 2311 BGB[4] sowie aus Anlaß der Abfindung eines ausscheidenden Kommanditisten[5] und des Zugewinnausgleichs gemäß §§ 1376, 1379 BGB[6] eingehend Stellung genommen. Allerdings ist dabei zu beachten, daß die Unternehmensbewertung selten von den Gerichten selbst vorgenommen, sondern in den Beschlüssen und Urteilen weitgehend auf die Sachverständigengutachten Bezug genommen wird. In deren Würdigung drückt sich jedoch die Auffassung der Gerichte aus, soweit sie sich nicht eine eigene Überzeugung bilden[7]. Inwieweit die Unternehmensbewertung mehr eine Rechts- oder eine Tatbestandsfrage ist, ist z. Z. strittig[8].

Die Urteile von Finanzgerichten und des Bundesfinanzhofes, die sich mit Fragen der Unternehmensbewertung näher beschäftigen, betreffen vor allem die Zulässigkeit der Teilwertabschreibung eines erworbenen Geschäftswertes[9]

---

(1) Vgl. Schmalenbach, Vergütung für den Wert des Geschäftes, 1912/13, S. 36 f.

(2) Vgl. Beschl. LG Dortmund v. 16. 11. 1981, in: AG 1982, S. 257; Beschl. LG Berlin v. 24. 11. 1982, in: AG 1983, S. 135; Beschl. LG Frankfurt v. 8. 12. 1983, in: BB 1983, S. 1244; Beschl. OLG Düsseldorf v. 17. 2. 1984, in: DB 1984, S. 817; Beschl. LG Frankfurt v. 16. 5. 1984, in: AG 1985, S. 58; Beschl. LG Frankfurt v. 1. 10. 1986, in: AG 1987, S. 559; Beschl. LG Düsseldorf v. 16. 12. 1987, in: AG 1989, S. 138; Beschl. OLG Frankfurt v. 24. 1. 1989, in: DB 1989, S. 469.

(3) Vgl. Urt. BGH II ZR 142/76 v. 13. 3. 1978 (Kali + Salz AG), in: WM 1978, S. 401.

(4) Vgl. Urt. BGH IVa ZR 31/85 v. 24. 9. 1986, nicht veröffentlicht; Urt. BGH IVa ZR 143/85 v. 22. 10. 1986, in: NJW 1987, S. 1260.

(5) Vgl. Urt. BGH IV ZR 34/81 v. 1. 7. 1982, in: NJW 1982, S. 2441; Urt. BGH IX ZR 41/82 v. 9. 6. 1983, in: FamRZ 1983, S. 882; Urt. BGH IVb ZR 62/84 v. 23. 10. 1985, in: BB 1986, S. 91; Urt. BGH IVb ZR 69/85 v. 1. 10. 1986, in: DB 1986, S. 2427.

(6) Vgl. Urt. BGH IV ZR 166/75 v. 9. 3. 1977, in: JZ 1977, S. 403 und IV ZR 79/78 v. 10. 10. 1978, in: WM 1978, S. 405.

(7) Zu den Pflichten des Tatrichters siehe Urt. BGH II ZR 142/76 v. 13. 3. 1978, in: WM 1978, S. 405.

(8) Vgl. Großfeld, Unternehmensbewertung als Rechtsproblem, in: JZ 1981, S. 641 ff.

(9) Vgl. Urt. FG Baden-Württemberg III 58/68 v. 14. 5. 1970, in: EFG 1970, S. 627; Urt. FG Berlin III 1997/71 v. 11. 11. 1971, in: EFG 1972, S. 226; Urt. FG Berlin V 150/74 v. 25. 3. 1975, in: EFG 1975, S. 562; Urt. FG Nürnberg III 150/72 v. 24. 10. 1975, in: EFG 1976, S. 65; Urt. BFH I R 215/73 v. 8. 12. 1976, in: BStBl. II 1977, S. 409 = StRK EStG § 6 Abs. 1 Ziff. 2 R. 318; Urt. BFH IV R 76/72 v. 28. 10. 1976, in: BStBl. II 1977, S. 73 = StRK EStG § 6 Abs. 1 Ziff. 2 R. 315; Urt. BFH I R 130/74 v. 9. 2. 1977, in: BStBl. II 1977, S. 412 = StRK EStG § 6 Abs. 1 Ziff. 2 R. 319; Urt. BFH IV R 218/72 v. 17. 3. 1977, in: BStBl. II 1977, S. 595 = StRK EStG § 6 Abs. 1 Ziff. 2 R. 322; Urt. BFH IV R 56/75 v. 25. 1. 1979, in: BStBl. II 1979, S. 302 = StRK EStG (bis 1974) § 6 Abs. 1 Ziff. 2 R. 338; Urt. BFH IV R. 61/77 v. 24. 4. 1980, in: BStBl. II 1980, S. 690 = StRK EStG (bis 1974) § 6 Abs. 1 Ziff. 2 R. 344.

und einer Beteiligung[10] bei der Gewinnermittlung nach § 6 Abs. 1 EStG sowie die Ermittlung des Wertes eines eingebrachten Betriebes für die Berechnung der Gesellschaftsteuer[11].

Das deutschsprachige betriebswirtschaftliche Schrifttum zur Unternehmensbewertung weist eine kaum noch überschaubare Fülle auf[12]. Es ist auch keineswegs so, daß in der Betriebswirtschaftslehre eine einheitliche allseits akzeptierte und abgeschlossene Theorie der Unternehmensbewertung bestünde; vielmehr werden auch heute noch einige Elemente durchaus kontrovers diskutiert und auch neu entwickelt. Dennoch lassen sich zumindest folgende 5 Entwicklungslinien der Theorie der Unternehmensbewertung, die ihren Ursprung in der Entwicklung der betriebswirtschaftlichen Theorie haben[13], deutlich erkennen:

1. Der grundlegende Wandel in der Theorie der Unternehmensbewertung besteht in der Erkenntnis, daß es für ein Unternehmen nicht einen einzigen, objektiv bestimmbaren Wert gibt, sondern daß der Wert eines Unternehmens von den Plänen und Alternativen (Entscheidungsfeld) des Bewertenden selbst abhängt. Für die Situation der freien Entscheidung über die Veräußerung eines Unternehmens wird diese Erkenntnis nicht mehr ernsthaft bestritten. An die Stelle der Ermittlung eines einzigen Unternehmenswertes sind die Abschätzung der *Wertobergrenze aus der Sicht des Käufers und der Wertuntergrenze aus der Sicht des Verkäufers* eines Unternehmens oder einer Beteiligung getreten.

Umstritten ist eine entscheidungsfeldbezogene – auch als subjektiv bezeichnete – Unternehmensbewertung jedoch für die Entschädigungs- oder Schiedssituation. Hier wird einerseits die Meinung vertreten, für diese Situation müsse ein objektivierter Unternehmenswert bestimmt werden, der dann zumeist mit dem Wert des Unternehmens, »so wie es steht und liegt«, also mehr oder minder aus der Sicht des Verkäufers oder Ausscheidenden, identifiziert wird[14]. Andererseits wird argumentiert – und zwar auch von Juristen –, für die Entschädigungs- oder Schiedssituation sei ein fairer Abfindungs- oder Einigungswert gleichfalls nur aus den subjektiven Wertgrenzen abzuleiten[15]. Ein schwieriges

(10) Vgl. Urt. FG Hamburg II 219/68 v. 14.6. 1971, in: EFG 1971, S. 604; Urt. BFH IV R. 37/68 v. 12. 10. 1972, in: BStBl. II 1973, S. 76 = StRK EStG § 6 Abs. 1 Ziff. 1 R. 196.

(11) Vgl. Urt. FG Nürnberg II 324/65 v. 9. 6. 1970, in: EFG 1970, S. 515; Urt. BFH II 95–96/64 v. 16. 6. 1970, in: BStBl. II 1970, S. 690 = StRK KVStG § 6 R. 17.

(12) Siehe die zusammenfassenden Darstellungen mit ausführlichen Literaturhinweisen insbesondere von Münstermann, Wert und Bewertung, 1970; Moxter, Unternehmensbewertung, 1983; Helbling, Unternehmensbewertung und Steuern, 1990; Institut der Wirtschaftsprüfer, Wirtschaftsprüfer-Handbuch II, 1992, S. 1–136 und in den betriebswirtschaftlichen Handwörterbüchern, z.B. von Busse von Colbe, Gesamtwert der Unternehmung, 1981, Sp. 595–606, in diesem Band abgedruckt, sowie die Empfehlungen für die Bewertung von Unternehmen, herausgegeben von der U.E.C.-Kommission für Fachfragen und Forschung, Empfehlung, 1980, und die Stellungnahme 2/83 des HFA des IdW, Grundsätze zur Durchführung von Unternehmensbewertungen, in: Wpg, 1983, S. 468–480. Zur Rechtsproblematik siehe insbesondere Hackmann, Unternehmensbewertung und Rechtsprechung, 1987.

(13) Im einzelnen vgl. Coenenberg, Unternehmensbewertung, 1981, S. 221.

(14) Vgl. Institut der Wirtschaftsprüfer, Wirtschaftsprüfer-Handbuch, 1985, S. 1056.

(15) Vgl. insbesondere Matschke, Bestimmung der angemessenen Barabfindung, 1981, S. 115ff.; Großfeld, Unternehmensbewertung als Rechtsproblem, 1981, S. 645 f.; Beyerle, Die Unternehmensbewertung im gerichtlichen Verfahren, 1981, S. 247; Piltz, Unternehmensbewertung, 1989, S. 9–12 u. 85–88.

Problem liegt in den Möglichkeiten der Manipulierung der im Prozeß offengelegten Wertgrenzen oder einzelner Faktoren für sie. Wo der Schiedswert zwischen diesen Grenzen dann aber liegt, läßt sich nicht mehr mit betriebswirtschaftlichen Argumenten, sondern nur durch Richter- oder Schiedsspruch bestimmen. Zumindest überzeugt es nicht, den ausscheidenden, meist auch noch wirtschaftlich schwächeren Gesellschafter mit dem an der Untergrenze liegenden Wert abzufinden, wenn er nach dem Urteil des BVG von 1962 einen Anspruch auf »volle« Entschädigung hat[16]. Auf die konzentrationsfördernde Wirkung einer solchen Abfindung an der Untergrenze sei hier nur hingewiesen.

2. Spielte für die Unternehmensbewertung früher der Substanzwert eine wichtige Rolle, so wird nunmehr dem *Ertragswert im Sinne des Barwertes des für die Zukunft erwarteten Einkommenstromes* die überragende Bedeutung zuerkannt. Der Substanzwert im Sinne des Wiederbeschaffungswertes der im Unternehmen vorhandenen Vermögensgegenstände ist im Regelfall keine entscheidungsrelevante Größe.

3. Für die Ermittlung des Ertragswertes kommt es nach weit überwiegender Auffassung einzig und allein auf *künftige Größen* an. Vergangene sind nur insofern von Bedeutung, als sie ein Mittel zur Abschätzung der Zukunft sind. Die Unternehmensbewertung wird als *Spezialfall des Investitionskalküls* angesehen. Aus investitionstheoretischen Erwägungen wird daher der künftige Geldstrom zwischen Unternehmung und Eigentümer – der sogenannte *Zukunftsentnahmewert* – zugrunde gelegt. Hierfür werden jedoch erhebliche Ermittlungsprobleme gesehen. Daher wird ersatzweise der frei verfügbare *cash-flow* zwischen Unternehmung und Umwelt oder ein modifizierter *Jahresüberschuß* herangezogen.

4. Der Ertragswert im Sinne einer Wertgrenze wird nicht mehr allein auf der Grundlage der Struktur des Unternehmens selbst zum Bewertungszeitpunkt ermittelt, sondern auch unter Beachtung von künftigen *Verbundwirkungen* von anderen und auf andere Aktivitäten des Bewertungssubjektes. Dann ergibt sich der Wert des Unternehmens nicht mehr allein aus ihm selbst, sondern als Teil des gesamten Investitionsprogramms des Erwerbers oder Veräußerers. Zumindest gilt dies für die freie Entscheidungssituation, ob auch für die Schiedssituation, ist strittig.

5. Das *Risiko* wird mit verfeinerten Methoden der Wahrscheinlichkeitsrechnung zu berücksichtigen versucht, auch unter Verwendung der Risikosimulation. Überlegungen der strategischen Planung und Kapitalmarkttheorie werden dazu herangezogen.

Im folgenden soll untersucht werden, inwieweit diese Entwicklungen der Theorie der Unternehmensbewertung in der Rechtsprechung zur Unternehmensbewertung einen Niederschlag gefunden haben. Dazu werden zivil- und steuerrechtliche Beschlüsse und Urteile seit 1970 ausgewertet. Dabei wird die zivilrechtliche Rechtsprechung stärker berücksichtigt, weil sie ergiebiger ist. Die Rechtsprechung des BGH ist zudem wegen der Pflicht zur Widerspruchsfreiheit höchstrichterlicher Urteile der Bundesgerichte untereinander für die steuerliche Rechtsprechung insoweit relevant, als die Aufgaben der

(16) Vgl. Urt. BVG v. 7. 8. 1962, in: DB 1962, S. 1073.

176

Unternehmensbewertung nicht völlig unterschiedlich sind. Auf die Rechtsprechung vor 1970 wird nur in diesem Zusammenhang eingegangen[17]. Daneben gibt es eine ganze Reihe von Detailfragen der Unternehmensbewertung, die Gegenstand der Rechtsprechung wurden, aus Platzgründen aber hier nicht behandelt werden können.

4.2.2 Der Übergang vom objektiven Unternehmenswert zu entscheidungsfeldbezogenen Wertgrenzen

Der Wandel in der Auffassung, daß der Unternehmenswert keine objektive, eindeutig bestimmbare Größe ist, sondern schlüssig nur als Preisobergrenze aus der Sicht eines Kaufinteressenten oder als Preisuntergrenze aus der Sicht des Verkäufers eines Unternehmens abzuleiten ist, und diese Preisgrenzen auch die Basis für Entschädigungs- und Einigungswerte bilden, findet sich in den Begründungen zivilrechtlicher Beschlüsse und Urteile höchstens andeutungsweise. Von zwei Punkten aus, die von der Rechtsprechung mehrfach erörtert werden, hätte sich der Zugang zu dieser Auffassung erschließen lassen: Der eine Aspekt ist das Ausmaß der Berücksichtigung von Alternativen und künftigen Ereignissen, der andere die Berücksichtigung des unternehmerischen Risikos für die Bewertung.

Die Abhängigkeit des Unternehmenswertes von den Alternativen, die dem Bewertungssubjekt zur Verfügung stehen, gerät dem BGH in seinen Urteilen v. 26. 4. 72 und 17. 1. 73 in den Blick, wenn er den »Gesamtwert des lebenden Unternehmens« mit dem »Liquidationswert« vergleicht, und denjenigen von beiden als maßgeblich ansieht, dessen Realisierung der Unternehmer beabsichtigt[18]. Hier wird zwar ausdrücklich auf die *subjektive Absicht* abgestellt, doch wurde dieser Gedanke nicht weiter verfolgt. Vielmehr hat der BGH mit seiner im Urteil v. 17. 1. 73 entwickelten »*Wurzeltheorie*« für den Ertragswert die Anpassung der Rechtsprechung an die betriebswirtschaftliche Theorie eher gehemmt. Nach dieser Wurzeltheorie »müssen spätere Entwicklungen, deren Wurzel in der Zeit nach dem Bewertungsstichtag liegen, außer Betracht bleiben« (NJW 1973, 511). Solche Gleichnisse sind zwar einprägsam, aber interpretationsbedürftig. Die Wurzeltheorie ist dann in die Beschlüsse der OLG Düsseldorf 1977 und Celle 1979 und 1980 und des LG Dortmund 1980 eingegangen. Wenn die Wurzeltheorie so interpretiert wird, daß den Ertragswert nur solche Faktoren beeinflussen dürfen, mit denen man im Bezugszeitpunkt rechnen konnte, nicht aber ein Strukturbruch wie die Ölkrise von 1973, mit dem Jahre zuvor niemand gerechnet hat und der erst im Verlaufe des Rechtsstreites eingetreten ist[19], so ist dem zuzustimmen. Wird aber die Wurzeltheorie auch dazu herangezogen, Maßnahmen, die Käufer oder Verkäufer im Bezugszeitpunkt für spätere Zeiträume planen, als Faktoren für die Höhe des Ertragswer-

---

(17) Vgl. Koppenberg, Bewertung von Unternehmen, 1964.
(18) Vgl. Urt. BGH IV ZR 114/70 v. 26. 4. 1972, in: NJW 1972, S. 1270, und IV ZR 142/70 v. 17. 1. 1973, in: NJW 1973, S. 510; siehe hierzu auch Bartke, Bedeutung des Liquidationswertes, 1981, S. 393 ff.
(19) Vgl. Beschl. OLG Celle v. 4. 4. 1979, in: AG 1979, S. 231 und 1. 7. 1980, in: AG 1981, S. 234.

tes grundsätzlich auszuschließen[20], so begibt sich die Rechtsprechung auf einen Weg, der der Entwicklung der betriebswirtschaftlichen Erkenntnis strikt zuwider läuft; denn die Grenzen für den Unternehmenswert sind auch und häufig gerade unter Beachtung von Plänen für die Umstrukturierung nach dem Besitzwechsel zu ermitteln. Im Jahre 1977 meint der BGH in einem Urteil über den Zugewinnausgleich sogar, daß »die Wertfeststellung so zu treffen (ist), daß die Einwirkungen des Wirtschaftssubjektes ausgeschaltet werden«[21].

Auch für die *steuerliche Rechtsprechung* zur Teilwertabschreibung von Geschäftswerten und Beteiligungen müßten grundsätzlich die Erwartungen für die Zukunft maßgebend sein. Wegen der Unsicherheit der künftigen Entwicklungen wird für steuerliche Zwecke regelmäßig auf die Verhältnisse der Vergangenheit zurückgegriffen[22].

4.2.3 Wertbestimmende Bedeutung des Ertragswertes

Anders als beim Wandel in der Zielsetzung der Unternehmensbewertung vom objektiven Wert zu subjektiven Wertgrenzen läßt sich in der Rechtsprechung verfolgen, wie sich – der Bewertungstheorie entsprechend – die Gewichtung für die Wertermittlung vom Substanzwert zum Ertragswert hin verschoben hat. Der Weg dazu wurde frei durch das Urteil des BGH v. 17.1. 73 zu einer Pflichtteilsberechnung. Das oberste Zivilgericht stellte fest, daß »keine einhellig gebilligte Bewertungsmethode« bestünde und »rechtlich eine solche nicht vorgeschrieben« sei[23]. Diese Feststellung wurde vom BGH später bestätigt[24] und auch für die Beschlüsse im Zusammenhang mit der Abfindung ausscheidender Minderheitsaktionäre angewandt[25]. Der Wortlaut des § 305 Abs. 3 Satz 2 AktG, wonach eine angemessene Abfindung »die Vermögens- und Ertragslage der Gesellschaft« berücksichtigen muß, hat die Bedeutungsverschiebung vom Substanz- zum Ertragswert nicht verhindert.

Der BGH ging in seinem Urteil v. 17.1. 73 noch davon aus, daß ein Bewertungsverfahren vorherrschend sei, »das sowohl den Substanzwert (Reproduktionswert) wie den Ertragswert berücksichtigt und den End- oder Gesamtwert des Unternehmens auf dem Wege der Verbindung beider Werte... ermittelt«[26], und das OLG Düsseldorf meinte sogar noch drei Jahre später, »daß eine Kombination von Ertragswert und Substanzwert in aller Regel sachgemäß ist« und der »ganz überwiegenden Meinung in der betriebswirtschaftlichen Literatur« entspreche[27], obgleich das Kammergericht schon 1970 festgestellt hatte, daß es

(20) Vgl. Beschl. OLG Celle v. 4. 4. 1979, in: AG 1979, S. 233; LG Dortmund v. 31. 10. 1980, in: AG 1981, S. 238.
(21) Vgl. Urt. BGH IV ZR 166/75 v. 9. 3. 1977, in: JZ 1977, S. 404.
(22) Ausführlich Urt. FG Nürnberg v. 24. 10. 1975, in: EFG 1976, S. 65 mit Bezug auf Urt. BFH III R 121/68 v. 21. 3. 1969, BFHE 95, S. 506 = StRK BewG § 13 R. 16.
(23) Urt. BGH IV ZR 142/70 v. 17. 1. 1973, in: NJW 1973, S. 509.
(24) Vgl. Urt. BGH II ZR 208/75 v. 28. 4. 1977, in: WM 1977, S. 782 und II ZR 142/76 v. 13. 1. 1978, in: WM 1978, S. 405.
(25) Z. B. Beschl. OLG Düsseldorf v. 29. 10. 1976, in: DB 1977, S. 296 und LG Hannover v. 6. 2. 1979, in: AG 1979, S. 235.
(26) Urt. BGH IV ZR 142/70 v. 17. 1. 1973, in: NJW 1973, S. 509 f.
(27) Beschl. OLG Düsseldorf v. 29. 10. 1976, in: DB 1977, S. 296.

»nicht schlechthin ausgeschlossen wird, die Barabfindung allein nach dem Ertragswert zu bemessen«[28] und »daß nach betriebswirtschaftlichen Erkenntnissen in dem betreffenden Einzelfall der Unternehmenswert nur aus dem Ertragswert gebildet werden kann«. Die entsprach sicherlich dem Stand der betriebswirtschaftlichen Erkenntnis[29], war aber noch nicht durchgängige Praxis. Dem kam ein Urteil des OLG Frankfurt schon näher, wonach in »Theorie und Praxis der Unternehmensbewertung auch die Auffassung vertreten (werde), daß der Ertragswert der maßgebende Wert sei«[30], und ein Urteil des BGH aus dem Jahre 1977, nach dem »der Substanzwert nach Maßgabe der Ertragsfähigkeit berichtigt wird«[31]. Im Jahre 1978 erkennt dann auch der BGH an, daß »der Ertragswert bei der Bewertung lebender Betriebe eine mehr oder weniger wichtige, wenn nicht die entscheidende Rolle spielt, weil sich Käufer und Verkäufer mit ihren Preisvorstellungen wesentlich an dem zu erwartenden Nutzen ausrichten«[32] und akzeptiert 1979 eine Bewertung, die allein auf dem Ertragswert beruht[33].

Im Anschluß daran stellt ein Jahr später das OLG Celle fest, daß die »allgemeine Grundlage der Bewertung des betriebsnotwendigen Vermögens der Ertragswert, nicht der Substanzwert des Unternehmens« ist[34]. Hat sich damit die herrschende betriebswirtschaftliche Meinung von der Maßgeblichkeit des Ertragswertes auch in der zivilrechtlichen Rechtsprechung durchgesetzt? Diese These wurde von Münstermann, Forster und Ballwieser vor allem unter Hinweis auf das BGH-Urteil und den OLG-Beschluß Celle von 1979 vertreten[35].

Dieser Erkenntnisstand und diese Begründung geben auch den heutigen Stand der Rechtsprechung zutreffend wieder[36]. Während eine Zeitlang die Anwendung des Ertragswertverfahrens auf die Fälle beschränkt wurde, in denen der Ertragswert unterhalb des Substanzwertes lag[37], wird in der neueren Rechtsprechung kein Unterschied mehr danach gemacht, ob der Ertragswert den Substanzwert über- oder unterschreitet. In beiden Fällen ist das Ertragswertverfahren anwendbar.

---

(28) Beschl. KG Berlin v. 15. 12. 1970, in: DB 1971, S. 616.
(29) Vgl. z. B. Moxter, Unternehmensbewertung, 1983.
(30) Urt. OLG Frankfurt v. 6. 7. 1976, in: AG 1976, S. 298.
(31) BGH IV ZR 166/75 v. 9. 3. 1977, in: JZ 1977, S. 403.
(32) Urt. BGH II ZR 142/76 v. 13. 3. 1978, in: WM 1978, S. 405.
(33) Vgl. Urt. BGH II ZR 106/78 v. 12. 2. 1979, in: WM 1979, S. 432.
(34) Beschl. OLG Celle v. 4. 4. 1979, in: AG 1979, S. 231. Ähnlich auch Beschl. OLG Hamburg v. 17. 8. 1979, in: DB 1980, S. 77 und LG Dortmund v. 31. 10. 1980, in: AG 1981, S. 238.
(35) Vgl. Münstermann, Der Zukunftsentnahmewert, 1980, S. 114; Forster, Abfindung, 1980, S. 45; Ballwieser, Wahl des Kalkulationszinsfußes, 1981, S. 97.
(36) Vgl. aus neuerer Zeit Urt. BGH II ZR 256/83 v. 24. 9. 1984, in: BB 1984, S. 2082; Beschl. OLG Düsseldorf 3 UF 50/83 v. 27. 1. 1984, in: FamRZ 1984, S. 699; Beschl. LG Fulda 4 O 29/77 v. 19. 9. 1985, nicht veröffentlicht; Beschl. OLG Düsseldorf 34 AktE 1/78 v. 28. 10. 1985, in: AG 1987, S. 50; Beschl. LG Frankfurt 3/3 O 145/83 v. 1. 10. 1986, in: AG 1987, S. 315; Beschl. OLG Frankfurt 20 W 477/86 v. 27. 1. 1989, in: DB 1989, S. 469; Beschl. OLG Düsseldorf 19 W 32/86 v. 11. 4. 1988, in: AG 1988, S. 275.
(37) Vgl. Urt. BGH II ZR 142/76 v. 13. 3. 1978, in: WM 1978, S. 401; Beschl. OLG Celle v. 4. 4. 1979, in: AG 1979, S. 230 und 1. 7. 1980, in: AG 1981, S. 234; Beschl. OLG Hamburg v. 17. 8. 1978, in: DB 1980, S. 77. Vgl. auch Busse von Colbe, Bewertung ertragsschwacher Unternehmen, 1984, insb. S. 510–516.

Die Rechtsprechung des *BFH* ist hinsichtlich des Verhältnisses von Substanz- zu Ertragswert noch nicht eindeutig. Zwar wird der Gesamtwert des Unternehmens mitunter zunächst mit dem Ertragswert identifiziert[38], doch dann die Differenz zwischen Ertrags- und Substanzwert nicht selbst als Geschäftswert angesehen, sondern wegen Fehlerquellen und Risiken um 50% gekürzt. Diese Methode geht auf einen Aufsatz von Leissle aus dem Jahre 1953 zurück[39]. Dabei bleibt offen, ob der Gesamtwert letztlich der Ertragswert selbst ist, oder doch nach dem alten Ansatz von Schmalenbach das Mittel aus Substanz- und Ertragswert. Im Ergebnis entspricht dieser Mittelwert nämlich der in den Urteilen mehrfach zitierten Methode von Leissle.

4.2.4 Bestimmung des den Ertragswert bildenden Einkommenstromes

Wenn nun dem Ertragswert die ausschlaggebende Bedeutung für den Unternehmenswert zukommt, so bleibt noch zu klären, wie der den Ertragswert bildende Einkommenstrom bezüglich seiner zeitlichen Entwicklung und seiner Komponenten zu bestimmen ist. In der Theorie besteht Einigkeit darüber, daß der Ertragswert durch Kapitalisierung der für die Zukunft erwarteten, nicht etwa der in der Vergangenheit tatsächlich erzielten Einkommen zu ermitteln ist[40]. Dies wird denn auch als »prognoseorientierte« Unternehmensbewertung bezeichnet. Dabei mögen für die Schätzung der künftigen Größen vergangene als Hilfe herangezogen werden, wenn sie für die Zukunft noch relevant sind. Das ist bei größeren Umstellungen, die häufig nach dem Besitzwechsel vom Erwerber geplant sind, nicht mehr der Fall.

Bei der Prognoseorientierung gerät die Rechtsprechung möglicherweise in ein Dilemma. Aus prozeßrechtlichen Gründen (§§ 286 und 287 ZPO) müssen entscheidungserhebliche und streitige Tatsachen, wie die Höhe des künftigen Einkommenstromes, nachgewiesen werden. Ob ein solcher Nachweis bei einer prognoseorientierten Ertragswertermittlung überhaupt gelingen kann, wird von Zehner[41] bestritten. Aus prozeßrechtlichen Gründen käme nur eine vergangenheitsorientierte Ertragswertermittlung, d.h. eine Ertragsextrapolation von Einkommen der Vergangenheit in die Zukunft in Betracht. Wenn es wirklich so wäre, wie Zehner meint, daß eine prognoseorientierte Ertragswertermittlung zumindest im Rechtsstreit unzulässig wäre, eine vergangenheitsorientierte aber vom Grundsatz her falsch ist, wäre das Dilemma perfekt.

Die schon erwähnte Wurzeltheorie des BGH legt eine solche Argumentation zumindest nahe: Zwar spricht der BGH in seinem Urteil von 1973 ausdrücklich von der Zulässigkeit, »bei der Bewertung der Ertragserwartung auch die per-

---

(38) Vgl. Urt. FG Nürnberg III 150/72 v. 24. 10. 1975, in: EFG 1976, S. 67, mit Verweisen auf die BFH-Rechtsprechung in den sechziger Jahren; Urt. BFH I R 215/73 v. 8. 12. 1976, in: BStBl. II 1977, S. 409 = StRK EStG § 6 Abs. 1 Ziff. 2 R. 318.

(39) Vgl. Leissle, Der betriebliche Geschäftswert, 1953, S. 642 ff.

(40) Eine Ausnahme macht Bellinger, Eine Wende in der Unternehmungsbewertung?, 1980, S. 575 ff.

(41) Vgl. Zehner, Unternehmensbewertung im Rechtsstreit, 1981, S. 2111 f.

sönlichen Fähigkeiten und die Absichten der Unternehmensleitung (Betriebs-umstellungen usw.)« und für »Ertragsprognosen… erkennbar gewordene Ent-wicklungen« zu berücksichtigen, doch schränkt er dies mit dem bereits zitierten Hinweis ein, daß »Entwicklungen, deren Wurzeln in der Zeit nach dem Bewer-tungsstichtag liegen, außer Betracht bleiben« müssen[42]. Später ist vom BGH selbst und anderen Gerichten immer wieder diese Einschränkung (Wurzeltheo-rie) betont worden, während der Prognosegrundsatz kaum erwähnt wurde. In den Urteilen wird denn auch den Erfolgen der Vergangenheit ein großes Ge-wicht für die Ertragswertermittlung beigemessen. Zum Beispiel legen das LG Hannover im Jahre 1979 die bewiesenen Erträge der letzten 8 Jahre und das LG Dortmund 1980 der letzten 5 Jahre der Wertermittlung zugrunde[43]. Das OLG Celle billigte eine sogenannte »pauschale Methode, die aus den Gesamtergeb-nissen der Vergangenheit und Gegenwart den nachhaltigen Zukunftsertrag ableitet«[44].

Die Rechtsprechung bleibt jedoch bei dieser auf einer Rückschau beruhenden Prognose nicht stehen. »Da die Ertragswertmethode zukunftsorientiert ist, ist es unerläßlich, auch die am Stichtag erkennbaren Zukunftsaussichten zu be-rücksichtigen.«[45]

Die Finanzgerichte haben sich bisher nicht für eine prognoseorientierte Er-tragswertermittlung erwärmen können, sondern wegen der Unsicherheit der Zukunft auf tatsächliche Geschehnisse der Vergangenheit zurückgegriffen[46]. Das ist für steuerliche Zwecke aber eher akzeptabel als für die Frage der Entschädigung.

Die Bestimmung des den Ertragswert bildenden Einkommenstromes erfor-dert ferner die Definition der Komponenten dieses Einkommens selbst. Bis in die fünfziger Jahre hinein galt es als fast selbstverständlich, daß dieser Ein-kommenstrom die zu erzielenden Jahresüberschüsse sind. Nach einem zu-nächst wenig beachteten Aufsatz von Käfer[47] wies vor allem Münstermann[48] immer wieder darauf hin, daß nicht die künftig erzielten, sondern die künftig ausgeschütteten Gewinne, die Bewertungsgrundlage bilden müßten. Der Un-terschied liegt vor allem in der unterschiedlichen Auswirkung thesaurierter Gewinne auf den Ertragswert. In den fünfziger und sechziger Jahren brach sich dann allmählich die Erkenntnis Bahn, daß die Unternehmensbewertung vom Grundsatz her ein Investitionskalkül[49] ist und somit prinzipiell auf künftigen Zahlungsvorgängen zu basieren habe. Heute kann man diese Auffassung als

(42) Urt. BGH IV ZR 142/70 v. 17.1.1973, in: NJW 1973, S. 511.
(43) Vgl. Beschl. LG Hannover v. 6.2.1979, in: AG 1979, S. 234 und LG Dortmund v. 31.10.1980, in: AG 1981, S. 238.
(44) Beschl. OLG Celle v. 1.7.1980, in: AG 1981, S. 234.
(45) Beschl. OLG Düsseldorf 3 UF 50/83 v. 27.1.1984, in: FamRZ 1984, S. 699; ähnlich Beschl. OLG Düsseldorf 19 W 1/81 v. 17.2.1984, in: AG 1984, S. 216; Beschl. LG Konstanz 3 HO 69/86 v. 1.10.1987, in: RR 1988, S. 1184; Beschl. LG Frankfurt 3/3 O 145/83 v. 1.10.1986, in: AG 1987, S. 315; Beschl. OLG Celle 9 Wx 9/79 v. 1.7.1980, in: AG 1981, S. 234.
(46) Urt. BFH III R 121/68 v. 21.3.1969, BFHE 95, S. 506 = StRK BewG § 13 R. 36.
(47) Vgl. Käfer, Bewertung der Unternehmung, 1946, S. 79.
(48) Vgl. Münstermann, Der Gesamtwert des Betriebes, 1952, S. 218; derselbe, Der Zukunftsent-nahmewert, 1980, S. 114ff.
(49) Vgl. Busse von Colbe, Unternehmensbewertung als Investitionskalkül, 1966, S. 49ff.

kaum noch bestrittene herrschende Theorie, aber auch als Basis für die Praxis der Unternehmensbewertung ansehen[50].

Diese Ermittlungsmethode für den Ertragswert erörtert der BGH in seinem Urteil v. 12. 2. 79 ausführlich. Er kommt zu folgendem Ergebnis: Gegen eine Bewertungsmethode sei »aus Rechtsgründen nichts einzuwenden«, bei der – entgegen dem angeblich in der Betriebswirtschaftslehre vorzugsweise empfohlenen Verfahren, den Wert eines Unternehmens durch eine Verbindung von Substanz- und Ertragswert zu ermitteln – der kapitalisierte »Zukunftserfolg der sich in den Zahlungsströmen zwischen den Eignern und ihrem Unternehmen niederschlagende Überschuß der Einnahmen über die Ausgaben« ist[51]. Damit muß der auf investitionstheoretischer Grundlage ermittelte Ertragswert als eine höchstrichterlich anerkannte Methode gelten[52]. Das LG Dortmund spricht dann auch bereits in seinem Beschluß von 1980 von dem Ertragswert »als dem Saldo aller auf den Bewertungsstichtag abgezinsten künftigen Einnahmeüberschüsse«[53].

Zu der Frage, ob das zu kapitalisierende Einkommen auch auf »investitionstheoretischer Grundlage« definiert werden könne, hatte das FG Nürnberg schon 1975 unter Hinweis auf die von der Betriebswirtschaftslehre entwickelten Bewertungsmethoden in einem rechtskräftig gewordenen Urteil v. 24. 10. 75 bemerkenswerte Ausführungen gemacht: »Der Wert des Unternehmens als Ganzes und mithin der darin enthaltene Geschäftswert (kann) an Hand des Finanzflusses ermittelt werden... Daraus folgt, daß sich der Gesamtwert der Unternehmung aus den Ausschüttungen einerseits und den Veränderungen des BV andererseits zusammensetzen muß, weil die Investition des Unternehmers andere Werte nicht erzeugt«[54]. Die Einrechnung der Vermehrung der Teilwerte des Betriebsvermögens in den Unternehmenswert und die rein retrospektive Wertermittlung entsprechen zwar nicht den betriebswirtschaftlichen Bewertungsmethoden, doch bleibt die Aufnahme investitionstheoretischer Bewertungsmethoden in die steuerliche Rechtsprechung zur Berechnung des Geschäftswertes bemerkenswert, auch wenn sie vom BFH noch nicht bestätigt wurde.

Eine Detailfrage besteht darin, ob bei Personenunternehmen der zu kapitalisierende Einkommenstrom um einen kalkulatorischen Unternehmerlohn zu kürzen ist. Diese Frage wurde seit jeher von der Bewertungstheorie bejaht[55] und ist auch dann zu bejahen, wenn der Geldstrom zwischen Unternehmung und Eigner der Bewertung zugrunde gelegt wird, soweit es sich dabei um Opportunitätskosten handelt. Auch der BFH hat den Ansatz eines angemessenen Unternehmerlohnes für die Ertragswertberechnung bejaht[56].

(50) Vgl. z. B. Moxter, Unternehmensbewertung, 1976, S. 122 und 157 ff.; Institut der Wirtschaftsprüfer, Unternehmensbewertungen, 1983.

(51) Urt. BGH II ZR 106/78 v. 12. 2. 1979, in: WM 1979, S. 432.

(52) Vgl. Wagner/Nonnenmacher, Abfindung, 1981, S. 674 ff. Vgl. dazu auch Piltz, Unternehmensbewertung, 1989, S. 130–137.

(53) Beschl. LG Dortmund v. 31. 10. 1980, in: AG 1981, S. 238.

(54) Urt. FG Nürnberg III 150/72 v. 24. 10. 1975, in: EFG 1976, S. 65.

(55) Vgl. Leissle, Der betriebliche Geschäftswert, 1953, S. 501.

(56) Urt. BFH IV R 76/72 v. 28. 10. 1976, in: BStBl. II 1977, S. 73 ff. = StRK EStG § 6 Abs. 1 Ziff. 2

4.2.5 Berücksichtigung von Verbundwirkungen

In engem Zusammenhang mit der Definition des Einkommenstromes für die Bestimmung des Ertragswertes steht die Frage, ob für die Bewertung von Unternehmen Verbundeffekte zu berücksichtigen sind, die dadurch entstehen, daß infolge des Besitzwechsels beim Erwerber durch die Eingliederung des Unternehmens in einen größeren Verbund Erfolgsveränderungen bei dem Unternehmen selbst oder an anderer Stelle eintreten, z.B. durch Einsparung von Vertriebs- und Verwaltungskosten. Wie schon erwähnt, bilden solche erwarteten Synergieeffekte häufig den Anstoß zum Kauf eines Unternehmens. Entsprechendes gilt auch für den Veräußerer, wenn er beim Verkauf Verbundvorteile einbüßt. Solange das Ziel der Unternehmungsbewertung ein objektiver, für jeden gültiger Wert war, waren Verbundvorteile unbeachtlich. Für die Ermittlung von Wertgrenzen aus der Sicht des Käufers oder Verkäufers wird die Frage von der Theorie der Unternehmensbewertung mit »Ja« beantwortet[57].

Die zivilrechtliche Rechtsprechung verfängt sich bei dieser Frage wieder in ihrer Wurzeltheorie. Das OLG Düsseldorf hatte schon 1964 festgestellt, daß für die Bemessung der angemessenen Abfindung »nicht die von dem Hauptgesellschafter mit der Umwandlung erstrebten Vorteile« entscheidend seien, sondern »der Wert maßgebend ist, den die Aktienrechte der ausgeschiedenen Aktionäre (einschließlich der in ihnen enthaltenen Zukunftsaussichten) ohne die Umwandlung darstellen. Aus diesem Grunde bedarf es auch keiner näheren Erörterung, welchen betriebswirtschaftlichen Nutzen die übernehmende Gesellschaft aus dem Zusammenschluß ziehen kann und welche Steuervorteile und Kostenersparnisse ihr die Umwandlung ermöglicht«. »Auch für die zugrundezulegende Bewertung des Unternehmens und der Unternehmensteile ist daher grundsätzlich von den Verhältnissen auszugehen, wie sie ohne Umwandlung weiter bestehen würden.«[58] Auch wenn das Kammergericht 1970 befand, daß die abzufindenden Aktionäre »ein Anrecht auf Beteiligung an den Entwicklungschancen des Unternehmens« haben[59], wird noch nach 15 Jahren der Düsseldorfer Beschluß herangezogen, um die Berücksichtigung von Verbundvorteilen rundweg abzulehnen[60]. Ausführlich beschäftigte sich das LG Dortmund mit dieser Frage und kommt zu »der Auffassung, daß Kooperationsvorteile aus rechtlichen und praktischen Gründen nicht in die Wertfeststellung einbeziehbar sind«, weil »nicht einzusehen« sei, daß den außenstehenden Aktionären »durch den Unternehmensvertrag ein Vorteil zugewendet werden sollte«. In Ausnahmefällen könne jedoch ein latent vorhandener wertsteigernder Faktor durch Verbundeffekte dann anzuerkennen sein, »wenn die Möglichkeit,

---

R.315; siehe auch Maaßen, Berechnung des Teilwertes, 1977, S.465ff. und Wiechmann, Rechtsprechung des I. Senats des BFH, 1980, S.9ff.

(57) Vgl. Matschke, Der Entscheidungswert der Unternehmung, 1975, S.309ff.; Institut der Wirtschaftsprüfer, Unternehmensbewertungen, 1983. Vgl. auch Piltz, Unternehmensbewertung, 1989, S.145f.

(58) Beschl. OLG Düsseldorf v. 31. 7. 1964, in: DB 1964, S. 1148f.

(59) Beschl. KG Berlin v. 15. 12. 1970, in: DB 1971, S. 616.

(60) Beschl. OLG Hamburg v. 17. 8. 1979, in: DB 1980, S. 78.

diesen latenten Wertsteigerungsfaktor in tatsächliche Wertsteigerungen umzusetzen, durch einfache Kooperation mit einer beliebigen Vielzahl von Partnern verhältnismäßig problemlos zu verwirklichen ist... Dann ist die mögliche
Ertragssteigerung durch Verbundeffekte in der allgemeinen Preisbildungsvor-
stellung des Marktes bereits unmittelbar als wertsteigernder Faktor hinsichtlich des betreffenden Unternehmens anerkannt.«

Darüber hinaus sei »eine Aufteilung der Kooperationsvorteile nach Einzelbe-
trägen auf die Unternehmen nicht möglich, da die Verbundeffekte nicht nach
dem Verursachungsprinzip dem einen oder anderen Partner zugerechnet werden können, sondern sich eben erst aus der Zusammenarbeit beider ergeben«[61].
Wenn auch letzteres kaum zu bestreiten ist, bleibt es Geheimnis des Gerichtes,
weshalb es rechtens sein soll, die Kooperationsvorteile allein dem Erwerber
zufallen zu lassen. Der vom Gericht vorher genannte Ausnahmefall des vom
Markt bereits anerkannten Kooperationspotentials fällt überhaupt nicht unter
die Frage der Verbundeffekte, die in der Literatur stets auf einen speziellen
Erwerber bezogen werden, weil in diesem Fall das allgemein zugängliche Ko-
operationspotential im Marktpreis der Anteile oder Anlagen zum Ausdruck
kommt. Dieses Problem löst sich über die Wertuntergrenze des Börsenkurswer-
tes oder Liquidationswertes des Unternehmens. Somit bleibt festzuhalten, daß
die Vergütung künftiger Kooperationsvorteile im üblichen Sinne von der Zivil-
rechtsprechung entgegen der Bewertungstheorie nicht anerkannt wird.

4.2.6 Erfassung der Unsicherheit der Schätzung des künftigen Einkommenstromes

Als letztes Problem möchte ich die Erfassung der Unsicherheit, mit der die
künftigen Einkommen unvermeidlich geschätzt werden müssen, aufgreifen.
Die beiden klassischen Vorgehensweisen sind die vorsichtige Schätzung der
künftigen Einkommen und die Einrechnung eines Risikozuschlages in den
Kalkulationszinsfuß. Neuerdings wird versucht, die Unsicherheit durch Methoden zu erfassen, die auch für strategische Investitionsentscheidungen herangezogen werden; das sind Methoden der Wahrscheinlichkeitsrechnung, einschließlich der Monte-Carlo-Simulation und der modernen Kapitalmarkttheorie[62].

In der zivilrechtlichen Rechtsprechung wird das Risiko gewöhnlich im Kalkulationszinsfuß berücksichtigt. Der BGH hat 1978 folgende Art der Bemessung
des Zinsfußes gebilligt[63]:

(61) Beschl. LG Dortmund v. 31. 10. 1980, in: AG 1981, S. 239.
(62) Vgl. z. B. Coenenberg, Monte-Carlo-Simulation, 1970, S. 793 ff., abgedruckt in diesem Band;
    Matschke, Der Entscheidungswert der Unternehmung, 1975, S. 163 ff.; Moxter, Unterneh-
    mensbewertung, 1976, S. 137 ff.; Kromschröder, Unternehmensbewertung und Risiko, 1979;
    Ballwieser, Komplexitätsreduktion, 1980, S. 50 ff.; Busse von Colbe, Gesamtwert der Unter-
    nehmung, 1981, abgedruckt in diesem Band.
(63) Urt. BGH II ZR 142/76 v. 13. 3. 1978, in: WM 1978, S. 405, unter Bezug auf Urt. BGH IX ZR 190/
    66 v. 9. 5. 1968, in: WM 1968, S. 897.

Landesüblicher Zinsfuß z. B.	8%
+ Zuschlag für allgemeines Unternehmensrisiko	4%
	12%
./. Abschlag für die Geldentwertungsrate	3%
Kalkulationszinsfuß	9%

Doch ein Jahr später weicht das OLG Celle von diesem Berechnungsmodus ab. Es lehnt einen Zuschlag wegen des allgemeinen Unternehmensrisikos ab, weil ihm »die Chance – wird die Zukunftsprognose mit der notwendigen Sorgfalt gestellt – mit gleicher Wertigkeit gegenübersteht«. Das Gericht verlangt aber einen Abschlag für die im Vergleich zu festverzinslichen Wertpapieren geringere Geldentwertungsrate von 1%. Die speziellen Risiken seien bereits schon bei der Ermittlung des Zukunftserfolges berücksichtigt worden[64]. Die Ablehnung eines Risikozuschlages zum landesüblichen Zinsfuß wegen des allgemeinen Unternehmenswagnisses wird von Forster mit dem Hinweis kritisiert, daß keineswegs allen Risiken gleichwertige Chancen gegenüberstünden[65], jedoch von Meilicke mit der Begründung gutgeheißen, daß es »ein allgemeines, also alle Unternehmen gleichmäßig betreffendes Unternehmensrisiko nicht gibt«[66]. Eine einheitliche Meinung zu diesem Problem zeigt die betriebswirtschaftliche Literatur nicht[67]. Ein Jahr später erkennt das OLG Celle aber einen allgemeinen Risikoabschlag von 15% auf das Ergebnis der Vergangenheit an, obgleich es meint, es sei »umstritten, ob das allgemeine Risiko... überhaupt zu berücksichtigen ist«[68]. Eine einheitliche Rechtsprechung darüber, ob das allgemeine Unternehmensrisiko überhaupt und wenn ja, ob im Zinsfuß oder beim Einkommen, zu berücksichtigen ist, läßt sich derzeit nicht feststellen. Die neueren Methoden der Risikoberücksichtigung haben in der Rechtsprechung noch keine Resonanz gefunden. Die Anwendung dieser Methoden setzte auch eine strikte prognoseorientierte Unternehmensbewertung voraus.

4.2.7 Zusammenfassung

Das Echo auf die Trompetenstöße der Theorie der Unternehmensbewertung kommt aus der Rechtsprechung – so meine ich – mit langer Verzögerung, gedämpft, nur zum Teil und manchmal verzerrt zurück. Das gilt für die zivilrechtlichen und noch stärker für die steuerrechtlichen Urteile.

Ich habe versucht, ohne Anspruch auf Vollständigkeit, fünf wichtige Entwicklungslinien der Theorie der Unternehmensbewertung zu skizzieren und

---

(64) Beschl. OLG Celle v. 4. 4. 1979, in: AG 1979, S. 232. Das LG Hannover hatte kurz zuvor im Beschl. v. 6. 2. 1979 schon gemeint: »Ohne konkreten Anhalt befürchtete Wirtschaftsrisiken können nicht zu Lasten der außenstehenden Aktionäre berücksichtigt werden« (AG 1979, S. 235).

(65) Vgl. Forster, Abfindung, 1980, S. 46.

(66) Vgl. Meilicke, Rechtsgrundsätze, 1980, S. 2121. Vgl. darüber hinaus Piltz, Unternehmensbewertung, 1989, S. 153–164, insbes. S. 158 ff.

(67) Näheres hierzu Ballwieser, Wahl des Kalkulationszinsfußes, 1981, S. 97 ff., in diesem Band abgedruckt.

(68) Beschl. OLG Celle v. 1. 7. 1980, in: AG 1981, S. 234.

ihre Behandlung in Gerichtsurteilen nachzuzeichnen. Die von der Theorie postulierte Dominanz des Ertragswertes über den Substanzwert setzt sich allmählich durch. Investitionstheoretische Ansätze für die Unternehmensbewertung finden sich in der Rechtsprechung bisher nur vereinzelt. Eine bemerkenswerte Aufgeschlossenheit für diese Frage zeigt das FG Nürnberg schon 1975 und der BGH in seinem Urteil v. 12. 2. 79, das zumindest einen schwachen Widerhall im Beschluß des LG Dortmund von 1980 findet. Die zentrale Erkenntnis der Bewertungstheorie, daß es einen einzigen objektiven Wert nicht gibt, sondern nur Wertgrenzen ermittelt werden können, die Berücksichtigung von Verbundwirkungen und neuere Methoden der Berücksichtigung des Risikos haben bisher in der Rechtsprechung keine Resonanz gefunden. Wenn die Behauptung eines Juristen stimmt, »daß die gerichtliche Praxis mit ihren Bewertungsmethoden meist 20 Jahre hinterherhinkt«[69], so braucht man die Hoffnung aber noch nicht aufzugeben. Fragt man nun nach den Gründen für die Diskrepanz zwischen Bewertungstheorie und Rechtsprechung, so muß man zunächst zugeben, daß die betriebswirtschaftliche Theorie die Unternehmungsbewertung primär unter dem Aspekt der Entscheidungssituation und erst in jüngerer Zeit auch unter dem Blickwinkel der Schiedssituation betrachtet hat; außerdem benötigt auch die Theorie einen manchmal viele Jahre dauernden Klärungsprozeß, bis sich eine neue Erkenntnis in ihr selbst durchsetzt. Längere Zeit braucht es dann gewöhnlich noch, bis sich diese Erkenntnis auch in der Bewertungspraxis verbreitet. Die Praxis hat dabei außerdem die Probleme der Umsetzung in die Realität zu bewältigen. Erst wenn ein Bewertungsverfahren auch in der betriebswirtschaftlichen Praxis vertreten wird, ist es für ein Gericht akzeptabel[70].

Die beratenden Berufe nutzen als Gutachter von Parteien und Gerichten offenbar vor allem das, was sie im Studium gelernt haben. Als ein Richter sich 1981 in Berlin auf der Jubiläumstagung der Wirtschaftsprüfer dafür aussprach, die Erkenntnis über die Bedeutung der Wertgrenzen für die Rechtsprechung zu nutzen[71], erntete er vor allem bedenkliches Kopfschütteln. Als Hochschullehrer bleibt einem die Hoffnung, neue Erkenntnisse in die Köpfe der Jugend zu pflanzen. Man muß dann manchmal 20 Jahre warten, bis diese Ideen in der Praxis Früchte bringen.

---

(69) Vgl. Meilicke, Rechtsgrundsätze, 1980, S. 2123.
(70) Z. B. Urt. BGH II ZR 142/76 v. 13. 3. 1978, in: WM 1978, S. 405 und IV ZR 142/70 v. 17. 1. 1973, in: NJW 1973, S. 510.
(71) Vgl. Beyerle, Die Unternehmensbewertung im gerichtlichen Verfahren, 1981, S. 247.

5. Kapitel
Strategische Aspekte der Unternehmensbewertung

ADOLF G. COENENBERG/MICHAEL T. SAUTTER

5.1. Strategische und finanzielle Bewertung von Unternehmensakquisitionen*

---

* Erstmals erschienen in: DBW, 48. Jg., 1988, S. 691–710.

5.1.1 Voraussetzungen erfolgreicher Unternehmens- akquisitionen

Unternehmensakquisitionen haben sowohl in den USA als auch der Bundesrepublik Deutschland und anderen europäischen Ländern erheblich an Bedeutung gewonnen. Dies zeigt die stärkere Publizität, der Unternehmenserwerbe heute ausgesetzt sind und die Zunahme der absoluten Zahl der Unternehmenszusammenschlüsse in den jeweiligen Volkswirtschaften. In den USA hat sich die Akquisitionstätigkeit der Unternehmen nach einem vorübergehenden Hoch in den Jahren 1968 und 1969 seit Beginn der 80er Jahre wieder massiv verstärkt. Der Marktwert der erworbenen Unternehmen ist von 44 Mrd. US Dollar im Jahre 1980 auf über 165 Mrd. US Dollar im Jahre 1987 angestiegen[1]. Bezogen auf das Bruttoinlandsprodukt der USA hat sich das Transaktionsvolumen von Unternehmensakquisitionen mehr als verdoppelt. In der Bundesrepublik Deutschland wurde 1987 mit 887 Unternehmenszusammenschlüssen, die nach § 23 GWB angezeigt wurden, ein neuer, vorläufiger Höhepunkt erreicht[2]. Ein ähnlich steiler Anstieg der Akquisitionstätigkeit läßt sich für andere europäische Länder zeigen.

Neben der Quantität der Unternehmensakquisitionen hat sich deren Qualität verändert. In den USA wurde die Akquisitionswelle der späten 60er Jahre vor allem von einer kleinen Gruppe von Unternehmen, den sogenannten Konglomeraten, getragen. An den Akquisitionen zwischen 1975 und 1987 waren dagegen häufig auch die großen, konservativen Unternehmen mit dominantem Geschäftsinteresse in nur einer Branche beteiligt. Auffällig ist dabei, daß in den USA die Akquisition eines Unternehmens häufig einhergeht mit der Veräußerung eines anderen, bislang zum Unternehmensverbund gehörenden Unternehmens oder einer Geschäftseinheit. Auch in der Bundesrepublik Deutschland sind die aktivsten Erwerber heute unter den renommierten Großunternehmen zu finden[3].

Die gegenwärtige Akquisitionswelle ist auch durch eine veränderte Form gekennzeichnet, in der Unternehmensübernahmen erfolgen. Während die Unternehmensakquisitionen früherer Jahre regelmäßig freundliche Übernahmen waren, handelt es sich in den USA und einigen europäischen Ländern heute immer häufiger um feindliche Übernahmeversuche. Sie unterscheiden sich von freundlichen Übernahmen dadurch, daß das Management des übernommenen Unternehmens die Akquisition nicht befürwortet und unterstützt, sondern versucht, den Erwerb durch rechtliche und betriebswirtschaftliche Maßnahmen zu verhindern.

Trotz der Zunahme der Akquisitionstätigkeit der Unternehmen sind zahlreiche Erwerbe aus der Sicht des Käufers kein Erfolg. Eine McKinsey-Studie fand unter 116 untersuchten Akquisitionsprogrammen in den USA und Großbritannien nur 27 eindeutig erfolgreiche Fälle[4]. Gründe für Mißerfolge waren eine

---

(1) Vgl. W. T. Grimm & Co., zitiert nach Handelsblatt vom 28. 2. 1988.
(2) Vgl. Bericht des Bundeskartellamtes, zitiert nach Süddeutsche Zeitung vom 15. 2. 1988.
(3) Vgl. Wupper Report 1987.
(4) Vgl. Coley/Reinton, The Hunt for Value, 1988, S. 29–34.

überoptimistische Einschätzung des Marktpotentials, die Überschätzung von Synergiepotentialen und die schlechte Integration des erworbenen Unternehmens nach dem Erwerb. Eine andere Untersuchung, die 33 amerikanische Großunternehmen umfaßte, kam zu dem Ergebnis, daß mehr als die Hälfte aller Akquisitionen in neue Branchen (z. B. Versicherungen) und mehr als 60% aller Akquisitionen in aus der Sicht des Erwerbers vollständig neue Gebiete (z. B. Finanzdienstleistungen) wieder rückgängig gemacht wurden[5]. Als Ursachen für den Mißerfolg wurden die mangelnde Attraktivität der Branche des Akquisitionsobjektes, überhöhte Preise und das Fehlen von Synergiepotentialen genannt. Obwohl die beiden Studien von unterschiedlichen methodischen Ansätzen ausgingen, kamen beide zu dem Ergebnis, daß die zutreffende Beurteilung der Branchenstruktur des erworbenen Unternehmens und die realistische Bewertung der erwarteten Synergiepotentiale zu den wichtigsten Erfolgsfaktoren bei Unternehmensakquisitionen gehören.

Für die Bundesrepublik Deutschland liegt bis zum heutigen Zeitpunkt keine vergleichbare Untersuchung vor, da Unternehmensakquisitionen hier erst in jüngerer Zeit eine größere Bedeutung erlangt haben und Daten, die auf den Erfolg oder Mißerfolg von Akquisitionen schließen lassen, aus den veröffentlichten Zahlenwerken nur schwer zu extrahieren sind. Die Analyse von Einzelfällen deutet darauf hin, daß auch in Deutschland zahlreiche Akquisitionen fehlschlugen. Es ist zu vermuten, daß ebenfalls überschätzte Synergiepotentiale die Hauptursache für den Mißerfolg waren[6].

Die vorliegende empirische Evidenz aus dem angelsächsischen Bereich und Einzelfallanalysen in der Bundesrepublik Deutschland offenbaren, daß Mängel in der Bewertung typisch für fehlgeschlagene Akquisitionen sind:

Die Akquisition beginnt ohne oder mit einer nur wenig sorgfältig ausgeführten strategischen Analyse des Akquisitionsobjektes. Den Entscheidungsträgern des erwerbenden Unternehmens ist es daher unmöglich zu beurteilen, welche Determinanten der heutigen und zukünftigen Ergebnissituation in der Branche des Akquisitionsobjektes zugrundeliegen. Genausowenig sind sie in der Lage, das nachhaltige Ergebnispotential eines Unternehmens auf dem Hintergrund der Wettbewerbssituation in dieser Branche einzuschätzen. Die Folge ist regelmäßig eine Überbewertung der Attraktivität des Akquisitionsobjekts und seiner Branche aufgrund einer mechanischen Extrapolation der Unternehmens- und Industrieergebnisse der Vergangenheit.

Hinzu kommt der unrealistische Ansatz von Synergiepotentialen. Es werden einerseits die falschen Synergien identifiziert, so daß bei der Implementierung Ressourcen eingesetzt werden, die in keinem Verhältnis zu den tatsächlich realisierbaren Potentialen stehen und andere, vielleicht erfolgversprechendere Ansatzpunkte zur Verbesserung der Wettbewerbsposition unberücksichtigt bleiben. Andererseits führen unrealistische Schätzungen von Synergiepotentialen dazu, daß ein zu optimistisches Bild des Erwerbs gezeichnet wird, auf das gerne Bezug genommen wird, wenn eine überhöhte Akquisitionsprämie gerechtfertigt werden soll.

---

(5) Vgl. Porter, Corporate Strategy, 1987, S. 43–59.
(6) Vgl. Nolte, Synergien, 1987.

Ähnlich wie bei Beurteilung von Synergiepotentialen werden vielfach auch die Möglichkeiten überschätzt, den Erwerb durch die Einleitung von Restrukturierungsmaßnahmen beim Akquisitionsobjekt profitabel zu machen.

Besonders gravierende Fälle von Überbewertungen ergeben sich dann, wenn es sich nicht um eine objektive Analyse potentieller Akquisitionskandidaten handelt, sondern schon vorab feststeht, daß eine Akquisition getätigt werden soll und möglicherweise bereits klar ist, welches Unternehmen erworben werden wird.

Fehlbewertungen entstehen auch immer dann, wenn nicht alle das Ergebnis einer Akquisition determinierenden Faktoren in die Bewertung miteinfließen. Diese Gefahr besteht besonders dann, wenn lediglich die sich aus der strategischen Markt- und Wettbewerbsanalyse ergebenden Potentiale angesetzt werden und übersehen wird, daß in der Phase der Übernahme, der Wertschöpfung und der Gewinnrealisierung weitere, das Ergebnis beeinflussende Faktoren auftreten.

Zusätzlich können methodische Probleme bei der Festlegung der relevanten Zahlungsströme und des Diskontierungsfaktors das Ergebnisbild der Akquisitionsstrategie verzerren. Da die Beurteilung der Vorteilhaftigkeit von Unternehmensakquisitionen regelmäßig mehrere Perioden umfaßt, kann beispielsweise durch den Ansatz eines Diskontierungsfaktors, der das Risiko der Akquisition nicht ausreichend berücksichtigt, eine erhebliche Abweichung vom betriebswirtschaftlich zutreffenden Ergebnis der Akquisition entstehen.

Auf der Grundlage von Überbewertungen werden überhöhte Kaufpreisgrenzen gebildet und Akquisitionsprämien bezahlt, die sich unter realistischen Bedingungen nicht amortisieren lassen. Unrealistische Vorgaben und Maßnahmenvorschläge durch die Konzernleitung führen zu hoher Fluktuation im Management des Akquisitionsobjekts. Stellt sich heraus, daß auch bei verändertem Management ständig Zielunterschreitungen auftreten, werden als Reaktion hierauf die Investitionsmittel für das neu erworbene Konzernunternehmen gekürzt. Durch Unterinvestition fallen die Renditen weiter und führen schließlich zu der Entscheidung, sich unter Verlust von der ehemals vielversprechenden Akquisition zu trennen.

Der typische Ablauf fehlgeschlagener Akquisitionen zeigt, daß durch eine sorgfältige strategische Analyse im Vorfeld der Unternehmensakquisition, verbunden mit einer realistischen Bewertung, die zu angemessenen Kaufpreisgrenzen führt, Fehlschläge vermieden werden können. Voraussetzung erfolgreicher Akquisitionen ist deshalb, daß

(1) alle ergebnisbestimmenden Faktoren über den gesamten Akquisitionsvorgang hinweg Berücksichtigung finden und die aufgrund der Akquisitionsstrategie geplanten Werterhöhungen realistisch angesetzt sind

(2) Bewertungsinstrumente eingesetzt werden, die die erwartete Rendite der Akquisition auf dem Hintergrund des eingegangenen Risikos beurteilen.

Im folgenden sollen sowohl die von der strategischen Planungstheorie entwickelten Analysekonzepte als auch das von der neuen Finanzierungstheorie entwickelte Kapitalmarktmodell zur Quantifizierung von Rendite-Risikowirkungen im Hinblick auf die strategische und finanzielle Bewertung von Unternehmensakquisitionen dargestellt und diskutiert werden.

5.1.2 Strategische Erfolgsfaktoren von Unternehmensakquisitionen

5.1.2.1 Verständnis der Ergebnismechanik als Grundvoraussetzung für die Bewertung

Die Bewertung des Akquisitionsobjektes beginnt mit Beurteilung seines objektiven Wertes (= Wert der Unternehmung »wie sie steht und liegt«)[7]. Die Frage, die es zu beantworten gilt, lautet: Welchen Wert stellt das zu beurteilende Unternehmen aus der Sicht eines Eigentümers dar, der sich lediglich als Kapitalanleger begreift und keinen Einfluß auf die Unternehmensentscheidungen nehmen will? Dieser Wert ist durch zwei Faktoren determiniert, nämlich die Struktur der Branche, in der sich das Akquisitionsobjekt befindet, und die operativen und strategischen Fähigkeiten der Unternehmensführung.

Nach der Ermittlung des Basiswertes sind die Auswirkungen der Akquisitionsstrategie auf den Wert des Akquisitionsobjekts und des erwerbenden Unternehmens zu quantifizieren. Dabei sollte unterschieden werden zwischen Werterhöhungen aus Restrukturierungsmaßnahmen und Werterhöhungen aus der Realisierung von Synergiepotentialen. Durch Addition des Basiswertes und der Summe der werterhöhenden Maßnahmen ergibt sich der Gesamtwert des Akquisitionsobjektes für den Erwerber. Dieser Wert quantifiziert die vom Erwerber konzipierten strategischen und operativen Maßnahmenbündel, die in der Folge der Akquisition umgesetzt werden sollen. Die Werterhöhungen sollten dabei »netto« in die Betrachtung eingehen und die Kosten berücksichtigen, die mit der Realisierung aller werterhöhenden Maßnahmen verbunden sind.

Eine zu optimistische Bewertung des Restrukturierungspotentials oder ein überhöhter Ansatz der angestrebten Synergieeffekte führt zu einem hohen Wert des Akquisitionsobjekts insgesamt und liefert bei einem vorgegebenen Ergebnisanspruch die Begründung für eine höhere Akquisitionsprämie. Unter einer Akquisitionsprämie ist derjenige Zuschlag auf den Marktpreis des Akquisitionsobjektes vor der Akquisition zu verstehen, den der Erwerber in Anbetracht der erwarteten Restrukturierungs- und Synergiepotentiale bereit ist zu bezahlen. Während der Basiswert des Akquisitionsobjekts in der Regel dem Marktpreis vor der Akquisition entspricht, muß die Akquisitionsprämie deutlich kleiner sein als die Summe der werterhöhenden Maßnahmen, weil aus der Differenz die Transaktionskosten bestritten werden müssen und nur der Restbetrag – zuzüglich bzw. abzüglich eines Realisierungszuschlags- oder -abschlags – als Ergebnis aus der Akquisition übrig bleibt. Einen Überblick über die Ergebnismechanik einer Unternehmensakquisition gibt Abbildung 1.

Diese zunächst noch relativ hochaggregierten Ergebniskomponenten setzen sich wiederum aus verschiedenen Teilelementen zusammen und materialisieren sich über den gesamten Verlauf einer Unternehmensakquisition hinweg. Wichtig für die Bewertung ist es, daß keine der wertbildenden Komponenten

---

(7) Vgl. Dörner, Unternehmensbewertung, 1981, S. 204.

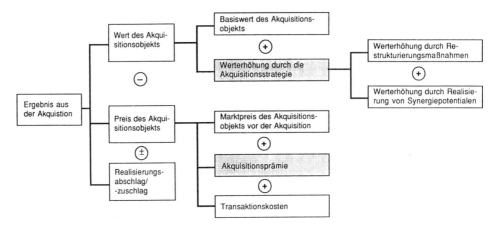

Abb. 1: Ergebnismechanik einer Unternehmensakquisition

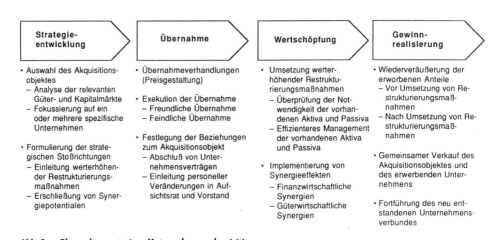

Abb. 2: Phasenkonzept einer Unternehmensakquisition

vergessen oder unterschlagen und die hinter den Wertkomponenten stehenden Zahlungsströme zeitlich richtig zugeordnet werden. Um diese Vollständigkeit zu erreichen, bietet es sich an, den Akquisitionsvorgang in mehrere Phasen zu untergliedern.

5.1.2.2 Abbildung der Haupterfolgsfaktoren einer Akquisition in einem Phasenkonzept

Gedanklich läßt sich jeder Akquisitionsvorgang in vier Phasen aufteilen: die Strategieentwicklung, die Übernahme, die Wertschöpfung und die Gewinnrealisierung (vgl. Abb. 2).

194

a) Die Phase der Strategieentwicklung

In der Phase der Strategieentwicklung geht es darum, die Branche festzulegen, in der nach geeigneten Akquisitionsobjekten gesucht werden soll. Sodann werden ein oder mehrere Unternehmen detailliert analysiert, um festzustellen, für welche Objekte konkrete Übernahmestrategien entwickelt werden sollen. Häufig wird jedoch ein Akquisitionsvorgang auch durch ein direktes Angebot oder eine Kaufgelegenheit ausgelöst. In anderen Fällen wird der gesamte Markt auf geeignete Akquisitionsobjekte hin untersucht. Dies gilt zum Beispiel dann, wenn Gruppen von Investoren sich darauf spezialisiert haben, unterbewertete Unternehmen ausfindig zu machen. In jedem Fall sollte am Anfang eines Unternehmenserwerbs eine detaillierte Analyse der relevanten Güter- und Kapitalmärkte stehen.

Im Anschluß daran muß die Strategie der Akquisition formuliert werden, die regelmäßig mindestens eine von zwei Stoßrichtungen hat. Die erste Stoßrichtung kann die Realisierung güter- oder finanzwirtschaftlicher Synergien sein. Dabei geht es darum, auf Produkt- und/oder Kapitalmärkten strategische und operative Vorteile zu realisieren, die keiner der Beteiligten, weder das erwerbende Unternehmen noch das Akquisitionsobjekt für sich alleine gehabt hätte. Die strategische und operative Kompatibilität von erwerbenden Unternehmen und Akquisitionsobjekt spielt daher eine große Rolle. Die zweite Stoßrichtung besteht in der Restrukturierung des erworbenen Unternehmens, wobei die Größe des Restrukturierungspotentials ausschließlich von den Gegebenheiten des Akquisitionsobjekts und den Umsetzungsfähigkeiten des Erwerbers abhängt. Während bei freundlichen Unternehmensübernahmen deshalb tendenziell eher die Realisierung güter- und finanzwirtschaftlicher Synergien im Vordergrund steht, ist bei feindlichen Unternehmensübernahmen regelmäßig das Restrukturierungsmotiv dominant.

Die Frage, ob eine Akquisition aus der Sicht des Erwerbers als Erfolg bezeichnet werden kann, wird an mehreren Stellen im zeitlichen Ablauf des Akquisitionsvorgangs entschieden. Wichtige Weichenstellungen werden jedoch bereits zu Beginn des Akquisitionsvorgangs vorgenommen, wenn die für das Akquisitionsobjekt relevanten Märkte analysiert werden und der Versuch unternommen wird, dessen Position gegenüber seinen Wettbewerbern zu bestimmen. Im folgenden werden die beiden wichtigsten Bestandteile der Phase der Strategieentwicklung, die Markt- und Wettbewerbsanalyse sowie die Formulierung der strategischen Stoßrichtungen der Akquisition behandelt.

Zentrale Bedeutung der Markt- und Wettbewerbsanalyse für die Auswahl des Akquisitionsobjektes

Für die Analyse und Formulierung von Akquisitionsstrategien ist es erforderlich, daß die Produkt- und Kapitalmärkte untersucht werden, in denen nach geeigneten Akquisitionsobjekten gesucht wird oder ein bereits identifiziertes Unternehmen, das erworben werden soll, operiert.

Die Erfolgspotentiale von Unternehmensstrategien sind wesentlich durch die Strukturen der Märkte determiniert, für welche sie entwickelt wurden.

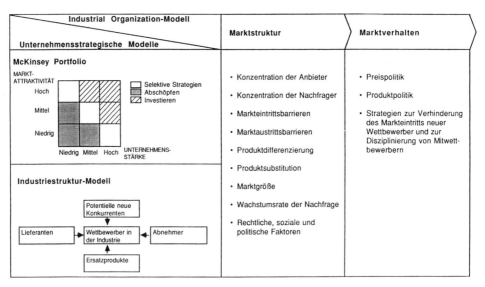

Abb. 3: Instrumente zur Analyse von Produktmärkten

Jeder einzelne, von anderen abgrenzbare Markt eröffnet den strategischen Bemühungen der Unternehmensführung spezifische, in ihrer Größenordnung oft stark differierende Erfolgschancen. Die Marktanalyse ist deshalb integraler Bestandteil einer jeden Unternehmensstrategie.

Je nach ihrer Marktorientierung können Akquisitionsstrategien eher güterwirtschaftlich oder finanzstrategisch ausgerichtet sein. Stecken güterwirtschaftliche Motive hinter der Akquisition, soll die Wettbewerbsposition des Unternehmens gegenüber seinen Konkurrenten auf Produktmärkten verbessert werden. Bei einer finanzstrategisch ausgerichteten Akquisition versucht die Unternehmensführung, Wettbewerbsvorteile auf Kapitalmärkten zu erzielen.

Aufgrund ihres geringen Effizienzgrades weisen Produktmärkte im Vergleich zu Finanzmärkten bessere Möglichkeiten auf, eine ökonomische Rendite zu erzielen, d. h. es kann ein höherer Gewinn erwirtschaftet werden als im Marktgleichgewicht bei vollkommener Konkurrenz möglich wäre. Akquisitionsstrategien werden jedoch, im Gegensatz zu anderen Unternehmensstrategien, überdurchschnittlich häufig mit Argumenten finanzwirtschaftlicher Provenienz begründet.

1) *Instrumente zur Analyse von Produktmärkten.* Ziel einer jeden Akquisitionsstrategie sollte es sein, durch den Erwerb eines anderen Unternehmens Wettbewerbsvorteile zu erzielen. Da der strategische Spielraum bei Akquisitionen aber entscheidend durch die Marktstruktur geprägt wird, ist die Analyse der spezifischen Ineffizienzen des Produktmarktes, in dem die Unternehmen operieren, für die Strategieformulierung besonders wichtig. Mit derartigen Fragestellungen beschäftigt sich in den Wirtschaftswissenschaften die Indu-

strieökonomik (»Industrial Organization«)[8]. Bain, einer der hervorstehenden Vertreter dieser Disziplin, hat ein analytisches Grundgerüst für die Analyse von Märkten vorgeschlagen, das die drei Elemente Marktstruktur, Marktverhalten und Marktleistungsfähigkeit umfaßt[9].

Die *Marktstruktur* bezeichnet alle relativ stabilen Eigenschaften des marktlichen Umfeldes von Unternehmen, die den Wettbewerb innerhalb der Industrie beeinflussen. Zu den wichtigsten strukturellen Determinanten eines Marktes gehören: die Konzentration der Anbieter und Nachfrager, Markteintritts- und -austrittsbarrieren, die Produktdifferenzierung und -substitution sowie die Wachstumsrate der Nachfrage.

Das *Marktverhalten* beschreibt die Politik, die die Unternehmen in ihren Produktmärkten verfolgen. Die Analyse des Marktverhaltens konzentriert sich dabei in der Literatur auf drei Gebiete[10]: die Preispolitik, die Produktpolitik sowie die Strategien zur Verhinderung des Markteintritts neuer Wettbewerber und zur Disziplinierung von Mitbewerbern.

Das Element der *Marktleistungsfähigkeit* besteht in der Beurteilung der sozioökonomischen Leistung einer Industrie, in der die potentielle Leistungsfähigkeit der Märkte den tatsächlich erbrachten Ergebnissen gegenübergestellt wird. Gemessen werden die Effizienz und die Fortschrittsfähigkeit der Produktmärkte sowie die Auswirkungen bestimmter Marktstrukturen auf Preisstabilität, Vollbeschäftigung und verschiedene andere soziale Ziele.

McKinseys Marktattraktivität-Wettbewerbsvorteil-Portfolio greift viele der strukturellen Determinanten auf, die in der Industriökonomik bei der Analyse von Marktstrukturen identifiziert worden sind[11]. Expliziten Eingang in die Literatur zur strategischen Unternehmensführung hat das Analysegerüst der Industrieökonomik durch Porters Branchenstruktur-Modell gefunden[12]. Porter argumentiert, daß die Möglichkeiten eines Unternehmens, in seiner Industrie anhaltende Wettbewerbsvorteile zu erzielen, von fünf Faktoren abhängig seien: dem Wettbewerbsverhalten der Unternehmen innerhalb der Industrie, der Verhandlungsmacht von Kunden und Zulieferern, der Bedrohung durch Substitute sowie den Markteintrittsbarrieren. Die Unternehmensführung kann dann innerhalb des durch diese Strukturdeterminanten konstituierten Umfelds drei grundsätzlich unterschiedliche Strategien wählen: eine Strategie, die auf Kostenvorteilen basiert, eine Strategie, die Differenzierung zum Gegenstand hat oder eine Spezialisierungsstrategie.

Kontrastiert man Porters Konzept mit demjenigen der industrieökonomischen Forschung, wie es oben skizziert wurde, fallen die bestehenden Gemeinsamkeiten sofort ins Auge. Die Marktstruktur beeinflußt wesentlich, ja diktiert in vielen Fällen, die Wahl der Unternehmensstrategie.

Mit Hilfe eines der auf den Ergebnissen der industrieökonomischen For-

---

(8) Die auf diesem Gebiet vorliegende Literatur ist umfangreich. Gute Einführungen sind: Caves, American Industry, 1982, und Scherer, Industrial Market Structure, 1980.

(9) Vgl. Bain, Industrial Organization, 1968, S. 7 ff.

(10) Vgl. für diese Unterteilung Caves, American Industry, 1982, S. 49 ff.

(11) Für eine ausführliche Darstellung vgl. Abbel/Hammond, Strategic Market Planning, 1979, Kap. 4 und 5.

(12) Vgl. zum folgenden Porter, Competitive Strategy, 1980, Kap. 1 und 2.

schung aufbauenden Analyseinstrumente läßt sich die Struktur der Branche, in der das Akquisitionsobjekt operiert, leicht analysieren (vgl. Abb. 3). Ebenso kann, da bei der Analyse jeder einzelnen strukturellen und verhaltensschwachen Determinante des Marktes der Bezug zu den relevanten Wettbewerbern hergestellt wird, die Wettbewerbsposition des Akquisitionsobjektes bestimmt werden.

2) *Ansatzpunkte zur Analyse von Kapitalmärkten.* Während sich die wirtschaftswissenschaftliche Literatur mit dem strategischen Verhalten von Unternehmen in Produktmärkten ausführlich beschäftigt hat, liegen nur vergleichsweise wenige Ansätze vor, die es gestatten, die strategischen Spielräume von Kapitalmärkten auszuloten. Im folgenden sollen kurz die Ansatzpunkte für eine solche Analyse vorgestellt werden.

Kapitalmärkte werden als effizient bezeichnet, wenn alle verfügbaren und relevanten Informationen in den am Markt herrschenden Wertpapierpreisen reflektiert sind[13]. Die alle Informationen enthaltenden Wertpapierpreise stellen sicher, daß den Unternehmen in einem effizienten Kapitalmarkt die korrekten Kosten für die Aufnahme von Eigen- und Fremdkapital entstehen.

Die Kapitalkosten stellen eine wichtige Information für die Gestaltung der Unternehmensstrategie dar, da sie Aufschluß darüber geben, welche Rendite die Kapitaleigner von einem bestimmten Investitionsprojekt, wie beispielsweise der Akquisition eines anderen Unternehmens, erwarten. Ein Projekt, dessen Investitionsrendite geringer ist als seine Kapitalkosten, sollte deshalb von der Unternehmensführung nicht verwirklicht werden.

Kann ein Unternehmen die Wertpapiere, die es emittiert, zu einem überhöhten Preis veräußern, sind seine Kapitalkosten niedriger, als diejenigen seiner Konkurrenten. Niedrigere Kapitalkosten bedeuten, daß die Ertragsströme eines Unternehmens bzw. eines Investitionsprojektes mit einem Diskontierungsfaktor diskontiert werden, der niedriger ist als die Opportunitätskosten des Kapitals, d.h. die Rendite, die Unternehmen bzw. Investitionsprojekte mit gleichem Risiko offerieren. Der Marktwert des Unternehmens ist deshalb höher als er es wäre, wenn das Unternehmen die korrekten, auf dem tatsächlichen Risiko der Ertragsströme basierenden Kapitalkosten zu tragen hätte. Unternehmen mit geringeren Kapitalkosten können in Projekte investieren, deren Kapitalwert sonst nicht positiv wäre. In einem ineffizienten Kapitalmarkt bietet sich einem Unternehmen daher die Möglichkeit, Kapital kostengünstiger als seine Konkurrenten zu beschaffen und dadurch Wettbewerbsvorteile zu erzielen. Das Ausmaß der Wettbewerbsvorteile, die durch Finanzierungsstrategien erzielt werden können, hängt davon ab, wie effizient die Kapitalmärkte sind.

Die folgenden potentiellen Kapitalmarktineffizienzen lassen sich durch Akquisitionsstrategien in Wettbewerbsvorteile verwandeln:

(1) *Strukturelle Faktoren,* die die Funktionsfähigkeit des Kapitalmarktes bei der Bildung korrekter Preise beeinträchtigen. Zu den wichtigsten dieser Faktoren gehören[14]:

(13) Vgl. Fama, Efficient Capital Markets, 1970, S. 383–417.
(14) Vgl. für eine etwas ausführlichere Darstellung dieser Faktoren Samuels, Capital Markets, 1981, S. 129–148.

- die Größe des Kapitalmarktes
- Regulationen
- die Entwicklung der Kommunikationssysteme in einer Volkswirtschaft
- Professionalität der am Kapitalmarkt partizipierenden Individuen oder Firmen.

Ist die Effizienz des Kapitalmarktes durch Strukturmängel beeinträchtigt, können Unterbewertungen bzw. Überbewertungen auftreten. Investoren, die in der Lage sind, solche systematischen Fehlbewertungen aufzuspüren, können erhöhte Gewinne erzielen. Darüber hinaus beeinträchtigen die genannten Faktoren nicht nur die allokative Effizienz des Kapitalmarktes, sondern auch dessen operative Effizienz[15]. Das Kriterium der operativen Effizienz bezieht sich auf die Kosten, die durch Transaktionen am Kapitalmarkt entstehen. Kapitalmärkte sind operativ desto effizienter, je niedriger die herrschenden Transaktionskosten sind.

(2) *Steuern.* Durch die spezifische Ausgestaltung des jeweiligen Steuersystems kann die Effizienz des Kapitalmarktes beeinträchtigt und damit Spielraum für Finanzstrategien geschaffen worden sein. Daraus können Impulse für Unternehmenskäufe oder -verkäufe resultieren. Dies ist z.B. dann gegeben, wenn Verlustvorträge durch Akquisitionen früher genutzt werden können oder die Übernahme sicherstellt, daß dieser Steuervorteil nicht verlorengeht.

(3) *Bilanzpolitik.* Bilanzpolitik hat zum Inhalt, auf die Beurteilung des Unternehmens durch die Kapitalgeber einzuwirken. In einem effizienten Kapitalmarkt sollten die Wertpapierpreise durch die bilanzpolitischen Mittel der Unternehmen unbeeinflußt bleiben. Die Mühe und die Kosten, die von vielen Unternehmensführungen jedoch aufgebracht werden, um Bilanzpolitik zu betreiben, lassen vermuten, daß Manager weithin von ineffizienten Kapitalmärkten ausgehen. Unternehmensakquisitionen und Bilanzpolitik sind in der Vergangenheit deshalb häufig miteinander verbunden gewesen.

(4) *Differenzierung von Wertpapieren.* Wie in Produktmärkten, steht auch für Kapitalmärkte grundsätzlich das Instrument der Differenzierung zur Verfügung. Wertpapiere können durch den Emittenten so ausgestattet werden, daß sie für bestimmte Gruppen von Investoren besonders attraktiv sind. Sind sie bereit, für differenzierte Wertpapiere einen höheren Preis zu bezahlen als für Standardpapiere und ist diese Prämie höher als die Kosten, die durch die Differenzierung entstehen, kann das emittierende Unternehmen einen Wettbewerbsvorteil durch niedrigere Kapitalkosten erzielen. Folgende Möglichkeiten der Differenzierung sind in Zusammenhang mit Akquisitionen denkbar:
- Differenzierung der Risikostruktur (z.B. »junk bonds«)
- Differenzierung durch Diversifikation (ähnlich Investmentfonds)
- Differenzierung durch ein eindeutig abgrenzbares Image (z.B. Marktführerschaft).

(5) *Finanzierungsunterstützung von interessierter Seite.* Da die Investitionsprojekte eines Unternehmens einer Vielzahl von Interessenten, wie z.B. dem Staat, der Gemeinde, den Kunden und den Lieferanten nutzen, kann die Unternehmensführung versuchen, Finanzierungsunterstützung für einzelne Vorha-

---

(15) Vgl. Copeland/Weston, Financial Theory, 1983, S. 286.

ben zu erhalten. Das Unternehmen kann z. B. direkt verbilligte Kredite von den an seinen Investitionsprojekten interessierten Partnern erhalten. Eine andere Möglichkeit ist, daß diese dazu beitragen, die Risiken von Investitionsprojekten zu reduzieren. Dies kann beispielsweise dadurch geschehen, daß die Interessenten Garantien in verschiedener Form übernehmen oder Informationen zur Verfügung stellen, die sonst dem Unternehmen unzugänglich blieben. Die teilweise Risikoübernahme durch andere ist aus der Sicht des Unternehmens immer dann sinnvoll, wenn die Reduktion der Kapitalkosten aufgrund des verringerten Risikos höher ausfällt als die Kosten, die durch die Bewerkstelligung des Risikotransfers entstehen. Die Unternehmensführung muß deshalb beim Entwerfen einer Akquisitionsstrategie diejenigen Interessenten identifizieren, die in besonderem Maße von dem Erwerb des anderen Unternehmens profitieren.

Die amerikanische finanzierungstheoretische Literatur geht davon aus, daß der US-Kapitalmarkt einen sehr hohen Effizienzgrad besitzt. Unter diesen Bedingungen können Wettbewerbsvorteile nur in vereinzelten Fällen bei monopolistischem Zugang zu preisrelevanten Informationen erzielt werden[16]. Untersuchungen in der Bundesrepublik Deutschland haben dagegen gezeigt, daß der Effizienzgrad des deutschen Kapitalmarktes weitaus geringer ist[17]. Unter der Voraussetzung, daß die Kapitalmärkte, in denen die Unternehmen operieren, nur beschränkt effizient sind, eröffnet sich ein gewisser Spielraum für finanzstrategisch motivierte Akquisitionsstrategien. Insgesamt besitzen jedoch güterwirtschaftlich ausgerichtete Akquisitionsstrategien aufgrund des vergleichsweise geringen Effizienzgrades der Produktmärkte das weitaus größere Potential.

Formulierung der strategischen Stoßrichtungen der Akquisition

Werterhöhungen durch die Akquisitionsstrategie ergeben sich vor allem aus *Restrukturierungsmaßnahmen* und der *Erschließung von Synergiepotentialen*.

Unter Restrukturierungsmaßnahmen sind zwei unterschiedliche Typen von Wertschöpfungsmechanismen zu verstehen. Zunächst wird vom derzeitigen Bestand an Aktiva und Passiva beim erworbenen Unternehmen ausgegangen und versucht, das Management des vorhandenen Vermögens und der übernommenen Verbindlichkeiten zu optimieren.

In einem zweiten Schritt wird die Frage angegangen, ob die heutigen Vermögensgegenstände und Verbindlichkeiten tatsächlich unter der Eigentümerschaft des erworbenen Unternehmens verbleiben sollen oder ob etwa Dritte besser in der Lage sind, deren Management zu übernehmen. Die denkbaren Einzelmaßnahmen dieser beiden Schritte sind in Abbildung 4 zusammengestellt.

Die Erschließung von Synergiepotentialen ist die zweite große Quelle möglicher Werterhöhungen durch Akquisitionsstrategien. Synergiepotentiale kön-

---

(16) Vgl. die in Fußnote 31 angegebene Literatur.
(17) Vgl. die in Fußnote 32 angegebene Literatur.

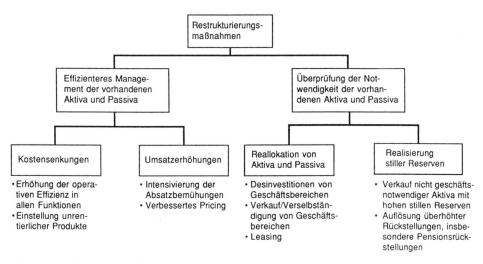

Abb. 4:   Restrukturierungsmaßnahmen nach Unternehmensakquisitionen

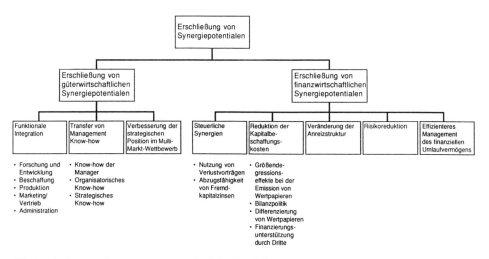

Abb. 6:   Analyse von Synergiepotentiaten durch den Geschäftssystem-Ansatz

nen entweder finanzwirtschaftlicher oder güterwirtschaftlicher Art sein. Eine
Zusammenstellung der Einzelmaßnahmen enthält Abbildung 5.

Die betriebswirtschaftliche Forschung und die Praxis der Unternehmensbe-
ratung haben Instrumente entwickelt, die es erleichtern, güterwirtschaftliche
Synergien zu identifizieren und zu quantifizieren. Hierzu gehören das Konzept
des Geschäftssystems von McKinsey & Company[18] und das Synergiekonzept
von Ansoff[19].

(18) Vgl. Gluck, Strategic Choice, 1980, S. 22–23.
(19) Vgl. Ansoff, Corporate Strategy, 1965, S. 75–102; Ansoff/Weston, Merger Objectives, 1963,
     S. 49–58.

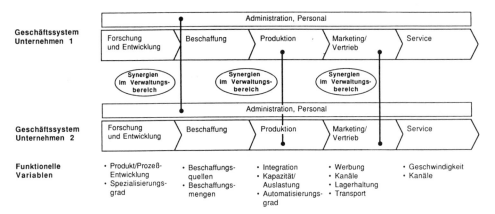

Abb. 5:   Erschließung von Synergiepotentialen durch Unternehmensakquisitionen

Unter dem Geschäftssystem wird die Sequenz von Funktionen verstanden, die ein Unternehmen bis zum Verkauf seines Produktes erfüllen muß. Diese funktionelle Sequenz differiert von Branche zu Branche und innerhalb einer gegebenen Branche häufig von Unternehmen zu Unternehmen. Die strategische Aufgabe der Unternehmensführung ist es, zu entscheiden, wie bestimmte Funktionen ausgeführt werden sollen. Im Kern liegt dem Konzept des Geschäftssystems deshalb die Einsicht zugrunde, daß eine Analogie zum bekannten »Marketing Mix« für jede betriebswirtschaftliche Funktion existiert. Abbildung 6 stellt ein typisches Geschäftssystem für ein Produktionsunternehmen dar.

Auf jeder Stufe des Geschäftssystems muß sich die Unternehmensführung fragen, ob aufgrund einer Rekonfiguration Wettbewerbsvorteile durch verbesserte Leistungs- und Kostenpositionen zu erlangen sind. Unternehmensakquisitionen können erheblich dazu beitragen, solche Rekonfigurationen zu bewirken. Sind das Akquisitionsobjekt und eine oder mehrere der anderen Geschäftseinheiten des erwerbenden Unternehmens in der Lage, Ressourcen auf einzelnen Stufen ihres jeweiligen Geschäftssystems gemeinsam zu nutzen, lassen sich unter zwei Voraussetzungen Wettbewerbsvorteile verwirklichen. Zum einen müssen die zusätzlichen Kosten, die durch die gemeinsame Nutzung bestimmter Ressourcen entstehen, kleiner sein als der Wert der realisierten Vorteile. Zum anderen sollten die Wettbewerber beträchtliche Mühe haben, die aus den Synergieeffekten resultierenden Vorteile durch Rekonfiguration ihrer eigenen betriebswirtschaftlichen Funktionsbereiche auszugleichen.

Das Konzept des Geschäftssystems stellt einen geeigneten Ausgangspunkt für die Analyse leistungswirtschaftlicher Synergiepotentiale dar, weil es berücksichtigt, daß strategische Wettbewerbsvorteile häufig in der Art und Weise begründet sind, *wie* ein Unternehmen bestimmte betriebswirtschaftliche Funktionen erfüllt. Faktoren, die vielfach als ursächlich für Wettbewerbsvorteile angesehen werden, können mit Hilfe des Geschäftssystem-Ansatzes disaggregiert werden. Viele Untersuchungen betonen beispielsweise die strategische

Bedeutung eines hohen relativen Martanteils[20]. Dabei wird stillschweigend darüber hinweggegangen, daß die Vorteile eines hohen Marktanteils nicht gleichmäßig auf allen Stufen des Geschäftssystems entstehen. Vielmehr erscheint es realistisch, daß die Wettbewerbsvorteile aufgrund eines hohen Marktanteils im wesentlichen durch Größendegressions- und Erfahrungseffekte in einem oder vielleicht zwei Funktionsbereichen begründet sind. Gelingt es einem Unternehmen, in genau diesen Funktionsbereichen leistungswirtschaftliche Synergiepotentiale mit einem oder mehreren Akquisitionsobjekten zu identifizieren und tatsächlich umzusetzen, lassen sich Marktanteilsnachteile in einer Industrie unter Umständen ausgleichen.

Ansoff unterscheidet zwischen Gründungs- (startup synergy) und Betriebssynergien (operating synergy). Gründungssynergien kommen einem Unternehmen beim Eintritt in eine Industrie zugute, bei dem Kosten in der Form eines »Lehrgeldes« entstehen. Das neu eintretende Unternehmen muß eine eigene Organisation aufbauen, branchenadäquate Entscheidungsprozesse entwickeln, neue Komponenten erwerben und Akzeptanz bei den Kunden gewinnen. Während der Gründungsphase ist das Unternehmen deshalb im Vergleich zu den bereits in der Industrie etablierten Wettbewerbern benachteiligt. Die Höhe des »Lehrgeldes« jedoch ist davon abhängig, in welchem Umfang ein diversifizierendes Unternehmen auf die Fähigkeiten und Ressourcen seines Basisgeschäftes zurückgreifen kann. Mit dem Begriff Betriebssynergien bezeichnet Ansoff jene andauernden Wettbewerbsvorteile, die dem Unternehmen im laufenden Geschäftsbetrieb im Vergleich zu nicht oder anders diversifizierten Firmen entstehen. Solche Wettbewerbsvorteile ergeben sich aufgrund von Größendegressionseffekten (economies of scale), d.h. der gemeinsamen Nutzung unteilbarer Faktoren durch mehrere Geschäftseinheiten. Im Zusammenhang mit Mehrproduktunternehmen wird auch von Reichweiteneffekten (economies of scope) gesprochen. Economies of scope schließen die Nutzung von überschüssigem Management-Know-how in neuen Geschäftsfeldern mit ein. Synergieeffekte können sich grundsätzlich in allen betriebswirtschaftlichen Funktionsbereichen ergeben.

Das Entstehen von Synergieeffekten wird häufig einseitig unter der Fragestellung analysiert, in welcher Weise die akquirierende Unternehmung zur Verbesserung der Wettbewerbsposition des Akquisitionsobjektes beitragen kann. Synergieeffekte sind jedoch symmetrisch, d.h. auch das erwerbende Unternehmen vermag für seinen spezifischen Produktmarkt unmittelbar Vorteile aus der Akquisition zu ziehen. Eine weitere strategische Opportunität ergibt sich, wenn durch die Vereinigung der Ressourcen der Zugang zu Produktmärkten eröffnet wird, in die keines der beiden Unternehmen allein hätte diversifizieren können.

Die Dimensionen zur Beurteilung von Synergiepotentialen lassen sich wie in Abbildung 7 tabellarisch zusammenfassen. Synergieeffekte werden hier zunächst nach der betriebswirtschaftlichen Funktion, in der sie entstehen, unterschieden. Innerhalb eines jeden Funktionsbereichs wird zwischen Beiträgen des akquirierenden Unternehmens zur Verbesserung der Wettbewerbsposition

---

(20) Vgl. Henderson, Corporate Strategy, 1979, S. 56 ff.

Betriebs-wirtschaft-licher Funktions-bereich \ Symmetrien	Synergie-effekte	Gründungssynergien		Betriebssynergien		Gemeinsa-me neue Produkt-marktopp-ortunitäten	Gesamter Syner-gieeffekt
		Investi-tionsbe-reich	Operativer Bereich	Investi-tionsbe-reich	Operativer Bereich		
Verwaltung und Unter-nehmens-leitung	Beitrag des Akquisi-tionsobjekts						
	Beitrag des akquirieren-den Unternehmens						
	Gemeinsame neue Opportunitäten						
Forschung und Ent-wicklung	Beitrag des Akquisi-tionsobjekts						
	Beitrag des akquirieren-den Unternehmens						
	Gemeinsame neue Opportunitäten						
Marketing	Beitrag des Akquisi-tionsobjekts						
	Beitrag des akquirieren-den Unternehmens						
	Gemeinsame neue Opportunitäten						
Produktion	Beitrag des Akquisi-tionsobjekts						
	Beitrag des akquirieren-den Unternehmens						
	Gemeinsame neue Opportunitäten						

Abb. 7:   Analyse von Synergiepotentiaten durch die Synergiematrix

des Akquisitionsobjektes und vice versa, sowie gemeinsamen neuen Opportunitäten differenziert. In den Spalten ist die Tabelle nach Gründungs- und Betriebssynergien unterteilt. Eine zusätzliche Spalte korrespondiert mit den neuen Opportunitäten, die sich in den verschiedenen Funktionsbereichen ergeben. Die letzte Spalte enthält Raum für eine zusammenfassende Evaluierung der entstehenden Synergiepotentiale über alle betriebswirtschaftlichen Funktionsbereiche hinweg. Innerhalb dieser Kategorien können sich in Abhängigkeit vom jeweiligen Einzelfall weitere Unterteilungen anbieten. So könnte man beispielsweise die betriebswirtschaftlichen Funktionsbereiche feiner differenzieren oder innerhalb der Kategorien Gründungs- und Betriebssynergien eine Unterteilung nach Vorteilen vornehmen, die bei Investitionen (z.B. gemeinsame Nutzung von Anlagen) bzw. den laufenden Operationen (z.B. niedrigere Beschaffungskosten) auftreten.

b) Die Phase der Übernahme

Die Phase der Übernahme besteht zunächst aus den Übernahmeverhandlungen, in deren Verlauf die Veräußerungswilligkeit der Eigentümer und des

Managements des Akquisitionsobjektes ausgelotet wird. Die Veräußerungswilligkeit der Eigentümer hängt wesentlich von der Streuung der Anteile ab. Bei Aktiengesellschaften mit weitem Streubesitz, wird die Bereitschaft zu veräußern maßgeblich davon abhängen, wie hoch das Angebot des Erwerbers ist. Bei Unternehmen, die von nur einer Person, mehrheitlich von einer kleinen Gruppe privater Eigentümer oder institutionellen Anlegern gehalten werden, spielen häufig auch andere Faktoren eine Rolle, wie beispielsweise die Erhaltung der Selbständigkeit des Unternehmens. Die Zustimmung der Manager des Akquisitionsobjektes ist bei Aktiengesellschaften im allgemeinen notwendig, da die Unternehmensverfassung in der Bundesrepublik Deutschland dem Management (Vorstand) eine von den Eigentümern relativ unabhängige Stellung einräumt. Während es in der Bundesrepublik Deutschland noch nie die Übernahme einer Publikumsaktiengesellschaft gegen den Willen des Vorstandes und/oder des Aufsichtsrates gegeben hat, sind feindliche Übernahmeversuche in den USA an der Tagesordnung.

Im Anschluß an die Verhandlungen folgt die Exekution der Übernahme, die sehr unterschiedlich sein kann. Im Falle einer freundlichen Übernahme steht die finanzielle sowie steuer- und gesellschaftsrechtliche Abwicklung der Transaktion im Vordergrund. Bei einer feindlichen Übernahme dagegen fällt in diese Phase die eigentliche Auseinandersetzung mit dem bisherigen Management um die Unternehmenskontrollrechte.

Sobald der Erwerber die Kontrollrechte über das Akquisitionsobjekt erworben hat, können die Grundlagen für die zukünftigen Beziehungen zwischen dem erwerbenden und dem erworbenen Unternehmen festgelegt werden. Sie werden gewöhnlich in Unternehmensverträgen fixiert und durch personelle Veränderungen im Vorstand und im Aufsichtsrat des erworbenen Unternehmens realisiert.

c) Die Phase der Wertschöpfung

In der Phase der Wertschöpfung wird das strategische Konzept des Erwerbers umgesetzt. Dies bedeutet, daß die in der Phase der Strategieentwicklung konzipierten Restrukturierungsmaßnahmen sowie die geplante Erschließung von Synergiepotentialen in geeigneter Form realisiert werden müssen. Die Methoden der Umsetzung reichen dabei von der Delegation der Implementierungsverantwortung an die zuständigen Abteilungsleiter, der Bildung von Projektteams unter Einschluß der relevanten Entscheidungsträger, bis zur Inanspruchnahme externer Unterstützung durch Berater. Da empirische Untersuchungen gezeigt haben, daß der Integration des erworbenen Unternehmens zentrale Bedeutung für den Erfolg der Akquisitionsstrategie zukommt, muß im Einzelfall sorgfältig geprüft werden, welches Vorgehen am besten geeignet ist[21]. Für die Bewertung zu Beginn des Erwerbers stellt sich die Aufgabe, die Implementierungslücke, d.h. die Differenz zwischen den potentiellen und den

---

(21) Vgl. im einzelnen hierzu Humpert, Unternehmensakquisition, 1985, S. 32 ff., abgedruckt in diesem Band.

tatsächlich realisierten werterhöhenden Maßnahmen realistisch abzuschätzen.

d) Die Phase der Gewinnrealisierung

In der Phase der Gewinnrealisierung treten deutliche Unterschiede zwischen freundlichen und feindlichen Unternehmensübernahmen auf, die ihre Ursache in unterschiedlichen Wertschöpfungsstrategien haben. Eine auf die Erschließung von Synergiepotentialen ausgerichtete Strategie ist in der Regel langfristiger ausgelegt als eine Strategie, deren Inhalt vor allem in der Restrukturierung des Akquisitionsobjektes besteht. Im letzteren Fall werden die Anteile des erworbenen Unternehmens deshalb nach Vollzug der restrukturierenden Maßnahmen häufig wieder veräußert. Daneben treten bei feindlichen Übernahmeversuchen auch Fälle auf, in denen die gerade erst erworbenen Anteile des Akquisitionsobjekts bereits in der Phase der Übernahme wieder veräußert werden. Bei eher langfristig ausgerichteten Akquisitionsstrategien kommen als Gewinnrealisierung die auf unbestimmte Dauer angelegte Fortführung des neu entstandenen Unternehmensverbundes und die gemeinsame Veräußerung des Akquisitionsobjektes und des erwerbenden Unternehmens nach erfolgreicher Umsetzung aller werterhöhenden Maßnahmen in Betracht. In Abhängigkeit von der Form der Gewinnrealisierung können Zu- und Abschläge auf den Wert der Akquisition entstehen, die in die Bewertung einbezogen werden müssen.

5.1.3 Neuere finanzierungstheoretische Methoden der Bewertung von Unternehmensakquisitionen

5.1.3.1 Ertragswertmethode als Bewertungsmodell

Aus der Sicht des Erwerbers wird der Wert einer Unternehmensakquisition durch ihren Ertragswert unter Berücksichtigung der aus Restrukturierungsmaßnahmen und Synergien resultierenden Ergebniswirkungen bestimmt. Darüber besteht zwischen Theorie[22] und Praxis[23] der Unternehmensbewertung weitgehend Konsens.

Bei der Ermittlung des Ertragswertes tauchen eine Fülle von konzeptionellen und praktischen Problemen auf, mit denen sich das Schrifttum seit vielen Jahrzehnten ausgiebig auseinandergesetzt hat. Auch in diesen Einzelfragen haben sich Theorie und Praxis der Unternehmensbewertung – nach langen und tiefgreifenden Diskussionen – weitgehend einander angenähert.

Ein besonders schwieriges Problem bei der praktischen Anwendung der Ertragswertmethode ist zweifellos die Quantifizierung des Risikos und seine

---

(22) Vgl. Moxter, Unternehmensbewertung, 1983, S. 9 ff.; ferner stellvertretend für viele Literaturhinweise Coenenberg/Sieben, Unternehmensbewertung, 1976, Sp. 4062–4079.
(23) Vgl. IdW, Unternehmensbewertungen, 1983.

Überführung in einen angemessenen Risikozuschlag zum Kalkulationszinsfuß[24]. Die neuere kapitalmarktorientierte Finanzierungstheorie hat sich insbesondere um die Risikoquantifizierung bei der Bewertung unsicherer Vermögensanlagen bemüht. Im folgenden wird ausschließlich auf diesen Ansatz
der kapitalmarktorientierten Finanzierungstheorie eingegangen und untersucht, welche Konsequenzen sich aus diesem Ansatz für die finanzielle Bewertung einer Unternehmensakquisition und die Formulierung einer Akquisitionsstrategie ergeben können.

Die Diskussion des kapitalmarktorientierten Ansatzes im Zusammenhang
mit der Bewertung von Akquisitionen erscheint – trotz einiger grundsätzlicher
Vorbehalte[25] – aus zwei Gründen notwendig zu sein.

Die deutschsprachige Literatur zur Unternehmensbewertung hat vom Kapitalmarktansatz bisher so gut wie keine Notiz genommen[26]. In den USA dagegen
hat der Kapitalmarktansatz sowohl im Schrifttum als auch in der Praxis der
Unternehmensbewertung eine weite Verbreitung erfahren. Deutsche Unternehmen, die in den USA akquirieren, werden demzufolge mit dem Gedankengut der Kapitalmarkttheorie konfrontiert und müssen sich mit ihm auseinandersetzen.

Auch wenn die Kapitalmarkttheorie im Einzelfall einer Akquisition nicht
unmittelbar anwendbar sein mag, können sich aus dem theoretischen Konzept
wichtige konzeptionelle Erkenntnisse für die Bewertung und Formulierung von
Akquisitionsstrategien ergeben.

5.1.3.2 Kapitalmarktmodell zur Ermittlung des Risikozuschlags zum Kalkulationszinsfuß

Das Kapitalmarktmodell hat seinen Ursprung in der sogenannten Portfoliotheorie, die die Frage untersucht, wie Investoren sich bei Unsicherheit verhalten sollten, und zeigt, daß das Investitionsrisiko einzelner Wertpapiere durch
Mischung mit anderen reduziert werden kann. Die Portfoliotheorie wie auch die
auf ihr basierende moderne Finanzierungstheorie gehen gewöhnlich von der
Annahme aus, daß Investoren risikoscheu sind. Die Zielfunktion eines Investors kann deshalb als Minimierung des Risikos bei gegebenem Ertrag bzw.
Maximierung des Ertrags bei gegebenem Risiko beschrieben werden.

Risiko wird in der Portfoliotheorie als die Varianz oder Standardabweichung
der erwarteten Renditen definiert. Während die Rendite eines Portfolios sich
als Linearkombination der erwarteten Renditen aller im Portfolio enthaltenen
Wertpapiere multipliziert mit den jeweiligen Gewichten ergibt, läßt sich die
Standardabweichung (das Risiko) des Portfolios nicht als der gewichtete Durchschnitt der einzelnen Standardabweichungen errechnen. Der risikoreduzierende Diversifikationseffekt ergibt sich durch die Kovarianzen der Renditen der an
der Portfoliobildung beteiligten Wertpapiere. Diversifikation ist erst dann vor

---

(24) Vgl. zur neuerlichen Diskussion Zimmerer, Ertragswertgutachten, 1988, S. 417–420 sowie die
Dialogbeiträge von Hübner, Klocke und Sieben/Kircher, ebenda, S. 533–543.
(25) Vgl. Coenenberg, Unternehmensbewertung, 1970, S. 221–245, abgedruckt in diesem Band.
(26) Vgl. allerdings Göppl, Capital-Asset-Pricing-Theorie, 1980, S. 237–245.

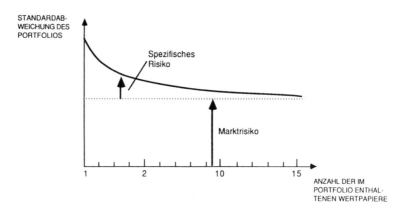

Abb. 8:   Unterscheidung zwischen spezifischem Risiko und Marktrisiko

teilhaft, wenn es gelingt, Wertpapiere zu finden, die nicht vollständig positiv korreliert sind. Der größte Diversifikationserfolg stellt sich bei vollständig negativer Korrelation ein. Für diesen Fall existiert immer eine Strategie zum Aufbau eines Portfolios, die das Risiko vollständig eliminiert.

Das Risiko eines Portfolios ist somit von insgesamt drei Faktoren abhängig:

(1) den Varianzen der Renditen der einzelnen im Portfolio enthaltenen Wertpapiere;

(2) der Richtung und dem Ausmaß, in dem diese Wertpapiere korrelieren und

(3) den jeweiligen Portfoliogewichten der enthaltenen Wertpapiere.

Schon geringfügige Diversifizierung kann das Risiko des Gesamtportfolios erheblich reduzieren. Wagner und Lau[27] haben gezeigt, daß bereits eine geringe Anzahl von Wertpapieren ausreicht, um den größten Teil des risikomindernden Diversifikationseffektes zu erzielen.

Weitere Wertpapiere, die dem Portfolio hinzugefügt werden, reduzieren das Risiko nur noch geringfügig. Mit zunehmender Zahl der beteiligten Wertpapiere nähert sich die Varianz der Portfoliorendite der Marktvarianz. Derjenige Teil des Risikos, der durch weitere Diversifizierung nicht eliminiert werden kann, wird *Marktrisiko* oder *systematisches Risiko* genannt. Risiko, das durch Diversifikation vermieden werden kann, heißt *spezifisches* oder *unsystematisches* Risiko. Abbildung 8 illustriert die Unterscheidung zwischen systematischem und unsystematischem Risiko.

Marktrisiko hat seine Ursachen in ökonomischen und politischen Faktoren, die die Volkswirtschaft insgesamt beeinflussen. Spezifisches Risiko dagegen resultiert aus denjenigen Unsicherheiten, denen ein einzelnes Unternehmen ausgesetzt ist, wie beispielsweise Managementfehler, Markteintritte ausländischer Wettbewerber mit geringeren Kosten, Erfindungen, verlorene Prozesse oder Produktionsausfälle durch Streiks, die nur das einzelne Unternehmen betreffen.

---

(27) Wagner/Lau, Diversification, 1971, S. 50.

Für die Anlagenentscheidung eines Investors, der nicht auf die Investitionen in ein einzelnes Unternehmen beschränkt ist, ist nur das Marktrisiko von Bedeutung, da das spezifische Risiko durch Diversifikation beseitigt werden kann. Das Risiko eines vollständig diversifizierten Portfolios ist deshalb eine Funktion des Marktrisikos der beteiligten Wertpapiere. Ein risikoscheuer Investor wird ein Portfolio wählen, bei dem das spezifische Risiko null ist. Ein solches Portfolio wird auch als effizientes Portfolio bezeichnet[28]. Das Marktportfolio, d.h. ein anteiliges Halten aller am Markt gehandelten risikoreichen Wertpapiere, stellt ein solches effizientes Portfolio mit nur noch systematischem Risiko dar. Da Investoren risikoscheu sind, erwarten sie eine Prämie dafür, daß sie (systematisches) Risiko übernehmen, anstatt eine sichere (risikofreie) Anlagemöglichkeit, zum Beispiel in der Form von Anleihen des Staates, zu erwerben. Die für das Halten einer risikofreien Kapitalanlage erwartete Rendite wird als sicherer Zinssatz oder risikofreier Ertrag bezeichnet. Investoren haben jedoch nicht nur die Möglichkeit, ihr Vermögen risikofrei anzulegen. Sie können sich, unter den Annahmen des Kapitalmarktmodells, auch zum gleichen Zinssatz verschulden.

Unter den Bedingungen des Kapitalmarktmodells entspricht die erwartete Rendite einer Aktie dem risikofreien Zinssatz (i) zuzüglich einer Risikoprämie, die sich aus der Differenz der erwarteten Rendite des Marktportfolios ($E[r_m]$) und mit dem risikofreien Zinssatz (i), gewichtet mit der Sensitivität dieser Aktie gegenüber Marktbewegungen, ergibt. Die Sensitivität der Aktie wird durch den Faktor β angegeben, d.h. dem Quotienten aus der Kovarianz der Aktien mit der Rendite des Marktportfolios und der Varianz des Marktportfolios. Ist $\beta_j > 1$, ist die Aktie j verhältnismäßig sensitiv gegenüber Änderungen der Rendite des Marktportfolios. Ein $\beta_j < 1$ besagt, daß eine Renditeänderung des Marktportfolios zu einer vergleichsweise geringeren Renditeänderung der Aktie führt. Damit erhält das Kapitalmarktmodell die folgende Gestalt:

(1) $\qquad E(r_j) = i + \beta_j(E[r_m] - i)$

wobei

i = der Zinssatz einer risikofreien Anlage

$E(r_m)$ = der Erwartungswert der Rendite des Marktportfolios

$\beta = \dfrac{\text{cov}(r_j, r_m)}{\sigma_m^2}$ = die Risikohöhe einer Investition, d.h. Beta gibt den marginalen Beitrag einer Investition zum Risiko des Marktportfolios an

Abbildung 9 stellt den Zusammenhang zwischen β und erwarteter Rendite graphisch dar.

Die Gerade iM wird Wertpapierlinie (Security Market Line) genannt und gibt den »trade-off« zwischen erwarteter Rendite und systematischem Risiko einer Aktie an. Für eine Aktie j, deren Renditeschwankungen vollständig unkorre-

---

(28) Vgl. Markowitz, Portfolio Selection, 1952, S. 77 ff.

liert mit denen des Marktes sind, gilt $\beta_j = 0$. Die erwartete Rendite entspricht deshalb dem Zinssatz i für risikofreie Kapitalanlagen. Bei vollständig positiver Korrelation nimmt β den Wert 1 an. Die erwartete Rendite beträgt $E(r_m)$[29].

Für die praktische Anwendbarkeit des Kapitalmarktmodells ist von entscheidender Bedeutung, ob in empirischen Untersuchungen die durch das Modell postulierten Zusammenhänge verifiziert werden konnten. Für die USA haben empirische Untersuchungen folgende Ergebnisse erbracht:

(1) Zwischen Rendite und systematischem Risiko besteht eine signifikant positive Beziehung. Darüber hinaus erscheint die Linearitätsannahme haltbar[30].

(2) Betas sind relativ stabil über die Zeit. Die Eigenschaft der Stabilität oder Stationarität ist bedeutsam für die Eignung des Kapitalmarktmodells als Entscheidungshilfe[31].

Das Kapitalmarktmodell wurde bisher für die Bundesrepublik Deutschland nur in wenigen Untersuchungen einer empirischen Prüfung unterworfen. Die Untersuchung von Guy ergab, daß die Betas der Unternehmen über die Zeit stabil waren und das beobachtete Verhalten der Wertpapiere nicht im Widerspruch zum Kapitalmarktmodell stand[32]. Modigliani, Pogue, Scholes und Solnik fanden dagegen das Kapitalmarktmodell für Deutschland nicht anwendbar[33]. Pogue und Solnik kamen zu dem Ergebnis, daß die Betas für einzelne deutsche Unternehmen nicht stabil waren[34]. Möller, der die umfassendste und aktuellste Untersuchung, die zur Zeit vorliegt, durchgeführt hat, stellte fest, daß bei Verwendung eines entsprechenden Aktienkursindex zur Approximation des Marktportfolios das Kapitalmarktmodell als Erklärungsansatz für den bundesdeutschen Kapitalmarkt nicht zurückgewiesen werden muß[35].

---

(29) Das Beta einer Aktie reflektiert nicht nur das unternehmerische Risiko der Investitionsprojekte des Unternehmens, sondern hängt darüber hinaus auch vom Finanzierungsrisiko ab. Das Finanzierungsrisiko ist eine Funktion des Verschuldungsgrades. Je höher der Verschuldungsgrad eines Unternehmens, desto höher ist das Finanzierungsrisiko und desto stärker weicht das Beta der Aktie von demjenigen Beta ab, das nur das unternehmerische Risiko angibt (Investitions-Beta). Das Investitions-Beta errechnet sich nach folgender Gleichung als der gewichtete Durchschnitt des Fremd- und Eigenkapital-Betas:

$$\beta_{Inv} = \beta_{FK} \frac{FK}{FK + EK} + \beta_{EK} \frac{EK}{FK + EK}$$

Hamada kam in einer empirischen Untersuchung des Zusammenhangs zwischen Kapitalstruktur und Beta zu dem Ergebnis, daß zwischen 21 und 24 Prozent des mittleren Betawertes durch die Kapitalstruktur zu erklären sind. Vgl. Hamada, Systematic Risk of Common Stocks, 1972, S. 435–452; Hamada, Portfolio Analysis, 1969, S. 13–31.

(30) Vgl. Jacob, Measurement of Systematic Risk, 1971, S. 815–834; Miller/Scholes, Rates of Return, 1972, S. 47–78; Blume/Friend, Capital Asset Pricing Model, 1972, S. 79–121; Fama/MacBeth, Risk, Return and Equilibrium, 1973, S. 607–636; Foster, Asset Pricing Models, 1977, S. 512–539.

(31) Vgl. Sharpe/Cooper, Risk-Return Classes, 1972, S. 46–54.

(32) Vgl. Guy, Equity Securities, 1977, S. 71–93.

(33) Vgl. Modigliani/Pogue/Scholes/Solnik, European Capital Markets, 1972.

(34) Vgl. Pogue/Solnik, European Common Stocks, 1974, S. 917–944.

(35) Vgl. Möller, Bilanzkennzahlen, 1986, S. 105 ff.

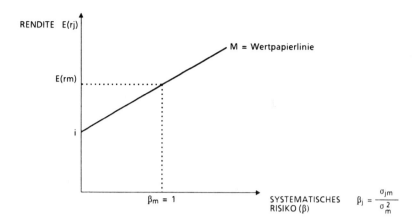

Abb. 9: Wertpapierlinie des Kapitalmarktmodells

5.1.3.3 Praktische Probleme bei der Anwendung des Kapitalmarktmodells

Nach der Darstellung des theoretischen Hintergrunds des Kapitalmarktmodells sollen nun einige Probleme seiner Anwendungen bei der Bestimmung der Kapitalkosten behandelt werden. Zur Bestimmung des Diskontierungsfaktors müssen der risikofreie Zinssatz i, die Rendite des Marktportfolios $E(r_m)$ und ein β für das Akquisitionsobjekt bekannt sein.

Der risikofreie Zinssatz i wird in den USA im allgemeinen durch die Rendite von US-Treasury Bills approximiert, da diese historisch die geringste Varianz ihrer Renditen aufgewiesen haben[36]. Obwohl eine vergleichbare Untersuchung für die Bundesrepublik Deutschland nicht vorliegt, kann angenommen werden, daß für Finanzierungsschätze des Bundes ähnliche Ergebnisse im Vergleich zu anderen Wertpapieren errechnet würden, da Treasury Bills und Finanzierungsschätze hinsichtlich ihrer Eigenschaften fast identisch sind.

Das zweite Problem, das sich bei der praktischen Verwendung des Kapitalmarktmodells zur Bestimmung der Kapitalkosten ergibt, beinhaltet die Bestimmung der Risikoprämie $(E[r_m] - i)$, zu deren Berechnung sich zwei grundsätzlich unterschiedliche Methoden herausgebildet haben. Die eine stützt sich auf historische Kapitalmarktdaten (ex-post-Methode), während die andere die Kapitalmarktmethode benutzt, um die erwartete zukünftige Risikoprämie zu bestimmen (ex-ante-Methode). Die ex-post-Methode bezieht sich für die Vereinigten Staaten gewöhnlich auf eine Untersuchung von Ibbotson und Sinquefield, die Kapitalmarktdaten der Periode zwischen den Jahren 1926 und 1981 untersucht haben[37]. Es stellte sich heraus, daß die durchschnittliche Risikoprämie, d.h. die Differenz zwischen der realisierten durchschnittlichen Rendite von Aktien und derjenigen von T-Bonds bzw. T-Bills, 8,3% war. Vandell und

---

(36) Vgl. Ibbotson/Sinquefield, Stocks, 1982.
(37) Vgl. Ibbotson/Sinquefield, Stocks, 1982, exhibit 29, S. 71.

Kester[38] haben einen auf der Kapitalwertmethode basierenden Ansatz entwikkelt, um $E(r_m)$ zu bestimmen. Ist gleichzeitig der risikofreie Zinssatz bekannt, kann die Risikoprämie errechnet werden. Vandel und Kester benutzten den in Gleichung (2) wiedergegebenen Zusammenhang, um $E(r_m)$ zu schätzen[39]:

$$\bar{E}(r_m) = \frac{D_1}{P_o} + g = i + (E[r_m] - i) = E(r_m)$$

D_1 = die in Periode t = 1 erwarteten Dividendenzahlungen

P_o = der Marktwert des »Marktportfolios« zum Zeitpunkt t = 0

g   = die erwartete Wachstumsrate des Gewinns und bei konstanter Ausschüttungsrate gleichzeitig der Dividenden

$\bar{E}(r_m)$ = die zukünftig erwartete Rendite des Marktportfolios

$E(r_m)$ = die historisch erwartete Rendite des Marktportfolios

i   = der risikofreie Zinssatz

Als »Marktportfolio« wird gewöhnlich ein Index wie z. B. der Standard und Poor 500 Index benutzt[40]. Der Marktwert des Portfolios, das dem Index zugrundeliegt, kann leicht ermittelt werden. Ebenso kann D_1, d. h. die den Haltern des Marktportfolios in Periode t = 1 zufließenden Dividendenzahlungen, relativ akkurat geschätzt werden. Nur g, die erwartete durchschnittliche Wachstumsrate des Index, muß bestimmt werden. Es ist jedoch einfacher, eine konstante langfristige Wachstumsrate für ein »Marktportfolio« zu ermitteln als für eine einzelne Aktie. Vandel und Kester benutzten 15 verschiedene Methoden, um g zu schätzen. Einige der benutzten Modelle waren in der Lage, mehr als 75% der Varianz der Risikoprämien innerhalb einer Vierjahresperiode zu erklären.

Der Praktiker kann sich die Bestimmung der Risikoprämie jedoch weiter vereinfachen und auf die Dienste von Investmentbanken zurückgreifen, die regelmäßig Werte für $E(r_m)$ ermitteln[41].

Die letzte Größe, die benötigt wird, um den Diskontierungsfaktor r mit Hilfe des Kapitalmarktmodells zu bestimmen, ist Beta. Grundsätzlich werden Betas durch lineare Regressionen zwischen den Vergangenheitsrenditen einzelner Aktien und der Vergangenheitsrendite bestimmter Indices des Aktienmarktes ermittelt. Die auf diese Weise erhaltenen Werte werden historische Betas genannt. Auch Beta-Werte werden jedoch häufig von Investmentbanken bereitgestellt, so daß in vielen Fällen auf die Ermittlung durch Regression verzichtet werden kann.

Ein grundsätzliches Ermittlungsproblem ergibt sich natürlich dann, wenn die Akquisition ein nicht börsennotiertes Unternehmen ist. Hilfsweise kommen folgende Methoden in Betracht, um in solchen Fällen einen Wert für das Beta des Akquisitionsobjektes zu bestimmen. Die erste besteht darin, ein dem Akqui-

(38) Vgl. Vandell/Kester, Risk-Premia Estimates, 1983.

(39) Dieser Zusammenhang ist auch als sogenannte Gordon-Formel bekannt geworden. Vgl. Gordon/Shapiro, Capital Equipment Analysis, 1956, S. 102–110.

(40) Vgl. Möller, Bilanzkennzahlen, 1986, S. 68 ff.

(41) Vgl. z. B. Merril Lynchs zweimonatlich erscheinende quantitative Analysis oder Institutional Brokers Estimate Service (IBES).

sitionsobjekt möglichst ähnliches Unternehmen zu finden, welches börsennotiert ist. Kann das Beta des letzteren ermittelt werden, besteht die Möglichkeit,
diesen Wert, eventuell unter entsprechenden Anpassungen, zur Bestimmung
der Kapitalkosten für die Akquisition zu benutzen. Die zweite Methode versucht auf Daten des Rechnungswesens zurückzugreifen. Hierbei wird durch
Regression des Return on Assets (ROA) des Akquisitionsobjektes mit dem ROA
eines »Marktportfolios« ein buchhalterisches Beta ermittelt. Unter Annahme,
daß buchhalterische Betas mit den aus Marktdaten ermittelten Betas stark
positiv korreliert sind, können jene als Ersatzgrößen zur Bestimmung der
Kapitalkosten herangezogen werden. Empirische Untersuchungen haben ergeben, daß Unternehmen mit hohen (niedrigen) buchhalterischen Betas auch
hohe (niedrige) Markt-Betas aufweisen. Die Korrelation ist jedoch nicht hoch
genug, um vorbehaltlos auf buchhalterische Betas zurückzugreifen[42]. Schließlich liegt es als weitere Vorgehensweise nahe, auf ein durchschnittliches Beta
der Branche zurückzugreifen, der das zu akquirierende Unternehmen ange-
hört. Dies setzt allerdings voraus, daß das Akquisitionsobjekt typisch für die
Branche ist und ein Branchen-Beta tatsächlich bekannt ist.

5.1.3.4 Der Entwurf von Akquisitionsstrategien auf dem Hinter-grund des Kapitalmarktmodells

Die Kapitalwertmethode in Verbindung mit dem durch das Kapitalmarktmodell gewonnenen Diskontierungsfaktor zeigt auf, wie die Vermögensposition
der Eigentümer durch Akquisitionen verbessert werden kann. Das Kapitalmarktmodell macht jedoch auch klar, daß Akquisitionen nur unter ganz
bestimmten Bedingungen aus der Sicht der Investoren vorteilhaft sind.

Eine konglomerate Akquisitionsstrategie, die lediglich die »Diversifizierung«
des Unternehmensportfolios, also keine Restrukturierungs- oder Synergiemaß-
nahmen, zum Inhalt hat, ist unter den Annahmen des Kapitalmarktmodells
nicht vorteilhaft. Sind zwei Unternehmen A und B korrekt, d.h. entsprechend
ihrer jeweiligen Rendite-/Risikokombination, bewertet, wird durch den Zusammenschluß von A und B kein zusätzlicher Wert geschaffen. Die Rendite/-Risiko-
kombination des zusammengeschlossenen Unternehmens unterscheidet sich
zwar von derjenigen der einzelnen Unternehmen, liegt aber auch auf der sogenannten Wertpapierlinie. Da weder Unternehmen noch Investoren Marktrisiko hinwegdiversifizieren können, hat der Unternehmenszusammenschluß keinen Einfluß auf die Höhe der Kapitalkosten (des Diskontierungsfaktors) und
damit den Wert des Unternehmens. Der Wert des zusammengeschlossenen
Unternehmens ist, wenn keine Restrukturierung oder Synergierealisierung
stattfindet, die Summe der Einzelwerte der Unternehmen vor dem Zusammenschluß, das Beta und damit die Kapitalkosten ergeben sich als gewichteter
Durchschnitt der jeweiligen Betas der voneinander unabhängigen Unternehmen vor der Akquisition. Das folgende Beispiel demonstriert diesen Zusammenhang:

---

(42) Vgl. hierzu Beaver/Manegold, Measures of Systematic Risk, 1975, S. 231–284.

Unternehmen (j)	Zukunftserfolg	Beta (β)	Diskontierungsfaktor (r)	Ertragswert
A	600	1,0	0,20	3.000
B	900	2,0	0,30	3.000
AB	1.500	1,5	0,25	6.000

$$E(r_m - i) = 0,10$$
$$i = 0,10$$
$$r_j = i + \beta \times 0,10$$
$$r_A = 0,10 + 1,0 \times 0,10 = 0,20$$
$$r_B = 0,10 + 2,0 \times 0,10 = 0,30$$
$$r_{AB} = 0,10 + 1,5 \times 0,10 = 0,25$$

Die Akquisition muß deshalb mindestens eine der beiden folgenden Bedingungen erfüllen, damit der Wert des zusammengeschlossenen Unternehmens höher ist als die Summe der Einzelwerte der Unternehmen:

(1) Nach der Akquisition muß das Beta, das auf das zusammengeschlossene Unternehmen Anwendung findet, geringer sein als dasjenige, das sich aus den mittels der kapitalgewichteten Betas der einzelnen Unternehmen vor der Akquisition ergibt. Diese Verringerung des systematischen Risikos darf jedoch nicht gleichzeitig zu einer Verringerung der erwarteten Rendite führen.

(2) Nach der Akquisition muß die Rendite des zusammengeschlossenen Unternehmens höher sein als diejenige eines Portfolios, das sich aus entsprechenden Anteilen an den einzelnen Unternehmen zusammensetzt. Das systematische Risiko darf durch die Steigerung der Rendite nicht erhöht werden.

Wie in Abbildung 10 graphisch dargestellt, sollte die Position (AB)' angestrebt werden, die bei gleichem Risiko wie (AB) eine höhere Rendite verspricht oder die Position (AB)'', deren Rendite – bei geringerem Risiko – identisch mit (AB) ist. Jeder Punkt oberhalb der Kapitalmarktlinie stellt eine überlegene Rendite-/Risikokombination dar. Grundsätzlich existieren also zwei unterschiedliche Wege, die Vermögensposition der Eigner im Zuge einer Akquisition zu verbessern:

(1) Die Rendite muß im Vergleich zu einem Portfolio, das sich aus Anteilen an den beiden einzelnen Unternehmen vor der Akquisition zusammensetzt, erhöht werden.

(2) Das systematische Risiko muß im Vergleich zu einem Portfolio, das sich aus Anteilen an den beiden einzelnen Unternehmen vor der Akquisition zusammensetzt, reduziert werden.

Die *Rendite* kann, wie in Teil A dargestellt, durch folgende Veränderungen im Zuge der Akquisition gesteigert werden:

– durch Restrukturierungsmaßnahmen mit einmaliger oder dauerhafter Auswirkung auf den Unternehmensgewinn;

– durch güterwirtschaftliche Synergieeffekte, wie sie oben beschrieben wurden;

– durch die ebenfalls bereits beschriebenen finanzwirtschaftlichen Synergieeffekte.

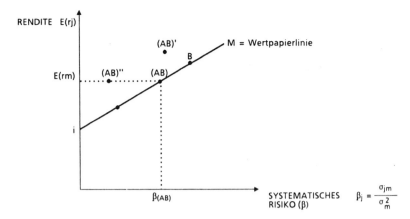

Abb. 10: Diversifikation und Kapitalmarktmodell

Salter und Weinhold[43] argumentieren darüber hinaus, daß die Unternehmensführungen von Konglomeraten unter einer größeren Zahl von Investitionsprojekten auswählen können, so daß im Vergleich zu voneinander unabhängigen Unternehmen profitablere Projekte verwirklicht würden. Die Validität dieses Arguments erfordert es, daß von den Annahmen des Kapitalmarktmodells abgewichen wird. Verhält sich das Management eines jeden Unternehmens vor der Akquisition rational und sind die Kapitalmärkte gleichzeitig effizient, werden nur solche Investitionsprojekte verwirklicht, die die Vermögensposition der Anteilseigner verbessern, d. h. deren Kapitalwert positiv ist, wenn die erwarteten zukünftigen Zahlungsströme mit demjenigen Diskontierungsfaktor diskontiert werden, der den Kapitalkosten des jeweiligen Projektes entspricht. Salter und Weinhold implizieren, daß die Manager eines Unternehmens mit überschüssigen Ressourcen (z.B. hohen einbehaltenen Gewinnen) und nur wenigen attraktiven Investitionsgelegenheiten, Projekte verwirklichen, deren Investitionsrendite kleiner ist als ihre Kapitalkosten.

Das *systematische Risiko* kann durch folgende Veränderungen im Zuge der Akquisition reduziert werden:

Diversifikation versetzt das Management in die Lage, Projekte zu verwirklichen, die in einem weniger diversifizierten Unternehmen aufgrund ihrer besonderen Risikostruktur nicht durchgeführt würden. Manche Investitionsprojekte bergen hohes unsystematisches, jedoch niedriges systematisches Risiko in sich. Solche Risikostrukturen werden in nicht diversifizierten Unternehmen aufgrund hoher organisatorischer und finanzieller Kosten oft zugunsten von Investitionsprojekten mit höherem systematischen, aber geringerem spezifischen Risiko abgelehnt. Organisatorische Kosten entstehen durch die Annahme von Projekten mit hohem spezifischen Risiko deshalb, weil nur die Investoren, jedoch nicht alle anderen am ökonomischen Schicksal des Unternehmens interessierten Gruppen, vollkommen diversifiziert sind. Das Humanvermögen der

---

(43) Vgl. Salter/Weinhold, Diversification, 1979, S. 107.

Arbeitnehmer beispielsweise ist oft eng mit einem bestimmten Unternehmen verbunden. Finanzielle Kosten ergeben sich dadurch, daß Unternehmen, die weniger stark diversifiziert sind, aber Projekte mit hohem spezifischem Risiko annehmen, ein größeres Konkursrisiko tragen und deshalb höheren Konkurskosten ausgesetzt sind.

Salter und Weinhold[44] gehen davon aus, daß die Schwankungen der erwarteten cash flows eines Unternehmens reduziert werden, wenn der »Deckungsbeitrag« (operating margin) relativ zu den fixen Kosten des Unternehmens erhöht wird. Diversifikation in verwandte Geschäftsbereiche habe diesen Effekt, wenn das Unternehmen die Position des Marktführers erreiche. Kapitalmarktmodell und Portfoliomodelle der strategischen Planung greifen an dieser Stelle ineinander. Bestimmte Portfoliomodelle beispielsweise empfehlen, aggressiv in wachsende Unternehmensbereiche zu investieren, um frühzeitig die Voraussetzungen für einen später dominanten Marktanteil zu schaffen[45]. Dadurch verursachte Kostenreduktionen erhöhen den Deckungsbeitrag und somit das Verhältnis von Deckungsbeitrag und fixen Kosten. Welche Auswirkungen eine solche Strategie auf das Beta eines Unternehmens haben, hängt von der Erwartungsbildung der Investoren ab. Realistischerweise kann von einer verzögerten Erwartungsbildung ausgegangen werden[46]. Dies bedeutet, daß, falls der Gewinn eines Unternehmens gegenüber dem für eine bestimmte Periode erwarteten Gewinn zurückfällt, die zukünftigen Gewinnerwartungen um einen kleineren Betrag revidiert werden als die Differenz zwischen den Erwartungen der Vergangenheit und dem tatsächlich eingetretenen Resultat. Unter diesen Bedingungen ist das Beta eines Unternehmens um so klarer, je höher die erwartete Wachstumsrate der Zahlungsströme ist. Gleichzeitig hat ein dominanter Marktanteil zur Folge, daß die erwartete Lebensdauer der Zahlungsströme erhöht wird, da weniger effiziente Wettbewerber die Industrie früher verlassen müssen. Außerdem beeinflußt die Tatsache, daß ein Unternehmen der Marktführer in einer bestimmten Industrie ist, die Erwartungen der Investoren. Es kann deshalb angenommen werden, daß es im Falle der Marktführerschaft am ehesten gerechtfertigt ist, die Bedeutung zukünftiger Gewinne zu betonen. Der Zukauf von Marktanteil durch Akquisition führt jedoch nicht notwendigerweise zu denselben Resultaten wie intern akkumuliertes Volumen. Die den Portfoliomodellen zugrundeliegende Erfahrungskurve geht von der Annahme aus, daß das akkumulierte Produktionsvolumen intern generiert wurde. Deshalb muß sorgfältig geprüft werden, ob der Deckungsbeitrag relativ zu den fixen Kosten tatsächlich durch die Akquisition erhöht wird.

Gelegentlich kann im Zuge einer Akquisition die strategische Position im Multi-Markt-Wettbewerb verbessert werden. Multi-Markt-Beziehungen spielen eine wichtige Rolle bei der Entwicklung von Defensivstrategien und der Stabilisierung bestimmter Wettbewerbssituationen. Das Beta eines Unternehmens wird um so kleiner, je höher die erwartete Wachstumsrate und die Lebensdauer der Zahlungsströme sind. Die strategische Gestaltung von Multi-

(44) Vgl. ebenda.
(45) Vgl. Henderson, Corporate Strategy, 1979, S. 56 ff.
(46) Vgl. Myers/Turnbull, Capital Budgeting, 1977, S. 323.

Markt-Beziehungen, die durch Unternehmensakquisitionen entstehen oder bewußt herbeigeführt werden, kann sich positiv auf die Wachstumsrate und die Lebensdauer der Zahlungsströme auswirken. Das langfristig stabilisierende Potential, das in einer multi-marktlichen Wettbewerbsstrategie enthalten ist, rechtfertigt es darüber hinaus aus Sicht der Investoren, ihre zukünftigen Gewinnerwartungen weniger stark zu revidieren als es sonst aufgrund der Differenz zwischen den Erwartungen der Vergangenheit und den tatsächlich realisierten Ergebnissen angebracht wäre.

Günter Sieben/Ralf Diedrich

5.2. Aspekte der Wertfindung bei strategisch motivierten Unternehmensakquisitionen*

5.2.1 Einleitung
5.2.2 Der Entscheidungswert als kritischer Wert im Rahmen von Akquisitionsvorhaben
5.2.3 Die Akquisition eines Unternehmens als Bestandteil einer langfristig angelegten Unternehmensstrategie
5.2.4 Zur Eignung des Ertragswertes als Entscheidungswert bei strategisch motivierten Unternehmensakquisitionen
5.2.5 Ansätze alternativer Bewertungsverfahren
5.2.6 Fazit

* Erstmals erschienen in: ZfbF, 42. Jg., 1990, S. 794–808.

5.2.1 Einleitung

Die Bedeutung des Problems der Wertfindung bei strategisch motivierten Unternehmensakquisitionen steht außer Zweifel: zwar mag es den Unternehmenserwerb »bei Gelegenheit« auch heute noch geben. Ebenso ist denkbar, daß der Kauf eines Unternehmens lediglich der Anlage überschüssiger Liquidität dient. In der Mehrzahl aller Fälle dürften mit Unternehmensakquisitionen jedoch heute Ziele verfolgt werden, die aus dem strategischen Konzept des akquirierenden Unternehmens resultieren[1].

Gleichzeitig sind am Markt für ganze Unternehmen und für Beteiligungen zunehmend Preise für Akquisitionsobjekte zu beobachten, die aus der Sicht des Ertragswertverfahrens zur Bewertung ganzer Unternehmen kaum noch nachvollziehbar erscheinen.

Im Bewertungsgeschäft erfahrene Unternehmensbewertungsexperten, insbesondere Wirtschaftsprüfer, aber auch andere externe Berater sowie das Management von an Akquisitionen interessierten Unternehmen sind immer häufiger darüber irritiert, daß die Orientierung an dem von ihnen ermittelten Ertragswert in den Kaufverhandlungen zum Verlust interessanter Akquisitionsobjekte an die Konkurrenz führt. Offenbar übersteigen die gezahlten Kaufpreise auch die Ertragswerte aus Sicht der Konkurrenz häufig beträchtlich. Es sieht so aus, als reiche die Schulmathematik der Unternehmensbewertung nicht mehr aus, solche Phänomene zu erklären, will man der Praxis nicht irrationales Verhalten unterstellen. Was geht hier vor?

Grundsätzlich kann man die Fälle, in denen die eigene Preisofferte von einem Mitbieter überboten wird, in drei Gruppen einteilen:

1. Die der Kaufverhandlung zugrunde gelegte Preisobergrenze des Mitbieters ist zu hoch; sie beruht auf einer Fehleinschätzung wichtiger Erfolgsdeterminanten, auf der Anwendung unzureichender Bewertungsverfahren oder auf Bewertungsfehlern. Ein in dieser Höhe akzeptierter Kaufpreis ist dementsprechend effektiv überhöht. Konsequenterweise wird sich die Akquisition für den Mitbieter aller Voraussicht nach mittel- bis langfristig als Fehlschlag erweisen.

2. Die Preisobergrenze des Mitbieters und ein entsprechender Kaufpreis sind aus seiner Sicht angemessen, weil er bei der Grenzpreisbestimmung von anderen Voraussetzungen – etwa besseren Chancen zur Verwirklichung von Synergieeffekten – oder anderen Zielsetzungen ausgeht, die im Rahmen einer subjektiven Bewertung den höheren Kaufpreis rechtfertigen.

3. Die den Kaufverhandlungen zugrunde gelegte Preisobergrenze des Mitbieters ist angemessen, obwohl sie den nach herkömmlichen Verfahren der subjektiven Bewertung ermittelten Grenzpreis des Unternehmens übersteigt. Es gibt hierfür spezifische, aus strategischen Überlegungen ableitbare Gründe, die in diesem Grenzpreis nicht berücksichtigt sind.

Tatsächlich haben sich im Sinne der ersten Möglichkeit viele Unternehmensakquisitionen in der Vergangenheit als Fehlinvestition erwiesen – dies freilich

---

(1) Die zunehmende Bedeutung strategischer Motive für Unternehmensakquisitionen betont eine Vielzahl von Autoren. Exemplarisch seien genannt Coenenberg/Sautter, Unternehmensakquisitionen, 1988, S. 691 ff., abgedruckt in diesem Band.

nicht nur aufgrund überhöhter Kaufpreise[2]. Die zweite Möglichkeit als Ergebnis einer subjektiven Bewertung des Kaufobjektes sollte nach heutigem Erkenntnisstand der Unternehmensbewertung nicht mehr überraschen[3]. Gegenstand des vorliegenden Beitrags soll daher die Untersuchung der dritten Möglichkeit sein, also die Frage, ob sich aus dem strategischen Zusammenhang, in dem eine Unternehmensakquisition erfolgt, Gründe ergeben können, die einen über den subjektiven Grenzpreis des Akquisitionsobjektes hinausgehenden Kaufpreis rechtfertigen. Vorbereitend dürfte es hilfreich sein, zunächst einige grundsätzliche Bemerkungen zum Problem der Preisobergrenzenbestimmung zu machen.

5.2.2 Der Entscheidungswert als kritischer Wert im Rahmen von Akquisitionsvorhaben

Wie bei jedem Anlaß zur Unternehmensbewertung ist auch bei der Akquisition eines Unternehmens zunächst zu fragen, welchem Zweck der zu ermittelnde Wert dienen bzw. auf welche Frage dieser Wert eine Antwort geben soll. So wie unterschiedliche Fragen unterschiedliche Antworten bedingen, so bedingen unterschiedliche Bewertungszwecke unterschiedliche Bewertungsverfahren[4].

Im Rahmen strategischer Akquisitionsentscheidungen geht es zunächst wie bei allen Entscheidungen über den Kauf ganzer Unternehmen oder von Unternehmensanteilen vor allem darum, dem potentiellen Käufer aufzuzeigen, was er höchstens für das Akquisitionsobjekt ausgeben darf, will er sich nicht schlechter stellen als bei Ergreifen der sich ihm bietenden bestmöglichen Alternative. Die Frage, was muß ich anderswo aufwenden, um zum selben Erfolg zu gelangen, hat als Antwort den Entscheidungswert[5]. Dieser Entscheidungswert gibt als kritischer Wert für den potentiellen Käufer die Grenze seiner Konzessionsbereitschaft in den Verhandlungen mit dem Verkäufer an. Den so gefundenen Grenzwert im Sinne des aus seiner Sicht maximal zahlbaren Kaufpreises wird der Käufer dem Verkäufer aus verständlichen Gründen nicht offenbaren: der Entscheidungswert bleibt hinter vorgehaltener Hand. Würde der Verkäufer den Preis kennen, den der potentielle Käufer im Grenzfall zu akzeptieren bereit ist, so würde es dem Käufer nur noch schwerlich gelingen, einen für ihn vorteilhaften Kaufpreis durchzusetzen. Die Bestimmung der Preisobergrenze ist dabei nicht an das Vorliegen eines ausschließlichen Gewinnzieles oder überhaupt eines Gewinnzieles gebunden. Erfolg ist hierbei vielmehr als jegliche Art der Zielerfüllung zu verstehen[6].

Der zu ermittelnde Grenzpreis entspringt letztlich einem Investitionsvergleich: Der potentielle Käufer prognostiziert zunächst die Erfolge, die er auf-

(2) Vgl. hierzu z.B. die Studie von Kitching, Why do mergers miscarry?, 1967, sowie Heft 2/90 der BFuP, das sich intensiv mit »Risiken von Unternehmensakquisitionen« auseinandersetzt, insbesondere Matuschka, Risiken von Unternehmensakquisitionen, 1990, S. 104.
(3) Vgl. Sieben/Schildbach, Bewertung ganzer Unternehmen, 1979, S. 455 ff.
(4) Vgl. Sieben, Funktionen der Bewertung, 1983.
(5) Vgl. Lutz, Entscheidungswerte, 1984, S. 50 ff.
(6) Vgl. Sieben, Bewertung von Unternehmen, 1969, S. 71 ff. sowie Sieben, Bewertung, 1968.

grund der Akquisition erwartet. Im nächsten Schritt fragt er sich, auf welchem Wege, durch Ergreifen welcher Alternative, er einen vergleichbaren Erfolg mit geringstmöglichem Kapitaleinsatz erzielen könnte. Meist geht die Bewertungspraxis unter Zugrundelegung eines reinen Gewinnzieles und bei Anwendung des Ertragswertverfahrens von dem durch Risikozuschläge bzw. Inflationsabschläge modifizierten Zinssatz einer Finanzinvestition, möglicherweise auch von einem Anspruchsniveau im Sinne einer erwarteten Mindestverzinsung aus. Es ist aber auch im Rahmen einer »Make or Buy«-Entscheidung die eigenständige Errichtung eines entsprechenden Unternehmens als Alternative vorstellbar. Derjenige Betrag, der zur Durchführung des jeweiligen Alternativprojektes aufzuwenden ist, verkörpert den maximal vom Kaufinteressenten akzeptierbaren Kaufpreis für das anvisierte Akquisitionsobjekt[7].

Die Entscheidungswertermittlung ist durch drei elementare Bewertungsprinzipien charakterisiert: das Prinzip der Subjektivität, das Prinzip der Bewertungseinheit und das Prinzip der Zukunftsbezogenheit[8].

Das Prinzip der Subjektivität fordert bei der Ermittlung des Entscheidungswertes die Berücksichtigung des spezifischen Zielplans, der spezifischen Ausgangssituation bezüglich einer ggf. beabsichtigten Integration von Kaufobjekt und Käuferunternehmen sowie der spezifischen Handlungsalternativen des Käuferunternehmens.

Das Prinzip der Bewertungseinheit besagt, daß sich der gesuchte Wert nicht durch eine Summation von Einzelwerten ergibt, sondern daß die zu bewertende Erfolgseinheit als Ganzes zu betrachten ist. Eine Vorstellung über das, was das Ganze ausmacht, muß gegeben sein.

Das Prinzip der Zukunftsbezogenheit schließlich fordert die Orientierung der Bewertung an den in der Zukunft zu erwartenden Erfolgen des Bewertungswie des Vergleichsobjektes.

Die Einhaltung dieser Bewertungsprinzipien ist notwendige Bedingung für die Ermittlung eines aussagefähigen Entscheidungswertes. Ob ein den nach herkömmlichen Methoden ermittelten Grenzpreis übersteigender Kaufpreis sich aus strategischen Aspekten heraus rechtfertigen läßt, kann daher anhand der Auswirkungen einer strategischen Sichtweise auf diese Bewertungsprinzipien überprüft werden. Zunächst sind dazu die Charakteristika strategisch motivierter Unternehmensakquisitionen zu erläutern.

5.2.3 Die Akquisition eines Unternehmens als Bestandteil einer langfristig angelegten Unternehmensstrategie

Die strategische Aufgabe der Unternehmensführung umfaßt den Entwurf und die Verwirklichung eines Unternehmensprofils, das der Erreichung der unternehmerischen Ziele dienlich ist und damit als erfolgversprechend betrachtet

---

(7) Die Konzeption des Entscheidungswertes ist ausführlich erläutert in Matschke, Der Entscheidungswert der Unternehmung, 1975.

(8) Vgl. Ballwieser/Leuthier, Betriebswirtschaftliche Steuerberatung, 1986, S. 548 ff.

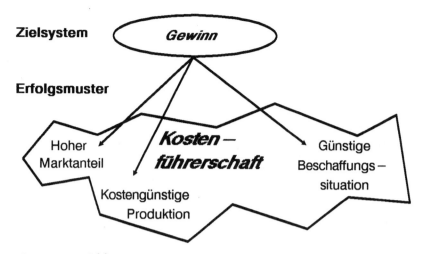

Abb. 1: Orientierung an Erfolgsmustern

werden kann[9]. Der Unternehmensführung obliegt auch die rechtzeitige Einleitung von Anpassungsmaßnahmen, sei es als Reaktion auf eine sich ändernde Umwelt, sei es als Antwort auf neue unternehmensspezifische Gegebenheiten. Insbesondere im Hinblick auf die Perspektiven des bevorstehenden EG-Binnenmarktes und auf die Vereinigung der beiden deutschen Staaten, der Bundesrepublik Deutschland und der Deutschen Demokratischen Republik, sind solche Anpassungsmaßnahmen zur Zeit von höchster Aktualität.

Entwurf, Verwirklichung und Anpassung des Unternehmensprofils sind immer häufiger in einer Wettbewerbssituation zu bewältigen, die durch zunehmend diskontinuierliche und oftmals überraschende Umfeldentwicklungen bei gleichzeitig steigender Unternehmenskomplexität gekennzeichnet ist. In einem solchen Szenarium sind auch langfristig wirksame Entscheidungen nicht selten unter erheblichem Zeitdruck zu treffen. Das angestrebte Unternehmensprofil orientiert sich gerade in einer derartigen Situation bevorzugt an groben Erfolgsindikatoren, an der Schaffung von Bedingungskonstellationen, die erfahrungsgemäß den mittel- bis langfristig erhofften Erfolg versprechen. Ein entsprechendes Erfolgsmuster ist typischerweise durch eine Anhäufung und Ausschöpfung positiver synergetischer Effekte gekennzeichnet. Ein Beispiel zeigt *Abbildung 1:* Ein Unternehmen, das letztendlich lediglich an Gewinnen interessiert ist, könnte sich etwa an einem Erfolgsmuster mit Namen »Kostenführerschaft«[10] orientieren. Elemente dieses Erfolgsmusters sind unter anderem ein hoher Marktanteil, eine kostengünstige Produktionstechnologie sowie Zugang zu Rohstoffen oder Teilleistungen unter Vorzugsbedingungen.

Die Akquisition im Sinne des Erwerbs eines Unternehmens bzw. eines Unternehmensanteils oder einer ganzen Gruppe von Unternehmen stellt ein Instrument neben anderen zur Realisierung des geplanten Unternehmensprofils dar. Strebt ein Unternehmen die Kostenführerschaft in einer bestimmten Branche

---

(9) Vgl. Sieben/Lutz, Akquisition und strategische Planung, 1981, S. 13ff.
(10) Vgl. Porter, Wettbewerbsstrategie, 1988, S. 62ff.

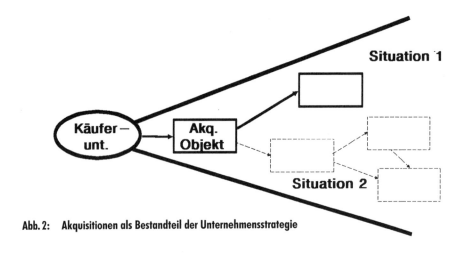

Abb. 2:   Akquisitionen als Bestandteil der Unternehmensstrategie

an, so könnte unter anderem eine Akquisition der Ausweitung des Marktanteils und damit der Schaffung der Voraussetzungen für eine Massenfertigung bzw. einer besseren Kapazitätsauslastung bei Vorhandensein entsprechender Produktionsanlagen dienen. Ähnlich könnte die Errichtung eines Brückenkopfes im Wege einer Unternehmensakquisition auf einem Markt für technologisch hochentwickelte Produkte im Ausland den ersten strategischen Schritt der Verwirklichung des in jüngster Zeit immer aktueller werdenden Erfolgsmusters »Heimisch sein auf fremden Märkten« bilden.

Selbstverständlich muß sich auch oder gerade eine strategisch motivierte Akquisition »rechnen«, unrentable Akquisitionen bedrohen wie andere unrentable Investitionen die Überlebensfähigkeit eines Unternehmens. Jedoch ergeben sich die Erfolgswirkungen von strategisch motivierten Unternehmensakquisitionen erst im Zuge der Realisierung und Umsetzung des angestrebten Unternehmensprofils. Die anstehende Akquisition ist häufig nur eine erste Maßnahme im Rahmen eines ganzen Maßnahmenbündels, ein erstes Glied in einer Kette von weiteren Akquisitionen oder sonstigen Aktionen der Käuferunternehmung. Der Kaufpreis für das betreffende Akquisitionsobjekt ist dann quasi der Preis für die Eintrittskarte zur Realisierung des angestrebten Unternehmensprofils.

Abbildung 2 verdeutlicht diese Überlegungen: Das in Frage stehende Akquisitionsobjekt erschließt ein Möglichkeitsfeld, das gute Chancen für die Verwirklichung des erstrebten Unternehmensprofils verkörpert. Sein Erwerb ist die entscheidende Voraussetzung, dieses Feld erfolgreich zu beackern. Auf dieses Objekt ist daher der erste strategische Schachzug gerichtet. Dabei ist denkbar, daß die weiteren Schachzüge und damit die künftige Entwicklung relativ klar vorauszusehen sind. Dies sollen die durchgezogenen Linien andeuten (Situation 1). Es mag aber auch sein, daß die in Zukunft zu ergreifenden Maßnahmen im Zeitpunkt der Akquisition noch gar nicht recht absehbar sind (Situation 2). Die gestrichelten Linien geben diese Entwicklungsvarianten wieder.

Zu untersuchen sind nun die Auswirkungen einer solchen Sichtweise von Akquisitionen auf die Bewertungsprinzipien der Subjektivität, der Bewer-

224

tungseinheit und der Zukunftsbezogenheit. Dabei wird davon ausgegangen, daß das in Frage stehende Unternehmen letztendlich nur an Gewinnen oder Entnahmen interessiert ist, so daß zur Entscheidungswertfindung typischerweise das Ertragswertverfahren herangezogen wird.

5.2.4 Zur Eignung des Ertragswertes als Entscheidungswert bei strategisch motivierten Unternehmensakquisitionen[11]

Daß bei strategisch motivierten Unternehmensakquisitionen subjektive Gesichtspunkte bei der Bewertung mehr noch als bei herkömmlichen Preisobergrenzenbestimmungen Unterschiede aufweisen können, liegt auf der Hand. Können doch beispielsweise verschiedene Interessenten mit ein und demselben Akquisitionsobjekt höchst unterschiedliche Strategien verfolgen, die wiederum – bei Realisation des angestrebten Unternehmensprofils – langfristig unterschiedliche Erfolgskonsequenzen zeitigen. Während ein inländisches Unternehmen ein Akquisitionsobjekt etwa zum Ausbau des eigenen Marktanteils zur Verwirklichung des Erfolgsmusters »Kostenführerschaft« erwerben will, könnte ein ausländisches Unternehmen über die Akquisition desselben Objektes bei gleichzeitiger Ausschaltung des entscheidenden Konkurrenten den Eintritt in den inländischen Markt vorbereiten wollen. Das Prinzip der Subjektivität ist bei der Entscheidungswertermittlung im Rahmen strategisch motivierter Unternehmensakquisitionen dementsprechend weiter auszulegen. Eine solche erweiterte Auslegung des Prinzips der Subjektivität verlangt es, den Beitrag des Akquisitionsobjektes zur Realisierung des angestrebten spezifischen Unternehmensprofils bzw. deren erfolgsmäßige Konsequenzen zu berücksichtigen. Bei unterschiedlichen Vorstellungen über das zu verwirklichende Erfolgsmuster kann dieser Beitrag – auch wenn letztendlich die gleichen Ziele verfolgt werden – je nach Kaufinteressent sehr unterschiedlich sein.

So basiert das Ertragswertverfahren auf der Kapitalisierung von Gewinnen oder Entnahmen aus dem Akquisitionsobjekt unter Einbeziehung sich abzeichnender Synergieeffekte lediglich aus der Verknüpfung von Käuferunternehmen und Kaufobjekt. Es wird die erfolgsmäßigen Konsequenzen, die sich im Rahmen der verfolgten Strategie direkt und indirekt aus dem Erwerb des Akquisitionsobjektes ergeben, nicht vollständig erfassen können. Das Ertragswertverfahren kann damit dem erweiterten Prinzip der Subjektivität nicht genügen. Schon von daher ergibt sich ein erster Hinweis darauf, warum Ertragswerte konventioneller Art und gezahlte Kaufpreise aus Gründen der mit der Unternehmensakquisition verfolgten Strategie differieren können.

Noch deutlicher werden entsprechende Differenzen, wenn man fragt, wie das Prinzip der Bewertungseinheit bei der Bewertung im Rahmen strategisch motivierter Unternehmensakquisitionen auszulegen ist. Das Ertragswertverfahren

---

(11) Zur Kritik am Ertragswert siehe auch Havermann, Praxis der Unternehmensbewertung, 1986, S. 167 ff.

geht – wie dargelegt – davon aus, daß die zu bewertende Einheit das zu erwerbende Unternehmen unter Berücksichtigung erwarteter Synergieeffekte aus der Verknüpfung von Käuferunternehmen und Akquisitionsobjekt sei. Tatsächlich ist das Akquisitionsobjekt jedoch im Lichte der mit der Akquisition verfolgten Gesamtstrategie und in der Regel nicht isoliert als Einzelinvestition zu betrachten. Zusammen mit den übrigen, noch ausstehenden Maßnahmen zur Verwirklichung der Strategie bildet es eine Erfolgseinheit. Die Einhaltung des Prinzips der Bewertungseinheit erfordert damit die Berücksichtigung sämtlicher voraussichtlicher Erfolge aus der verfolgten Strategie, allerdings auch sämtlicher erforderlicher Investitionen für die zur Durchführung der Folgeschritte noch notwendigen Maßnahmen.

Daß bei langfristig angelegten Strategien stark abweichende Planungshorizonte gegenüber der isolierten Betrachtung des den ersten Schritt der Strategie verkörpernden Kaufs eines Unternehmens auftreten können, resultiert schon daraus, daß die Realisation des angestrebten Unternehmensprofils sicherlich einen längeren als den üblichen Prognosezeitraum bei Unternehmensbewertungen[12] in Anspruch nimmt. Damit bedarf auch das Prinzip der Zukunftsbezogenheit im Rahmen strategischer Bewertungen einer Erweiterung.

Unmittelbar klar wird die Notwendigkeit der Erweiterung der drei Bewertungsprinzipien[13] bereits, wenn man den einfachen Fall eines Unternehmens betrachtet, dessen Strategie zunächst die Akquisition eines Objektes A und daran anschließend die eines Objektes B vorsieht. Damit ist eine überschaubare Zukunftsentwicklung im Sinne der Situation 1 in *Abbildung 2* unterstellt. Die Akquisition von A bilde dabei lediglich die Voraussetzung für den preisgünstigen Erwerb des Akquisitionsobjektes B; Synergieeffekte seien nicht zu erwarten. Ohne den Erwerb von A sei die Akquisition von B nicht möglich.

Auch wenn die Akquisition von A zu dem geforderten Kaufpreis in einem solchen Fall isoliert betrachtet unrentabel erscheint, so könnte sie dennoch unter Berücksichtigung eines positiven Kapitalwertes der Investition in das Objekt B insgesamt vorteilhaft sein. Dies wäre dann der Fall, wenn der positive Kapitalwert der Akquisition von B den negativen Kapitalwert der Akquisition von A mehr als aufwiegt. Es liegt deshalb auf der Hand, daß bei der Bestimmung des Grenzpreises für A der spezifische Hintergrund dieser Akquisition, nämlich die beabsichtigte Folgeakquisition von B, gemäß den erweiterten Prinzipien der Subjektivität, der Bewertungseinheit und der Zukunftsbezogenheit Berücksichtigung finden muß.

Der geschilderte Fall ist so einfach strukturiert, um zunächst die Verbindungen zwischen den einzelnen die Gesamtstrategie ausmachenden Akquisitionsobjekten gut überschaubar zu halten. In der Praxis wird ein so einfacher Fall jedoch kaum vorkommen. Das folgende Beispiel soll deshalb einen realistischeren, wenn auch immer noch stark vereinfachten Fall verdeutlichen:

---

(12) Dabei ist die »nähere« Zukunft im Sinne der Phasen eins und zwei des Phasenmodells der Wirtschaftsprüfer gemeint, für die detaillierte Prognosen bzw. zumindest sinnvolle Trendprognosen erstellt werden können. Vgl. IdW, Wirtschaftsprüferhandbuch, 1985, S. 1092 f.

(13) Zu der notwendig werdenden Erweiterung der Bewertungsprinzipien vgl. auch Sieben, Unternehmensstrategien und Kaufpreisbestimmung, 1988, S. 81 ff.

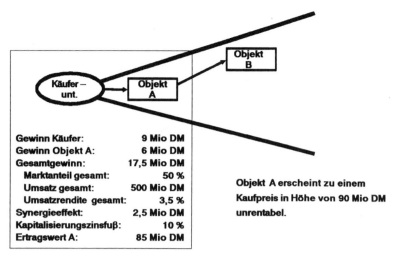

Gewinn Käufer: 9 Mio DM
Gewinn Objekt A: 6 Mio DM
Gesamtgewinn: 17,5 Mio DM
  Marktanteil gesamt: 50 %
  Umsatz gesamt: 500 Mio DM
  Umsatzrendite gesamt: 3,5 %
Synergieeffekt: 2,5 Mio DM
Kapitalisierungszinsfuß: 10 %
Ertragswert A: 85 Mio DM

Objekt A erscheint zu einem
Kaufpreis in Höhe von 90 Mio DM
unrentabel.

Abb. 3:   Ertragswertberechnung Objekt A

Nehmen wir an, ein Unternehmen strebe in seiner Branche das Erfolgsmuster Kostenführerschaft an. Die Unternehmensleitung plant hierzu eine Ausweitung des Marktanteils sowie die Einführung kostengünstiger Produktionsverfahren. Den Ausgangspunkt des im Rahmen der Strategie zu erschließenden Entwicklungsfeldes bildet das in Frage stehende Akquisitionsobjekt, das Unternehmen A; in einem weiteren Schritt ist zur Abrundung des angestrebten Unternehmensprofils die Akquisition des Unternehmens B vorgesehen, das sich durch ein spezifisches Know-how im Produktionsbereich auszeichnet.

Die Berechnung des Ertragswertes für Objekt A ist in *Abbildung 3* dargestellt. Der Kaufinteressent prognostiziert bei isolierter Fortführung von A einen konstanten Periodengewinn von 6 Mio. DM. Dies entspricht einer Umsatzrendite von 3% bei einem Umsatz von 200 Mio. DM. Die Akquisition von A führt zu einer Ausweitung des Marktanteils von 30% auf 50% und ermöglicht damit die Ausnutzung von Kostendegressionseffekten – etwa durch Zusammenlegung der Produktion –, die sich in einem Anstieg der Umsatzrendite um 0,5% auf 3,5% niederschlagen. Bei einem Gesamtumsatz der zusammengefaßten Unternehmen von 500 Mio. DM resultiert hieraus ein Synergieeffekt von 2,5 Mio. DM. Alternativ sei der Einfachheit halber langfristig eine Rendite von 10% erreichbar. Auf der Basis des konstanten Periodengewinns von A in Höhe von 6 Mio. DM bei isolierter Fortführung und des zu erwartenden Synergieeffektes von 2,5 Mio. DM führt das Ertragswertverfahren zu einem Entscheidungswert in Höhe von 85 Mio. DM.

Wäre es nun aufgrund dieses Ergebnisses richtig, bei einem Preis von 90 Mio. DM auf die Akquisition zu verzichten? Nehmen wir an, das Unternehmen akzeptiert einen Kaufpreis in dieser Höhe. Im Zuge der Realisierung des anvisierten Unternehmensprofils gelingt im nächsten Schritt die Akquisition von B zu einem Preis von 110 Mio. DM. Die Ertragswertberechnung ist aus *Abbildung 4* zu ersehen. Das Unternehmen B ist zwar nicht auf den gleichen Märk-

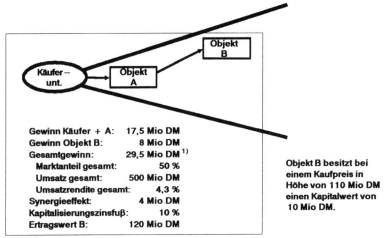

Gewinn Käufer + A:	17,5 Mio DM
Gewinn Objekt B:	8 Mio DM
Gesamtgewinn:	29,5 Mio DM[1]
Marktanteil gesamt:	50 %
Umsatz gesamt:	500 Mio DM
Umsatzrendite gesamt:	4,3 %
Synergieeffekt:	4 Mio DM
Kapitalisierungszinsfuß:	10 %
Ertragswert B:	120 Mio DM

Objekt B besitzt bei einem Kaufpreis in Höhe von 110 Mio DM einen Kapitalwert von 10 Mio DM.

1) Der Gesamtgewinn enthält zusätzlich den Gewinn der Unternehmung B in Höhe von 8 Mio DM.

Abb. 4: Ertragswertberechnung Objekt B nach A

ten wie das Käuferunternehmen tätig[14], es ist jedoch aufgrund seines besonderen Know-hows auf dem Gebiet der Produktionstechnologie für unser Unternehmen trotzdem besonders interessant. Dies zeigt sich darin, daß bei Übernahme von B und Einführung einer überlegenen Produktionstechnologie mit einer Senkung der Gesamtkosten gerechnet wird, die zu einem Anstieg der Umsatzrendite bei dem Käuferunternehmen um 0,8% auf 4,3% führt. Bei einem Umsatz von 500 Mio. DM resultiert hieraus ein Synergieeffekt in Höhe von 4 Mio. DM. Zusammen mit dem Periodengewinn von B in Höhe von 8 Mio. DM bei isolierter Fortführung ergibt sich damit ein Ertragswert von 120 Mio. DM.

Der unter Berücksichtigung eines Kaufpreises von 110 Mio. DM mit dem Kauf von B einhergehende positive Kapitalwert der Investition von 10 Mio. DM ist allerdings nur deshalb so hoch, weil das Käuferunternehmen im ersten Schritt seiner Strategie mit der Akquisition erfolgt, so ergäbe sich in dem zugrunde liegenden Rechenbeispiel – siehe hierzu *Abbildung 5* – aufgrund des geringeren Umsatzes von dann nur 300 Mio. DM ein Synergieeffekt in Höhe von lediglich 2,4 Mio. DM. Der Ertragswert von B würde dann 104 Mio. DM statt 120 Mio. DM betragen, ein Kaufpreis in Höhe von 110 Mio. DM erschiene damit für einen Konkurrenten mit kleinerem Marktanteil bei sonst gleichen Voraussetzungen nicht akzeptabel. Offenbar kann also der im Rahmen einer strategisch motivierten Unternehmensakquisition ermittelte Ertragswert davon abhängen, inwieweit das akquirierende Unternehmen das angestrebte Unternehmensprofil bereits erreicht hat. Die Reihenfolge der Verwirklichung der einzelnen Schritte einer Strategie hat Einfluß auf den für das einzelne Objekt nach herkömmlicher Methode ermittelten Grenzpreis. Der Grund dafür ist, daß sich die im Rahmen der verfolgten Strategie ergebenden Synergieeffekte nicht ein-

---

(14) Diese Annahme wird hier lediglich aus Gründen der Vereinfachung getroffen.

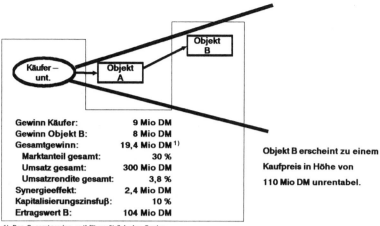

Gewinn Käufer:	9 Mio DM
Gewinn Objekt B:	8 Mio DM
Gesamtgewinn:	19,4 Mio DM [1]
Marktanteil gesamt:	30 %
Umsatz gesamt:	300 Mio DM
Umsatzrendite gesamt:	3,8 %
Synergieeffekt:	2,4 Mio DM
Kapitalisierungszinsfuß:	10 %
Ertragswert B:	104 Mio DM

Objekt B erscheint zu einem Kaufpreis in Höhe von 110 Mio DM unrentabel.

[1] Der Gesamtgewinn enthält zusätzlich den Gewinn der Unternehmung B in Höhe von 8 Mio DM.

Abb. 5: Ertragswertberechnung Objekt B ohne A

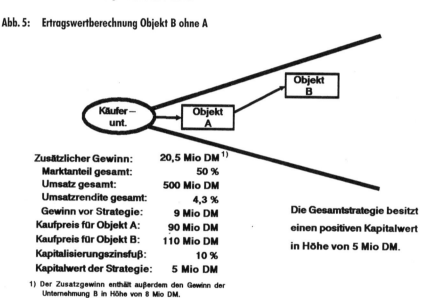

Zusätzlicher Gewinn:	20,5 Mio DM [1]
Marktanteil gesamt:	50 %
Umsatz gesamt:	500 Mio DM
Umsatzrendite gesamt:	4,3 %
Gewinn vor Strategie:	9 Mio DM
Kaufpreis für Objekt A:	90 Mio DM
Kaufpreis für Objekt B:	110 Mio DM
Kapitalisierungszinsfuß:	10 %
Kapitalwert der Strategie:	5 Mio DM

Die Gesamtstrategie besitzt einen positiven Kapitalwert in Höhe von 5 Mio DM.

[1] Der Zusatzgewinn enthält außerdem den Gewinn der Unternehmung B in Höhe von 8 Mio DM.

Abb. 6: Vorteilhaftigkeit der Gesamtstrategie

fach addieren, sondern oftmals noch gegenseitig verstärken. Dies wiederum resultiert aus der Anhäufung synergetischer Wirkungen im Rahmen des verfolgten Erfolgsmusters.

War der im Beispiel angenommene Kaufpreis von 90 Mio. DM für das Unternehmen A nun gerechtfertigt? Rückwirkend betrachtet offensichtlich ja, denn die gemessen am Ertragswert geleistete Mehrausgabe für A konnte durch den in Relation zu den Erfolgswirkungen dieser Akquisition recht günstigen Kaufpreis für B mehr als ausgeglichen werden. Obwohl also sowohl die Akquisition von A als auch diejenige von B zu den angenommenen Kaufpreisen zu Beginn des Betrachtungszeitraums als unrentabel erscheinen – beide Investitionsobjekte besitzen bei den unterstellten Kaufpreisen zunächst negative Kapitalwerte –, ist die Akquisition beider Objekte insgesamt, wie *Abbildung 6* zeigt, ein Erfolg. Insbesondere der ermittelte Ertragswert von A – aus klassischer Sicht als Preisobergrenze definiert – von 85 Mio. DM war irreführend, weil die künftigen Erfolge der Strategieverwirklichung und die dafür zu leistenden Investitionen in die Bewertung nicht einbezogen wurden. Eine zu enge Auslegung der Prinzipien der Subjektivität, der Bewertungseinheit sowie der Zukunftsbezogenheit kann also zur Ermittlung eines Grenzpreises führen, der der zugrunde liegenden Strategie nicht gerecht wird. Hätte sich unser Unternehmen bei Existenz von Mitbietern an diesen Grenzpreis gehalten, so wäre die erfolgreiche Durchführung der Strategie vielleicht gar nicht mehr gelungen. Die Konkurrenz hätte möglicherweise bereits den ersten Schritt der Strategie vereitelt und wäre dann eventuell selbst zum Kostenführer avanciert, oder hätte, wenn sie diese Position schon innehatte, damit ihre Stellung erfolgreich verteidigt.

Die Herleitung eines aussagefähigen Entscheidungswertes im Rahmen der strategischen Bewertung erfordert also die Einbeziehung all der Maßnahmen, die nach der Durchführung der in Frage stehenden Akquisition im Rahmen der Gesamtstrategie vorgesehen sind. In unserem Beispiel sind wir davon ausgegangen, daß das Käuferunternehmen nach der Akquisition von A die Akquisition des Unternehmens B in Angriff nimmt. Das Käuferunternehmen konnte dabei – ausgehend von einem erkennbaren Entwicklungspfad – mit einem Mehrwert, Kapitalwert im Sinne der Investitionstheorie, von 10 Mio. DM rechnen. Bezieht man diese Informationen in die Bewertung des Unternehmens A ein, dessen Akquisition selbst isoliert betrachtet einen Grenzpreis von 85 Mio. DM rechtfertigt, so ergibt sich für A – unter Vernachlässigung einer Abzinsung des Mehrwertes von B aufgrund des zeitlichen Abstandes zur Akquisition von A – eine Preisobergrenze in Höhe von 95 Mio. DM. Diese Preisobergrenze zeigt, daß ein Kaufpreis von 90 Mio. DM durchaus akzeptabel ist, nämlich im Hinblick auf die strategische Folgewirkungen der Akquisition, die sich ergeben, sobald das angestrebte Unternehmensprofil über die Akquisition auch des Unternehmens B erreicht ist.

Die Schwierigkeiten, strategische Folgewirkungen zu prognostizieren, lassen es freilich nur zu verständlich erscheinen, daß der Bewerter sich – um diesen Schwierigkeiten zu entgehen – herkömmlicher Formen der Grenzpreisbestimmung bedient. Man muß sich jedoch darüber im klaren sein, daß die Nichtberücksichtigung von strategischen Folgemaßnahmen bei der Entscheidungswertermittlung als »Vogel-Strauß-Politik« hinsichtlich des Prognoseproblems zu werten ist. Führt sie doch zu einer ganz bestimmten Prognose: Durch Anwendung der für Einzelakquisitionen entwickelten klassischen Ertragswertformel wird nämlich unterstellt, daß aus den Folgeprojekten im Rahmen der Strategieverwirklichung keine Veränderung des Entscheidungswertes hervorgeht. Das heißt, daß diese Projekte genau die bei der Bewertung herangezogene Alternativverzinsung erwirtschaften, ihr Kapitalwert gleich Null ist. Wird im Rahmen einer strategischen Bewertungssituation über die Anwendung des Ertragswertverfahrens herkömmlicher Prägung eine solche Annahme unbewußt impliziert, so kann diese Vorgehensweise nicht mehr als im Einklang mit den Grundsätzen ordnungsmäßiger Unternehmensbewertung[15) angesehen werden.

Die Situation ähnelt ein wenig derjenigen, in der sich die Verfechter des Substanzwertes befanden, die die Ermittlung des Zukunftserfolgswertes mit dem Argument ablehnten, die Zukunft sei ungewiß – oder: vermauert sei dem Sterblichen die Zukunft. Sie glaubten, der Prognoseproblematik entgehen zu können, indem sie den Wert eines Unternehmens mit dessen Substanzwert gleichsetzten. In Wirklichkeit jedoch kommt die Verwendung des Substanzwertes ebenfalls einer speziellen Prognose gleich, daß sich die so bewertete betriebliche Substanz nämlich genau mit dem bei einer Ertragsbewertung zugrunde gelegten Kapitalisierungszinsfuß verzinst. Nur unter dieser Bedingung stimmen Substanz- und Ertragswert überein und nur dann kann der Gesamtwert des Unternehmens durch seinen Substanzwert ersetzt werden.

Kennt man also die Maßnahmen, die nach der in Frage stehenden Unternehmensakquisition im Interesse der Erreichung des angestrebten Unternehmensprofils zu ergreifen sind und kann man die erforderlichen Investitionsbeträge und Erfolge auch nur annähernd prognostizieren, so ist eine Einbeziehung dieser Maßnahmen gemäß den erweiterten Prinzipien der Subjektivität, der Bewertungseinheit und der Zukunftsbezogenheit bei der Preisobergrenzenbestimmung unbedingt geboten. Bleibt es trotz einer sich im Rahmen der strategischen Planung abzeichnenden Vernetzung von einzelnen Vorhaben bei einer isolierten Einzelbewertung, so sollte der Bewerter zumindest die damit einhergehenden Annahmen über die weitere Entwicklung aufzeigen, um diese diskussionsfähig zu machen.

5.2.5 Ansätze alternativer Bewertungsverfahren

Wie ist nun aber bei der Bewertung vorzugehen, wenn die künftige Entwicklung doch weitgehend unbekannt ist? Wenn also die bisher zugrunde gelegte Prämisse einer unmittelbaren Prognostizierbarkeit bewertungsrelevanter Gesichtspunkte tatsächlich aufgegeben werden muß? Das Ertragswertverfahren kann dann auch unter Einbeziehung der erweiterten Bewertungsprinzipien der strategischen Ausgangssituation der Bewertung nicht mehr gerecht werden. Alternative Verfahren der Unternehmensbewertung müssen zur Anwendung kommen.

Als Beispiel mag ein Unternehmen dienen, das das Erfolgsmuster »Heimisch sein auf fremden Märkten« anstrebt und dazu die Akquisition eines Unternehmens in Japan plant, das als Brückenkopf für einen späteren Markteintritt bei möglichst gleichzeitiger Verfügbarkeit eigener Produktionsstätten gedacht ist. Das Akquisitionsvorhaben des Käuferunternehmens ist in *Abbildung 7* dargestellt. Die gestrichelten Linien symbolisieren denkbare Pfade, auf denen die verfolgte Strategie erreicht werden könnte. Welcher dieser als realistische Möglichkeiten vorstellbaren Pfade später beschritten oder ob das Vorhaben letztlich vielleicht wieder ganz aufgegeben wird, steht zum Zeitpunkt der anstehenden Akquisition noch nicht fest. Es handelt sich um die Situation 2 in

---

(15) Vgl. Moxter, Unternehmensbewertung, 1983.

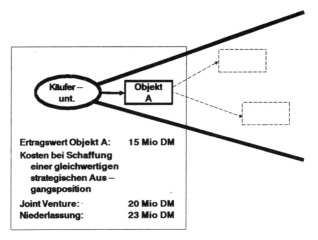

Abb. 7: Der Ertragswert als Entscheidungswert bei strategischen Unternehmensakquisitionen?

Abbildung 2. Das mit der Akquisition verfolgte Ziel ist die Offenhaltung einer Option[16].

Der vorherige Abschnitt hat gezeigt, daß die Bestimmung eines Entscheidungswertes unter Berücksichtigung strategischer Aspekte gemäß den erweiterten Prinzipien der Subjektivität, der Bewertungseinheit und der Zukunftsbezogenheit grundsätzlich auch die Prognose der künftigen Investitionserfordernisse und der daraus zu erwartenden Erfolge aller weiteren Maßnahmen im Rahmen der Strategie des Käuferunternehmens erfordert. Eine solche Prognose dürfte hier jedoch wegen des hohen Grades der Ungewißheit erhebliche Schwierigkeiten bereiten. Zu fragen ist also, wie der Beitrag des Akquisitionsobjektes zur Realisation des Erfolgsmusters »Heimisch sein auf fremden Märkten« und dessen Konsequenzen bei der Preisobergrenzenbestimmung berücksichtigt werden können.

Als gangbarer Weg erscheint dabei die Orientierung an der Verwirklichung des Vorhabens der strategischen Planung im Sinne der Schaffung des notwendigen Erfolgspotentials, das heißt die Betrachtung der Realisation des angestrebten Erfolgsmusters selbst als Erfolg. Das Bewertungsproblem reduziert sich dann auf die Beantwortung der Frage, was es alternativ kosten würde, gleichwertige Voraussetzungen in bezug auf die Erreichung des angestrebten Unternehmensprofils zu schaffen. Die Gleichwertigkeit muß sich dabei auch auf zeitliche Aspekte beziehen. Eine Unternehmensgründung, in deren Rahmen Produktionsanlagen erst aufgebaut und in Betrieb genommen werden müssen, wird schon allein wegen des damit verbundenen Zeitaufwands in aller Regel als Alternative ausscheiden.

Im Beispiel könnte der Bewertung eine Alternative zugrunde gelegt werden, die verspricht, das Vorhaben, am japanischen Markt Fuß zu fassen, in gleicher Weise wie die in Frage stehende Akquisition zu ermöglichen. Eine solche Alter-

(16) Zu dem optionsähnlichen Charakter einer solchen Akquisition vgl. Myers, The Evaluation of an Acquisition Target, 1983, S. 45 f.

native mag in der Errichtung einer Zweigniederlassung im Sinne einer Repräsentanz oder in einem Joint Venture mit einem einheimischen Unternehmen bestehen. Sind etwa in ein Joint Venture 20 Mio. DM einzubringen und kostet die Errichtung einer Zweigniederlassung 23 Mio. DM, so ist diesen Informationen wesentlich mehr über die bei den Kaufverhandlungen zu beachtende Grenze der Konzessionsbereitschaft zu entnehmen als dem aus einer isolierten Bewertung resultierenden Ertragswert des Akquisitionsobjektes in Höhe von z.B. 15 Mio. DM.

Da annahmegemäß die langfristigen Erfolgswirkungen der Akquisition – die hier etwa von den Chancen eines Marktdurchbruchs nach Durchführung weiterer, dazu notwendiger Investitionen abhängen können – nicht prognostizierbar sind, läßt sich auch keine im Hinblick auf das Gewinnziel erfolgsgleiche Alternativanlage ermitteln. Eine zu Bewertungszwecken geeignete Alternative kann demzufolge in einer solchen strategischen Ausgangssituation nicht – wie beim Ertragswertverfahren – durch einen Kapitalisierungszinssatz beschrieben werden.

Es liegt auf der Hand, daß ein Bewertungsverfahren, das die Strategie des Käuferunternehmens in dieser Form explizit einbezieht, so gut und so schlecht ist wie die Annahmen der strategischen Planung über die erfolgsmäßigen Auswirkungen der Erreichung des angestrebten Unternehmensprofils. Die Ungewißheit läßt sich nicht überlisten. Das Prognoseproblem wird insoweit von der Bewertungsebene auf die Ebene der strategischen Planung verlagert. Es ist durchaus möglich, daß trotz Verwirklichung des angestrebten Unternehmensprofils die erhofften Erfolge ausbleiben. Eine solch enge Bindung der Bewertung an die Vorgaben der strategischen Planung impliziert eine bestimmte Behandlung des Risikos bei der Entscheidungswertfindung: Die Risiken, die sich aus dem angestrebten Erfolgsmuster hinsichtlich der Erreichung des erstrebten Erfolges ergeben, werden aus der Bewertung ausgeklammert und den strategischen Vorentscheidungen zugeordnet. Strategiespezifische Risiken betreffen Bewertungsobjekt und Alternative gleichermaßen und werden damit für die Bewertung als Investitionsvergleich irrelevant.

Mit der vorgeschlagenen Vorgehensweise ist gegenüber einer konventionellen Entscheidungswertbestimmung jedenfalls eine Menge gewonnen. Im konkreten Fall weiß der potentielle Käufer, daß er in Verhandlungen um das Kaufobjekt mehr als den isoliert ermittelten Ertragswert von 15 Mio. DM, im Grenzfall nämlich 20 Mio. DM zahlen kann. Voraussetzung ist, daß er auf die Überlegenheit der verfolgten Strategie gegenüber anderen Anlageformen vertraut. Bei Vorliegen schwer prognostizierbarer Entwicklungen hat das Verfahren zudem den generellen Vorzug gegenüber dem konventionell als Grenzpreis herangezogenen Ertragswert, daß der Bewerter nicht in Versuchung kommt, die strategischen Aspekte der in Frage stehenden Akquisition bewußt oder unbewußt zu vernachlässigen; er ist vielmehr gezwungen, sich explizit mit den strategisch relevanten Bewertungsfaktoren auseinanderzusetzen, da ohne deren Kenntnis die alternativ anfallenden Kosten zur Realisierung des angestrebten Erfolgsmusters nicht ermittelbar sind.

5.2.6 Fazit

Wenn im Rahmen strategisch motivierter Unternehmensakquisitionen mehr gezahlt wird als über einen konventionell bestimmten subjektiven Grenzpreis erklärbar, so muß dies nicht auf eine fehlerhafte Preisobergrenze des Käuferunternehmens zurückzuführen sein. Vielmehr können sich aus dem strategischen Zusammenhang, in dem die Akquisition erfolgt, Gesichtspunkte ergeben, die einen über diesen Grenzpreis hinausgehenden Kaufpreis akzeptabel erscheinen lassen. Vielleicht haben die Käufer in der Vergangenheit mehr oder weniger intuitiv einen Zuschlag auf den Ertragswert als Entgelt für die strategischen Aussichten, die mit der Akquisition verbunden sind, akzeptiert. Ob dieser Zuschlag auf den Ertragswert im Einzelfall gerechtfertigt war, steht auf einem anderen Blatt. Einer unter strategischen Gesichtspunkten vernebelten Kaufwut nach dem Motto »Koste es, was es wolle!« soll jedenfalls keinesfalls das Wort geredet werden. Der Grundsatz »Wirtschaften heißt Wählen« und damit der Blick auf die Alternative darf auch bei der strategischen Wertfindung nicht in Vergessenheit geraten.

Mit dem Konzept des sich am erstrebten Unternehmensprofil als Garant künftiger Erfolgserzielung orientierenden Entscheidungswertes wurde eine Möglichkeit zu einer vereinfachten Behandlung der Prognoseproblematik bei strategisch motivierten Unternehmensakquisitionen vorgestellt. Diese Vorgehensweise ist übrigens sowohl anwendbar, wenn ein reines Gewinnziel vorliegt, als auch bei Mehrfachzielsetzung[17]. Die angeführten Überlegungen zur strategischen Unternehmensbewertung besitzen darüber hinaus einige Konsequenzen in bezug auf das Management von Akquisitionsprozessen. Zwei davon sollen hier abschließend Erwähnung finden.

Erstens, die Berücksichtigung langfristiger strategischer Konsequenzen einer Unternehmensakquisition ist nur möglich, wenn Spezialisten aus allen relevanten Unternehmensbereichen, also nicht nur aus dem Bereich des Rechnungswesens, an der Evaluierung des Akquisitionsobjektes mitwirken. Daraus folgt stärker noch als bisher die Notwendigkeit zur Bildung entsprechend strukturierter Bewertungsteams. Eine besonders sorgfältige Analyse des strategischen Zusammenhangs, in dem eine Unternehmensakquisition erfolgt, scheint erforderlich, wenn ein über den konventionellen Ertragswert des Objektes hinausgehender Kaufpreis gegenüber Aufsichtsgremien argumentativ vertreten werden soll.

Zweitens, die Interdependenzen zwischen dem in Frage stehenden Akquisitionsobjekt und den Folgemaßnahmen im Rahmen der verfolgten Strategie legen zumindest für häufig akquirierende Unternehmen die Einführung eines kaufpreisbezogenen Akquisitionscontrolling nahe. Ein solches Akquisitionscontrolling könnte die Wechselwirkungen zwischen den strategischen Konsequenzen des Erwerbs einzelner Akquisitionsobjekte und den Kaufpreisen für diese Objekte verfolgen, um eine Mehrfachvergütung von Synergien im Rah-

---

(17) Zur Bewertung bei mehrfacher Zielsetzung vgl. Sieben, Bewertung von Unternehmen, 1969 sowie Sieben/Schildbach, Betriebswirtschaftliche Entscheidungstheorie, 1990, S. 162 ff.

men der Gesamtstrategie von vornherein zu vermeiden[18]. Es sollte aber auch der Versuch unternommen werden, die Berechtigung gezahlter Kaufpreise im nachhinein zu überprüfen. Von einer entsprechenden Rückkopplung sind Lerneffekte zu erwarten, die sich als wertvoll im Hinblick auf spätere Akquisitionsvorhaben erweisen können. Außerdem mag ein entsprechender Kontrollmechanismus für eine Objektivierung des Bewertungsprozesses sorgen, die angesichts der Gefahr eines Abdriftens in strategische Wunschvorstellungen besonders geboten erscheint.

---

(18) Einmal gezahlte Kaufpreise sind natürlich für Entscheidungen über Folgeakquisitionen irrelevant.

ALFRED RAPPAPORT

5.3. Selecting Strategies That Create Shareholder Value*

* © 1981 by the President and Fellows of Harvard College, erschienen in: Harvard Business Review, 1981, H. 3, S. 139–149, leicht überarbeitet und aktualisiert.

In today's fast-changing, often bewildering business environment, formal systems for strategic planning have become one of top management's principal tools for evaluating and coping with uncertainty. Corporate board members are also showing increasing interest in ensuring that the company has adequate strategies and that these are tested against actual results. While the organizational dynamics and the sophistication of the strategic planning process vary widely among companies, the process almost invariably culminates in projected (commonly five-year) financial statements.

This accounting format enables top managers and the board to review and approve strategic plans in the same terms that the company reports its performance to shareholders and the financial community. Under current practice the projected financial statements, particularly projected earnings per share performance, commonly serve as the basis for judging the attractivness of the strategic or long-term corporate plan.

The conventional accounting-oriented approach for evaluating the strategic plan does not, however, provide reliable answers to such basic questions as:
> Will the corporate plan create value for shareholders? If so, how much?
> Which business units are creating value and which are not?
> How would alternative strategic plans affect Shareholder Value?

My chief objective here is to provide top management and board members with a theoretically sound, practical approach for assessing the contributions of strategic business unit (SBU) plans and overall corporate strategic plans toward creating economic value for shareholders.

5.3.1 Limitations of EPS

A principal objective of corporate strategic planning is to create value for shareholders. By focusing systematically on strategic decision making, such planning helps management allocate corporate resources to their most productive and profitable use. It is commonly assumed that if the strategic plan provides for "satisfactory" growth in EPS, then the market value of the company's shares will increase as the plan materializes, thus creating value for shareholders. Unfortunately, EPS growth does not necessarily lead to an increase in the market value of the stock. This phenomenon can be observed empirically and explained on theoretical grounds as well.

Of the Standard & Poor's 400 industrial companies, 172 achieved compounded EPS growth rates of 15% or better during 1974–1979. In 27, or 16%, of these companies stockholders realized negative rates of return from dividends plus capital losses. For 60, or 35%, of the 172 companies, stockholders' returns were inadequate to compensate them just for inflation. The returns provided no compensation for risk. Exhibit I gives a more complete set of statistics. Additional evidence of the uncertain relationship between EPS growth and returns to shareholders is offered by the 1980 Fortune »500« survey of the largest industrial corporations. Forty-eight, or almost 10%, of the companies achieved positive EPS growth rates, while their stockholders realized negative rates of return for the 1969–1979 period.

238

	1976–1979	1975–1979‡	1974–1979
Companies with annual EPS growth of 10% or greater*			
Total	259 (100%)	268 (100%)	232 (100%)
Negative rates of return to shareholders	32 (12%)	7 (3%)	39 (17%)
Rates of return inadequate to compensate shareholders for inflation[+]	65 (25%)	36 (13%)	89 (38%)
Companies with annual EPS growth of 15% or greater*			
Total	191 (100%)	205 (100%)	172 (100%)
Negative rates of return to shareholders	14 (7%)	2 (1%)	27 (16%)
Rates of return inadequate to compensate shareholders for inflation[+]	33 (17%)	20 (10%)	60 (35%)

* Restated primary EPS excluding extraordinary items and discontinued operations.
[+] The annual growth rates in the consumer price index for 1976–1979, 1975–1979, and 1974–1979 are 7.7%, 7.6%, and 8%, respectively.
‡ The small number of companies with negative rates of return to shareholders for this period is due to low level of market at the end of 1974. Standard & Poor's stock index at the close of 1974 was 76.47 and, in subsequent years, 100.88, 119.46, 104.71, 107.21, and 121.02.

Note: EPS growth and rate-of-return calculations prepared by CompuServe, Inc. using Standard & Poor's Compustat data base.

Exhibit I: EPS growth rates versus rates of return to shareholders for Standard & Poor's 400 industrial companies

Thirteen of these companies had EPS growth rates in excess of 10% during this period.

EPS and related accounting ratios, such as return on investment and return on equity, have shortcomings as financial standards by which to evaluate corporate strategy for the following six reasons:

(1) Alternative and equally acceptable determinations are possible for the EPS figure. Prominent examples are the differences that arise from LIFO and FIFO approaches to computing cost of sales and various methods of computing depreciation.

(2) Earnings figures do not reflect differences in risk among strategies and SBUs. Risk is conditioned both by the nature of the business investment and by the relative proportions of debt and equity used to finance investments.

(3) Earnings do not take into account the working capital and fixed investment needed for anticipated sales growth.

(4) While projected earnings, of course, incorporate estimates of future revenues and expenses, they ignore potential changes in a company's cost of capital both because of inflation and because of shifting business and financial risk.

(5) The EPS approach to strategy ignores dividend policy. If the objective were to maximize EPS, one could argue that the company should never pay any dividends as long as it expected to achieve a positive return on new investment. But we know that if the company invested shareholders' funds at below the minimum acceptable market rate, the value of the company would be bound to decrease.

(6) The EPS approach does not specify a time preference rate for the EPS stream, i. e., it does not establish the value of a dollar of EPS this year compared with a year from now, two years from now, etc.

5.3.2 Shareholder Value Approach

The economic value of any investment is simply the anticipated cash flow discounted by the cost of capital. An essential feature of the discounted cash flow technique, of course, is that it takes into account that a dollar of cash received today is worth more than a dollar received a year from now, because today's dollar can be invested to earn a return during the intervening time.

While many companies employ the Shareholder Value approach using DCF analysis in capital budgeting, they use it more often at the project level than at the corporate strategy level. Thus, we sometimes see a situation where capital projects regularly exceed the minimum acceptable rate of return, while the business unit itself is a "problem" and creates little or no value for shareholders. The DCF criterion can be applied not only to internal investments such as additions to existing capacity but also is useful in analysis of opportunities for external growth such as corporate mergers and acquisitions.

Companies can usefully extend this approach from piecemeal applications to the entire strategic plan. An SBU is commonly defined as the smallest organizational unit for which integrated strategic planning, related to a distinct product that serves a well-defined market, is feasible. A strategy for an SBU may then be seen as a collection of product-market related investments and the company itself may be characterized as a portfolio of these investment-requiring strategies. By estimating the future cash flows associated with each strategy, a company can assess the economic value to shareholders of alternative strategies at the business unit and corporate levels.

Steps in analysis

The analysis for a Shareholder Value approach to strategic planning involves the following steps:

> Estimation for each business unit and the corporation of the minimum pretax operating return on incremental sales (the "Incremental Threshold Margin") needed to create value for shareholders.

> Comparison of minimum acceptable rates of return on incremental sales with rates realized during the past five years and initial projections for the next year and the five-year plan.

> Estimation of the contribution to Shareholder Value of alternative strategies at the business unit and corporate levels.

> Evaluation of the corporate plan to determine whether the projected growth is financially feasible in light of anticipated return on sales, investment requirements per dollar of sales, target capital structure, and dividend policy.

> A financial self-evaluation at the business unit and corporate levels.

(Before proceeding to the case illustration in the next section, the reader may wish to refer to the Appendix to examine the basis for estimating the minimum pretax operating return on incremental sales needed to increase Shareholder Value, as well as the calculation of the absolute Shareholder Value contributed by various strategies.)

5.3.3 Case of Econoval

Econoval, a diversified manufacturing company, divides its operations into three lines of business – semiconductors, energy, and automotive parts (see Exhibit II).

Business unit	Product life cycle stage	Strategy	Risk	Current year's sales in $ millions
Semi-conductors	Embryonic	Invest aggressively to achieve dominant market position	High	50
Energy	Expanding	Invest to improve market position	Medium	75
Automotive parts	Mature	Maintain market position	Low	125

Exhibit II: Strategic overview of Econoval's lines of business

Before beginning their detailed analysis, Econoval managers must choose appropriate time horizons for calculating the value contributed by each business unit's strategy. The product life cycle stages of the various units will ordinarily determine the length of the forecast period. If we were to measure value creation for all business arbitrarily in a common time horizon, say 5 years, then embryonic business with large capital requirements in early years and large payoffs in later years would be viewed as poor prospects even if they were expected to yield exceptional value over the life cycle. Therefore, in this case, I have extended the projections for the semiconductor unit 10 years and have limited projections for the energy and auto parts units to 5 years in the company's long-term financial plan.

241

Step 1 – Estimation of the Incremental Threshold Margins (minimum return on incremental sales needed to create value for shareholders)

The basis for calculating the Incremental Threshold Margins appears as Equation (4) in the Appendix. For each business unit, four parameters need to be estimated: capital expenditures per dollar of sales increase ("Incremental Fixed Capital Investment" or F), cash required for working capital per dollar of sales increase ("Incremental Working Capital Investment" or W), the income tax rate, and the cost of capital (the discount rate or weighted average costs of debt and equity). Exhibit III summarizes the results.

| Business unit | Investment requirements per dollar of sales increase | | Cost of Capital (K) | Incremental Threshold Margin (minimum return on incremental sales) |
	Incremental Fixed Capital Investment (F)	Incremental Working Capital Investment (W)		
Semiconductors	.45	.20	.15	.157
Energy	.20	.20	.14	.091
Automotive parts	.15	.20	.13	.075

Exhibit III: Incremental threshold margins based on the initial forecast

   Before proceeding, I should comment on how to estimate these variables. To estimate the recent values for Incremental Fixed Capital Investment (capital expenditures required per dollar of sales increase), one simply takes the sum of all capital expenditures less depreciation over the preceding 5 or 10 years and divides this amount by the sales increase during the period. Note that if a business continues to replace existing facilities in kind and if the prices of these facilities remain constant, then the numerator (i.e., capital expenditures less depreciation) approximates the cost of real growth in productive capacity.

   However, the costs for capital expenditures usually rise each year owing to inflationary forces and regulatory requirements such as environmental control. These cost increases may be partially offset by advances in technology. Thus the numerator reflects not only the cost of real growth but price changes in facilities as well as the impact of product mix changes, regulation, and technological improvement. Whether the historical value of this variable is a reasonable basis for the forecast period depends significantly on how quickly and to what extent the company can offset increased fixed capital costs by higher future selling prices, given the competitive structure of the industry.

The increase in required working capital should reflect the cash flow consequences of changes in (1) minimum required cash balance, (2) accounts receivable, (3) inventory, and (4) accounts payable and accruals.

The appropriate rate for discounting the company's cash flow stream is the weighted average of the costs of debt and equity capital. For example, suppose a company's aftertax cost of debt is 6% and its estimated cost of equity 16%. Further, it plans to raise capital in the following proportion – 20% by way of debt and 80% by way of equity. It computes the cost of capital at 14% as follows:

	Weight	Cost	Weighted Cost
Debt	.20	.06	.012
Equity	.80	.16	.128
Cost of Capital			.140

Is the company's cost of capital the appropriate rate for discounting the cash flow projections of individual business units? The use of a single discount rate for all parts of the company is valid only in the unlikely event that they are identically risky.

Executives who use a single discount rate companywide are likely to have a consistent bias in favor of funding higher-risk businesses at the expense of less risky businesses. To provide a consistent framework for dealing with different investment risks and thereby increasing Shareholder Value, management should allocate funds to business units on a risk-adjusted return basis.

The process of estimating a business unit's cost of capital inevitably involves a substantial degree of executive judgment. Unlike the company as a whole, ordinarily the business unit has no posted market price that would enable the analyst to estimate systematic or market-related risk. Moreover, it is often difficult to assign future financing (debt and equity) weights to individual business units.

One approach to estimating a business unit's cost of equity is to identify publicly traded stocks in the same line of business that might be expected to have about the same degree of systematic or market risk as the business unit. After establishing the cost of equity and cost of debt, the analyst can calculate a weighted-average cost of capital for the business unit in the same fashion as for the company.

The cost of equity, or minimum return expected by investors, is the risk-free rate (including the expected long-term rate of inflation) as reflected in current yields available in long-term government bonds plus a premium for accepting equity risk. The overall market risk premium for the last 40 years has averaged 6.1%[1]. The risk premium for an individual security can be estimated as the

---

(1) This average is derived from the geometric mean for the period 1926 to 1981; see Ibbotson/ Sinquefield, Stocks, Bonds, Bills and Inflation, 1982.

product of the market risk premium and the individual security's systematic risk as measured by its beta[2].

Following is the estimate for Econoval's semiconductor unit's cost of equity:

Risk-Free   Market
   Rate   + (Beta *   Risk Premium) =   Cost of Equity

   9.25%   + (1.4 *   6.1%)   =   17.8%

Assuming an aftertax cost of debt of 6.5% and financing proportions of 25% debt and 75% equity, the semiconductor unit's risk-adjusted cost of capital is estimated to be 15%. Risk-adjusted rates for the energy and auto parts units are 14% and 13%, respectively.

Step 2 – Comparison of the Incremental Threshold Margins (minimum acceptable rates of return on incremental sales) with recently realized rates and initial planning projections

Having developed some preliminary estimates of minimum return on incremental sales, Econoval now wishes to compare those rates with past and initially projected Incremental Profit Margins for each business unit's planning period. This comparison (Exhibit IV) provides both a reasonable check on the projections and insights into the potential of the various business units for creating Shareholder Value.

From Exhibit IV, we can determine that the semiconductor unit is projecting substantial improvement over historical margins on the basis of a continuing product mix shift toward higher-margin proprietary items and substantial R&D expenditures to maintain competitiveness in the learning curve race.

If the forecasted margins materialize, the semiconductor unit will contribute to Shareholder Value. At this initial stage, the company is concerned with the

Business unit	Last year	Past Five Years	Incremental Threshold Margin (minimum acceptable)	Incremental Profit Margin (initial forecast)
Semiconductors	.115	.110	.157	.155
Energy	.100	.120	.091	.110
Automotive parts	.070	.080	.075	.080

Exhibit IV: Econoval's Incremental Profit Margins (rates of return on incremental sales)

---

(2) For a method of predicting beta, see Rosenberg/Guy, Prediction of Beta from Investment Fundamentals, 1976, p. 62.

reasonableness of the projections and the small distance between projected incremental profit margins and the Incremental Threshold Margins (the minimum acceptable margins). The energy unit is projecting a rate of return on incremental sales in line with its recent experience, and this 11% rate is comfortably over the 9.1% Incremental Threshold Margin.

The problem business unit is the automotive parts division. Margins have been eroding steadily, and the forecasted five-year margin is just above the acceptable minimum. Econoval managers are thus committed to investigating a full range of strategic alternatives for the automotive unit.

Step 3 – Estimation of Shareholder Value contributed by alternative strategies at the business unit and corporate levels

Once the company has developed and analyzed its initial planning projections, SBU managers and the corporate planning group can prepare more detailed analyses for evaluating alternative planning scenarios. Exhibit V shows the semiconductor unit's planning parameters for conservative, most likely, and optimistic scenarios.

The worst case or conservative scenario assumes significant market penetrations by Japanese producers via major technological advances coupled with aggressive price cutting. The most likely scenario assumes the semiconductor group's continued dominance in the metal-oxide-semiconductor (MOS) market, substantial R&D expenditures to enable the semiconductor group to maintain its competitiveness in the learning curve race, and gradual Japanese technological parity, which will place pressure on sales margins. The optimistic scenario projects more rapid industry growth and great success in the unit's effort to carve out high-margin proprietary niches.

Exhibit VI presents the Sharholder Value contribution for each of these three scenarios and for a range of discount rates.

Econoval expects the semiconductor unit's 10-year plan for the most likely scenario to contribute $ 10.60 million to Shareholder Value. The range of Shareholder Values from conservative to optimistic scenarios is from $ 4.87 million to $ 29.93 million for the estimated cost of capital or discount rate of 15%.

An assessment of the likelyhood of each scenario will provide further insight into the relative riskiness of business unit investment strategies. For example, if all three scenarios are equally likely, the situation would be riskier than if the most likely scenario is 60% probable and the other two are each 20% probable.

Econoval performed similar analyses for the energy and automotive parts units. Exhibit VII summarizes the results for most likely scenarios. To ensure consistency in comparing or consolidating scenarios of various business units, it is important that the corporate planning group establish that such scenarios share common assumptions about critical environmental factors such as inflation and energy prices.

On closer inspection, we see that the analysis in Exhibit VII provides support for management's concern about the automotive unit's performance. While the unit now accounts for 50% of Econoval's sales, the company expects it to contribute only $ 3.57 million, or about 15% of the total increase in Shareholder Value.

	Year									
	1	2	3	4	5	6	7	8	9	10
Conservative										
Sales Growth Rate (G)	.25	.25	.20	.20	.18	.18	.18	.18	.18	.18
Operating Profit Margin (P)	.115	.12	.125	.13	.135	.135	.135	.135	.135	.135
Incremental Working Capital Investment (W)	.20	.20	.20	.20	.20	.20	.20	.20	.20	.20
Incremental Fixed Capital Investment (F)	.42	.42	.42	.40	.40	.35	.35	.35	.35	.35
Cash Income Tax Rate (TC)	.41	.41	.41	.41	.41	.41	.41	.41	.41	.41
Most likely										
Sales Growth Rate (G)	.30	.28	.25	.22	.20	.20	.20	.20	.20	.20
Operating Profit Margin (P)	.12	.125	.13	.135	.14	.145	.15	.15	.15	.145
Incremental Working Capital Investment (W)	.20	.20	.20	.20	.20	.20	.20	.20	.20	.20
Incremental Fixed Capital Investment (F)	.45	.45	.44	.42	.42	.40	.38	.38	.35	.35
Cash Income Tax Rate (TC)	.40	.40	.40	.40	.40	.40	.40	.40	.40	.40
Optimistic										
Sales Growth Rate (G)	.32	.30	.30	.25	.25	.25	.25	.25	.25	.25
Operating Profit Margin (P)	.125	.13	.14	.145	.15	.15	.15	.15	.15	.15
Incremental Working Capital Investment (W)	.18	.18	.18	.18	.18	.18	.18	.18	.18	.18
Incremental Fixed Capital Investment (F)	.40	.38	.38	.36	.36	.35	.35	.35	.35	.35
Cash Income Tax Rate (TC)	.39	.39	.39	.39	.39	.39	.39	.39	.39	.39

Exhibit V: Semiconductor unit's forecasts for various scenarios

246

	Cost of Capital (Discount Rate)				
Scenario	.140	.145	.150	.155	.160
Conservative	$9.30	$6.96	$4.87	$2.99	$1.30
Most likely	16.92	13.59	**10.60**	7.91	5.48
Optimistic	39.64	34.53	29.93	25.79	22.05

Exhibit VI: Shareholder Value contributed by the Semiconductor unit under different scenarios and discount rates in $ millions

		Shareholder Value increase			Growth rates	
Business unit:	Years in plan	$ millions	Per discounted $ of sales Increase (VROS)	Per discounted $ of Investment (VROI)	Sales	Earnings
Semiconductors	10	10.60	.077	.128	22.4%	26.1%
Energy	5	8.79	.175	.438	15	17.7
Automotive parts	5	3.57	.068	.194	10	11.9
Consolidated		22.96				

Exhibit VII: Shareholder Value, sales growth, and earnings growth rates by business unit for most likely scenarios

On the basis of traditional criteria such as sales and earnings growth rates, the semiconductor unit clearly emerges as the star performer. However, its high investment requirements and risk vis-à-vis its sales margins combine to limit its value-creating potential. Despite the fact that the semiconductor unit's sales and earnings growth rates are substantially greater than those of the energy unit, the semiconductor unit is expected to contribute only marginally more Sharholder Value in 10 years than the energy unit in 5 years.

The Shareholder Value increase per discounted dollar of investment provides management with important information about where it is realizing the greatest benefits per dollar of investment. Indeed, this Value Return on Investment (VROI), rather than the traditional accounting ROI, enables management to rank various business units on the basis of a substantive economic criterion.

The numerator of the VROI is simply the Shareholder Value contributed by a strategy and the denominator, the present cost or investment. When the VROI ratio is equal to zero, the strategy yields exactly the risk-adjusted cost of capital, and when VROI is positive, the strategy yields a rate greater than its cost of capital. Note that the semiconductor unit ranks last, even behind the auto parts unit, in this all-important performance measure.

Ranking units on the basis of VROI can be particularly helpful to corporate headquarters in capital-rationing situations where the various parts of the business are competing for scarce funds. In the final analysis, however, corporate resources should be allocated to units so as to maximize the Shareholder Value of the company's total product-market portfolio.

Step 4 – Evaluation of the financial feasibility of the strategic plan

Once the company has established a preliminary plan, it should test its financial feasibility and whether it is fundable. This involves integrating the company's planned investment growth strategies with its dividend and financing policies. A particularly effective starting point is to estimate the company's maximum affordable dividend payout rate and its sensitivity to varying assumptions underlying the strategic plan.

To illustrate, Econoval calculates the maximum dividend payout for the first year of the five-year plan. On a consolidated basis, Econoval projects a Sales Growth Rate (G) of 15.5%, an Operating Profit Margin of 9.56%, investment requirements (F+W) of $ .481 per dollar of incremental sales, a Cash Income Tax Rate of 42.2%, and a current Debt/Equity Ratio of 45.2% and a Target Debt/Equity Ratio of 44.3%. Econoval can pay out no more than 6.3% of its net income as dividends. At the 6.3% payout rate, the earnings retained, plus added debt capacity, are just equal to the investment dollars required to support the 15.5% growth in sales from $ 250 million to $ 288.75 million.

It is easy to demonstrate this result. At $ .481 per dollar of incremental sales, investment requirements (net of depreciation) on the projected § 38.75 million sales increase will total $ 18.63 million. This amount will be financed as follows:

Aftertax earnings on sales of $ 288.75 million	$ 13.34 million
Less 6.3% dividend payout	.84
Earnings retained, i.e., increase in equity	12.50
Increase in unused debt capacity	5.08
Increase in deferred taxes	1.05
	$ 18.63 million

The maximum Affordable Dividend Payout Rate table (Exhibit VIII) shows how sensitive this rate is to changes in growth, profitability, investment intensity, and financial leverage. Not, for example, that if the Sales Growth Rate (G) is increased from 15.5% to 16.5%, the maximum Affordable Dividend Payout Rate decreases from 6.3% to 1.1%, while a 1% increase in the Operating Profit Margin (P) raises the maximum affordable rate from 6.3% to 16.6%.

Investment requirements per dollar of sales increase (Incremental Fixed and Working Capital Investment, F+W)

	.431			.481			.531		
	Debt/equity			Debt/equity			Debt/equity		
Sales Growth Rate (G)	.393	.443	.493	.393	.443	.493	.393	.443	.493
.145									
Operating Profit Margin (P) .086	-9.6%	10.1%	28.5%	-20.8%	-0.7%	18.1%	-31.9%	-11.5%	7.6%
.096	3.8	21.2	37.4	-6.1	11.7	28.2	-15.9	2.2	19.0
.106	14.4	29.9	44.4	5.6	21.4	36.2	-3.2	12.9	28.0
.155									
Operating Profit Margin (P) .086	-15.1	4.7	23.1	-26.9	-6.7	12.1	-38.7	-18.1	1.1
.096	-1.0	16.4	32.6	-11.4	6.3	22.9	-21.9	-3.7	13.2
.106	10.1	25.7	40.2	0.7	16.6	31.5	-8.6	7.6	22.8
.165									
Operating Profit Margin (P) .086	-20.4	-0.6	17.8	-32.8	-12.6	6.2	-45.3	-24.7	-5.4
.096	-5.7	11.7	28.0	-16.7	1.1	17.7	-27.7	-9.5	7.5
.106	5.8	21.4	36.0	-4.0	11.9	26.8	-13.8	2.4	17.6

Book Income Tax Rate = .460, Cash Income Tax Rate = .422, Current Debt/Equity = .452, Current Market Value of Equity = $ 53.550 million

Exhibit VIII: Maximum Affordable Dividend Payout Rate analysis

	Year					
	1	2	3	4	5	Total
Net income	13.34	15.74	18.54	21.75	25.44	94.81
Depreciation	3.84	4.74	5.82	7.03	8.32	29.74
Increase in deferred Income Taxes	1.05	1.29	1.56	1.88	2.23	8.02
Sources of funds	**18.23**	**21.77**	**25.92**	**30.66**	**35.99**	**132.57**
Fixed Capital Investment	14.71	17.58	20.22	22.55	25.66	100.72
Working Capital Investment	7.76	8.97	10.16	11.33	12.66	50.88
Uses of funds	**22.47**	**26.55**	**30.38**	**33.88**	**38.32**	**151.60**
Net cash provided	(4.24)	(4.78)	(4.46)	(3.22)	(2.33)	(19.03)
Increase in unused debt capacity	5.08	5.89	6.60	7.20	8.02	32.79
Maximum affordable dividend	**0.84**	**1.11**	**2.14**	**3.98**	**5.69**	**13.76**
Maximum affordable dividend payout rate	6.3%	7.1%	11.5%	18.3%	22.3%	14.5%

Exhibit IX: Econoval strategic funds statement for five-year forecast period in $ millions

Exhibit IX presents Econoval's strategic funds statement for its five-year planning period. The cash required for working capital and fixed capital investment exceeds the cash sources from operations in each year. This difference is reflected in the "net cash provided" line. Another source of funds is, of course, debt financing.

The increase in unused debt capacity is established by reference to the Target Debt/Equity Ratios of Econoval's three principal businesses. Adding the increase in unused debt capacity to the net cash provided provides the maximum affordable dividend, which, as seen earlier, is $ .84 million or 6.3% in the first year and rises annually to 22.3% in the fifth year.

In Exhibit X, strategic funds statements for each of Econoval's main lines of business provide improved insights into product portfolio balancing opportunities. The semiconductor group places a substantial burden on corporate funds. Over the next five years it will require more than $ 26 million of cash while the energy and auto parts units will throw off about $ 7 million in cash. Even after taking into account the increase in unused debt capacity that would be contributed by the semiconductors, coporate headquarters will still have to transfer $ 11 million to the unit.

	Semicon- ductors	Energy	Automotive parts	Consolidated
Net income	$34.53	$30.92	$29.36	$94.81
Depreciation	17.95	6.07	5.72	29.74
Increase in deferred income taxes	4.21	2.55	1.26	8.02
	56.69	39.54	36.34	132.57
Fixed Capital Investment	62.31	21.24	17.17	100.72
Working Capital Investment	20.45	15.17	15.26	50.88
	82.76	36.41	32.43	151.60
Net cash provided	(26.07)	3.13	3.91	(19.03)
Increase in unused debt capacity	15.05	9.26	8.48	32.79
Maximum Affordable Dividend	($11.02)	$12.39	$12.39	$13.76

Exhibit X: Strategic funds statement for five-year forecast period by business units in $ millions

After some further analysis, Econoval managers concluded that the strategic plan was financially feasible. The analysis did, however, raise two concerns. First, Econoval had a low Affordable Dividend Payout Rate and was vulnerable to sales margins lower than those projected. Of immediate concern was that the current year's dividend is larger than next year's forecasted affordable dividend.

Also, the strategic funds statement underscored the risk associated with the semiconductor group's aggressive competitive positioning and the related high level of investment requirements. This group's large cash requirements, coupled with its modest VROI, prompted Econoval managers to launch a study of alternative product portfolio strategies.

Step 5 – A financial self-evaluation at the business unit and corporate levels

Increasingly, companies are adding financial self-evaluation to their strategic financial planning process. A financial evaluation poses two fundamental questions: How much are the company and each of its major lines of business worth? How much would each of several plausible scenarios involving various combinations of future environments and management strategies affect the value of the company and its business units?

The following types of companies would especially benefit from conducting a financial evaluation:

> Companies that wish to sell and need to establish a minimum acceptable selling price for their shares.

> Companies that are potential takeover targets.

> Companies considering selective divestments.

> Companies evaluating the attractiveness of repurchasing their own shares.

> Private companies wanting to establish the proper price at which to go public.

> Acquisition-minded companies wanting to assess the advantages of a cash versus a stock offer.

The present equity value or Shareholder Value of any business unit, or the entire company, is the sum of the estimated Shareholder Value contributed by its strategic plan and the current cash flow level discounted at the risk-adjusted cost of capital less the market value of outstanding debt. Exhibit XI summarizes these values for Econoval and its three major business units. For example, the semiconductor unit's current cash flow perpetuity level is $ 2.97 million, which, when discounted at its risk-adjusted cost of capital of 15%, produces a value of § 19.8 million. Subtracting the $ 5 million of debt outstanding provides the $ 14.8 million pre-strategy Shareholder Value. To obtain the total equity value or Shareholder Value of $ 25.40 million for the semiconductor unit, simply add the $ 10.60 million value contributed by the strategic plan.

The sum of the three business unit values is $ 83.79 million. Combining the cash flows of the individual businesses and discounting them at the 14% risk-adjusted corporate cost of capital yields a value of $ 87.57 million. In this case, the difference between the value of the whole and the sum of the parts is minor. However, this may not always be true.

	Semicon-ductors	Energy	Automotive parts	Consolidated
Pre-Strategy Shareholder Value	$14.80	$20.93	$25.10	$60.83
Shareholder Value Contributed by Strategy (see Exhibit VII)	10.60	8.79	3.57	22.96
Shareholder Value	$25.40	$29.72	$28.67	$83.79
Percent of total Shareholder Value	30.3%	35.5%	34.2%	
Econoval equity value at corporate cost of capital at 14%				$87.57

Exhibit XI: Business unit and corporate financial evaluation summary-for most likely scenario in $ millions

252

Aggregating the values of the company's business units is consistent with the assumption that the riskiness of each unit must be considered separately. If, however, the company's entry into unrelated businesses reduce the overall variability of its cash flows, then the lower expected probability of bankruptcy can decrease its cost of debt and increase its unused debt capacity.

What happens to the company's overall cost of capital naturally depends on any changes in the cost of equity as well as on the cost of debt. Analysis of the impact of business units on the total risk of the company is at best extremely difficult and subjective.

A more attractive alternative is to (1) assume risk independence in establishing the cost of capital for business units and (2) interpret the difference between the value of the company and the aggregate value of its individual businesses as a broad approximation of the benefits or costs associated with the company's product portfolio balancing activities.

Econoval's corporate financial evaluation gave management not only an improved understanding of the relative Shareholder Value contributed by each business but also the basis for structuring the purchase of an acquisition currently being negotiated. Econoval's market value was then about 25% less than its own estimate of value. Because the cash and exchange-of-shares price demanded by the selling shareholders was not materially different, Econoval management decided to offer cash rather than what it believed to be its under-valued shares.

5.3.4 Meeting the Fiduciary Duty

A fundamental fiduciary responsibility of corporate managers and boards of directors is to create economic value for their shareholders. Despite increasing sophistication in strategic planning applications, companies almost invariably evaluate the final product, the strategic plan, in terms of earnings per share or other accounting ratios such as return on investment or return on equity.

Surprisingly, the conventional accounting-oriented approach persists despite compelling theoretical and empirical evidence of the failings of accounting numbers as a reliable index for estimating changes in economic value. How should the board member of a company that has reported a decade of 15% annual EPS growth and no increase in its stock price respond when asked to approve yet another five-year business plan with projected EPS growth of 15%? The Shareholder Value approach to strategic planning would enable the board to recognize that despite impressive earnings growth projections, the company's increasing cost of capital, rising investment requirements per dollar of sales, and lower margins on sales are clear signs of value erosion.

A number of major companies are now using the Shareholder Value approach to strategic planning. The method requires virtually no data not already developed under current financial planning systems; moreover, microcomputer programs such as The Value Planner™ and The Strategy Planner™ by Alcar (used in preparing the numerical illustrations) can help implement all of the steps I have outlined. Use of this approach should improve companies' prospects

253

of creating value for their shareholders and thereby contribute to the long-run interests of the companies and of the economy.

Appendix:

Calculation of Value Contributed by Strategy

The present value of a business is defined simply as the anticipated aftertax operating cash flows discounted by the weighted average cost of capital. The present value of the equity claims or Shareholder Value is then the value of the company (or business unit) less the market value of currently outstanding debt. The Shareholder Value for a business that expects no further real sales growth and also expects annual cost increases to be offset by selling price increases is given by the following formula:

$$\begin{array}{ll} \text{Pre-Strategy} & \text{Pre-Strategy} \\ \text{Shareholder} = \text{Corporate} \quad - \text{Debt} \quad\quad\quad (1) \\ \text{Value} & \text{Value} \end{array}$$

where:

$$\text{Pre-Strategy Corporate Value} = \frac{\text{Perpetuity Operating Profit after tax}}{\text{Cost of Capital}} = \frac{PS\,(1-T)}{K}$$

P = Operating Profit Margin
T = Income Tax Rate
S = Sales
K = Weighted average Cost of Capital
Debt = Market value of long-term debt and other long-term obligations (preferred stock, unfunded pension liabilities, etc.)

The change in Shareholder Value for a given level of sales increase, or the »Value Contributed by Strategy«, is then

Value Contributed by Strategy = Present Value of Incremental Cash Inflows – Present Value of Incremental Cash Outflows   (2)

where:

$$\text{Present Value of Incremental Cash Inflows} = \frac{(IPM)\,(\text{Sales Increase})\,(1-T)}{K}$$

$$\text{Present Value of Incremental Cash Outflows} = \frac{(F+W)\,(\text{Sales Increase})}{(1+K)}$$

and where:

IPM = Incremental Profit Margin (i.e., Operating Profit Margin on incremental sales)

F = Incremental Fixed Capital Investment (capital expenditures minus depreciation per dollar of sales increase)

W = Incremental Working Capital Investment (cash required for net working capital per dollar of sales increase)

The Value Contributed by Strategy (change in equity or Shareholder Value) is the difference between the after-tax Perpetuity Operating Profit and the required investment outlay for fixed and working capital. Since all cash flows are assumed to occur at the end of the period, the outlays for working capital and fixed assets are discounted by $(1 + K)$ to obtain the present value. There is neither an increase nor a decrease in Shareholder Value for a specified sales increase whenever the value of the inflows and outflows is identical. Specifically, when

$$\frac{IPM(1-T)}{K} = \frac{(F+W)}{(1+K)} \tag{3}$$

From Equation (3), Incremental Threshold Margin, (the break-even operating return on sales or the minimum pretax operating return on incremental sales needed to create value for shareholders) is derived as:

$$ITM = \frac{(F+W)K}{(1-T)(1+K)} \tag{4}$$

The Incremental Threshold Margins for a range of investment requirements per dollar of sales and costs of capital are presented below.

	Incremental Fixed and Working Capital Investment (F+W)						
Cost of Capital	.20	.30	.40	.50	.60	.70	.80
.12	.040	.059	.079	.099	.119	.139	.159
.14	.045	.068	.091	.114	.136	.159	.182
.16	.051	.077	.102	.128	.153	.179	.204
.18	.056	.085	.113	.141	.169	.198	.226
.20	.062	.093	.123	.154	.185	.216	.247

* Assumed income tax rate, 46%

Incremental Threshold Margins
(Minimum pretax operating return on incremental sales to craete value for shareholders*)

The Shareholders Value contributed by any strategy can be estimated by taking the capitalized value of the Incremental Threshold Spread, ITS (the difference between the projected Incremental Profit Margin and the Incremental

255

Threshold Margin). More specifically, the change in Shareholder Value for time is given by the following equation, which assumes Book and Cash Income Tax Rates are identical. If they are not, another term must be added.

$$\text{Value Contributed by Stategy} = \frac{\text{Sales Increase}_t \ \text{ITS}_t \ (1-T)}{K(1+K)^{t-1}} \tag{5}$$

where:

ITS or Incremental Threshold Spread = Incremental Profit Margin – Incremental Threshold Margin

To illustrate, consider a business with sales of $ 50 million for its most recent year and the following assumptions for its five-year plan:

Sales Growth Rate (G) = 15%
Incremental Profit Margins   =   13.5% (Years 1–2)
                                 14.5% (Years 3–5)
Book and Cash Income Rates = 46%
Incremental Fixed Capital Investment (F) = 35%
Incremental Working Capital Investment (W) = 20%
Cost of Capital (K) = 14%

Applying equation (4) for the Incremental Threshold Margin (ITS), we obtain 12.5%. A summary of the Shareholder Value contributed by the five-year plan is presented below.

	Years					
	1	2	3	4	5	Total
Sales	$57.50	$66.12	$76.04	$87.45	$100.57	$387.68
Sales Growth (G)	7.50	8.62	9.92	11.41	13.12	50.57
Incremental Threshold Spread (projected Incremental Profit Margin minus Incremental Threshold Margin)	.01	.01	.02	.02	.02	
Value Contributed by Strategy (present value of the increase in Shareholder Value)*	$.29	$.29	$.59	$.59	$.60	$2.36

* Computed by using equation (5).
Note: The present value of the five-year plan is $2.36 million

Shareholder Value contributed by five-year plan (in $ millions)

6. Kapitel
Finanzielle, bilanzielle und steuerliche Aspekte der Unternehmensbewertung und Akquisition

6.1. Finanzierung von Akquisitionen*

---

* Erstmals erschienen in: Sieben/Sielaff (Hrsg.): Unternehmensakquisition. Stuttgart, 1989, S. 59–68.

6.1.1 Finanzierungsfragen bei der Akquisitionsplanung

6.1.1.1 Akquisitionsplanung als Bestandteil der Unternehmens- planung

Bei einer Akquisition handelt es sich um eine Erweiterungsinvestition mit langfristiger Kapitalbindung. Sie sollte daher so früh wie möglich in die Investitions- und Finanzplanung aufgenommen werden. In der Praxis stellt sich allerdings als Problem, daß konkrete Projekte bei Erstellung der Unternehmensplanung in der Regel nicht bekannt sind. Die Folge ist des öfteren ein genereller Verzicht auf pauschale Ansätze von Investitionsausgaben und damit auf eine integrierte Durchrechnung in der Finanz- und Bilanzplanung. Dabei wird dann der Standpunkt vertreten, daß es früh genug ist, eine Akquisition im Zeitpunkt der Konkretisierung in die Planung aufzunehmen, die Finanzierungsmöglichkeiten zu klären und die Auswirkungen auf Bilanzstruktur und Finanzierung zu ermitteln. Optimal ist dies jedoch nicht, da ein Akquisitionskonzept um so zügiger und zielführender realisiert werden kann, je konkreter die Rahmendaten vorgegeben werden. Hierzu zählen als wichtige Wertziele die Eckwerte für das finanzierbare Akquisitionsvolumen.

Finanzierungsfragen stellen sich demnach bereits bei der Festlegung des Akquisitionskonzeptes. Nur so kann gezielt in die Suchphase eingetreten werden. Daher empfiehlt es sich, den für Erweiterungsinvestitionen vorhandenen Finanzierungsspielraum rechtzeitig im Rahmen der Planung festzulegen. Da Akquisitionen vielfach nicht nur einen einmaligen Finanzierungsvorgang auslösen, sondern danach noch weiterer Finanzierungsbedarf anfällt, z.B. durch Erhöhung der Eigenkapitalquote des Objektes oder einen Ausbau, sollte eine Reserve zur Sicherung der finanziellen Handlungsfähigkeit vorgehalten werden.

6.1.1.2 Die Bedeutung der Kapitalstruktur für die Akquisitions- finanzierung

(1) Ermittlung des Finanzierungsspielraums

Die für Beteiligungserwerbe benötigten Mittel stehen nur in Ausnahmefällen als liquide Mittel in gefüllten »Kriegskassen« zur Verfügung. Eine wesentliche Aufgabe der Planung ist daher die Ermittlung des freien Finanzierungsvolumens. Dieses ergibt sich als Restgröße aus dem gesamten Finanzierungspotential und den für Investitionen, Tilgung von Fremdmitteln oder sonstigen Verwendungen bereits gebundenen Mitteln.

Für die Finanzkraft entscheidend ist zunächst der nachhaltige Cash-flow[1], der das Volumen der Innenfinanzierung, das heißt der im laufenden Geschäftsbetrieb erwirtschafteten Mittel widerspiegelt. Weiteres Potential ergibt sich

---

(1) Definition: Gewinn zuzüglich unbarer Aufwendungen aus verrechneten Abschreibungen und Nettozuführungen aus Rückstellungen.

aus den ggf. vorhandenen Möglichkeiten einer zusätzlichen Außenfinanzierung in Form von Eigenkapitalzuführung oder Fremdmittelaufnahme.

Während der Cash-flow grundsätzlich zur Investitionsfinanzierung zur Verfügung steht, unterliegt die Inanspruchnahme der übrigen Finanzierungsquellen einer Reihe von Restriktionen, die nachfolgend näher erläutert werden.

Zusätzliches Eigenkapital wird vielfach nur begrenzt verfügbar sein und im übrigen auch unter ökonomischen Gesichtspunkten vorrangig als Risikokapital zum Einsatz kommen. Unter Ertragsaspekten ist nämlich eine Fremdfinanzierung so lange vorteilhaft, wie die aus der geplanten Akquisition erwarteten Erträge über den Kosten des Fremdkapitals liegen. Die Rendite auf das eingesetzte Eigenkapital erhöht sich dann mit steigendem Fremdfinanzierungsanteil. Diese »Hebelwirkung« ist in der Betriebswirtschaftslehre als »Leverage-Effekt« bekannt.

Die Möglichkeit der Fremdfinanzierung wird jedoch durch die mit einer Akquisition verbundenen Risiken begrenzt. Das Ausmaß derartiger Risiken muß jeweils im Einzelfall rechtzeitig vor Festlegung der Finanzierung abgeschätzt werden. Die Bandbreite reicht vom allgemeinen Unternehmensrisiko über ein bereits konkreteres Branchenrisiko bis hin zu speziellen Risiken z.B. bei Auslandsakquisitionen. Mit zunehmender Fremdfinanzierung wächst somit die Gefährdung für die Eigenkapitalrendite (Risiko eines negativen Leverage-Effektes).

(2) Bilanz- und Finanzierungsrelationen

Als Konsequenz dieser Risikobetrachtung muß eine optimale Kapitalstruktur und damit die Erhaltung der finanziellen Stabilität angestrebt werden.

Diesem Ziel dienen die Bilanzstrukturnormen, die von den Kreditgebern zur Beurteilung der Kreditwürdigkeit und zur Bemessung von Risikozuschlägen bei den Kreditkonditionen herangezogen werden. Die wichtigsten Kennzahlen betreffen die Finanzierung des Vermögens (horizontale Finanzierungsrelationen) und die Kapitalstruktur (vertikale Bilanzrelationen).

Die horizontalen Relationen sind Ausdruck des Prinzips der Fristenkongruenz, wonach Vermögens- und Kapitalteile sich in ihrer zeitlichen Bindung entsprechen sollten. Ausfluß dieser Überlegungen ist z.B. die »Goldene Finanzierungsregel«, die eine Finanzierung des langfristig gebundenen Vermögens durch langfristig verfügbare Mittel vorsieht.

Die vertikalen Bilanzkennziffern stellen auf das generelle Risiko zunehmender Fremdfinanzierung ab.

Die Einhaltung von Kennziffern vorgenannter Art schreibt auch das Bundesamt für das Versicherungswesen bei Vereinbarung einer »Negativklausel« vor. Bei Bestehen einer solchen Vereinbarung entfallen dingliche Sicherheiten bei der Kreditaufnahme. Das jeweilige Unternehmen verpflichtet sich, keinem Kreditgeber Vorteile bei einer Besicherung einzuräumen. Diese besondere Form der Kreditsicherung ist auf Großunternehmen beschränkt.

(3) Bedeutung des Cash-flow

Relativierend ist anzumerken, daß vorgenannte Strukturkennzahlen nicht generell als starre Grundsätze angesehen werden können. Die für die Beurteilung eines Unternehmens entscheidende Größe ist eine nachhaltig gesicherte Ertragskraft, die ihren Niederschlag auch im Cash-flow findet. Bei der Planung der Akquisition und deren Finanzierung sollte daher in jeweiliger Abhängigkeit von den erwarteten Einzelrisiken die Grenze der Fremdfinanzierung nicht zu eng gezogen werden, insbesondere wenn zusätzliches Eigenkapital verfügbar und im Eventualfall zur Konsolidierung eingesetzt werden kann. Verbindlich sind Bilanz- und Finanzierungsrelationen allerdings insoweit, als Unternehmen sich gegenüber Kreditgebern zu deren Einhaltung verpflichten. Dies gilt vor allem in den Fällen der Negativklausel.

6.1.1.3 Die Bedeutung der Kapitalstruktur des Kaufobjektes

Die vorangegangenen Ausführungen befaßten sich mit der Planung der Finanzierung einer Akquisition aus der Sicht des Käuferunternehmens und beschränkten sich auf den originären Finanzierungsvorgang. Damit bleiben Auswirkungen auf die Finanzierung, die sich ggf. aus der Übernahme der Vermögens- und Kapitalstruktur des Akquisitionsobjektes ergeben, unberücksichtigt. Tatsächlich können sich aber bei Konsolidierung Verschlechterungen bei den Strukturdaten einstellen. Daher sollten in der Planungsphase die Eckwerte für Deckungsrelationen und Kapitalstruktur festgelegt werden, die bei Konsolidierung eines Akquisitionsobjektes nicht unterschritten werden dürfen. Liegt ein konkretes Projekt vor, empfiehlt sich bei relevanter Größenordnung eine zumindest überschlägige Konsolidierung, um die Auswirkung auf Bilanzstruktur, Finanzierung und Ergebnis abzuschätzen. Hierbei sind auch Auslandsakquisitionen mit einzubeziehen, da künftig eine Weltbilanz aufzustellen ist[2].

Bei schlechter Finanzierungsstruktur eines im übrigen interessanten Erwerbsobjektes sollte auch erwogen werden, statt der Anteile nur das Vermögen zu erwerben und damit die Voraussetzungen für eine solide Finanzierung zu schaffen.

6.1.2 Finanzierungsformen der Akquisition

6.1.2.1 Generelle Überlegungen zur Wahl der Finanzierungsform

Während es in der Planungsphase vorrangig um die Abschätzung des freien Finanzierungspotentials geht, stehen beim Erwerb Fragen der optimalen Gestaltung der Finanzierung im Vordergrund. Dies gilt gleichermaßen für die Optimierung unter Rendite- wie auch Risikogesichtspunkten. Daher werden für die Finanzierung auch zunächst die Überschüsse aus der Innenfinanzierung des Käuferunternehmens verwandt, die als liquide Eigenmittel zur Verfügung stehen. Wie bereits dargelegt, werden die liquiden Mittel in der Regel nicht ausreichen. Es muß Kapital von außen zugeführt werden, und zwar im Wege der Kreditaufnahme (Fremdfinanzierung) oder der Zuführung von Eigenkapital (Kapitalerhöhung).

Das Käuferunternehmen wird die Finanzierungsentscheidung auf Basis des erwarteten eigenen Cash-flows so treffen, daß Kapitalstruktur und Deckungsrelationen in vertretbarem Rahmen gehalten werden.

---

(2) Vgl. Sieben/Sielaff, Rechnungslegung, 1981, abgedruckt in diesem Band.

Bei einer Aufnahme von Fremdmitteln ist nicht nur darauf zu achten, daß Kreditlaufzeit und voraussichtliche Dauer der Kapitalbindung einander entsprechen (Fristenkongruenz); auch die Zinskonditionen sollten bei günstiger Kapitalmarktlage laufzeitkonform zu festen Sätzen vereinbart werden. Rollover-Kredite, bei denen die Laufzeit fest, der Zins jedoch variabel vereinbart wird, sollten die Ausnahme bei der Akquisitionsfinanzierung bleiben. Bei der Unternehmensfinanzierung haben sich trotz der vielfältigen Gestaltungsmöglichkeiten die klassischen Regeln bewährt.

Für die Wahl der Finanzierungsform gilt daher auch der Grundsatz, daß Fremdkapital nur dann Vorrang vor Eigenkapital hat, wenn aufgrund der künftigen Ertragsentwicklung mit einiger Sicherheit eine Rendite erwartet werden kann, die deutlich über dem Fremdkapitalzins liegt, und wenn die Cash-flow-Entwicklung eine Kapitalrückführung in angemessener Zeit ermöglicht.

Wie bereits bei der Akquisitionsplanung ausgeführt, sollte das Käuferunternehmen den Finanzierungsspielraum nicht voll ausschöpfen, um Reserven für die Zukunft zu erhalten.

6.1.2.2 Eigenkapitalfinanzierung durch Barkapitalzuführung

Bei der Beschaffung von Eigenkapital sind in Abhängigkeit von Rechtsform und Gesellschafterkreis in unterschiedlichem Umfang organisatorische und rechtliche Erfordernisse zu beachten. Besonders aufwendig ist der Ablauf für eine Barkapitalzuführung bei einer börsennotierten Aktiengesellschaft. Hier ist die klassische Kapitalbeschaffung im Wege der ordentlichen Kapitalerhöhung für Akquisitionszwecke nur bedingt geeignet. Das Instrument ist zu schwerfällig, da wegen des Zustimmungserfordernisses durch die Hauptversammlung zwischen deren Einberufung und Durchführung der Kapitalerhöhung ein Zeitraum von mehr als 8 Wochen liegt. Des weiteren ist zu beachten, daß eine durch Akquisitionsentscheidungen ausgelöste ordentliche Kapitalerhöhung nur zufällig im börsenoptimalen Zeitpunkt erfolgt.

Wesentlich mehr Flexibilität wird durch ein genehmigtes Kapital erreicht, das für einen Zeitraum von 5 Jahren von der Hauptversammlung beschlossen und während dieser Zeit vom Vorstand mit Zustimmung des Aufsichtsrates relativ kurzfristig ausgenutzt werden kann. Diese Variante der Barkapitalerhöhung ist grundsätzlich nicht an einen konkreten Finanzierungsanlaß gebunden und gestattet dem Management, günstige Kapitalmarktsituationen auszunutzen. Diese können sich in der Phase der Akquisitionsplanung, im Vorfeld von Akquisitionsverhandlungen oder im Zeitpunkt des Erwerbs ergeben.

Das Instrument des genehmigten Kapitals wird besonders in Zeiten, in denen die Kapitalmärkte kurzfristigen oder starken Schwankungen unterliegen, auch für die Akquisitionsfinanzierung an Bedeutung gewinnen.

6.1.2.3 Mischformen von Eigen- und Fremdkapitalfinanzierung

Als weitere Gestaltungsformen zur Optimierung der Kapitalbeschaffung bieten sich die Wandel- und Optionsanleihe an. Beide Finanzierungsinstrumente sind

Mischformen aus Eigen- und Fremdkapital. Bei der Wandelanleihe hat der Zeichner das Recht, ab einem gewissen Zeitpunkt die Anleihe zu einem feststehenden Kurs z. B. in Aktien umzuwandeln. Bei der Optionsanleihe bleibt die Anleihe bestehen. Der Zeichner kann für die mit der Anleihe verbundenen Bezugsrechte (Optionsrechte) ebenfalls zu feststehendem Kurs Aktien erwerben.

Die Vorteile derartiger Finanzierungen liegen in niedrigen Fremdkapitalzinsen, in kurzen Genehmigungsfristen insbesondere bei einer Anleihebegebung im Ausland sowie in der Möglichkeit, zeitlich abgestimmt die Vorteile einer Fremdfinanzierung langfristig mit einer Kapitalkonsolidierung zu verbinden.

Zu den Mischformen zählt als weiteres Finanzierungsinstrument der Genußschein. Wegen fehlender gesetzlicher Regelungen bietet das Genußrecht ein breites Spektrum möglicher Gestaltungsformen, die sich zwischen Eigen- und Fremdkapitalfinanzierung bewegen. So kann das Genußrecht als Gläubigerrecht, aber auch als unkündbares, risikotragendes und mit Gewinnanspruch versehenes Eigenkapital besonderer Art ausgestaltet sein.

Der Genußschein eignet sich z. B. als flexibles Finanzierungsinstrument für Unternehmen, die aus Gründen der Rechtsform keinen oder nur begrenzten Zugang zum Kapitalmarkt haben und sich auf diese Weise ohne Gewährung von Stimmrechten Risikokapital beschaffen können.

6.1.2.4 Besondere Finanzierungsinstrumente und Gestaltungsmöglichkeiten

(1) Finanzierung durch Anteile des übernehmenden Unternehmens

Abweichend vom Normalfall einer Akquisition, bei dem das Käuferunternehmen den Kaufpreis in bar entrichtet, ist als eine weitere Gestaltungsform die Finanzierung durch Anteile des Käuferunternehmens im Wege der Kapitalerhöhung gegen Sacheinlage möglich. In diesem Fall erhält der Veräußerer des Akquisitionsobjektes Anteile der übernehmenden Gesellschaft und bleibt somit indirekt an seinem alten Unternehmen beteiligt.

Der besondere Vorteil dieser Finanzierungsvariante liegt in der Chance, daß die Bezahlung eines ggf. hohen Kaufpreises entfällt und es statt dessen ausschließlich auf die Ermittlung einer angemessenen Umtauschrelation ankommt. Besonders bei großen Akquisitionsprojekten ist unter Umständen diese Form des Erwerbs optimal, da ein absoluter Kaufpreis für den Erwerber wenig attraktiv und zudem mit erheblichen Bewertungsrisiken behaftet ist. Mit weit größerer Sicherheit kann dagegen im Rahmen einer Bewertung beider Unternehmen nach einheitlichen Grundsätzen die Umtauschrelation ermittelt werden. Auch für einen mit Anteilstausch verbundenen Erwerb steht im Aktienrecht das Instrument der bedingten Kapitalerhöhung nach § 192 Abs. 2, Nr. 2 AktG zur Verfügung.

(2) Finanzierung über Kapitalerhöhung beim Kaufobjekt

Bei dieser Variante zahlt das Käuferunternehmen den Kaufpreis durch Zeichnung der Kapitalerhöhung. Der bisherige Eigentümer bleibt mit entsprechend niedrigerem Anteil beteiligt. Der Vorteil dieser Gestaltungsform ist, daß die vom Käuferunternehmen eingezahlten Mittel dem Akquisitionsobjekt als Risikokapital zur Verfügung stehen und dessen Finanzpotential erhöhen.

(3) Finanzierung durch das Kaufobjekt

Eine besondere Form der Projektfinanzierung ist gegeben, wenn die Mittel zur Kaufpreisfinanzierung teilweise durch das Kaufobjekt selbst aufgebracht werden. Dies geschieht, indem das Käuferunternehmen zur Finanzierung des Kaufpreises notwendige Fremdmittel durch Beleihung des Akquisitionsobjektes beschafft. Nach erfolgtem Erwerb werden nicht benötigte Vermögensteile des erworbenen Unternehmens veräußert und die dabei erhaltenen liquiden Mittel zur Kredittilgung verwendet. Finanzierungsmodelle dieser Art sind bei den z.T. spektakulären Unternehmensübernahmen der letzten Jahre in USA als sog. »Leveraged buy-outs« bekanntgeworden.

Das Ziel, Liquidität, stille Reserven oder Finanzierungspotential des Akquisitionsobjektes für die Finanzierung nutzbar zu machen, kann auch auf umgekehrtem Wege erreicht werden, indem das Käuferunternehmen eigene Vermögensteile durch Verkauf an das Kaufobjekt mobilisiert.

(4) Erwerb von Anteilen oder Vermögenskauf

Beim Kauf durch Anteilserwerb wird das Unternehmen als Ganzes, das heißt mit dem gesamten Vermögen und dessen Finanzierung, erworben. Der Kaufpreis bezieht sich auf das Reinvermögen, den Saldo aus Vermögen abzüglich Schulden.

Eine Akquisition über Vermögenskauf führt daher verglichen mit dem Anteilserwerb fast immer zu einem höheren Kaufpreis, da Gegenstand des Erwerbs nur die Vermögensgegenstände sind. Werden einzelne Verbindlichkeiten übernommen, mindern diese nicht den Kaufpreis; sie werden auf die Kaufpreiszahlung angerechnet. Denkbar ist auch, daß nicht das gesamte Vermögen des Kaufobjektes, sondern nur bestimmte Vermögensgegenstände erworben werden. Der Kaufpreis kann dadurch niedriger ausfallen.

Ein besonderer Effekt des Vermögenserwerbs liegt in dem hohen steuerlichen Gestaltungsspielraum, der dem Erwerber ermöglicht, den Kaufpreis den Vermögensgegenständen steueroptimal zuzuordnen. Dies wird durch größtmögliche Aufwertung des Anlagevermögens erreicht mit dem Ziel hoher Abschreibungen in der Zukunft. Mit der Finanzierung des Vermögenskaufs wird die Kapitalstruktur der neu geschaffenen Unternehmenseinheit gestaltet. Wegen der Aufwertung des Anlagevermögens muß zur Beibehaltung der Finanzierungsrelationen mit einem höheren Eigenkapitalerfordernis gerechnet werden[3].

6.1.3 Finanzierung von Auslandsakquisitionen

6.1.3.1 Generelle Anmerkungen

Die für Unternehmenserwerbe im Inland gültigen Finanzierungsregeln gelten generell auch für Auslandsakquisitionen. Allerdings ist ein Erwerb im Ausland – insbesondere bei erstmaligem Eintritt in einen fremden Markt – mit zusätzli-

---

(3) Vgl. Sieben/Sielaff, Rechnungslegung, 1981, abgedruckt in diesem Band.

chen Risiken behaftet, die den wirtschaftlichen Erfolg leicht gefährden können.

Erfahrungen von bereits seit langem international tätigen Unternehmen zeigen, daß eine von Anfang an solide Finanzierung eine der wesentlichen Grundlagen für den nachhaltigen Erfolg darstellt. Dies gilt gleichermaßen für die Finanzierung des Kaufpreises beim inländischen Käuferunternehmen wie für die Finanzierungsstruktur des erworbenen ausländischen Unternehmens. Ein häufig begangener Fehler ist ein zu geringer Eigenkapitaleinsatz. Die Absicht, mit hohem Fremdmitteleinsatz schnelles Wachstum und eine hohe Eigenkapitalverzinsung zu erreichen (Leverage-Effekt), hat sich in der unternehmerischen Praxis sehr oft nicht erfüllt. Danach liegen die wesentlichen Ursachen für Fehlentwicklungen in einer Unterschätzung der Anlaufschwierigkeiten und Ertragsrisiken. Da für das Ausland im Vergleich zum Inland mit in der Regel höherem Zinsniveau gerechnet werden muß, führen dort Ertragseinbußen erheblich schneller zu einer Gefährdung der Rendite, wobei deren Ausmaß mit zunehmendem Fremdkapitalanteil steigt (negativer Leverage-Effekt).

Aus dieser Hebelwirkung leitet sich für die Finanzierung des Kaufpreises die Empfehlung ab, bei den eher risikogefährdeten Ausland-Investments den Fremdmitteleinsatz so gering wie möglich zu halten. Dadurch wird verhindert, daß bei einer Ertragsschwäche des ausländischen Kaufobjektes und daraus resultierenden Dividendenausfällen das Ergebnis des Käuferunternehmens mit hohen Fremdkapitalzinsen belastet wird.

In jedem Fall vorrangig ist der Einsatz von Eigenmitteln, wenn die Akquisitionsstrategie das Ziel hat, das ausländische Unternehmen als Brückenkopf für den Aufbau einer Auslandsposition zu nutzen. Bei einer solchen Zielsetzung steht von Anfang an fest, daß über einen längeren Zeitraum auf Ausschüttungen verzichtet wird, da die Gewinne zur Eigenkapitalstärkung im ausländischen Unternehmen verbleiben.

Für die Gestaltung der Finanzierungsstruktur des Akquisitionsobjektes ergibt sich aus den Risikogesichtspunkten die Konsequenz, das erworbene Unternehmen mit Eigenkapital so auszustatten, daß dessen weitere Finanzierung weitgehend aus eigenem Cash-flow möglich ist. Wird dies nicht beachtet, wird das Tochterunternehmen ständig auf Kapitaleinschüsse angewiesen und in seiner Kreditwürdigkeit beeinträchtigt sein. Im Zweifel wird das Käuferunternehmen über Bürgschafts- oder ähnliche Eventualverpflichtungen in die Mithaftung genommen.

6.1.3.2 Spezielle Finanzierungsrisiken

(1) Wechselkursrisiko

Mit der Abkehr vom System fester Währungsparitäten haben die Wechselkursrisiken für die Akquisitionsfinanzierung an Aktualität gewonnen.

Wechselkursrisiken entstehen, wenn Geldbeträge von einer Landeswährung in eine andere transferiert werden. Die Risiken treten nicht auf, wenn ausreichend Mittel in der benötigten Währung vorhanden sind. Bei einem Beteiligungserwerb im Ausland ist daher zu empfehlen, den Kaufpreis möglichst in der jeweiligen Währung zu finanzieren. Die Höhe des Wechselkursrisikos ist somit eng mit der Frage verknüpft, ob die im Einzelfall vorhandenen Finanzierungsquellen ausreichen, die benötigten Währungsmittel verfügbar zu machen.

Für international tätige Großunternehmen treten dabei keine Probleme auf. Diesen dürften ausreichend Mittel aus eigenen Währungsüberschüssen, aus Währungskrediten oder im Ausland plazierten Anleihen zur Verfügung stehen. Aber auch für mittlere Unternehmen dürfte die Beschaffung von Währungskrediten z.B. am Euromarkt in der Regel möglich sein.

Es kann somit festgestellt werden, daß sich das Wechselkursrisiko bei der Finanzierung eines Direkterwerbs im wesentlichen auf den Teil des Kaufpreises beschränkt, der aufgrund übergeordneter betriebswirtschaftlicher Gesichtspunkte aus Eigenmitteln dargestellt werden soll, die dem Käuferunternehmen in der benötigten Währung nicht zur Verfügung stehen. Bei Beteiligungserwerb über eine Holding im Ausland wären dies die zur Eigenkapitalausstattung benötigten Mittel.

Nach der Finanzierung des Erwerbs reduziert sich das Wechselkursrisiko auf die laufende Bereitstellung von Währungsmitteln beim inländischen Käuferunternehmen zur Bedienung eventuell von ihm aufgenommener Währungskredite. Höhe und Dauer dieses Risikos wird davon abhängen, ob die Ergebnisausschüttungen des ausländischen Kaufobjektes zur Deckung der Zins- und Tilgungslasten für die Währungskredite ausreichen. Falls aus strategischen Überlegungen über einen längeren Zeitraum auf einen Gewinntransfer verzichtet wird, sollten die Erfordernisse einer Kurssicherung laufend überprüft werden.

(2) Inflationsrisiko

Zwischen Wechselkurs- und Inflationsrisiko besteht eine enge Wechselwirkung, da die Währungsparitäten in Abhängigkeit von der Inflationsentwicklung Veränderungen unterliegen. Eine weitere Abhängigkeit ergibt sich zwischen Inflation und Zinsentwicklung. Hiervon werden Finanzierungsentscheidungen unmittelbar berührt, da eine Verschuldung in fremder Währung in Phasen inflationärer Entwicklung zu höheren Zinsen führen kann.

Vor einer Finanzierungsentscheidung sind daher die Gefahren von Wechselkursschwankungen und Zinssteigerungen gegeneinander abzuwägen.

(3) Transferrisiko

Dieses Risiko ergibt sich aus der Beschränkung des Kapitalverkehrs. Da hiervon z.B. der Kapital- und Gewinntransfer betroffen sein kann, sind Grundsatzfragen einer Auslandsakquisition und deren Finanzierung angesprochen.

6.1.3.3 *Finanzierung unter steuerlichen Aspekten*

Die steuerlichen Gestaltungsfragen sind von den jeweils aktuellen fiskalischen Rahmenbedingungen abhängig. Diese unterliegen jedoch zur Zeit einem schnellen Wandel. Daher ist ein im Erwerbszeitpunkt steueroptimaler Beteiligungskauf bei langfristiger Beurteilung mit gewissen Vorbehalten zu betrachten. Aus diesem Grunde und wegen der Komplexität des internationalen Steuerrechts sollte sich der Investor beim Erwerb einer Beteiligung im Ausland in jedem Fall von einem Experten beraten lassen.

Im Zusammenhang mit Finanzierungsüberlegungen sind die steuerliche Behandlung der ins Inland transferierten Gewinne sowie die Abzugsfähigkeit von Zinsen von besonderer Bedeutung.

(1) Besteuerung von Auslandsgewinnen

Die von einer Beteiligung im Ausland ausgeschütteten Gewinne unterliegen im Ausland regelmäßig einer Ertrags- und Quellenbesteuerung. Die steuerliche Behandlung dieser Gewinne in der Bundesrepublik Deutschland ist vielfach durch Doppelbesteuerungsabkommen geregelt. In Abhängigkeit von der Rechtsform des inländischen Unternehmens ergeben sich jedoch erhebliche Unterschiede.

Ist das inländische Unternehmen ein Einzelunternehmen oder eine Personengesellschaft, unterliegen die zufließenden versteuerten Auslandsgewinne ausländischer Betriebsstätten bzw. Personengesellschaften keiner weiteren Besteuerung. Es gilt das absolute Freistellungsprinzip. Dies gilt nicht bei Beteiligungen an ausländischen Kapitalgesellschaften, auch wenn die Ausschüttungssteuer auf die persönliche Steuerschuld des Gesellschafters angerechnet wird; die Dividenden sind im Inland voll der Einkommensteuer zu unterwerfen.

Handelt es sich beim inländischen Unternehmen um eine Kapitalgesellschaft, bleiben die transferierten versteuerten Auslandsgewinne nur bei Thesaurierung in den Rücklagen im Inland steuerfrei. Im Falle der weiteren Ausschüttung werden sie beim Anteilseigner erneut der Besteuerung unterworfen. Es findet bei Ausschüttung über eine inländische Kapitalgesellschaft eine Doppelbesteuerung statt; außerdem ist die ausländische Quellensteuer als Definitivbelastung verloren.

Der Gesellschafter einer Kapitalgesellschaft wird demnach bei Ausschüttung von Auslandseinkommen schlechter gestellt als der Gesellschafter einer Personengesellschaft oder ein Einzelunternehmer, wenn die Auslandsakquisition über Betriebsstätten oder Beteiligungen an Personengesellschaften erfolgt.

(2) Steuerliche Abzugsfähigkeit von Zinsen

Mit dem Vorteil aus der Steuerbefreiung von Auslandsgewinnen sind jedoch gewisse Nachteile verbunden. So sind Zinsen aus einer Schuldaufnahme bei einem inländischen Unternehmen steuerlich nur bedingt abzugsfähig, wenn die Schulden im Zusammenhang mit einem Beteiligungserwerb im Ausland stehen.

Solange diese Beteiligung keine Gewinne ausschüttet, ist volle Abzugsfähigkeit gegeben. Finden Ausschüttungen statt, entfällt der Abzug der Zinsen bis zur Höhe der steuerfrei vereinnahmten Dividende. Es ist daher zweckmäßig, die Kredite soweit möglich vor Beginn der Dividendenzahlung des Tochterunternehmens zurückzuführen.

Um sicherzustellen, daß der Zinsabzug keinen steuerlichen Restriktionen unterliegt, bietet sich anstelle eines Direkterwerbs der Beteiligungskauf über eine Holding im Ausland an. Die Fremdfinanzierung des Erwerbs wird über die Holding abgewickelt. Ziel dieser Gestaltung ist die Einbeziehung der Zinsen in eine konsolidierte Steuerrechnung für Holding und Tochterunternehmen, so daß die Fremdzinsen mit dem Einkommen des Tochterunternehmens verrechnet werden.

Bei einem hohen Kaufpreis und hoher Verschuldung kann die Holdingkonstruktion dazu führen, daß ein Auslandsengagement der hohen Zinslast wegen über einen längeren Zeitraum erhebliche ergebnis- und liquiditätsmäßige Belastungen zu verkraften hat. Dies kann im Widerspruch zu einer auf Wachstum ausgerichteten strategischen Konzeption stehen.

6.2. Rechnungslegung bei Akquisitionen*

---

* Erstmals erschienen in Sieben/Sielaff (Hrsg.), Unternehmensakquisition, 1989, S. 68–75.

Ein Unternehmenserwerb beeinflußt sowohl den Einzelabschluß als auch bei Konzernen den Konzernabschluß des Erwerbers, darüber hinaus auch den Abschluß des erworbenen Unternehmens.

Welchen Einfluß ein Unternehmenserwerb in seinen verschiedenen möglichen Formen auf die einzelnen Abschlüsse haben kann, soll im folgenden dargestellt werden, wobei, soweit möglich, auf unterschiedliche Auswirkungen im In- und Ausland gesondert eingegangen wird.

6.2.1 Einzelabschluß der erwerbenden Gesellschaft

6.2.1.1 Kauf von Vermögensgegenständen oder Erwerb einer Beteiligung

Je nachdem, ob ein Unternehmen in Form des Erwerbs der einzelnen Vermögensgegenstände (Asset-deal) oder durch Kauf der Anteile an einer juristischen Person oder Personengesellschaft übernommen wird, steht der Kaufpreis allein unter der Position »Anteile an verbundenen Unternehmen« bzw. »Beteiligung« im Finanzanlagevermögen oder beim »Asset-Kauf« verteilt auf viele Bilanzpositionen. Diese beiden Erwerbsarten haben unterschiedliche Auswirkungen auf die Bilanzstruktur des Käuferunternehmens, da bei einem Beteiligungserwerb nur die Position des Finanzanlagevermögens erhöht wird und dementsprechend unterschiedliche Relationen zwischen Anlagevermögen und Eigenkapital bzw. Anlagevermögen zu Bilanzsumme entstehen, während bei einem »Asset-Kauf« praktisch alle Bilanzpositionen betroffen werden können. Im letzteren Fall kann dabei ein Geschäftswert entstehen, der nach § 255 Abs. 4 HGB in Verbindung mit § 7 Abs. 1 EStG auch mit steuerlicher Wirkung abgeschrieben werden muß, während bei einem Beteiligungserwerb der Geschäftswert im Rahmen des Beteiligungsansatzes unverändert bestehenbleibt, falls nicht spätere Verluste des erworbenen Unternehmens eine Abschreibung des Wertansatzes der Beteiligung erforderlich machen.

Ein »Asset-Kauf« hat den Vorteil, daß der Kaufpreis auf die einzelnen Vermögensgegenstände verteilt werden kann und das Käuferunternehmen dementsprechend höhere Abschreibungen erhält, die steuerlich wirksam werden können.

6.2.1.2 Anschaffungsnebenkosten

Bei dem Erwerb eines Unternehmens fallen verschiedene Kosten an, von denen nur diejenigen zu aktivieren sind, die im Zusammenhang mit dem Erwerb stehen. Solche Nebenkosten wie Beratungshonorare, Gutachten, Steuern und Bankspesen müssen daraufhin untersucht werden, ob sie lediglich entscheidungsrelevant waren, so daß diese Kosten als Aufwand gebucht werden können, oder ob sie unmittelbar kaufrelevant waren und dementsprechend zu aktivieren sind.

Allerdings ist darauf zu achten, daß bereits im Zuge der Vorarbeiten und bei den Verhandlungen solche Gestaltungsmöglichkeiten berücksichtigt werden, die Nebenkosten reduzieren (z.B. geringere Börsenumsatzsteuer und Notariatskosten durch Vertragsabschluß im Ausland).

6.2.1.3 Anschaffungswert bei Erwerb gegen Hingabe eigener Aktien oder Tausch anderer Papiere

Häufig erhält der Verkäufer als Gegenwert für das Kaufobjekt Aktien des Käuferunternehmens. Hier kann das Käuferunternehmen durch Gestaltungsmöglichkeiten Einfluß auf die Höhe des Anschaffungswertes für das Kaufobjekt nehmen, ohne daß dem Verkäufer hierdurch Nachteile entstehen. Bei Hingabe eigener Aktien aus dem Bestand oder durch Zuerwerb am Markt sind deren Buchwerte im allgemeinen die Anschaffungswerte für das erworbene Unternehmen. Wird jedoch für diesen Zweck eine Kapitalerhöhung vorgenommen, dann ist als Anschaffungspreis der Ausgabewert dieser neuen Aktien von Bedeutung, das heißt je nachdem, ob man die neuen Aktien mit einem Agio oder lediglich zum Nominalwert zeichnen läßt, ist dementsprechend der Anschaffungswert der Beteiligung höher oder niedriger. Werden die Aktien zum Nominalwert ausgegeben, erreicht man mithin einen niedrigen Anschaffungswert und vermeidet etwaige spätere Beteiligungsabschreibungen, vermindert aber auf der anderen Seite auch die Abschreibungsmöglichkeit mit steuerlicher Wirkung.

Bei einem Tausch gegen andere Beteiligungswerte ist auf die Möglichkeiten der erfolgsneutralen Behandlung nach dem Tauschgutachten des BFH und des § 6b EStG hinzuweisen.

6.2.1.4 Kaufpreisaufteilung

In Deutschland sind Abschreibungen von Beteiligungsbuchwerten mit steuerlicher Wirkung schwierig. Es kann deshalb zweckmäßig sein, unter gegebenen Umständen, insbesondere beim Erwerb von Auslandsbeteiligungen, den Kaufpreis zu splitten in einen reduzierten Wert für den Erwerb der Anteile und in einen Preis für einzelne Wirtschaftsgüter, wie z.B. Patente, Warenzeichen etc., die aus dem Kaufobjekt vorab direkt herausgekauft werden. Es ist dann möglich, diese Patente auch mit steuerlicher Wirkung in Deutschland über die Laufzeit abzuschreiben. Der Verkäufer der Beteiligung erhält in diesem Fall dann neben dem reduzierten Kaufpreis vorab eine zusätzliche Dividende aus der zu verkaufenden Gesellschaft in Höhe des Veräußerungsgewinns dieser Patente.

6.2.1.5 Teilerwerb aus besonderen Gründen

Aus steuerlichen, aber auch aus anderen Gründen ist es insbesondere beim Erwerb ausländischer Unternehmen nicht immer zweckmäßig oder zulässig, 100% der Anteile dieser Unternehmen direkt zu erwerben. Es gibt eine Vielfalt von Möglichkeiten – vom Optionsrecht bis zum Treuhandverhältnis – sich die Rechte an den restlichen Anteilen zu sichern. Bei berichtspflichtigen Gesellschaften ist das von erheblicher Bedeutung; es müssen hier die Vor- und Nachteile einer zu engen Anbindung der noch nicht direkt erworbenen Anteile sorgfältig gegeneinander abgewogen werden. Je nach Ausgestaltung der Verträge kann es sein, daß diese restlichen Anteile statt unter den Beteiligungen unter den »Sonstigen Vermögensgegenständen« auszuweisen sind.

6.2.2 Konzernabschluß der erwerbenden Gesellschaft

Unter bestimmten Voraussetzungen, wie z.B. der Stimmrechtsmehrheit, ist das im Laufe des Jahres erworbene Kaufobjekt in den Konzernabschluß der erwerbenden Gesellschaft aufzunehmen. Es entstehen dabei einige Probleme, die durch eigene Gestaltung aber beeinflußt werden können.

6.2.2.1 Erwerbszeitpunkt und Erstkonsolidierung

Grundsätzlich ist das Kaufobjekt ab dem Erwerbszeitpunkt, spätestens jedoch mit Erhalt der Stimmrechtsmehrheit, je nach vertraglicher Gestaltung zu konsolidieren. Wenn der Erwerbszeitpunkt nicht der Bilanzstichtag der Ober- und Tochtergesellschaft ist, müßte für diesen Zweck eine Zwischenbilanz zu diesem Zeitpunkt für das Kaufobjekt aufgestellt werden. Wichtig ist dieser Zwischenabschluß für die Ermittlung des bezahlten und erwirtschafteten Eigenkapitals sowie für die Gewinn- und Verlustrechnung, die ab diesem Termin in den Gruppenabschluß eingehen muß.

Eine Sofort-Konsolidierung dürfte insbesondere bei ausländischen Kaufobjekten erhebliche Schwierigkeiten wegen der im nächsten Punkt beschriebenen Anpassung des Rechnungswesens mit sich bringen. Es ist deshalb nach § 296 Abs. 1 Nr. 2 HGB möglich, die Erstkonsolidierung unter Umständen auf den folgenden Jahresabschlußstichtag zu legen. Das Käuferunternehmen hat damit die Möglichkeit, Anpassungsmaßnahmen beim Kaufobjekt noch mit Sorgfalt und ohne Hektik durchzuführen. Auch hat dies den Vorteil, daß die Gewinn- und Verlustrechnung der neuen Tochtergesellschaft nicht mit einem Rumpfgeschäftsjahr in den konsolidierten Abschluß eingeht und damit die spätere Vergleichbarkeit stört.

6.2.2.2 Anpassung des Rechnungswesens

Nach den neuen HGB-Vorschriften für den Konzernabschluß gilt nicht mehr das bisherige strenge Prinzip der Maßgeblichkeit der Einzelbilanz. Die konsolidierende Gesellschaft ist vielmehr verpflichtet, den Konzernabschluß unter Einhaltung einheitlicher Kriterien in der Bewertung aufzustellen. Diese Anpassung kann entweder im Einzelabschluß der Tochtergesellschaft vorgenommen werden, indem diese Gesellschaft bereits nach den gleichen Kriterien wie die Muttergesellschaft bilanziert, oder die Anpassung wird lediglich für die Zwecke des Konzernabschlusses in einer sogenannten Handelsbilanz 2 vorgenommen. Aus diesem Grund wird dieser Punkt hier unter Ziffer 2 mitbesprochen.

Es würde zu weit führen, hier auf alle Einzelheiten einzugehen, die bei der

Anpassung des Rechnungswesens von Bedeutung sind. Es wird stellvertretend für die Vielzahl von Fachveröffentlichungen auf die Schrift des Arbeitskreises »Externe Unternehmensrechnung« der Schmalenbach-Gesellschaft – Deutsche Gesellschaft für Betriebswirtschaft e. V. verwiesen.

Es sollen jedoch einige besondere Punkte behandelt werden. Bei ausländischen Kaufobjekten ist die Frage der DM-Bilanzierung von großer Bedeutung. Dabei handelt es sich im allgemeinen nicht nur um ein einfaches Umrechnungsproblem. Da die Mehrzahl der Gesellschaften mit historischen Kursen arbeitet und eine Anpassung an ihre eigenen Bilanzierungsgepflogenheiten vornimmt, sind Umstellungen notwendig. Aus diesem Grund ist es erforderlich, die erworbenen Gesellschaften auf die Bilanzierungsgrundsätze der Muttergesellschaft vorzubereiten. Es ist nicht zu unterschätzen, wie fremd Ausländern unsere deutschen Bilanzierungsgrundsätze sind, wie z. B. Abhängigkeit von Handelsbilanz und Steuerbilanz, Gliederungsschema der Gewinn- und Verlustrechnung nach dem Gesamtkostenverfahren und Sonderposten mit Rücklageanteil.

Weiterhin sollte, wenn irgend möglich, bei der erworbenen Tochtergesellschaft kein abweichendes Wirtschaftsjahr bestehen, weil das in der Praxis etliche Schwierigkeiten bereitet, zumindest hinsichtlich der Prüfungspflicht zu zwei verschiedenen Stichtagen.

Zusätzlicher Arbeitsaufwand fällt an bei Kaufobjekten mit internationaler Verflechtung. Damit entstehen in verschiedenen Ländern eigene konsolidierungspflichtige Gebilde. Die nach dem »Tannenbaum«-Prinzip in dem jeweiligen Lande nach den dortigen Vorschriften aufzustellenden eigenen Gruppenabschlüsse können selbst nach der Umsetzung der 7. EG-Richtlinie in den übrigen Mitgliedsstaaten von den deutschen Vorschriften beträchtlich abweichen.

Ein weiteres Problem ist das innerbetriebliche Rechnungswesen des Kaufobjektes, das im allgemeinen ebenfalls an die Erfordernisse des Käuferunternehmens angepaßt werden sollte. Die deutsche Methode der Deckungsbeitragsrechnung und die Handhabung von kalkulatorischen Kosten sind kein internationales Allgemeingut.

6.2.2.3 *Vergleichszahlen Vorjahre und Geschäftsjahresanpassung*

Die Erstkonsolidierung eines größeren Kaufobjektes kann die Vergleichbarkeit mit dem Vorjahr erheblich beeinträchtigen. Dies gilt nicht nur für den Vergleich mit dem letzten Jahr, sondern kann, wenn die neue Beteiligung nur mit einem Rumpfgeschäftsjahr im Konzernabschluß enthalten ist, auch noch den Vergleich des Folgejahres stören. Deshalb wäre es zweckmäßig, eine neue Beteiligung hinsichtlich der Gewinn- und Verlustrechnung immer für das komplette Jahr zu übernehmen und bei einem Erwerb im Laufe des Jahres den bis zum Erwerbszeitpunkt angefallenen Jahresgewinn unter Anteilen anderer Gesellschafter auszuweisen. Wird so verfahren, würde wenigstens der Vergleich der Gewinn- und Verlustrechnung mit dem Folgejahr aussagefähiger sein.

Wenn ein Konzern in seinem Geschäftsbereich außerdem Mehr-Jahres-Vergleiche veröffentlicht, dürfte es jedoch kaum möglich sein, die Vergleichszahlen der Vergangenheit einschließlich des Neuerwerbs anzupassen. Hier muß wohl der Bruch in der Vergleichbarkeit in Kauf genommen werden. Zweckmäßigerweise wäre in einer Fußnote darauf hinzuweisen.

6.2.2.4 Geschäftswert

Nach den Konsolidierungsgrundsätzen des neuen Handelsrechts ist der Unterschiedsbetrag zwischen dem Anschaffungspreis der Beteiligung und dem Eigenkapitalanteil zum Zeitpunkt des Erwerbs auf die Vermögensgegenstände bzw. Verbindlichkeiten zu verteilen, soweit in diesen Bewertungsreserven vorhanden sind, die dementsprechend eine Zuschreibung rechtfertigen.

Ein darüber hinausgehender Betrag ist als Geschäftswert unter den immateriellen Wirtschaftsgütern auszuweisen und über eine längere Nutzungsdauer abzuschreiben, während bei einer Verteilung auf beispielsweise die Grundstücke in der Regel keine Abschreibung möglich ist bzw. bei einer Zuordnung zu Maschinen usw. eine andere Abschreibungsdauer gelten kann. Es handelt sich hierbei um Vorgänge im Zusammenhang mit der Konsolidierung und nicht um Vorgänge des Einzelabschlusses der erworbenen Gesellschaft. Im Falle eines negativen Unterschiedsbetrages würde die gegensätzliche Maßnahme erforderlich werden, nämlich z. B. eine Abwertung von Vermögensgegenständen bzw. die Bildung von Risikorückstellungen. Nur in Sonderfällen dürfte es sich um echtes zusätzliches Eigenkapital handeln. Der Geschäftswert kann nach § 309 HGB auch offen mit den Rücklagen verrechnet werden.

6.2.2.5 Zwischenholding

Holdinggesellschaften werden aus unterschiedlichen Gründen verwendet. Bei Erwerbsvorgängen kann die Zwischenschaltung einer Holding Vorteile wie Schachtelvergünstigung bei Minderheitsbeteiligung und Schachtelvergünstigung im Erstjahr oder auch die Möglichkeit konsolidierter Steuererklärungen, wie beispielsweise in den USA, bringen.

In diesen Fällen kann es erforderlich sein, daß eine solche Holding gesonderte Gruppenabschlüsse für ihren Bereich aufstellen muß, die den jeweiligen Landeserfordernissen entsprechen, weil es Anleihe- oder Bankkreditbedingungen verlangen oder gesetzliche Bestimmungen in dem Lande eine solche Konsolidierung vorsehen. Eine derartige Situation kann dazu führen, daß eine Holdinggesellschaft ihren Abschluß nach mehreren Versionen aufstellen muß.

6.2.2.6 Erwerb assoziierter Unternehmen

Handelt es sich bei dem Unternehmenserwerb um den Erwerb von Anteilen zwischen 20 und 50%, die einen maßgeblichen Einfluß ermöglichen, dann sind solche Bedingungen nach den §§ 311 und 312 HGB grundsätzlich nach der sog. »Equity-Methode« zu bewerten. Vereinfacht dargestellt werden bei einer solchen Beteiligung im Konzernabschluß die Anschaffungskosten der Beteiligung um das Jahresergebnis, Zwischengewinne und gegebenenfalls Abschreibungen auf Mehrwerte korrigiert.

6.2.2.7 Bilanzstruktur

Der Erwerb eines größeren Unternehmens kann eine erhebliche Verschiebung in den Bilanzrelationen bringen, und zwar nicht nur im Einzelabschluß des Käuferunternehmens, sondern gerade auch im Konzernabschluß. Diese Veränderung der Bilanzstruktur des Käuferunternehmens wird zugleich durch die Art der Kaufpreisfinanzierung beeinflußt. Dies ist von besonderer Bedeutung, wenn das Käuferunternehmen z. B. durch Anleihebedingungen verpflichtet ist, bestimmte Bilanzrelationen einzuhalten.

6.2.3 Einzelabschluß der übernommenen Gesellschaft

6.2.3.1 Änderung der Bilanzpolitik

Das neue Handelsrecht läßt im Rahmen der Bilanzansatz- und Bewertungswahlrechte erhebliche Spielräume für die Bilanzpolitik. Bei einem Unternehmenserwerb können deshalb Gesellschaften aufeinandertreffen, deren Bilanzpolitik erheblich voneinander abweicht. Die Form der Berichterstattung kann sich außerdem in Art und Umfang wesentlich unterscheiden.

Eine Änderung in der Bilanzpolitik und Berichterstattung kann Auswirkungen auf Bankverbindungen, Anleihebedingungen, Kreditauskünfte usw. haben; Minderheitsaktionäre können Garantiedividenden oder Abfindungsangebote fordern, selbst die steuerlichen Ergebnisse können stark beeinflußt werden. Solche Auswirkungen sollten bereits beim Erwerb bedacht werden. Darüber hinaus ist es ratsam, die bei der Konsolidierung erforderliche einheitliche Bewertung, soweit möglich, bereits im Einzelabschluß der übernommenen Gesellschaft zu vollziehen, um Zusatzarbeiten zu vermeiden.

6.2.3.2 Altersversorgung

Insbesondere beim Erwerb von Auslandsgesellschaften muß darauf geachtet werden, welche Risiken aus Altersversorgungszusagen vorhanden und ggf. nicht in den Bilanzen der erworbenen Gesellschaften passiviert sind. Diese Risikoüberprüfung ist auch auf Pensionsfonds und Unterstützungskassen sowie freiwillige oder gesetzliche Vorschriften für Entlassungsentschädigungen auszudehnen.

6.2.3.3 Zusatzarbeit

Wie bereits unter Abschnitt 2 erwähnt, kommen beim Erwerb einer Gesellschaft meist erhebliche Mehranforderungen auf das Kaufobjekt zu, wie z. B. Bilanzierung nach weitergehenden Anforderungen, Aufstellung von Zwischenabschlüssen, im Ausland DM-Bilanzierung mit Handelsbilanz 2, gegebenenfalls das »Tannenbaum«-Problem bei Zwischenkonsolidierungen und Deckungsbeitragsrechnungen anderer Art, als bei dem Kaufobjekt bisher üblich waren. Diese Anforderungen können bei dem Erwerb kleinerer Gesellschaften sehr leicht die Kapazität der übernommenen Mitarbeiter übersteigen und ggf. zu Mehrkosten führen.

6.2.3.4 Tantiemen der übernommenen leitenden Angestellten

Häufig hat das Führungspersonal übernommener Gesellschaften Gratifikationszusagen, die auf ein beim Kaufobjekt übliches Betriebsergebnis abgestellt sind. Hier kann es zu Mißhelligkeiten kommen, wenn durch Umstellung das neue Betriebsergebnis nicht mehr das Ausmaß der bisherigen Basis hat und dementsprechend neue Vereinbarungen erforderlich werden.

6.2.3.5 Return on Investment

Zu guter Letzt soll noch ein Thema angeschnitten werden, das im allgemeinen bei jedem Unternehmenserwerb früher oder später auf die Geschäftsführung zukommt: Welches Kapital hat ein übernommener Geschäftsführer in Zukunft zu vertreten? Hat er – wie vor Übernahme – lediglich das Eigenkapital zu verantworten, das in seinem Jahresabschluß ausgewiesen wird, oder ist der Geschäftsführer in Zukunft verantwortlich für den Kaufpreis, den das Käuferunternehmen für das Kaufobjekt gezahlt hat? Wem sind der bezahlte Geschäftswert und seine erforderliche Abschreibung zuzurechnen: dem Kaufobjekt oder dem Käuferunternehmen und hier nur der Spartenteilung?

Diese Frage läßt sich nicht pauschal beantworten, weil es davon abhängt, wer alles einen Nutzen aus dem Erwerb des Unternehmens ziehen kann. Allerdings muß eindeutig festgestellt werden: Wenn ein zusätzlicher Nutzen bei anderen Stellen des Käuferunternehmens nicht gegeben ist, dann wird der übernommene Geschäftsführer sich vorhalten lassen müssen, daß er jetzt als von dem Käuferunternehmen eingesetzter Geschäftsführer auch deren Interessen zu vertreten hat, das heißt, der Kaufpreis und nicht nur das bilanzielle Eigenkapital sind Bemessungs- und Beurteilungsmaßstäbe.

6.2.4 Interne Ergebnisrechnung

Von den nach handelsrechtlichen Grundsätzen erstellten Gewinn- und Verlustrechnungen der Einzelabschlüsse von Kaufobjekt und Käuferunternehmen und des Konzernabschlusses sind die entsprechenden ausschließlich für unternehmens- bzw. konzerninterne Zwecke erstellten internen Ergebnisrechnungen zu unterscheiden. Wegen ihrer unterschiedlichen Aufgabenstellungen als Planungs- und Kontrollinstrumente basieren diese ggf. auf abweichenden Berechnungsgrundlagen (z.B. Bemessung von Abschreibungen auf der Basis von Wiederbeschaffungskosten, Einbeziehung kalkulatorischer Kosten). Sie sind insbesondere auch frei von bilanzpolitischen Überlegungen und Sondereinflüssen.

Den internen Ergebnisrechnungen kommt – wie auch den auf Einnahmen und Ausgaben basierenden Investitions- und Finanzplanungen – im Entscheidungs- und Kontrollprozeß der Unternehmensakquisition in Ergänzung zu den handelsrechtlichen (Plan-)Abschlüssen der Charakter einer wichtigen Informationsgrundlage zu. Für die zu treffenden Entscheidungen und für die Akquisitionskontrolle sind sie gut geeignet, da sie speziell im Hinblick auf diese Aufgabenstellungen konzipiert werden können. Dies kann allerdings nicht bedeuten, daß die bilanziellen Konsequenzen für die im Rahmen der Akquisition maßgeblichen Überlegungen irrelevant sind. So muß die Akquisition auch in bilanzieller Hinsicht »darstellbar« sein; hohe bilanzielle Verluste im Jahr nach der Akquisition können ein Grund sein, auf den Erwerb zu verzichten, auch wenn die internen Ergebnisrechnungen für den Erwerb sprechen. Hierzu ein Beispiel:

Es soll ein Handelsunternehmen erworben werden. Der Ertragswert ist weitaus höher als der Substanzwert. Die bilanziellen Abschreibungen auf die höher bewerteten abnutzbaren Sachanlagen und auf den Geschäftswert bewirken bilanzielle Verluste in den ersten Jahren des Erwerbs. Die Ermittlung des Ertragswertes spricht für den Erwerb. Gleiches gilt für die interne Ergebnisrechnung, wenn in ihr zwar kalkulatorische Zinsen auf den Kaufpreis, jedoch keine Geschäftswertabschreibung verrechnet worden ist. Aus Gründen der »bilanziellen Optik« wird dennoch auf den Erwerb verzichtet.

6.2.5 Gewinn- und Ausschüttungspolitik

Im Normalfall und auf lange Sicht ist davon auszugehen, daß Beteiligungen Jahresüberschüsse erwirtschaften und angemessene Dividenden ausschütten. Dieser Grundsatz kann durch verschiedene Sonderfälle durchbrochen werden, wie z. B. Aufbauphasen und Devisentransferbeschränkungen. Abhängig dürfte dies wohl von der Ergebnissituation des Mutterunternehmens sein.

Bei einem Erwerb von Auslandsgesellschaften ist noch zu beachten, daß Ausschüttungen dieser Gesellschaft in Deutschland in der Regel EK_0 werden, während Gewinne aus Lieferungen und Leistungen oder Zinserträge direkt bei der Muttergesellschaft als EK_{56} im Inland anfallen, mithin die günstigere Ertragsquelle der Muttergesellschaft darstellen.

Weiterhin kann es von Bedeutung sein, daß die Zinsen für die Kredite zur Finanzierung eines Unternehmenserwerbs wenn irgend möglich gegen die Gewinne des erworbenen Unternehmens mit steuerlicher Wirkung verrechnet werden. Dies ist im Ausland häufig durch Zwischenschaltung einer Finanzholding möglich.

Joachim Funk

6.3. Der Goodwill aus der Sicht des Konzernabschlusses und der Unternehmensbewertung*

---

* Erstmals erschienen in Domsch/Eisenführ/Ordelheide/Perlitz (Hrsg.): Unternehmenserfolg, Wiesbaden 1988, S. 157–167.

6.3.1 Vorbemerkung

Die neuen Konzernrechnungslegungsvorschriften (Bilanzrichtlinien-Gesetz) enthalten u. a. als wesentliche Neuerung gegenüber dem bisherigen Recht den Übergang von der erfolgsneutralen zur erfolgswirksamen Kapitalkonsolidierung. Es handelt sich um die sogenannte angelsächsische Methode der Kapitalkonsolidierung, mit der sich Busse von Colbe in seinen Veröffentlichungen zu den Konsolidierungsmethoden ausführlich auseinandergesetzt hat[1].

Auf der Schmalenbach-Tagung im Mai 1985 zeigte Busse von Colbe im Rahmen seines Vortrags zum Konzernabschluß nach dem Bilanzrichtlinien-Gesetz die Schritte der erfolgswirksamen Erstkonsolidierung nach der Fiktion der rechtlichen Einheit wie folgt auf[2].

— Zuordnung des Unterschiedsbetrags (aus der Aufrechnung des buchmäßigen anteiligen Eigenkapitals des Tochterunternehmens zum Zeitpunkt des Erwerbs bzw. der Erstkonsolidierung mit dem Wertansatz des Tochterunternehmens) auf unterbewertete oder nicht bilanzierte Gegenstände infolge des Erwerbs stiller Rücklagen und stiller Lasten (Buchwertmethode) oder

— Begrenzte Neubewertung der Vermögensgegenstände und Schulden, wobei das gegen den Wertansatz des Tochterunternehmens aufzurechnende neubewertete anteilige Eigenkapital den Anschaffungswert des Tochterunternehmens nicht überschreiten darf.

— Ausweis des restlichen Unterschiedsbetrags als Goodwill oder Verrechnung mit Rücklagen des Mutterunternehmens bzw. Ausweis als passivischer Unterschiedsbetrag.

— Abschreibung der zugeordneten Beträge und des Goodwill in der Folgezeit.

Abhängig von der Inanspruchnahme des Ausweiswahlrechts wirkt der Goodwill aus der Kapitalkonsolidierung unmittelbar auf den Jahresüberschuß bzw. die Eigenkapitalquote des Konzerns.

Diese gesetzlichen Änderungen, die in Anpassung an international übliche Vorgehensweisen bei der Erstellung von Konzernabschlüssen erfolgten, haben damit aber auch Einfluß auf die Entscheidung über den möglichen Kauf eines Unternehmens. Nunmehr sind nicht nur die Auswirkungen eines Unternehmenserwerbs auf die Kapitalstruktur und die Ergebnislage des Konzerns zu berücksichtigen; als neues Element kommt die Belastung des Konzernjahresüberschusses aus der Abschreibung der aufgedeckten stillen Reserven und des Goodwill hinzu. Ein Unternehmenskauf erscheint demnach lohnend, wenn die vom erworbenen Unternehmen erzielten Erträge zuzüglich ggf. zu erwartender Synergieeffekte mindestens die – steuerlich nicht abzugsfähigen – Abschreibungen auf die aufgedeckten stillen Reserven und den Goodwill abdecken. Für den Fall der direkten Verrechnung des Goodwill gegen die Rücklagen ergeben sich ähnliche Konsequenzen, worauf noch eingegangen wird.

Zur Abschätzung dieses Einflusses auf einen möglichen Unternehmenserwerb ist es erforderlich, daß Informationen über die in dem Unternehmen

---

(1) Vgl. Busse von Colbe/Ordelheide, Konzernabschlüsse, 1984.
(2) Vgl. Busse von Colbe, Konzernabschluß, 1985.

enthaltenen stillen Reserven und den Goodwill vor dem endgültigen Kauf erhältlich sind. Die Ermittlung eines rechnerischen Unternehmenswerts auf Basis eines Ertragswerts vermittelt jedoch derartige Erkenntnisse üblicherweise nicht. Ein zusätzliches Substanzwertgutachten erscheint notwendig, womit der Ermittlung des Substanzwerts im Rahmen der Unternehmensbewertung eine erhebliche Bedeutung zukommen würde.

Im folgenden Beitrag sollen die Beziehungen zwischen dem Goodwill aus der erfolgswirksamen Kapitalkonsolidierung und dem Goodwill aus der Unternehmensbewertung näher beleuchtet werden.

6.3.2 Schritte der erfolgswirksamen Kapitalkonsolidierung

6.3.2.1 Buchwert- oder Neubewertungsmethode

Künftig stehen den Unternehmen mit der Buchwert- und der Neubewertungsmethode zwei Varianten der Kapitalkonsolidierung zur Verfügung.

Bei der *Buchwertmethode* wird im Zeitpunkt des Erwerbs oder der erstmaligen Konsolidierung das buchmäßige anteilige Eigenkapital, ggf. nach vorheriger Anpassung gem. §§ 300, 308 HGB an einheitliche Ansatz- und Bewertungsmethoden (Handelsbilanz II), mit dem Wertansatz des Tochterunternehmens aufgerechnet. Der sich aus der Aufrechnung ergebende Unterschiedsbetrag, der i. w. aus der Differenz zwischen Buch- und Zeitwerten der Vermögensgegenstände und Schulden (anteilige stille Reserven/Lasten) und dem Goodwill besteht, ist nach seinen Ursachen zu analysieren. Soweit der Unterschiedsbetrag auf stille Reserven/stille Lasten zurückzuführen ist, sind – entsprechend der Beteiligungsquote an dem Tochterunternehmen – Korrekturen bei den betreffenden Konzernbilanzposten vorzunehmen. Ein verbleibender aktivischer Unterschiedsbetrag ist in der Konzernbilanz als Geschäfts- oder Firmenwert (Goodwill), eine verbleibende passivische Differenz als Unterschiedsbetrag aus der Kapitalkonsolidierung auszuweisen. Anteile anderer Gesellschafter werden unverändert in die Konzernbilanz übernommen.

Bei der *Neubewertungsmethode* wird das Eigenkapital des Tochterunternehmens vor Aufrechnung gegen den Wertansatz des Tochterunternehmens zum Erstkonsolidierungszeitpunkt neu bewertet. Im Gegensatz zur Buchwertmethode führt diese Vorgehensweise durch die vollständige Aufdeckung stiller Reserven bei Vorliegen von Minderheitsbeteiligungen zu einem abweichenden Ausweis des Ausgleichspostens für Anteile anderer Gesellschafter.

Auch bei der Neubewertungsmethode ist zu berücksichtigen, daß aufgrund der Anwendung einheitlicher Ansatz- und Bewertungsmethoden in der Handelsbilanz II bereits stille Reserven und auch stille Lasten, die in der Handelsbilanz I des erworbenen Tochterunternehmens noch enthalten sind, ggf. bereits aufgelöst worden sind. Es handelt sich um Anpassungen an konzerneinheitliche Bewertungsmethoden (Konzernrichtlinien), z. B. die danach vorzusehende Aktivierung von Gemeinkosten im Vorratsvermögen, die ebenfalls vorgeschriebene Passivierung von Pensionsrückstellungen oder die Bildung von Aufwandsrückstellungen. Es ist also zu unterscheiden zwischen der Aufdeckung von stillen Reserven und stillen Lasten (nach Berücksichtigung von latenten Steuern) beim Übergang von der Handelsbilanz I zur Handelsbilanz II – ein Schritt, der entsprechend dem Arbeitsablauf bei der Konsolidierung und auch sachlogisch zunächst zu erfolgen hat – und der Aufdeckung von stillen Reserven und stillen Lasten bei der Anwendung der Buchwertmethode oder der Neubewertungsmethode im Rahmen der Konsolidierung.

Unabhängig von der Methodenwahl ist für die Kapitalkonsolidierung eine Bewertung der einzubeziehenden Vermögensgegenstände und Schulden zu Zeitwerten zum Erstkonsolidierungszeitpunkt erforderlich; einzeln bewertbare selbsterstellte immaterielle Vermögensgegenstände des Tochterunternehmens sind – unabhängig von der Methodenwahl – zu erfassen und auf den Gehalt ihrer Wertigkeit zu untersuchen[3].

Die Bewertung erfolgt unter der Prämisse, daß die Vermögensgegenstände und Schulden des einzubeziehenden Tochterunternehmens durch den Konzern zum Zeitpunkt der Erstkonsolidierung einzeln angeschafft worden sind[4].

Als Restbetrag, der den einzelnen Vermögensgegenständen und Schulden nicht zuzuordnen ist, verbleibt der Goodwill. Er entspricht dem Betrag, den ein Käufer im Rahmen der Übernahme eines Tochterunternehmens als Ganzes unter Berücksichtigung künftiger Ertragserwartungen über den Substanzwert der Vermögensgegenstände hinaus zu zahlen bereit ist[5].

Anhand dieser Definition wird deutlich, daß als Grundlage für die im Rahmen der Kapitalkonsolidierung notwendigen Konsolidierungsschritte das Vorliegen eines Substanzwertgutachtens für das Tochterunternehmen notwendig ist. Es enthält die Informationen, die zur Aufdeckung stiller Reserven bzw. stiller Lasten in der Konzernbilanz benötigt werden. Soweit ein Gutachten nicht vorliegt, muß eine sachlich überprüfbare Schätzung der stillen Reserven durch das Mutterunternehmen erfolgen. Indirekt wird damit die vorgenommene Aufdeckung der stillen Reserven und stillen Lasten durch den Prüfer des Konzernabschlusses bestätigt. Der Goodwill ist die verbleibende Restgröße der Konsolidierungsschritte.

6.3.2.2 Behandlung stiller Reserven

Die Ermittlung der stillen Reserven erfolgt im Rahmen des Substanzwertverfahrens, ihre Zurechnung auf Vermögensgegenstände und Schulden wird – abhängig von der gewählten Methode – in der Bilanz des Tochterunternehmens oder in der Konzernbilanz vorgenommen. Dabei teilen die zugerechneten Beträge das Schicksal der ihnen zugrundeliegenden Vermögensgegenstände und Schulden. Eine Zurechnung stiller Reserven auf Grundstücke würde, da keine Abschreibungen verrechnet werden, danach zu keinen Auswirkungen auf das Konzernergebnis führen (Ausnahme: Verkauf der aufgewerteten Grundstücke unter Konzernanschaffungskosten in Folgeperioden), während bei abnutzba-

---

(3) Vgl. Ordelheide, Anschaffungskostenprinzip, 1986, S. 495.
(4) Vgl. ebenda, S. 493.
(5) Vgl. Harms/Küting, Kapitalkonsolidierung, 1980, S. 96.

ren Gegenständen des Anlagevermögens die zugerechneten Beträge über die Restnutzungsdauer abzuschreiben sind; in Höhe dieser zusätzlichen Abschreibungen wird das Konzernergebnis belastet. Zurechenbare Reserven im Umlaufvermögen, z. B. in kurzfristig abzurechnenden Vorräten (nicht aktivierungspflichtige Posten), werden im Konzernergebnis noch schneller realisiert. Nicht passivierte Pensionsrückstellungen würden einen verbleibenden bzw. entstehenden aktivischen Unterschiedsbetrag und damit den Goodwill erhöhen. Wesentlich ist, daß die Abschreibungen bzw. Verrechnungen auf die zugerechneten stillen Reserven und die Ergebnisauswirkungen durch Verrechnung in Folgeperioden (z. B. Vorräte) im Konzernabschluß ergebniswirksam werden. Es ist damit erforderlich, im Rahmen dieses Konsolidierungsschrittes die Auswirkungen auf die Ergebnisplanungen des Konzerns abzuschätzen.

6.3.2.3 Zurechnungsprobleme stiller Reserven

Bei der Buchwertmethode wird die Zurechnung stiller Reserven auf den Unterschiedsbetrag zwischen buchmäßigem Eigenkapital und Anschaffungskosten des Tochterunternehmens beschränkt. Zurechnungsprobleme ergeben sich dann, wenn der Betrag stiller Reserven größer als der aufzufüllende Unterschiedsbetrag ist.

Bei der Neubewertungsmethode darf das anteilige Eigenkapital nach Neubewertung die Anschaffungskosten des Tochterunternehmens nicht überschreiten, so daß sich Zurechnungsprobleme ergeben, wenn das neubewertete Eigenkapital des Tochterunternehmens die Anschaffungskosten übersteigt.

Für beide Methoden besteht unter den vorgenannten Voraussetzungen ein Wahlrecht für die Zurechnung. Der Gesetzgeber hat kein Verfahren verbindlich vorgeschrieben; willkürliche Zurechnungen sind jedoch unzulässig. Die Zurechnung des Unterschiedsbetrags und damit die Lösung des Verteilungs- und Auswahlproblems hinsichtlich der aufzulösenden stillen Reserven kann nach verschiedenen Methoden erfolgen[6]. Die proportionale Zurechnung behandelt alle Wertkorrekturen relativ gleich, d.h. die vorhandenen stillen Reserven werden in den betroffenen Bilanzposten in gleichem Maße aufgedeckt. Wird die Bedeutung stiller Reserven in den Vordergrund gestellt, erfolgt die Zurechnung zuerst auf Bilanzposten mit wesentlichen stillen Reserven.

Das Zurechnungskriterium »Liquidierbarkeit« kann nach zunehmender und abnehmender Liquidierbarkeit unterschieden werden. Bei dem Kriterium der zunehmenden Liquidierbarkeit werden die Vermögensgegenstände der Aktivseite von oben nach unten, d.h. beginnend mit Grundstücken zugerechnet. Bei der Zurechnung nach abnehmender Liquidierbarkeit werden zunächst die stillen Reserven zugeordnet, deren Realisierung zeitlich am nächsten liegt.

Neben den vorgenannten Zurechnungsmethoden sind weitere Methoden konstruierbar; dabei unterscheiden sich alle denkbaren Methoden durch »eine jeweils andere Periodisierung des Unterschiedsbetrages über den Zeitraum der Konzernzugehörigkeit des Tochterunternehmens«[7]. Die Auswahl der gewähl-

---

(6) Vgl. v. Wysocki/Wohlgemuth, Konzernrechnungslegung, 1986 sowie Küting/Weber, Konzernabschluß, 1986, S. 35 ff.

(7) Ordelheide, Anschaffungskostenprinzip, 1986, S. 498.

ten Zurechnungsmethode kann damit im Einzelfall, jedoch nicht nach willkürlichen Maßstäben getroffen werden. Über die gewählte Methode ist im Anhang zu berichten.

6.3.2.4 Ausweiswahlrecht für den Goodwill

Die Behandlung des Goodwill im Konzernabschluß ist in § 309 Abs. 1 HGB geregelt. Danach besteht das Wahlrecht, einen nach den Vorschriften zur Kapitalkonsolidierung auszuweisenden Goodwill in jedem folgenden Geschäftsjahr zu mindestens einem Viertel zu tilgen oder planmäßig über die voraussichtliche Nutzungsdauer abzuschreiben. Der Goodwill wird damit im Konzernabschluß erfolgswirksam, ebenso wie die Abschreibungen bzw. Verrechnungen auf die zugeordneten stillen Reserven. Auf die Bedeutung des Goodwill im Einzelabschluß und in der Steuerbilanz wird nicht eingegangen[8].

Wesentliche Bedeutung für das Konzernergebnis kommt der Fixierung der Abschreibungsdauer des Goodwill zu. Das Vorsichtsprinzip ist uneingeschränkt zu beachten[9], so daß von der in Anlehnung an die USA-Handhabung diskutierten Abschreibungsdauer von bis zu 40 Jahren Abstand genommen werden sollte. In Anlehnung an die steuerliche Regelung gem. § 7 Abs. 1 Satz 3 EStG für den Einzelabschluß ist eine Abschreibungsdauer für den Goodwill bis zu 15 Jahren vertretbar[10].

Die Belastung des Konzernergebnisses kann vermieden werden, wenn das Wahlrecht der direkten und offenen Verrechnung des Goodwill mit den Rücklagen wahrgenommen wird.

Busse von Colbe weist darauf hin, daß gegenüber dieser erfolgsneutralen Behandlung des Goodwill die ergebniswirksame Verrechnung klarer und den GoB besser entsprechend wäre[11].

Müller sieht die direkte Verrechnung als gerechtfertigt an, da eine Verrechnung mit bereits versteuerten Ergebnissen (Rücklagen) sinnvoller ist als die Belastung des versteuerten Ergebnisses der Folgeperioden. Im Hinblick auf die im internationalen Vergleich ungünstigen Eigenkapitalrelationen deutscher Unternehmen dürfte einer solchen Verrechnung nur eine geringe Bedeutung zukommen[12].

Die Übergangsvorschriften (Art. 27 Abs. 1 Satz 2 EG HGB) sind bei der Behandlung des Goodwill in der Konzernbilanz zu beachten[13].

Es ist möglich, einen nach altem Recht entstandenen Konsolidierungsausgleichsposten auf die Existenz von stillen Reserven hin zu untersuchen und diese den in den Konzernabschluß übernommenen Posten zuzuschreiben oder mit diesen zu verrechnen; ein verbleibender aktivischer Unterschiedsbetrag ist nach § 309 Abs. 1 HGB abzuschreiben bzw. mit den Rücklagen zu verrechnen.

---

(8) Vgl. Müller-Dahl, Bilanzierung des Goodwill, 1981, S. 274 ff. sowie Küppers, Der Firmenwert, 1986, S. 1633 ff.

(9) Vgl. Niehus, Vor-Bemerkungen, 1984, S. 321.

(10) Vgl. Busse von Colbe/Chmielewicz, Das neue Bilanzrichtlinien-Gesetz, 1986, S. 337.

(11) Vgl. Busse von Colbe, Konzernabschluß, 1985, S. 773.

(12) Vgl. Müller, Daten zur Steuerung des Konzerns, 1985, S. 243.

(13) Vgl. Weber/Haeger/Zündorf, Übergangsvorschriften, 1986, S. 14.

Alternativ darf der gesamte sich nach altem Recht ergebende aktivische Unterschiedsbetrag als Goodwill entsprechend § 309 Abs. 1 HGB behandelt werden.

Aus der Sicht der Praxis ist diese Übergangsvorschrift zu begrüßen, da eine Rückrechnung bzw. Neubewertung der stillen Reserven in Form einer Feststellung des Substanzwerts für alle Tochterunternehmen entfallen kann. Sofern die zukünftigen Ergebnisse nicht durch Abschreibungen von Ausgleichsposten aus der Vergangenheit belastet werden sollen, ist eine Verrechnung des nach der Übergangsvorschrift ermittelten Goodwill mit den Rücklagen möglich, ohne daß damit gegen den Stetigkeitsgrundsatz bei abweichender Behandlung des Goodwill bei zukünftigen Beteiligungserwerben verstoßen wird[14]. Im Gesetz ist vorgesehen, daß die Auswahl der beiden Methoden unterschiedlich für jedes zu konsolidierende Unternehmen erfolgen kann. Wie bereits erwähnt, sollte auch hier eine Abschätzung der zukünftigen Ertragslage des Konzerns als Basis der Entscheidung mit berücksichtigt werden.

6.3.3 Unternehmensbewertung aus Sicht der Kapitalkonsolidierung

Aus der Einführung der erfolgswirksamen Kapitalkonsolidierung ergibt sich nunmehr ein neuer Anstoß zur theoretischen und auch praktischen Diskussion über die Unternehmenswertermittlung.

6.3.3.1 *Bedeutung des Ertragswertes*

Als einer der ersten Autoren hat Busse von Colbe auf die herausragende Bedeutung des Zukunftserfolges für den Gesamtwert eines Unternehmens hingewiesen[15].

Im Laufe der Jahre hat sich die theoretische Diskussion zur Unternehmensbewertung dem Grundsatz der alleinigen Verwendung des Ertragswertverfahrens angeschlossen[16], Existenzberechtigung hat nur der reine Ertragswert, »und nur dieser Wert darf das Gütezeichen ›modern‹ tragen«[17].

In der Praxis wird dem Ertragswertverfahren zwar eine zunehmende Bedeutung beigemessen, wie sich indirekt aus der zivilrechtlichen Rechtsprechung ablesen läßt[18]; eine ausschließliche Verwendung des Ertragswertverfahrens hat sich bisher aber nicht durchgesetzt. Dies führt zur Beliebtheit von Mischverfahren als Kombination von Substanz- und Ertragswert (z. B. Mittelwertverfahren, Stuttgarter Verfahren, sog. »alte« UEC-Formel). Für die Verwendung der Kombination von Substanzwert und bereinigten Vergangenheitsergebnissen spricht die Möglichkeit, über diese Werte eine Einigung zwischen den beteiligten Partnern herbeiführen zu können. Dagegen bestehen gegen die

---

(14) Vgl. Funk, Bilanzierung nach neuem Recht, 1985, S. 172.
(15) Vgl. Busse von Colbe, Der Zukunftserfolg, 1957.
(16) Vgl. IdW, Unternehmensbewertungen, 1983 sowie IdW, Wirtschaftsprüfer-Handbuch, 1985, S. 1053 ff.
(17) Cisk, Substanzwert, 1985, S. 1901.
(18) Vgl. Busse von Colbe, Bewertung ertragsschwacher Unternehmen, 1984, S. 510 ff.

ausschließliche Verwendung von Zukunftsergebnissen wegen des Risikos ihrer Eintrittswahrscheinlichkeit erhebliche Bedenken[19].

Das Ertragswertverfahren beruht auf einer Gesamtbetrachtung des zu bewertenden Unternehmens; die erforderlichen Daten zu stillen Reserven lassen sich auf Grundlage eines Gutachtens nach dem Ertragswertverfahren nicht gewinnen. Daher ist zur Erfüllung der Konzernrechnungslegungsvorschriften über die Ermittlung der stillen Reserven bei erworbenen Tochtergesellschaften und damit verbunden die Ermittlung des dann verbleibenden Goodwill neben einem Gutachten gem. Ertragswertverfahren auch eine Substanzwertfeststellung notwendig. Es stellt sich nunmehr die Frage, ob das als überholt geltende Substanzwertverfahren bzw. die Mischverfahren als Kombination von Ertrags- und Substanzwert eine Renaissance in der theoretischen und praktischen Diskussion erleben werden.

6.3.3.2 Bedeutung des Substanzwertes

Bereits 1963 machte Sieben darauf aufmerksam, daß die Auffassungen über die Anwendung des Substanzwertes in Theorie und Praxis der Unternehmensbewertung stark voneinander abweichen[20]; die Diskrepanz über die Bedeutung des Substanzwertes ist noch bis heute erhalten.

Schult[21] widerlegt den Ansatz des Substanzwertes als Bestimmungsfaktor für den Unternehmenswert durch einen Negativschluß: Ein Unternehmen ist keine Vermögensanhäufung mit dem Zweck, Erfolge durch Substanzverkauf zu erzielen; gerade eine Substanzminderung soll vermieden werden. Die Stellungnahme HFA 2/1983 stellt klar, daß der Substanzwert nicht Bestandteil des Unternehmenswertes sein kann[22].

Aus der Sicht der Praxis ist die Mißachtung des Substanzwertes nicht aufrechtzuerhalten. Vahl weist darauf hin, daß es für einen Kaufinteressenten völlig unbefriedigend sein dürfte, wenn er im Bewertungsgutachten keine Informationen über die zu übernehmenden Vermögensgegenstände, Schulden und einen ggf. sich ergebenden Goodwill erfährt. Bei einer Bewertung ohne Beachtung des Substanzwertes würden ertragslose, aber für die Fortführung des Betriebes bedeutsame Vermögensgegenstände ebenso bei der Festsetzung des Unternehmenswertes nicht berücksichtigt wie durch den Verkäufer veranlaßte Substanzschmälerungen durch Gewinnausschüttungen oder Entnahmen[23].

Die wesentliche Ursache für die Verwendung des Substanzwertes in der Praxis liegt in der Festlegung der Bewertungsgrundsätze[24]. Danach kann jeder Käufer bzw. Verkäufer auf Basis der vereinbarten Bewertungsgrundsätze einen Kaufpreis bzw. Verkaufserlös ermitteln, wenn er sich gegenüber einem

---

(19) Vgl. Funk, Verwendung von Planergebnissen, 1987, S. 135.
(20) Vgl. Sieben, Der Substanzwert der Unternehmung, 1963, S. 9.
(21) Vgl. Schult, Bilanzanalyse, 1986, S. 209.
(22) Vgl. IdW, Unternehmensbewertungen, 1983, S. 38.
(23) Vgl. Vahl, Stellungnahme, 1984, S. 1209.
(24) Vgl. Funk, Verwendung von Planergebnissen, 1987, S. 130.

Partner zur Abtretung von Anteilen verpflichtet hat oder er das Recht hat, diesen Anteil anzudienen.

Die Konzernrechnungslegungsvorschriften gem. BiRiLiG fordern ergänzende Überlegungen hinsichtlich Bedeutung und Funktion des Substanzwertes im Rahmen der Unternehmensbewertung. Aus den bisherigen Ausführungen wird deutlich, daß die Ermittlung des Substanzwertes zum Erwerbs- oder Erstkonsolidierungszeitpunkt für die Zwecke der Kapitalkonsolidierung notwendig ist; auf die Probleme bei der Substanzwertermittlung im Hinblick auf die zugrundegelegten Bewertungsgrundsätze und die daraus ermittelten Wiederbeschaffungskosten wird hingewiesen.

Erst durch die Informationen aus dem Substanzwertgutachten folgen für die Konzernbilanz Wertkorrekturen, z. B. in Form von Zuschreibungen zu Vermögensgegenständen und die Aktivierung eines Goodwill als Restgröße.

In diesem Zusammenhang sollte nicht unerwähnt bleiben, daß ebenfalls im Umwandlungsteuergesetz vorgesehen ist, die stillen Reserven aufzulösen, und damit auch der Substanzwert des Unternehmens von Bedeutung ist. Wird beispielsweise eine Personengesellschaft in eine Kapitalgesellschaft eingebracht, so hat die Kapitalgesellschaft gemäß § 20 Umwandlungsteuergesetz im Regelfall die Möglichkeit, das Vermögen der Personengesellschaft mit einem Wert anzusetzen, der zwischen dem Buchwert und dem Teilwert des eingebrachten Vermögens liegt. Auch in diesem Fall ergibt sich die bereits oben (6.3.2.3) angesprochene Zurechnungsproblematik der vorhandenen stillen Reserven.

6.3.4 Auswirkungen der erfolgswirksamen Kapitalkonsolidierung auf die Daten zur Konzernsteuerung

Die Unterschiede zwischen der Buchwert- und der Neubewertungsmethode wurden unter Ziffer 6.3.2.1 bereits behandelt. Aus Sicht des Konzerns ist die Entscheidung für eine dieser Methoden insbesondere bei Vorliegen von Minderheitsbeteiligungen von Bedeutung. Küting/Weber[25] haben einen Vergleich beider Methoden im Hinblick auf die Wirkungen auf den Konzernabschluß zusammengestellt. Danach führt die Neubewertungs- gegenüber der Buchwertmethode bei Vorliegen von Minderheiten zu einem höheren Ausweis stiller Reserven, einem höheren Eigenkapital und bei Abschreibungen bzw. Verrechnung in Folgeperioden (Vorräte) der stillen Reserven zu höheren ergebnismäßigen Belastungen. Bei der Entscheidung für eine Methode ist danach zu berücksichtigen, daß die Auswirkungen auf Vermögens-, Kapital- und Ergebnisstruktur des Konzerns bei der Neubewertungsmethode größer sind als bei der Buchwertmethode.

Neben der grundsätzlichen Entscheidung zur Methodenwahl kann die Entscheidungsbasis für den Erwerb eines zu konsolidierenden Unternehmens demnach wie folgt zusammengefaßt werden: Aus der Sicht des Konzernergeb-

---

(25) Vgl. Küting/Weber, Konzernabschluß, 1986, S. 39 ff.

nisses muß der aus dem zu erwerbenden Unternehmen zusätzlich anfallende Ertrag ausreichen, um die Abschreibung der aufgedeckten stillen Reserven sowie – bei Ausübung des entsprechenden Wahlrechts – die Abschreibung des Goodwill abzudecken. Da die beiden genannten Abschreibungsbeträge steuerlich nicht abzugsfähig sind (permanent differences) und damit die Auswirkung dieser Beträge auf das Konzernergebnis nicht steuermindernd erfolgt, muß der Ertrag des zu konsolidierenden Unternehmens nach Steuern ausreichen, um die nunmehr entsprechend dem Konzept der erfolgswirksamen Kapitalkonsolidierung zu verrechnenden Beträge insgesamt auszugleichen. Ein Blick in die Praxis der amerikanischen Rechnungslegung zeigt, daß bei einer Reihe von Akquisitionen ein Ausgleich der erforderlichen Abschreibungen auf stille Reserven und Goodwill durch die Erträge des zu konsolidierenden Unternehmens nicht möglich war (bei den Erwerben durch sogenannten Leveraged Buyout kam noch als Aufwandsposten der Zinsaufwand aus der Finanzierung des Unternehmenskaufs hinzu).

Die Belastung des Jahresergebnisses des Konzerns wird geringer, wenn eine Verrechnung des Goodwill aus der Konsolidierung mit den Gewinnrücklagen vorgenommen wird. Unabhängig davon muß für interne Steuerungszwecke auch diese Prozentabsenkung des Eigenkapitals in absoluten Beträgen erfaßt und in ein Ergebnis vor Steuern umgerechnet werden. Zu beachten ist auch, daß diese Verrechnung zu einer sofortigen Verschlechterung der Eigenkapitalstruktur führt und damit diese Methode bei der Akquisition von größeren Gesellschaften (mit erheblichem Goodwill) nicht anwendbar erscheint, ohne daß wesentliche vorgegebene Bilanzstrukturkennziffern unterschritten werden. Die Minderung des Eigenkapitals führt zu einer geringeren Verfügbarkeit von Investitionsmitteln.

Die Höhe der Auswirkungen aus der zusätzlichen Abschreibung bzw. Verrechnung stiller Reserven und der Goodwill-Abschreibung sind im Ergebnisziel des Tochterunternehmens zu berücksichtigen. Die Ertragskraft des Tochterunternehmens muß ausreichen, die zusätzlichen Belastungen des Konzernergebnisses zu tragen. Das wird zu einer Änderung der Akquisitionsentscheidungen führen müssen. Die Erfüllung der Ergebnisziele im Konzern setzt voraus, daß Tochterunternehmen nicht mehr an ihrer eigenen Kapitalrendite gemessen werden, sondern an der Kapitalrendite bezogen auf ihren Kaufpreis. Dies ist vor dem Erwerb eines Tochterunternehmens künftig zu berücksichtigen. Die Auflage der Konzernleitung, insbesondere Goodwill-Abschreibungen der Unternehmensgruppe des Konzerns, die das Tochterunternehmen erworben hat, zuzuordnen, wird wahrscheinlich zu einer erheblichen Reduzierung der Wünsche auf Unternehmenskäufe führen[26].

6.3.5 Zusammenfassung

Zusammenfassend kann gesagt werden, daß die erfolgswirksame Kapitalkonsolidierung mit den Konsolidierungsschritten Zurechnung stiller Reserven und

---

(26) Vgl. Funk, Bilanzierung nach neuem Recht, 1985, S. 172.

stiller Lasten und Ermittlung des Goodwill als Restgröße die Kenntnis über den Substanzwert des zu erwerbenden Unternehmens erfordert. Dabei ist ein detailliert vorliegendes Substanzwertgutachten als Grundlage für die Konsolidierung anzusehen; aufgrund alternativer Erwerbszwecke eines Unternehmens durch den Konzern, zwischenzeitlich bekanntgewordener wertändernder Faktoren, Einhaltung eines vertretbaren Arbeitsaufwands z.B. in einer Konzernbuchhaltung und Beachtung bilanzpolitischer Erwägungen verbleibt im Rahmen der gesetzlichen Vorschriften ein Ermessensspielraum bei der Feststellung von zuzurechnenden stillen Reserven und dem Goodwill. Die damit verbundenen Wirkungen auf Ergebnis und ggf. Eigenkapital des Konzerns werden dazu führen, daß der Substanzwert zukünftig in der Unternehmensbewertung an Bedeutung zunehmen wird.

Fraglich ist, ob durch die Bedeutung des Substanzwertverfahrens für die Kapitalkonsolidierung ein Erwerb solcher Tochterunternehmen als günstig angesehen wird, die über ein erhebliches Maß an stillen Reserven im – nicht abschreibungsfähigen – Grundvermögen einerseits und korrespondierend dazu über einen geringeren – ergebnis- bzw. eigenkapitalmindernden – Goodwill andererseits verfügen. Eine Antwort auf diese sehr eng ausgelegte Fragestellung ist äußerst schwierig; bei Vorliegen gleichartiger zum Kauf anstehender Unternehmen könnte mit isoliertem Blick auf die Wirkungen im Konzernabschluß das Unternehmen mit der vergleichsweise höheren Substanz den Vorzug erhalten. In diesem Zusammenhang sind auch die internen Steuerungsmechanismen im Konzern von Bedeutung (vgl. Abschn. 6.3.4). In einen für ein Unternehmen gezahlten Gesamtpreis geht aber eine Vielzahl von Faktoren ein, die mit dem für die Unternehmensbewertung zugrundegelegten Zahlenwerk und den unmittelbaren Wirkungen auf den Konzernabschluß nicht in Beziehung stehen. Beispielhaft hinzuweisen ist auf die Bedeutung der Markt- und Ressourcenposition des zu erwerbenden Unternehmens[27].

Die Zahl der Bewertungsgutachten dürfte zunehmen, da auch solche Unternehmen, die bisher bei Unternehmenserwerben kein Gutachten erstellt haben bzw. nur ein Ertragswertgutachten vorliegen haben, künftig ein Substanzwertgutachten zusätzlich erstellen lassen werden.

---

(27) Vgl. o.V., Strategische Unternehmensbewertung, 1986, S. 64 ff.

Norbert Herzig/Oliver Hötzel

6.4. Steuerorientierte Gestaltungsinstrumente beim Unternehmenskauf*

---

* Erstmals erschienen in: DBW, 50. Jg., 1990, S. 513–523.

6.4.1 Grundlegung

Nachdem Unternehmensakquisitionen im angelsächsischen Raum seit vielen Jahren fast schon zum täglichen Geschäft des Managements gehören, gewinnt diese Thematik nun auch in Deutschland zunehmend an Bedeutung[1]. Insbesondere im Zuge der Vorbereitungen auf den vielzitierten ›EG-Binnenmarkt 1993‹ beschäftigt sich die deutsche Wirtschaft verstärkt mit der Möglichkeit des schnellen, externen Wachstums durch Unternehmenskäufe.

Während sich in den betroffenen Kreisen immer mehr Wissen und praktische Erfahrung im Umgang mit Akquisitionen ansammelt[2], bleibt der Umfang der theoretischen Auseinandersetzung mit diesem Problemkreis bisher noch weit hinter seinem wirtschaftlichen Gewicht zurück. Zwar existiert eine Fülle an wissenschaftlichen Abhandlungen zu der grundlegenden Frage nach der Zweckmäßigkeit von Unternehmensakquisitionen unter dem Aspekt des Wachstums und der Diversifizierung[3]. Ein Theoriedefizit besteht dagegen im Bereich der weiterführenden Frage nach der Gestaltung des Akquisitionsprozesses und dem zugehörigen Instrumentarium[4].

Von besonderem Interesse sind in diesem Zusammenhang Fragen der Unternehmensbewertung, der Finanzierung, des Zivil-, Arbeits- und Kartellrechts, sowie nicht zuletzt Fragen steuerlicher Natur, denen sich der vorliegende Beitrag zuwendet.

Zwar sind die wenigsten Unternehmenskäufe primär steuerlich motiviert, dennoch kann eine steuerlich optimale Gestaltung maßgeblich zur Vorteilhaftigkeit einer Akquisition beitragen. Dies resultiert aus der Vielzahl der bei einer solchen Maßnahme betroffenen Steuerarten sowie aus dem erheblichen Volumen der zur Übertragung kommenden Werte. Diese steuerliche Sensibilität der Akquisition soll zum Anlaß genommen werden, insbesondere steuerorientierte Grundmodelle des Unternehmenskaufs vorzustellen, die in ein Drei-Phasen-Schema eingebettet werden.

Der Schwerpunkt wird dabei auf den Blickwinkel des Erwerbers gelegt, da dieses Segment bislang in der Literatur in besonderem Maße unterrepräsentiert ist.

---

(1) Eine quantitative Übersicht findet sich bei Sieben/Sielaff, Unternehmensakquisition, 1989, S. 2 f.

(2) Die starke Praxisbezogenheit spiegelt sich auch in den verschiedenen Handbüchern zum Unternehmenskauf wider; vgl. dazu Beisel/Klumpp, Der Unternehmenskauf, 1985; Bressmer/Moser/Sertl, Übernahme von Unternehmen, 1989; Hölters, Handbuch des Unternehmens- und Beteiligungskaufs, 1989; Jung, Praxis des Unternehmenskaufs, 1983; Holzapfel/Pöllath, Recht und Praxis des Unternehmenskaufs, 1989 sowie Rädler/Pöllath, Handbuch der Unternehmensakquisition, 1982.

(3) Beispielhaft seien genannt Böckel, Diversifikation, 1972; Borschberg, Diversifikation als Wachstumsform, 1969; Bühner, Auslandsdiversifikation, 1985 sowie Haberlandt, Wachstum, 1970.

(4) Eine Ausnahme hiervon bildet der gesamte Bereich der Unternehmensbewertung, dessen Problemstellungen in der Literatur ausgiebig erörtert worden sind; stellvertretend sei verwiesen auf Dirrigl, Bewertung von Beteiligungen, 1988.

6.4.2 Zielsetzung und Phasenschema

6.4.2.1 Steuerliche Subziele des Erwerbers

Der Kauf eines Unternehmens bringt regelmäßig für den Erwerber steuerliche Konsequenzen in zwei unterschiedlichen Richtungen mit sich:

Ein Belastungseffekt resultiert insbesondere aus der Verwirklichung einzelner verkehrsteuerlicher Tatbestände. In Frage kommen beispielsweise Grunderwerbsteuer oder auch Börsenumsatzsteuer, wobei die Zielsetzung des Erwerbers offensichtlich auf eine Minimierung dieser Steuerbelastung gerichtet ist.

Ein Entlastungseffekt ist dagegen im Bereich der Ertragsteuern zu erwarten. Durch die möglichst weitgehende einkommensmindernde Berücksichtigung aller Ausgaben, die mit der Akquisition in Zusammenhang stehen, ergibt sich eine Reduzierung der ertragsteuerlichen Bemessungsgrundlage und somit eine Steuerersparnis. Der auf diese Weise erhöhte Cash-flow kann zur Kaufpreisfinanzierung und zur Zinszahlung herangezogen werden.

Für eine Beeinflussung dieses Entlastungseffektes stehen insbesondere zwei Ansatzpunkte zur Verfügung[5].

Subziel I: Möglichst schnelle und umfassende Transformation der gezahlten Anschaffungskosten in steuerlich wirksame Abschreibungen.

Subziel II: Sicherstellung der steuerlichen Abzugsfähigkeit der Fremdkapitalkosten in uneingeschränktem Umfang.

6.4.2.2 Drei-Phasen-Schema

Da Unternehmensakquisitionen durch ein besonders hohes Maß an Komplexität gekennzeichnet sind, erscheint es notwendig, den Gesamtvorgang gedanklich in einzelne steuerrelevante Elemente zu zerlegen. Bei einer Systematisierung dieser Elemente tritt deutlich zutage, daß im zeitlichen Ablauf einer Akquisition folgende Phasen unterschieden werden können[6], denen die Elemente des steuerpolitischen Instrumentariums zugeordnet werden können:

– Vorbereitungsphase
– Kernphase
– Abschlußphase.

In dieses Drei-Phasen-Schema sollen die weiteren Untersuchungen eingebettet werden, wobei eine besondere Betonung auf die Elemente der Kernphase gelegt wird, während die übrigen Phasen nur übersichtsartig beleuchtet werden können. Dies trägt dem Umstand Rechnung, daß an die in der Kernphase gewählte Handlungsalternative die steuerlichen Konsequenzen mit der höchsten Tragweite geknüpft sind. Innerhalb dieses Bereiches wiederum kristallisiert sich die überragende Bedeutung der steuerorientierten Grundmodelle der Unternehmensakquisition sowie der Fragen der Finanzierung heraus. Diese

---

(5) Eine Übersicht über die weiteren steuerlichen Subziele enthält Abb. 1.
(6) Ein ähnliches Modell findet sich schon bei Herzig, Beendigung eines unternehmerischen Engagements, 1981, S. 206 ff.

beiden Problembereiche sollen daher im vorliegenden Beitrag eine zentrale Position einnehmen.

a) Vorbereitungsphase

Der erste Teilabschnitt des vorgestellten Phasenschemas umfaßt den Zeitraum, der der eigentlichen Durchführung der Akquisition vorgelagert ist, und erstreckt sich von der ersten Erwerbsabsicht bis zur tatsächlichen Erwerbshandlung.

(1) Analyse der Steuersituation in der Objektgesellschaft

Die Vorbereitungsphase dient zunächst einmal der detaillierten Analyse aller steuerlich relevanten Merkmale der zu erwerbenden Objektgesellschaft. In den Mittelpunkt des Interesses rücken in diesem Zusammenhang insbesondere fünf Aspekte[7]; die beiden erstgenannten sind regelmäßig nur von Relevanz, wenn die Objektgesellschaft in der Rechtsform einer Kapitalgesellschaft organisiert ist.

– Bestand an verwendbarem Eigenkapital

Möglicherweise repräsentieren die vorhandenen Rücklagen einen anderen als den nominal ausgewiesenen Wert. Dies resultiert aus der Tatsache, daß in den Rücklagen je nach ihrer steuerlichen Qualität positives oder negatives Körperschaftsteuerpotential gespeichert ist, das bei Ausschüttung der Rücklagen mobilisiert wird. Diese latenten Körperschaftsteuerreserven oder -lasten sollten bei der Festlegung des Kaufpreises Berücksichtigung finden[8].

Kaufpreisabschläge sind zudem zu erwarten, wenn die Bestände an belastetem verwendbaren Eigenkapital infolge des Ansatzes nichtabziehbarer Ausgaben negativ geworden sind, da hieraus ein Nachversteuerungseffekt resultieren kann[9].

– Verlustabzugspotential

Verfügt die Objektgesellschaft über körperschaft- und gewerbesteuerliche Verlustvorträge und ist der Erwerb nicht als Mantelkauf i. S. d. § 8 Abs. 4 KStG zu qualifizieren, so ist das Verlustabzugspotential auf den Erwerber übertragbar und wird im Kaufpreis Berücksichtigung finden müssen[10]. Hierbei darf jedoch nicht verkannt werden, daß der körperschaftsteuerliche Verlustabzug primär eine Liquiditätswirkung entfaltet, da zukünftige Gewinnausschüttungen oder spätestens die Liquidation der Gesellschaft regelmäßig zu einem Abbau der Körperschaftsteuerbelastung führen, der durch den Verlustabzug nur zeitlich antizipiert wird.

---

(7) Zu den vielen weiteren steuerlichen Aspekten, die den Unternehmenswert beeinflussen können vgl. Dirrigl, Bewertung von Beteiligungen, 1988.

(8) Sehr detaillierte Erörterungen zum Wert von Steuerpotential findet sich bei Dirrigl, Bewertung von Beteiligungen, 1988, S. 321 ff.

(9) Zu diesem Effekt und Gestaltungsmöglichkeiten zur Vermeidung siehe Herzig, Steuerberater-Jahrbuch 1982/83, S. 166 ff. sowie ders., Nachversteuerung nichtabziehbarer Ausgaben und Organschaft, 1987, S. 671 ff.

(10) Nach D. Schneider, Was verlangt eine marktwirtschaftliche Steuerreform, 1988, S. 1222 wurden 1987 durchschnittlich 25% der vorgetragenen Verluste bezahlt.

Beim Erwerb von Personengesellschaften sind vorhandene Verlustvorträge dagegen (noch) ohne Relevanz. Unzweifelhaft sind einkommensteuerliche Verluste an die Steuersubjekte (Gesellschafter) gebunden und können somit nicht übertragen werden. Aber auch der gewerbesteuerliche Verlustabzug setzt zumindest nach Verwaltungsauffassung (noch) die Identität des Unternehmers voraus[11], woraus gefolgert wird, daß vorhandene Verlustvorträge bei Gesellschafterwechsel anteilig untergehen[12].

— Struktur der Wirtschaftsgüter der Objektgesellschaft

Aus steuerlicher Sicht kann für den Erwerber von Interesse sein, wie sich die Wirtschaftsgüter der Objektgesellschaft unter dem Aspekt der Abschreibungsfähigkeit und Abschreibungsdauer zusammensetzen. Denn in Abhängigkeit von dem gewählten Grundmodell des Unternehmenskaufs kann diese Zusammensetzung[13] auf das steuerliche Subziel I maßgeblichen Einfluß nehmen.

— Haftungsrisiken für Steuerschulden

Nach § 75 AO haftet der Erwerber eines ganzen Betriebes für betriebliche Steuerschulden sowie damit verbundene Nebenleistungen soweit sie seit Beginn des letzten Kalenderjahres vor dem Erwerb entstanden sind. Zur Absicherung gegen diese mitunter erheblichen Risiken ist eine intensive Prüfung und möglicherweise eine Berücksichtigung bei der Festlegung des Kaufpreises oder eine vertragliche Abrede empfehlenswert.

— Risiken durch ausstehende Außenprüfungen

In der Vergangenheit durchgeführte Außenprüfungen sollten möglichst nach Art der Beanstandungen sowie nach Höhe der Nachzahlungen analysiert werden. Diese Analyse kann Rückschlüsse auf die Aussagefähigkeit der bisherigen Bilanzierungspraxis zulassen und möglicherweise Hinweise auf die Höhe der zu erwartenden Nachzahlungen im Rahmen der nächsten Außenprüfung vermitteln.

Neben diesem sachlichen Risiko ist auch das zeitliche Risiko, das sich aus der Anzahl der bislang nicht geprüften Veranlagungszeiträume ergibt, zu erfassen.

(2) Strukturelle Vorbereitungsmaßnahmen

Des weiteren eröffnet die Vorbereitungsphase Raum für Gestaltungsmaßnahmen, die den Erwerber selbst betreffen. Unter steuerlichen Aspekten kann es sich beispielsweise als sinnvoll erweisen, für den Erwerb der Objektgesellschaft eine Zwischenholding zur Verfügung zu stellen oder den Erwerb über eine Tochter- bzw. Enkelgesellschaft vorzunehmen. Auf diese Weise können eventuell gegenläufige Ertragsentwicklungen und vorhandene steuerliche Verlustvorträge kompensiert werden[14]. So bietet es sich möglicherweise an, den Erwerb einer ertragstarken Objektgesellschaft durch eine verlustbringende Toch-

---

(11) Vgl. Abschn. 68 Abs. 7 GewStR.
(12) Diese Auffassung ist in Anbetracht des strengen Objektcharakters der Gewerbesteuer als sehr problematisch anzusehen.
(13) Zum Verfahren der Quantifizierung der Zusammensetzung der Wirtschaftsgüter vgl. Herzig, Neuordnung der Besteuerung außerordentlicher Einkünfte, 1988, S. 57 ff.
(14) Seit Neufassung von § 10d EStG besteht die Gefahr des Untergangs von Verlustabzugspotential durch Zeitablauf nicht mehr.

tergesellschaft durchführen zu lassen, um das vorhandene Verlustabzugspotential möglichst rasch und vollständig nutzbar zu machen.

Eine Vielzahl weiterer Motive für vorbereitete Umstrukturierungsmaßnahmen sind in diesem Zusammenhang denkbar. Beispielhaft sei hier nur auf die Gründung einer Holdinggesellschaft zur Sicherstellung einer steueroptimalen Finanzierung verwiesen[15].

b) Kernphase

Die Kernphase beinhaltet alle Fragestellungen und Entscheidungen, die sich unmittelbar auf die tatsächliche Akquisitionshandlung beziehen. Die langfristigen und tiefgreifenden steuerlichen Konsequenzen, die die Festlegungen in dieser Phase mit sich bringen, machen eine sehr intensive und detaillierte Beschäftigung mit den diesbezüglichen Problemkreisen erforderlich. Dies gilt um so mehr, als einmal getroffene Entscheidungen in der Regel nicht mit steuerlicher Wirkung reversibel sind.

Instrumente zur Beeinflussung der Steuerbelastung des Akquisitionsvorgangs sind aus Sicht des Erwerbers:
– Grundmodelle des Unternehmenskaufs
– Finanzierung
– Ausgestaltung des Entgelts
– Höhe des angestrebten Beteiligungsumfanges sowie
– Festlegung des Erwerbszeitpunktes.

Da die beiden erstgenannten Aspekte in gesonderten Kapiteln[16] erörtert werden, kann sich dieser Abschnitt auf eine Skizzierung der drei letztgenannten Punkte beschränken.

(1) Ausgestaltung des Entgelts

Wird der vereinbarte Kaufpreis für das Unternehmen in Form von Raten oder Renten geleistet, so müssen die einzelnen Zahlungen jeweils in einen Zins- und einen Tilgungsanteil aufgeteilt werden. Bei dieser Aufteilung sind die Vertragsparteien nicht an einen gesetzlich fixierten Kalkulationszinsfuß gebunden[17], sondern können diesen innerhalb gewisser Toleranzgrenzen festlegen. Da sich aus der Variierung des Zinssatzes Verschiebungen zwischen den Komponenten Abschreibungsaufwand und Zinsaufwand ergeben, kann dieser Parameter als Gestaltungsinstrument sinnvoll eingesetzt werden.

Ein ähnlicher Verlagerungseffekt kann sich aus der besonderen Qualifizierung einzelner Kaufpreisbestandteile ergeben. Nicht selten enthält der Gesamtkaufpreis neben den reinen Anschaffungskosten oftmals auch Zahlungen für vorzeitiges Ausscheiden aus der Geschäftsleitung oder für ein Wettbewerbsverbot. Diese Entgeltkomponenten sind möglicherweise sofort abzugsfähig oder haben bei Aktivierungspflicht eine vergleichsweise kurze Nutzungsdauer

---

(15) Siehe dazu Kap. D.
(16) Vgl. dazu unten Kapitel C. und D.
(17) Insbesondere ist nicht der Zinssatz aus § 12 BewG verbindlich.

und können damit eine zeitliche Vorverlegung von steuerminderndem Aufwand bewirken.

(2) Höhe des Beteiligungsumfanges

Häufig wird davon auszugehen sein, daß die Höhe des angestrebten Beteiligungsumfangs aus steuerlicher Sicht ein Datum darstellt. In gewissen Grenzbereichen erscheint jedoch auch in diesem Punkt die Einbeziehung steuerlicher Überlegungen notwendig. Zu denken ist dabei im wesentlichen an folgende Grenzen:
– Die Gewährung des gewerbesteuerlichen und des vermögensteuerlichen Schachtelprivilegs erfordert eine Mindestbeteiligung von zehn Prozent.
– Beteiligungen an Kapitalgesellschaften von mehr als 25% werden im Privatvermögen als wesentliche Beteiligungen i. S. d. § 17 EStG qualifiziert.
– Die Bildung eines Organschaftsverhältnisses setzt die Mehrheit der Stimmrechte bei der Organgesellschaft voraus.

(3) Erwerbszeitpunkt

Für die Gewährung der angesprochenen Schachtelprivilegien und die Bildung von Organschaftsverhältnissen sind regelmäßig gewisse zeitliche Restriktionen zu beachten. Um derartige Institute des Steuerrechts in Anspruch nehmen zu können, bietet sich oftmals der sog. ›Mitternachtserwerb‹ an, also der Erwerb in der logischen Sekunde zwischen Jahresende und Jahresanfang.

Bei der Festlegung des Erwerbszeitpunktes sind weiterhin mögliche Verbleibfristen zu beachten, deren Verletzung die Rückzahlung steuerlicher Zulagen bzw. die Rückgängigmachung steuerlicher Sonderabschreibung zur Folge haben kann[18].

c) Abschlußphase

Mit erfolgtem Erwerb der Objektgesellschaft finden die steuerorientierten Überlegungen noch keineswegs ihr Ende. Einige steuerliche Aspekte erlangen erst im Anschluß an die Erwerbsbehandlung Relevanz und werden daher der Abschlußphase zugeordnet.

Drei Elemente von besonderer Bedeutung werden an dieser Stelle skizziert:
– Organisatorische Optimierung
– Nachträgliche Sachverhaltsänderung
– Wertverlust der Objektgesellschaft.

(1) Organisatorische Optimierung

In Weiterführung der Gedanken zu einer optimalen Umstrukturierung in der Vorbereitungsphase muß in der Abschlußphase über die endgültige Einbin-

---

(18) Dazu ausführlich Herzig, Beendigung eines unternehmerischen Engagements, 1981, S. 142 ff.

dung der Objektgesellschaft in die bestehende Konzernstruktur entschieden werden.

Besonderes Gewicht erhält in diesem Zusammenhang die Bildung von Organschaftsverhältnissen, die beispielsweise als Instrument zum Einfrieren negativer Bestände im verwendbaren Eigenkapital genutzt werden können, um eine Nachversteuerung nichtabziehbarer Ausgaben zu vermeiden[19].

Ein weiteres gestalterisches Moment liegt in der Überlegung, daß die erworbene Unternehmung nicht zwingend in unveränderter Form weitergeführt werden muß. Zu denken ist hier beispielsweise an steuersensible Vorgänge wie die Verwertung des nicht betriebsnotwendigen Vermögens, die Ausgliederung einzelner Wirtschaftsgüter auf andere Konzerngesellschaften oder eine Realteilung bzw. Spaltung der Objektgesellschaft. Die denkbaren Variationen sind dabei nahezu unbegrenzt.

(2) Nachträgliche Sachverhaltsänderung

Regelmäßig sieht sich der Erwerber mit Risiken aus der nachträglichen Änderung des Sachverhalts konfrontiert, die für ihn nachhaltig steuerliche Konsequenzen entfalten können.

So enthält der vereinbarte Kaufpreis oftmals variable Bestandteile, deren Höhe von zukünftigen Ereignissen (z. B. Geschäftsentwicklung, Lebensdauer) abhängig ist. Weichen die tatsächlichen Zahlungen von den im Kaufzeitpunkt angenommenen Zahlungen ab, die sich insbesondere in Anschaffungskosten materialisieren, so strahlen diese Abweichungen auf die verschiedensten Steuerarten aus. Zu prüfen ist insbesondere, ob eine nachträgliche Änderung der ertragsteuerlichen Abschreibungsgrundlagen oder eine Änderung der Bemessungsgrundlage für Umsatzsteuer und Grunderwerbsteuer in Betracht kommt.

Weiterhin muß berücksichtigt werden, daß die gewählten Dispositionsgrundlagen im Rahmen einer Außenprüfung Änderungen erfahren können, wenn sich z. B. eine abweichende Qualifizierung des Sachverhaltes durch die Finanzverwaltung ergibt.

Brennpunkte der Kontroverse mit den Finanzbehörden sind erfahrungsgemäß in der Verteilung des Mehrkaufpreises auf die Wirtschaftsgüter, in der Festlegung neuer Restnutzungsdauern oder in der betragsmäßigen Anerkennung ausschüttungsbedingter Teilwertabschreibungen zu sehen. Hier kann zur Risikominderung beitragen, die jeweiligen Wertansätze auf der Grundlage von Gutachten anerkannter Sachverständiger vorzunehmen oder besser noch schon in der Vorbereitungsphase verbindliche Zusagen der zuständigen Behörde einzuholen.

---

(19) Vgl. dazu Herzig, Nachversteuerung nichtabziehbarer Ausgaben und Organschaft, 1987, S. 671 ff.

Steuer- liche Subziele \ Phasen	Vorbereitungsphase	Kernphase	Abschlußphase
Steigerung und Vorverlagerung von Abschreibungen	Struktur der Wirt- schaftsgüter der Objektgesellschaft	Wahl des Grundmodells	
Sicherung der Abzugsfähigkeit von Kapitalkosten	Bereitstellung einer Holding	Art der Finanzierung Lokalisation der Finanzierung	Ausschüttungs- steuerung bei der Objektgesellschaft
Risikominimierung	Überprüfung von – Haftungsrisiken – Außenprüfungskriterien Sicherung durch – Vertragliche Abreden – Kaufpreisminderung	Einholen von ver- bindlichen Zusagen Begutachtung durch Sachverständige	
Sicherstellung von Steuererleichterungen		Beteiligungshöhe Erwerbszeitpunkt	Bildung von Organ- schaftsverhältnissen
Nutzung von Steuerpotential	Analyse vom vEK-Bestand Analyse von Verlust- abzugspotential		Bildung von Organ- schaftsverhältnissen Abschluß von Gewinn- abführungsverträgen

Abb. 1: Steuerorientierte Instrumente des Unternehmenskaufs im Phasenschema

(3) Wertverlust der Objektgesellschaft

Trotz optimaler Vorbereitung des Akquisitionsvorhabens ist das Risiko eines Total- oder Teilverlustes der Investition in der Folgezeit nicht auszuschließen. Aus steuerlicher Sicht kann zumindest Vorsorge getroffen werden, daß ein solcher Verlust steuerliche Berücksichtigung erfährt.

Besonderes Augenmerk muß in diesem Zusammenhang auf Beteiligungen gerichtet werden, die in einem Privatvermögen gehalten werden. Der Wertver- lust einer wesentlichen Beteiligung kann regelmäßig erst bei Liquidation der Gesellschaft oder bei Veräußerung geltend gemacht werden, da dem privat Beteiligten die Möglichkeit einer Teilwertabschreibung versagt ist. Bei nicht wesentlichen Beteiligungen ist eine steuerliche Geltendmachung des Verlustes gänzlich ausgeschlossen.

Rechtzeitiges Einlegen in ein Betriebsvermögen oder Zukauf im Privatver- mögen bis ein Beteiligungsumfang von mehr als 25% erreicht ist, können als geeignete Gestaltungsinstrumente in diesem Zusammenhang genannt werden.

Die nachfolgende Übersicht stellt den Zusammenhang zwischen den steuerli- chen Subzielen und den steuerorientierten Instrumenten der einzelnen Phasen in schematisierter Form noch einmal dar.

6.4.3 Steuerorientierte Grundmodelle

Aus zivilrechtlicher Perspektive lassen sich Unternehmenskäufe grundsätzlich zwei verschiedenen Kategorien zuordnen[20]:
- Beteiligungserwerb, bei dem die Gesellschaftsrechte der Objektgesellschaft Gegenstand der Übertragung sind (share deal);
- Vermögenserwerb, bei dem die Gesamtheit der Wirtschaftsgüter Gegenstand der Übertragung ist (asset deal).

Das Steuerrecht lehnt sich eng an diese Abgrenzung an, indem es das gewählte zivilrechtliche Vorgehen als Anknüpfungspunkt für unterschiedliche steuerliche Rechtsfolgen wählt.

Eine Sonderstellung nimmt lediglich der Erwerb von Beteiligungen an Personengesellschaften ein, der zivilrechtlich als Beteiligungserwerb, steuerrechtlich dagegen als Vermögenserwerb eingestuft wird.

Aus dieser Qualifizierung lassen sich demnach folgende steuerliche Grundmodelle des Unternehmenskaufs ableiten:
- Kauf von Anteilen an Kapitalgesellschaften
- Kauf von Wirtschaftsgütern
- Kombinationsmodell.

6.4.3.1 Kauf von Anteilen an Kapitalgesellschaften

Wie eingangs beschrieben, ist die steuerliche Interessenlage des Erwerbers regelmäßig dadurch gekennzeichnet, daß der gezahlte Kaufpreis möglichst vollständig und so schnell wie möglich in Abschreibungsvolumen transformiert werden soll. Die aus der Transformation in Abschreibungen resultierende Steuerersparnis bewirkt eine Verbesserung des Cash-flow, aus dem Zins- und Tilgungsverpflichtungen bedient werden können. Unter diesem Aspekt ist der Erwerb von Kapitalgesellschaftsanteilen als ungünstig einzustufen, da Anschaffungskosten für Anteile an Kapitalgesellschaften bei erfolgreicher Akquisition nicht in Abschreibungen umgesetzt werden können; denn Beteiligungen an Kapitalgesellschaften zählen zu den nicht abnutzbaren Wirtschaftsgütern, und der Beteiligungserwerb führt nicht zu einer Aufstockung der Buchwerte in der erworbenen Objektgesellschaft. Ausländische Steuerrechte kennen zum Teil einen solchen step-up.

Für den Anteilseigner, der die erworbene Beteiligung im Betriebsvermögen hält, verbleibt lediglich die Möglichkeit, eine Teilwertabschreibung auf die Beteiligung vorzunehmen, wenn der Wert der Anteile nach Erwerb nachweislich unter den Buchwert gesunken ist[21].

---

(20) Siehe dazu auch Otto, Fremdfinanzierte Übernahmen, 1989, S. 1392 ff.
(21) Zur Teilwertabschreibung nach Verlusten vgl. BFH v. 6. 11. 1985, BStBl II 1986, S. 73, bei einer Fehlmaßnahme vgl. BFH v. 31. 10. 78, BStBl II 1979, S. 108, und infolge einer Gewinnausschüttung vgl. BFH v. 17. 9. 69, BStBl II 1970, S. 107 und BFH v. 2. 2. 72, BStBl II 1972, S. 197 f.

6.4.3.2 Kauf von Wirtschaftsgütern

Im Gegensatz zum Kauf von Kapitalgesellschaftsanteilen stellt sich der Kauf von Wirtschaftsgütern als steuerlich vorteilhaft dar, da die Anschaffungskosten unmittelbar den einzelnen Wirtschaftsgütern zugeordnet werden[22]. Soweit die Anschaffungskosten auf abnutzbare Wirtschaftsgüter entfallen, kommt der Erwerber in den Genuß eines um die bezahlten stillen Reserven erhöhten Abschreibungspotentials und wird in die Lage versetzt, seine Anschaffungskosten sukzessive steuermindernd zu berücksichtigen. Dies gilt in gleichem Maße für den Erwerb von Anteilen an Personengesellschaften, da ein solcher Beteiligungskauf steuerlich als Kauf von Wirtschaftsgütern qualifiziert wird.

Aus steuerlicher Sicht ist von besonderer Bedeutung, wie die Zuordnung der stillen Reserven zu den einzelnen Wirtschaftsgütern vorzunehmen ist. Denn je höher der Anteil an stillen Reserven ist, der Wirtschaftsgütern mit einer vergleichsweise kurzen Restnutzungsdauer[23] zugewiesen werden kann, desto früher wird der steuerliche Entlastungseffekt wirksam. Für diese Zuordnungsproblematik hat der BFH die sog. Stufentheorie entwickelt[24]. Nach den Grundsätzen der Stufentheorie werden die stillen Reserven in einem mehrstufigen Verfahren zunächst auf die bilanzierten Wirtschaftsgüter und dann auf bislang nicht bilanzierte selbstgeschaffene immaterielle Wirtschaftsgüter entsprechend ihrem jeweiligen Teilwert verteilt. Ein danach verbleibender Betrag ist als Firmenwert zu aktivieren.

Die Möglichkeit, neben dem Firmenwert andere immaterielle Wirtschaftsgüter wie beispielsweise betriebliches Know-how, Belieferungsrechte, Konzessionen u. ä. bilanzieren zu können, sollte dabei keinesfalls vernachlässigt werden. Denn diese Wirtschaftsgüter werden möglicherweise über eine wesentlich kürzere Nutzungsdauer abgeschrieben als ein Firmenwert.

Weiterhin kann der Gesamtkaufpreis auch Elemente enthalten, die nicht als Anschaffungskosten aktiviert werden müssen, sondern als Betriebsausgaben sofort abzugsfähig sind. So ist beispielsweise eine Abfindung für das vorzeitige Ausscheiden eines Geschäftsführers aus dem Kaufpreis auszugliedern[25] und entfaltet ihre steuerliche Wirkung schon im Jahr des Erwerbs.

6.4.3.3 Kombinationsmodell

a) Wirkungsweise

Die steuerliche Aktivität des Kaufs von Wirtschaftsgütern wirft die Frage auf, wie zu verfahren ist, wenn sich dem Käufer lediglich die Möglichkeit bietet,

---

(22) Vgl. dazu unten I.2, sowie Purwins, Steuerrechtliche Fragen, 1989, S. 242 ff.

(23) Die Restnutzungsdauer der einzelnen Wirtschaftsgüter wird vom Erwerber nach seinen betriebsindividuellen Gegebenheiten jeweils neu festgelegt; vgl. dazu BFH v. 19.5. 1976, BStBl II 1977, S. 60.

(24) Ausführlich dazu Littmann, Das Einkommensteuerrecht, § 16 Tz. 162 ff. mit einer Rechtsprechungsübersicht.

(25) Siehe dazu Holzapfel/Pöllath, Recht und Praxis des Unternehmenskaufs, 1989, Tz. 215 f.

Kapitalgesellschaftsanteile zu erwerben. Für diese Konstellation wird das Kombinationsmodell vorgestellt, für das sich im angelsächsischen Raum die Bezeichnung ›roll-over‹ durchgesetzt hat. Die Grundidee des Kombinationsmodells besteht darin, den Erwerb von Gesellschaftsrechten innerhalb der Sphäre des Erwerbers in einen Erwerb von Wirtschaftsgütern zu transformieren (sog. interner asset deal)[26]. Bei idealtypischer Betrachtungsweise vollzieht sich das Kombinationsmodell in vier Stufen:

1. Stufe: Beteiligungserwerb

Es werden die Anteile an einer Kapitalgesellschaft erworben, die bei der erwerbenden Muttergesellschaft mit ihren Anschaffungskosten zu bilanzieren sind und dem Erwerber grundsätzlich kein Abschreibungsvolumen vermitteln.

2. Stufe: Konzerninterner Erwerb der Einzelwirtschaftsgüter (interner asset deal)

Im zweiten Schritt veräußert die Objektgesellschaft ihre Wirtschaftsgüter unter Realisierung aller stillen Reserven an die Muttergesellschaft. In Höhe dieser aufgedeckten stillen Reserven erzielt die Objektgesellschaft einen steuerpflichtigen Gewinn, der ungemildert der Körperschaft- und der Gewerbeertragsteuer unterliegt, während die Muttergesellschaft in Höhe dieser aufgedeckten stillen Reserven zusätzliches Abschreibungsvolumen erlangt, soweit die stillen Reserven auf abnutzbare Wirtschaftsgüter entfallen.

3. Stufe: Steuerneutrale Gewinnausschüttung

In Stufe 3 schüttet die Objektgesellschaft den realisierten Gewinn in voller Höhe als Dividende an die Muttergesellschaft aus, wodurch sich die folgenden steuerlichen Konsequenzen ergeben:

Die Mechanismen des Anrechnungsverfahrens bewirken, daß sich aus der Gewinnausschüttung keine weitere körperschaftsteuerliche Belastung für die Muttergesellschaft ergeben. Liegen die Voraussetzungen für das Schachtelprivileg i. S. d. § 9 Nr. 2a GewStG oder für eine Organschaft i. S. d. § 2 Abs. 2 S. 2 GewStG vor, wird auch keine zusätzliche Gewerbeertragsteuer erhoben.

4. Stufe: Ausschüttungsbedingte Teilwertabschreibung

Wegen der verminderten Substanz in der Objektgesellschaft wird zusätzlich bei der Muttergesellschaft eine Teilwertabschreibung auf den Beteiligungsbuchwert fällig, die einkommen- bzw. körperschaftsteuerlich sowie gewerbeertragsteuerlich[27] entlastende Wirkung entfaltet.

Die Übersicht faßt die Be- und Entlastungseffekte zusammen (vgl. Abb. 2).

Aus den aufgestockten Buchwerten der Wirtschaftsgüter resultiert darüber hinaus in den Folgejahren ein erhöhtes Abschreibungsvolumen, das sich wiederum einkommen- bzw. körperschaftsteuerlich sowie gewerbesteuerlich entlastend auswirkt.

Der steuerliche Effekt des Kombinationsmodelles liegt demnach zusammengefaßt in der Tatsache, daß das passive (latente) Abschreibungspotential im Beteiligungsansatz in aktives Abschreibungspotential im Wertansatz für die Wirtschaftsgüter transformiert wird.

---

(26) Vgl. ebenda, Tz. 149.
(27) Zu den Einschränkungen durch das StRefG 1990 vgl. folgendes Kapitel C.III.2.

304

		Objektgesellschaft	Muttergesellschaft
1. Stufe: Beteiligungskauf	KSt: GewSt:	– –	– –
2. Stufe: Kauf der Wirtschaftsgüter	KSt: GewSt:	Belastung Belastung	– –
3. Stufe: Gewinnausschüttung	KSt: GewSt:	Entlastung –	Belastung –
4. Stufe: Teilwertabschreibung	KSt: GewSt:	– –	Entlastung Entlastung

KSt = Körperschaftsteuer   GewSt = Gewerbesteuer

Abb. 2: Steuerbelastung im Kombinationsmodell

b) Probleme

Insbesondere folgende Problemkreise sind beim Kombinationsmodell jedoch zu beachten:

– *Ausschüttungsbedingte Teilwertabschreibung*

Bezüglich des zentralen Elementes des Kombinationsmodells, der ausschüttungsbedingten Teilwertabschreibung, ergeben sich durch das StRefG 1990 einschneidende Einschränkungen.

Gem. § 8 Nr. 10 GewStG 1990 müssen ausschüttungsbedingte Gewinnminderung dem Gewerbeertrag wieder hinzugerechnet werden, wenn die Ausschüttung nach § 9 Nr. 2a, 7 oder 8 GewStG bei der empfangenden Gesellschaft schachtelprivilegiert zugeflossen ist[28].

Diese Vorschrift bewirkt beim Kombinationsmodell, daß die gewerbeertragsteuerliche Belastung des Erfolgs aus der Veräußerung der Wirtschaftsgüter durch die Objektgesellschaft nicht durch eine Teilwertabschreibung bei der Muttergesellschaft neutralisiert ist, was einer Verteuerung des Kombinationsmodells je nach Hebesatz um ca. 5% bis 10% der aufgedeckten stillen Reserven entspricht. Fraglich ist, ob die aufgezeigte Wirkung durch Einrichtung eines Organschaftsverhältnisses zwischen Objekt- und Muttergesellschaft vermeidbar ist[29].

---

(28) Grundlegend zur ausschüttungsbedingten Teilwertabschreibung Herzig/Hötzel, Teilwertabschreibung, 1988, S. 2265ff.
(29) Vgl. Herzig, Grundmodelle des Unternehmenskaufs, 1990, S. 135ff.; ders., Steuerberater-Jahrbuch 1989/90, S. 278ff.; Pauka, Änderungen des Gewerbesteuerrechts, 1988, S. 224ff.; Goutier, § 8 Nr. 10 GewStG n. F. und die gewerbesteuerliche Organschaft, 1989, S. 244ff.; Pöllath/Wenzel, Gewerbesteuerliche Teilwertabschreibung, 1989, S. 797ff. sowie FinMin NRW, Erlaß v. 14. 3. 1989, S. 656.

– Zukünftige Erfolgssituation

Positive Steuereffekte ergeben sich aus dem internen asset deal nur, wenn die Buchwertaufstockung zu einer Steuerminderung führt, was voraussetzt, daß die Muttergesellschaft zukünftig über genügende steuerpflichtige Erfolge verfügt, die durch die höheren Abschreibungen steuerlich neutralisiert werden können. Fallen bei der Muttergesellschaft dagegen Verluste an, greifen die steuerlichen Vorteile nicht ein und es verbleiben neben steuerlichen Nachteilen zusätzliche Transaktionskosten. Der Durchführung eines Kombinationsmodells vorangestellt werden sollte daher in jedem Fall eine Ergebnisprognose der Muttergesellschaft, wobei sich der Prognosezeitraum an der Restnutzungsdauer der wichtigsten Wirtschaftsgüter orientieren kann.

– Kaufpreisbemessung

Um die steuerliche Wirksamkeit des Kombinationsmodells nicht zu gefährden, sollte die Bemessung des Kaufpreises für die konzerninterne Veräußerung der Einzelwirtschaftsgüter aus dem Kaufpreis für die Kapitalgesellschaftsanteile abgeleitet werden[30], um auf den Drittvergleich als Maßstab für die konzerninternen Preise zurückgreifen zu können. Ist eine Differenz gegeben, so bedarf diese der Erklärung.

– Selektive Veräußerung der Einzelwirtschaftsgüter

Weiterhin ist die Möglichkeit zu beachten, daß der ›interne asset deal‹ nicht alle Wirtschaftsgüter der Objektgesellschaft umfassen muß. Neben der hohen wirtschaftlichen Flexibilität, die eine selektive Veräußerung einzelner Wirtschaftsgüter bietet, kann dieses Instrument auch steuerlich von Interesse sein. Denkbar wäre z. B., Grundstücke und andere nicht abnutzbare Wirtschaftsgüter in der Objektgesellschaft zu belassen, da die Veräußerung von nicht abnutzbaren Wirtschaftsgütern möglicherweise Transaktionskosten verursacht[31], ohne zusätzliches Abschreibungsvolumen bei der Muttergesellschaft zu schaffen.

Des weiteren kann das Zurückbehalten einzelner Wirtschaftsgüter sinnvoll sein, wenn für bestimmte Steuervergünstigungen die entsprechenden Verbleibfristen in der Objektgesellschaft noch nicht abgelaufen sind[32]. Wird beispielsweise ein Wirtschaftsgut, für das eine Investitionszulage in Anspruch genommen worden ist, innerhalb der Drei-Jahres-Frist gem. § 5 Abs. 6 InvZulG veräußert, so ist die Zulage in vollem Umfang zurückzugewähren.

6.4.3.4 Besonderheiten beim Kauf von Mitunternehmeranteilen

Trotz der zivilrechtlichen Einordnung als Beteiligungserwerb stellt das Steuerrecht den Kauf von Mitunternehmeranteilen dem Erwerb von Wirtschaftsgütern gleich mit der Folge, daß die Buchwerte der einzelnen Wirtschaftsgüter der Personengesellschaft nach den Grundsätzen der Stufentheorie anteilig aufzustocken sind. Technisch vollzieht sich diese Aufstockung nicht in der Bilanz der

---

(30) Dies empfehlen Holzapfel/Pöllath, Recht und Praxis des Unternehmenskaufs, 1989, Tz. 249.
(31) Beispielsweise kann sich in diesem Schritt eine grunderwerbsteuerliche Doppelbelastung einstellen.
(32) Zu den Verbleibklauseln siehe Herzig, Beendigung eines unternehmerischen Engagements, 1981, S. 142 ff.

Gesellschaft, sondern in einer Ergänzungsbilanz des Gesellschafters, die ausschließlich steuerlich von Bedeutung ist.

Aus diesem Vorgehen ergeben sich insbesondere zwei Wirkungen:

– Abschreibungen auf die Mehrwerte in der Ergänzungsbilanz belasten nicht das handelsrechtliche Ergebnis der Personengesellschaft, sondern sind ausschließlich für die steuerliche Gewinnermittlung von Bedeutung. Dieser Ausweiseffekt kann z. B. bei Kreditwürdigkeitsprüfungen von Interesse sein, die auf Grundlage des handelsrechtlichen Ergebnisses vorgenommen werden.

– Neben dieser Verzerrung zwischen Handels- und Steuerbilanz kann die Ergänzungsbilanz auch zu Vermögensverschiebungen zwischen dem Neugesellschafter und den Altgesellschaften der Personengesellschaft führen. Denn die Abschreibungen aus der Ergänzungsbilanz mindern nach herrschender Meinung die Bemessungsgrundlage der Gewerbeertragsteuer[33]. Die entsprechende gewerbeertragsteuerliche Minderbelastung kommt indirekt allen Gesellschaftern anteilig zugute, während die zusätzlichen Anschaffungskosten ausschließlich von dem neu eingetretenen Gesellschafter gezahlt worden sind. Diese Vermögensverschiebung zugunsten der Altgesellschafter und zu Lasten des neueingetretenen Gesellschafters wird nicht von Gesetzes wegen beseitigt, sondern bedarf vertraglicher Vereinbarungen zwischen den Gesellschaftern.

6.4.4 Finanzierung und Besteuerung

Im Rahmen der Finanzierung steht auf der Erwerberseite die Frage im Mittelpunkt, inwieweit die Finanzierungsaufwendungen steuerlich geltend gemacht werden können. Grundsätzlich sind Zinsen und ähnliche Aufwendungen im Zusammenhang mit dem Erwerb eines Unternehmens steuerlich uneingeschränkt abzugsfähig.

Beim Erwerb von Kapitalgesellschaftsanteilen kann die Abzugsfähigkeit der Fremdkapitalzinsen jedoch beeinträchtigt sein, wenn die Zinsaufwendungen in wirtschaftlichem Zusammenhang mit steuerfreien Einkünften stehen. Diese Gefahr droht insbesondere bei

– nicht wesentlichen Beteiligungen des Privatvermögens
– Beteiligungen, die zu steuerfreien ausländischen Einkünften führen.

Im erstgenannten Fall sind Zinsen dann nicht als Werbungskosten abzugsfähig, wenn die Intention des Beteiligungskaufes darauf ausgerichtet war, einen steuerfreien Erfolg aus der Wertsteigerung der Substanz und nicht steuerpflichtige laufende Einnahmen aus Gewinnausschüttungen zu erzielen[34].

In diesem Fall bietet sich die Gründung einer gewerblichen Zwischenholding an, die den Kredit aufnimmt. Auf diese Weise wird der Charakter der Zinsen als Betriebsausgaben und damit ihre Abzugsfähigkeit sichergestellt[35].

---

(33) Eine Übersicht über den Stand der Diskussion gibt Authenrieth, Gewerbesteuerliche Auswirkungen, 1988, S. 120 ff.
(34) Eine Übersicht zur Rechtsprechung gibt Schmidt, EStG, zu § 20 EStG Anm. 55.
(35) Dann ist allerdings auch ein späterer Veräußerungserfolg steuerpflichtig.

Bei Erwerb einer ausländischen Kapitalgesellschaft kann die Abzugsfähigkeit der Zinsen beschränkt sein, wenn die ausländischen Dividenden durch ein Doppelbesteuerungsabkommen im Inland steuerfrei gestellt sind. Durch Thesaurierung der Gewinne über einen längeren Zeitraum kann die volle Abzugsfähigkeit der Schuldzinsen erhalten werden, da nach Auffassung des BFH[36] das Zinsabzugsverbot auf die Höhe der im Veranlagungszeitraum zugeflossenen Dividenden begrenzt ist.

Ein weiteres Gestaltungsinstrument kann im Zwischenschalten einer ausländischen Kapitalgesellschaft als Holding gesehen werden, da auf diese Weise die Aufnahme des Fremdkapitals in das Ausland verlagert wird[37].

Zinsen im Zusammenhang mit dem Kauf von Personengesellschaftsanteilen sind generell unbeschränkt abzugsfähig. Im Anwendungsbereich von § 15a EStG können sich jedoch bei Erwerb eines Kommanditanteils Schwierigkeiten bei der Geltendmachung von zukünftigen Verlusten ergeben.

6.4.5 Zusammenfassung

(1) Bei der steuerorientierten Gestaltung des Akquisitionsprozesses steht dem Erwerber eine Vielzahl an Steuerungsinstrumenten zur Verfügung, die sich grundsätzlich drei verschiedenen Phasen zuordnen lassen. Es sind dies die
– Vorbereitungsphase
– Kernphase
– Abschlußphase.

(2) Die Vorbereitungsphase dient vornehmlich der Analyse der steuerlichen Situation der Objektgesellschaft sowie der Schaffung einer Konzernstruktur, die eine steueroptimale Einbettung der Objektgesellschaft in das bestehende Unternehmen erlaubt.

(3) Die Kernphase umfaßt alle Maßnahmen, die unmittelbar mit der eigentlichen Akquisitionshandlung in Zusammenhang stehen. Besondere Bedeutung erlangt hierbei die Wahl des Grundmodells der Akquisition und die Form der Finanzierung.

(4) Die Fragestellungen, die unmittelbar aus der eigentlichen Akquisitionshandlung resultieren, dieser aber zeitlich nachgelagert sind, werden der Abschlußphase zugeordnet.

Die abschließende organisatorische Einbindung der Objektgesellschaft in den Konzern, die steuerlichen Auswirkungen von nachträglichen Änderungen des Sachverhalts oder nachträglichen Änderungen der Qualifizierung des Sachverhalts sowie die steuerliche Berücksichtigung eines Wertverlustes der Objektgesellschaft sind Bereiche, die in der Abschlußphase herausragende Bedeutung gewinnen.

(5) Die Wahl des Grundmodells der Akquisition hat einen entscheidenden Einfluß auf die Höhe des zukünftigen Abschreibungsvolumens.

Bei Erwerb von Wirtschaftsgütern oder von Beteiligungen an Personenge-

---

(36) Vgl. BFH v. 21. 4. 71, BStBl II 1971, S. 694.
(37) Vgl. dazu die Ausführungen von Sieben/Sielaff, Unternehmensakquisition, 1989, S. 67 f.

sellschaften werden die Buchwerte der Einzelwirtschaftsgüter aufgestockt und es ergibt sich ein erweitertes Abschreibungsvolumen.

Bei Erwerb der Beteiligung an einer Kapitalgesellschaft müssen die Buchwerte der Wirtschaftsgüter dagegen unverändert fortgeführt werden.

Jedoch läßt sich auch beim Kauf von Kapitalgesellschaftsanteilen ein erhöhtes Abschreibungspotential generieren, wenn die Übertragung im Wege des sog. Kombinationsmodells vorgenommen wird, dessen Wirkung auf der Umwandlung eines Beteiligungskaufs in einen Kauf von Wirtschaftsgütern beruht.

(6) Die Finanzierungskosten im Zusammenhang mit dem Erwerb eines Unternehmens sind grundsätzlich steuerlich abzugsfähig. Ausnahmen können sich aber ergeben, wenn die Finanzierungskosten in Zusammenhang mit steuerfreien Einkünften stehen. Im Anwendungsbereich von § 15 a EStG kann die Aufnahme von Fremdkapital Beschränkungen bei der Berücksichtigung zukünftiger Verluste mit sich bringen.

7. Kapitel
Integration von Akquisitionen

Torsten J. Gerpott

7.1. Strategieadäquates Personalmanagement bei der Integration von internationalen Akquisitionen*

---

* Erstmals erschienen in: BFuP, 42. Jg., 1990, S. 414–432.

7.1.1 Problemskizze

Aus den kürzlich veröffentlichten Ergebnissen einer Befragung der »Chief Executive Officers« von über 400 Großunternehmen in Europa, Nordamerika und Japan ist zu entnehmen, daß nahezu alle Unternehmen bis Mitte der neunziger Jahre eine Erhöhung des Anteils am Gesamtumsatz anstreben, der außerhalb der eigenen Heimatregion erzielt wird[1]. Dieses Bemühen um eine weitere Internationalisierung der Unternehmensaktivitäten ist einmal auf generelle politisch-gesellschaftliche Veränderungen (Öffnung Osteuropas, Integration Westeuropas) zurückzuführen. Zum anderen erklären unternehmensspezifische Gründe wie die Stärkung der eigenen Position in großen, schnell wachsenden und profitablen Märkten, die Verbesserung der Amortisationschancen hoher Fixkosten (z.B. in der F&E oder im Vertrieb), die Nutzung von internationalen Faktorkostenunterschieden oder die Gewinnung zusätzlichen Know-hows das ungebrochene Streben von Unternehmen durch Internationalisierung ihres Geschäfts eine nachhaltige Verbesserung ihrer Wettbewerbsfähigkeit zu erreichen[2].

Als Mittel zur schnellen Verbesserung der Marktposition außerhalb des Heimatlandes bietet sich die Akquisition eines ausländischen Unternehmens an. Von diesem Mittel macht die Unternehmenspraxis reichlich Gebrauch: So wurden allein 1989 in Europa »cross-boarder deals« im Sinne von Transaktionen, bei denen eine Beteiligung an einem europäischen Unternehmen durch ein Unternehmen aus einem anderen Land erworben wurde, mit einem Gesamtwert von rund 50 Milliarden Dollar registriert[3]. Vorhandene Statistiken zu internationalen Beteiligungen an europäischen Unternehmen lassen erkennen, daß immerhin in acht Branchen 1989 der Wert grenzüberschreitender Beteiligungen jeweils mindestens 2 Milliarden Dollar erreichte (s. Abb. 1).

Wie Abb. 1 zeigt, sind internationale Beteiligungstransaktionen in Europa in signifikantem Umfang gleichermaßen in konsumnahen und technologieintensiven Industrien, aber auch in Dienstleistungsbranchen zu verzeichnen.

Deutsche Unternehmen versuchen ebenfalls in erheblichem Umfang durch Akquisitionen im Ausland ihre Wettbewerbspositionen zu verbessern. Abb. 2 enthält Beispiele für größere Auslandsakquisitionen deutscher Unternehmen seit 1985. So stieg 1989 die Zahl der im sogenannten »Wupper-Report« registrierten Beteiligungen deutscher Unternehmen an ausländischen Objekten gegenüber dem Vorjahr um 19% auf 350 Transaktionen; umgekehrt nahm auch die Häufigkeit der Beteiligungen ausländischer Unternehmen an deutschen Firmen 1989 gegenüber dem Vorjahr um 8% auf 323 Transaktionen zu. Eine regionale Analyse dieser Beteiligungstransaktionen belegt, daß über 80% der internationalen Beteiligungen deutscher Unternehmen auf sieben westeuropäische Länder und die USA entfielen (s. Abb. 3). Ähnlich kommt die überwiegende Mehrheit der ausländischen Unternehmen, die sich an deutschen Fir-

---

(1) Anderson/Masters, Global Enterprise, 1990, S. 6f.
(2) Vgl. ebenda, S. 8; Meffert, Globalisierungsstrategien, 1989, S. 447; Welge, Globales Management, 1990, S. 5; Holstein, The Stateless Corporation, 1990, S. 52–55.
(3) Vgl. o. V., Cross-Border M&A, 1990, S. 48.

Wert der Trans-aktionen ($ Mrd.)	Industrie	Zahl der Transaktionen	Durchschnittswert pro Transaktion ($ Mio.)
8,46	Nahrungsmittel, Getränke und Tabakwaren	121	69,9
5,62	Kraft- und Luftfahrzeuge	43	130,7
5,42	Versicherungen	34	159,4
4,61	Banken und andere Finanzdienstleistungen	94	49,0
4,32	Chemie/Pharmazie	118	36,6
4,29	Elektro/Elektronik/ Computer	116	37,0
3,47	Papier, Druck und Werbung	101	34,4
2,39	Bau/Baumaterialien	62	38,5

Quelle: Translink; M&A Europe (1990, 2. Jg. Nr. 3, S. 50); eigene Berechnungen

Abb. 1: Internationale Beteiligungstransaktionen an europäischen Unternehmen in verschiedenen Branchen 1989

Jahr	Deutscher Käufer	Akquiriertes Unternehmen (Land)	Preis ($ Mrd.)
1989	Siemens (zusammen mit GEC)	Plessey (Großbritannien)	3,24
1989	Deutsche Bank	Morgan Grenfell (Großbritannien)	1,50
1989	Südzucker	Raffinerie Tirlemontoise (Belgien)	1,09
1987	Hoechst	Celanese (USA)	2,70
1987	Continental	General Tire (USA)	1,10
1986	Bertelsmann	Doubleday und RCA Records (USA)	1,6*
1985	BASF	Inmont (USA)	1,00
1985	Continental	Semperit (Österreich)	< 1,00

* DM Mrd.

Quelle: M&A Europe, M&A Report

Abb. 2: Beispiele für internationale Akquisitionen deutscher Unternehmen

men 1989 beteiligten, aus nur acht Industrienationen (s. Abb. 3). Die Akquisitionsziele bzw. Käufer deutscher Unternehmen stellen also zwar fast durchweg Unternehmen aus ähnlich hochentwickelten westlichen Industrieländern dar: Aber es sollte nicht übersehen werden, daß ungeachtet des in Abb. 3 angeführ-

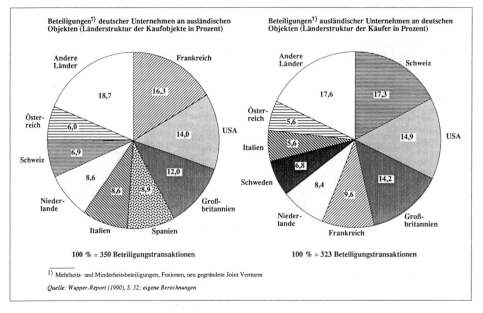

Beteiligungen¹⁾ deutscher Unternehmen an ausländischen Objekten (Länderstruktur der Kaufobjekte in Prozent)

Beteiligungen¹⁾ ausländischer Unternehmen an deutschen Objekten (Länderstruktur der Käufer in Prozent)

100 % = 350 Beteiligungstransaktionen

100 % = 323 Beteiligungstransaktionen

¹⁾ Mehrheits- und Minderheitsbeteiligungen, Fusionen, neu gegründete Joint Ventures

Quelle: Wupper-Report (1990), S. 32; eigene Berechnungen

Abb. 3: **Länderstruktur der Beteiligungstransaktionen deutscher Unternehmen im Ausland und ausländischer Unternehmen in Deutschland 1989**

ten »geographischen Musters« internationaler Akquisitionen unter Beteiligung deutscher Unternehmen neben spezifischen Bewertungs-, Finanzierungs-, Bilanzierungs- und Eigentumsrechtsfragen auch besondere, aus dem grenzüberschreitenden Charakter der Akquisition herrührende Probleme bei der Integration von Käufer- und Zielunternehmen auftreten.

Diese spezielle, gegenüber rein nationalen Akquisitionen abweichende Lage im Hinblick auf die Integration der beteiligten Unternehmen ergibt sich daraus, daß

– auch zwischen deutschen Unternehmensmitarbeitern und den Mitarbeitern aus den in Abb. 3 enthaltenen »Akquisitionspartnerländern« im Durchschnitt signifikante Nationalkulturunterschiede mit hoher Relevanz für das Integrations- und damit für das Personalmanagement bestehen: So werden etwa klare Macht- und Statusunterschiede zwischen verschiedenen Hierarchiestufen im Unternehmen von Mitarbeitern in Frankreich eher erwartet als von Mitarbeitern in Deutschland oder Großbritannien; Mitarbeiter in Deutschland schätzen wiederum unsicherheitsvermeidende eindeutige und detaillierte Kompetenzregelungen tendenziell mehr als Mitarbeiter in Großbritannien[4]. Entsprechend machen Unterschiede zwischen den nationalen Kulturen der Akquisitionspartner in aller Regel ein besonderes Integrationsmanagement, das für diese Unterschiede sensibel und deshalb als überdurchschnittlich schwierig anzusehen ist, erforderlich[5].

(4) Derartige nationale Kulturunterschiede werden eindrucksvoll durch die Studien von Hofstede belegt; S. Høfstede, Value Systems, 1985 und die dort angegebene Literatur.

(5) So auch Earl/Fisher, International Mergers and Acquisitions, 1986, S. 4f. sowie Hunt et al., Acquisitions, 1987, S. 54, 59.

– mit grenzüberschreitenden Akquisitionen *verschiedene* Internationalisierungsstrategien verknüpft sein können, für die jeweils unterschiedliche typische Schwerpunkte im Hinblick auf die Integration von Käufer und Zielunternehmen charakteristisch sind; da die Unternehmensintegration im Anschluß an den formalen Abschluß einer Akquisition wesentlich durch Personalmanagementpraktiken beeinflußt wird, führen diese Integrationsunterschiede wiederum auch dazu, daß je nach verfolgter Internationalisierungsstrategie unterschiedliche Personalmanagementpraktiken zur Erreichung der Ziele einer Auslandsakquisition adäquat sind; d. h. durch die Notwendigkeit der Abstimmung zwischen der Integrationsstrategie und dem Personalmanagement bei Auslandsakquisitionen mit der Internationalisierungsstrategie des Käufers ergibt sich eine Problemlage wie sie bei rein nationalen Akquisitionen *nicht* vorzufinden ist.

Ungeachtet der besonderen Problemlage findet man in der einschlägigen, überwiegend anglo-amerikanischen Literatur detailliertere Ausführungen zu Fragen eines strategieadäquaten Personalmanagements bei der Integration von Akquisitionen generell und von Auslandsakquisitionen im besonderen relativ selten. Studien zur kapitalmarkt- oder jahresabschlußorientierten Messung der Erfolgswirkungen von Akquisitionen dominieren im wissenschaftlichen Schrifttum[6]. In stärker praxisorientierten Arbeiten werden Personalmanagementpraktiken bei (Auslands-)Akquisitionen weitgehend ohne geschäftsstrategischen Bezug losgelöst von den besonderen Geschäftssystemmerkmalen der beteiligten Unternehmen aneinandergereiht[7]. Die gelegentliche Wiederholung der verbreiteten Typisierung von Akquisitionen nach dem Grad der Geschäftsverwandtschaft zwischen Käufer und Zielunternehmen in horizontale, vertikale und konglomerate Zusammenschlüsse auch in Arbeiten[8] zu Personalmanagementfragen reicht zur Verknüpfung von Geschäftsstrategie und Personalmanagementpraktiken bei Akquisitionen keinesfalls aus: Der gleiche Akquisitionstypus (z. B. horizontale Akquisition) kann nämlich je nach betrachtetem Geschäftsfeld (z. B. Flugzeugelektronik vs. Erfrischungsgetränke), in dem die Akquisition stattfindet, mit sehr unterschiedlichen strategie- und geschäftsadäquaten Personalmanagementpraktiken verbunden sein.

Insgesamt ist m. E. das Fazit einer kritischen Literaturdurchsicht eindeutig: Zusammenhänge zwischen unterschiedlichen Unternehmens- und insbesondere Internationalisierungsstrategien einerseits und Personalmanagementpraktiken zur erfolgreichen Integration von (Auslands-)Akquisitionen andererseits wurden bisher in Wissenschaft und Praxis – von wenigen Ausnahmen abgesehen[9] – nicht ausreichend beachtet. Ziel des vorliegenden Beitrages ist es daher,

---

(6) S. für viele Bühner, Unternehmenszusammenschlüsse, 1990 sowie Coffee et al., Knights, Raiders, and Targets, 1988.

(7) S. die Literaturzusammenfassungen bei Buono/Bowditch, Human Side, 1989; Napier, Mergers and Acquisitions, 1989; Scheiter, Integration, 1989 sowie Wächter, Personalwirtschaftliche Voraussetzungen, 1990.

(8) S. z. B. Wächter, Personalwirtschaftliche Voraussetzungen, 1990, S. 115 f.; Napier, Mergers and Acquisitions, 1989, S. 276–280; Scheiter, Integration, 1989, S. 40 f. sowie Lindgren, Postacquisition Management, 1982, S. 87–91.

(9) Vgl. etwa Reinecke, Akkulturation von Auslandsakquisitionen, 1989, S. 41–50, 113–123.

für Abstimmungserfordernisse zwischen Internationalisierungsstrategien und Personalmanagementpraktiken bei der Integration von Auslandsakquisitionen zu sensibilisieren und inhaltliche Vorstellungen zu einem strategieadäquaten Personalmanagement bei der internationalen Akquisitionsintegration zu skizzieren. Diese Vorstellungen, die auf umfangreichen Literaturrecherchen und Erfahrungen in einschlägigen Beratungsprojekten beruhen, sind als begründete Hypothesen zu verstehen, deren Überprüfung und Verfeinerung zukünftiger empirischer Forschung vorbehalten bleibt. Um ein besseres Verständnis meiner Hypothesen sicherzustellen, präzisiert das folgende Kapitel zunächst problemrelevante zentrale Begriffe, bevor dann in Kapitel 7.1.3 auf Personalmanagementpraktiken zur Integration von Akquisitionen bei unterschiedlichen Internationalisierungsstrategien eingegangen wird.

7.1.2 Präzisierung zentraler Begriffe

Kernthese des vorliegenden Beitrages ist, daß Personalmanagementpraktiken zur Integration internationaler Akquisitionen in enger Abstimmung mit der Internationalisierungsstrategie des Käufers, die mit der Übernahme verfolgt wird, zu gestalten sind. Folglich sind vier in dieser Kernthese angesprochene zentrale Begriffe zu präzisieren:

(1) Internationale Akquisition: Unter einer *internationalen Akquisition* (synonym: *Auslandsakquisition*) wird hier der mehrheitliche oder vollständige Erwerb der Gesellschaftskapitalanteile (bei Kapitalgesellschaften) oder der Vermögensgegenstände (bei Einzelunternehmen/Personengesellschaften) eines rechtlich selbständigen Unternehmens mit Sitz im Staat A durch mindestens ein anderes Unternehmen, dessen Sitz *nicht* im Staat A liegt, verstanden[10]. Durch die Akquisition erlangt das kaufende Unternehmen die prinzipielle Möglichkeit, die juristisch selbständig bleibende ausländische Firma unternehmerisch zu führen. Entscheidend für die Klassifikation einer Akquisition als »international« ist der Sitz der bei der Transaktion als unmittelbarer Käufer/unmittelbares Zielunternehmen auftretenden Firmen und *nicht* der Sitz von mittelbar als Käufer/Verkäufer betroffenen Muttergesellschaften. Vor allem aus Sicht der Mitarbeiter des von einem ausländischen Käufer übernommenen Unternehmens kann eine internationale Akquisition auch als ein kaum kontrollierbares, mit Unsicherheit/Angst und Loyalitäts-/Identitätskonflikten verbundenes Ereignis charakterisiert werden, das je nach Qualität und Quantität der Änderungsanforderungen im Zuge des Integrationsprozesses mehr oder minder stark Streß bei den übernommenen Mitarbeitern hervorruft[11]. Daher ist ein systematisches u. a. auch mitarbeiterbezogenes Integrationsmanagement erforderlich, um die mit einer Akquisition angestrebten wirtschaftlichen Ziele tatsächlich zu erreichen.

---

(10) Zur Diskussion des Begriffs der (internationalen) Akquisition s. Gerpott, Bleiben oder Gehen?, 1991, Fußnote 7 sowie Reinecke, Akkulturation von Auslandsakquisitionen, 1989, S. 8 und die dort angeführte Literatur.
(11) S. Marks/Mirvis, Merger Syndrome, 1985, S. 50–54; Schweiger/De Nisi, Effects of Communication, 1989, S. 26 f. sowie Wheeler et al., Corporate Restructuring, 1990, S. 6–11.

(2) Integration (von Akquisitionen): Mit dem Begriff *Integration* bezeichne ich den vom Käufer initiierten und gesteuerten Prozeß der Veränderung der Leistungserstellung insbesondere im übernommenen Unternehmen zur wechselseitigen Verzahnung der beteiligten Unternehmen in einer übergeordneten Gesamteinheit. Analytisch lassen sich drei wesentliche Integrationsschwerpunkte/-felder unterscheiden[12]:

– das physische Zusammenführen (von Teilen) des materiellen Anlagevermögens (z.B. Produktionsanlagen, Läger, F&E-Laboratorien) der beteiligten Unternehmen (Integrationsschwerpunkt: *Operations*).

– die Übertragung von Management-, Markt-, Produkt- und Prozeß-Know-how zwischen den Mitarbeitern der Transaktionspartner (Integrationsschwerpunkt: *Management/Fachexperten*).

– der Transfer finanzieller Ressourcen zwischen den beteiligten Unternehmen unter Rückgriff auf unternehmensübergreifende Controlling-Systeme (Planung, Budgetierung, Berichtswesen; Integrationsschwerpunkt: *Finanzmittel/Controlling*).

(3) Personalmanagement: Unter dem Terminus *Personalmanagement (PM)* werden von mir sämtliche Maßnahmen im Vorfeld und nach einer Akquisition subsumiert, die darauf ausgerichtet sind, durch unmittelbare oder mittelbare Verhaltensbeeinflussung bei den übernommenen Mitarbeitern und bei den an der Akquisition direkt beteiligten Mitarbeitern aus dem Käuferunternehmen, den Grad der Erreichung der mit der Akquisition vom Käufer verfolgten Ziele zu erhöhen. Direkte Verhaltensbeeinflussungsmaßnahmen (z.B. Information der Mitarbeiter einer Abteilung des akquirierten Unternehmens durch den neuen Abteilungsleiter aus dem Käuferunternehmen über geänderte Leistungserwartungen) werden auch als *Mitarbeiter-/Personalführung* bezeichnet und primär von Vorgesetzten »vor Ort« realisiert. Indirekte Maßnahmen zur Verhaltensbeeinflussung (z.B. Vorgabe eines Konzepts zur Information der Mitarbeiter des Zielunternehmens nach der offiziellen Übernahme) werden auch als *strukturelles PM* bezeichnet und in erster Linie von Spezialisten der Personalabteilung getragen. Betrachtungsschwerpunkt im vorliegenden Beitrag ist das strukturelle PM.

(4) Internationalisierungsstrategie: Eine *Internationalisierungsstrategie* ist ein langfristiges Handlungsprogramm zur Identifizierung, Realisierung und Verteidigung von Erfolgspotentialen des eigenen Unternehmens auf Märkten außerhalb des Heimatlandes durch geschäftsadäquate grenzübergreifende Abstimmung sämtlicher Unternehmensaktivitäten[13]. Diese Begriffsfestlegung hat zwei Implikationen für die weitere Argumentation:

– Je nach Geschäft können unterschiedliche grenzüberschreitende Abstimmungsintensitäten und -strukturen sinnvoll sein. Nicht jede Internationalisierungsstrategie ist daher eine *globale Strategie*, bei der »Marktanteilszie-

---

(12) Vgl. zum Integrationsbegriff und zu Integrationsfeldern Lindgren, Postacquisition Management, 1982, S. 90; Shrivastava, Postmerger Integration, 1986, S. 68–73; Trautwein, Merger Motives, 1990, S. 284 sowie Vizjak, Wachstumspotentiale, 1990, S. 82–120.

(13) Vgl. auch Meffert, Globalisierungsstrategien, 1989, S. 446 f. sowie Welge, Globales Management, 1990, S. 2–4.

le.. auf der Grundlage einer einheitlichen Strategie am Weltmarkt grundsätzlich ohne besondere Berücksichtigung nationaler Bedürfnisse formuliert (werden)«[14]. Entsprechend sind Auslandsakquisitionen *nicht* durchweg Bestandteil/Indikator einer globalen Unternehmensstrategie. Vielmehr ist zunächst geschäftsorientiert zu ermitteln, welche Internationalisierungsstrategie mit einer Auslandsakquisition verfolgt wird, bevor Integrations-/Personalmanagementpraktiken konzipiert werden.

– Da Akquisitionen, bei denen (Gruppen von) private(n) Investoren (wie z.B. C. Icahn oder T.B. Pickens) ein ausländisches Unternehmen als Finanzanlage ausschließlich mit dem Ziel übernehmen, es in Teilen oder als Ganzes so schnell wie möglich unter Erzielung von Kurs-/Preissteigerungen wieder abzustoßen, ohne eine unbefristete unternehmerische Führung anzustreben, keine Internationalisierungsstrategie im o.a. Sinne mit Integrationsabsicht zugrundeliegt, werden derartige, für deutsche Verhältnisse (noch) untypischen spekulativen oder »asset-stripping«-Transaktionen im folgenden nicht berücksichtigt.

7.1.3 Personalmanagement zur Integration von Auslandsakquisitionen bei unterschiedlichen Internationalisierungsstrategien

7.1.3.1 *Internationalisierungsstrategien und strategieadäquate Integration von Auslandsakquisitionen*

In Praxis und Wissenschaft besteht Einigkeit darüber, daß Unternehmen Internationalisierungsstrategien geschäftsspezifisch auf der Basis von genauen Analysen der Ausprägung von Faktoren, die Globalisierungsvorteile begründen (z.B. schnellere Amortisation von F&E-Aufwendungen durch Produktabsatz in allen Schlüsselregionen des Weltmarktes), und von Faktoren, die lokale/ nationale Anpassung vorteilhaft werden lassen (z.B. Vermeiden hoher Transportkosten, landesspezifische Gesetzesbestimmungen, heterogene Produktanforderungen der Nachfrager), zu entwickeln haben[15]. Aus einer Kombination der Ausprägungsspektren von Globalisierungs- und Lokalisierungsvorteilen ergibt sich eine zweidimensionale Matrix, in der die für ein Unternehmen relevanten Geschäfte jeweils anschaulich positioniert werden können (s. Abb. 4)[16]. Dichotomisiert man den Ausprägungsgrad der beiden Bewertungsdi-

---

(14) Meffert, Globalisierungsstrategien, 1989, S. 447.

(15) S. Welge, Globales Management, 1990, S. 4–6; Meffert, Globalisierungsstrategien, 1989, S. 446–451; Rall, Organisation für den Weltmarkt, 1989, S. 1075f., 1081f.; Reinecke, Akkulturation von Auslandsakquisitionen, 1989, S. 42 sowie Servatius, New Venture Management, 1988, S. 32f.

(16) Die Geschäftspositionierung kann sich im Zeitablauf ändern: So wandeln sich derzeit Telekommunikations-Produkte aufgrund der Abnahme regulativer Vorgaben durch staatliche Instanzen zunehmend von einem Geschäft mit hohen Globalisierungs- und Lokalisierungsvorteilen zu einem Geschäft mit hohen Globalisierungs- und niedrigen Lokalisierungsvorteilen. Daher muß die in Abb. 4 illustrierte Geschäftspositionierung regelmäßig überprüft werden.

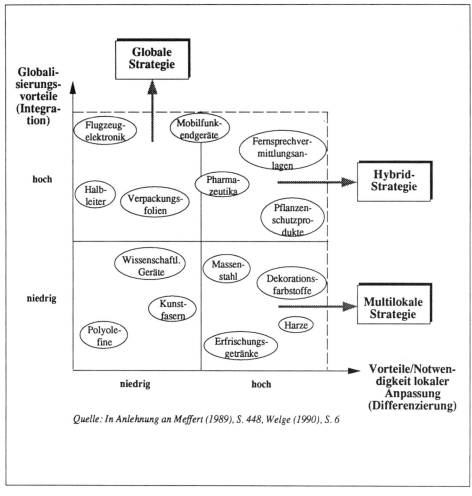

Abb. 4: Globalisierungs- und Lokalisierungsvorteile in unterschiedlichen Geschäften und geschäftsentsprechende Grundtypen von Internationalisierungsstrategien

mensionen, so erhält man drei Typen von Geschäften, denen jeweils eine idealtypische Internationalisierungsstrategie, für deren Umsetzung Auslandsakquisitionen hohe strategische Bedeutung haben können, entspricht:

– eine *globale Strategie* weltweit einheitlichen, zentral gesteuerten Vorgehens ist angemessen bei Geschäften, in denen hohe Globalisierungs- bei niedrigen Lokalisierungsvorteilen bestehen.

– eine *Hybrid-Strategie*, bei der ausgehend von weltweit gültigen Rahmenvorgaben nationale Produktanpassungen im Rahmen dialogisch angelegter Abstimmungsprozesse zwischen Stammhaus und Auslandstöchtern vorgenommen werden, ist angemessen bei Geschäften, die gleichermaßen hohe Globalisierungs- und Lokalisierungsvorteile aufweisen; eine Hybrid-Strategie ist vor allem sinnvoll, wenn zwischen den Funktionsbereichen eines Geschäfts

321

deutliche Unterschiede hinsichtlich der Globalisierungs- und Lokalisierungsvorteile bestehen (z. B. globale F&E und Produktion vs. lokales Marketing).

– eine *multilokale Strategie* jeweils landesspezifischen, weitgehend dezentral gesteuerten Vorgehens ist angemessen bei Geschäften, in denen hohe Vorteile lokaler Differenzierung und Präsenz mit niedrigen Vorteilen einer globalen Geschäftsintegration einhergehen.

Plant und realisiert ein Unternehmen eine Auslandsakquisition in einem Geschäft, in dem es bisher erst in anderen regionalen Märkten tätig war[17], so ist diese Transaktion als ein Schritt zur Umsetzung einer geschäftsspezifischen Internationalisierungsstrategie anzusehen. Um sicherzustellen, daß durch die Auslandsakquisition die Internationalisierungsstrategie des Käufers wirksam vorangetrieben wird, muß sich die Vorgehensweise bei der Integration des ausländischen Zielunternehmens konsequent an der Internationalisierungsstrategie bzw. dem ihr zugrundeliegenden Geschäftstyp der beiden beteiligten Unternehmen ausrichten. Abb. 5 konkretisiert diese »Fit«-Idee, indem dort Basismerkmale einer strategieadäquaten Integration von Auslandsakquisitionen für die eben eingeführten drei Grundtypen von Internationalisierungsstrategien im Überblick dargestellt werden.

Bei einer *globalen Strategie* liegt der wichtigste Integrationsschwerpunkt beim physischen Zusammenführen weltweit homogener Wertschöpfungsaktivitäten: Produktionsstätten, Beschaffungs- und Distributionsläger, Vertriebsnetze etc. sind zusammenzulegen. Im Regelfall muß sich das Zielunternehmen den einem globalen Geschäft angemessenen, zentralen Vorgaben des Käufers anpassen. PM-Aktivitäten sind im Rahmen einer globalen Strategie wichtig, um eine weltweit identische Produktqualität und eine sozialverträgliche Konsolidierung von Bereichen der beiden Unternehmen effizient sicherzustellen.

Bei einer *Hybrid-Strategie* liegt der bedeutendste Integrationsschwerpunkt beim Austausch von Know-how zwischen Mitarbeitern der beiden Unternehmen (s. Abb. 5), weil hier ein weltweit nur in Teilen ähnliches Produkt-Markt-Feld von den Unternehmen bearbeitet wird. Zwar muß das übernommene Unternehmen ebenfalls Rahmenvorgaben des Käufers einhalten. Entscheidungen über das selektive Integrieren von »operations« der beiden Unternehmen sind aber eher gemeinsam als interaktiver Lern- und Veränderungsprozeß auf *beiden* Seiten vorzubereiten und zu fällen, um vorhandene Globalisierungs- und Lokalisierungsvorteile optimal auszuschöpfen. PM-Praktiken haben hier eine sehr hohe Bedeutung für den Akquisitionserfolg, weil sie diese schwierigen Lernprozesse beim Käufer *und* Zielunternehmen anregen und steuern müssen.

Bei einer *multilokalen Strategie* werden in erster Linie finanzielle Ressourcenallokationsprozesse zwischen Käufer und Zielunternehmen integriert, eine Zusammenführung von »operations« oder aber auch ein Know-how-Transfer zwischen beiden Parteien ist aufgrund der Charakteristika dieses Geschäftstyps allenfalls in engen Grenzen sinnvoll. Vor allem das Controlling-System des

---

(17) Auslandsakquisitionen, bei denen keine Geschäftsverwandtschaft zwischen Käufer und Zielunternehmen vorhanden ist, werden also hier *nicht* betrachtet, da bei diesem Akquisitionstypus nur geringe Integrationsmöglichkeiten und PM-Herausforderungen bestehen.

Strategie-/Integrationsmerkmale	Globale Strategie	Hybrid-Strategie	Multilokale Strategie
Marktausrichtung	Produkte/Prozesse mit Blick auf den Weltmarkt bei seltener/stark begrenzter regionaler Produktanpassung	Produkte/Prozesse mit Blick auf den Weltmarkt bei gelegentlicher/begrenzter regionaler Produktanpassung	Produkte/Prozesse mit Blick auf nationale Märkte bei regelmäßiger/umfassender regionaler Produktdifferenzierung
Globalisierungsvorteile	Hoch	Hoch	Niedrig
Lokalisierungsvorteile	Niedrig	Hoch	Hoch
	⇩	⇩	⇩
	Integration von Auslandsakquisitionen		
Bedeutungsrangreihe von Integrationsschwerpunkten	1) Operations 2) Management/ Fachexperten 3) Finanzmittel/ Controlling	1) Management/ Fachexperten 2) Operations 3) Finanzmittel/ Controlling	1) Finanzmittel/ Controlling 2) Management/ Fachexperten 3) Operations
Ausmaß akquisitionsbedingter Veränderungen beim			
- Zielunternehmen	Sehr hoch	Hoch	Mittel
- Käuferunternehmen	Niedrig	Mittel	Sehr niedrig
Zentralisation von Integrationsentscheidungen	Hoch	Mittel	Gering
Bedeutung des Personalmanagements für eine erfolgreiche Akquisitionsintegration	Hoch	Sehr hoch	Mittel

Abb. 5: Grundtypen von Internationalisierungsstrategien und strategieadäquate Integration von Auslandsakquisitionen

Zielunternehmens muß den Vorgaben des Käufers entsprechend angepaßt werden, ansonsten sind eher begrenzte Veränderungen beim Zielunternehmen erforderlich. Das akquirierte Management kann über Integrationsmaßnahmen weitgehend eigenständig »vor Ort« entscheiden. Aufgrund des mäßigen Veränderungsgrades im Zuge der Akquisitionsintegration bei einer multilokalen Strategie haben PM-Praktiken lediglich eine mittlere Relevanz für den Akquisitionserfolg.

Die skizzierten idealtypischen Basismerkmale einer internationalisierungsstrategieadäquaten Integration von Auslandsakquisitionen haben direkte Implikationen für die Bedeutung und Gestaltung verschiedener Aufgaben des PM im Vorfeld einer Auslandsakquisition (s. Kap. 7.1.3.2) und nach dem formalen Vollzugsdatum der Übernahme (s. Kap. 7.1.3.3).

7.1.3.2 Strategieadäquates Personalmanagement im Vorfeld einer Auslandsakquisition

Zwar findet man in der Wirtschaftspresse[18] immer wieder Bekenntnisse zur Bedeutung des Faktors Personal für den Erfolg von (Auslands-)Akquisitionen. Im Widerspruch zu diesen Ausführungen belegen empirische Studien[19] dagegen, daß in der Praxis Mitarbeiter der Fachabteilung für PM in akquisitionsvorbereitende Analysen des Zielunternehmens und in den Verhandlungsprozeß zwischen Vertretern des Käufers und des Zielunternehmens kaum miteinbezogen werden. Um dieses Beteiligungsdefizit zu beseitigen und eine Grundvoraussetzung für eine Ausrichtung von PM-Praktiken an der Internationalisierungsstrategie des Käufers zu erfüllen, ist es erforderlich, bereits bei der Planung einer Auslandsakquisition ein Übernahme-Projektteam zu bilden, dem auch leitende Mitarbeiter aus der Personal-Fachfunktion des Käufers als ständige Mitglieder angehören. Im Vorfeld einer Auslandsakquisition haben die Personalexperten vor allem drei Aufgabenbereiche hauptverantwortlich abzudecken:

— Vorbereitung des Käufer-Verhandlungsteams im Hinblick auf Wissens- und Verhaltenserfordernisse, die sich aus dem grenzüberschreitenden Charakter einer möglichen Transaktion ergeben.

— Analyse von Personalressourcen und -managementpraktiken des Zielunternehmens.

— Vorbereitung von PM-Aktivitäten für die Zeit *nach* einer Übernahme.

Während die beiden zuletzt genannten Aufgabenblöcke generell bei Akquisitionen anfallen, ist der erste Block speziell nur bei Auslandsakquisitionen relevant. Zwar existiert zu allen drei Aufgabenfeldern einschlägige Spezialliteratur[20], diese berücksichtigt aber nicht, daß die Bedeutung der zu den Blöcken jeweils gehörenden PM-Teilaufgaben in Abhängigkeit von der Internationalisierungsstrategie, die einer Auslandsakquisition zugrundeliegt, merklich variiert. Daher enthält Abb. 6 einen Überblick über die Bedeutung von PM-Praktiken bei drei unterschiedlichen Internationalisierungsstrategien. Aus Raumgründen kann auf die in Abb. 6 postulierte(n) Bedeutung(sunterschiede) von PM-Praktiken bei verschiedenen Internationalisierungsstrategien nur selektiv und rudimentär anhand von drei Beispielen eingegangen werden:

— So ist die Sensibilisierung des Käufer-Verhandlungsteams für soziale Kosten unterschiedlicher Integrationsziele und wahrscheinliche personale Widerstände bei der Realisierung von Synergiepotentialen bei Auslandsakquisitio-

---

(18) S. z. B. Scherer, Fremdübernahme, 1989 sowie Gösche, Ein integratives Management aufbauen, 1990.

(19) Vgl. Hunt et al., Acquisition, 1987, S. 30; Groves-Raines/Bryant, Better Human Resource Planning, 1988, S. 37 sowie Schweiger/Weber, Managing Human Resources, 1989, S. 70, 77, 85.

(20) Vgl. z. B. zur Personalressourcenanalyse im Akquisitionsvorfeld Sturges, Merger Madness, 1989; Groves-Raines/Bryant, Better Human Resource Planning, 1988, Manzini/Gridley, Human Resource Planning, 1986 oder zur Vorbereitung von Führungskräften auf Auslandsentsendungen Roessel, Führungskräfte-Transfer, 1988 sowie Tung, Expatriate Assignments, 1987.

Aufgabenbereiche des Personalmanagement	Wichtigkeitsgrad
	Unwichtig .... Sehr wichtig

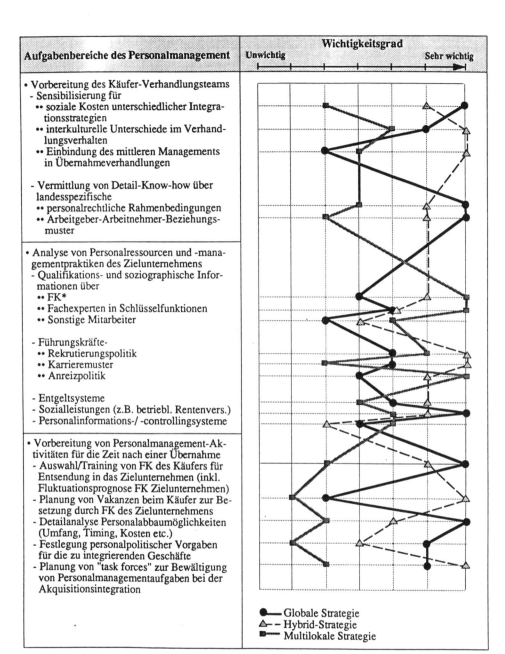

• Vorbereitung des Käufer-Verhandlungsteams
- Sensibilisierung für
•• soziale Kosten unterschiedlicher Integrationsstrategien
•• interkulturelle Unterschiede im Verhandlungsverhalten
•• Einbindung des mittleren Managements in Übernahmeverhandlungen

- Vermittlung von Detail-Know-how über landesspezifische
•• personalrechtliche Rahmenbedingungen
•• Arbeitgeber-Arbeitnehmer-Beziehungsmuster

• Analyse von Personalressourcen und -managementpraktiken des Zielunternehmens
- Qualifikations- und soziographische Informationen über
•• FK*
•• Fachexperten in Schlüsselfunktionen
•• Sonstige Mitarbeiter

- Führungskräfte-
•• Rekrutierungspolitik
•• Karrieremuster
•• Anreizpolitik

- Entgeltsysteme
- Sozialleistungen (z.B. betriebl. Rentenvers.)
- Personalinformations-/ -controllingsysteme

• Vorbereitung von Personalmanagement-Aktivitäten für die Zeit nach einer Übernahme
- Auswahl/Training von FK des Käufers für Entsendung in das Zielunternehmen (inkl. Fluktuationsprognose FK Zielunternehmen)
- Planung von Vakanzen beim Käufer zur Besetzung durch FK des Zielunternehmens
- Detailanalyse Personalabbaumöglichkeiten (Umfang, Timing, Kosten etc.)
- Festlegung personalpolitischer Vorgaben für die zu integrierenden Geschäfte
- Planung von "task forces" zur Bewältigung von Personalmanagementaufgaben bei der Akquisitionsintegration

●——— Globale Strategie
△– – Hybrid-Strategie
■······ Multilokale Strategie

* FK=Führungskräfte

Abb. 6: Idealtypische Bedeutung von Personalmanagementpraktiken im Vorfeld einer Auslandsakquisition bei unterschiedlichen Internationalisierungsstrategien

nen im Rahmen einer globalen Strategie besonders wichtig, da ansonsten eine hohe Anpassungsfähigkeit und -bereitschaft der Mitarbeiter im Zielunternehmen von der Strategie einfach als gegeben angenommen wird, wenn es um die Erreichung der Akquisitionsziele geht.

– Die Beurteilung von Führungskräften und Fachexperten des Zielunternehmens durch Analyse von Qualifikations- und soziographischen Informationen ist bei einer multilokalen Strategie besonders wichtig, weil diese Mitarbeitergruppe auch nach einer Übernahme eine an lokale Besonderheiten angepaßte, exzellente Geschäftsführung sicherzustellen haben. Bei Auslandsakquisitionen in globalen Geschäften hingegen sind derartige Qualifikationsanalysen für Führungskräfte vergleichsweise etwas weniger wichtig, da auch Führungskräfte des Käufers typischerweise in einem weltweit homogenen Geschäft über das erforderliche Produkt-Markt-Know-how zur Führung des Zielunternehmens verfügen.

– Die Planung der Bereitstellung von Stellen im Stammhaus, auf die Führungskräfte des Zielunternehmens nach einer Übernahme versetzt werden können, ist bei Auslandsakquisitionen im Rahmen einer Hybrid-Strategie von hoher Wichtigkeit, hingegen bei Übernahmen in multilokalen oder globalen Geschäften weniger wichtig. Eine Hybrid-Strategie verlangt nämlich, daß Spezialkenntnisse aus einem ausländischen Zielunternehmen auch im Stammhaus bei der Rahmenplanung genutzt werden. Eine solche Nutzung wird durch Führungskräfte-Versetzungen aus dem Ziel- in das Käuferunternehmen erleichtert. Bei einer globalen Strategie müssen dagegen genügend Führungskräfte des Käufers schon vor der Akquisition auf eine Entsendung in das Zielunternehmen z.B. durch interkulturelle Verhaltenstrainings vorbereitet werden, um die Wahrscheinlichkeit zu erhöhen, daß sie nach der Übernahme in Positionen im Zielunternehmen ein weltweit konsistentes Geschäftsmanagement im Sinne des Käufers erfolgreich umzusetzen vermögen.

7.1.3.3 Strategieadäquates Personalmanagement nach der formalen Übernahme

Aufbauend auf den PM-Aktivitätsschwerpunkten im Vorfeld einer Auslandsakquisition haben PM-Praktiken nach dem formalen Vertragsabschluß und Eigentümerwechsel eine Integration des Akquisitionsobjekts zu unterstützen, die der zugrundeliegenden Internationalisierungsstrategie angemessen ist. Abb. 7 skizziert mit verschiedenen Internationalisierungsstrategien konsistente PM-Praktiken zur Integration von Auslandsakquisitionen. Da zu den in Abb. 7 angeführten PM-Aufgabenbereichen wiederum i.d.R. Spezialliteratur[21] vorliegt, werden hier nicht zuletzt auch aus Gründen der Platzbeschränkung nur kurz PM-Praktiken zur Integration von Akquisitionen in *globalen* Geschäften

---

(21) Vgl. z.B. zur Abstimmung von Entgeltsystemen Baus, Benefit Design, 1983 oder zur Informationspolitik Napier et al., Communication During a Merger, 1989 sowie Schweiger/De Nisi, Effects of Communication. S. weiter die Arbeiten, die in den in Fußnote 7 zitierten Quellen aufgeführt werden.

Aufgabenbereiche des Personalmanagement	Globale Strategie	Hybrid-Strategie	Multilokale Strategie
• Mitgliedschaft von Experten aus Personalabteilung im Integrationssteam	Sehr wichtig	Wichtig	Weniger wichtig
• Versetzungen von - Käufer-FK* in das Zielunternehmen - Zielunternehmens-FK zum Käufer	Sehr häufig Selten	Häufig Häufig	Selten Sehr selten
• Trainings-/Personalentwicklungsmaßnahmen -breites Kennenlernen obere u. mittlere FK - interkulturelles FK-Verhaltenstraining - Vermittlung von Fachwissen über Produkte/Prozesse des Akquisitionspartners	Wichtig Wichtig, vor allem obere FK Weniger wichtig	Sehr wichtig Sehr wichtig, obere und mittlere FK Sehr wichtig	Weniger wichtig Wichtig nur für ausgewählte obere FK Wichtig
• Personalabbaumaßnahmen	Sehr wichtig, zentralisierte, globale Planung	(Weniger) wichtig, lokale Planung	Unwichtig
• Information der Mitarbeiter im akquirierten Unternehmen	Häufig über begrenzten Zeitraum mit zahlreichen Medien; Schwerpunkt: Führungskräfte, mittlerer Detailgrad	Sehr häufig über längeren Zeitraum mit zahlreichen Medien; Schwerpunkt: alle Mitarbeiter, hoher Detailgrad	Persönliche Ansprache in wenigen, zentralen Veranstaltungen; Schwerpunkt: Führungskräfte, niedriger Detailgrad
• Entgeltsysteme für Führungskräfte	Weltweit einheitliche Gehaltsstufen; Leistungshonorierung gemäß internationalem Unternehmenserfolg (starke Anpassung)	Weltweit ähnliche, kompatible Gehaltsstufen; Leistungshonorierung gemäß nationalem und internationalem Unternehmenserfolg (mittlere Anpassung)	International z.gr.T. nicht einheitliche Gehaltsstufen; Leistungshonorierung primär gemäß nationalem Unternehmenserfolg (schwache Anpassung)
• Karrieremanagement für Führungskräfte	Konzernweite internationale Erfahrung als wichtiges Aufstiegskriterium; Top-down-Planung der Karrierepfade und Nachfolgeregelungen für obere FK (langfristig, stark formalisiert)	Konzernweite internationale Erfahrung als sehr wichtiges Aufstiegskriterium; länderübergreifende Planung der Nachwuchsrekrutierung, Karrierepfade und Nachfolgeregelungen für obere/mittlere FK im Gegenstromverfahren (mittelfristig, mäßig formalisiert)	Aufstieg innerhalb eines Konzernunternehmens; internationale Erfahrung keine wichtige Aufstiegsvoraussetzung; nationale Nachwuchsrekrutierung und Nachfolgeregelungen (langfristig, mäßig formalisiert)
• Länderübergreifende projektorientierte Zusammenarbeit	Gelegentlich	Häufig	Selten

* Führungskräfte

Abb. 7: Idealtypische Personalmanagementpraktiken zur Integration von Auslandsakquisitionen bei unterschiedlichen Internationalisierungsstrategien

kommentiert, die ein am Weltmarkt orientiertes, integriertes Vorgehen erfordern. Ein diesem Geschäftstyp gerecht werdendes Integrations-/Personalmanagement ist idealtypischerweise gekennzeichnet durch (s. Abb. 7):

- eine Versetzung zahlreicher Führungskräfte aus dem Käufer- un das Zielunternehmen direkt nach der Übernahme (»Einbahnstraßen-Transferpolitik« im Gegensatz zu einer »Zweibahnstraßen-Transferpolitik« bei einer Akquisition in Hybrid-Geschäften).
- vor allem auf obere und mittlere Führungskräfte zugeschnittene Trainingsprogramme zur Verbesserung der sozioemotionalen Grundlagen einer grenzüberschreitenden Zusammenarbeit; die Vermittlung von Fachwissen über Produkte/Prozesse der Akquisitionspartner hat dagegen aufgrund des weltweit ähnlichen Produkt-Markt-Feldes einen vergleichsweise niedrigen Wichtigkeitsgrad; länderübergreifende projektorientierte Zusammenarbeit wird gelegentlich nach der Übernahme realisiert, um Fachfragen bei der »operations«-Integration zu klären.
- eine zentralisierte Planung und Verfolgung von Personalabbaumaßnahmen im Zuge der Konsolidierung der Wertschöpfungsaktivitäten beider Transaktionspartner verbunden mit einer frühzeitigen realistischen Information der Führungskräfte und Mitarbeiter über geplante Veränderungen.
- eine an Maßstäben des internationalen Unternehmenserfolgs ausgerichtete Leistungshonorierung von Führungskräften auf der Basis weltweit vergleichbarer Gehaltsstufen; für Nicht-Führungskräfte ist dagegen auch bei Akquisitionen in globalen Geschäften eine Angleichung der Entgeltsysteme beider Unternehmen zumeist *nicht* sinnvoll (Verlust komparativer Kostenvorteile) und auch nicht notwendig (kaum internationale Transfers bei Nicht-Führungskräften).
- eine Betonung internationaler Erfahrung in verschiedenen Konzernunternehmen als Kriterium bei der unternehmensinternen Auswahl von Bewerbern für Top-Management-Positionen im Käufer-Unternehmen; durch dieses Karrieremanagement wird für Führungskräfte des Käufers ein Anreiz geschaffen, Positionen in akquirierten Auslandsunternehmen zu übernehmen.

Die bisher in Kap. 7.1.3. vorgestellten Überlegungen sind u. a. deshalb stark vereinfachend, weil sie unterstellen, daß PM-Praktiken zur Integration von Auslandsakquisitionen ausschließlich auf die Internationalisierungsstrategie des Käufers abzustimmen sind. Natürlich hängt aber die Angemessenheit von PM-Praktiken bei Auslandsakquisitionen in unterschiedlichen Geschäftstypen und letztlich z. T. auch die Angemessenheit einer vom Käufer verfolgten Internationalisierungsstrategie noch von weiteren wesentlichen Kontingenzfaktoren ab. Auf drei m. E. besonders bedeutsame Randbedingungen soll daher anschließend hingewiesen werden.

7.1.3.4 Wichtige Randbedingungen bei der strategieadäquaten Ausrichtung des Personalmanagements

Bei den o. a. Vorschlägen zu PM-Praktiken bei unterschiedlichen Internationalisierungsstrategien in den Abb. 6 und 7 sind folgende Randbedingungen zu beachten, die – je nach Ausprägung – Abweichungen von den skizzierten, idealtypischen PM-Profilen erforderlich machen:

– *Unterschiede zwischen den nationalen Kulturen der Transaktionspartner:* Die Bedeutung von Unternehmenskulturunterschieden[22] für die Ausrichtung und den Erfolg von Maßnahmen zur Integration von Käufer- und Zielunternehmen zu betonen, ist mittlerweile schon fast zur Pflichtübung von Autoren geworden, die sich mit Fragen des Akquisitionsmanagements beschäftigen. Vielfach in den Hintergrund getreten ist dabei die Tatsache, daß auch bei angeglichener *Unternehmenskultur* in den weltweit verstreuten Geschäften eines Konzerns wesentliche Unterschiede hinsichtlich der in den *Herkunftsnationen* jeweils geteilten Werte, Normen und stillschweigenden Annahmen bestehen können (s. a. oben Fußnote 4). Je stärker nun die nationalen Kulturen der Akquisitionspartner voneinander abweichen, desto schwieriger wird es – ceteris paribus – die personalen Veränderungen im Zielunternehmen durchzusetzen, die Voraussetzung für eine erfolgreiche Realisierung einer globalen oder Hybrid-Strategie sind. Wird eine Auslandsakquisition zur Umsetzung einer globalen Strategie anvisiert und bestehen zugleich große Nationalkulturunterschiede zwischen den potentiellen Akquisitionspartnern, dann ist folglich besonders kritisch zu prüfen, ob die PM-Voraussetzungen für eine Erreichung der strategischen Akquisitionsziele erfüllt werden können bzw. ob die Übernahme auch bei einer modifizierten Internationalisierungsstrategie sinnvoll erscheint. Die Fachexperten für PM sollten gerade in einer solchen Situation die Rolle eines »advocatus diaboli« einnehmen, der vermeintliche globale Synergiepotentiale aus Personalsicht kritisch hinterfragt.

– *Räumlich-geographische Distanz der Akquisitionspartner:* Je größer die räumlich-geographische Distanz zwischen Käufer- und Zielunternehmen ausfällt, desto schwieriger ist die Integration der beteiligten Unternehmen zu realisieren. Entsprechend kommt integrationsfördernden PM-Praktiken bei hoher räumlicher Distanz ungeachtet der im Einzelfall verfolgten Internationalisierungsstrategie *generell* höhere Relevanz zu. Zu beachten ist, daß räumliche und nationalkulturelle Distanz zwar positiv miteinander korreliert sind, keineswegs aber in einem deterministischen Abhängigkeitsverhältnis stehen.

– *Rolle des übernommenen Unternehmens im Konzernverbund:* Bei hoher strategischer Bedeutung des Marktes, der vom akquirierten Unternehmen abgedeckt wird, und bei hoher Kompetenz des akquirierten Managements kann es bei Käufern, die in mehreren Geschäften tätig sind, oft sinnvoll sein, den übernommenen Unternehmen im Konzernverbund die Rolle eines »lead centers« in einem Geschäft zuzuweisen[23]. So übernahm etwa das Zielunterneh-

---

(22) Diese Unterschiede sind erfaßbar über Proxy-Größen wie Entscheidungsinstanzen und -prozesse, Nationalität der Top Manager, Struktur der Unternehmenseigentümer, Leistungsorientierung der Entgeltvergabe, Rang der Arbeit im Wertesystem der Mitarbeiter, typische Karrierepfade der Führungskräfte; s. für viele Buono/Bowditch, Human Side, 1989 sowie Wächter, Personalwirtschaftliche Voraussetzungen, 1990.

(23) Vgl. Welge, Globales Management, 1990, S. 7 f.; Meffert, Globalisierungsstrategien, 1989, S. 453, 460; Rall, Organisation für den Weltmarkt, 1989, S. 1084.

men Celanese Corporation nach seiner Akquisition durch Hoechst eine solche Rolle für das Reifencord-Geschäft. Mit der Übertragung einer derartigen Rolle auf das übernommene Unternehmen ändern sich natürlich auch traditionelle Integrationsstoßrichtungen, insbesondere bei globalen Strategien: PM-Maßnahmen haben hier vielfach nicht einfach eine Anpassung des Zielan das Käuferunternehmen sicherzustellen, sondern sind umgekehrt auch so anzulegen, daß notwendige Veränderungsprozesse in Geschäftseinheiten des Käufers initiiert werden.

7.1.4 Epilog

Auslandsakquisitionen können als wichtiges Mittel zur Umsetzung von Internationalisierungsstrategien beitragen. Eine häufig nicht ausreichend beachtete Voraussetzung für einen positiven Umsetzungsbeitrag ist die konsequente Ausrichtung von PM-Praktiken zur Integration von Auslandsakquisitionen an der geschäftsspezifischen Internationalisierungsstrategie des Käufers. Der vorliegende Beitrag skizzierte Vorstellungen zur Bedeutung und Gestaltung von PM-Praktiken bei der strategieadäquaten Integration von Auslandsakquisitionen. Erweiterungen/Verfeinerungen der Überlegungen z.B. in Richtung auf Akquisitionen, bei denen ein in ganz verschiedenen Geschäften tätiges Zielunternehmen von einem Käufer übernommen wird, der ebenfalls in diesen unterschiedlichen Geschäften tätig ist (Beispiel: Akquisition von Plessey durch Siemens), sind möglich und sinnvoll.

Inwieweit eine strategieadäquate Ausrichtung des PM bei (Auslands-)Akquisitionen realisiert werden kann, hängt aber *generell* von der Position ab, die die Personalwirtschaft im Käuferunternehmen innehat[24]: Unternehmen, in denen eine strategisch orientierte Betrachtungsweise im Hinblick auf das Management von »Humanressourcen« bereits auf allen Führungsebenen etabliert ist, sind eher in der Lage, PM-Praktiken bei Auslandsakquisitionen und Internationalisierungsstrategien systematisch aufeinander abzustimmen. Bevor risikoreiche Auslandsakquisitionen unternommen werden, empfiehlt es sich daher, zunächst die Leistungsfähigkeit des PM im eigenen Unternehmen kritisch zu prüfen.

---

(24) S.a. Manzini/Gridley, Human Resource Planning, 1986, S. 53.

Günter Müller-Stewens

7.2. Organisationspsychologische Aspekte bei der Integration von Unternehmensakquisitionen*

---

* Dieser Artikel baut auf einer früheren Veröffentlichung auf; vgl. Müller-Stewens, G.: Problemfelder bei Mergers & Acquisitions, 1991.

Ende 1989 gab es die wohl größte innerdeutsche Unternehmenstransaktion in der Geschichte der Bundesrepublik: die Übernahme der Mehrheit an der Messerschmitt-Bölkow-Blohm GmbH (MBB) durch die Daimler Benz AG für etwa 1,7 Mrd DM. Durch die dafür notwendig gewordene Ministererlaubnis (mit Auflagen) erlangte das Thema M&A öffentliche Aufmerksamkeit.

Diese Übernahme stellt aber nur einen Meilenstein in der Restrukturierung der Daimler Benz AG vom »schwäbischen Limousinenbauer« zum »internationalen Technologiekonzern« dar. So wurden durch den Konzern (inkl. seiner Tochtergesellschaften) seit Anfang 1988 bis heute über 150 weitere Übernahmen abgewickelt, Kooperationen eingegangen oder Strategische Allianzen geschlossen. Zuletzt war es die mit dem größten Unternehmen der Welt, Mitsubishi, vereinbarte Partnerschaft, die Aufsehen erregte oder die Zusammenarbeit der Daimler-Enkelin MTU mit Pratt & Whitney im Triebwerkbau.

Damit ist eine der wohl größten unternehmerischen Herausforderungen unserer Zeit angesprochen: die Koordination und Integration des Daimler-Benz-Konzerns, genauer: seiner neuen Beteiligungsgesellschaften und Kooperationspartner.

7.2.1 Mergers & Acquisitions: Mehr ein organisatorisches als ein finanzwirtschaftliches Problem?

Gewichtet man die bei M&A-Aktivitäten relevanten Probleme nach dem Umfang der zu ihnen vorhandenen Literatur aus Wissenschaft und Unternehmenspraxis, so könnte leicht der Eindruck entstehen, daß der Schlüssel zum Erfolg in den Bereichen Recht, Steuern oder Finanzen zu suchen sei[1]. Dieser Eindruck wird auch größtenteils bei Betrachtung der fachlichen Zusammensetzung und des politischen Einflusses der M&A-Teams in den Unternehmen, die die Transaktionen abwickeln, bestätigt.

Auf Seiten der Betriebswirtschaftslehre dominiert insbesondere die Literatur zu Fragen der *Unternehmensbewertung*[2]. Bewertungsergebnisse und darauf – vielleicht – aufbauende Preisfindungsprozeduren operieren jedoch größtenteils mit den operativen Wirkungsgrößen unternehmerischen Handelns. Erfolg und Mißerfolg werden aber über Ursachengrößen, den strategischen Erfolgspotentialen der betroffenen Unternehmen, entschieden. Das Geschick der organisatorischen Handhabung dieser Erfolgspotentiale insbesondere in der Integrationsphase der Akquisition mag vielleicht eine der zentralen Erfolgsgrößen bei Unternehmensübernahmen sein.

Die rationalisierende Rechtfertigung und Bewertung der MBB-Übernahme erfolgte – zumindest gegenüber der Öffentlichkeit – u. a. auf der Basis realisierbarer Synergien im Falle des Zusammengehens: Effizienzgewinne rechnet man sich durch die umfassendere Nutzung des bei MBB vorhandenen Ingenieur-Know-hows im Luft- und Raumfahrtbereich aus. Dieses Know how ist sicherlich auch grundsätzlich vorhanden. Die Frage ist aber, ob es gelingen wird,

---

(1) Auch auf der Beratungsseite haben deutlich die Corporate Finance Experten das Übergewicht.
(2) Vgl. hierzu z. B. Sieben/Sielaff, Unternehmensakquisition, 1989.

dieses Know-how in der gewünschten Form zur Entfaltung zu bringen oder ob dies durch »innere Emigrationen«, Identifikationsverluste mit dem Unternehmen, Abwanderungen oder ähnliche organisatorische Dysfunktionalitäten verhindert wird.

Daß Grund zu einer Überdenkung des bisherigen Verhaltens bei Übernahmeprozessen besteht, zeigen die hohen Mißerfolgsquoten derartiger Prozesse[3]. Man vergleiche dazu die Übersicht über eine Reihe von Studien in Abb. 1. Die empirische Relevanz der Problemstellung geht aus dem historischen Hoch der Aktivitäten am Markt für Unternehmenskontrolle hervor[4].

Natürlich ist der Weg von der vereinbarten Diversifikationsstrategie bis hin zu ihrer erfolgreichen Umsetzung weit. Sie verlangt normalerweise nicht nur beim übernommenen Unternehmen ein hohes Maß an Veränderungsbereitschaft, sondern auch beim Käuferunternehmen, was von diesem – als »Sieger in der Übernahmeschlacht« – allerdings nur sehr ungern zur Kenntnis genommen wird.

Studie / Merkmal	Kitching (1967)	Kitching (1974)	Möller (1983)	Porter (1987)	Coley/Reinton (1988)	Hoffmann (1989)
Stichprobe	69 (durch 22 Unt.)	145	100	2021 (durch 33 Unt.)	116	80 (beantw. Bögen)
Land / Untersuchungszeitraum	USA 1960-1965	GB 1965-1972	BRD 1967-1981	USA 1950-1986	GB + USA 1970-1985	BRD 1960-1987
Erhebungsmethode	Interviews mit Führungskräften	Interviews mit Führungskräften	Interviews mit Führungskräften und Auswertung von Publikationen	Schriftliche Befragung (Fragebögen)	Schriftliche Befragung (Fragebögen)	Schriftliche Befragung (Fragebögen)
Erfolgs-/Mißerfolgsindikator	qualitative Einschätzung durch das Mangement sowie eigene Untersuchungen	qualitative Einschätzung durch das Mangement sowie eigene Untersuchungen	qualitative Einschätzung durch das Mangement sowie eigene Untersuchungen	Desinvestitionsquoten	Desinvestitionsquoten oder Erwirtschaftung der eingesetzten Kapitalkosten etc.	Desinvestitionsquoten
Erfolgs-, Teilerfolgs-, und Mißerfolgsquote	28% / 72%	17% / 30% / 53%	38% / 26% / 36%	53% / 47%	61% / 16% / 23%	20% / 80%

Erfolgreiche Transaktion   Teilweise erfolgreiche Transaktion ('not worth repeating')   Mißerfolg

Abb. 1: Empirische Untersuchungen zum Erfolg von M&A

Deutlich wird dies bei den Problemen, die innerhalb des Managements des ursprünglichen Kernunternehmens bei Daimler auftreten. Angeblich »rumort es in der Belegschaft«. Dazu Reuter: »Wir haben zum Beispiel jetzt beschlossen, in Berlin ein Grundstück zu kaufen. Natürlich gibt es einige Mitarbeiter im

---

(3) Vgl. Schein, Mergers and Acquisitions, 1990, zur Unterscheidung von nur vorgehaltenen und tatsächlichen Erfolgskriterien der Entscheidungsträger.
(4) Seit 1989 hat man es etwa mit 3000 Transaktionen unter deutscher Beteiligung pro Jahr zu tun. Man vgl. dazu die Berichterstattung in der Zeitschrift *M&A Review*.

Hause, die sich sagen, es könnte ja sein, daß ich meinen Arbeitssitz von Posemuckel nach Berlin verlegen muß. Das ist verständlich... Es ist doch gut, daß in einer solchen Zeit ein Konzern sich auf den Weg macht und Unruhe akzeptiert. Ein Unternehmen braucht im gegenwärtigen gesellschaftlichen Umfeld in sich produktive Unruhe.« Natürlich gab und gibt es bei Daimler auch grundsätzliche Gewissensprobleme bei einigen Mitarbeitern: So kamen z. B. Bedenken auf, daß man als »Mercedes-Mann« nun auf einmal in einem Rüstungskonzern zu arbeiten hätte.

Zusammenfassend läßt sich nun folgende *Ausgangsthese* formulieren: Produktive Unruhe bzw. Turnaround-Management lösen bei Mitarbeitern immer Streßerscheinungen aus, egal ob die Veränderungen für den Einzelnen Chancen oder Bedrohungen darstellen. Unternehmensübernahmen können somit starken Einfluß auf die Mitglieder einer Organisation (und ihren Familien) sowie auf das Zusammenwirken dieser Mitglieder in der Organisation ausüben. Sie können die Struktur, die Systeme, die Prozesse und die Kultur des Target-Unternehmens oder meist sogar beider Unternehmen einschneidend verändern. Dies kann Frustrationen, »innere Emigration«, Aggressionen, Krankheiten usw. auf der *individuellen Ebene* auslösen. Auf der *Ebene der Organisation* kann dies zu Dysfunktionen, Machtkämpfen, Abwanderungen, Reorganisationen usw. führen. Soll das »Management of Change« gelingen, verlangt dies, diese Streßfaktoren weitestgehend in den Griff zu bekommen, sie zu kanalisieren. Deshalb erscheint bei solchen Veränderungsprozessen der oft gehörte Hinweis darauf, daß alles doch nur Vorteile für alle bringe, zur Stabilisierung der Prozesse alles andere als ausreichend zu sein.

7.2.2 Übernahmen als »Streßfaktor«: Verhaltensspezifika auf individueller Ebene

Chris Donahue, 38 Jahre alt, ist Chef-Volkswirt bei Heublein Inc., einem amerikanischen Spirituosenhersteller. 1982 übernimmt der Tabakkonzern R. J. Reynolds 52% der Heublein-Aktien für 1,4 Mrd. US-\$. Zuerst wird Chris eine Position in der RJR-Zentrale versprochen. Eine Woche später erhält er die Kündigung. Daraufhin erhängt er sich im Keller seines Hauses. Er hinterläßt seiner Frau folgenden Abschiedsbrief:

»Ich weiß, daß Du denken wirst, daß ich versagt habe. Vielleicht habe ich es auch. Ich glaube nicht, die Kraft zu haben, all die Sorgen durchzustehen, die nun auf uns zukommen.

Ich arbeitete 18 Jahre für Heublein und gab alles was ich hatte. Schau, nun hat man mich auf die Straße gesetzt. Da gibt es keine Loyalität, kein Mitleid.

Nach der Akquisition konnten wir nichts tun, ohne daß uns gesagt wurde, daß unsere Methoden überaltet seien und daß wir uns anzupassen hätten, die Dinge so zu tun, wie es die neue Muttergesellschaft für richtig findet. Wenn ich mich darüber beschwerte, wurde mir klar gemacht, daß die, die zu laut aufbegehren, ihren Job gefährden. Die Moral des Managements war am Boden zerstört und meine besten Mitarbeiter begannen das Unternehmen zu verlassen. Ich war kurz davor, ihnen zu folgen.

Die Gerüchteküche stand niemals still. Wenn ich zur Arbeit ging, spekulierte ich darüber, was wohl wieder als nächstes kommen wird. Warum? Ich hatte keine Kontrolle über die Zuverlässigkeit dessen, was ich über den Gang der Ereignisse so hörte. Dann wurden die Gerüchte Wirklichkeit. Zuerst wurde die Buchhaltung, dann das Marketing und dann wir gefeuert. Die ganze Folge der Ereignisse machte mich krank. Ich fühle mich apathisch und so sind auch meine Karriere- und Lebenspläne.«

Nach der Fusion mit Nabisco konzentriert sich RJR wieder auf »Tabak und Nahrungsmittel«. 1985 wird Heublein Inc. wieder verkauft[5].

Auch wenn die Konsequenzen für die Betroffenen meist nicht so extrem sind wie im geschilderten Fall, so sind sie doch normalerweise als erheblich einzustufen:

— Die Nixdorf-Mitarbeiter mußten nach der Siemens-Übernahme mit der Aussage des Nixdorf-Vorstandes leben, daß 5000 Arbeitsplätze abgebaut werden sollten.
— Sir John Egan, Chairman der Jaguar Plc., wurde im Juni durch William Hayden, vormals Vizepräsident bei Ford of Europe, abgelöst. Ford hatte einige Monate zuvor Jaguar gekauft.
— Der Vorstand der Zanders Feinpapiere AG hat angeblich Anfang 1990 aus der Zeitung von dem Verkauf des Unternehmens durch die Eigentümerfamilie an die International Paper Co. erfahren.
— Die Gebrüder Holy haben bis zur letzten Minute den Verkauf der Hugo Boss AG zum Jahresende 1989 an den japanischen Bekleidungshersteller Leyton House dementiert. Monate davor wurde schon über einen möglichen Verkauf spekuliert.

Bei einigen dieser Vorgänge bleibt den Handelnden oft keine andere Wahl. Die Gebrüder Holy konnten – z. B. aus Gründen der Entwicklung des Aktienkurses – wohl kaum etwas anderes tun, als zu dementieren. Deshalb ist es zur Kanalisierung der durch die Gerüchte entstandenen Ängste ziemlich wenig nützlich, die potentiellen Verkäufer oder Käufer selbst zu befragen.

Oft zeigen die Handelnden allerdings wenig Kenntnis von Prozessen der Organisationsentwicklung. Es fehlt ihnen an Einfühlungsvermögen. Die Komplexität der psychologischen Probleme (»emotional underworld«) wird völlig verkannt oder unterschätzt. Typisch ist z. B. das – auch in dem Abschiedsbrief angesprochene – Phänomen, daß der Käufer dem Target das Gefühl gibt, daß all sein Tun (Methoden, Führungssysteme, Führungsstil, Produkte usw.) anachronistisch und unnütz sei. Man betrachte hier nur das polternde Auftreten vieler bundesdeutscher Unternehmen in der Ex-DDR[6]. Es wird einfach vergessen, daß es ja Gründe gab, warum man das Unternehmen kaufte oder mit ihm ein

---

(5) Übersetzt in Anlehnung an Buono/Bowditch, Human Side, 1989.
(6) Der Dozent eines Ex-DDR-Seminars, welches ich dieser Tage besuchte, startete mit folgender Aufgabenstellung an seine Zuhörer: Ausfüllen eines Fragebogens und Entwurf einer Eintrittsstrategie. Nach 40-minütiger Bearbeitungszeit sammelte er die Ergebnisse ein und zerriß sie auf der Stelle. Den empörten Teilnehmern sagte er, daß er ihnen das Gefühl geben wollte, welches Ex-DDR-Manager durch uns andauernd vermittelt bekämen: Alles was ihr tut ist unnütz! Vgl. auch Müller-Stewens/Zappei/Vanselow, Integration von Unternehmensakquisitionen in den neuen Bundesländern, 1992.

Joint Venture einging. Mangelnde Empathie zerstören aber genau die erhofften Synergienpotentiale.

Typisch ist auch, daß Personalspezialisten – wenn überhaupt – erst sehr spät zu Übernahmeprozessen hinzugezogen werden. Meist nehmen sie dann auch eher operative Aufgaben wahr. So wird ihnen z. B. nach Unterzeichnung des Letter of Intent die Feststellung der Liste der Angestellten, der Gehaltsverpflichtungen, der Pensionszusagen usw. übertragen. Hierfür stehen i. a. 60–90 Tage bis zur endgültigen Entscheidung zur Verfügung.

Natürlich ist das *Fehlen von Personalspezialisten* nicht nur auf fehlende Bereitschaft seitens der Unternehmensleitungen sondern auch auf fehlende Erfahrung und ungenügend gesichertem Wissen seitens des Personalbereichs zurückzuführen.

Mangels solchen Analysewissens besteht dann eine *Neigung zu Improvisationen* mit der Folge völlig unkalkulierbarer Verhaltensergebnisse seitens der von Übernahmen Betroffenen und einer relativen Hilflosigkeit bzgl. der bei solchen Prozessen typischen Personalprobleme. Typisch sind hier die Abnahme der Leistungsbereitschaft (»innere Emigration«), Kündigungen (normalerweise gehen zuerst die Besten), Identifikationsprobleme mit einer neuen Corporate Identity oder unproduktive Streitigkeiten auf der Führungsebene (Neuverteilung der Macht mit Dritten).

Aufbauend auf einer solchen Analyse kann es dann Aufgabe des Personalmanagements sein, den Angestellten auf die kommende Transaktion vorzubereiten, ihm zu einer realistischen Sichtweise der Situation zu verhelfen und ihn anzuleiten, seine persönliche Position in der Organisation vor dem Hintergrund der anstehenden Veränderungen zu analysieren.

Dabei sollten eine Reihe psychologischer Erkenntnisse Berücksichtigung finden[7]. Streßerscheinungen treten in allen Formen von Veränderungsprozessen auf. D. h., *daß die meisten Menschen Wandel generell fürchten*, egal ob er für sie mit positiven (Chancen) oder negativen (Bedrohungen) Begleiterscheinungen verbunden ist. Unsicherheitsgefühle kommen durch die Konfrontation mit einer neuen, unbekannten Situation auf. Zukunftsängste werden durch die Notwendigkeit zur Neuprofilierung ausgelöst.

Diese Ängste, bzw. die bei M&A ausgelösten Streßsituationen, beruhen primär auf subjektiven Einschätzungen und sind unabhängig von einer objektiv gegebenen Realität *(»merger syndrom«)*.

In diesem Zustand neigt der Betroffene zu einer stark vereinfachenden Einordnung der erhaltenen Informationen, Gerüchte, Vorhersagen, Versprechungen usw. in eine Art *»Schwarz-Weiß-Raster«*. Die Grau-Werte gehen verloren. Man zieht dann daraus seine eigenen Schlüsse zu den hypothetischen Folgewirkungen, die dann oft den Charakter von Horror-Geschichten haben. Die Akzeptanz schlechter Nachrichten nimmt enorm zu (»Man hat es ja kommen sehen!«). Von den Ereignissen und der damit meist verbundenen sehr aktiven »Gerüchteküche« geht eine paralysierende Wirkung auf die Organisation aus. Dabei sieht man sich oft nicht nur mit kalkulierbaren Ängsten konfrontiert, sondern sogar mit einer Art *Apokalypse-Stimmung*.

---

(7) Vgl. auch Buono/Bowditch, Human Side, 1989.

Stellt man sich nun die Aggregation der auf der individuellen Ebene auftretenden Probleme auf der Ebene der Organisation vor, so ist offensichtlich, daß wir es hier mit einem Problemfeld der Organisationsentwicklung zu tun haben, welches einer spezifischen Betrachtung wert ist.

7.2.3 Problemfelder auf der Ebene der Organisation: Vom Kulturschock zum organisatorischen Wandel

Mit einer Unternehmensübernahme ist immer auch ein spezieller Fall einer Organisationsentwicklung gegeben: Zwei Kulturen, die sich mehr oder minder ähnlich sind, prallen aufeinander[8]. Beim Target-Unternehmen kann normalerweise ein Bedrohungsgefühl der existierenden Kultur und Struktur oft sogar in Form eines regelrechten *organisationskulturellen Schocks* registriert werden.

Egal wie nun das gekaufte Unternehmen durch den Käufer integriert werden soll, es stellt zumindest anfangs immer ein »Artefakt« dar. Im Target-Unternehmen werden Versuche zur Bewahrung der alten Struktur und Kultur gestartet (*»Defensive Rückzugsgefechte«*). Man zeigt Widerstand gegenüber (eventuell zu erwartenden) Veränderungen. Oder aber man ignoriert nahezu gänzlich den Vorgang nach dem Motto: »Es wird sich schon nichts ändern mit dem neuen Besitzer!« Letzteres ist – sicherlich auch erfahrungsgeleitet – insbesondere bei Übernahmen von Großunternehmen zu beobachten.

Diese Haltung ist z. B. bei MBB zu beobachten, wo man aus der Beobachtung der etwa vier Jahre früher erfolgten MTU-Übernahme durch Daimler Anlaß zu dieser Einschätzung sieht. In diesen Situationen interessiert i. a. auch nur das, was mit einem selbst passiert und ganz entfernt das, was mit dem Unternehmen passiert. Je größer die Veränderungen sind, desto mehr gewinnt die individuelle Ebene an Gewicht. Dieses Gesetz gilt über alle Ebenen und wird nur durch hohe finanzielle Unabhängigkeit des Einzelnen außer Kraft gesetzt. D. h. wohl auch, daß man zuerst auf der individuellen Ebene wieder für Stabilität zu sorgen hat, bevor man wieder ein echtes Engagement für die Belange der Unternehmung erwarten kann.

Im Laufe der Zeit entwickelt das Käuferunternehmen normalerweise Vorstellungen zur Integration des Targetunternehmens. Dabei müssen verschiedene Alternativen abgewogen werden, die sich in ihrer Integrationstiefe unterscheiden[9]. Sie hängen ab vom Verhältnis zur Muttergesellschaft, vom Ausmaß an gewünschter Kulturbewahrung, vom Verwandtschaftsgrad der Geschäfte, von der regionalen Verteilung der Geschäfte usw. Bei Bewertung der Alternativen sollte nicht vergessen werden, daß es i. a. auch zu Rückkopplungen von der Target- auf die Käuferkultur kommt (»kulturelle Feedbacks«).

Je nach Überzeugungskraft der kulturellen und strukturellen Leitidee für die neue Unternehmensgruppe beginnt man sich im Target-Unternehmen nach und nach mit der neuen Realität zu konfrontieren. Die alte Struktur und Kultur

---

(8) Vgl. zum Problem des »Cultural Clush« Mirvis/Marks, Managing the Merger, 1992, Kap. 7.

(9) Vgl. zu einer Integrationstypologie Reinike, Akkulturation von Auslandsakquisitionen, 1989, S. 91 ff. Vgl. auch den am Entscheidungsprozeß orientierten, ebenfalls typologisierenden Ansatz von Haspelagh/Jemison, Managing Acquisitions, 1991.

werden Schritt für Schritt zugunsten der neuen aufgegeben. Die dazu erforderlichen Umsetzungsfähigkeiten müssen geschult werden; Die Umsetzungsbereitschaft muß durch entsprechende Anreiz- und Sanktionssysteme mobilisiert werden.

Dann sollte in großem Maße der organisatorische Wandel einsetzen. Reorganisations- und Akkulturationsprozesse sind gezielt einzuleiten und zu begleiten. Der »Fit« zwischen Strategie, Struktur und Unternehmenskultur muß neu überdacht werden. »Misfits« müssen durch gezielte Maßnahmenprogramme und Projektmanagement gesteuert werden.

Probleme sind insbesondere in den Fällen zu erwarten, wo eine hohe Integrationstiefe angestrebt wird. Dabei ist wohl kaum etwas schwieriger und langwieriger als die tiefgreifende kulturelle Transformation einer Organisation (in eine angestrebte Richtung). Auch erscheint es fast vermessen zu sein, ihr Ergebnis prognostizieren zu wollen. Hier gilt es antizipativ über eine Kulturdiagnose zu erwartende Probleme zu identifizieren.

An dieser Stelle sollte auch auf die *eigenkulturellen Kompetenzgrenzen* aufmerksam gemacht werden. Es ist i.a. nicht zu erwarten, daß erfolgreiche Firmenkulturen mit den gleichen positiven Ergebnissen übertragbar sind. Dies gilt insbesondere dann, wenn das Käufer- und das Verkäufergeschäft sich in einer unterschiedlichen Lebenszyklusphase befinden.

Das Luft- und Raumfahrtgeschäft ist ein junges Geschäft, welches gänzlich anderen Erfolgsprinzipien gehorcht als das Automobilgeschäft. Während man es bei der Raumfahrt mit immer wieder neuen Projektaufgaben zu tun hat, handelt es sich beim Automobilgeschäft um ein Großseriengeschäft mit hohen Standardisierungsanforderungen. Beides prägt sehr stark die Werthaltungen und Weltbilder der involvierten Mitarbeiter. Es wäre nun sicherlich wenig erfolgversprechend, wenn man herginge und die sicherlich sehr erfolgreiche »Mercedes-Kultur« einfach MTU, MBB usw. »überstülpen« würde. In diese Aussage mit eingeschlossen sind die bedenkenlose Übertragung der Führungssysteme, -stile, -grundsätze usw. Selbst wenn ein solches Vorhaben gelänge, würde man viele der Potentiale vernichten, die diese Akquisitionen interessant erscheinen ließen. Bestimmte Branchen/Geschäfte erfordern bestimmte Verhaltensweisen, für die wiederum bestimmte Strukturen erforderlich sind.

7.2.4 Analyse statt Paralyse: Zur kommunikativen Begleitung von Akquisitionsprozessen

Neben der Vielzahl von Möglichkeiten die personalpolitischen und organisationstheoretischen Probleme bei Übernahmeprozessen abzuschwächen, sei hier insbesondere auf die Bedeutung der Kommunikation mit den in- und externen Bezugsgruppen des Unternehmens (Stakeholder) vor und nach dem Abschluß hingewiesen[10]. Dabei sei ausdrücklich betont, daß Kommunikation auch ohne Preisgabe von Verhandlungsgeheimnissen und ohne die Mitarbeiter bewußt täuschen zu müssen, möglich und sinnvoll ist.

---

(10) Vgl. Müller-Stewens/Salecker, Kommunikation, 1991.

Läßt man *im Vorfeld* eines möglichen Vertragsabschlusses Gerüchte und Spekulationen unkommentiert und uninterpretiert, so führt dies i. a. zu erheblichen Irritierungen und übereilten Handlungen beim Management und den Mitarbeitern. Es bietet sich deshalb an, einen *Mix von Kommunikationsinstrumenten* einzusetzen. Hauptsächliches Ziel wird es sein, die Gerüchte in rationale Bahnen zu lenken. Vielleicht sollten sogar ein oder zwei hochrangige Mitarbeiter – wie z. B. im Fall Siemens – Nixdorf geschehen – verantwortlich und nach außen sichtbar mit der Kommunikationsaufgabe betraut werden.

Die einfachste Form der Kommunikation sind reine Mitteilungen. Über Vorträge, offene Briefe, Videos usw. sollen Informationen zur Beruhigung der Mitarbeiter vermittelt werden. Deren Nutzen ist in diesem Prozeßstadium allerdings nur als äußerst begrenzt einzustufen.

Etwas wirkungsvoller sind Einrichtungen, bei denen Fragen gestellt werden können. Beispielsweise kann dies über speziell dafür eingerichtete Telephonanschlüsse (»merger hot lines«) geschehen, oder aber auch durch Veranstaltungen, bei denen Experten zu bestimmten Ängsten der Mitarbeiter befragt werden können. Manche davon können sie zerstreuen, manche bestätigen und manche erst nähren. Erfahrungsgemäß ist aber der rationale Umgang mit Bedrohungen viel weniger mit Fehlhandlungen verbunden als ein rein impulsives Ausleben der Befürchtungen.

Die Tochter-Holding Deutsche Aerospace AG des Daimler-Benz Konzerns hat die schwierige Aufgabe der Integration der Großakquisitionen MBB, MTU und Dornier. Dazu wurde in der DASA-Zentrale ein umfassendes Konzept der »diagonalen Kommunikation« entwickelt. Dabei wird davon ausgegangen, daß in einer Vielzahl dezentraler und von der Hierarchieebene unabhängiger Kommunikationsaktivitäten ein Hebel zum organisatorischen Wandel und damit zur Verkopplung der verschiedenen Kulturen gegeben ist. So stellen sich z. B. in regelmäßigen Abständen die DASA-Vorstandsmitglieder in einem *Strategischen Dialog* den Fragen von 30–40 Führungskräften verschiedener Hierarchieebenen. Darauf aufbauend finden Workshops zu den Themenkreisen Strategie, Struktur und Kultur statt. Ähnlich wie der Strategische Dialog ist das *Bildungsforum* konzipiert. Zielgruppe sind hier jedoch sogenannte »Multiplikatoren«, worunter Meinungsführer aus der Belegschaft ohne Führungsverantwortung verstanden werden. Dann gibt es noch den *Nachwuchskräftetag*, an dem ca. 250 Jungmanager die neuen Strategien diskutieren.

Am vielversprechendsten sind *Formen des organisatorischen Lernens und kritischen Diskurses*. Als Gruppe erarbeitet man sich z. B. gemeinsam ein optimistisches und pessimistisches Szenario, was denn wohl passieren würde, wenn die Gerüchte stimmen. Die Personalabteilung kann hier die Moderation erbringen und vielleicht externe Experten dazu einladen. Die möglichen Führer der Verhandlung dazu zu bitten, ist – wegen der Geheimhaltungsverpflichtung der Verhandlungen – nicht sinnvoll.

Nach Vertragsabschluß vereinfacht sich natürlich die Kommunikationsaufgabe erheblich. In der Praxis wird sie deshalb allerdings nicht unbedingt differenzierter und umfassender wahrgenommen. Vielmehr fallen viele Käufer nach der gewonnenen »Übernahmeschlacht« in eine Art Lähmung. Das Target-Unternehmen sollte diese Phase durchaus nutzen, um selbst Integrationsvorschläge aktiv in den Prozeß einzubringen – nicht selten hilft man hier dem Käufer aus einer gewissen Unsicherheit heraus. Auf keinen Fall sollte man als Target davon ausgehen, daß (1) der Käufer ein Integrationskonzept parat hätte und daß (2) der Käufer das Integrationsproblem beherrsche. Meist beginnt man sich die Integrationsaufgabe erst nach dem Vertragsabschluß zu stellen und hat damit keinen Zeitvorsprung vor dem Target. Auch wird häufig eine ganz andere Mannschaft damit betraut sein, als die, die den Prozeß bislang betreut hat.

Bei der Krupp/Hoesch-Transaktion hat man schon vor dem endgültigen Abschluß der Übernahme versucht, über gemeinsame Arbeitsgruppen die Synergiepotentiale auszuloten. Parallel dazu wurde ein Beratungsunternehmen beauftragt, mögliche Effizienzverbesserungen zu lokalisieren und zu quantifizieren.

Kommunikation sollte immer auf Verständnis und Vertrauen schaffen sowie auf wechselseitige Kompetenz- und Wissensvermittlung ausgerichtet sein. Das neue und langsam sich konkretisierende Führungskonzept muß erklärt werden. Möglichst schnell muß versucht werden, die Interessen der Mitarbeiter darauf zu binden. Zusätzliche Instrumente sind hier Firmenbesuche, Interviews der Geschäftsführung und Eigentümer, gemeinsame Programme der Führungskräfteentwicklung, Institutionalisierung gemeinsamer Gremien und Ausschüsse (»transition teams«), neue Feste und Feiern usw.

Natürlich ist ein solches Kommunikations-Mix zu spezifizieren vor dem Hintergrund des jeweiligen Transaktionsfalles (Art der Übernahme, Beteiligungshöhe, Akquisitionsrichtung) der beabsichtigten Integrationstiefe sowie der Funktion des Senders und Empfängers. Ein mögliches »Menü« dabei relevanter Dimensionen und ihrer Ausprägungen zeigt die Abbildung 2.

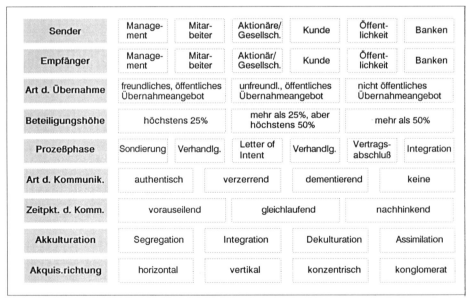

Sender	Management	Mitarbeiter	Aktionäre/Gesellsch.	Kunde	Öffentlichkeit	Banken
Empfänger	Management	Mitarbeiter	Aktionär/Gesellsch.	Kunde	Öffentlichkeit	Banken
Art d. Übernahme	freundliches, öffentliches Übernahmeangebot		unfreundl., öffentliches Übernahmeangebot		nicht öffentliches Übernahmeangebot	
Beteiligungshöhe	höchstens 25%		mehr als 25%, aber höchstens 50%		mehr als 50%	
Prozeßphase	Sondierung	Verhandlg.	Letter of Intent	Verhandlg.	Vertragsabschluß	Integration
Art d. Kommunik.	authentisch		verzerrend	dementierend		keine
Zeitpkt. d. Komm.	vorauseilend		gleichlaufend		nachhinkend	
Akkulturation	Segregation		Integration	Dekulturation		Assimilation
Akquis.richtung	horizontal		vertikal	konzentrisch		konglomerat

Abb. 2: Dimensionen des Kommunikationsauftrages

7.2.5 Sensibilisierung des Managements gegenüber organisationstheoretischen Problemstellungen bei Unternehmensübernahmen

Wir haben uns heute daran gewöhnt, bei Akquisitionen mit Flopraten ähnlich derer bei Neuproduktentwicklungen zu leben. Bedenkt man vor allem die wachsenden sozialen Kosten die damit verbunden sind, so erscheint diese Haltung weniger denn je akzeptabel zu sein. Die Öffentlichkeit, politische Gruppierungen, die Gewerkschaften usw. beginnen sich zu diesem Thema argumentativ zu rüsten. Große Transaktionen werden immer mehr auch zum Gegenstand der öffentlichen Diskussion werden.

Wir müssen deshalb Akquisitionsprozesse umfassender und realitätsgerechter planen. Dies vor allem auch in dem Sinne, daß *nicht nur die Sicherung der notwendigen Ressourcen* (Kapital, Human Ressourcen, Vorprodukte, Informationen, Technologien, Systeme, Prozeduren usw.) gewährleistet werden muß, *sondern auch deren zeitgerechte Bereitstellung und »Entsorgung«*. So kann z.B. eine fehlende kulturelle Akzeptanz des Käuferunternehmens eine zeitgerechte Bereitstellung von Technologie-Know-how aus dem Targetunternehmen verhindern.

Insgesamt scheinen organisationstheoretische Aspekte in M&A-Prozessen deutlich zu wenig Beachtung gefunden zu haben, was mit eine der Hauptursachen der hohen Flopraten sein kann. Dies gilt insbesondere für die Phase der Integration[11]. Meist wird den strukturellen Aspekten zu ausschließlich Beachtung geschenkt. Politische, symbolisch-kulturelle und individuelle Aspekte[12] der Integration bleiben weitgehend ausgeblendet[13].

Die Forderung nach einer umfassenderen Einbeziehung dieser Aspekte in die Planung von Transaktionen sollte aber nicht über die Tatsache der extrem geringen Planbarkeit solcher Prozesse hinwegtäuschen. Trotzdem kann sich eine flexible Organisation in einer Art *antizipativem Integrationsmanagement* auf typische »Was wäre, wenn...«- bzw. »Was müßte geschehen, damit...«-Fälle aus diesem Bereich vorbereiten.

---

(11) Zur Problematik des Integrationsmanagements bei Akquisitionen vgl. Grüter, Unternehmensakquisition, 1991; Krüger/Müller-Stewens, Acquisition Policy, 1992; Leimer, Die Integration akquirierter Unternehmungen, 1991 sowie Scheiter, Integration, 1989.
(12) Vgl. Müller-Stewens, Personal-Management, 1991, zu Fragen des Personal-Managements bei M&A.
(13) Vgl. zu den verschiedenen organisationstheoretischen Perspektiven z.B. Bolman/Deal, Reframing Organizations, 1991.

Werner Freund

7.3. Die Integration übernommener Unternehmen – Fragen, Probleme und Folgen*

---

* Erstmals erschienen in: DBW, 51. Jg., 1991, S. 491–498.

Im April 1988 veröffentlichte David Mitchell in der Business International in einem Research Report unter dem Titel »Making Acquisitions Work, Lessons from Companies' Successes and Mistakes« die Ergebnisse umfangreicher empirischer Untersuchungen, die ca. 50 Interviews sowie 150 Rückläufe von Fragebögen umfaßten, die man an Manager von Unternehmen gesandt hatte, die aktiv oder passiv an Akquisitionen in Europa beteiligt gewesen waren[1].

Auf die Frage: Wie würden Sie Ihre Akquisitionserfahrungen in den letzten drei Jahren beurteilen, antworteten nur 30% der Befragten mit erfolgreich[2].

Coenenberg/Sautter, die sich auf eine McKinsey-Studie in USA und Großbritannien beziehen, berichten, daß von 116 untersuchten Akquisitionsprogrammen in USA und Großbritannien nur 27 eindeutig erfolgreich waren[3].

Dennoch steigt, wie der Arbeitskreis »Unternehmensakquisition« der Schmalenbach-Gesellschaft – Deutsche Gesellschaft für Betriebswirtschaft anhand von gesammeltem statistischem Material ausführt[4], Volumen und Zahl der Akquisitionen kontinuierlich. Das Akquisitionsrisiko schreckt also potentielle Erwerber nicht ab, entweder weil sie glauben, es eingehen zu können oder aber weil es ihnen nicht oder nicht voll bewußt ist.

7.3.1 Stellung im Rahmen des Akquisitionsprozesses

Die Integration des übernommenen Unternehmens ist der vorletzte Verfahrensschritt im Akquisitionsprozeß. Wie die nachfolgende Skizze zeigt, gehen ihr mehrere Stufen voraus, die nicht ohne Einfluß auf sie bleiben[5].

Die Güte der angewandten Strategie, die Sorgfalt bei der Auswahl geeigneter Projekte und der Objektuntersuchung, die Höhe des Unternehmenswertes, die Plangenauigkeit und Geschicklichkeit beim Erwerb bleiben nicht ohne Auswirkung auf den Integrationsprozeß.

Verfahrensschritte im Akquisitionsprozeß[6]

Strategie
Auswahl geeigneter Objekte
Objektuntersuchung
Objektbewertung
Planung für den Zeitraum nach dem Erwerb
Erwerbstaktik
Durchführung des Erwerbs
Integration nach dem Erwerb
Akquisitionskontrolle

---

(1) Vgl. Business International, Making Acquisitions Work, 1988.
(2) Vgl. Business International, Making Acquisitions Work, 1988, S. 14.
(3) Vgl. Coenenberg/Sautter, Unternehmensakquisitionen, 1988, S. 692, in diesem Band abgedruckt.
(4) Vgl. Sieben/Sielaff (Hrsg.), Unternehmensakquisition, 1989, S. 1–8.
(5) S. dazu Coenenberg/Sautter, Unternehmensakquisitionen, 1988, S. 693, in diesem Band abgedruckt.
(6) Zu den Phasen der Akquisition s. auch Sieben/Sielaff (Hrsg.), Unternehmensakquisition, 1989, S. 25–47.

Bressmer, Moser und Sertl bezeichnen die Phase der Integration als ganz besonders schwieriges Problem[7]. Der Arbeitskreis »Unternehmensakquisition« nennt sie die »schwierigste, längste und über Erfolg oder Mißerfolg letztlich entscheidende Phase«[8].

7.3.2 Erste Maßnahmen nach der Übernahme

Nach der Übernahme eines Unternehmens stellt sich dem Erwerber zunächst die Frage, entweder sofort die zur Integration erforderlichen Maßnahmen zu treffen, d. h. unverzüglich zu handeln[9] oder aber erst abzuwarten, um zu sehen, wie sich die Dinge entwickeln. Für die eine wie für die andere Vorgehensweise gibt es Gründe und Gegengründe. Solche sind z. B., daß in dem erworbenen Unternehmen Integrationsmaßnahmen als unausweichlich erwartet werden; jede Verzögerung würde Spekulationen und Gerüchte erhöhen. Das »Klima« ist reif für entschiedene Aktionen des Erwerbers.

Andererseits ermöglicht die bessere Kenntnis des erworbenen Unternehmens eine sicherere Beurteilung des »Schlüsselpersonals« und Unternehmens, die zwei Unternehmenskulturen prellen nicht schockartig zusammen.

Wenn der Erwerber seine Integrationsplanung sorgfältig erarbeitet hat, sollte er jedoch nach der Übernahme bei strukturellen und personellen Änderungserfordernissen »sofort handeln«[10], es sei denn, der besondere Einzelfall läßt das nicht zu.

7.3.2.1 *Wer kümmert sich um die Integration?*

Nach den Personen, die sich um die Integration bemühen, lassen sich vier Möglichkeiten unterscheiden:
- ein Delegierter der Unternehmensleitung des Erwerbers, Mitchell[11] nennt ihn den SUPREMO, kümmert sich um die Akquisition;
- es wird ein Merger-Manager eingesetzt;
- ein externer Makler wird beauftragt;
- eine Arbeitsgruppe (Akquisitionsteam) wird zusammengestellt.

Der Delegierte aus der Unternehmensleitung des Erwerbers wird Leiter des akquirierten Unternehmens. Klare Befehlslinien zu ihm hin und von ihm zum Erwerberunternehmen bedeuten eindeutige »leadership« in einer Situation, in der diese erheblich wichtiger ist als im »normalen« Geschäftsleben. Probleme entstehen bei dieser Variante dann, wenn man dem früheren Unternehmensleiter zuliebe die Wahl des neuen SUPREMO hinausschiebt.

Ein Manager des Erwerbers wird damit beauftragt, die Integration zu überwachen und zu koordinieren, sowie Einzelfragen zu entscheiden, die im Integrationsprozeß ihre Ursache haben. Probleme können aus der Zuständigkeit resultieren. Es ist selten ganz klar, welche Vollmachten der Merger-Manager

---

(7) Vgl. Bressmer/Moser/Sertl, Übernahme von Unternehmen, 1989, S. 174.
(8) Vgl. Sieben/Sielaff (Hrsg.), Unternehmensakquisition, 1989, S. 40.
(9) Vgl. Lutz, Entscheidungswerte, 1984, S. 40.
(10) S. dazu auch Mitchell, Post-Merger Reorganization, 1989, S. 44 ff.
(11) Vgl. Business International, Making Acquisitions Work, 1988, S. 32.

wirklich besitzt. Er soll Unebenheiten glätten, die aus der Verbindung der beiden Unternehmen stammen, nicht aber das tägliche Geschäft selbst führen. Die menschliche Natur mit Ehrgeiz, Gedanken an die eigene Karriere etc., machen es schwer, die Funktion des Merger-Managers richtig auszufüllen, wo es um Geduld geht, diplomatisches Vorgehen und Freisein von persönlichen Ambitionen.

Ein externer Berater kann durchaus hilfreich sein, den »sie und wir«-Gegensatz zu mildern, wenn es sich um eine Persönlichkeit handelt, die viel Vertrauen ausstrahlt. Er hat aber eine schwierige Position. Nicht selten endet sein Einsatz damit, daß er die eine oder andere Seite repräsentiert; zumindest wird ihm das unterstellt. Gegen seinen Willen verzögert er dann notwendige Maßnahmen. Er wird gewissermaßen handlungsunfähig.

Viele Erwerber verwenden Teams[12]. Vorteilhaft wirkt, daß beide Seiten einbezogen werden und die Teammitglieder wissen, wie das Geschäft in der praktischen Wirklichkeit derzeit gehandhabt wird und in Zukunft abgewickelt werden soll.

Man sollte jedoch darauf achten, daß die Entscheidungsbefugnisse eindeutig bleiben. Hier liegt die Quelle für ein gewisses Mißtrauen gegenüber dem »Kommissions-Merger«.

Es sollte daher klargestellt werden, daß alle Koordinationsorgane, Kommissionen und Teams etc. Hilfsorgane sind und nicht mehr, um die Integration zu erleichtern.

7.3.2.2 Was geschieht mit der Leitung des erworbenen Unternehmens?

Mitchell[13] unterscheidet hier vier Vorgehensweisen
- die Besetzung ausgewählter Schlüsselpositionen mit eigenem Personal, z. B. Präsident und Finanzchef;
- die Entsendung eigener Leitungskräfte, nicht notwendigerweise der obersten;
- die Autonomie für einen begrenzten Zeitraum und Weiterführung des erworbenen Unternehmens durch die bisherige Leitung.

Bei der ersten der o. g. Möglichkeiten vertritt das entsandte Leitungspersonal die Integrationspolitik des Erwerbers; die Kenntnis des Erwerbers macht es zu wirksamen Integratoren. Die Möglichkeit unangenehmer Überraschungen verringert sich. Darüber hinaus eröffnen sich neue Entwicklungsmöglichkeiten für den ehrgeizigen Führungsnachwuchs des Erwerbers.

Allerdings verringert die Existenz einer solchen Politik beim Erwerber während der Verhandlungsphase die Aufgeschlossenheit für die Akquisition bei

---

(12) Von Bressmer/Moser/Sertl »Post-Merger Task Force« genannt. Vgl. Bressmer/Moser/Sertl, Übernahme von Unternehmen, 1989, S. 174.
(13) Vgl. Business International, Making Acquisitions Work, 1988, S. 29 ff. Der Arbeitskreis Unternehmensakquisition schreibt dazu: »Unter allen Integrationsaufgaben zählt die Frage der Führung des Kaufobjektes zu den wichtigsten und schwierigsten«. Sieben/Sielaff (Hrsg.), Unternehmensakquisition, 1989, S. 41.

dem zu erwerbenden Unternehmen. In seinen oberen Hierarchieebenen kann es zu Unruhe kommen.

Bei der zweiten Variante bleibt ein aneinander gewöhntes Leitungsteam erhalten. Zuständigkeitsfragen werden gewöhnlich nicht gestellt. Auf den Ebenen, wo dies erforderlich ist, funktioniert die Koordination mit dem Erwerber; der Gesichtspunkt der Kontinuität ist berücksichtigt. Das Risiko dieser Variante sind hohe Irrtumskosten, wenn der Erwerber sich über Qualität und Bereitschaft zur Zusammenarbeit bei der übernommenen Leitung irrt.

Die meisten Fachleute sind sich darin einig, daß die Aufrechterhaltung der Autonomie für einen begrenzten Zeitraum nicht empfehlenswert ist: Autonomie heißt Verlust an Überwachung. Geschäftlich risikoreiche Maßnahmen, Änderungen von Strategie und Planung können nicht verhindert werden. Verschlechterungen im Ergebnis bleiben u. U. unentdeckt und unkorrigiert. An dieser Variante überrascht lediglich, daß sie häufig angewendet wird, gewöhnlich als Bedingung aus Kaufverhandlungen.

Der Erwerber muß sich schon sehr sicher sein, daß er ein gut geführtes Unternehmen gekauft hat, wenn er die Leitung des erworbenen Unternehmens unverändert läßt. Es gibt dann keine Irritationen durch ein mögliches Eingreifen der Muttergesellschaft; das Unternehmen wird weitergeführt wie bisher – wenn alles gut geht.

Die praktischen Erfahrungen mit den vier Vorgehensweisen zeigen, daß bei erfolgreichen Akquisitionen die beiden zuerst genannten Möglichkeiten, d. h. der Ersatz ausgewählter Schlüsselpositionen in der Leitung bzw. die Entsendung eigener Leitungskräfte, die Regel wird.

Das spiegelt sich auch in den Antworten der BI-Umfrage wider. Bei der Frage: welche Änderungen in der Leitungsebene bevorzugen Sie? entschieden sich für
– den Ersatz der Schlüsselposition 25%
– die Entsendung eigener Leitungskräfte 30%
– die Beibehaltung der bisherigen Leitung 25%(!) der Befragten[14].

7.3.2.3 Vier Verhaltensregeln

Die vier Verhaltensregeln, die Mitchell[15] aus den Interviews und Befragungen herausarbeitete, lauten kurz und knapp ausgedrückt
– Plane zuerst[16]
– Handle schnell
– Informiere offen
– Verhalte dich korrekt.

Im Schema der Verfahrensschritte (s. o.) ist die Planung sowohl als strategische als auch als operationale Planung für den Zeitraum nach dem Erwerb zu

---

(14) Vgl. Business International, Making Acquisitions Work, 1988, S. 15.
(15) Vgl. Business International, Making Acquisitions Work, 1988, S. 7 und 45.
(16) Reineke spricht von einem Eingliederungsplan, der den Willen der Muttergesellschaft symbolisiere, die Tochtergesellschaft in ihre Organisation einzugliedern. Vgl. Reineke, Akkulturation von Auslandsakquisitionen, 1989, S. 67.

finden. Wie wichtig die Planung für das Gelingen einer Akquisition ist, zeigen die folgenden Antworten:

BI: Wenn Sie die Akquisition wiederholen würden, was würden Sie anders machen?

47% der Befragten: Sehr viel gründlicher sein in der Analyse[17]

BI: Was sind die kritischen Erfolgsfaktoren einer Akquisition?

42% der Befragten: Klarheit des Zwecks und der Objekte[18].

Ein wichtiger Teil der Prä-Akquisitions-Analyse ist das Verständnis der Gründe früherer Erfolge oder Mißerfolge. Auf sie wird am Ende dieses Abschnitts eingegangen.

Wenn Maßnahmen getroffen werden müssen, sollten sie unverzüglich erfolgen. Änderungen werden vom Personal des erworbenen Unternehmens allgemein erwartet. Je schneller die notwendigen, auch harten Maßnahmen erfolgen, so ist die Praktikerregel, um so besser. Man kann dann um so rascher neu und unbeschwert die neue Phase des Unternehmens beginnen.

Notwendige Bedingungen einer erfolgreichen Akquisition ist die Kommunikation zwischen dem Erwerber und dem übernommenen Unternehmen. Ein gutes Kommunikationsprogramm enthält u. a. eine Darlegung der Gründe, die zur Akquisition führten, und der erwarteten Vorteile, die Maßnahmen, mit der sie verwirklicht werden sollen, die bevorstehenden Organisationsänderungen sowie die künftige Entwicklung der beiden Partner.

Erfahrungsgemäß werden schon sehr früh Fragen zur Gewinnbeteiligung, Pensionsregelung und zur Personalpolitik überhaupt gestellt. Es ist jedoch anzuraten, sie zunächst offenzulassen, um nichts festzulegen, was später bedauert wird. Das gilt ausschließlich für den Personalbereich. In allen anderen Bereichen sollte man den Mut besitzen, Stellung zu beziehen auch mit dem Risiko, sie später ändern zu müssen.

Alle BI-Befragten waren sich darüber einig, daß es nicht gut ist, wenn Unternehmensleiter sich scheuen, mit den neuen Angestellten einen Dialog zu beginnen, auf Fragen nicht einzugehen oder sich Alternativen offenzuhalten. Das kann in der Tat kein Vertrauen schaffen, auf das es doch ankommt. Gelingt das nicht, so werden Motive falsch eingeschätzt; die ersten Eindrücke können falsch sein, Wünsche beeinflussen das Zuhören; ein Wort, ein Begriff erhalten eine unterschiedliche Bedeutung; Emotionen und Mißtrauen entstehen, und letztlich wird die Einstellung defensiv.

Dabei spielt der Umstand, daß Erwerber und erworbene Unternehmen unterschiedliche Unternehmenskulturen besitzen, eine besondere Rolle, insbesondere dann, wenn nationale und sprachliche Unterschiede hinzukommen. Der Mangel an Kommunikation (Communication Breakdown) ist lt. einer im Oktober 1989 von Time Magazin veröffentlichten Umfrage einer der Gründe, warum 50% der US-amerikanischen Manager 18 Monate nach dem Erwerb durch ein ausländisches Unternehmen resignieren oder entlassen werden.

Auf die Frage, »was waren die größten Schwierigkeiten bei der Akquisition?«, gaben 35% der Befragten kulturelle Differenzen an[19].

(17) Vgl. Business International, Making Acquisitions Work, 1988, S. 17.
(18) Vgl. Business International, Making Acquisitions Work, 1988, S. 18.
(19) Vgl. Business International, Making Acquisitions Work, 1988, S. 17.

Das Verhalten des Erwerbers während der Integrationsphase bestimmt auch die Schwierigkeiten mit, die bei künftigen Akquisitionen zu überwinden sind. Vor allem in der gleichen Branche bleibt seine Vorgehensweise nicht verborgen und Verkaufswillige können dadurch abgeschreckt werden.

Exkurs[20]: Die Gründe früherer Erfolge können in persönlichen Beziehungen, in niedrigen Overhead-Kosten, in der Individualität eines Erfinders oder Innovators, und schließlich im Marketing-Stil liegen.

Die Gründe früherer Mißerfolge können komplexe Matrixbeziehungen zur früheren Muttergesellschaft mit zahlreichen Besprechungen, teuren Reisen und vielen zustimmungspflichtigen Geschäften sein sowie eine überzogene Berichterstattung für kleine Einheiten.

Man sollte prüfen, ob solche Mißstände durch eine neue Organisationsstruktur abgestellt werden können. Man sollte dabei aber nicht die eigenen Fähigkeiten, es besser machen zu können, überschätzen.

7.3.2.4 Organisationsgrundsätze

Der Integrationsprozeß beginnt in aller Regel mit der Verabschiedung einer neuen Unternehmensorganisation und ihrer personellen Besetzung. Als Grundsätze dafür haben sich in der betrieblichen Praxis entwickelt:
– Eine überschneidungsfreie, einfache Organisationsstruktur (nach Möglichkeit keine Matrixformen);
– Ein Minimum an Hierarchieebenen;
– Der beste Mann für den Job;
– Keine Vergrößerung der Verwaltung;
– Ein Minimum an Overhead-Kosten.

In der Wirklichkeit wird gegen diese Leitlinien oft verstoßen. Typische Fragen, die auftreten, wenn man sie nicht einhalten kann, sind z. B.:

Kann ein gewisser personeller Überhang solange toleriert werden, solange der Integrationsprozeß sich vollzieht? Lohnt es sich, zwei Leitungspositionen zu haben (anstelle der einen, eigentlich erforderlichen) um ihre Inhaber zu halten? Was sind die Folgen?

Werden die Erfahrungsträger (key personnel) organisatorisch angemessen berücksichtigt?

Wo sind die Bruchstellen zwischen den beiden Unternehmenskulturen? Sind sie organisatorisch und personell bestmöglich abgesichert?

7.3.3 Die Integration

Die der Übernahme folgenden praktischen Maßnahmen, wie sie in Kapitel zwei dargestellt wurden, dienen zur Vorbereitung der Integration. Bei der Integration selbst muß, wie schon zuvor, im Einzelfall sorgfältig geprüft werden, welches Vorgehen am besten geeignet ist[21].

---

(20) Vgl. Business International, Making Acquisitions Work, 1988, S. 47 ff.
(21) Vgl. Coenenberg/Sautter, Unternehmensakquisitionen, 1988, S. 702, in diesem Band abgedruckt.

7.3.3.1 Die drei Synergien[22]

Bei der Begründung von Unternehmensakquisitionen spielen Synergieeffekte fast immer eine Rolle. Sie umgibt indes nicht selten etwas Mystisch-Geheimnisvolles, weil sie nur selten gefunden oder bewertet werden können[23]. Worum handelt es sich?

Wir unterscheiden funktionale Synergien, Kostensynergien und Komplementaritätssynergien.

Die funktionalen Synergien sind das Ziel der Funktionsintegration, wie sie im folgenden Abschnitt beschrieben wird (s. u.).

Bei den Kostensynergien geht es um die Vermeidung von Doppelbesetzungen, Verwertung von Erfahrungen, Know-how etc. Kostensynergien sind in der Planungsphase allerdings leichter anzusetzen als später in der Wirklichkeit auszumachen. Man sollte vermeiden, Kostenersparnisse durch Kostenerhöhungen in anderen Bereichen (z. B. durch komplexe Organisationen oder Abläufe) zu kompensieren.

Bei den Komplementaritätssynergien handelt es sich zumeist um die Zusammenarbeit im Marketingbereich oder in der Technik. Typisch ist die Zusammenfügung verschiedener Komponente zu einem neuen Produkt oder System, wie z. B. ein Cockpit, eine Lokomotive, ein Schiff. Komplementaritätssynergien spielen in letzter Zeit eine zunehmende Rolle.

7.3.3.2 Funktionsintegration

Theoretisch ist die Integration in allen Funktionsbereichen des Unternehmens möglich[24]. In der betrieblichen Praxis findet man sie vor allem im Finanzbereich, im Marketing und in der Produktion.

Bei fast allen untersuchten Fällen wurden auf Veranlassung des Finanzchefs des übernehmenden Unternehmens die Buchhaltungssysteme integriert. Dabei erzielbare Vorteile können sein:
- ein zentrales Cash-flow-Management;
- die Aufrechnung von Gewinnen und Verlusten;
- eine Gewinnsteigerung durch Aufdeckung stiller Reserven und übervorsichtiger Bilanzierungsmethoden;
- die Verwendung von Überschüssen aus Pensionsfonds (-rückstellungen).

Ein oft diskutierter Punkt bei dieser Integration ist die zustimmungspflichtige Mindesthöhe für Investitionsausgaben, Gehälter etc. Wenn das übernommene Unternehmen relativ klein ist, wird die Notwendigkeit, die Ausgaben für eine neue Maschine in Zukunft zu planen, zu budgetieren, ihre Wirtschaftlich-

---

(22) S. dazu auch Business International, Making Acquisitions Work, 1988, S. 59.

(23) S. dazu auch Coenenberg/Sautter, Unternehmensakquisitionen, 1988, S. 692, in diesem Band abgedruckt, sowie J. Schneider, Unternehmenswerte, 1988, S. 529; ähnlich auch Bressmer/Moser/Sertl, Übernahme von Unternehmen, 1989, S. 16.

(24) Wenn alle betroffen sind, sprechen wir von Fusionen. Bressmer/Moser/Sertl unterscheiden dabei die Annexion und Kombination. Vgl. Bressmer/Moser/Sertl, Übernahme von Unternehmen, 1989, S. 66.

keit zu berechnen und dann um die Zustimmung dafür zu ersuchen, oft für überflüssige Bürokratie gehalten.

Marktüberlegungen sind häufig das Hauptmotiv für die Akquisition[25]. Erzielt werden sollen u. a. ein erhöhter Marktanteil, eine breitere geographische Präsenz sowie eine größere Absatzstärke.

Darüber hinaus spielen die Erschließung neuer Absatzkanäle und die Rationalisierung von Vertriebswegen eine Rolle. Die Belieferung des Kunden mit mehr Produkten als bisher ist ein Beispiel für die Komplementaritätssynergie, Kostenersparnisse durch die Zusammenlegung von Service-Leistungen oder die Rationalisierung von vertrieblichen Hilfsarbeiten können als Kostensynergien angeführt werden.

Bei der Produktionsintegration geht es besonders um Industriebetriebe. Vorteile können die economies of scale, die Einführung einer effizienteren Technologie und eine bessere Auslastung teurer Fertigungseinrichtungen sein. Darüber wird auch die Fertigungskonzentration genannt. Wegen des Nachteils der zunehmenden Komplexität sollte darauf geachtet werden, daß unterschiedliche Fertigungsprozesse und -technologien nach Möglichkeit nicht unter »einem Dach« und einer Leitung zusammengefaßt werden.

Die stärkere Position gegenüber Lieferanten ist erfahrungsgemäß ein relativ leicht zu erzielender und daher realistischer Synergievorteil.

Als schwierig wird allgemein die Integration auf dem Gebiet von Forschung und Technik angesehen. Die hier Tätigen zeigen oft eine recht ausgeprägte individuelle Verhaltensweise. Sie arbeiten gewöhnlich in Kleingruppen. Änderungen des Umfeldes können in steilem Abfall ihrer Kreativität enden.

Die Integration über die Grenze hinweg ist ein neueres Phänomen. Es gibt dafür bekannte und in der Öffentlichkeit viel kommentierte Beispiele. Dennoch ist darauf hinzuweisen, daß den Erwerber bei Grenzübertritt derzeit noch eine Vielzahl rechtlicher Probleme aufgrund der Vorschriften insbesondere des Bilanz-, Steuer- und Arbeitsrechtes erwartet.

Ein besonders schwieriges Thema ist die Integration von Pensionen und sozialen Leistungen (Benefits)[26]. Es können hier viele Emotionen geweckt werden. Benefits sollte man nicht mit Vorrang behandeln; ein Teil der Problempersonen verläßt die Gesellschaft ohnehin in den ersten Monaten nach Übernahme. Die speziellen Benefits sollte man nicht anrühren, sondern langsam »austrocknen« lassen.

Das Management-Informationssystem (MIS) ist ein Teil der Unternehmenskultur. Es ist bei Übernahmen offenbar selbstverständlich, daß das System des Erwerbers übernommen wird. Unterschiedlich ist dabei die Zeit, in der das erfolgen soll, und diese wird von dem Mehr oder Minder an Kompatibilität der Dv-Systeme bestimmt. Bedenken entstehen, wenn große Gesellschaften ihr MIS auf kleinere Unternehmen übertragen. Die Folge sind dann höhere Kosten, Mißverständnisse und Frustration. Die Entscheidungszeiträume verlän-

(25) Dazu auch Business International, Making Acquisitions Work, 1988, S. 14: Als Gründe für die Akquisition wurden genannt: Wachstum 42%, höherer Marktanteil 33%, vergrößerte Marktstärke 18%.

(26) S. dazu Business International, Making Acquisitions Work, 1988, S. 67.

gern sich. Zustimmung und Budgetierung erfordern einen langen zeitlichen Vorlauf.

Aus den vorliegenden praktischen Erfahrungen lassen sich als Regeln ableiten:

Man sollte sich Zeit lassen und sich Mühe geben, die Vorteile des Systems den Leitern des erworbenen Unternehmens zu erläutern. Man sollte mit dem Wesentlichen beginnen und nicht mit allem! Man sollte die zutreffenden Maßnahmen über einen längeren Zeitraum verteilen und man sollte die Unterschiede in den Berichtserfordernissen großer und kleiner Unternehmen angemessen berücksichtigen. Man sollte aber auch die Gelegenheit nutzen, das System des Erwerbers in Frage zu stellen und »durchzuforsten« (streamlining) und schließlich sollte man auch auf die sog. Organisationskosten[27] achten.

7.3.3.3 Weiterbestehen als Unternehmenseinheit

Das Weiterbestehen als Unternehmenseinheit nennt Mitchell die Stand-Alone-Akquisition[28]. Das erworbene Unternehmen wird nicht in ein anderes integriert, auch wenn es diesem berichtspflichtig ist. Der Stand-Alone-Ansatz ist sehr umstritten. Einerseits hat er viele Anhänger, etwa 40% der von BI-Befragten befürworteten ihn. Andererseits kritisieren viele Unternehmensleiter diese Vorgehensweise, weil sie wenig Synergievorteile biete, nur geringe Kostenersparnisse, und es letztlich wenig Sinn mache, die Akquisition durchzuführen.

Gründe für die Stand-Alone-Politik können die Eliminierung von Wettbewerbern oder die Erhöhung des Marktanteils mit verschiedenen Markennamen sein, ferner die Vorteile der Einfachheit. Die gewünschten Ergebnisse können ohne komplizierte Organisationsänderung erreicht werden.

Schließlich ist die Gefahr böser Überraschungen geringer. Kühne Synergieansätze in der Unternehmenswertfindung, die sich in der Wirklichkeit dann nicht finden lassen, gibt es hier von vornehrein nicht und evtl. Integrationskosten spielen keine Rolle.

Der sog. Kultur-Schock[29], oft Vernichter des Akquisitionserfolges, wird bei der Stand-Alone-Akquisition vermieden oder stark reduziert. Schließlich kann ein nicht integriertes Unternehmen leicht wieder divestiert werden.

7.3.3.4 Die Vereinigung verschiedener Unternehmenskulturen[30]

Als Unternehmenskultur können wir die Summe von Verhaltensweisen (Stereotypen) definieren, die in einem Unternehmen über einen längeren Zeitraum

---

(27) Bressmer/Moser/Sertl nennen dafür »Reibungsverluste, innere Widerstände, Leerlauf, Doppelspurigkeiten«. Bressmer/Moser/Sertl, Übernahme von Unternehmen, 1989, S. 133.

(28) Vgl. Business International, Making Acquisitions Work, 1988 sowie Bressmer/Moser/Sertl, Übernahme von Unternehmen, 1989, S. 15.

(29) Auf ihn geht auch Reineke ein. Vgl. Reineke, Akkulturation von Auslandsakquisitionen, 1989, S. 82.

(30) Zum Begriff der Unternehmenskultur s. a. Reineke, Akkulturation von Auslandsakquisitionen, 1989, S. 25 ff. Der Arbeitskreis Unternehmensakquisition schreibt, daß die kulturelle Verbindung des erworbenen mit dem erwerbenden Unternehmen das wohl gravierendste

hinweg entwickelt worden sind. Die meisten Betriebsangehörigen sind sich nicht einmal bewußt, daß sie sich an – zumindest ungeschriebene – Regeln halten[31].

Die besondere Ausbildung einer Unternehmenskultur läßt sich aus den Antworten auf eine Reihe von Fragen ableiten.

— Wie ist seine unternehmerische Grundausrichtung? Ist das Unternehmen produktions-, vertriebs- oder finanzbestimmt?
— Was sind seine kritischen Erfolgsfaktoren? Sind es seine Kundenbeziehungen, seine Erzeugnisdifferenzierung oder die Höhe der Produktionskosten?
— Wie ist die Organisationsstruktur? Ist sie flach mit wenigen Hierarchieebenen oder tief gegliedert? Handelt es sich um eine lose Team- oder formelle Matrixorganisation?
— Ist das Ent- und Belohnungssystem leistungs- oder zeitbezogen, flexibel oder starr?
— Ist das Unternehmen stärker ertrags- oder kostenbezogen? Ist es kurz- oder langfristig orientiert?
— Sind Anregungen von unten oder mehr Anweisungen von oben üblich? und schließlich
— wie gehen die Menschen im Betrieb miteinander um? Informal oder formal? Wie steht's mit Vertrauen, Toleranz, Kollegialität etc?

Die aufgeführten Gegensätze geben wichtige Aufschlüsse über die Quellen potentieller Schwierigkeiten bei der Integration des erworbenen Unternehmens[32]. Ihre Identifizierung ist daher eine der Bedingungen für eine erfolgreiche Integration.

Was folgt aber dann?

Es muß sich die Entwicklung einer neuen Identität anschließen. Das ist schwierig genug. Dazu gehören die Vision für eine erfolgversprechende Zukunft des Gesamtunternehmens, eine neue Strategie. Bei nostalgischen Elementen der übernommenen Gesellschaft hat der Erwerber die Wahl. Er pflege sie weiter, »putze sie neu heraus«, oder stelle sie ab. Halbheiten sollte er nicht zulassen.

Faktoren hingegen, die in der Vergangenheit irritierten, bieten eine willkommene Gelegenheit, die »Mannschaft« für den Erwerber zu gewinnen.

Dazu muß er informieren und kommunizieren. Die neuen Ziele und Strategien sind – möglichst einfach – zu formulieren und immer wieder zu wiederholen. Niemand darf Gelegenheit haben, sich »der guten alten Zeit« zu erinnern. Nach vorne muß der Blick gehen, nicht in Wehmut zurück!

Problem der Integration sei. Vgl. Sieben/Sielaff (Hrsg.), Unternehmensakquisition, 1989, S. 44.

(31) Vgl. Business International, Making Acquisitions Work, 1988, S. 8, 81 ff.; s. dazu auch Lutz, Entscheidungswerte, 1984, S. 137, 17. Lutz nennt die kennzeichnenden Begriffe Unternehmensphilosophie, Machtstrukturen, Führungsprinzipien.

(32) Reineke unterscheidet in einer Matrix flexible und unflexible, richtungsgebundene und situationsgebundene Unternehmenskulturen. Vgl. Reineke, Akkulturation von Auslandsakquisitionen, 1989, S. 73.

8. Kapitel
Erfahrungen bei Unternehmenskäufen

Franz W. Humpert

8.1. Unternehmensakquisitionen – Erfahrungen beim Kauf von Unternehmen*

---

* Erstmals erschienen in: DBW, 45. Jg., 1985, S. 30–41, leicht überarbeitet und aktualisiert.

8.1.1 Vorbemerkung

Der Unternehmenserwerb als Mittel der strategischen Unternehmensführung hat in den letzten Jahren erheblich an Bedeutung gewonnen. Zumindest entsteht dieser Eindruck, wenn man die entsprechende Berichterstattung in der einschlägigen Wirtschaftspresse verfolgt. Dabei handelt es sich aber keineswegs ausschließlich um Vollzugs- oder Erfolgsmeldungen, sondern auch um kritisches Nachschauen von Problemfällen oder Fehlkäufen. Für den externen Beobachter stellt sich die Frage, inwieweit die Ursachen von fehlgeschlagener Akquisition in dem erworbenen Unternehmen selbst liegen, oder ob die Integration in das aufnehmende Unternehmen nicht gelungen ist.

Dieser Beitrag soll aufzeigen, worauf die Beteiligten beim Unternehmenserwerb achten müssen. Bei sorgfältiger Analyse, Planung und Durchführung eines Diversifikationsprojektes sind viele Probleme frühzeitig erkennbar und damit vermeidbar.

Die vorliegende Arbeit basiert im wesentlichen auf Erfahrungen aus Unternehmenserwerben in der Investitionsgüterindustrie.

8.1.2 Der Markt für Unternehmen

8.1.2.1 *Entscheidungskriterien des Käufers*

Im Rahmen einer wachstumsorientierten Unternehmenspolitik kann ein Unternehmen grundsätzlich zwei Wege beschreiten, um seine Ziele zu realisieren:
– Absicherung und Ausbau der bisherigen Aktivitäten
– Aufnahme neuer Aktivitäten (= Diversifikation)
  Dabei stellt sich in beiden Fällen die Frage, ob das Wachstum
– aus eigener Kraft über eine entsprechende Investitionspolitik realisiert werden kann oder ob es erforderlich ist, nach
– übergreifenden Lösungen zu suchen, die außerhalb der bisherigen Unternehmensbasis liegen.
  Zur zweiten Kategorie gehört vor allem der Unternehmenserwerb.

Die Entscheidung zugunsten des einen oder anderen Weges hängt von der jeweiligen Ausgangssituation des Unternehmens ab, d. h. von den vorhandenen Ressourcen des Unternehmens bzw. der Fähigkeit, diese zu nutzen. Sie ist darüber hinaus nicht als alternativ anzusehen; insbesondere bei bereits diversifizierten Unternehmen – von denen hier die Rede sein soll – ergänzen sich häufig beide Möglichkeiten. Schließlich spielen noch Faktoren wie zur Verfügung stehende Zeit und Größenordnung der geplanten Maßnahmen eine erhebliche Rolle.

Vor Beginn jeglicher Akquisitionsüberlegungen steht eine gründliche Analyse des eigenen Standortes einschließlich der Fixierung der strategischen Ziele.

Ist strategisches Ziel, ein einseitig strukturiertes Unternehmen auf eine breitere Basis zu stellen, wird man in der Regel versuchen, die vorhandenen erfolgreichen Aktivitäten durch Zukäufe von entsprechenden Unternehmen rasch zu vergrößern. Eigene Investitionen haben demgegenüber einen relativ langen zeitlichen Vorlauf, bieten aber andererseits die Chance zum korrigierenden Eingreifen.

Hat man es nicht so eilig, spricht vieles für eine kontrollierte Expansion aus eigener Kraft, insbesondere wenn man sich in einem Wachstumsmarkt befindet und die betrieblichen und personellen Voraussetzungen gegeben sind.

Wenn dagegen in stagnierenden oder nur unterdurchschnittlich wachsenden Märkten die Gefahr besteht, daß der Ausbau der eigenen Marktstellung auf heftige Gegenreaktion des Wettbewerbs stößt, kann es empfehlenswert sein, über den Erwerb eines Wettbewerbers seine Markstellung zu vergrößern (horizontale Diversifikation). Das ist oftmals risikoloser, zumal man in diesen Fällen erhebliche Synergieeffekte realisieren kann.

Unternehmenserwerbe auf vor- oder nachgeschalteten Produktionsstufen (vertikale Diversifikation) sind besonders bei Käufern mit Vormaterial- und/oder Absatzproblemen anzutreffen. Es fehlt in der Regel das Know-how, um selbst in diesen Stufen tätig zu werden. Auch hier lassen sich Synergieeffekte realisieren, wenn auch nicht in dem Umfang, wie es bei horizontalen Diversifikationsstrategien möglich ist.

Zu vertikalen Diversifikationen ist kritisch anzumerken, daß diese in aller Regel die Fertigungstiefe erhöhen mit den daraus entstehenden Nachteilen wie z.B. höhere Fixkosten, größere Mittelbindung, Abnahme der Flexibilität sowohl nach innen wie nach außen.

Erhebliche Bedeutung haben in jüngster Zeit regionale, weltweite Diversifikationsstrategien erlangt. Hiermit sind die Unternehmenskäufe gemeint, die in erster Linie dem Zweck dienten, neue Märkte durch eigene Standorte vor Ort zu erschließen.

Ein zusätzlicher Aspekt bei einem Unternehmenskauf ist die Personalfrage. Besonders bei umfangreichen eigenen Investitionen auf neuen Gebieten ist die Beschaffung von qualifiziertem Personal ein Risikofaktor.

Schließlich wäre noch zu erwähnen, daß die Finanzierung eines Unternehmenserwerbs weniger problematisch sein kann, als die eines vergleichbaren internen Wachstums. Das wird immer dann der Fall sein, wenn das zu erwerbende Unternehmen Finanzierungsmöglichkeiten in Form von nicht ausgeschöpften Kreditlinien, Sicherheiten etc. bietet. Darüber hinaus stehen die Geschäftsanteile des erworbenen Unternehmens selbst als Sicherheiten zur Verfügung.

Mit diesen Entscheidungskriterien sind zugleich die beiden wichtigsten Risikofaktoren einer Akquisition definiert. Es sind
- die Einmaligkeit dieses Vorgangs, d.h. ein Unternehmenskauf läßt sich kaum bzw. nur mit beträchtlichem bilanziellen und finanziellen Aufwand rückgängig machen und
- die Größenordnung (finanziell, personell) dieser Entscheidung,
  die eine Akquisition von normalen Investitionen (die zudem noch in Teilschritten erfolgen können) abhebt.

Darüber sollte sich der Käufer im klaren sein, insbesondere dann, wenn die grundsätzliche Entscheidung zu fällen ist, ob man im Rahmen einer Strategie des Risikoausgleichs Neuland (beziehungslose, konglomerative Diversifikation) betreten will. Denn:

- Synergieeffekte sind meist nur in geringem Ausmaß vorhanden, da aus Risikogesichtspunkten die Gemeinsamkeiten so gering wie möglich sein sollen,
- das Management des Käufers hat oft keine ausreichende Erfahrung auf den neuen Gebieten (Markt, Technik).

Positiv wird sich dagegen ein besseres cash-management auswirken: Im Vergleich zu Erwerben ähnlich gelagerter Unternehmen bieten sich bessere Möglichkeiten über den gegenseitigen Ausgleich finanzieller Ressourcen. Eine Verlagerung des cash-flow von wachstumsschwachen auf wachstumsstarke Unternehmensbereiche wird möglich. Außerdem bietet sich ein konjunktureller bzw. saisonaler Ausgleich an.

8.1.2.2 Gründe für den Unternehmensverkauf

Die zur Disposition stehenden Unternehmen lassen sich unter Bezug auf ihre wirtschaftliche Situation einteilen in Unternehmen
- die sanierungs- bzw. konkursreif sind,
- die in einem oder mehreren Funktionsbereichen Schwachstellen aufweisen,
- die wirtschaftlich gesund und rentabel sind.

Bei Sanierungsfällen ist der wirtschaftliche Zwang das Verkaufsmotiv.

Wesentlicher Grund im zweiten Fall ist die Entscheidung des Unternehmers, die erforderlichen Maßnahmen nicht mehr aus eigener Kraft zu realisieren, da entsprechendes eigenes Know-how nicht zur Verfügung steht und/oder die finanziellen Mittel für den erforderlichen Umstrukturierungsprozeß nicht vorhanden sind.

Beim Verkauf gut laufender Unternehmen spielt in vielen Fällen das Nachfolgeproblem eine Rolle. Daneben sind bei Familienunternehmen oft familiäre Gründe ausschlaggebend.

Als weiteres Verkaufsmotiv ist die strategische Neuorientierung bei Großunternehmen zu nennen. Nicht selten kann hier auch ein Zwang zum Unternehmensverkauf bestehen, insbesondere wenn es gilt, unfriendly take-overs abzuwehren. In diesen Fällen sieht sich ein Unternehmen meist zur Konzentration auf seine Kernaktivitäten gezwungen. Durch den Verkauf von Randaktivitäten wird bezweckt, stille Reserven aufzudecken mit dem Ziel, diese zur Abwehr von Übernahme-Angeboten einzusetzen.

An dieser Stelle ein Rat für den Käufer:

Die Erfahrung zeigt, daß die genannten Verkaufsmotive nicht immer verläßliche Hinweise auf die Lage des Unternehmens selbst geben. Häufig sind die Gründe für die Veräußerung nur vorgeschoben. Ein Nachfolgeproblem kann sich schnell zu einem Sanierungsfall ausweiten. Ein plausibles Verkaufsmotiv ersetzt nicht eine sorgfältige Analyse des Kaufobjektes!

8.1.2.3 Marktfähigkeit von Unternehmen

Ein Unternehmen ist nur dann verkäuflich, wenn sich Unternehmen und Inhaber trennen lassen. Das wird immer dann schwierig, wenn nicht unmöglich sein, wenn der Eigentümer gleichzeitig die Seele des Geschäfts ist, d.h. wenn sich die wichtigsten Aktivitäten und Entscheidungen auf diesen konzentrieren. Ein äußeres Zeichen kann die Einzelgeschäftsführung sein. Ist z. B. in einem Spezialmaschinenbauunternehmen der Inhaber gleichzeitig Chefkonstrukteur und hat der Erwerber ein vergleichsweise geringes Know-how in der betreffenden Produkttechnologie, ist der Mißerfolg des Kaufs so gut wie vorprogrammiert. In solchen Fällen ist es ratsam, den bisherigen Eigentümer auch in Zukunft vertraglich an das Unternehmen zu binden (z. B. als Geschäftsführer oder Berater).

Bei Unternehmen mit angestellten Unternehmensleitungen ist die Situation meist einfacher, aber auch hier kann die Marktfähigkeit begrenzt sein. Zu denken ist an Unternehmen, die von einigen wenigen guten Leuten in Schlüsselpositionen abhängen. Der Käufer sollte sich versichern, daß durch den Erwerb an diesen Stellen keine personellen Veränderungen ausgelöst werden. Unter Umständen ist es empfehlenswert, gemeinsam mit dem Verkäufer diesen Personenkreis in geeigneter Weise anzusprechen.

Zu achten ist auch auf bisherige wichtige Kunden- und/oder Lieferantenbindungen, deren Fortbestand durch den Eigentümerwechsel gefährdet werden kann.

Probleme können auch bei Unternehmen auftauchen, deren Fertigung sich überwiegend auf fremdes Know-how stützt (z. B. über Lizenzverträge). Hier sollte schon im Vorfeld geklärt werden, ob das Fremd-Know-how dem neuen Eigentümer langfristig zur Verfügung steht.

Eine bedeutende Rolle für die Verkäuflichkeit von Unternehmen kommt schließlich der Kartellgesetzgebung zu. Dies betrifft insbesondere horizontale Diversifikationen.

8.1.3 Vorbereitung des Akquisitionsprozesses

8.1.3.1 Käufer

Viele Schwierigkeiten bei der Realisierung von Unternehmensakquisitionen haben ihre Hauptursachen in einer mangelhaften internen organisatorischen Vorbereitung und Abstimmung sowie in einer nicht sorgfältig durchgeführten Kandidatensuche bzw. -selektion.

Unterstellt man als Erwerber ein Konzernunternehmen, ergeben sich folgende organisatorische Fragen:
− Sollen die Gespräche zentral oder dezentral (z. B. durch Tochtergesellschaften) geführt werden?
− Soll die Unternehmensleitung an den Verhandlungen beteiligt werden?

Vieles spricht dafür, Gespräche und Verhandlungen zu zentralisieren. In den einzelnen Geschäftsbereichen steht das Tagesgeschäft im Vordergrund, d. h. die Realisierung der geplanten kurzfristigen Ergebnisziele. Das Interesse an (externen) strategischen Entwicklungen ist in der Regel nachrangig. Ein weiteres wichtiges Argument ist die Konzentration der Akquisitionserfahrungen an einer Zentralstelle (einschließlich der dazu erforderlichen Kontakte zu Banken, Maklern etc.) und der kürzere Entscheidungsweg.

Die unmittelbare Beteiligung der Geschäftsführung bzw. des Vorstandes an Gesprächen und Verhandlungen ist ein taktisches Problem. Sie wird in den meisten Fällen beim ersten Gespräch mit dem Verkäufer erforderlich und/oder wenn in schwierigen Verhandlungsphasen vermittelt werden muß.

Die Vorgehensweise bei der Kandidatensuche hängt davon ab, ob der Käufer
— klare Vorstellungen über seine Akquisitionskriterien hat
oder ob
— ein relativ breit angelegtes Konzept vorliegt und der Faktor Zeit kein Engpaß ist.

Im ersten Fall sind aufgrund von systematischen Branchen-, Markt- und Wettbewerbsanalysen die potentiellen Partner bekannt bzw. lassen sich verhältnismäßig leicht ausfindig machen. Das Problem liegt hier in der Sondierung der Beteiligungsmöglichkeit. Hier können Banken und Unternehmensmakler bzw. -berater hilfreich sein. Manchmal bietet sich auch eine direkte Ansprache durch den Käufer an.

Hat ein Unternehmen noch kein klar abgegrenztes Suchprofil entwickelt, ist sich aber zumindest über die grundsätzlich in Frage kommenden Geschäftsbereiche im klaren, kann man mit gezielten Informationen über seine Akquisitionspläne weiterkommen (z. B. an Makler, Banken, Presse). Der Vorteil dieses Verfahrens ist, daß in vielen Fällen nur verkaufsbereite Unternehmen auf den Tisch kommen. Nachteilig ist dagegen, daß diese Objekte bereits im Markt sind und häufig Problemfälle darstellen.

Neben diesen sich in der Praxis ergänzenden Verfahrensweisen, die mehr oder weniger auf eigenen strategischen Vorstellungen fußen, gibt es noch einen dritten, mehr passiven Weg, um interessante Beteiligungsobjekte kennenzulernen. Aus der besonders bei einem breit angelegten Akquisitionskonzept erforderlichen engen Zusammenarbeit mit Maklern und Beratern ergeben sich nicht selten neue, gute Beteiligungsvorschläge, die im eigenen Haus noch nicht gedacht wurden. Insoweit kann es auch aus diesem Grund nützlich sein, mit einem ausgesuchten externen Beraterkreis einen vertrauensvollen Gedankenaustausch zu pflegen.

8.1.3.2 *Verkäufer*

Für den Verkäufer gilt um so mehr, daß eine sorgfältige Vorbereitung des Verkaufs entscheidend für den Erfolg ist.

Denn: Der Verkäufer ist immer – da er in der Regel nur einmal ein Unternehmen verkauft – in einer Anfängersituation, während die Käufer häufig Profis sind.

Die Vorbereitung umfaßt
— die Analyse der Ist-Situation des eigenen Unternehmens und die Entwicklung eines Verkaufskonzepts,
— die Auswahl der internen und ggf. externen Personen, die von den Verkaufsabsichten unterrichtet werden bzw. die in die Verhandlungen eingeschaltet werden sollen.

Bei der Auswahl der Beteiligung zeigt sich aus der Sicht des Erwerbers nicht selten folgendes Bild:

Der Verkäufer unterrichtet – wenn überhaupt – nur in sehr begrenztem Umfang eigene Mitarbeiter von seiner Verkaufsabsicht. Damit soll offensichtlich Gerede mit möglicherweise negativen Folgewirkungen vermieden werden. Dagegen fällt es ihm leichter, Dritte einzuschalten.

Was die eigenen Mitarbeiter betrifft, ist abzuwägen, wer wann und wie informiert wird. Das werden unmittelbar leitende Mitarbeiter des Finanz-/Rechnungswesens und des Vertriebs sein müssen, denn auf diese kommen von Anfang an die meisten Fragen zu. Die Einbeziehung anderer Führungskräfte hängt von Art und Umfang der vorzubereitenden Arbeiten ab. Im allgemeinen sollte nicht darauf verzichtet werden, will man nicht die Chance vertun, mit Hilfe des Know-hows seiner engsten Mitarbeiter eine in sich schlüssige, zielführende Verkaufsstrategie zu entwickeln.

Grundsätzlich ist zu bedenken, daß eine späte Information – wenn auch sachlich begründbar – häufig zu Mißstimmungen und Demotivation bei den Betroffenen führt. Als Folge ist zu beobachten, daß nicht selten gute Mitarbeiter das Unternehmen verlassen oder sich später – noch während der Verhandlungen – auf die Seite des Käufers stellen. Beides kann nachteilig für den Verkäufer sein.

Inwieweit und in welchem Stadium externe Spezialisten mit herangezogen werden müssen, ist eine Frage der eigenen Kompetenz. Bezüglich des Standorts und der Qualität von Beratern sollte der Verkäufer folgendes beachten:

Die Aktivitäten von Industriemaklern beschränken sich häufig auf die Vermittlerfunktion. Ob sie darüber hinaus eine Verkaufshilfe geben (z.B. durch Erarbeitung einer Verkaufsstrategie), muß in vielen Fällen bezweifelt werden. Bei Banken steht naturgemäß die zukünftige Sicherung ihres Kreditengagements im Vordergrund. Somit wird das Hauptinteresse beim Käufer liegen. Rechtsanwälte decken meist nur den vertraglichen Teil ab, es fehlt weitgehend die industrielle Erfahrung. Dies trifft in eingeschränktem Maße auch auf Wirtschaftsprüfer zu. Hier stehen Bilanzierungs-/Bewertungs- und Steuerfragen im Vordergrund.

Der Verkäufer muß in genauer Kenntnis seiner Ist-Situation in Verkaufsgespräche gehen. Das bedeutet, daß er sich ins Bild setzt über

– das Erfolgspotential seines Leistungsprogramms,
– die geplanten Produktentwicklungen,
– seine Marktstellung und Absatzmöglichkeiten,
– die wesentlichsten (internen) Schwachstellen,
– die wirtschaftliche Situation (einschließlich der Zukunftsaussichten).

Zur Vorbereitung der Gespräche gehört weiter, daß im Rechnungswesen das Zahlenmaterial derart geordnet und aufbereitet wird, daß es für die Unternehmensbewertung geeignet ist (z.B. Kostenarten-/Kostenträgerrechnung; Betriebsergebnis, Neutrales Ergebnis).

Besonders bei Unternehmen mit mehreren Gesellschaften ist zusätzlich die gesellschaftsrechtliche Ausgangslage zu prüfen. Nicht immer herrscht Einmütigkeit über die Verkaufsabsichten bzw. Art und Weise des Verkaufs.

Die Verwertung der Ausgangslage sollte zunächst losgelöst von potentiellen Erwerbern durchgeführt werden. Hierzu gehört neben der bereits erwähnten Ist-Analyse, daß man sich eine erste Vorstellung über den Wert der Gesellschaftsanteile bzw. den Kaufpreis bildet. Daran anschließend ist ein Konzept zur Optimierung der Verkaufsbedingungen (Kaufpreis etc.) zu entwickeln. Neben der noch ggf. möglichen Beseitigung von Schwachstellen kann das darin bestehen, daß man einen Partner ausfindig macht, der mit dem Unternehmenserwerb möglicherweise hohe Synergieeffekte realisieren kann. Unter diesem Aspekt können selbst Schwachstellen des eigenen Unternehmens oder gar Sanierungsfälle dem Verkauf nicht im Wege stehen.

8.1.3.3 Erstes Gespräch

Die Kontaktaufnahme ist sowohl für den Käufer als auch für den Verkäufer ein äußerst kritischer Schritt. Durch eine ungenügende Vorbereitung und taktloses Verhalten kann eine Verhandlung zu Ende sein, bevor sie richtig begonnen hat. Dies trifft insbesondere auf die Fälle zu, in denen sowohl Käufer als auch Verkäufer noch unentschlossen sind und/oder beiden Parteien Alternativen zur Verfügung stehen.

Neben der Schilderung der eigenen Aktivitäten, der Unternehmensziele und -strategie sollte der Käufer ausführlich die geplante Zusammenarbeit und deren wirtschaftliche Logik für beide Partner schildern. Hierzu gehört auch der Austausch von Informationen über den Markt (Wettbewerb, zukünftige Entwicklung, Chancen und Risiken).

Seitens der Verkäufer werden (verständlicherweise) in diesem frühen Stadium bereits Fragen des Unternehmenswertes bzw. der mögliche Kaufpreis angesprochen. Dem Käufer ist dringend zu empfehlen, hierzu nur allgemein Stellung zu nehmen, z. B. indem das im eigenen Hause übliche Bewertungsverfahren geschildert wird. Eine einmal genannte Zahl – und sei sie mit noch so viel Vorbehalten versehen – steht im Raum und ist später nur schwer zu revidieren. Auch Zahlungsmodalitäten können schon zur Sprache kommen.

Ein weiterer wichtiger Punkt kann die zukünftige Position des Verkäufers sein. Wie bereits in anderem Zusammenhang erwähnt, ist es in bestimmten Fällen sinnvoll, den bisherigen Inhaber über einen Beratungsvertrag oder als angestellten Geschäftsführer weiter an das Unternehmen zu binden. In diesem Zusammenhang sollte auch nach den wichtigsten Know-how-Trägern und deren Position im Unternehmen gefragt werden.

Im übrigen ist das weitere Procedere festzulegen:
– erforderlicher Umfang der Unternehmensanalyse
– Gesprächspartner
– Zeitplan.

Soweit in den ersten Gesprächen eine grundsätzliche Übereinstimmung in den wesentlichsten Punkten (wie z. B. Art und Umfang der Beteiligung, Bewertungsverfahren, Prüfungsprocedere) erreicht werden konnte, hat es sich als nützlich erwiesen, eine entsprechende Absichtserklärung zu formulieren und zu unterzeichnen. Obwohl rechtlich nicht bindend, haben beide Parteien eine Basis bzw. ein Arbeitspapier für die weiteren Vertragsverhandlungen. Der Käufer sollte im übrigen versuchen, den Verkäufer an sich zu binden, d. h. er sollte sich um die Zusage bemühen, daß innerhalb einer zu vereinbarenden Frist keine Parallelverhandlungen geführt werden.

Dem Verkäufer, der bald aufgefordert sein wird, Detailinformationen aus seinem Betrieb einem externen Interessenten zur Verfügung zu stellen, bestätigt der »Letter of Intent« durch seine zumindest »moralische« Bindung die Ernsthaftigkeit des Kaufinteressenten.

Ganz anders sieht die Vorbereitung von Unternehmenskäufen aus, wenn es – wie vermehrt üblich – zu Unternehmens-Versteigerungen kommt. Gemeint ist hiermit folgendes Procedere: Ein vom Verkäufer beauftragtes Beratungsunternehmen erstellt einen Verkaufsprospekt mit den wesentlichen wirtschaftlichen Eckdaten und Rahmenbedingungen des zu verkaufenden Unternehmens. Dieser Prospekt wird an eine mehr oder minder sorgfältig ausgesuchte Anzahl von Kaufinteressenten geschickt. Dabei wird eine Frist für ein Kaufpreisangebot gesetzt, wobei dieses Angebot seitens des potentiellen Käufers an bestimmte Bedingungen geknüpft werden kann (z. B. Überprüfung der übermittelten Informationen). Anhand der vorliegenden Angebote wird vom Verkäufer entschieden, wer in Endverhandlungen eintreten kann. Meist kommt es in dieser letzten Phase zu einer Konkurrenzsituation mit zwei oder drei Kaufinteressenten, in der letztendlich das höchste Gebot ausschlaggebend ist. Das Problem dieses Verfahrens besteht aus Sicht des Käufers vor allem darin, daß die Fristen insbesondere bei interessanten Unternehmen in der Regel sehr kurz gesetzt sind, so daß eine sorgfältige Analyse durch den Käufer oft nicht möglich ist. Hierin liegt ein erhebliches Risiko.

Schließlich sei noch auf das Verfahren des Aktienerwerbs über die Börse hingewiesen. Hier sind Kaufuntersuchungen häufig allein auf extern zugängliche Informationen angewiesen.

In den nachfolgenden Darstellungen wird in erster Linie auf den privaten Anteilskauf abgehoben, d. h. den potentiellen Käufern stehen umfangreiche Informationen u. a. aus unmittelbaren Gesprächen mit dem Verkäufer zur Verfügung.

8.1.4 Unternehmensanalyse

Im Rahmen von Vorgesprächen bzw. Voruntersuchungen ist der potentielle Käufer im wesentlichen auf Aussagen des Verkäufers bzw. auf von diesem erstellte oder übergebene Unterlagen (z. B. Bilanzen/WP-Berichte, Leistungsprogramm, Umsatzstatistiken etc.) angewiesen. Für eine grundsätzliche Übereinkunft zu weitergehenden Verhandlungen reichen diese in der Regel aus, zumal der Käufer die Korrektheit der übergebenen Informationen im Rahmen des Vertragswerkes festschreiben bzw. sich garantieren lassen kann. Ungeachtet dieser mehr formalen Absicherung steht in Vorbereitung einer abschließenden Übereinkunft zwischen Verkäufer und Käufer nunmehr eine detaillierte Unternehmensanalyse an, die sich auf alle Unternehmensbereiche erstreckt.

Bei der Darstellung der einzelnen Untersuchungsschritte (Programm, Betrieb, Personal, Bilanz, Ergebnis) wird unterstellt, daß diese zeitlich aufeinander folgen, so daß der Käufer in den verschiedenen Stadien der Analyse seine Entscheidung korrigieren kann. Auch der Verkäufer profitiert von einem solchen Vorgehen, da es ihm im Hinblick auf die Verfolgung anderer Verkaufsalternativen erheblich Zeit sparen kann. In der Praxis ist dieser Untersuchungsablauf aber kaum anzutreffen. Häufig überlagern sich die einzelnen Analyse-schritte oder erfolgen aufgrund der zur Verfügung stehenden Informationen in anderer Reihenfolge (z. B. zuerst die Bilanzanalyse). Kommt es dann später zu einem Abbruch der Verkaufsverhandlungen, ist allein aufgrund der investier-ten erheblichen Zeit und Arbeit die Enttäuschung auf beiden Seiten groß.

8.1.4.1 Leistungsprogramm/Absatzbereich

Die Analyse des Leistungsprogramms und dessen Stellung im Wettbewerb (Know-how, Markt) kann nicht sorgfältig genug durchgeführt werden. Man sollte sich dabei weder vom eigenen Unternehmen noch durch den Verkäufer drängen lassen. Führt diese Untersuchung – unter Berücksichtigung der eige-nen strategischen Zielsetzungen und Möglichkeiten – nicht zu einem positiven Ergebnis, ist von einer weiteren Verfolgung der geplanten Akquisition abzura-ten.

Nimmt man ein Investitionsgüterunternehmen als Beispiel, werden zur Klä-rung dieses Problemkreises folgende Informationen benötigt:
– Umfang und Struktur des Leistungs- und Absatzprogramms (wert- und mengenmäßig)
– Wettbewerbssituation
– Marktvolumen, Marktanteile
– Wichtigste Kunden/Abnehmerbranchen
– Eigenes Know-how (Patent-, Schutzrechtssituation)
– Fremdes Know-how (Lizenzfertigung, Zukaufteile, Handelsware)
– Abhängigkeit von Lieferanten
– Stellung der Produkte im technologischen Trend, Substitutionstendenzen
– Forschungs- und Entwicklungsaktivitäten (eigene, Auftragsforschung)
– Lebensalter der wichtigsten Konstruktionen, Stellung im Produktlebens-zyklus.

Bei der Beschaffung dieser Informationen ist es empfehlenswert, in geeigne-ter Form auch auf Dritte wie Kunden, Lieferanten, Wettbewerber, Verbände, Forschungsinstitute etc. zurückzugreifen. Daneben ist es hilfreich, sich die wichtigsten Aggregate des Leistungsprogramms unter Produktionsbedingun-gen bei Kunden anzusehen. Am Ende dieser Recherchen müßte der Erwerber in der Lage sein, Innovationskraft und Absatzrisiko des zu kaufenden Unterneh-mens einzuschätzen.

Für die Bewertung des laufenden Geschäfts und die Ergebnisprognose sind (strukturiert nach Leistungsträgern)
– aufgelaufener Umsatz
– Auftragseingänge
– Auftragsbestände/Beschäftigungsreichweite
– aktuelle Projekte im Auftrags-/Angebotsstadium
von Bedeutung. Schließlich sind noch die Erfassung
– des Vertriebssystems und
– vertraglicher Bindungen im Absatz- u. Beschaffungsbereich
wichtig, deren Bestand durch den geplanten Erwerb tangiert werden und bei

366

notwendiger Veränderung erhebliche Kosten wie z. B. Abfindungen auslösen können (z. B. bei Zusammenschlüssen mit hoher Marketingsynergie).

8.1.4.2 Produktion/Betrieb

Die Analyse der Produktion ist mit einer Betriebsbesichtigung zu beginnen. Hierzu empfiehlt es sich, einen erfahrenen Techniker aus dem eigenen Hause mit heranzuziehen. Auf diesem Weg bekommt man einen ersten Eindruck über die Produktivität und die sie bestimmenden Faktoren wie Maschinenpark, Material und Produktionsfluß, Organisation der Fertigungssteuerung, Integration und Art der Lagerwirtschaft, Qualitätswesen etc. In den Betriebsrundgang einzuschließen sind auch Entwicklungsabteilungen, Konstruktion und Anwendungstechnik.

Bei der quantitativen Erfassung des Produktionsbereichs muß gefragt werden nach:
- Grundstücken/Gebäude
  • Größe (Pläne)
  • Alter der wichtigsten Gebäude
  • Freifläche/Erweiterungsmöglichkeiten
  • Nutzungsausweis des anliegenden Geländes
  • Behördliche Auflagen (Lärm, Luft, Entsorgung)
  • Altlasten
- Maschinen
  • Hauptaggregate mit Fertigungsmöglichkeiten
  • Alter, Zustand (Anlagenkartei)
- Sonstige Betriebsmittel wie z. B. Fertigungsvorrichtungen, Meß- und Prüfmittel
- Investitionen der letzten Jahre/Planung
- Produktions-/Konstruktionskapazitäten/wesentliche Engpässe
- Anteile Eigenfertigung/Fremdfertigung/Zukaufteile.

Mit diesen Informationen erhält der Käufer einen guten Eindruck über das betriebliche Leistungsvermögen (ggf. auch im Vergleich zu den eigenen Möglichkeiten oder der Branche).

8.1.4.3 Personal/Organisation

Allein wegen der relativen und absoluten Höhe des Personalkostenblocks, der zudem aufgrund der zahlreichen gesetzlichen Vorschriften nur mit beträchtlichem Aufwand korrigiert werden kann, muß der Personalbereich besonders sorgfältig untersucht werden. Dies schließt eine erste qualitative Beurteilung der Belegschaft mit ein. Dies ist kein einfaches Unterfangen, doch bekommt man in den zahlreichen Gesprächen und Verhandlungen während der Untersuchungsphase ein gutes Gefühl dafür, ob vor allem im Bereich der leitenden Mitarbeiter personelle Maßnahmen nach der Übernahme erforderlich sind. Gegebenenfalls erforderliche Veränderungen können nicht rechtzeitig genug im Haus des Erwerbers geplant werden.

Wichtig ist darüber hinaus die Analyse einiger spezifischer Kennzahlen wie z.B. Personalkosten/Kopf, Lohnkosten, Gehaltsstruktur leitende Mitarbeiter etc. Auch sind Vergleiche mit dem eigenen Unternehmen oder der Branche und/oder dem Tarifbezirk zu empfehlen. Ungereimtheiten hier können erhebliche Probleme nach sich ziehen bis hin zu einem standort- und/oder betriebstarifbedingtem Personalkosten-Wettbewerbsnachteil, der – wenn überhaupt – nur mittelfristig korrigierbar ist.

In diesem Zusammenhang notwendige Anpassungen sollten nach Möglichkeit noch vor dem Erwerb veranlaßt bzw. in Form von Rückstellungen berücksichtigt werden. Dies ist insbesondere bei Sanierungsfällen nicht selten möglich.

Eine gute Übersicht über den Personalbereich erhält man durch ein
– Organisationsschaubild,
das unterteilt nach Funktionsbereichen und -einheiten die
– Anzahl, Struktur und Qualifikation der Mitarbeiter (Angestellte, Lohnempfänger)
enthalten sollte. Diese Angaben sind zu ergänzen um Aussagen über
– Personalkosten (strukturiert nach Funktionsbereichen)
– Krankenstand und Fluktuation (Wechsel von leitenden Mitarbeitern in jüngster Vergangenheit?)
– Tarifbereich/Tarifvertrag
– Mitbestimmung/Betriebsrat/Betriebsvereinbarungen
– örtliche Arbeitskräftesituation
Bei den leitenden Angestellten (incl. der Unternehmensleitung) müssen die wesentlichsten
– Bedingungen der Anstellungsverträge (Gehalt, Pensionszusagen, Kündigungsfristen)
bekannt sein. Zu fragen ist auch nach Beraterverträgen und hier insbesondere nach Fristen und Kosten der Auflösung. Erwirbt ein Konzern, sind häufig Berater nicht mehr erforderlich, da entsprechende eigene Mitarbeiter/Stäbe zur Verfügung stehen.

Bei den Betriebs- und Verwaltungsabläufen ist zu klären, mit welchen organisatorischen Hilfsmitteln gearbeitet wird und wie aussagefähig das interne Berichtswesen ist:
– In welchen Bereichen wird DV eingesetzt? Seit wann? Kosten?
  • Lohn/Gehalt
  • Kostenrechnung
  • Geschäftsbuchhaltung
  • Materialwirtschaft/Einkauf
  • Produktionsplanung und -steuerung
  • Konstruktion
  • Auftragsabwicklung/Vertrieb
– Besteht die EDV nur aus Teillösungen oder ist ein integriertes System vorhanden?
– Sind die eingesetzten Systeme kompatibel zum Unternehmen des Käufers?
– Gibt es monatliche Ergebnisrechnungen unter Berücksichtigung der Bestandsveränderung?
– Fabrikateerfolgsrechnungen?

– Finanzplan?

– Mit welchen sonstigen Kennzahlen wird das Unternehmen/der Betrieb gesteuert?

Gewinnt man von der Unternehmensorganisation einschließlich dem Rechnungswesen insgesamt einen positiven Eindruck, so ist in der Regel auch das Zahlenwerk zumindest rechnerisch in Ordnung. Bei der nunmehr anstehenden Bilanzanalyse kann der Erwerber sich deshalb weitgehend auf die Abschätzung der Unternehmensrisiken bzw. deren angemessener Bilanzierung konzentrieren.

8.1.4.4 *Vermögensstatus/Bilanz*

Nach der Durchleuchtung des Produktionsprogramms, des Marktes, des Betriebes und des Personalbereichs ist der Kaufinteressent an einem Punkt angelangt, an dem unter Berücksichtigung der eigenen Interessen und Fähigkeiten zu entscheiden ist, ob in die letzte Phase der Unternehmensanalyse, der Überprüfung der Bilanzen als rechnerische Dokumentation des Betriebsgeschehens eingetreten werden soll. Traten bisher schon erhebliche Zweifel an der zukünftigen Ertragskraft des Kaufobjektes auf, die durch entsprechende Rückstellungen in den Übernahmebilanzen nicht mehr aufgefangen werden können (z.B. nicht ausreichendes Know-how), ist es nunmehr höchste Zeit ›Nein‹ zu sagen. Noch so gute Bilanzen sollten an dieser Entscheidung nichts ändern, zumal Aktiva und Passiva in erster Linie das wirtschaftliche Geschehen der Vergangenheit dokumentieren. Sind dagegen die ersten Hürden genommen, darf sich der Käufer auch von auf den ersten Blick ungünstigen Bilanzen und Ergebnisentwicklungen nicht beeindrucken lassen. Meist handelt es sich in diesen Fällen um reparable Schwachstellen, die noch den Vorteil haben können, den Kaufpreis günstig zu gestalten.

Vor diesem Hintergrund hat die Bilanzanalyse weniger die Aufgabe, Vermögenswerte wie z.B. das bilanzielle Eigenkapital zu einem bestimmten Stichtag zu ermitteln, sondern sie hat vielmehr die Frage zu beantworten, ob die in der Bilanz dokumentierte Unternehmenssubstanz über den Zukunftserfolg die geforderte Verzinsung des investierten Kapitals gewährleisten kann. Für die Untersuchung der Vermögens- und Schuldteile der Bilanz bedeutet dies, daß die einzelnen Bilanzpositionen in einer dynamischen Betrachtung auf ihre zukünftigen Ergebnisrisiken und -chancen zu überprüfen sind.

Unter diesem Aspekt ist z.B. zu fragen nach

– Struktur des Anlagevermögens

– Entwicklung der Investitionen und Abschreibungen, Inanspruchnahme der Abschreibungsmöglichkeiten

– Aktivierungspraktiken (Eigenleistungen, I+R)

– nicht betriebsnotwendige Vermögensstellen

– Umschlagshäufigkeit des Umlaufvermögens

– zeitlicher Entwicklung der Gängigkeitsabschläge beim Vorratsvermögen

– Bonitätsanalyse der Hauptkunden

– Ausschöpfung steuerlicher Möglichkeiten zur Bildung stiller Reserven (6b-Rücklage, Investitionszulage, Sonder-Afa)

- Inanspruchnahme der Wertberichtigungs- und Rückstellungsmöglichkeiten (Garantie, drohende Verluste aus Aufträgen, Pensionen etc.)
- Berücksichtigung des Währungsrisikos bei Forderungen und Verbindlichkeiten
- Ver- und Berechnungspreisen zwischen Tochtergesellschaften
- Fristigkeit und Verzinsung der Verbindlichkeiten
- Inanspruchnahme der Beleihungsmöglichkeiten
- Verfügbarkeit der Kredite nach Eigentümerwechsel
- Volumen der Anzahlungen (Entwicklung)

Ein besonders schwieriges Thema ist neben der Vorratsbewertung die Abschätzung der Ergebnisrisiken im Auftragsbestand und die Ermittlung der Garantierückstellungen. Hier sollte man sich im Rahmen der zu testierenden Übernahmebilanzen keinesfalls auf die Wirtschaftsprüfer allein verlassen, sondern schon im Vorfeld eigene Techniker mit in die Diskussion einbeziehen. Dem häufig gemachten Hinweis des Verkäufers, daß man in der Vergangenheit mit diesen Problemen auch gelebt habe, ist mit äußerster Skepsis zu begegnen. Besonders wenn ein Konzern ein mittelständisches Privatunternehmen erwirbt, kommen nicht selten nach der Übernahme auftragsbezogene Risiken bzw. Gewährleistungsansprüche hoch, die man früher ›anders‹ geregelt oder in Anbetracht des bevorstehenden Unternehmenskaufs vor sich hergeschoben hat. Für alle Bilanzpositionen gilt im übrigen, daß man sich signifikante Veränderungen in den Bewertungsmethoden erläutern lassen sollte.

8.1.4.5 Ergebnisanalyse

Als Arbeitsunterlage stehen hierzu Jahresabschlüsse zur Verfügung, die im Normalfall der Rechnungslegung des Unternehmens dienen und weniger im Hinblick auf einen Unternehmensverkauf erstellt wurden. Insoweit ist eine grundlegende Neuorientierung hinsichtlich Inhalt und Struktur der einzelnen Positionen der Gewinn- und Verlustrechnung erforderlich.

Analysekriterium ist die Ermittlung eines periodengerechten, normalen Ergebnisses, dessen Realisierung aufgrund entsprechender ertragsbringender Vermögenswerte auch in Zukunft für möglich angesehen wird.

Eine periodengerechte Zuordnung von Aufwands- und Ertragspositionen ist dann erforderlich, wenn durch Bilanzierungsvorschriften eine entstehungsgerechte Zuordnung nicht erfolgt bzw. erfolgen kann, z.B. bei:
- Sonderzuführungen zu Rückstellungen (Garantie, Pensionen)
- vorgezogener Verlustrealisierung
- Forschungs- und Entwicklungskosten für neue Produkte.

Unter einem normalen Ergebnis wird hier verstanden, daß voraussichtlich einmalige Ergebniseinflüsse zu eliminieren sind. Als Beispiel für einmalige Ergebniseinflüsse sind zu nennen:
- Kosten einer Strukturbereinigung
- politisch bedingte Forderungsausfälle
- Zuschüsse zu Forschungs- und Entwicklungsvorhaben
- Versicherungsentschädigungen
- Veräußerungsgewinne (z.B. aus dem Verkauf von Beteiligungen).

Weitere Ergebnisbereinigungen können auf die Ausübung von Bewertungswahlrechten zurückgehen.

Wichtig ist an dieser Stelle der Hinweis, daß bei der Ergebnisnormalisierung strenge Maßstäbe angelegt werden müssen. Außerordentliche Ergebnisbelastungen können sich in einer mittelfristigen Betrachtung durchaus als normal herausstellen!

Abschließend ist noch auf Ergebnispositionen zu achten, die im Zuge einer Unternehmensveräußerung entstehen oder entfallen. Hier wären zu nennen:
- verdeckte Privatentnahmen bei Familiengesellschaften
- kalk. Unternehmerlohn, Arbeitsleistung von Familienangehörigen
- günstige Konditionen von Gesellschafterdarlehen
- Einflüsse aus einem Konzernverbund, wie vorteilhafte Zulieferungs- und Absatzbedingungen, Konzernumlagen.

Mit der Überprüfung der Nachhaltigkeit der Ergebnisse bekommt der Käufer gleichzeitig einen Einblick in die Ergebnis- bzw. Dividendenpolitik. Änderungen in den Bewertungsmethoden und/oder Rückstellungen können ihren Grund darin haben, die Ergebnisse kurz vor dem Verkauf günstiger darzustellen, als es dem eigentlichen Geschäftsverlauf entspricht. Unter diesem Aspekt sollte auch untersucht werden, ob
- der Forschungs- und Entwicklungsaufwand konstant geblieben ist
- Investitionen und dementsprechend Abschreibungen rückläufig sind
- die Instandhaltungsaufwendungen nachgelassen haben
- die Vorräte über ein vertretbares Maß heruntergefahren wurden
- sich die sonstigen Aufwendungen auffällig verändert haben (z.B. Senkung der Messe- und Werbekosten)
- die Verrechnungspreise gegenüber verbundenen Unternehmen erhöht werden
- außergewöhnliche Umsätze mit eigenen Gesellschaftern getätigt wurden (z.B. Verkauf von Ladenhütern zu überhöhten Preisen).

Die hierzu erforderliche Analyse der Entwicklung der Leistungs- und Kostenstruktur bzw. die Entwicklung einzelner Kostenarten wird oftmals erschwert durch das Fehlen entsprechender Unterlagen aus dem Rechnungswesen. Nach wie vor fehlt in vielen mittelständischen Firmen eine aussagefähige Kostenrechnung.

8.1.4.6 Zukunftserfolg/Synergieeffekte

Bei der Ableitung des Zukunftserfolges hat der Käufer im Grunde nur zwei Alternative, wenn er schnell zu einer Entscheidung kommen will:
- Er verläßt sich auf die bereinigten Ergebnisse der Vergangenheit und schreibt diese fort

oder
- er stellt eine grobe Ergebnisplanung auf.

Die erste Alternative ist ein brauchbarer (und in der Praxis häufig angewandter) Weg bei wirtschaftlich gesunden Unternehmen, deren Produkte und Märkte aus eigener Erfahrung bekannt sind.

Der zweite Weg wird immer dann beschritten werden müssen, wenn es sich um ertragsschwache Unternehmen handelt und/oder die Kaufpreisforderung in keinem Verhältnis zu den bisherigen Ergebnissen steht. Hier tut man sich im übrigen leichter, wenn das zu erwerbende Unternehmen in enger Beziehung zu den eigenen Aktivitäten steht und damit die Möglichkeit zu Vergleichen bzw. Plausibilitätskontrollen vorhanden ist.

Es muß nicht besonders erwähnt werden, daß diese Praktiker-Verfahren für Sanierungsfälle und erst recht für konglomerative Unternehmenszusammenschlüsse nicht geeignet sind. Hier ist im Rahmen einer integrierten Unternehmensplanung eine sorgfältige Risiko-Chancen-Analyse aller ertragsbestimmenden Faktoren erforderlich. Bei Sanierungsfällen beinhaltet dies die Ermittlung der Sanierungskosten. Als untere Auffanglinie ist zusätzlich der Liquidationswert zu bestimmen.

Neben den für die Unternehmensbewertung notwendigen isolierten Ergebnisplanungen sollten sowohl Käufer als auch Verkäufer sich ein Bild von den möglichen Synergieeffekten eines Unternehmensverbundes machen. Bei voneinander abweichenden Wertvorstellungen sind die ergebniswirksamen Vorteile aus dem Verbund manchmal eine Möglichkeit, zu einem für beide Seiten akzeptablen Kaufpreis zu kommen. Dieser Vorteil ist aber immer – und das wird häufig nicht beachtet oder vernachlässigt – ein Saldo von positiven und negativen Ergebniseinflüssen.

Die Synergieeffekte sind am größten bei horizontalen Unternehmenszusammenschlüssen. Beispielhaft seien für diesen Fall genannt:
– bessere Absatzmöglichkeiten durch ein größeres Vertriebsnetz, Zusammenlegung des Kundendienstes
– Vermeidung von Doppelinvestitionen
– Optimierung der Fertigungskapazitäten
– Konzentration der Forschung und Entwicklung
– Zusammenfassung von Overhead-Funktionen
– günstigere Einkaufsmöglichkeiten
– Senkung des Zinsaufwandes über eine gemeinsame Finanzierung
– Reduzierung des sonstigen Aufwandes wie z. B. Beratungshonorare, Reisekosten, Messen und Werbung etc.

Dagegen bestehen – und das sei hier nochmals betont – insbesondere bei Synergieeffekten im Personalbereich die negativen Einflüsse aus
– Sozialplänen
– Teilstillegungen
– Angleichung der Sozialleistungen an die des Erwerbers.

Bei der rechnerischen Ermittlung von Verbundeffekten muß man sich darüber im klaren sein, daß sie sich eher mittelfristig einstellen und sich dann als solche kaum noch eindeutig nachvollziehen lassen. Zur internen Kaufpreisrechtfertigung eignen sie sich deshalb nur begrenzt. Man sollte sie als Chance im Risikofeld des Unternehmenserwerbs sehen.

Mit einer sorgfältigen Unternehmensanalyse ist die wichtigste Voraussetzung für abschließende Verhandlungen geschaffen. Neben einem qualifizierten Gesamturteil über das Unternehmen, seine Stärken und Schwächen, sein synergetisches Potential sowie sonstige interne und externe Rahmenbedingungen stehen dem Kaufinteressenten dazu rechenbare Größen wie

- der Vermögensstatus als Basis für den Zukunftserfolg
- die Ergebnisse der Vergangenheit und die Ergebnisprognose

zur Verfügung.

8.1.5 Verhandlung und Kaufvertrag

8.1.5.1 Kaufpreis

Zu Beginn der Kaufpreisverhandlungen stehen beide Parteien vor einer Reihe von unterschiedlichen Werturteilen, die sich beziehen auf
- die jeweilige Einschätzung der nachhaltigen, zukünftigen Ergebnisse,
- die angemessene Verzinsung des investierten bzw. zu investierenden Kapitals,
- Art und Umfang der Synergieeffekte.

Mit Hilfe dieser Bewertungsfaktoren haben sich sowohl Käufer als auch Verkäufer eine Vorstellung über ihren Entscheidungswert (= Kaufpreisober- bzw. -untergrenze) gemacht. Für den Käufer wird dabei das entscheidende Kriterium der Barwert der zukünftigen Erträge (= Ertragswert) sein, den er unter Ansatz der von ihm geforderten Verzinsung ermittelt hat. Den gleichen Weg müßte analog der Verkäufer beschreiten. In der Praxis ist dies allerdings nicht die Regel. Besonders bei ertragsschwachen Unternehmen orientiert sich der Verkäufer – oft unter dem Einfluß unqualifizierter Berater – am Substanzwert.

Sieht man einmal von Teppichhändlermethoden ab, bei denen Käufer und Verkäufer ihre mehr oder weniger unbegründeten Preisangebote auf den Tisch legen und dabei versuchen, im Verlauf der Kaufpreisverhandlungen über Preiszugeständnisse (im Rahmen ihrer Grenzwerte) zu einer Einigung zu kommen, bietet sich zur Lösung des Kaufpreiskonfliktes eher folgendes Procedere an:
- Käufer und Verkäufer begründen unter Hinweis auf die benutzten Entscheidungsfaktoren ihre Angebote, wobei sie auf die Ergebnisse eigener Unternehmensanalysen bzw. Unternehmensbewertungen zurückgreifen.
- Im zweiten Schritt sucht man gemeinsam nach den richtigen Parametern der Unternehmensbewertung.
- Käufer wie Verkäufer tasten sich schrittweise mit Zugeständnissen bei den jeweiligen Beratungsfaktoren an ihre Entscheidungswerte heran.

Ist keine Einigung möglich, müssen beide Parteien ihre Positionen überdenken und ggf. neu definieren. Ein Weg hierzu kann bei Teilveräußerungen das Angebot eines Besserungsscheines (z. B. in Form einer befristeten Vorzugsdividende) durch den Käufer sein. Daneben gibt es eine Reihe von weiteren Gestaltungsmöglichkeiten, die sich zum einen auf das Beteiligungsmodell selbst (z. B. Ausschöpfung steuerlicher Vorteile) und zum anderen auf die sonstigen Vertragsbedingungen beziehen, wie z. B. Kaufpreiszahlung, Umfang der Gewährleistung etc.

Im Vergleich zur Teppichhändlermethode, die bei Verkäufen, die sich sachlichen Argumenten verschließen, durchaus ihre Bedeutung haben kann, ermöglicht letzteres Verfahren beiden Seiten eine flexible Verhandlungsführung ohne die Gefahr von Gesichtsverlusten, die immer bei pauschalen Preisforderungen oder -angeboten besteht.

Ein Kaufpreis wird selten als Festpreis vereinbart, sondern z.B. abhängig gemacht von substantiellen Werten wie dem bilanziellen Eigenkapital zum Übernahmestichtag.

Dabei sind folgende Regelungen anzutreffen:

– Der Verkäufer garantiert eine bestimmte Eigenkapitalausstattung. Wird dieser Wert nicht erreicht, muß der Verkäufer das zugesicherte Eigenkapital herstellen.

– Eine Änderung des Kaufpreises erfolgt entsprechend der (oder in einem festzulegenden Verhältnis zur) Veränderung des Eigenkapitals, d.h. der Kaufpreis ist voll flexibel.

– Es wird ein Mindest- und/oder ein Höchstkaufpreis vereinbart, in deren Grenzen gemäß der getroffenen Eigenkapitalvereinbarung der Kaufpreis schwanken kann.

Wichtig ist bei diesem an der Unternehmenssubstanz orientierten Verfahren, daß die Übernahmebilanz unter Beachtung der zu vereinbarenden Bilanzierungsvorschriften erstellt wird und die Prüfung dieser Bilanz durch einen neutralen Wirtschaftsprüfer durchgeführt wird.

Daneben finden sich Kaufpreisregelungen, die sich an zukünftigen Ergebnissen orientieren, d.h., daß ein Teil des Kaufpreises zum Abschluß des Kaufvertrags noch nicht festliegt (Besserungsschein). Problem hier ist insbesondere bei Mehrheitsübernahmen die spätere (eingeschränkte) Einwirkungsmöglichkeit des Verkäufers auf die Gestaltung der Ergebnisse und damit auf den Restkaufpreis.

8.1.5.2 Sonstige Vertragsbedingungen

An erster Stelle ist hier das Problem der Gewährleistung des Verkäufers zu nennen.

Da der Umfang der Gewährleistung im wesentlichen von den entsprechenden vertraglich ausbedungenen Zusicherungen abhängt, bestimmt letztlich der Erwerber, wie groß sein diesbezügliches Risiko ist. Der Käufer sollte sich u.a. vom Verkäufer zusichern lassen, daß

– sämtliche (bekannten) Risiken durch entsprechende Rückstellungen berücksichtigt sind, wobei Passivierungswahlrechte auszunutzen sind

– Pensionsrückstellungen unter Beachtung der steuerlichen Möglichkeiten dotiert sind,

– die benutzten Vermögensgegenstände im Eigentum der jeweiligen Gesellschaft stehen,

– nicht in Rechte Dritter eingegriffen wird (Patente, Lizenzen),

– keine behördlichen Auflagen bestehen (hinsichtlich Betriebsstätten, erzeugte Produkte etc.)

– Kundenauflagen (Produkt, Produktion) erfüllt sind,

– die Geschäfte bis zum Eigentumsübergang mit der Sorgfalt eines ordentlichen Kaufmanns geführt werden,

– die bisher im Laufe der Verhandlungen übergebenen Unterlagen korrekt sind und die wirtschaftliche Situation des Unternehmens richtig wiedergeben.

Daneben sollte vereinbart werden, daß bis zum Übernahmestichtag keine stillen Reserven außerhalb des üblichen Geschäftsbetriebs aufgelöst werden dürfen und bei größeren Investitionen sowie beim Abschluß wesentlicher Verträge der Erwerber zu konsultieren ist.

Umfang und Art der Gewährleistung sind häufig ein schwieriges Verhandlungsthema. Hier ist der Verkäufer (besonders bei Totalverkäufen) meist wenig konzessionsbereit, zumal wenn der Erwerber befristete finanzielle Garantien zur Sicherung potentieller Ansprüche verlangt.

Weitere wichtige Vertragsbedingungen betreffen
— ggf. erforderliche Änderungen des Gesellschaftsvertrages einschließlich der Geschäftsordnung für die Geschäftsführung
— Wettbewerbsabreden
— Genehmigungsvorbehalte (Gesellschafter, Aufsichtsrat)
— das Wirksamwerden des Vertrages (Kartellamtsgenehmigung)
— die Kosten des Erwerbs wie z. B.
  • Notariatskosten
  • Verwaltungsgebühren
  • Steuern (Grunderwerbsteuer!)
  • Kosten für Wirtschaftsprüfer, Anwälte, Makler.

8.1.5.3 Vertragsdurchführung/Integration

Vor dem eigentlichen Vertragsabschluß sind in der Regel noch Genehmigungen sowohl auf Käufer- als auch auf Verkäuferseite erforderlich. Diese gehen auf entsprechende Vorschriften und Bestimmungen in Satzungen, Gesellschaftsverträgen, Geschäftsordnungen etc. der Vertragsparteien zurück. Häufig treten bei diesen Genehmigungen unerwartete Probleme auf: Es kann deshalb nur empfohlen werden, die Entscheidungsprozesse frühzeitig in Gang zu setzen.

Nach Vertragsabschluß ergeben sich eine Reihe von Maßnahmen, die sich zum einen aus dem Vertrag selbst ergeben, zum anderen im Zusammenhang mit der Veröffentlichung des Erwerbs stehen (Mitarbeiter, externe Stellen). Aus dem Vertragsvollzug können sich u. a. folgende Aufgaben ergeben:
— Beauftragung des gemeinsam bestimmten Wirtschaftsprüfers zur Prüfung und Testierung der Übernahmebilanz und ggf. zur Ermittlung des Kaufpreises
— Abwicklung der Kaufpreiszahlung
— Aufhebung oder Änderung von Verträgen des Unternehmens, Überleitung von Verträgen
— Anzeige des Anteilsübergangs bei der oder den Gesellschaften
— Handelregistereintragungen
— ggf. erforderliche Vermögensübertragungen
— Geschäftsführerwechsel.

Bei der Information der Belegschaft ist die zeitliche Reihenfolge zu beachten (z. B. leitende Mitarbeiter, Betriebsrat, Gewerkschaften, Arbeitnehmer). Bei den außerhalb des Unternehmens zu informierenden Stellen ist ebenfalls Zeitpunkt und Reihenfolge wichtig. Gute Kunden und Lieferanten sollten nicht aus der Presse erfahren, daß ein Wechsel in den Besitzverhältnissen stattgefunden hat. Bezüglich der Information der Hausbanken – soweit nicht schon durch den Verkäufer in einem früheren Stadium geschehen – ist es empfehlenswert, diese schon vor Vertragsabschluß (eventuell gemeinsam mit dem bisherigen Eigentümer) anzusprechen. Bei entsprechenden Mitteilungen ist es wichtig, die bisherigen Geschäftspartner über Motive der Übernahme und die zukünftige Unternehmenspolitik (soweit Änderungen beabsichtigt sind) nicht im Unklaren zu lassen, damit das laufende Geschäft durch die Übernahme so wenig wie möglich tangiert wird.

Erfolg oder Mißerfolg einer Unternehmensakquisition werden nicht nur von einer sorgfältig geplanten Einbindung des laufenden Geschäfts und der neuen Organisation bestimmt, sondern auch erfahrungsgemäß entscheidend davon beeinflußt, wie gut es gelingt, die neuen Mitarbeiter einschließlich der Topmanagements entsprechend motiviert in einen größeren Verbund zu integrieren. Dazu gehört u. a., daß

— alle Mitarbeiter über den Erwerber und seine Ziele entsprechend ihrer Position und Aufgabe informiert werden,

— ein bisher schon erfolgreiches Management nicht unnötig mit Formalismen des Käufers belästigt wird (Berichtswesen!)

— das Top-Management beim Erwerber nur eine zentrale Anlaufstelle auf seiner Ebene hat,

— keine sinnlose Vereinheitlichung in der Personalpolitik stattfindet (z. B. Abbau von bisher üblichen Incentives),

— erforderliche Personalmaßnahmen (z. B. zur Realisierung von Synergien) unverzüglich erfolgen, damit sich keine Ängste aufbauen bzw. Unsicherheiten entstehen.

Zu beachten ist nicht zuletzt, daß nicht selten die Mitarbeiter eines übernommenen Unternehmens in bezug auf den Erwerber einen positiven Erwartungshorizont haben.

Diese Chance sollte genutzt werden.

GÜNTER JAENSCH

8.2. Unternehmensbewertung bei Akquisitionen in den USA*

---

* Erstmals erschienen in: ZfbF, 41. Jg., 1989, S. 329–339.

8.2.1 Anmerkungen zum Stand der Theorie der Unternehmensbewertung

8.2.1.1 Das Grundproblem

Unter Unternehmensbewertung versteht man die Fixierung von Preisideen für ganze Unternehmen, wobei diese Preisideen im wesentlichen der Verhandlungsführung und Entscheidungsfindung über das tatsächliche Aushandeln von Preisen jener Unternehmen dienen sollen; der buchstäbliche Verkauf von Unternehmen bildet hierbei im Prinzip nur einen Musterfall von vielen anderen Bewertungsanlässen, wie z. B. auch Erbenauseinandersetzungen, Einbringungen und so fort.

Für die Betriebswirtschaftslehre hat die Unternehmensbewertungsproblematik seit jeher eine besondere Faszination ausgeübt. Maßgeblich hierfür scheint einmal die Möglichkeit der vermeintlich klaren Problemstrukturierung, erklärend aber auch das scheinbar vielfältige und unterschiedliche Angebot an Methoden zur Lösung des Problems. Ausgangspunkt war dabei fast immer die Feststellung, daß es eines besonderen Kalküls bedürfe, ganze Unternehmungen zu bewerten, da für solche »Unikate« keine Marktpreise existieren könnten[1]. Ohne auf den in dieser Vorstellung implizierten Überzeugungshintergrund jetzt eingehen zu wollen, daß es nämlich Marktpreise nur bei polypolitischer Konkurrenz gäbe[2], sei deshalb festgehalten, daß die herrschende Lehre zur Unternehmensbewertung aufgrund des Mangels von beobachtbaren Preisen ein Instrumentarium entwickelt hat, das zur Bildung solcher Preise Orientierungshilfen zu vermitteln scheint.

Ausgangspunkte sind hierbei traditionell der sogenannte Substanzwert und der Ertragswert der Unternehmung. Der Substanzwert zielt auf eine Addition der einzeln bewerteten verkehrsfähigen Güter der Unternehmung und wurzelt somit im Rechnungswesen; Basis seiner Ermittlung sind Inventurlisten. Die Bewertung erfolgt dabei in der Regel mit Wiederbeschaffungspreisen; das, was man manchmal auch sehr summarisch »Geschäftswert« oder »Goodwill« nennt, also zum Beispiel der Wert des Kundenstamms, das bleibt außer Ansatz. Der Substanzwert in dieser Form wird – präziser – auch als Teil-Reproduktionswert bezeichnet[3].

Der Ertragswert wird dagegen qua Diskontierung der zukünftigen Erfolge, die aus dem Unternehmen fließen, bestimmt. Im Gegensatz zum Substanzwert oder Teil-Reproduktionswert handelt es sich also um einen *synthetischen* Wert, der nicht die einzelnen physisch vorhandenen Elemente des Unternehmens selbst in den Vordergrund stellt, sondern ihr bewußt gesteuertes Zusammenwirken im Hinblick auf eine bestimmte finanzielle Zielvorstellung.

---

(1) Vgl. Busse von Colbe, Der Zukunftserfolg, 1957, S. 9.

(2) Zur Preisbildung und den Formen der Konkurrenz vgl. Henderson/Quandt, Mikroökonomische Theorie, 1967.

(3) Vgl. z. B. Sieben, Der Substanzwert der Unternehmung, 1963, S. 23–28 sowie Jaensch, Wert und Preis, 1966, S. 74–76.

8.2.1.2 Lösungsangebote

Wie so oft, wenn ein Problem gedanklich nicht ganz durchdrungen wird, sucht man dann die Wahrheit irgendwo zwischen den Extremen zu finden: die Literatur bezeugt von einem ungeheuren Einfallsreichtum, was die Formen einer rechnerischen Verbindung von Substanzwert und Ertragswert anlangt[4]. Bemerkenswert ist hierbei nicht allein der akribische Eifer, solche Verkoppelungen entweder durch Argumente dynamischer Marktanpassung im Konkurrenzverhalten oder aber einer (primitiven Form der) Ungewißheitstheorie zu untermauern, sondern darüber hinaus auch die unverkennbare Absicht, diese Verkoppelungen in arithmetisches Schamanentum[5] umzusetzen. Eine weitere Beiläufigkeit nebenher: es scheint, daß gerade diese Ausformung der Problemanalyse bei Unternehmensbewertungen durch Verkoppelung von Substanzwert und Ertragswert keine typisch europäische Erscheinung ist: auch im angelsächsisch-amerikanischen Raum finden sich (historisch) Hinweise auf solche Verknüpfungen von Ertragswert und Substanzwert[6].

Mit der Diskussion von Substanzwert und Ertragswert als Ansatzpunkte zur Lösung eines scheinbar betriebswirtschaftlichen Spezialproblems verbinden sich Glaubensbekenntnisse für »objektive« und »subjektive« Gesamtwerte von Unternehmungen sowie gewisse Kuriosa hinsichtlich der Einstellung zur Zukunft.

Der – semantisch unglückliche – Versuch, »objektive« Unternehmenswerte zu ermitteln, basiert nicht auf einem prinzipiellen Mißverständnis der Wertlehre, sondern zielt vielmehr darauf, einen »normalisierten« oder »fairen« Unternehmenswert bestimmen zu wollen[7]. Solche Werte sind vielfach als »Schiedsrichter-Werte« in schwierigen Verhandlungssituationen nützlich oder erscheinen dies zu sein[8]. Es bedarf keiner tiefschürfenden Ausführungen, daß dem Gedankengut der objektiven Unternehmensbewertung die Substanzwertüberlegung wesentlich näher steht als der Ertragswert. So wird denn die Ertragswertbetrachtung auch viel stärker in den Vordergrund der sogenannten Lehre von der *subjektiven* Unternehmensbewertung gestellt: man fragt, welche *Grenzpreisvorstellung* ein bestimmtes handelndes Subjekt hinsichtlich des Erwerbs der Unternehmung entwickeln könnte.

Daß sich mit den Fragen der substanzwertorientierten und der ertragswertgebundenen Unternehmensbewertung auch gewisse – dunkel empfundene – Vorstellungen hinsichtlich des Phänomens der Unsicherheit verbinden, darauf wurde bereits hingewiesen: im Substanzwert wird eine – weil mit geringer Prognoseunsicherheit behaftet – verläßlichere Größe gesehen als im Ertragswert, da jener doch seine Grundlagen in der undurchsichtigen Zukunft findet. Diese Betrachtung jedoch scheint wenig überzeugend, wenn man bedenkt, daß

---

(4) Vgl. Jaensch, Wert und Preis, S. 73–78 sowie Moxter, Unternehmensbewertung, 1976, S. 384–103.

(5) Zu dieser Frage vgl. bes. Matschke, Der Entscheidungswert der Unternehmung, S. 59–69 sowie Wagenhofer, Bestimmung von Argumentationspreisen, 1988, S. 340–359.

(6) Vgl. etwa Bonbright, The Valuation of Property, 1937 sowie Wixon/Kell/Bedford, Accountants' Handbook, 1970.

(7) Vgl. Moxter, Unternehmensbewertung, 1976, S. 25 f. u. S. 30–36.

(8) Vgl. bes. Matschke, Arbitrium- oder Schiedsspruchwert, 1971, S. 508–520.

Wiederbeschaffung für sich keinen Wert begründet, sondern allein die Nutzung der Substanz im Sinne der Realisierung finanzieller Zielvorstellungen. Insofern bietet das Substanzwertdenken weder in Theorie noch Praxis eine verläßliche Grundlage für Entscheidungen; daß dennoch in der Praxis sehr oft auf sogenannte Substanzwerte im Rahmen von Unternehmensbewertungen und – noch mehr – Preisverhandlungen für Unternehmen zurückgegriffen wird, hat andere Gründe: oft fehlt es am Konsens der verhandelnden Parteien über künftige Erfolgsströme aus der Unternehmung und damit auch über Ertragswerte, oft bietet der Rückgriff auf Wertkonventionen – auch logisch nicht begründbarer Natur – die einzige Möglichkeit, Verhandlungsplattformen zu etablieren, vielfach gehört es auch zu dem bereits erwähnten »Schamanentum« oder der »sumo-Taktik« im Sinne von Verhandlungsgebärden[9].

8.2.2 Besonderheiten der Unternehmensbewertung in den USA

Die Überschrift des Beitrags provoziert die These, daß die USA einen Spezialfall der Unternehmensbewertung markieren. Im Prinzip will es aber nicht recht einsichtig erscheinen, warum für Unternehmenserwerbe in den USA andere betriebswirtschaftliche Betrachtungsweisen gelten sollten als die in der deutschen Betriebswirtschaftslehre entwickelten. Daß es dennoch so ist, findet seine Ursache weniger im formal-theoretischen als im praktischen Umfeld:

8.2.2.1 Attraktivität der USA als Investitionsland

Die USA bilden den größten geschlossenen Markt der Erde. Der Markt ist etwa fünfmal größer als der der Bundesrepublik und entspricht ungefähr einem Drittel des Weltmarktes. Die Wachstumsraten des US-Marktes liegen nach wie vor deutlich über denen der Bundesrepublik und zum Teil auch Westeuropas. Im Gegensatz zu der auf Exporte angewiesenen deutschen Wirtschaft weist der US-Markt eine hohe binnenwirtschaftliche Stabilität auf; wenn es eine politische Gruppierung mit einem hohen Maß an wirtschaftlicher Autarkie gibt, dann sind es die USA. Der Ruf nach Reduzierung des Defizits in der Handelsbilanz ist langfristig und strukturell sicher richtig, allein erscheint er manchmal den Blick dafür zu trüben, daß sich die USA auch augenblicklich einer guten konjunkturellen Situation erfreuen. Auch die Arbeitslosenquote liegt deutlich niedriger als bei uns in Deutschland und vielen anderen Industrieländern[10]. Wirtschaftliches Kernproblem der USA ist das Haushaltsdefizit; ob dafür mit

---

(9) Vgl. ebenda.
(10) Verschiedentlich wird versucht, diese Aussage mit Hinweisen auf die unterschiedliche Erfassung der Arbeitslosenquote in USA und auf die relativ schnellere Zunahme niedrig bezahlter Arbeitsverhältnisse in den USA abzuwerten. Hinsichtlich der Erfassungsmethode – in USA wird nach einem monatlichen Zensus und damit mit einer stärker schwankenden »labor force« gearbeitet – dürfte es jedoch außerordentlich schwer sein, auf einen systematischen Zahlenunterschied zu schließen. Was die Zunahme niedrig bezahlter Arbeitsverhältnisse anlangt, so bleibt Kritik daran schwer verständlich: sie sind volkswirtschaftlich allemal sinnvoller als Arbeitslosengeld.

den noch unter der Reagan-Administration eingeleiteten Maßnahmen Remedur geschaffen wird, ist unklar. Sicher erscheint jedoch, daß – über eine mögliche Schmerzperiode – die Krise überwunden werden wird: strukturell werden die USA bedeutender Wirtschaftsfaktor der Welt bleiben.

Die USA werden auch für die Bundesrepublik als Investitionsland immer wichtiger, vor allem, weil künftig nicht mehr in gleichem Maße damit gerechnet werden kann, in die USA exportieren zu können, wie das bisher der Fall war. Der Hintergrund dieser Überlegungen ist bekannt: Stichworte sind Dollarverfall und Protektionismusbestrebungen[11]. Was den Dollarverfall anlangt, so ist hier vor allem zu berücksichtigen, daß die klassisch hypostasierte Orientierung an den Kaufkraftparitäten mittelfristig immer mehr ins Schleudern kommt:

Gewaltige Kapitalverschiebungen, ausgelöst durch neue Paradigmen[12], haben dominierenden Einfluß auf die Wechselkurse, die echten wirtschaftlichen Relationen geraten mehr und mehr in mittelfristige Friktion zu diesen Kapitalbewegungen.

Damit entstehen nicht allein Probleme der sogenannten »Nicht-Kalkulierbarkeit« vernünftiger Exportpreise, sondern die ganze Stabilität des Ertragsplanes läuft ins Chaos: ohne auf besonders betroffene Unternehmen einzugehen, so ist doch bekannt, daß der Aufbau langfristiger Exportbeziehungen in der Regel investiver Maßnahmen bedarf, die dann durch Schwankungen von Wechselkursen erheblich in Frage gestellt sein können. Sicher sind die Lösung von Bretton Woods oder ein ähnliches System *aus privatwirtschaftlicher Sicht* einem volatilen System freier Kursbildung vorzuziehen[13]. Doch, wenngleich schmerzlich, feste Wechselkurse wird es wohl für längere Zeit nicht wieder geben. Insofern muß die Wirtschaft andere Absicherungen suchen, beispielsweise durch Akquisitionen von Unternehmungen in den USA. Die breitere Umsatzbasis bietet dann die Möglichkeit, die im gesamten Wirtschaftsprozeß immer höher werdenden Entwicklungskosten für neue Produkte auf eine breitere Absatzmenge umzulegen; die Verlagerung von Wertschöpfung in die USA verschafft zudem eine größere Unabhängigkeit von Wechselkurs und Protektionismusüberlegungen in den USA.

Mit diesen Anmerkungen wird nicht für verstärktes Unternehmens-Engagement in USA geworben, sondern es wird eine im Fluß befindliche Entwicklung interpretiert: noch ist zwar der deutsche Unternehmensbesitz in USA relativ deutlich niedriger als der US-Firmenbesitz in der Bundesrepublik[14], aber die

---

(11) Bekanntlich wurde (nach langer Diskussion) ein neues US-Handelsgesetz verabschiedet, das der US-Administration für den Fall chronischer Leistungsbilanz-Ungleichgewichte mit einzelnen Ländern Maßnahmen abverlangt. Zu denken ist aber auch an das nur schwierig mit dem GATT vereinbarte Abkommen der USA mit Japan auf dem Halbleiter-Gebiet.

(12) Zum Paradigma vgl. D. Schneider, Paradigmavorstellung, 1982, S. 849–869 sowie ders., Allgemeine Betriebswirtschaftslehre, 1987, S. 184–188. Der Begriff des Paradigma wird von Kenichi Ohmae in Verbindung mit dem Wechselkursthema gebracht (Unveröffentlichtes Manuskript, McKinsey & Company 1987); danach werden solche Paradigmen durch Prominente erzeugt, die die Notwendigkeit einer bestimmten Wechselkursentwicklung behaupten. Ohmae verweist besonders auf die Rolle Lester Thurow's und James Baker's bei dem dramatischen Kursrückgang des Dollar von 1987 und 1988.

(13) Vgl. hierzu auch die Ansicht von Altbundeskanzler Schmidt, Menschen und Mächte, 1987, S. 188–202.

(14) Nach einer Ermittlung der Siemens AG entfielen im Jahr 1985 rd. 30% des Besitzes deutscher

Internationalisierung auch bundesrepublikanischer Unternehmen geht deutlich voran. Die jüngste Kaufwelle – gemessen am Volumen der Netto-Transferleistungen in den USA – wächst deutlich[15]; es kann damit gerechnet werden, daß in den beiden letzten Jahren jeweils deutlich über 5 Milliarden Mark in Unternehmenskäufe in den USA von bundesrepublikanischen Unternehmen investiert wurden.

Naturgemäß hängt diese Kaufwelle auch mit der Dollarabschwächung zusammen, vermutlich allerdings in anderer Form, als gelegentlich gedacht wird. Nicht der sinkende Dollarkurs und damit die »Okkasion« im Sinn des niedrigen Preises entscheidet über den Einstieg in die USA, sondern der vorhin bereits erwähnte Zusammenhang mit der immer ungünstiger werdenden Alternative des Exports[16].

Der Internationalisierungsweg der deutschen Wirtschaft erfährt damit weiteres Momentum, die Frage der relativen Löhne und Gehälter soll hier nicht zusätzlich strapaziert werden, obwohl sie naturgemäß auch eine Rolle spielt[17].

8.2.2.2 Spezifika der Wertfindung für Unternehmen

Die Bedeutung des US-Marktes für die Überlebenskraft der deutschen Industrie ist allein nicht Grund genug, betriebswirtschaftliche Besonderheiten hinsichtlich der Unternehmensbewertung anzusprechen. Erinnern wir uns für einen Augenblick des Ausgangspunkts für die extensive Beschäftigung der deutschen Betriebswirtschaftslehre mit der Frage der Unternehmensbewertung, nämlich des Fehlens sogenannter Marktpreise für Unternehmungen. Die Marktpreiseinschränkung gilt für die USA aus verschiedenen Gründen nicht im gleichen Maße, wie das für den beschränkten deutschen Raum zuzutreffen vermag:

Markt für Unternehmensübergänge: Aufgrund der relativen Marktgröße könnte man schließen, daß die Zahl der gehandelten Unternehmen in den USA etwa fünfmal so hoch sei wie die in der Bundesrepublik. Allein, sie ist viel höher, die Fungibilität in den USA übersteigt die der deutschen Unternehmenswirtschaft bei weitem[18]; im Jahre 1986 wurden fast 3400 Unternehmen in den USA gehandelt und verkauft, hierfür wurden 173 Mrd. Dollar ausgegeben; in 1987 wieder über 2000 Unternehmen mit einem gesamten Transaktionsvolumen von 164 Mrd. Dollar. Es entwickelt sich ein Markt – deutlich größer als etwa der für Kernkraftwerke oder der für private Telefonsysteme – mit seinen eigenen Regeln. Auf die Strömungen und Regularien dieses Marktes selbst soll später

---

Unternehmen auf Ausländer, während nur 5 bis 11% des Besitzes amerikanischer Unternehmen auf Nicht-Amerikaner (USA) entfielen.

(15) Vgl. Bundesminister für Wirtschaft, Mitteilungen über Auslandsinvestitionen. Siehe auch Jaensch, Einfluß des Dollarkurses auf Investitionen, 1987, S. 1023–1033.

(16) Vgl. Jaensch, Einfluß des Dollarkurses auf Investitionen, 1987, hier S. 1030.

(17) Innerhalb der Schwankungsbreite des Dollarkurses im Jahr 1987 (DM 1,59 bis DM 1,91) kann man den Arbeitskostenvorteil der USA gegenüber der Bundesrepublik zwischen 30% und 50% ansiedeln. Vgl. hierzu Institut der deutschen Wirtschaft, Heft 16, 1988 sowie o.V., Hat die Bundesrepublik Deutschland als Industriestandort ausgespielt?, 1988.

(18) Vgl. Mergerstat Review 1987, 1988.

noch zurückgekommen werden. Zunächst zur Oberfläche, der Frage nach den Preisen für Unternehmungen: Hierüber gibt es in der Zwischenzeit nicht nur Statistiken, sondern auch ausgeprägte Verharrungsmomente hinsichtlich bestimmter Kennzahlen. Für einzelne Industriesektoren lassen sich beispielsweise relativ stramme Korrelationen hinsichtlich Kaufpreis, Umsatz, price-earnings-ratio und dergleichen feststellen; da in USA ein weitaus höherer Anteil an Unternehmen börsenregistriert ist, ist zudem eine Art Durchschnitts-»premium« je share für den Verkauf von Unternehmungen je Industriezweig gängige Denkgröße[19].

Man muß davon ausgehen, daß Unternehmen in USA in einem weit höheren Maße fungibel sind, als dieses den westeuropäischen Gebräuchen entspricht; »Corporate raiding« und all jene Stichworte unterstützen die These.

Ersetzen nun die Marktmechanismen innerhalb der USA das Problem der Bewertung von Unternehmen, falls man solche kaufen will? Nun, sicherlich nicht. 173 Mrd. Dollar im Jahr werden schwerlich ausgegeben, ohne auf (halbwegs) rational ermittelte quantitative Entscheidungsgrundlagen zurückzugreifen, denn das Bestehen von Marktkonventionen über den Preis ganzer Unternehmen enthebt keineswegs der Notwendigkeit, derartige Einzelentscheidungen quantitativ so rational wie möglich abzusichern. Speziell für Akquisitionen in USA hierzu jedoch vielleicht folgende Besonderheiten, durchaus nicht mit dem Anspruch auf Vollständigkeit aufgelistet:

Kalkülformen: der *Bewertungskalkül* selbst folgt in den USA oft anderen Leitlinien, als dieses aus Sicht der deutschen Literatur naheläge. Wichtiges Orientierungsmerkmal ist vor allem die sogenannte price-earnings-ratio. Wichtig daneben auch die Orientierung am Umsatz selbst, der Unternehmenswert wird als Vielfaches faktoriell vom Umsatz hergeleitet, übrigens ein Vorgehen, das auch in der frühen deutschen Literatur zur Unternehmensbewertung erwähnt wird[20]. Last, but not least die Bewertung der Börse; aus vielen unternehmenskulturell, aber auch finanziell bestimmten Zielsetzungen heraus sind relativ mehr amerikanische Unternehmen börsennotiert[21], als dieses in der Bundesrepublik oder Westeuropa üblich ist: die Börsennotierung gibt somit immer einen gewissen Anhaltspunkt für den Wert des Unternehmens als solches; der Amerikaner und die amerikanische Literatur sprechen hier vom »stand alone«-value.

Nicht-Linearität[22]: »Stand alone«-values oder – wie man dieses vielleicht auch interpretieren darf – »objektive« Unternehmenswerte interessieren in den USA für den Fall von Akquisitionen allerdings nur am Rande – diese Rolle übernimmt die Börse, die Allgemeinheit, aber nicht derjenige, der ein aktives Interesse an einer Unternehmung zeigt: hier werden die sogenannten und

---

(19) Vgl. Mergerstat Review 1987, 1988, S. 101.

(20) Vgl. Moxter, Unternehmensbewertung, 1976, S. 110 f.

(21) Auf die größere Bedeutung des Aktienmarktes in den USA als Form der Unternehmensfinanzierung weisen u. a. hin Krahnen, Die Finanzierung nicht-emissionsfähiger, mittelständischer Unternehmen, 1980, S. 563–576; Fischer, Finanzierung durch Venture Capital, 1987, S. 8–32.

(22) Unter »Nicht-Linearität« versteht die Mathematik nicht-lineare Additivität, wenn also das Ganze nicht der Summe der Teile entspricht: Der Fall (positiver oder negativer) Synergie. Vgl. z. B. Davies, Das Prinzip Chaos, 1988, S. 67 f.

schon erwähnten »premiums« gehandelt. Die Premiums sind teilweise Ausdruck »subjektiver« Unternehmensbewertung, indem man versucht, aus Synergieeffekten finanzielle Vorteile zu generieren, die über den stand alone value hinausgehen. In diesem Zusammenhang wird auch – unter Berufung auf Heinrich von Stackelberg – von Konzentrationsrenten[23] gesprochen. In ihrer bemerkenswerten Konzentration auf das finanziell Wichtige haben die Amerikaner diesen Synergiefall in den Mittelpunkt der Unternehmensbewertung gestellt. Niemand wird daran denken, eine Unternehmung zum objektiven Wert veräußern zu wollen, jeder denkt in premiums, das Alleinverfügungsrecht gilt als besondere Wertkomponente.

Preissurrogate und Entscheidungskalkül: Diesen Überlegungen zur subjektiven oder entscheidungsorientierten Haltung für die Situation von Unternehmensbewertung widerspricht nicht die vorausgegangene Diskussion der Existenz von Quasi-Marktpreisen für Unternehmungen in den USA. Sie dient allein zur Relativierung der Entscheidungsbilanz für Akquisitionen von Unikaten; als solche Unikate dürfen dabei durchaus nicht nur ganze Unternehmen gelten, sondern auch komplexe andere große Investitionen. Insofern wird die Unternehmensbewertung in der Tat nichts anderes als ein Fall der allgemeinen Investitionsrechnung.

Die beobachtbaren Feststellungen über die Preisbildung spielen dabei allerdings insofern eine wichtige Rolle, als sie bestimmte Wertgrenzen oder Wertbänder indizieren, unterhalb derer man nur wenig Aussicht auf Verhandlungserfolg haben kann. Es fehlt damit im Gegensatz zum allgemeinen – in der Literatur so diskutierten – Diskussionsfall für Investitionen der Anschaffungspreis, eine Wertidee für Anschaffungspreis besteht indessen durchaus über die empirischen Fakten.

Finanzwirtschaftliche Orientierung: Wo immer in den USA Ertragswerte für Unternehmen ermittelt werden, erfolgt dies regelmäßig auf der Grundlage von Zahlungsüberschüssen oder cash-Strömen, die vermutlich aus der Unternehmung fließen werden. Demgegenüber ist bei uns häufiger anzutreffen die Ertragsermittlung auf der Basis von ertragswirtschaftlichen Größen[24]. Dieser wichtige Unterschied findet seine Erklärung wohl nicht allein im schärferen Verständnis investitionsrechnerischer Methoden in den USA, sondern auch im stärker an Geldströmen orientierten Zielverständnis der Amerikaner.

Kalkulationszins: Hinsichtlich der Festlegung des Kalkulationszinsfußes orientiert man sich vorwiegend an der »prime rate«, meist auch unter Hinzufügung gewisser Risikozuschläge, prägnante Meinungsunterschiede zu den in Deutschland üblichen Vorgehensweisen gibt es wohl nicht, allerdings wird die (geplante) Kapitalstruktur oft sehr explizit in den Bewertungskalkül einbezogen.

Ertragsrechnung: Wenngleich von den Puristen der »modernen« Unternehmensbewertung (allerdings nur) scheinbar für weniger wichtig gehalten, so

---

(23) Vgl. D. Schneider, Nutzungsdauer von Anlagegütern, 1961, S. 61; von Stackelberg, Grundlagen einer reinen Kostentheorie, 1932, S. 69–74.

(24) Vgl. auch die Anmerkungen von Zimmerer, Ertragswertgutachten, 1988, S. 417–420, der aus seiner breiten praktischen Sicht diese Frage nicht einmal erwähnt.

schaut man bei der Praxis der Bewertung eben doch recht sorgfältig in Bilanz und Erfolgsrechnung des zu bewertenden Unternehmens. Man muß dabei allerdings wissen, daß die Konventionen des Rechnungswesens in den USA teilweise von den Bilanzrichtlinien Europas divergieren. Hierfür gibt es Spezialliteratur[25], und es soll an dieser Stelle nur auf einige besonders wichtige Punkte hingewiesen werden:

a) Zusagen für Altersversorgung werden in den USA regelmäßig nicht in den Bilanzen der verpflichteten Gesellschaft geführt, sondern außerhalb in besonderen Pensionsfonds. Erfahrungsgemäß empfiehlt sich eine Überprüfung der Übereinstimmung von Zusagen und Höhe der Deckung.

b) Sehr viel weniger vorsichtig bilanziert als bei uns (umgekehrtes Maßgeblichkeitsprinzip) sind in der Regel Vorräte und Forderungen. Während es bei uns durchaus üblich ist und eher zum »guten Ton« gehört, auf Vorräte und Forderungen Abschreibungen vorzunehmen, ist diese Übung in USA nur sehr eingeschränkt vorzufinden: nach den Generally Accepted Accounting Principles (GAP) werden solche Abschreibungen praktisch nur im Fall akuter Not vorgenommen, nämlich wenn die Vorräte zur Verschrottung bestimmt sind oder wenn die Kunden schon zahlungsunfähig sind.

c) Der Leistungsausweis bei langfristiger Auftragsfertigung folgt im Regelfall der Methode der »percentage of completion«: danach wird – bei verlustfreier Bewertung – eine mit dem Baufortschritt gekoppelte Gewinnrealisierung vorgenommen. Software-Entwicklungen werden häufiger als bei uns aktiviert. Hingewiesen sei auch darauf, daß es vorkommen kann, Umsatzbuchungen zu finden, deren dazugehörige Lieferungen noch in der Werkstatt lagern und dergleichen.

d) Ein wichtiger Punkt ist das Problem der Produkthaftpflicht. Produkthaftpflicht ist im US-Rechtsgebrauch nicht allein eine riskante, sondern in der Regel auch eine sehr teure Angelegenheit. Prüfenswert im Zusammenhang mit der Produkthaftpflicht ist die Existenz von Versicherungen für Schadensfälle, deren Angemessenheit und schließlich die Anhängigkeit von potentiellen Forderungen Dritter.

Management letter: Eine Quelle oft nützlicher Informationen über das zu bewertende Unternehmen ist der »Management letter« des externen Prüfers. Man sollte in jedem Fall Einsicht erfragen.

Übernahmeform: Bewertung und effektive Preisbildung können nicht völlig isoliert von der Rechtsform des zu Diskussion stehenden Unternehmens gesehen werden. Wichtig ist in diesem Zusammenhang vor allem die Unterscheidung zwischen *»private«* und *»public companies«*. Das ist nicht als Abgrenzung von Personengesellschaften oder GmbH-ähnlichen Formen zu Aktiengesellschaften gemeint; bedeutsam im genannten Sinn ist dagegen, ob die Anteile einer Gesellschaft (shares) *börsenfähig* sind und *gehandelt* werden oder nicht.

Bei den nicht börsengehandelten, also: *private companies* existiert die vorhin skizzierte Idee des Preisbandes oder »objektiven« Wertes zunächst nicht, bei den *public companies* ist sie dagegen offenbar. Hierin liegen naturgemäß relative Vorteile und Nachteile zugleich. Um das übliche Vokabular weiter abzuar-

---

(25) Vgl. etwa Jung, US-amerikanische und deutsche Rechnungslegung, 1979.

beiten: Bei *private companies* sind nur »friendly takeovers« möglich, da (in der Regel) von klarer Willensbildung über den Verkauf ausgegangen werden kann. Bei *public companies* kann es dagegen »friendly« oder »unfriendly (hostile) takeovers« geben. *Friendly takeovers* erfolgen mit Unterstützung des Management (board), *hostile takeovers* gegen den Widerstand des Management durch »tender offers« an die Aktionäre. Hinsichtlich der Form des Kaufs schließlich kann man den »share deal« vom »asset deal« unterscheiden; beim »share deal« werden Aktien gekauft, beim »asset deal« die Aktiva. Die Unterscheidung ist aus steuerlichen Gründen nicht unerheblich: beim *asset deal* kann man den *goodwill* über eine Aufwertung der *assets* (teilweise) schneller abschreiben. Nicht wert-, aber preiserheblich ist überwiegend auch die Form des Zahlungsmittels: ein »cash deal« erfordert meist höhere Preise als ein Kauf »for shares«, da auf cash praktisch immer Kapitalertragsteuer (capital gains tax) anfällt, was sich bei Hingabe von Aktien oft (bis zu deren späterer Veräußerung) vermeiden läßt.

Rechtssicherheit: Die US-Amerikaner sind – gleich nach den Japanern – Könige der Papiertiger. Nur wenig geht ohne Rechtsanwalt. Bekanntlich gibt es per capita etwa fünf mal so viele Rechtsanwälte in den USA wie in der Bundesrepublik. Längst verschwunden sind die Zeiten, als ein John Pierpont Morgan – im Jahre 1901 – die United States Steel Corporation von John Carnegie in der bei Albach im Jahre 1966 nachzitierten Form erwerben konnte[26]: »Carnegie schickte ihm ein Stück Papier, auf dem nur die Ziffer stand: 400 Millionen Dollar. Morgan schrieb unter die Ziffer: Yes«. Heute sind für solche Vorgänge – auch in viel kleineren Dimensionen – tausende von Seiten erforderlich; die Gesellschaft der Rechtsanwälte sucht ihre Kunden. Wichtig im Zusammenhang mit der Frage der Unternehmensbewertung selbst ist hierbei das sogenannte »due diligence«-Verfahren. »Due diligence« bedeutet im Grunde nichts simpleres als »erforderliche Sorgfalt«. Dahinter verbirgt sich allerdings eine ganze Menge: »due diligence« wird im allgemeinen als ein Prüfungsprozeß verstanden, durch den die Wahrhaftigkeit der vorher besprochenen vertraglichen Regelung überprüft wird. Damit kommt dem Gedanken der »due diligence« doppelte Bedeutung zu: einmal muß von vornherein versucht werden, in alle vertraglichen Gestaltungen das sogenannte »subject to due diligence« einzubauen; hierfür hat in der Regel jedermann in USA Verständnis. Schließlich entspricht es auch dem Berufsgefühl der Anwälte, eine Chance auf spätere Prozesse zu haben.

Die andere Betonung liegt auf dem Prozeß der *due diligence* selbst: Hier muß mit besonderer Sorgfalt vorgegangen werden, der Optimismus der neuen Welt ist nicht immer voll gerechtfertigt; wer nicht präzise fragt, erhält auch nicht die gewünschte Information.

Eine Anmerkung noch zu diesem Prozeß: Normalerweise wird den vertraglichen Formulierungen – auch wegen deren Langwierigkeit – eine höhere Wertvorstellung zugrunde gelegt werden, als dieses bei uns allgemein üblich ist. Die Verklausulierungen und Vorbehalte sind dann Gegenstand der erwähnten *due*

---

(26) Albach, Die Koordination der Planung im Großunternehmen, 1966, S. 7.

diligence; im *due diligence*-Prozeß werden fast regelmäßig erhebliche Abschläge von den einmal angepeilten vertraglichen Größenordnungen gemacht.

8.2.3 Zusammenfassung

Die Unternehmensbewertung hat in der deutschen betriebswirtschaftlichen
Theorie und Praxis breite Behandlung gefunden. Mit der zunehmenden Tendenz, Direktinvestitionen im US-Markt vorzunehmen, erscheint es sinnvoll,
den Blick auf Besonderheiten des Handels mit ganzen Unternehmungen in
USA zu werfen. Ohne Anspruch auf umfassende Behandlung sind im vorangegangenen Beitrag einige solcher Eigenheiten angesprochen worden; sie seien
thesenartig zusammengefaßt:

1. Die Größe des US-amerikanischen Marktes hat dazu geführt, daß es
Anhaltspunkte für allgemeingültige Preisvorstellungen für Unternehmungen
gibt. Die in der sogenannten »objektiven« Unternehmensbewertung gesehene
Aufgabe im Sinne der besonderen Kalkülform hat sich damit (besonders für
börsengängige Unternehmen) weitgehend erübrigt.

2. Die erkennbaren »Marktpreis-Linien« für Unternehmen werden zumeist
durch Annahmen über durchschnittliche »premiums« zum Börsenwert oder
price-earning-ratios definiert.

3. Marktpreisvorstellungen ersetzen hingegen nicht den subjektiven Bewertungskalkül für eine Entscheidung. Stärker als bei uns stehen deshalb Syner-
giefragen im Vordergrund der Unternehmensbewertung in den USA.

4. Finanzielle Zielfragen rangieren bei den US-Amerikanern deutlich höher
als bei uns Europäern. Wenngleich vorrangig hierin eine Frage der Unternehmenskultur begründet wird, so hat sie doch ihre Konsequenzen auf die Form
von Akquisitionen in USA: Es empfiehlt sich, mit höheren Angeboten in Verhandlungen einzusteigen und erst gegebenenfalls später – auch über den Prozeß der due diligence – Reduzierungen vom ursprünglichen Verhandlungsange-
bot vorzunehmen.

5. Verhandlungen über Akquisitionen sind zeitraubend und schwierig; die
Gesellschaft der Anwälte kreiert ihren Markt. Es empfiehlt sich, keinen Schritt
ohne Anwalt zu tun, auch wenn das seinen Preis hat. Die Fallstricke sind jedoch
vielfältig, besonders für den des Landes Unkundigen.

6. Kaufen statt selbst aufzubauen wird in der Regel durch den damit verbundenen Zeitgewinn gerechtfertigt; in den USA heißt das »telescoping of time«.

7. Der Kaufpreis für ein Unternehmen ist eine entscheidende Größe für den
Erfolg von Akquisitionen. Allerdings bleibt er weniger wichtig als das Handeln
mit der erworbenen Unternehmung selbst; oft ist der Kaufpreis nur ein kleines
Hindernis im Vergleich zum darauffolgenden Managementaufwand. Dies zum
Trost für alle, die meinen, zu teuer gekauft zu haben und solche, denen das
Bewertungsproblem ungeheuer ist, aber auch zur Warnung an alle, die sich in
das Abenteuer einer US-Akquisition stürzen (wollen): nach vielen Erfahrungen
und Eindrücken bedarf es straffsten Managements, Akquisitionen zum Erfolg
zu bringen; man kann keine Geldliefer-Automaten kaufen.

Teil B: Fallstudien

ADOLF G. COENENBERG/FRANK HENES

1. Fallstudie: Alvarez Diversifikationsstrategien (Cheminga AG)

USW-Fall Nr. 241-91

Dieser Fall ist so entwickelt, daß er als Grundlage für Diskussionen in Seminaren geeignet ist. Es ist nicht Zweck dieses Falles, ein Beispiel für gute oder schlechte Führungsentscheidungen im Unternehmen zu geben.

1. Angaben zur Cheminga AG

- **Firma:** Cheminga AG (Chemische Industriebetriebe Gambach)
- **Sitz:** Gambach, Bundesrepublik Deutschland
- **Gründungsjahr:** 1876
- **Rechtsform:** Börsennotierte Aktiengesellschaft, alle Aktien im Streubesitz
- **Vorstand:** Dr. Heribert Vorndran, Vorsitzender
  Wilhelm Kamrath, Stellv. Vorsitzender
  Dr. Bernd von Geldern, Finanzen
  weitere 7 Vorstandsmitglieder
- **Aufsichtsrat:** Horst Wannecke, Vorsitzender
- **Mitarbeiter:** 70 032 in 1988
  (in 1987: 70 346; in 1986: 69 785)

2. Allgemeine Daten der Cheminga AG

2.1. Historie

1876: Gründung des Unternehmens durch den Bäckermeister Fritz Stier, der mit gesparten 50 000 Gulden die industrielle Herstellung eines von ihm entdeckten synthetischen Backtreibmittels durchführen will. Sitz der Geselschaft ist Gambach.

1895: Nach starkem Wachstum werden in diesem Jahr von den damals schon sehr aktiven Forschern der Cheminga die ersten licht- und säureechten synthetischen Farben entwickelt, die reißenden Absatz in der expandierenden Textilindustrie fanden und die Grundlage des heutigen Produktbereichs Farben bildeten.

1922: Mit der Entdeckung eines synthetischen Kautschuks wurde der Eintritt in den damals noch gänzlich neuen Kunststoffbereich gewagt, aus dem sich dann der Produktbereich Kunststoffe entwickelte.

1928: Ein infolge der starken Expansion erhöhter Kapitalbedarf veranlaßt die Leitung der Cheminga AG zum Gang an die Börse. Die Cheminga AG wird zu einer Publikums-Gesellschaft.

1960: Die stark angestiegenen Gesundheitsausgaben im prosperierenden Deutschland animieren die Geschäftsleitung zur Gründung eines neuen Produktbereichs Pharma.

2.2. Produktbereiche

Produktbereich	Umsatz

1) Kunststoffe
  - Polyäthylen
  - Polyvinylchlorid
  - Polypropylen
	60,0 %
	23,6 %
	18,9 %
	17,5 %

2) Farben	37,8 %
3) Pharmazeutika	3,2 %

2.3. Organisation

Die Cheminga AG hat im Jahre 1986 ihre bisher bestehende funktionale Gliederung aufgegeben und durch eine Matrixorganisationsstruktur ersetzt.

Die verständlichen Anpassungsschwierigkeiten innerhalb der Belegschaft wurden innerhalb der letzten zwei Jahre weitestgehend überwunden.

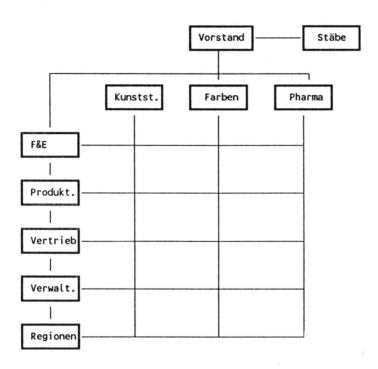

2.4. Regionale Verteilung der Umsätze

Die Cheminga AG ist ein traditionell stark international ausgerichtetes Unternehmen. Ihr Umsatz in Höhe von 35 Mrd. DM verteilt sich auf die einzelnen Regionen wie folgt:

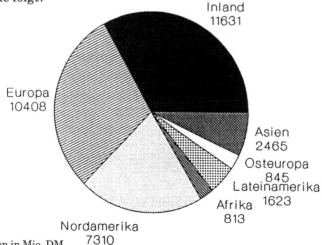

Umsatzangaben in Mio. DM

3. Unternehmensleitlinien der Cheminga AG

Die Unternehmensleitung der Cheminga AG sieht sich folgenden Grundsätzen bei der Ausübung ihrer Tätigkeit verpflichtet:

1) Eine starke Betonung der gesellschaftlichen Akzeptanz, ohne die die langfristige Existenz des Unternehmens nicht gesichert werden kann;

2) Ein klares Bekenntnis zur Verantwortung der Cheminga AG gegenüber der Umwelt;

3) Vorrang eines qualitativen vor einem rein quantitativen Wachstum;

4) Konzentration auf eine stärkere Integration der Produktlinien und damit auf diejenigen Arbeitsgebiete, auf denen die Cheminga AG stärker ist als ihre Mitbewerber;

5) Eine fortschreitende Internationalisierung des Unternehmens vor allem in Regionen mit überdurchschnittlichem Wachstum;

6) Wir wollen (eventuell gleichzeitig mit 5) neue Technologien erschließen und somit eine Umschichtung der Sortimente zu Produkten mit speziellem Know-how erreichen.

Vorstandssekretariat
VS 100
Dr. Herbert Vorndran

An die   10. 1. 1989
Mitglieder des Vorstandes,
sowie den Leiter der Abt. »Planung und Controlling«

Sehr geehrte Damen und Herren,

nachdem ich von unserem Aufsichtsrat mit Wirkung vom 1. 1. 89 zum Vorsitzenden des Vorstandes unseres Unternehmens berufen wurde und damit die Nachfolge unseres nunmehrigen Ehrenvorsitzenden des Aufsichtsrates, Herrn Dr. M. A. Gellan antrete, möchte ich mir zunächst einen Überblick über die Situation unseres Unternehmens machen.

Ich lade Sie daher zu einer erweiterten Gesamtvorstandssitzung am 10. 2. 1989 um 10.^{00} Uhr ein, auf der dann insbesondere unser Finanzvorstand, Herr Dr. von Geldern sowie der Leiter unserer Planungsabteilung, Herr Tucher, ausführlich über ihren Verantwortungsbereich unterrichten werden.

Ich bitte diese Herren, zur Vorbereitung der Sitzung mir vorab einen schriftlichen Überblick zuzusenden, welchen ich dann als Umlauf den restlichen Vorstandskollegen zukommen lassen werde.

Ich hoffe, daß Sie bis dahin wieder alle gesund aus dem Winterurlaub zurückgekehrt sein werden.

Mit kollegialen Grüßen

Dr. Heribert Vorndran

394

Dr. Bernd von Geldern
VS 100/54
Vorstand Finanzen

An den   20. 1. 1989
Vorsitzenden des Vorstandes
Herrn Dr. H. Vorndran

Sehr geehrter Kollege,

wie gewünscht übersende ich Ihnen die Jahresabschlußdaten für das Geschäftsjahr 1988 sowie die Vergleichszahlen für die Jahre 1986 und 1987.

Da wir gegenwärtig noch mitten in der Erstellung des Jahresabschlusses stecken, ist im Moment eine detaillierte Aufschlüsselung der Daten im Anhang noch nicht möglich, so daß ich nur die für unsere Zwecke interessantesten Positionen anführe.

Mit freundlichen Grüßen

Bernd von Geldern

Anlagen:
Bilanz
GuV
Anhang (auszugsweise)
Anlagespiegel

Anlagen zum Brief vom 20. 1. 1989

Konsolidierter Jahresabschluß der Cheminga Gruppe für das Geschäftsjahr 1988 (in Mio. DM)

1. Bilanz

Aktiva	1986	1987	1988
Immaterielle Vermögensgegenstände	950	653	794
Sachanlagen	7.426[1]	7.846	8.573
Finanzanlagen	1.205	1.114	990
Anlagevermögen	**9.581**	**9.613**	**10.357**
Vorräte	4.545	4.537	4.854
Forderungen und sonst. VG	5.304	5.378	6.154
(davon aus Lief. und Leist.)	3.682	3.889	4.736
Wertpapiere	1.068	1.360	2.807
Kassenbestand, Bankguthaben	2.139	2.596	1.638
Umlaufvermögen	**13.056**	**13.871**	**15.453**
Rechnungsabgrenzungsposten	365	350	374
Bilanzsumme	**23.002**	**23.834**	**26.184**

Passiva	1986	1987	1988
Gezeichnetes Kapital	2.142	2.219	2.279
Kapitalrücklagen	3.138	3.360	3.460
Gewinnrücklagen	3.658	3.186	3.448
Bilanzgewinn	428	809	919
Eigenkapital	**9.366**	**9.574**	**10.106**
Sonderposten mit Rücklageanteil	**270[2]**	**109**	**90**
Rückstellungen für Pensionen	3.568[3]	4.031	4.258
Steuerrückstellungen	623	696	714
Sonstige Rückstellungen	3.780	4.173	4.784
Rückstellungen	**7.971**	**8.900**	**9.756**
Anleihen	1.498	1.030	959
Verbindl. ggü. Kreditinstituten	822	863	1.021
Verbindl. aus Lief. und Leist.	1.804	2.004	2.324
Verbindl. ggü. verbundenen Untern.	105	121	128
Übrige Verbindlichkeiten	1.131	1.129	1.717
Verbindlichkeiten	**5.360**	**5.147**	**6.149**
Rechnungsabgrenzungsposten	35	104	83
Bilanzsumme	**23.002**	**23.834**	**26.184**

1) Bestand zum 31.12.1985: 7.092
2) Bestand zum 31.12.1985:   346
3) Bestand zum 31.12.1985: 3.344

2. Gewinn- und Verlustrechnung

	1986	1987	1988
Umsatzerlöse	32.377	32.190	35.094
Herstellungskosten des Umsatzes	22.178	21.956	22.661
Bruttoergebnis vom Umsatz	10.199	10.234	12.433
Vertriebskosten	4.938	5.084	5.486
Allgemeine Verwaltungskosten	886	859	974
Forschungskosten	1.222	1.291	1.431
Sonstige betriebliche Erträge	1.145	965	789
Sonstige betriebliche Aufwendungen	1.958	1.897	2.363
Ergebnis der gewöhnlichen Geschäftstätigkeit	**2.340**	**2.068**	**2.968**
Beteiligungsergebnis	-125	81	18
Abschreibungen auf Finanzanlagen und auf Wertpapiere des Umlaufvermögens	18	14	36
Zinsergebnis	-94	-66	30
Ergebnis vor Ertragssteuern	**2.103**	**2.069**	**2.980**
Steuern vom Einkommen und vom Ertrag	1.378	1.226	1.835
Jahresüberschuß	**725**	**843**	**1.145**

3. Anhang

	1986	1987	1988
Angaben zur Bilanz:			
Forderungen mit LZ < 1 Jahr	5.214	5.237	6.032
Verbindl. mit LZ < 1 Jahr	4.046	3.807	4.552
Verbindl. mit LZ > 5 Jahre	1.186	976	1.057
Angaben zur GuV:			
Zinsaufwand	362	350	291
Materialaufwand	8.081	7.818	8.096
Personalaufwand	7.408	7.683	8.096
Sonstige betriebl. Aufw. - Verluste aus dem Abgang von Gegenständen des AV	52	182	74

4. Anlagespiegel

Anlagespiegel der Cheminga-Gruppe für das Geschäftsjahr 1988

	AK/HK 1.1.88	Zugänge	Abgänge 1)	Umbuch. 1)	Zuschr.	AfA kum.	Restb.wert 31.12.88	AfA d. Gj.
Immaterielle VG	996	438	63	+11	-	589	794	253
Grundstücke	5744	241	46	+98	-	3520	2517	248
TA u. Maschinen	21054	1031	605	+1033	-	18574	3939	1554
Betr.u. Gesch.ausst.	2705	290	136	+169	-	2390	638	372
Gel. Anzahlungen	1178	1719	42	-1303	1	74	1479	64
Sachanlagen	30681	3281	829	-3	1	24558	8573	2238
Finanzanlagen	1278	62	107	-71	-	172	990	16
Anlagevermögen	32955	3781	999	-63	1	25318	10357	2507

1) zu historischen AK

Anlagespiegel der Cheminga-Gruppe für das Geschäftsjahr 1987

	AK/HK 1.1.87	Zugänge	Abgänge	Umbuch.	Zuschr.	AfA kum.	Restb.wert 31.12.87	AfA d. Gj.
Immaterielle VG	927	125	51	- 5	-	343	653	128
Grundstücke	5470	148	34	+160	-	3370	2374	246
TA u. Maschinen	19636	1106	418	+730	-	17290	3764	1514
Betr.u. Gesch.ausst.	2477	259	134	+103	1	2121	585	330
Gel. Anzahlungen	1091	1154	10	-1058	-	54	1123	39
Sachanlagen	28674	2667	596	-65	1	22835	7846	2129[1]
Finanzanlagen	1336	47	120	14	-	163	1114	10
Anlagevermögen	30937	2839	767	-56	1	23341	9613	2267

1) AfA beim SAV 1986: 2016

398

Abteilung Planung und Controlling
PuC 68
Eberhardt Tucher

An den Vorsitzenden des Vorstandes   22. 1. 1989
Herrn Dr. Vorndran

Sehr geehrter Herr Dr. Vorndran,

zur Vorbereitung der Vorstandssitzung am 10. 2. 1989 übersende ich Ihnen die
wichtigsten Daten über die derzeitige Wettbewerbssituation unserer drei Pro-
duktbereiche
– Kunststoffe;
– Farben;
– Pharma.

Mit freundlichen Grüßen

Eberhardt Tucher

Anlage

Anlage: Wettbewerbssituation in den Produktbereichen

Produktbereich Kunststoffe

Der Kunststoffbereich ist bei einem sehr hohen Marktvolumen in den einzelnen
Geschäftsbereichen durch hohe Kapazitäten der anbietenden Unternehmen bei
einem nur mäßigen prognostizierten Marktwachstum für den Zeitraum
1988–95 gekennzeichnet. Die Wettbewerbssituation der Teilbereiche stellt sich
im einzelnen wie folgt dar:

Produktbereich	Umsatz in Mio. DM	Umsatz größter Wettbewerber	Reales Markt-wachstum in %
– Polyäthylen	8.282	10.270	1,5
– Polyvinylchlorid	6.632	7.020	2,5
– Polypropylen	6.140	17.382	1,0

Produktbereich Farben

Der Bereich Farben wird vor allem durch eine starke Konzentration in den wichtigsten Abnehmerindustrien (Textil, Automobil) beeinflußt. Die Abhängigkeit von diesen wenigen Nachfragen führt zu einem prozyklischen Tätigkeitsverlauf mit den genannten Industrien. Das Marktwachstum beträgt für 1988–95 real 2%. Im Jahr 1988 hat der Produktbereich Farben bei einem Umsatz von 12.906 Mio. DM einen Anteil am Gesamtumsatz von 37,8%. Der Umsatz unseres wichtigsten Konkurrenten in diesem Bereich beträgt 10.207 Mio. DM.

Produktbereich Pharma

Charakteristisch für den Pharmabereich ist die starke Segmentierung der Branche anhand der bearbeiteten Indikationsbereiche. Augenblicklich ist der Produktbereich Pharma von einer überdurchschnittlichen Entwicklung der ausländischen Märkte geprägt, während im Inland die Zukunftsaussichten durch das bevorstehende Gesundheitsreformgesetz getrübt werden. Insgesamt rechnen wir mit einem Branchenwachstum im Zeitraum 1988–95 von real 4,0%. Der Produktbereich Pharma hat bei einem Umsatz von 1.132 Mio. DM einen Anteil am Gesamtumsatz von 3,2%. Der Umsatz unseres branchenbezogen größten Konkurrenten beträgt weltweit 5.876 Mio. DM.

Entwicklungstendenzen in der chemischen Industrie

Für den Zeitraum von 1988–95 rechnen wir mit einem wirtschaftlichen Wachstum in der chemischen Industrie von real 2,5%.

Vorstandssekretariat
VS 100/70
Dr. Heribert Vorndran

Verteiler:
Rainer Schneider (PB Pharma)
Dr. Bernd von Geldern (Fin.)
Dr. Daniela Hiller (F & E)
Eberhardt Tucher (Planung)

An die im Verteiler genannten Damen und Herren,   12. 2. 1989

aufgrund eines vom Vorstand auf seiner Sitzung am 10. 2. 1989 gefällten Entscheides wird die Einrichtung einer Kommission

»Pharma 1992«

beschlossen, der die im Verteiler genannten Damen und Herren angehören werden.

Wir erwarten von der Kommission, daß sie bis Ende Mai 1989 ein Konzept über die zukünftigen Aktivitäten vorlegen wird, das dann Grundlage weiterer Entscheidungen des Vorstandes über unser Engagement in diesem Produktbereich sein wird.
    Insbesondere sollen die möglichen Auswirkungen des geplanten europäischen Binnenmarktes erörtert werden.
    Zum Vorsitzenden der Kommission wird der Leiter des Produktbereichs Pharma, Herr Rainer Schneider, bestimmt.

Mit freundlichen Grüßen

Dr. Heribert Vorndran

Produktbereich Pharma
PBP 608
Rainer Schneider

Verteiler:
Dr. Bernd von Geldern
Dr. Daniela Hiller
Eberhardt Tucher

An die im Verteiler genannten Damen und Herren   15. 3. 1989

Liebe Kollegin, liebe Kollegen,

anbei das Sitzungsprotokoll zu unserer ersten Sitzung im Rahmen der Kommission »Pharma 92« vom 7. 3. 1989.

Anlagen zum Brief vom 15. 3. 1989
Sitzungsprotokoll (Schriftführer Herr Tucher):

1. Bericht des Leiters des Produktbereichs Pharma

Der Produktbereich Pharma wurde von der Cheminga AG erst im Jahre 1960 gegründet und hat seither ein starkes Wachstum zu verzeichnen, das infolge des relativ späten Eindringens in den Pharmamarkt mit einer Mischung aus Wachstum aus eigener Kraft sowie der Akquisition von Firmen betrieben wurde.

Im Jahre 1988 stellt der Produktbereich Pharma trotz dieser dynamischen Entwicklung mit einem Umsatz von 1.132 Mio. DM immer noch das kleinste Arbeitsgebiet der Cheminga AG dar.

1.1. Die allgemeine Entwicklung des Pharmamarktes

1.1.1. Die regionale Verteilung des Pharmamarktes

Die Verteilung des Pharma-Gesamtmarktvolumens in Höhe von 96,7 Mrd. US-$ im Jahre 1986 auf die einzelnen Ländermärkte ergibt sich aus folgender Statistik:

Land	Umsatz in Mrd. US-$	Land	Umsatz in Mrd. US-$
USA (+ Kan.)	31,1	Großbritannien	2,9
Japan	19,8	Spanien	1,9
EG	29,9	Restl. Europa	5,2
davon:			
Deutschland	8,3	Afrika, Asien	10,1
Frankreich	6,3	Lateinamerika	5,8
Italien	5,3		

Quelle: U.S.-Statistical Yearbook of Pharmaceutical Industries

1.1.2. Wesentliche Einflußfaktoren

Die weitere Entwicklung der Pharmabranche wird von folgenden Haupteinflußfaktoren bestimmt:

Zweiteilung des Marktes: In den letzten Jahren hat sich mit dem Auslaufen wichtiger Patente bei umsatzstarken Produkten und des danach erfolgten intensiven Nachahmerwettbewerbs die Struktur des Pharmamarktes nachhaltig verändert. Dieser zerfällt nunmehr in zwei Teilmärkte, einen Markt für High-Tech-Produkte (Innovationen) und einen Markt für Commodities (Me-too-Produkte). Mit Ablauf des Patentschutzes treten die Imitatoren in den Markt ein, sofern das in Frage kommende Produkt unter Gewinnaspekten noch interessant ist und beeinflussen so den Absatz unserer innovativen Produkte.

Im Unterschied zu den Nachahmern müssen wir unsere immensen Kosten für F & E durch die Deckungsbeiträge aller Produkte finanzieren. Aufgrund unserer Kalkulation leistet jedes Produkt den gleichen proportionalen Beitrag zur Abdeckung des F & E-Aufwandes, die innovativen Produkte jedoch mit höheren absoluten Beträgen.

Folgende Tabelle zeigt die typische Kostenstruktur von forschenden und nicht-forschenden Unternehmen im Vergleich.

Vergleich der Kosten in % vom Gesamtumsatz		
	Forschende Untern.	Generika-Herst.
direkte und indirekte HK	30%	35%
F&E	20%	–
wissenschaftl. Information	15%	–
diverse Kosten	15%	20%

Quelle: Bundesverband der Pharmazeutischen Industrie e.V.: Pharma-Daten 1988

Die gestiegenen Forschungs- und Entwicklungskosten: In Deutschland stieg der Produktionswert der Pharmaindustrie im Zeitraum 1976 bis 1985 um 78% auf 18 Mrd. DM, während der Aufwand für F & E dagegen um 175% stieg und mit 3,5 Mrd. DM ca. 20% des Umsatzes verschlang. Trotzdem wird der Pharmabereich kaum staatlich gefördert, so daß die Quote des eigenfinanzierten F & E-Aufwandes im Vergleich mit anderen Branchen im Jahr 1986 wie folgt aussah:

Eigenfinanzierter F & E-Aufwand		
	in % vom Umsatz	Mrd. DM
Pharmaindustrie	15,0	2,7
Luftfahrtindustrie	6,4	0,5
Elektrotechnik	5,9	7,7
Chemische Industrie	4,3	6,5
Maschinenbau	3,1	3,5

Quelle: Verband der Chemischen Industrie e.V. (VCI)

Die Kosten für die Entwicklung des neuen Medikaments haben sich analog zu obiger Entwicklung explosionsartig gesteigert. Wurden hierzu im Jahre 1970 noch ca. 50 Mio. DM pro NCE (= New Chemical Entity) veranschlagt, so liegen die Entwicklungskosten heute bei 200–300 Mio. DM pro NCE.

Typisch für die Pharmaforschung ist zudem die starke Interdisziplinarität (es arbeiten Wissenschaftler aus den Gebieten Chemie, Physik, Biologie und Medizin zusammen).

Die gestiegenen Entwicklungszeiten: Parallel zur enormen Aufblähung der Forschungsaufwendungen eines pharmazeutischen Unternehmens unter anderem auch aufgrund der rigideren Anforderungen, die an die Zulassung eines neuen Präparates gestellt werden (so stieg der Umfang der Registrierungsunterlagen für die amarikanische Zulassungsbehörde FDA (Food and Drug Administration) von weniger als 50 Seiten in den 50er Jahren auf über 120.000 Seiten in den 80er Jahren), nahm die Entwicklungszeit für neue Arzneimittel vom Projektstart bis zur Markteinführung in allen wichtigen Pharma-Märkten in den letzten Jahrzehnten ständig zu. Der erforderliche Zeitraum entwickelte sich in Deutschland bei gleichgebliebener Patentschutzzeit von 20 Jahren wie folgt:

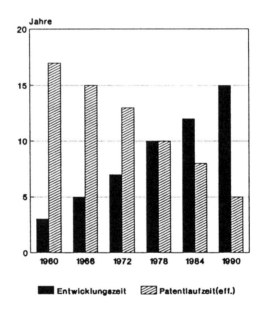

Quelle: Bundesverband der Pharmazeutischen Industrie e.V.

Die angestrebten Kostendämpfungsmaßnahmen in allen industrialisierten Ländern: Die ständig steigenden Gesundheitsausgaben in den Industrieländern haben überall zu Kostendämpfungsmaßnahmen geführt. Trotzdem gehen wir weiterhin von einer Elastizität der Ausgaben für Pharmaka in Relation zur Wachstumsrate des BSP zwischen 1,2 und 1,5 aus, d.h. wir rechnen mit einem um diesen Faktor höheren Wachstum in der pharmazeutischen Industrie. Wesentlich für die weitere Entwicklung der Gesundheitsausgaben ist die wirtschaftliche Leistungskraft eines Landes. Als Richtwerte gelten deshalb im folgenden der Anteil der Gesundheitsausgaben am Bruttosozialprodukt.

Die Entwicklung der Gesundheitsausgaben in ausgewählten Ländern zeigt folgende Tabelle:

Land	1960	1970	1980	1990	1995
USA	5,5	7,8	9,8	11,0	10,5
Japan	3,0	4,7	6,5	7,5	8,0
Deutschland	5,2	5,5	8,5	9,0	9,2
Frankreich	4,5	6,2	8,5	9,5	10,0
Schweden	4,8	7,2	9,5	10,5	11,0
Großbritannien	4,0	4,5	5,9	6,0	6,2
Spanien	2,5	4,1	5,9	6,0	6,5

Quelle: The OECD-Observer

Die derzeit praktizierten Formen der Preiskontrolle für pharmazeutische Produkte in ausgewählten EG-Ländern zeigt folgende Abbildung:

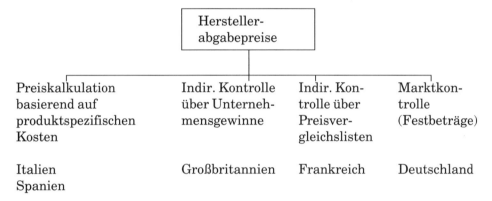

Quelle: The Pharmazeutical Industry

Wir haben als forschendes Unternehmen bei der Wahl des Preises für neue Produkte einen gewissen Freiheitsgrad, da wir unsere starke technologische Position in Preiszugeständnisse der staatlichen Stellen ummünzen können. Aufgrund der scharfen Preisreglementierungen für wirkstoffgleiche Präparate in fast allen Ländern (z.B. Festbetragsregelungen) sind wir nach Ablauf des Patentschutzes jedoch zu starken Preisreduzierungen gezwungen.

Marktakzeptanz: Der Markterfolg von pharmazeutischen Präparaten in einem bestimmten Ländermarkt hängt in zunehmendem Maße von den Ärzten ab, denn diese legen fest, ob und in welchem Umfang bestimmte Medikamente bei der Therapie eingesetzt werden. Die während des Entwicklungszeitraums in der Regel vor Ort durchzuführenden klinischen Prüfungen müssen daher so gestaltet werden, daß die darauf basierenden Aussagen es ermöglichen, den therapeutischen Nutzen in einer nachvollziehbaren Weise nahezubringen. Auch zwingen uns die im Pharmamarkt immer schon vorhandenen protektionistischen Maßnahmen in vielen Ländern (z.B. »Buy US«) zu einer starken Präsenz im jeweiligen Markt. Zusätzlich führt nur eine starke kommunikative

Präsenz in Form von Außendienstdruck und Werbung und eine starke mentale Präsenz beim Abnehmer über ein möglichst breites Produktsortiment zu einem langfristigen Erfolg in einem bestimmten Markt.

Die Bevölkerungsentwicklung: Folgende Tabelle zeigt die weltweite Entwicklung der Bevölkerung.

Land	1972	1985	1995	Veränd. 1985–95
Industrieländer				
USA (incl. Kan.)	231,1	264,2	288,3	0,91%
Japan	107,2	120,8	129,0	0,68%
Deutschland	61,7	61,0	59,5	−0,25%
Frankreich	51,7	55,2	57,0	0,33%
Italien	54,0	57,2	59,0	0,31%
Großbritannien	55,9	56,6	57,7	0,19%
Spanien	34,4	38,5	40,8	0,60%
Entwicklungsländer				
Lateinamerika	291,5	403,6	499,3	2,37%
Afrika	482,4	704,1	938,5	3,33%
Asien	2018,9	2565,4	3052,0	1,90%
Osteuropa	374,7	415,7	447,9	0,77%
Welt	*3859,8*	*4847,6*	*5740,0*	*1,84%*

Quelle: United Nations Population Division

1.2. Die Tätigkeitsgebiete des Produktbereichs Pharma

1.2.1. Die regionalen Tätigkeitsgebiete

Mit unseren Produkten sind wir weltweit vertreten. Dies ist im wesentlichen Resultat einer regen Reisetätigkeit unseres bisherigen Vorstandsvorsitzenden, Herrn M. A. Gellan, der insbesondere auf seinen Urlaubsreisen gerne Unternehmen besichtigte, die später akquiriert wurden.

Daher ergeben sich starke Unterschiede bezüglich unserer Marktpräsenz und der Wachstumsdynamik der einzelnen Märkte.

Nachfolgende Tabelle zeigt die Struktur unserer regionalen Präsenz in den wichtigsten Märkten und deren prognostiziertes Wachstum:

Land	Marktvolumen in Mio. DM 1988	Eig. Umsatz in Mio. DM 1988	Prognostiziertes Marktwachstum 1988–95 in % (real)
USA	69.300	217	2,5–3,0
Japan	48.780	30*	3,0
Deutschland	20.700	320	2,5–3,0
Frankreich	15.480	109	3,0
Italien	15.120	131	3,0
Spanien	5.220	21	4,0–4,5
Rest	90.000	304	4,25–4,75

* Die Werte geben den Pharma-Umsatz des Unternehmensbereichs in den einzelnen Ländern an. Der Wert in Japan beruht auf Umsätzen unserer Lizenznehmer aus Wirkstofflieferungen.

1.2.2. Die therapeutischen Tätigkeitsgebiete (Indikationen)

Der Produktbereich Pharma ist nur in zwei Indikationsgebieten forschend tätig:
- Cardio-vasculäres System (Herz-Kreislauf)
- Antibiotika.

Bei den beiden von uns abgedeckten Tätigkeitsgebieten handelt es sich um sog. semi-innovative Segmente. Es kommen jährlich viele neue Produkte auf den Markt, die zwar bestimmte Vorteile gegenüber den bereits eingeführten Produkten haben, ohne jedoch einen therapeutischen Durchbruch zu bringen. Oft sind die Unterschiede zu den etablierten Produkten nur minimal und die Lebenszyklen der Produkte sind folglich deutlich kürzer als die echter Innovationen und sanken kontinuierlich in den letzten 50 Jahren von 24 Jahren auf unter 8 Jahre. Der entscheidende Erfolgsfaktor in diesem Segment ist die Schnelligkeit. Sobald ein neues Wirkprinzip entdeckt wird, suchen mehrere Firmen nach patentierbaren Wirkstoffen. Innerhalb weniger Jahre kommen dann mehrere auf diesem Wirkprinzip beruhende Arzneimittel auf den Markt. Nur wer früh im Markt ist, kann wirtschaftliche Erfolge erzielen, wer verspätet auftritt, erreicht in der Regel nur noch unbefriedigende Ergebnisse.

2. IFO-Bericht Dezember 1988

Mittelfristige Investitionstrends in Europa
Die Perspektiven sind bis über das Jahr 1990 hinaus bislang sehr positiv. Die Investitionstätigkeit erhält kräftige Impulse von der günstigen Nachfrageentwicklung im ganzen europäischen Gebiet. Dies ist vor allem damit zu begründen, daß in nahezu allen Wirtschaftsbereichen im Vorgriff auf den europäischen Binnenmarkt ohne Grenzen (u. a. zur Erhöhung der Wettbewerbsfähigkeit und zur Sicherung von Absatzmärkten) erheblich investiert wird.

Die kräftigsten Steigerungsraten des Investitionswachstums werden für Spanien erwartet. Das seit 1979 mit einer neuen Verfassung lebende Land gilt nach übereinstimmender Meinung unserer Prognostiker als das EG-Land, das in den nächsten Jahren das höchste Wirtschaftswachstum aufweisen dürfte. Das über Jahrzehnte hinweg angestaute Nachfragepotential eines großen Inlandsmarktes hat im Verbund mit einer pragmatischen Wirtschaftspolitik der sozialistischen Regierung und der Dynamik des Anfang 1986 erfolgten EG-Beitritts eine wirtschaftliche Belebung ausgelöst, die in diesem Ausmaß nicht zu erwarten war.

Die Entwicklung der Investitionstätigkeit in ausgewählten EG-Ländern zeigt folgendes Schaubild:.

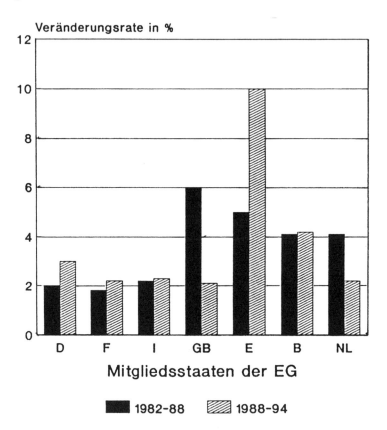

3. Bericht der Abteilung »Marktforschung« über den spanischen Pharmamarkt

3.1. Die Verteilung der Umsätze

Die Umsätze im spanischen Pharmamarkt verteilen sich wie folgt auf unsere größten Konkurrenten:

Unternehmen	Umsatz 1983 Mio. Ptas	Umsatz 1988 Mio. Ptas	Marktanteil in %	Wachstum nom. %
Almirall	4.428	10.255	3,14	26,3
Esteve	4.695	9.805	3,00	21,8
Beecham	4.458	7.239	2,22	12,5
Sandoz	4.664	7.206	2,20	10,9
Antibioticos	3.805	6.873	2,11	16,1
Alvarez	1.327	3.125	0,96	27,1
Cheminga Iber.	330	1.300	0,40	58,6
Gesamtmarkt	*188.000*	*326.000*	*100*	*14,7*

Der spanische Pharmamarkt nahm damit im Jahr 1988 mit einem Anteil am Weltmarktvolumen von 2% nur noch Rang 10 ein, nachdem er bereits im Jahre 1983 mit einem Anteil von 3% Rang 8 eingenommen hatt.

Die hohen nominalen Steigerungsraten erklären sich zu einem Großteil aus der hohen Inflationsrate in Spanien von durchschnittlich 11,3% p. a.

3.2. Marktstruktur

Mit 370 Herstellern pharmazeutischer Spezialitäten hält Spanien nach Deutschland den zweiten Platz was die Anzahl der Anbieter betrifft. Die Branche ist trotz eines seit Jahrzehnten anhaltenden Schrumpfungsprozesses insbesondere aufgrund der immensen Forschungskosten, der die Zahl der Produzenten von 1200 im Jahr 1956 über 490 in 1977 auf die vorgenannte Zahl schrumpfen ließ, immer noch übersetzt, so daß sich ihre Zahl vor allem auch im Hinblick auf den EG-Markt 92 noch weiter verringern wird.

3.3. Forschung in Spanien

Der Forschung mißt man im spanischen Markt bisher keine allzu große Bedeutung bei. Dies beruht im wesentlichen auf der restriktiven Preisreglementierung. Der mittlere Preis einer Pharmaspezialität liegt mit 1,72 US-$ um 1/3 unter dem deutschen Durchschnittspreis. Nur 34 spanische Unternehmen betreiben überhaupt F & E, hier gibt es allerdings, insbesondere aufgrund enger Kooperationen mit den Hochschulen, einige sehr interessante Firmen. Der spanische Staat fördert die Pharmaforschung zusätzlich mit etwa 10% aller Subventionen, und zwar mit Schwerpunkten in der Bio- und Gentechnologie.

3.4. Unsere derzeitige Situation im Markt

3.4.1. Marktbearbeitung

Wir sind erst relativ spät in den spanischen Markt eingedrungen (im Jahre 1980) und sind infolge starker Anstrengungen seitens der deutschen Mutter überproportional stark gewachsen. Wir bearbeiten den spanischen Markt derzeit mit einem Außendienststab von 50 Mitarbeitern. Die Kosten pro Außendienstmitarbeiter belaufen sich auf ca. TDM 150 und verschlingen insgesamt etwa 30% unseres Umsatzes.

Unsere Leute an der vordersten Linie beklagen sich in jüngster Zeit über einen zunehmenden Druck auf die von uns hauptsächlich anvisierten Fachärzte bei den von uns bearbeiteten Indikationsgebieten durch Generika, insbesondere nachdem der Patentschutz für unser Starprodukt Cardioplus ausgelaufen ist. Sie haben sich nach der Möglichkeit des Ausweichens auf Allgemeinärzte erkundigt und angefragt, ob eine dementsprechende Erweiterung unserer Produktpalette auf eine breitere Basis möglich ist. Bei zusätzlicher Bearbeitung dieses Marktsegments müßte der Außendienst auf ca. 130 Mitarbeiter aufgestockt werden, um eine akzeptable Marktdurchdringung zu erreichen.

3.4.2. Produktpalette

Wir bedienen den Markt bisher ausschließlich mit von der deutschen Mutter gelieferten Produkten. Hauptumsatzträger ist das Medikament Cardioplus, das über Herz-Kreislauf-Fachärzte abgesetzt wird. Leider ist der Patentschutz im spanischen Markt für dieses Präparat abgelaufen. Zusätzliche Probleme bei der Preisgestaltung bringt neben der weitaus günstigeren Kostenstruktur für im Land ansässige Anbieter die starke Reglementierung durch die spanische Preisfestsetzungsbehörde, die uns zusätzlich gegenüber im Land produzierenden Wettbewerbern massiv benachteiligt. Während diesen ein Gewinnaufschlag in Höhe von 15% auf ihre gesamten Kosten zugebilligt wird, beträgt diese Spanne für ausländische Produzenten nur 10%.

Im Antibiotikasegment sieht die Lage ganz prekär aus, da wir hier nicht auf gewachsene Verbindungen aufgrund eines starken Know-hows bauen können. Die Akzeptanz ist hier im spanischen Markt trotz unserer größten Bemühungen schlichtweg gering. Im Antibiotikabereich macht sich zudem die generell sehr starke Segmentierung des Pharmamarktes bemerkbar, da in diesem Teilbereich klar der spanische Hersteller Antibioticos dominiert, der schon traditionell in Spanien als »Infektionsspezialist« gilt.

4. Daten bezüglich des Risikos eines Engagements in Auslandsmärkten

4.1. Euromoney-Länderrisiko-Index

Der Euromoney-Länderrisiko-Index setzt sich aus folgenden Einzelfaktoren zusammen:

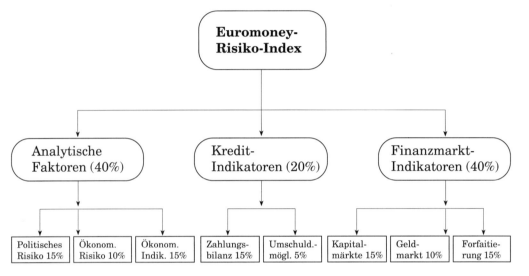

Für das Jahr 1988 ermittelte die Zeitschrift »Euromoney« folgende Ratings und Plazierungen:

Land	Rang 1988	Rating	Rang 1986	Rating
Japan	1	98	2	92
Deutschland	2	95	2	92
Großbritannien	2	95	2	92
USA	6	92	2	92
Frankreich	13	88	14	84
Spanien	13	88	15	84
Italien	15	86	13	85
Taiwan	15	86	27	76
UdSSR	18	85	22	79
China	20	83	22	79
Südkorea	20	83	21	82
Hong-Kong	20	83	24	78
Saudi-Arabien	35	70	38	56
Indonesien	42	61	37	59
Türkei	47	57	51	45
Mexiko	65	43	54	42
Brasilien	69	40	59	38
Argentinien	83	30	67	31
Iran	100	23	98	17

Quelle: Euromoney

4.2. Exportvolumen und Anteil am Weltexport einiger ausgewählter Länder

Land	Exporte Mrd USD	Weltanteil 1988 in %	Weltanteil 1982 in %	reales Wachstum 1985-88 % p.a.	reales Wachstum 1978-82 % p.a.
Deutschland	323,4	11,2	9,60	1,60	1,60
USA	321,6	11,2	11,50	2,98	1,60
Japan	264,9	9,2	7,50	3,59	4,40
Frankreich	167,8	5,8	5,00	1,40	2,00
Großbritannien	145,2	5,0	5,50	2,46	0,60
Italien	128,5	4,5	4,00	1,56	2,20
UdSSR	110,7	3,8	4,70	3,0	4,00
Korea	60,7	2,1	1,20	8,28	5,40
Taiwan	60,5	2,1	1,30	7,05	7,30
Hong-Kong	63,2	2,2	1,20	6,16	8,40
China	47,5	1,6	1,20	9,70	5,60
Spanien	40,3	1,4	1,00	2,17	0,80
Brasilien	33,8	1,2	1,10	2,67	3,50
Mexiko	30,4	1,1	0,80	0,57	6,70
Saudi-Arabien	24,4	0,8	4,00	-2,45	6,40
Indonesien	19,5	0,7	0,90	3,28	6,80
Türkei	11,7	0,4	0,10	4,93	1,40
Welt	**2882**	**100,0**			

Quelle: Yearbook of International Trade Statistics of the United Nations

Abteilung Forschung und Entwicklung
F & E 510
Dr. Daniela Hiller

Liebe Kollegen,

mit den beiliegenden Anlagen teile ich Ihnen unseren technologischen Stand auf den von uns bearbeiteten Indikationsgebieten mit. Prinzipiell gilt, daß wir durch eine leistungsfähige Forschung und Entwicklung die Zukunft unseres Unternehmens sichern wollen. Bisher ist unsere Forschung vom Forschungsansatz her immer noch chemisch orientiert, was bei einem traditionell in der Chemie verankerten Unternehmen auch erklärlich ist. Zukünftig gewährt jedoch nur noch eine chemisch und biologisch breite Forschung die Chance, neue und erfolgreiche Wirkstoffe zu synthetisieren. Während wir früher von 3000 bis 4000 synthetisierten Substanzen einen neuen Wirkstoff (NCE) auf den Markt bringen konnten, ist die Trefferquote dieses Screening-Verfahrens auf 1 : 10 000 abgesunken. Zukünftig wollen wir daher verstärkt durch das sog. »molecular modelling« neue Wirkstoffe erforschen. Die Zukunft der Pharmaforschung liegt trotz aller Risiken in der Grundlagenforschung, Biotechnik und Gentechnologie.

Für den Produktbereich Pharma bedeutet dies, daß wir neben den traditionellen Methoden verstärkt moderne Techniken der Molekularbiologie sowie der Bio- und Gentechnologie zur Entdeckung und Entwicklung neuer Wirkstoffe und zur Erschließung neuer Indikationsgebiete einsetzen wollen.

Da es in Deutschland bisher keine spezielle Vorschriften für den Betrieb gentechnischer Produktionsanlagen gibt, haben wir uns mit ebenfalls an diesem Bereich interessierten Firmen zur Medizinisch-Pharmazeutischen Studiengesellschaft zusammengeschlossen und einen gentechnischen Ehrenkodex veröffentlicht, in dem wir Richtlinien, denen wir uns verpflichtet sehen, kundtaten.

Mit freundlichen Grüßen

Dr. Daniela Hiller

Anlagen

Anlage 1: Wettbewerbssituation in unseren Tätigkeitsgebieten

1. *Cardio-vasculäres System:* In unserem traditionell stärksten Indikationsgebiet dominieren der *ACE-Hemmer Cardioplus* gegen koronare Herzerkrankungen (Angina pectoris) und Bluthochdruck (Hypertonie) sowie das *Antiarrhythmikum Rhytstabil* zur Behandlung von Herzrhythmusstörungen. Wir hatten auf diesem Gebiet bisher eine traditionell starke Rolle inne, da wir wegweisende Innovationen auf diesem Gebiet entwickelten und so zu dessen Erforschung maßgeblich beitrugen.

Folgende Faktoren beeinflussen jedoch trotz unseres relativ hohen Kow-hows nachhaltig die Attraktivität dieses Indikationsbereichs:

– Im Inland fällt unser *ACE-Hemmer Cardioplus* unter die Bestimmungen der neuen Festbetragsregelungen für wirkstoffgleiche Arzneimittel, da die Patentschutzzeit abgelaufen ist und bereits einige Generika im Markt konkurrieren; diese bedrohen unser Star-Produkt auch zunehmend in allen ausländischen Märkten. Die Zahl der auf diesem Wirkstoffprinzip beruhenden Präparate hat in den letzten Jahren drastisch zugenommen. Insbesondere durch leichte Molekülmodifikationen wurden immer neue Variationen auf den Markt gebracht.

– Unser *Antiarrhythmikum Rhytstabil* sieht sich weltweit starker Kritik von seiten einiger Ärzte ausgesetzt, die stärker auf die neue Generation von Herzschrittmachern, die nicht nur auf das Aussetzen, sondern auch auf dessen Beschleunigung reagieren, auf Elektroschockgeräte (Defibrillatoren) für Notfälle und die Lasertechnik zur Chirurgie des Herzens, setzen wollen. Überschattet wird die Perspektive unseres Medikaments zudem dadurch, daß unser Wirkstoff nicht in die sog. CAST-Studie (Cardiac Arrhythmia Suppression Trial) in den USA einbezogen wurde, die das dortige Verordnungsgefüge stark beeinflußt.

2. *Antibiotika:* Hier dominiert das Präparat *Antiinfekt forte* zur therapeutischen Behandlung von bakteriellen Entzündungen des Magens und der Bauchspeicheldrüse. Das Medikament ist auf allen Märkten stark unter Druck geraten, da der Patentschutz ausgelaufen ist und es uns bisher nicht gelungen ist, unsere Angebotspalette auf diesem Gebiet zu erneuern und auszudehnen. Die auf unserem Wirkstoffprinzip beruhenden Medikamente gehören inzwischen zur Standardpalette eines jeden Anbieters in diesem Indikationsbereich. Da nur ein im Markt starkes Präparat allein nicht zu einer Akzeptanz bei den Ärzten führt, konnten wir uns bisher nur in diesem Markt festhalten, indem wir unser Preisgefüge massiv nach unten korrigierten. Leider sind hieraus eventuell schlechte Auswirkungen auf das Qualitätsimage unserer anderen Produkte zu befürchten.

Anlage 2: Patentstatistik

1. *Patentanmeldungen weltweit:* Die Patentanmeldungen im Jahre 1987 verteilen sich auf folgende Ursprungsländer wie nachstehend:

Land	Anzahl	Land	Anzahl
USA	18554	Großbritannien	4871
Japan	16199	Frankreich	4612
Deutschland	14101	Rest	13329

2. *Produktbereich Pharma:* Insgesamt hat der Produktbereich Pharma im Zeitraum 1983–1988 130 Patente bei den zuständigen Behörden angemeldet. Zum Großteil wurden entsprechende Patente auch auf ausländischen Märkten beantragt, um unsere neu entwickelten Wirkstoffe vor Imitatoren aus der

restlichen Welt zu schützen. Leider sind die Patentverfahren sehr unterschiedlich, so daß nicht immer ein derartiger Schutz zu erzielen ist.

Angesichts der Kosten, der Komplexität und der Risiken, die mit der Forschung und Entwicklung im Pharmabereich einhergehen, ist es für uns als forschendes Unternehmen von vitaler Bedeutung, die Medikamente durch Patentierung zu schützen, um eine Imitation zu vermeiden und die Investitionskosten wiedergewinnen zu können.

Deshalb melden wir Patente an, sobald ein Wirkstoff sich als hoffnungsvoll erweist, d.h. bereits in der Anfangsphase der chemischen Forschung. Ausgehend von solchen Basispatenten, versuchen wir, mit fortwährender Forschung den Wirkstoff durch weitere flankierende Patente zu schützen. Auf Gebieten, in denen wir besonders aktiv sind, weisen wir deshalb signifikant viele Patente aus.

Insgesamt verteilen sich die Patente auf die einzelnen Indikationsgebiete wie folgt, wobei die entsprechenden Werte unserer größten Konkurrenten ebenfalls mit angegeben werden:

Indikation	Cheminga	Hoechst	Glaxo	Ciba	Merck
Cardio-vask. System	80	40	175	75	160
Antibiotika	50	150	190	80	100
Gesamt	130	190	365	155	260

Quelle: Auswertung der Patentdatenbank World Patent Index (WPI)

ADOLF G. COENENBERG/EDELTRAUD GÜNTHER/HELGA JUNG

2. Fallstudie: Alvarez Akquisition und Unternehmensbewertung (Cheminga AG)

USW-Fall Nr. 237-89

Dieser Fall ist so entwickelt, daß er als Grundlage für Diskussionen in Seminaren geeignet ist. Es ist nicht Zweck dieses Falles, ein Beispiel für gute oder schlechte Führungsentscheidungen im Unternehmen zu geben.

Vorstandssekretariat
VS 100/70
Dr. Heribert Vorndran

21. Juli 1988

An die
Mitglieder der Kommission »Pharma 1992«
und alle Bereichsleiter

Sehr geehrte Damen und Herren,

anbei erhalten Sie den Beschluß zur Strategie des Produktbereiches Pharma, in den das Konzept der Kommission »Pharma 1992« integriert wurde.

Mit freundlichen Grüßen

Dr. Heribert Vorndran

Anlagen zum Brief von 21. Juli 1988

Protokoll der Vorstandssitzung vom 20. Juli 1988

Die im Rahmen des Projektes »Perspektiven 1992« für den Pharmabereich eingesetzte Kommission »Pharma 1992« legte für den Produktbereich Handlungsvorschläge vor, die in folgendem Vorstandsbeschluß übernommen wurden:

Bereichsspezifische Strategie: Aufgrund unserer Ziele und der Perspektiven in der Pharmaindustrie ist das Ziel der CHEMINGA AG, ihren Produktbereich Pharma zu vergrößern und vor allem im Bereich der Gen-Forschung zu investieren.

Hinweis:
Als Grundlage dienen auch hier die Unternehmens- und Bilanzdaten der Cheminga AG, die im Fall »Alvarez Diversifikationsstrategien« enthalten sind (siehe Seite 392–398).
Der Fall »Alvarez Akquisition und Unternehmensbewertung« ist als Rollenspiel konzipiert: Die zwei Kaufinteressenten Cheminga AG und Gierke GmbH stehen dem Kaufobjekt Alvarez S.A. gegenüber. Die Fallunterlagen Gierke GmbH und Alvarez S.A. (für die Bewertung aus Verkäufersicht) sind für Interessenten über das USW Universitätsseminar der Wirtschaft beziehbar.

Da die von der Kommission »Pharma 1992« durchgeführte Untersuchung zu den Ergebnissen kam, daß

1) hohe Eintrittsbarrieren in Form von immensem Forschungsaufwand vorhanden sind und
2) der Aufbau neuer Kapazitäten einen erheblichen Zeitaufwand mit sich bringen würde

beschließt der Vorstand entsprechend der Empfehlung der Kommission und des Produktbereichs Pharma, die Gen-Forschung durch eine Akquisition zu erschließen.

Länderspezifische Strategie: Ziel der Cheminga AG ist, ein Pharmaunternehmen in Spanien zu erwerben. Zu dieser Entscheidung führt einerseits die Notwendigkeit, im Hinblick auf den Binnenmarkt 1992 das Engagement in Spanien auszubauen. Hinzu kommt, daß sich der Pharmamarkt in Spanien zwischen 1980 und 1985 weniger schnell entwickelt hat als die Pharmamärkte anderer Länder und so in diesem Markt noch Wachstumspotential steckt.

Marktstudie der Cheminga-Marketingabteilung

Produktbereich: Pharma
Land: Spanien

1. Der Pharmamarkt in Spanien

Die im Markt befindlichen Produkte teilen sich auf in krankenkassenzugelassene (ca. 90%) und Populärprodukte (ca. 10%), wobei erstere der staatlichen Preiskontrolle unterliegen.

Der vor ungefähr 15 Jahren begonnene und seit dem Regierungswechsel sich verstärkende Konzentrationsprozeß wird weiter anhalten, und so stehen auch große nationale Pharmafirmen in Verkaufsverhandlungen. Die internationalen Pharmaunternehmen versuchen über Akquisitionen und/oder Neueinführungen mit hohem Aufwand, kurzfristig die Voraussetzungen für die maximale Marktstellung und damit optimale Durchsetzungskraft im Markt zu schaffen. Der Markt wird derzeit von ca. 100 relevanten Unternehmen bedient.

1985 nahm Spanien mit einem Umsatz von 1.397 Mio. US$ und einem Weltmarktanteil von 2% weltweit Rang 10 ein (gegenüber Rang 8 mit 3% in 1980).

Im Vergleich zu anderen europäischen Ländern weist Spanien jedoch ein relativ hohes Bevölkerungswachstum von 1,1% und einen geringeren Umsatz pro Kopf der Bevölkerung (bezogen auf den Gesamtmarkt) von 45 US$ (D: 91 US$, F: 82 US$, I: 55 US$), auf. Diese Fakten lassen für die Zukunft hohe Erwartungen zu.

Der spanische Pharmamarkt ist einer der am meisten kontrollierten Sektoren der spanischen Wirtschaft, wobei jedoch nicht rezeptpflichtige Mittel von einer Kontrolle ausgenommen sind. Der genehmigte Einführungspreis ist abhängig von einer Kostenformel, in die z.B. Rohstoff-, Personal- und gewisse Gemeinkosten sowie Gewinn- und Handelsspanne einfließen.

Anteile der führenden Firmen am Apothekenabsatz in 1988:
Marktführer 5.87%
die ersten 5 ....17,84%
die ersten 10 .... 26,78%
die ersten 15 .... 33,79%
die ersten 20 .... 39,87%
die ersten 25 .... 45,44%
die übrigen 75 .... 54,56%

2. Das Engagement der CHEMINGA AG im Produktbereich Pharma in Spanien

Die CHEMINGA IBERICA, unsere spanische Tochter ist ausschließlich eine Vertriebsgesellschaft. 100% des Umsatzes resultieren aus Lieferungen der CHEMINGA AG. Mit einem Marktanteil von 0,4% liegt die CHEMINGA IBERICA auf Rang 91 im spanischen Pharmamarkt.

Um als Produktionsbetrieb im rechtlichen Sinne anerkannt zu werden, wurde schon seit längerem der Aufbau einer eigenen Produktion angestrebt. Durch einen Unternehmenserwerb könnte diesem Ziel Rechnung getragen werden.

Eine Akquisition bietet im Vergleich zu internem Wachstum folgende Vorteile:

- durch die Übernahme schon vorhandener Kapazitäten kann Zeit gespart werden;
- auf einem schon weitgehend verteilten Markt können die Marktanteile des Akquisitionsobjektes übernommen werden;
- durch die Beibehaltung der Produktnamen und der Firma muß der Name nicht neu eingeführt werden;
- durch die Übernahme der Außendienstmitarbeiter kann der Vertriebsbereich durch schon geschultes und mit dem Markt vertrautes Personal verstärkt werden;
- durch einen Unternehmenszusammenschluß können Synergien in folgenden Bereichen realisiert werden:
  - Produktion
  - Forschung und Entwicklung
  - Vertrieb
  - Verwaltung.

Dr. Bernd von Geldern
Vorstand Finanzen
VS 100/54

Herrn Rainer Simon   10. Oktober 1988
PB Pharma
PBP 608

Sehr geehrter Herr Simon,

beiliegend erhalten Sie den Vorstandsbeschluß, betreffend Ihr Akquisitionsvorhaben.

Freundschaftlich

Ihr Bernd von Geldern

Anlage

Anlage zum Brief vom 10. Oktober 1988

Vorstandsbeschluß vom 8. Oktober 1988

Die Empfehlung des Produktbereichs Pharma, ein Unternehmen in Spanien zu erwerben, wurde einstimmig als Beschluß verabschiedet. Bei der Auswahl eines geeigneten Unternehmens soll folgenden Zielen Rechnung getragen werden:
1. Verbreiterung der Produktebasis, insbesondere auf dem Gebiet der Gen-Forschung
2. Erwerb von Know-how im Bereich der Gen-Forschung
3. Vergrößerung des Marktanteils auf über 1%, um zu den 25 größten Pharmaunternehmen Spaniens zu zählen
4. Senkung spezifischer Kosten in Verwaltung und Vertrieb
5. Verbesserung der Attraktivität als Lizenznehmer, aufgrund des höheren Marktanteils

Dr. Bernd von Geldern
Vorstand Finanzen
VS 100/54
Cheminga AG
D-6152 Gambach

An das   23. November 1988
Maklerbüro García
Diego Vargas, 2
E-BARCELONA-26

Estimado Señor García,

die Cheminga AG will ihren Produktbereich Pharma in Spanien durch eine
Akquisition verstärken. Da Sie früher selbst in der Chemiebranche tätig waren,
halten wir Sie für einen geeigneten Partner bei der Auswahl eines unseren
Interessen entsprechenden Unternehmens.
    Anbei erhalten Sie ein von uns ausgearbeitetes Anforderungsprofil, dem das
Kaufobjekt möglichst weitgehend entsprechen soll.

Atentamente

Dr. Bernd von Geldern

Anforderungsprofil

Umsatz:
- 40–50 Mio. im Pharmabereich, so daß nach der Akquisition gemeinsam ein Marktanteil von über 1% erreicht wird

Sortiment:
- relativ ausgewogenes Portfolio
- den im Pharmabereich ausschlaggebenden amerikanischen Standards entsprechend Erfolge in der Gen-Forschung

Personal:
- starker, gut geschulter Außendienst
- Management sollte während der Übergangsphase noch bleiben

Image:
- in Spanien bekannt
- guter Ruf bei der Ärzteschaft im relevanten Teilmarkt

Produktion:
- keine überalterten Kapazitäten
- Vorlage aller erforderlichen Produktionsgenehmigungen

Forschung und Entwicklung:
- galenische Stufe bei neuen Produkten sollte erreicht sein, d.h. die Testphase sollte schon begonnen haben oder bald beginnen. (wichtig für Registrierung und Preisbildung)

Infrastruktur:
- gute Verkehrsanbindung
- ausreichendes Potential an Arbeitskräften

Beteiligungsprozentsatz:
- möglichst 100%

Umweltschutz:
- deutschen Standards entsprechend
- möglichst keine Umweltprobleme.

Ernst Böhm
Abteilung Kapitalmarkt
AK 30

Herrn Dr. Bernd von Geldern   10. Januar 1989
Vorstand Finanzen
VS 100/54

Sehr geehrter Herr Dr. von Geldern,

folgende Aufstellung enthält alle von Ihnen gewünschten Informationen über
den spanischen Kapitalmarkt und insbesondere die für die spanische Phar-
maindustrie relevanten Daten:
– Zinssatz für risikolose Anlagen: r_F = 14%
– Risikozuschlag der CHEMINGA AG auf den risikolosen Zinssatz: 50%
– Marktrendite: r_M = 17%
– β der Pharmaaktien = 2,33
– Price-Earnings-Ratio von börsennotierten Pharmaunternehmen: PER = 13

Mit freundlichem Gruß

Ernst Böhm

Maklerbüro García
Diego Vargas, 2
E-BARCELONA-26

Herrn Dr. Bernd von Geldern   17. März 1989
Vorstand Finanzen
VS 100/54
CHEMINGA AG
D-6152 Gambach

Estimado Señor Dr. von Geldern,

nach der Prüfung von 20 spanischen Pharmafirmen, die Ihrem Anforderungs-
profil entsprechen, übersenden wir Ihnen anbei Informationen über die ALVA-
REZ S.A., für die seit längerem ein Käufer gesucht wird, da sich der bisherige
Eigentümer zur Ruhe setzen will.

424

Aufgrund Ihres mir telefonisch übermittelten ernsthaften Interesses an Verhandlungen stellte mir die ALVAREZ S. A. interne Informationen (siehe Anlagen) zur Verfügung, die in beiliegendem – von meinem Büro erstellten – Dossier verarbeitet sind. Das Stärken-/Schwächenprofil wurde entsprechend Ihren Anforderungen von meinem Büro entwickelt.

Mit freundlichen Grüßen

Ramón García

Anlagen zum Brief vom 17. März 1989

1. Angaben zur Gesellschaft

- **Firma:** ALVAREZ S. A.
- **Sitz:** Barcelona/Spanien
- **Gründung:** 1961 durch Julio ALVAREZ, den derzeitigen alleinigen Aktionär
- **Geschäftsführer:** Julio ALVAREZ
- **Mitarbeiter:** 342
- **Gesellschaftskapital:** 1.250.000.000,– Ptas (20.000 TDM)*, das zu 100% von Herrn Julio ALVAREZ gehalten wird
- **Umsatz:** 94.804 in TDM 1988 (87.314 TDM in 1987)
- **Jahresüberschuß:** vor Steuern 13.209 TDM in 1988 (10.570 TDM in 1987).

2. Märkte/Produkte

2.1. Historische Entwicklung

Ende der 50er Jahre entdeckte der in einem großen spanischen Chemiekonzern tätige Diplom-Chemiker Julio ALVAREZ, daß die Nachteile der im Gesundheitssektor für die Abfüllung von Medikamenten und Infusionen verwendeten Glasflaschen durch den Einsatz von Kunststoffflaschen behoben werden könnten.

Da er mit dieser Meinung in seinem Unternehmen allein auf weiter Flur stand, beschloß er die Gründung eines kunststoffverarbeitenden Unternehmens.

● *Historie:*

1961: Einführung von Kunststoffflaschen am Markt

1969: Aufnahme der Produktion von Tablettenverpackungen

1976: umfangreiche Erweiterung durch den Kauf eines kleinen spanischen Pharmaunternehmens, an das schon bisher Kunststoffflaschen und Tablettenverpackungen geliefert wurden

---

* alle Angaben in DM, wobei ein Wechselkurs von 1,60 DM für 100 Peseten angesetzt wird!

Dadurch kamen neu in das Sortiment:
- **Zahnpflegeprodukte:**
- **Schmerzstillende Mittel: (Antibiotika)**

1982: Ausbau der Forschung und Entwicklung durch Erweiterung des Forschungsteams um hauptberuflich an der Universität Barcelona tätige Wissenschaftler

1989: galenische Stufe bei neu entwickelten Produkten der Gen-Forschung abgeschlossen

1990: Markteinführung geplant.

2.2. Situation der einzelnen Produktbereiche

● *Kunststoffe*
Situation des Produktbereichs
Der Bereich Kunststoffe hat mit 27.060 TDM am Umsatz der ALVAREZ S.A. einen Anteil von 28,54%.

Da dieser Markt schon weitgehend verteilt und das Marktwachstum unterdurchschnittlich ist, besteht das Ziel der ALVAREZ S.A. darin, ihre bisher in diesem Bereich erreichte Position zu halten und die finanzkräftigen Produkte im Unternehmen zu belassen. Aus diesem Grunde wird auch hier geforscht, was Anfang der 80er Jahre dazu führte, daß die bisher üblichen Tablettenverpackungen durch kindersichere ersetzt wurden. Die früher allgemein eingesetzten Flaschen werden heute hauptsächlich für die Abfüllung von Infusionsflüssigkeiten für den Krankenhausbedarf verwendet, wohingegen Tablettenverpackungen weitgehend für den Endverbraucher bestimmt sind.

Durch die Erweiterung im Jahre 1976 ist das Unternehmen nun selbst im Pharmabereich produktiv tätig und kann deshalb einen Teil bei der Abfüllung eigener Medikamente einsetzen.

Sortiment

Produktname	*Bezeichnung*
Saniplast A	Kunststofflasche 1 dl
B	2 dl
C	5 dl
Comprimin 10	Tablettenverpackung 10 St
20	20 St
50	50 St
100	100 St

(je nach Auftrag kann die Form in Abhängigkeit der Tabletten verändert werden)

Die Marketing-Abteilung der ALVAREZ S.A. beurteilt die Situation folgendermaßen:
- Der spanische Staat, Lieferanten, Substitute sowie potentielle Konkurrenten gefährden die erreichte Position nicht.

426

– Die Stärke der aktuellen Konkurrenz und die Macht der wenigen Abnehmer zeigen einen eher negativen Einfluß.
– Der Markt zeichnet sich weniger durch Marktwachstum als vielmehr durch -volumen aus.
– Im Vergleich mit anderen Marktteilnehmern zeichnet sich die ALVAREZ S.A. durch ihre sehr gute Qualität sowie einen als gut zu beurteilenden relativen Marktanteil aus. Im Kunststoffbereich beeinflussen Marketingstärke, Image und technologischer Vorsprung diesen Vergleich nicht.

Marktsituation

Da die Kunststoffprodukte ausschließlich für pharmazeutische Zwecke verwendet werden, hängt das Wachstum dieses Bereiches von der Entwicklung auf dem Pharmamarkt ab.

Das im Vergleich zu anderen europäischen Ländern hohe Bevölkerungswachstum von 1,1%, die allgemein zunehmende Lebenserwartung und ständige Neuerungen im Kunststoffbereich, lassen für die Zukunft ein leichtes Wachstum der Nachfrage erwarten.

Der größte Konkurrent hat einen ebenso hohen Umsatz wie die ALVAREZ S.A.

●*Ethische Arzneimittel*
Situation des Produktbereichs

Mit 50.104 TDM und somit 52,85% Umsatzanteil stellt der Produktbereich »ethische Arzneimittel« (d.h. verschreibungspflichtige Produkte) heute und in Zukunft den wichtigsten Bereich des Unternehmens dar.

Durch die schon lange auf dem Markt befindlichen Antibiotika verfügt dieser Bereich über eine sichere Basis, die laufend durch Neueinführungen ergänzt wird. Zu diesen zählt auch das sich bereits am Ende der galenischen Stufe des Forschungsablaufs befindende Produkt der Gen-Forschung Gidan.

Die ALVAREZ S.A. hat insbesondere im Bereich schmerzstillende Mittel ein gutes Image erworben. Da es sich hierbei um Standardarzneimittel mit durchschnittlichem Wachstum handelt, wird die Zukunft als tragfähig angesehen. Für 1988/89 wurde von der Preisbehörde für die wichtigsten Produkte eine Preiserhöhung von 20% in Aussicht gestellt.

Ein großer Wachstumsschub wird durch die schon registrierte Neueinführung von Gidan und Immunol plus erwartet. Die Preise hierfür sind bereits genehmigt. Die Aufwendungen für Forschung und Entwicklung wurden in vollem Umfang durch staatliche Subventionen ersetzt und bei der Preisfeststellung wurde von der staatlichen Preisgenehmigungsbehörde eine größere Gewinnspanne für den Hersteller akzeptiert.

Sortiment

Produktname	*Indikation*
GIDAN	vor allem für die Behandlung von Diabetikern
IMMUNOL plus	zur raschen Behandlung von Infektionen.

Die beiden Medikamente wurden unter Mitarbeit von Forschern der Universität Barcelona im Rahmen eines Projektes zur Gen-Forschung entwickelt. Sie haben alle Stufen des Forschungsprozesses durchlaufen und wurden schon von der zuständigen Behörde genehmigt. Die Einführung soll 1989 bzw. 1990 erfolgen.

Die Marketing-Abteilung der ALVAREZ S.A. beurteilt die Situation folgendermaßen, wobei zwischen den älteren und den neuen Produkten zu unterscheiden ist:

a) ältere Produkte

– Substitute, potentielle sowie aktuelle Konkurrenten und Kunden beeinflussen die Marktattraktivität nicht, von Lieferanten ist die ALVAREZ S.A. hier völlig unabhängig.

– Die Preisgenehmigungsbehörde genehmigt nur relativ geringe Preiserhöhungen, die zudem noch in Prozent der ohnehin sehr niedrigen bisherigen Preise festgelegt werden.

– Ebenso wie der Kunststoffbereich ist auch für die älteren ethischen Produkte weniger das durchschnittliche Wachstum als vielmehr das Volumen des Marktes von Bedeutung.

– Von den anderen Marktteilnehmern hebt sich die ALVAREZ S.A. durch ihr Image, ihre relative Qualität und ihre Marketingstärke ab, technologisch hält sie mit den anderen Schritt. Der relative Marktanteil ist bei Betrachtung des Teilmarktes gut, bei Betrachtung des gesamten Pharmamarktes jedoch gering.

b) neue Produkte

– Dieser neu entstandene Produktbereich ist aufgrund nachstehender Fakten sehr attraktiv:

– – Die Preisgenehmigungsbehörde hat einen sehr hohen Preis genehmigt.

– – Substitute und Konkurrenten fehlen bisher.

– – Lieferanten und Kunden haben keine Marktmacht.

– – Das Marktwachstum ist immens (das Volumen allerdings noch gering).

– – Wir halten hier einen großen technologischen Vorsprung und genießen zudem ein gutes Image.

– – Wir sind Marktführer in diesem Teilmarkt.

– Allerdings wird dieser Bereich von vielen potentiellen Konkurrenten bedroht.

Marktsituation

Die im Markt befindlichen Produkte teilen sich auf in krankenkassenzugelassene und Populärprodukte. Die von der ALVAREZ S.A. hergestellten ethischen Arzneimittel gehören alle zu der ersten Gruppe, die der staatlichen Preiskontrolle unterliegt.

Der vor 10 Jahren begonnene und seit der neuen Regierung sich verstärkende Konzentrationsprozeß wird weiter anhalten (1200 Firmen in 1956, 490 in 1977 und 370 in 1987); dennoch ist der Konzentrationsgrad noch sehr gering. Der größte Konkurrent für die schon auf dem Markt befindlichen Produkte erzielte 1988 im Teilmarkt einen Umsatz von 25.000 TDM, im Gesamtmarkt einen Umsatz von 410.000 TDM.

428

● *Zahnpflegeprodukte*

Situation des Produktbereichs

Das Unternehmen ist in der spanischen Öffentlichkeit vor allem als »Zahnpasta-Unternehmen« bekannt. Dieser Bereich macht mit 17.640 TDM 18,61% des gesamten Umsatzes aus. Der Marktanteil bei Zahnpflegeprodukten liegt bei 31%, der größte Konkurrent erzielte 1988 einen Umsatz von 13.567 TDM.

Hierbei handelt es sich um sehr rentable Produkte, die kaum einer Veränderung unterliegen. Allenfalls werden ab und zu neue Duftstoffe beigefügt und/oder das Design von Tube bzw. Flasche und Verpackung geändert.

Für die Zukunft kann ein leichtes Umsatzwachstum durch stärkeres Hygienebewußtsein in der Bevölkerung und das schon angesprochene Bevölkerungswachstum erwartet werden.

Sortiment

Name	*Bezeichnung*
Dentosan	Zahncreme
Dentix	Kinderzahncreme
Dentofresca	Mundwasser 1 dl
Dentofresca extra	Mundwasser 2 dl
Dentoclare	Reiniger für Zahnersatz

In diesem Bereich ist vor allem der hohe Werbeaufwand (80% der Vertriebskosten) kennzeichnend. Diesem ist es wahrscheinlich auch zuzuschreiben, daß das Unternehmen in der Öffentlichkeit fast ausschließlich als »Zahnpasta-Unternehmen« bekannt ist.

Unsere Marketing-Abteilung hebt bei ihrer Beurteilung vor allem unser Image und die Marketingstärke auf diesem Gebiet hervor. Der Markt an sich zeichnet sich durch ein großes Volumen aus. Bedrohend, jedoch nicht existenzgefährdend können Konkurrenzprodukte wirken.

Marktsituation

Der Markt zeichnet sich durch einige große und viele kleine Anbieter sowie durchschnittliches Marktwachstum aus. Die starke Konkurrenzsituation ist auch für die unterproportional zur Inflation steigenden Preise verantwortlich.

In der Branche hofft man auf ein noch stärkeres Bevölkerungswachstum und einen höheren Pro-Kopf-Verbrauch.

3. Management/Personal/Organisation

In der ALVAREZ S. A. sind 342 Personen in folgenden Bereichen beschäftigt:

leitende Angestellte	12
Angestellte	84
Außendienstmitarbeiter	98
Gebietsleiter	12
Arbeiter	136
Gesamt	342

Die Belegschaft ist gewerkschaftlich organisiert. Während der letzten zwölf Jahre fand jedoch kein Streik statt. Die Fluktuation ist sehr niedrig, der Altersdurchschnitt relativ hoch.

Der derzeitige Geschäftsführer leitet – wie aus folgendem Organigramm ersichtlich ist – die Bereiche Einkauf, Produktion, Marketing und Vertrieb sowie Forschung und Entwicklung. Seine Stellvertreterin, Frau Gonzales, leitet die Bereiche Personal und Finanzen. Daraus ist bereits ersichtlich, daß das Unternehmen funktional gegliedert ist.

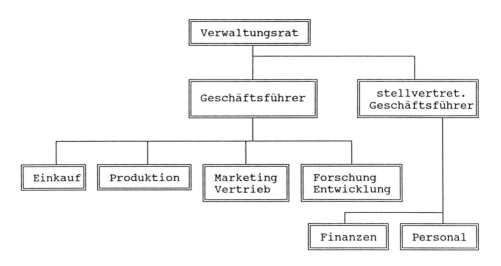

4. Stärken- und Schwächenprofil

● **Stärken**

1) Die ALVAREZ S.A. hat bei einem Umsatz von 50.104 TDM im Bereich der ethischen Arzneimittel einen Marktanteil von 0,7%, womit CHEMINGA IBERI-CA nach der Fusion einen Anteil von 1,1% erreichen könnte.

2) Durch den Bereich der Schmerzstillenden Mittel ist ein stabiles Grundgeschäft gewährleistet. Durch die Bestrebungen auf dem Gebiet der Gen-Forschung bestehen auch gute Wachstumschancen.

3) Das Unternehmen ist im spanischen Markt bekannt und genießt dort einen sehr guten Ruf (sowohl in der Öffentlichkeit als auch bei den Behörden und der Ärzteschaft).
4) Die ALVAREZ S.A. erwirtschaftet einen relativ hohen Deckungsbeitrag.
5) Das Unternehmen verfügt über eigene Forschungslabors, deren Erfolge noch durch Unterstützung von seiten der Wissenschaft vergrößert werden.
6) Barcelona bietet eine ausgezeichnete Infrastruktur.
7) Das Preisniveau der Produkte der Gen-Forschung ist relativ hoch.

● **Schwächen**
1) Relativ alte Produkte (Kunststoffe und Antibiotika)
2) niedriges Preisniveau bei den Antibiotika
3) starker Anteil der Zahnpflegeprodukte (18,61% vom Umsatz, 24,81% vom Jahresüberschuß)
4) Preiserhöhung bei alten ethischen Medikamenten noch nicht definitiv genehmigt.
5) Es müßten ebenso der Kunststoffbereich wie auch der Bereich der Zahnpflegeprodukte übernommen werden.

5. Forschung und Entwicklung

Auch wenn das unternehmenseigene Forschungsteam aus nur zehn Mitarbeitern besteht, kann diese Abteilung beachtliche Erfolge aufweisen, was vor allem auf die engagierte Mitarbeit der Wissenschaftler zurückzuführen ist.

Für die Zukunft wird erwartet, daß das unternehmenseigene Team Produktanpassungen sowie Synthesen vornimmt und Forschungsvorhaben auf neueren Gebieten in Zusammenarbeit mit den externen Kräften betrieben werden.

6. Bilanz/GuV und Jahresabschlußanalyse

6.1. Bilanz der Alvarez S.A. (in TDM)

	1987	1988
Immaterielle Vermögensgegenstände	2.240	2.358
Sachanlagen	22.638	21.181
- Grundstücke	676	676
- Gebäude	9.245	9.060
- Maschinen	12.717	11.445
Finanzanlagen	755	794
ANLAGEVERMÖGEN	25.633	24.333
Vorräte	12.237	12.487
Forderungen	23.025	23.737
Wertpapiere	4.040	4.143
Kasse / Bank	12.369	13.461
UMLAUFVERMÖGEN	51.671	53.828
GESAMTVERMÖGEN	77.304	78.161

Grundkapital	14.000	20.000
gesetzliche Rücklagen	1.367	1.965
freie Rücklagen	8.483	4.698
Jahresüberschuß nach Steuern	6.870	8.586
EIGENKAPITAL	30.720	35.249
andere Rückstellungen	3.161	3.626
Pensionsrückstellungen	8.904	9.616
Bankkredite	21.443	15.881
Verbindlichkeiten aus Lieferg/Leistg	13.076	13.789
FREMDKAPITAL	46.584	42.912
GESAMTKAPITAL	77.304	78.161

6.2. Gewinn- und Verlustrechnung (in TDM)

	1987	1988
Umsatzerlöse	87.314	94.804
- Kunststoffe	24.569	27.060
- ethische Arzneimittel (alt)	46.925	49.740
- ethische Arzneimittel (neu)	0	364
- Zahnpflegeprodukte	15.820	17.640
Herstellungskosten des Umsatzes	52.826	57.747
- Kunststoffe	18.559	20.118
- ethische Arzneimittel (alt)	27.013	29.282
- ethische Arzneimittel (neu)	0	437
- Zahnpflegeprodukte	7.254	7.910
Bruttoergebnis vom Umsatz	34.488	37.057
- Kunststoffe	6.010	6.942
- ethische Arzneimittel (alt)	19.912	20.458
- ethische Arzneimittel (neu)	0	-73
- Zahnpflegeprodukte	8.566	9.730
Vertriebskosten	11.566	13.417
- Kunststoffe	1.837	2.296
- ethische Arzneimittel (alt)	4.848	5.527
- ethische Arzneimittel (neu)	0	73
- Zahnpflegeprodukte	4.881	5.521
Forschungskosten	7.258	6.926
- Kunststoffe	1.166	1.294
- ethische Arzneimittel (alt)	5.841	5.353
- ethische Arzneimittel (neu)	7.778	8.948
(staatliche Subventionen)	-7.778	-8.948
=> Forschungskosten netto	0	0
- Zahnpflegeprodukte	251	279
allgemeine Verwaltungskosten	3.794	3.930

sonstige betriebliche Erträge	1.044	1.127
sonstige betriebliche Aufwendungen	914	988
sonstige Zinsen und ähnliche Erträge	1.860	1.988
Zinsen und ähnliche Aufwendungen	3.216	2.382
Ergebnis aus betrieblicher Tätigkeit	10.644	12.529
- Kunststoffe	1.594	2.157
- ethische Arzneimittel (alt)	6.525	7.383
- ethische Arzneimittel (neu)	0	-162
- Zahnpflegeprodukte	2.525	3.151
außerordentliche Erträge	737	1.556
außerordentliche Aufwendungen	811	876
außerordentliches Ergebnis	-74	680
Jahresüberschuß vor Steuern	10.570	13.209
Steuern von Einkommen und Ertrag	3.700	4.623
Jahresüberschuß nach Steuern	6.870	8.586

6.3. Bilanzanalyse	1987	1988
Forderungen / Umsatz	26,37%	25,04%
Vorräte / Umsatz	14,01%	13,17%
Eigenkapital-Quote	39,74%	45,10%
gesetzliche Rücklagen / Grundkapital	9,76%	9,83%
Anlagevermögen / Gesamtvermögen	33,16%	31,13%
Kasse / Bilanzsumme	16,00%	17,22%
Anlagendeckung = Eigenkapital / Anlagevermögen	1,20	1,45
ROI = Betriebsergebnis / betriebsnotwendiges Vermögen	12,11%	14,39%
Umsatzrentabilität	7,87%	9,06%
Eigenkapitalrentabilität	22,36%	24,36%
Kapitalumschlag = Umsatz / Gesamtkapital	1,13	1,21
Liquiditätsindex = Forderungen / Verbindlichkeiten	1,76	1,72

Anmerkungen zum Jahresabschluß per 31. 12. 1988

1. Bilanz

1.1. Aktiva

● *Anlagevermögen*

a) *Immaterielle Vermögensgegenstände:* fünf Patente in Spanien, deren Wert jedoch von untergeordneter Bedeutung und deshalb zu vernachlässigen ist.

b) *Sachanlagen:*

– Ca. die Hälfte der bisher noch nicht bebauten Fläche von 6.000 m² muß für öffentliche Zwecke (Straßenbau) zur Verfügung gestellt werden (ohne Enteignung, aber auch ohne Entschädigung für Nutzenentgang); unter Berücksichtigung dieser Gegebenheiten ist bei den Grundstücken eine stille Reserve in Höhe von 11.324 TDM vorhanden, die auch bei einer Liquidation erzielt werden könnte.

– Das Ergebnis einer Schätzung der Gebäude ergab einen Wert von 33.500 TDM, der bei einer Veräußerung jedoch nur zu 50% sicher realisiert werden könnte.

– Die Maschinen sind durchschnittlich schon zu einem hohen Prozentsatz abgeschrieben; es besteht ein Reparatur- und Investitionsnachholbedarf von ca. 6.000 TDM. Da die Anlagen noch technisch nutzbar sind, stellen sie für die ALVAREZ S.A. einen Wert von 20.800 TDM dar. Für diese Anlagen dürfte nur schwer ein Käufer zu finden sein. Für die Zukunft ist von einer konservativen Abschreibungspolitik auszugehen, wodurch die Substanzerhaltung gewährleistet sein wird.

● *Umlaufvermögen:* alle Positionen sind entsprechend ihrer tatsächlichen Werte bilanziert.

a) *Vorräte:*

– die Bestandsbewertung erfolgt nach LIFO (im Rahmen des spanischen Handelsgesetzes).

– unverkäufliche Produkte werden zu 100% wertberichtigt, Produkte, die älter als ein Jahr sind, fallweise.

– bei einer Einzelveräußerung kann auf dem Markt ein Erlös von ca. 50% der Buchwerte erzielt werden.

b) *Kundenforderungen* (und Wechsel) sind mit ca. 3% wertberichtigt. Im Falle einer Liquidation werden ungefähr 90% beglichen.

c) *Wertpapiere:* Hierbei handelt es sich um spanische Staatspapiere mit einer mittleren Laufzeit von 5 Jahren

d) *Kasse und Bankguthaben* stehen uneingeschränkt zur Verfügung; dieser ungewöhnlich hohe Posten ist darauf zurückzuführen, daß der Eigentümer schon länger die Absicht hat, das Unternehmen zu verkaufen und deshalb von notwendigen Ersatz- sowie Erweiterungsinvestitionen abgesehen hat.

1.2. Passiva

a) Gezeichnetes Kapital: Anfang 1988 wurde eine Kapitalerhöhung aus Gesellschaftsmitteln durchgeführt.

b) Gewinnverwendung: während der letzten Jahre wurden durchschnittlich 60% des Gewinns ausgeschüttet, der Rest verblieb im Unternehmen.

c) Andere Rückstellungen: in dieser Position sind hauptsächlich Steuer- und Garantierückstellungen enthalten; der Steuersatz in Spanien beträgt 35%.

d) Pensionsrückstellungen: Diese müssen bei Fortführung um 5% hochdotiert werden; bei Schließung des Unternehmens sind dagegen Sozialplankosten in Höhe von 25% der bisher bilanzierten Werte an die Mitarbeiter einzubeziehen.

2. Gewinn- und Verlustrechnung

a) Forschungskosten der neuen ethischen Arzneimittel: die spanische Regierung hat erst kürzlich ein Subventionsprogramm für die Gen-Forschung lanciert, das vor allem einheimische spanische Unternehmen fördern soll. Da der ALVAREZ S.A. diese Maßnahme zugute kommt, werden zur Zeit alle auf diesem Gebiet anfallenden Kosten voll durch die Subventionen gedeckt. Es ist zu erwarten, daß diese Subventionen nach der Übernahme durch ein ausländisches Unternehmen rasch abgebaut werden.

b) Werbeaufwand der Zahnpflegeprodukte: Der relativ hohe Absatz der Zahnpflegeprodukte kann nur durch den sehr hohen Werbeaufwand erhalten werden. Auf diese starke Werbung läßt sich auch zurückführen, daß die ALVAREZ S.A. vor allem als Zahnpasta-Unternehmen bei der Bevölkerung bekannt ist.

Rainer Simon
PB Pharma
PBP 608

Dr. Bernd von Geldern   30. April 1989
Vorstand Finanzen
VS 100/54

Sehr geehrter Herr Dr. von Geldern,

beiliegend erhalten Sie eine Aufstellung der von uns erwarteten Synergien bei
einem Erwerb der ALVAREZ S. A. durch die CHEMINGA AG.

Anlage zum Brief vom 30. April 1989

● *Pharmabereich*
1) Einsparungen in der Forschung
Durch den Kauf der ALVAREZ S. A. übernimmt die CHEMINGA AG auch die
neuesten Forschungsergebnisse. Um dieselben bzw. ähnliche Ergebnisse erzielen zu können, hätte die CHEMINGA AG ein Forscherteam von acht bis neun
Personen über einen Zeitraum von zehn Jahren zusätzlich beschäftigen müssen. Die eingesparten Kosten werden mit 2.500 TDM pro Jahr angesetzt.

2) Bessere Kapazitätsauslastung
Die Anlagen der ALVAREZ S. A. sind zur Zeit nur zu durchschnittlich 40%
ausgelastet. Durch die bessere Kapazitätsauslastung bei Akquisition des Unternehmens, die durch eine Verlagerung der Produktion nach Spanien erreicht
werden soll, und die Einsparung der bei Neuerrichtung einer Gesellschaft
notwendigen Anschaffung der technischen Geräte und Maschinen, werden
Minderkosten in folgender Höhe erwartet.

1989	1990	1991	1992	1993
1.700	1.500	1.300	1.100	900

3) Anpassung der Produktion
Um die Anpassungen der Produktion der ALVAREZ S. A. an CHEMINGA-Stan-
dards, die vor allem für Umweltschutzmaßnahmen erforderlich sind, vorzunehmen, muß die schon vorhandene Kläranlage verbessert werden. Hierfür fallen
schätzungsweise über einen Zeitraum von fünf Jahren jährlich zusätzliche
Ausgaben in Höhe von 400 TDM an.

1989	1990	1991	1992	1993
−400	−400	−400	−400	−400

4) Synergien im Vertriebsbereich

Durch die Übernahme des Außendienstpersonals der ALVAREZ können alle 50 relevanten spanischen Pharmamärkte vollkommen erschlossen werden. Somit kann die CHEMINGA AG von der Einstellung und Schulung eigener Kräfte absehen. Dadurch vermeidet sie für ihre sonst notwendige eigene Markterweiterung während der ersten drei Jahre jeweils Kosten in Höhe von 1.200 TDM (sechs Mitarbeiter; je 200 TDM).

● *Kunststoffbereich*

ALVAREZ ist Abnehmer von Granulat aus der Produktion der CHEMINGA AG. Da durch einen Erwerb der ALVAREZ S.A. die Fertigung der Kunststoffprodukte ausschließlich aus CHEMINGA-Granulat erfolgen wird, können hier Synergien verwirklicht werden.

Zum anderen findet eine Rückwärtsintegration statt, denn die ALVAREZ S.A. liefert der CHEMINGA AG für deren Pharmabereich Kunststofflaschen sowie Tablettenverpackungen.

● *Bereich »Zahnpflegeprodukte«*

Auf dem Gebiet der Zahnpflegeprodukte sind keine Synergien zu erwarten, da die CHEMINGA AG in diesem Bereich nicht engagiert ist. Negative Synergien könnten sich eventuell bei Integrationsproblemen in den gesamten Unternehmensverbund ergeben.

● *Allgemein*

1) Gemeinsame Verwaltung

Durch eine Erhöhung der Effizienz in der Verwaltung der ALVAREZ S.A., die mit Hilfe der Übertragung des Kostenrechnungssystems sowie der EDV der CHEMINGA IBERICA auf die ALVAREZ S.A. erreicht werden soll, können schätzungsweise jährlich (langfristig) 1.200 TDM eingespart werden.

2) Intergrationskosten

Die CHEMINGA AG setzt beim Erwerb eines Unternehmens als Integrationskosten ca. zwei Mann-Jahre an. Für Integrationskosten werden während der ersten beiden Jahre je 500 TDM angesetzt.

3) Senkung der Produktionskosten

Durch Zusammenlegung der Fertigung der CHEMINGA AG und der ALVAREZ S.A. kann eine langfristig zu nutzende Synergie realisiert werden. Hierfür werden Einsparungen in Höhe von 2% des gesamten Jahresumsatzes angesetzt.

4) Die Attraktivität als Arbeitgeber steigt.

Dr. Bernd von Geldern
Vorstand Finanzen
VS 100/54

An die
Mitglieder der Akquisitionskommission
Bewertung »Alvarez«   10. April 1989

Verehrte Damen und Herren,

die Ihnen in der Anlage übermittelten Daten über die Alvarez S.A. (vom
Maklerbüro García in Barcelona) sowie eine Zusammenfassung der vom Produktbereich bereits erarbeiteten Ergebnisplanung können als Grundlage für
die Ermittlung unserer Preisobergrenze dienen.

Ich bitte Sie, bis zum ersten Treffen mit Vertretern der Alvarez S.A. in zwei
Wochen die üblichen Werte zu ermitteln und auf deren Basis ein Angebot
unsererseits festzulegen.

Bitte berücksichtigen Sie in Ihren Überlegungen auch die folgende Skepsis
unserer Strategieabteilung: »Der Bereich »Zahnpflegeprodukte« repräsentiert
ein Gebiet, auf dem wir über keinerlei Erfahrungen verfügen. Zudem kann
dieser Bereich nur durch einen sehr, sehr hohen Werbeaufwand existieren.
Deshalb sollten wir von Anfang an in Erwägung ziehen, diesen Teil entweder
nicht mit zu übernehmen oder ihn kurz nach der Übernahme wieder abzusto
ßen.«

Bis dahin

Ihr Bernd von Geldern

P.S. Wie mir Herr García telephonisch mitteilte, ist noch ein anderes deutsches Unternehmen am Kauf der Alvarez S.A. interessiert. Ich konnte
    ihm entlocken, daß es sich um ein kleineres, nur auf dem Pharmamarkt
    tätiges Unternehmen handelt. Diese Andeutung sollte uns jedoch nicht
    bei der Bestimmung unserer maximalen Kaufpreisobergrenze beeinflussen.

Anlagen zum Brief vom 10. April 1989

Ergebnisplanung (vom Produktbereich erstellt)
Unter Zugrundelegung untenstehender Annahmen wurden über eine Umsatz-
sowie eine Kostenplanung die erwarteten zukünftigen Ergebnisse berechnet:
    Für die **Absatzplanung** werden – ausgehend von den Vergangenheitsdaten
und Erfahrungswerten – folgende Wachstumsraten angenommen:

a) Kunststoffe: 2% p.a.
b) ethische Arzneimittel (alt):   6% p.a.
c) ethische Arzneimittel (neu):   ab 1990: 15% p.a.
d) Zahnpflegeprodukte: 7% p.a.

Inflationsrate: 8%

Preisentwicklung der einzelnen Produkte:
a) Kunststoffe: 8% p.a. (entsprechend der Inflation)
b) ethische Arzneimittel (alt):   Preiserhöhung in 1989 von 20%
                                             1992 von 5%
                                             1993 von 5%
c) ethische Arzneimittel (neu):   genehmigter Preis: 15,80 DM
                                             keine Preisanpassung erwartet
d) Zahnpflegeprodukte: 5% p.a. (unter der erwarteten Infla-
                                             tion).

Kostenentwicklung bei detaillierter Kostenplanung
Entwicklung der Stückkosten der einzelnen Produktgruppen:

Kunststoffe
− Herstellungskosten des Umsatzes: 8% p.a.
− Vertriebskosten: 6% p.a.
− Forschungskosten: 11% p.a. (Wachstum der Gesamtposi-
                                             tion)

Ethische Produkte (alt)
− Herstellungskosten des Umsatzes: 8% p.a.
− Vertriebskosten: 6% p.a.
− Forschungskosten: Abbau der Gesamtposition um jährlich
                                             500 TDM

Ethische Produkte (neu)
− Herstellungskosten des Umsatzes: ab 1990: −4% p.a.
   Diese Kostensenkung ist auf hohe Lerneffekte während der Einführungs-
   phase zurückzuführen.
− Vertriebskosten: 6% p.a.
− Forschungskosten:
   Die ALVAREZ S.A. erhält von der spanischen Regierung während der ersten
   Jahre Subventionen, die für die Gen-Forschung bestimmt sind und die die
   Aufwendungen für die Forschung auf diesem Gebiet in vollem Umfang dek-
   ken. Allerdings kann nicht für alle Zukunft mit diesen Subventionen gerechnet werden (wenn die spanische Regierung von der Übernahme des spanischen Familienunternehmens durch einen ausländischen Konzern erfährt,
   werden erfahrungsgemäß die Subventionen rasch abgebaut). Deshalb werden für das erste Jahr nach der geplanten Übernahme noch sehr hohe
   Subventionen angenommen, die dann im weiteren Verlauf schrittweise abgebaut werden.

	1989	1990	1991	1992	1993
Forschungskosten, brutto	7.500	6.000	4.500	3.000	3.000
Subventionen, geplant	7.500	4.000	3.000	1.000	0

Zahnpflegeprodukte
- Herstellungskosten des Umsatzes: 7,2% p.a.
- Vertriebskosten: 6% p.a.
  (hier ist anzumerken, daß im Bereich der Zahnpflegeprodukte 80% der Vertriebskosten für Werbung anfallen)
- Forschungskosten: 8% p.a. (Wachstum der Gesamtposition).

Gesamt
- sonstige Zinsen und ähnliche Erträge: 13% Verzinsung auf Finanzanlagen und Wertpapiere; 10% auf die Position Bank.
- sonstige betriebliche Aufwendungen: 15% Sollzinsen auf Kredite.
- außerordentliche Erträge: 8% Wachstum der Gesamtposition (Annahme, daß die Position nur nominal wächst, real jedoch konstant bleibt).
- außerordentliche Aufwendungen: 8% Wachstum der Gesamtposition (Annahme, daß die Position nur nominal wächst, real jedoch konstant bleibt).
- Verwaltungskosten: 10,3% Wachstum einmalig von 1988 auf 1989, ab 1989 6,4%; die Verwaltungskosten werden in Abhängigkeit vom Umsatz den einzelnen Produkten zugeteilt.

Diese Annahmen resultieren in folgenden Zahlungsreihen:

Ergebnisplanung	Umsatz	Kosten	so. betr. Erg.
1989	125.992	100.902	−208
1990	152.905	121.942	−278
1991	167.676	135.269	−333
1992	187.438	151.416	−445
1993	210.250	170.132	−582
ab 1994			

betr. Ergebnis	a.o. Ergebnis	JÜ v. St.
24.882	734	25.616
30.685	793	31.478
32.074	856	32.930
35.577	925	36.502
39.536	999	40.535
		35.000

Die errechneten Ergebnisse werden jeweils in voller Höhe ausgeschüttet *(Prinzip der Vollausschüttung)*.

ADOLF G. COENENBERG/GEROLD RIEDER

3. Fallstudie: Alvarez Finance (Cheminga AG und Gierke GmbH)

USW-Fall Nr. 240-91

Dieser Fall ist so entwickelt, daß er als Grundlage für Diskussionen in Seminaren geeignet ist. Es ist nicht Zweck dieses Falles, ein Beispiel für gute oder schlechte Führungsentscheidungen im Unternehmen zu geben.

Cheminga AG

Dr. Bernd von Geldern
Vorstand Finanzen
VS 100/54

Herrn   27. April 1989
Karl Schwaiger
Abteilung Finanzierung Tochterunternehmen
AK 40

Sehr geehrter Herr Schwaiger,

wie Sie wissen, stehen wir derzeit in Verhandlungen über den Kauf der Alvarez
s. a. in Spanien.

Bei unserem ersten Treffen mit Vertretern der Alvarez s. a. wurde ein vorläufiger Kaufpreis von umgerechnet 180 Mio. DM ausgehandelt.

Ich bitte Sie, bis zur nächsten Vorstandssitzung in zwei Wochen einen Überblick auszuarbeiten, wie dieses Vorhaben von unserem Unternehmen finanziert werden könnte. Anbei finden Sie die für die Entscheidungsfindung evtl.
notwendigen Unternehmens- und Bilanzdaten der Alvarez s. a.

Ich bitte Sie insbesondere, auch gesellschafts- und steuerrechtliche Gesichtspunkte für die Gestaltung des Erwerbsmodells zu berücksichtigen, da beim
nächsten Treffen mit der Alvarez s. a. auch diese Entscheidung getroffen werden muß.

Daneben erstellen Sie bitte einen knappen Überblick über die möglichen
Instrumente zur Absicherung gegen Risiken bei der Finanzierung einer derartigen grenzüberschreitenden Unternehmensakquisition.

Ihr
Bernd von Geldern

Hinweis:
Als Grundlage dienen auch hier die Unternehmens- und Bilanzdaten der Cheminga AG, die
im Fall »Alvarez Diversifikationsstrategien« enthalten sind (siehe Seite 392–398). Die
»Angaben zur Gesellschaft Alvarez S.A.« sind aus dem Fall »Alvarez Akquisition und
Unternehmensbewertung« zu entnehmen (siehe Seite 431–435).

Gierke AG

Auszug aus dem Geschäftsbericht 1988

Firma: GIERKE GmbH
Sitz: Bremen
Gründungsjahr: 1952
Rechtsform: Gesellschaft mit beschränkter Haftung
Geschäftsführer: Fabian Gierke
Mitarbeiter: 2306

Produktbereiche/Produkte	% vom Umsatz
1) Antibiotika	70
2) dermatologische Produkte	30

Das Unternehmen stellt ausschließlich pharmazeutische Produkte her, von denen 85% rezeptpflichtig sind.

Bilanz der Gierke GmbH (in TDM)

AKTIVA	1987	1988
Immaterielle Vermögensgegenstände	1.062	1.669
Sachanlagen	76.310	79.027
Finanzanlagen	60.501	67.819
ANLAGEVERMÖGEN	**137.873**	**148.515**
Vorräte	57.815	76.707
Forderungen und so. Vermögensgegenstände	89.746	124.468
(davon aus Lieferungen und Leistungen)	40.971	48.918
Wertpapiere	19.327	13.433
Kassenbestand, Bankguthaben	9.652	1.448
UMLAUFVERMÖGEN	**176.540**	**216.056**
RECHNUNGSABGRENZUNGSPOSTEN	**803**	**871**
BILANZSUMME	**315.216**	**365.442**

PASSIVA		
Gezeichnetes Kapital	40.500	40.500
Kapitalrücklage	94.950	94.950
Gewinnrücklagen	21.240	28.440
Bilanzgewinn	7.351	8.069
EIGENKAPITAL	**164.041**	**171.959**

SONDERPOSTEN FÜR INVEST.ZULAGEN ZUM AV	348	418

Rückstellungen für Pensionen	21.060	25.228
Steuerrückstellungen	9.437	10.652
sonstige Rückstellungen	38.401	44.806
RÜCKSTELLUNGEN	**68.898**	**80.686**

Genußrechtsverbindlichkeiten	850	850
Verbindlichk. gegenüber Kreditinstituten	18.617	33.217
Erhaltene Anzahlungen auf Bestellungen	3.111	706
Verbindlichk. aus Lieferungen/Leistungen	27.809	29.747
Verbindlichk. aus eigenen Wechseln	7.200	27.900
Verbindlichk. gegenüber verbundenen U.	4.001	220
Verbindlichk. gegenüber U., mit denen ein Beteiligungsverhältnis besteht	4.382	3.995
sonstige Verbindlichkeiten	15.959	15.744
VERBINDLICHKEITEN	**81.929**	**112.379**

BILANZSUMME	**315.216**	**365.442**

Gewinn- und Verlustrechnung der Gierke GmbH (in TDM)

	1987	1988
UMSATZERLÖSE	**467.114**	**549.698**
Herstellungskosten des Umsatzes	243.515	277.059
BRUTTOERGEBNIS VOM UMSATZ	**223.599**	**272.639**
Vertriebskosten	48.703	55.412
Allgemeine Verwaltungskosten	9.741	11.082
Forschungskosten	29.222	33.247
sonstige betriebliche Erträge	29.168	18.158
sonstige betriebliche Aufwendungen	123.430	153.827
Erträge aus Beteiligungen	763	1.226
Erträge aus Ausleihg. d.Finanzanlageverm.	15	542
Erträge aus Gewinnabführungsverträgen	226	30
sonstige Zinsen und ähnliche Erträge	5.061	2.940
Abschreibungen auf Finanzanlagen und Wertpapiere des Umlaufvermögens	12.723	83
Aufwendungen aus Verlustübernahme	1.213	2.104
Zinsen und ähnliche Aufwendungen	2.681	2.836
ERGEBNIS DER GEWÖHNL. GESCHÄFTSTÄTIGKEIT	**31.119**	**36.944**
Steuern vom Einkommen und vom Ertrag	18.441	23.491
JAHRESÜBERSCHUß	**12.678**	**13.453**
Gewinnvortrag aus dem Vorjahr	72	16
Einstellung in andere Gewinnrücklagen	5.400	5.400
BILANZGEWINN	**7.350**	**8.069**

Fabian Gierke
Geschäftsführung

Herrn Theo Eckert   30. April 1989
Abteilung Finanzen

Lieber Herr Eckert,

zunächst möchte ich Sie kurz über das Ergebnis unseres gestrigen Treffens mit
Vertretern der Alvarez. s. a., Spanien, informieren.

Obwohl wir gemäß unserer Unternehmensbewertung von einer niedrigeren
Preisobergrenze ausgegangen waren, wird eine Akquisition nicht unter
180 Mio. DM erfolgen können, weil Herr Alvarez offensichtlich ein entsprechendes Angebot von einem anderen größeren Kaufinteressenten erhalten hat.

Ich bitte Sie, bis zum 10. Mai 1989 festzustellen, ob und wie diese Akquisition
finanziert werden könnte.

Da die Größendimension dieses Vorhaben von uns weder durch eine Eigenka-
pitalerhöhung, zu der die Eigenkapitalgeber nicht bereit sein dürften, noch
durch eine Fremdkapitalerhöhung finanziert werden kann, da u. a. der Verschuldungsgrad unseres Unternehmens zu stark ansteigen würde, hat die
Geschäftsleitung daran gedacht, die Akquisitionsfinanzierung nach Art einer
Projektfinanzierung über die zu kaufende Unternehmung selbst laufen zu
lassen. Es wurde hierbei an eine Finanzierungsart gedacht, die evtl. nach dem
v. a. in den USA bekannten Muster der Leveraged Buy-Out-Techniken erfolgen
könnte, d. h. unter einem sehr hohen Anteil einer Fremdkapitalaufnahme.

Da eine derartige Finanzierung erhebliche Risiken mit sich bringen kann,
bitten wir Sie, anhand der beiliegenden integrierten Bilanz- und Ergebnisplanung der Alvarez s. a.[1] für die nächsten 5 Jahre mittels eines Zins- und Til-
gungsplans festzustellen, ob die enorme Zins- und Tilgungsbelastung aus den
erwarteten Cash Flows der Alvarez s. a. getragen werden kann.

Ein entsprechendes Finanzierungsangebot der Hire & Fire Bank liegt bereits
vor, das Sie ebenfalls dem Anhang entnehmen wollen.

Schließlich bitte ich Sie, auch die zusätzlichen Risiken zu berücksichtigen,
die durch diese grenzüberschreitende Akquisition auftreten würden.

Ihr
Fabian Gierke

---

1 Die Bilanzdaten der Alvarez S. A. können aus der vorangehenden Fallstudie »Alvarez Akquisition und Unternehmensbewertung« entnommen werden (siehe Seite 431).

Anlagen zum Brief vom 30. April 1989
Umsatzplanung der Alvarez S.A.

	IST			PLAN				Veränderg. in %
	1987	1988	1989	1990	1991	1992	1993	
Absatz								
Kunststoffe (in t)	13.331	13.598	13.870	14.147	14.430	14.719	15.013	2,00%
ethische Arzneimittel (alt) in tsd	9.201	9.753	10.338	10.958	11.616	12.313	13.052	6,00%
ethische Arzneimittel (neu) in tsd		23	776	1.892	2.176	2.502	2.877	1)
Zahnpflegeprodukte (in tsd)	16.653	17.818	19.065	20.400	21.828	23.356	24.991	7,00%
Preise								
Kunststoffe (pro t)	1.843	1.990	2.149	2.321	2.507	2.707	2.924	8,00%
ethische Arzneimittel (alt)	5,10	5,10	6,20	6,20	6,20	6,50	6,85	2)
ethische Arzneimittel (neu)		15,80	15,80	15,80	15,80	15,80	15,80	,00%
Zahnpflegeprodukte	,95	,99	1,04	1,09	1,15	1,20	1,26	5,00%
Umsatz (in tsd.)								
Kunststoffe	24.569	27.060	29.807	32.835	36.176	39.844	43.898	10,16%
ethische Arzneimittel (alt)	46.925	49.740	64.096	67.940	72.019	80.035	89.406	12,44%
ethische Arzneimittel (neu)	0	364	12.261	29.894	34.381	39.532	45.457	1)
Zahnpflegeprodukte	15.820	17.640	19.828	22.236	25.102	28.027	31.489	12,29%
Gesamtumsatz	87.314	94.804	125.992	152.905	167.678	187.438	210.250	17,27%

1) ab 1990: 15,00%
2) in 1989: 20,00% und in 1992 und 1993: 5,00%

Ergebnisplanung mit detaillierter Kostenplanung (Alvarez S.A.)

	IST				PLAN			
	1987	1988	1989	1990	1991	1992	1993	Wachstum
Kunststoffe								
Umsatz	24.569	27.060	29.807	32.835	36.176	39.844	43.898	10,16%
Herstellungskosten des Umsatzes	18.559	20.118	22.162	24.413	26.894	29.627	32.636	8,00%[1]
Vertriebskosten	1.837	2.296	2.482	2.684	2.902	3.138	3.392	6,00%[1]
Forschungskosten	1.166	1.294	1.436	1.594	1.770	1.964	2.180	11,00%[2]
anteilige Verwaltungskosten	1.031	1.082	989	955	1.021	1.071	1.119	
Gesamtkosten	22.593	24.790	27.069	29.646	32.587	35.800	39.327	9,67%
Ergebnis vor Steuern	1.976	2.270	2.738	3.189	3.589	4.044	4.571	15,03%
Ergebnis nach Steuern	1.284	1.476	1.780	2.073	2.333	2.629	2.971	15,03%
Umsatzrentabilität	5,23%	5,45%	5,97%	6,31%	6,45%	6,60%	6,77%	
ethische Arzneimittel (alt)								
Umsatz	46.925	49.740	64.096	67.940	72.019	80.035	89.406	12,44%
Herstellungskosten des Umsatzes	27.013	29.282	33.521	38.374	43.933	50.295	57.578	8,00%[1]
Vertriebskosten	4.848	5.527	6.210	6.977	7.840	8.809	9.898	6,00%[1]
Forschungskosten	5.841	5.353	4.953	4.553	4.153	3.753	3.353	-400 p.a.
anteilige Verwaltungskosten	1.970	1.988	2.127	1.977	2.033	2.151	2.279	
Gesamtkosten	39.672	42.150	46.811	51.881	57.959	65.008	73.108	11,64%
Ergebnis vor Steuern	7.253	7.590	17.285	16.059	14.060	15.027	16.298	16,51%
Ergebnis nach Steuern	4.715	4.933	11.235	10.438	9.139	9.768	10.594	16,51%
Umsatzrentabilität	10,05%	9,92%	17,53%	15,36%	12,69%	12,20%	11,85%	

1) Wachstum pro Stück
2) Wachstum der Gesamtposition

447

	IST				PLAN			Wachstum
	1987	1988	1989	1990	1991	1992	1993	
ethische Arzneimittel (neu)								
Umsatz	0	363	12.261	29.894	34.381	39.532	45.457	15,00%[1]
Herstellungskosten des Umsatzes	0	437	9.744	17.757	19.606	21.641	23.889	-4,00%[1]
Vertriebskosten	0	73	577	1.307	1.593	1.942	2.367	6,00%[1]
Forschungskosten netto	0	0	0	2.000	1.500	2.000	3.000	
Forschungskosten brutto	7.778	8.948	7.500	6.000	4.500	3.000	3.000	
(staatliche Subventionen)	-7.778	-8.948	-7.500	-4.000	-3.000	-1.000	0	
anteilige Verwaltungskosten	0	15	407	870	971	1.062	1.159	
Gesamtkosten	0	525	10.728	21.934	23.670	26.645	30.415	11,51%
Ergebnis vor Steuern	0	-161	1.533	7.960	10.711	12.887	15.042	23,63%
Ergebnis nach Steuern	0	-105	996	5.174	6.962	8.378	9.777	23,63%
Umsatzrentabilität		-28,82%	8,12%	17,31%	20,25%	21,19%	21,51%	
Zahnpflegeprodukte								
Umsatz	15.820	17.640	19.828	22.236	25.102	28.027	31.489	12,29%[2]
Herstellungskosten des Umsatzes	7.254	7.910	9.073	10.407	11.938	13.693	15.706	7,20%[2]
Vertriebskosten	4.881	5.521	6.262	7.102	8.055	9.137	10.363	6,00%[2]
Forschungskosten	251	279	301	325	351	380	410	8,00%[3]
anteilige Verwaltungskosten	664	705	658	647	709	753	803	
Gesamtkosten	13.050	14.415	16.294	18.481	21.053	23.963	27.282	13,61%
Ergebnis vor Steuern	2.770	3.225	3.534	3.755	4.049	4.064	4.207	5,46%
Ergebnis nach Steuern	1.801	2.096	2.297	2.441	2.632	2.642	2.735	5,46%
Umsatzrentabilität	11,38%	11,88%	11,58%	10,98%	10,49%	9,43%	8,69%	

1) Wachstum pro Stück ab 1990
2) Wachstum pro Stück
3) Wachstum der Gesamtposition

Ergebnisplanung mit detaillierter Kostenplanung (Alvarez S.A.)

GESAMT

	IST			PLAN			
	1987	1988	1989	1990	1991	1992	1993
Umsatz	87.314	94.804	125.992	152.905	167.678	187.438	210.250
Gesamtkosten	75.315	81.880	100.902	121.942	135.269	151.416	170.132
sonstige Zinsen und ähnliche Erträge	1.860	1.988	881	881	881	881	881
sonstige betriebliche Aufwendungen	3.216	2.382	1.089	1.159	1.214	1.326	1.463
Ergebnis aus betrieblicher Tätigkeit	10.644	12.529	24.882	30.685	32.076	35.577	39.536
außerordentliche Erträge	737	1.556	1.680	1.815	1.960	2.117	2.286
außerordentliche Aufwendungen	811	876	946	1.022	1.104	1.192	1.287
außerordentliches Ergebnis	-74	680	734	793	856	925	999
Jahresüberschuß vor Steuern	10.570	13.209	25.616	31.478	32.932	36.502	40.535
Steuern vom Einkommen und Ertrag	3.699	4.623	8.966	11.017	11.526	12.776	14.187
Jahresüberschuß nach Steuern	6.870	8.586	16.650	20.461	21.406	23.726	26.348
Umsatzrentabilität	**7,87%**	**9,06%**	**13,22%**	**13,38%**	**12,77%**	**12,66%**	**12,53%**

449

Bilanzplanung (Alvarez S. A.)

	IST		PLAN				
	1987	1988	1989	1990	1991	1992	1993
Immaterielle Vermögensgegenstände	2.240	2.358	2.358	2.358	2.358	2.358	2.358
Sachanlagen	22.638	21.181	28.252	29.009	29.816	30.677	31.592
- Grundstücke	676	676	676	676	676	676	676
- Gebäude	9.245	9.060	8.879	8.701	8.527	8.357	8.190
- Maschinen	12.717	11.445	18.697	19.632	20.613	21.644	22.726
Finanzanlagen	755	794	794	794	794	794	794
ANLAGEVERMÖGEN	25.633	24.333	31.404	32.161	32.968	33.829	34.744
Vorräte	12.237	12.487	16.379	19.878	21.798	24.367	27.333
Forderungen	23.025	23.737	31.498	38.226	41.919	46.860	52.563
Wertpapiere	4.040	4.143	4.143	4.143	4.143	4.143	4.143
Kasse / Bank	12.369	13.461	2.389	2.389	2.389	2.389	2.389
UMLAUFVERMÖGEN	51.671	53.828	54.409	64.636	70.249	77.759	86.428
GESAMTVERMÖGEN	77.304	78.161	85.813	96.797	103.217	111.588	121.172
Grundkapital	14.000	20.000	20.000	20.000	20.000	20.000	20.000
gesetzliche Rücklagen	1.367	1.965	2.000	2.000	2.000	2.000	2.000
freie Rücklagen	8.483	4.698	5.000	5.000	5.000	5.000	5.000
Jahresüberschuß nach Steuern	6.870	8.586	16.650	20.461	21.406	23.726	26.348
EIGENKAPITAL	30.720	35.249	43.650	47.461	48.406	50.726	53.348
andere Rückstellungen	3.161	3.626	6.502	8.529	10.627	12.138	13.878
Pensionsrückstellungen	8.904	9.616	10.386	11.216	12.113	13.082	14.129
Bankkredite	21.443	15.881	7.258	7.725	8.093	8.838	9.751
Verbindlichkeiten aus Lieferg/Leistg	13.076	13.789	18.017	21.866	23.978	26.804	30.066
FREMDKAPITAL	46.584	42.912	42.163	49.336	54.811	60.862	67.824
GESAMTKAPITAL	77.304	78.161	85.813	96.797	103.217	111.588	121.172

Die geplanten Abschreibungen auf das Sachanlagevermögen betragen:

	1989	1990	1991	1992	1993
Unbewegliches Anlagevermögen	181	178	174	170	167
Bewegliches Anlagevermögen	858	1.402	1.472	1.546	1.623
Summe	**1.039**	**1.580**	**1.646**	**1.716**	**1.790**

Für die Bilanzplanung wurde die Annahme getroffen, daß beim beweglichen Anlagevermögen Ersatzinvestitionen in Höhe der Abschreibungen anfallen würden, um die Substanzerhaltung zu gewährleisten. Darüber hinaus sollte durch Neuinvestitionen ab 1990 ein Wachstum von 5 % erzielt werden.

	1989	1990	1991	1992	1993
Ersatzinvestitionen	858	1.402	1.472	1.546	1.623
Neuinvestitionen		935	981	1.031	1.082
Investitionsbedarf gesamt	858	2.337	2.453	2.577	2.705

Die geplanten Erhöhungen der Rückstellungen betragen

1989	1990	1991	1992	1993
3.646	2.857	2.995	2.480	2.787

Herr Fuchs
Hire & Fire Bank
An der Waterkant 15
2800 Bremen

Herrn Fabian Gierke
Gierke GmbH
Hans Jahn Str. 23-27
2800 Bremen   29. April 1989

Sehr geehrter Herr Gierke,

auf Ihre Anfrage bzgl. einer projektbezogenen Finanzierung Ihres Akquisitionsvorhabens in Spanien mit einem voraussichtlichen Volumen von 180 Mio. DM können wir Ihnen folgendes Angebot unterbreiten:
   Maximal 60% des Kaufpreises können durch Bankkredite finanziert werden. Dabei stellen wir einen vorrangigen gesicherten Kredit bis zur Höhe der Beleihungsgrenze des Vermögens des Kaufobjektes zur Verfügung, abzüglich der schon bestehenden langfristigen Verbindlichkeiten des Unternehmens. Ein evtl. verbleibender Betrag kann durch einen vorrangigen ungesicherten Bankkredit finanziert werden, wobei der erwartete Cash Flow des Unternehmens als Sicherheit dient.

Die Konditionen lauten:

Vorrangiger gesicherter Bankkredit:

Zinssatz:	7%
Laufzeit:	10 Jahre
Tilgung:	9 Jahre linear, ab 2. Jahr

Vorranginger ungesicherter Bankkredit:

Zinssatz:	9%
Laufzeit:	10 Jahre
Tilgung:	9 Jahre linear, ab 2. Jahr

Innerhalb des Rahmens der 60%-Grenze für Bankdarlehen empfehlen wir Ihnen, einen Betrag von etwa 8000 TDM als Kreditlinie vorerst nicht zu beanspruchen, als Polster für eventuelle Cash Flow-Rückgänge oder unerwartete Investitionen. Die Bereitstellungsprovision beträgt 1% p. a.
   Weitere 30% des Kaufpreises können über unser Tochterunternehmen »Venture Capital Beteiligungsgesellschaft mbH« über eine nachrangige ungesicherte Darlehensaufnahme finanziert werden.

452

Die Konditionen hierfür lauten:

Zinssatz: 13%
Laufzeit: max. 10 Jahre
Tilgung: je nach Möglichkeit, max. in 10 Jahren.

Mindestens 10% des Kaufpreises müssen durch Eigenkapital abgedeckt werden.

Mit freundlichem Gruß
Ihr
Adolf Fuchs

Anlage: Beleihungsgrenzen

Aktiva	Beleihungsgrenze
Immaterielles Anlagevermögen	0 %
Grundstücke und Gebäude	65 % des Marktwertes
Maschinen	90 % des Wertes bei einer Zwangsversteigerung
Finanzanlagen	75 %
Vorräte	50 % der Anschaffungs- oder Herstellkosten oder des niedrigeren Marktwertes
Forderungen	75 %
Wertpapiere	75 %
Kasse/Bank	100 %

ADOLF G. COENENBERG/HELGA JUNG/HANS-PETER SCHUDT

4. Fallstudie: Cardio

USW-Fall Nr. 239-91

Dieser Fall ist so entwickelt, daß er als Grundlage für Diskussionen in Seminaren geeignet ist. Es ist nicht Zweck dieses Falles, ein Beispiel für gute oder schlechte Führungsentscheidungen im Unternehmen zu geben.

Von: Dr. Wolf, Vorstand UB-Diagnosegeräte

An: Mitglieder der denzentralen Planung des Unternehmensbereichs Diagnosegeräte

Bericht der Sitzung des UB Diagnosegeräte am 24. 11. 1987.

Im Mittelpunkt der Gespräche stand die Frage, wie es dem UB gelingt, in Zukunft die von der Unternehmensleitung für das Gesamtunternehmen vorgegebenen Rahmenziele zu erfüllen:

Rahmenziele
– Ausbau der Marktanteile sowie Erhöhung der Wertschöpfung in den USA.
– Angebot einer kompletten Produktlinie in allen Unternehmensbereichen;
– Das langfristige Umsatzwachstum der Unternehmensbereiche sollte größer sein als das allgemeine Marktwachstum;

Um diese Frage beantworten zu können, muß zunächst eine Analyse des UB durchgeführt werden. Hierfür stehen bereits erhobene Daten zur Verfügung (siehe Anlage). Im Laufe der nächsten Wochen wird eine solche Analyse vorgenommen werden, damit wir Herrn Blattner von unserem Produkt/Markt-Strategievorschlag unterrichten können.

Anlagen

Anlage zum Sitzungsbericht vom 24. 11. 1988.

1. Kurzbeschreibung der Produkte des UB Diagnosegeräte
Das EKG-Programm umfaßt z. Z. folgende Produkte:

Routine EKG:
EKG 1: Ein-Kanal-Gerät; wird von Fukuda bezogen;
EKG 3: Drei-Kanal-Gerät; wird von Fukuda bezogen;
 Der Bereich Routine-EKG weist bei Meditec eine unbefriedigende Rentabilität bei stagnierendem Umsatz auf. Die Geräte, die relativ teuer von Fukuda bezogen werden, entsprechen dem durchschnittlichen Stand der Technik auf diesem Gebiet; der Anteil am Gesamtumsatz des UB Diagnosegeräte beträgt ca. 32%.

Computer EKG:
EKG-Geräte mit Auswertungsprogramm; aufgrund des erstellten EKG's wird die Diagnose durch einen Rechner erstellt. Das angewendete Analyseprogramm (wird von Montara bezogen) zeichnet sich durch eine hohe Zuverlässigkeit aus. Tests haben ergeben, daß eine Gruppe von Experten in 85% der Fälle zur selben Diagnose kam wie der Computer.
CEKG 3: Drei-Kanal-Gerät;

CEKG 6: Sechs-Kanal-Gerät;
CARE: Zentrales Auswertungssystem für Krankenhäuser; es können damit EKG's aus verschiedenen Peripheriegeräten in einen zentralen Raum eingespielt und ausgewertet werden.

Im Bereich Computer-EKG hat Meditec mittlere Rentabilität und eine durchschnittliche Umsatzsteigerung zu verzeichnen. Die Geräte entsprechen dem durchschnittlichen Stand der Technik; die Kostenposition gegenüber den Wettbewerbern muß als schlecht bezeichnet werden; Umsatzanteil 10%.

Streß-Testing: Belastungs-EKG
Ergo 3: EKG 3 in Verbindung mit Ergometer;

Im Bereich Streß-Testing hat Meditec kein modernes Produkt zu bieten; Ergo 3 weist bei relativ hohen Herstellungskosten eine mäßige Rentabilität auf; daß trotzdem in den letzten beiden Jahren ein mittleres Umsatzwachstum zu verzeichnen war, kann auf die allgemeine Nachfragesteigerung nach Streß-Testing-Geräten zurückgeführt werden; Umsatzanteil 5%.

Ein in die Gerätekonfiguration aufzunehmender Defibrillator (zur Stabilisierung der Herzfunktionen, falls es durch die Belastung zu einem »Herzflattern« oder Herzstillstand kommt), wird bisher fremdbezogen.

Holter-EKG: Der Patient ist an dieses EKG-Gerät angeschlossen, während er seinem normalen Tagesablauf nachgeht; es ermöglicht eine Langzeitüberwachung.
Holter 1: Seit Jan. 1987 wird zur Komplettierung der Produktpalette ein Produkt, das durchschnittlichen Anforderungen genügt, relativ teuer von der Firma Brox bezogen; bisher wurden nur sehr wenige Stücke abgesetzt; eine Eigenentwicklung wurde bisher nicht gestartet; Umsatzanteil 2%.
Meßsysteme: Herzkatheder-Meßplatz
V 100
Meditec besitzt eine starke Position im Bereich Meßsysteme; V 100 weist eine überdurchschnittliche Umsatzentwicklung, unterdurchschnittliche Herstellungskosten und moderne Technik auf. Die Rentabilität entspricht dem Durchschnitt; Umsatzanteil 51%.

2. Derzeitige Abhängigkeit des UB Diagnosegeräte
– Bezug von EKG 1 und EKG 3 von Fukuda
– Bezug der Thermokammdrucker von Copal (Japan)
– Entwicklung und Produktion eines Laufbandes durch Enrof (Niederlande) für den Bereich Streß-Testing
– Bezug des Analyseprogramms für Computer-EKG von Montara
– Bezug des Holter EKG-Geräts von Brox (USA)

3. Beurteilung der Produkttechnologie
Das **Routine-EKG** wird in Zukunft teilweise durch das EKG mit Auswertung ersetzt werden, da auch nicht spezialisierte Ärzte in ihrer Diagnoseerstellung unterstützt werden. Seine Technologie kann inzwischen als nur noch wenig attraktiv bezeichnet werden.

Die EKG-Technik wird auch bei den **Computer-EKG**'s weitgehend aus den Routine-Geräten übernommen. Sehr anspruchsvoll ist jedoch die Entwicklung und Implementierung der Analyseprogramme; die Technik des zentralen Auswertungssystems für Krankenhäuser ist dagegen etwas weniger aufwendig.

Auch im Bereich der **Streß-Testing**-Geräte bildet ein Computer-EKG-Gerät mit speziellen Schnittstellen die zentrale Einheit. Die zusätzlichen technischen Features sind ein Belastungsmodul sowie alternativ ein Ergometer oder ein Laufband. Sowohl die Fertigung der einzelnen Bausteine als auch deren Verknüpfung erfordern großes technisches Know-how, das noch Ausbaupotential für weitere Entwicklungen darstellt.

Die spezielle Technik der **Holtergeräte** liegt in der Miniaturisierung und der Aufzeichnungstechnik und ist relativ komplex.

Die mittlerweile fast ausschließlich angewandte **Thermokammtechnik** zur EKG Aufzeichnung ist schon seit einigen Jahren state-of-the-art.

Für die Fertigung von **Meßsystemen** ist ein hohes Maß an technischem und medizinischem Know-how erforderlich, wobei sich Interdependenzen zu Weiterentwicklungen im Bereich der Elektrokardiographie ergeben.

Grundsätzlich ist der Bereich der Elektrokardiographie durch relativ kurze Produktlebenszyklen gekennzeichnet (durchschnittlich 3 Jahre).

4. Marktübersicht
Gesamt-Marktvolumen nach Produktgruppen: (1986)

Routine EKG	Computer EKG	Streß Testing	Holter EKG	Meß- systeme
195 Mio. DM	260 Mio. DM	210 Mio. DM	250 Mio. DM	150 Mio. DM

Produkte	Markt-wachstum	MA Meditec	MA des größten Wettbewerbers
Routine-EKG	-5%	9%	18%
Computer-EKG	6%	4%	13%
Streß-Testing	6%	4%	20%
Holter-EKG	3%	0%	17%
Meßsysteme	8%	43%	31%

Märkte	% am Gesamtmarkt	MA Meditec	Hauptwettbewerber (MA)
D	8%	23%	Hellige (29%)
Europa (ohne D)	15%	24%	Hellige (19%)
USA	36%	4% *	Marquette (25%)
Japan	31%	2%	Fukuda Denshi (42%)
Rest d. W	10%	17%	Nihon Kohden (23%)
Welt	100%	9,5%	Fukuda Denshi (14%)

5. Branchenkurzinformationen

Die Gebiete »Routine-EKG-Geräte«, »Computer-EKG« und »Meßsysteme« weisen eine mittlere Branchenrendite auf. Im Bereich Streß-Testing und Holter-EKG lassen sich im Moment sehr hohe Renditen erwirtschaften, da die große Nachfrage von relativ wenig Anbietern befriedigt wird.

a) Konkurrenzsituation

Aufgrund der sinkenden Nachfrage nach **Routine-EKG**-Geräten, lassen sich zusätzliche Marktanteile nur über einen Verdrängungswettbewerb gewinnen; dies könnte der Auslöser für Preiskämpfe in diesem Bereich sein. Die Attraktivität für Neueinsteiger aufgrund der einfachen, schnell beherrschbaren Technik wird durch den Nachfragerückgang kompensiert. Da es sich bei den Routine Geräten um relativ »einfache« Produkte handelt, bestehen nahezu keine Differenzierungsmöglichkeiten. Mittel- bis langfristig besteht die Tendenz, daß die Routine-Geräte durch Geräte mit Auswertungsprogramm ersetzt werden.

Das Gebiet der **Computer-EKG**-Geräte ist durch ein hohes Marktwachstum und gute Differenzierungsmöglichkeiten (z. B. Geräte für Krankenhäuser, Ge-

---

* Das USA-Geschäft wird über eine eigene Vertriebsorganisation in den USA abgewickelt, die jedoch nur die großen Krankenhäuser betreut.
Das höchste Marktwachstum weist der US-Markt auf.

räte für Arztpraxen mit speziell zugeschnittenen Analyseprogrammen) gekennzeichnet. Es existieren jedoch relativ hohe Markteintrittsbarrieren, da auf diesem Gebiet großes technisches Know-how benötigt wird und hohe Anforderungen an die Zuverlässigkeit der Analyseprogramme gestellt werden müssen. Durch die positive Nachfrageentwicklung ist unter den bisherigen Anbietern mit keinem Verdrängungswettbewerb zu rechnen.

Den Bereich **Streß-Testing** kennzeichnet ein hohes Marktwachstum bei relativ hohen Markteintrittsbarrieren; es herrscht deshalb eine stabile Marktsituation, mit einem Verdrängungswettbewerb ist nicht zu rechnen.

Auch auf dem Gebiet **Holter-EKG-Geräte** stellt die komplexe Technik eine relativ hohe Markteintrittsbarriere dar. Da der Vertrieb bisher auf Krankenhäuser beschränkt ist, sind die Differenzierungsmöglichkeiten eher gering. In nächster Zeit ist mit Preisreduktionen zu rechnen, da mehrere Firmen Geräte auf den Markt bringen werden.

Der Markt für **Meßsysteme** ist bei hohen Wachstumsraten stark oligopolistisch strukturiert. Es herrscht eine stabile Marktsituation. Markteintreter müssen mit sofortigen Preissenkungen der etablierten Anbieter rechnen.

b) Bedrohung durch Substitutionsprodukte
Bei den Geräten Computer- und Holter-EKG, Streß-Testing und Meßsysteme ist keine Substitution zu erwarten. Auf längere Zeit ist es jedoch möglich, daß ein Teil der Routine-EKG-Geräte (besonders in Arztpraxen) durch Geräte mit Auswertung ersetzt werden.

c) Verhandlungsstärke der Abnehmer
Bei Routine-EKG-Geräten kann der Abnehmer problemlos einen Herstellerwechsel vornehmen, da ihm keinerlei Umstellungskosten entstehen. Zudem muß damit gerechnet werden, daß sich Ärzte in Einkaufsverbänden zusammenschließen, um geringere Anschaffungskosten durchzusetzen.

In allen anderen Bereichen liegt eine stärkere Bindung an den Service des jeweiligen Herstellers vor, da mehrere Geräte zusammengeschlossen sind; jedoch ist auch hier damit zu rechnen, daß Ärzte und Krankenhäuser in Zukunft Einkaufsgenossenschaften bilden werden. Gerade Krankenhäuser beziehen ihre Geräte bei einem Hersteller, der das ganze Kardiographen-Spektrum anbieten kann.

d) Verhandlungsstärke der Lieferanten
Bei Routine-Geräten werden relativ leicht beschaffbare Vorprodukte benötigt, wodurch sich die Abhängigkeit von den Lieferanten in Grenzen hält. Bei allen anderen Geräten ist die Zahl der geeigneten Vorproduktlieferanten gering, da hohe Ansprüche an Qualität und Know-how gestellt werden.

e) Eingriffe des Staates
Obwohl die medizintechnische Branche allgemein von der Kostenreduzierung im Gesundheitswesen betroffen ist, sind im Bereich EKG keine großen Einsparungen zu erwarten; insbesondere der allgemeine Anstieg der Herz-Kreislauf-Erkrankungen in den Industrieländern läßt Ausgabenkürzungen in diesem Bereich kaum zu.

Von: Dr. Wolf

An: Dr. Blattner

27. 11. 87

Sehr geehrter Herr Blattner,

die Analyse unserer Produktpalette im UB Diagnosegeräte hat gezeigt, daß Meditec vor allem in den Bereichen Streß-Testing, Computer-EKG und Holter-EKG neue Produkte entwickeln muß, um weiterhin konkurrenzfähig zu sein und ein vollständiges Produktspektrum anbieten zu können. Dies wird in Zukunft erhöhte F & E-Aufwendungen erfordern. Zur Finanzierung dieser Aufwendungen wird es notwendig, unsere Umsätze zu steigern. Nachdem der US-Markt das größte Marktvolumen und das höchste Marktwachstum aufweist und, was den Bereich der niedergelassenen Ärzte betrifft, von uns noch unbearbeitet ist, würde sich ein Markteintritt anbieten.

Im Laufe der Strategiediskussion sind wir zu der Überzeugung gelangt, daß sich der Aufbau einer eigenen Vertriebsorganisation sehr aufwendig und zeitintensiv darstellen würde. Darüberhinaus würde dies auch unserer Zielsetzung, den Wertschöpfungsanteil in den USA zu erhöhen, widersprechen.

Anzustreben wäre deshalb der Kauf eines Unternehmens mit Produktionsstandort und ausgebautem Vertriebsnetz in den USA. Auf alle Fälle muß darauf geachtet werden, daß es sich um ein Unternehmen mit gutem Image und hoher Produktqualität handelt.

Um die Angelegenheit zügig voranzutreiben, habe ich Herrn Dr. Bitz beauftragt, eine Akquisitionsprojektgruppe zu bilden und sie bereits mit folgenden Aufgaben betraut:

- Erarbeitung eines Anforderungsprofils für Akquisitionskandidaten
- Suche nach geeigneten Kandidaten
- Bewertung, als Grundlage für Verkaufsverhandlungen

Wenn wir uns in der nächsten Woche zur Besprechung der Zielvorgaben unseres UB für die kommende Planungsrunde treffen, würde ich gerne mit Ihnen über unser Projekt sprechen.

MfG

Wolf

Meditec AG

Dr. Wolf
Leiter des UB Diagnosegeräte

An: Ed Viser
Consultant

Dear Mr. Viser,   4. 12. 87

nachdem Sie Meditec schon des öfteren bei Akquisitionen mit Ratschlägen
unterstützt haben (mit relativ hoher Erfolgsquote), möchten wir Sie nun bitten,
uns bei der Suche nach einem weiteren Übernahmekandidaten behilflich zu
sein.
     Als Ergebnis einer Strategiesitzung ergab sich die Notwendigkeit, unseren
Unternehmensbereich Diagnosegeräte zu verstärken. Wir wollen dies dadurch
erreichen, daß wir ein Unternehmen in den USA mit entsprechendem Produktspektrum (siehe beiliegendes Anforderungsprofil) erwerben.
     Welche Unternehmen können Sie uns anbieten?

Sincerely yours,

C. Wolf

P.S.: Über Ihre Vermittlungsprovision sollten wir uns noch separat unterhalten.

Anlage

Anlage zum Brief vom 4. 12. 87

Anforderungen

1) Marktanteil:
Der Anteil Meditecs am Weltmarkt Diagnosegeräte sollte durch den Kandida-
ten auf mindestens 14% steigen, um in etwa die Größe des Hauptwettbewerbers
Fukuda zu erreichen.

2) Das **Umsatzwachstum** soll über dem Marktwachstum liegen.

3) Produkte:
Starke Position bei Produkten, bei denen Meditec schwach ist:
Streß-Testing
Holter-EKG
Computer-EKG

4) Qualität:
Hochwertige Produkte, guter »Name«, damit bei Meditec kein Imageverlust verursacht wird.

5) Marketing/Vertrieb:
– Schwerpunkt der Tätigkeit in den USA, um Überschneidungen mit den Geschäften Meditecs zu vermeiden;
– Enges Vertriebsnetz in den USA;
– Zugang zum Markt der niedergelassenen Ärzte.

6) Management:
Gutes Management, das bereit ist, auch nach der Übernahme weiterzuarbeiten (eventuell vertraglich festlegen).

7) Die bisherige starke **Abhängigkeit** Meditecs von Zulieferern soll reduziert werden.

Ed Viser
Consultant

An: Dr. Wolf

Dear Mr. Wolf,   10. 12. 87

anbei übersende ich Ihnen eine Liste mit Unternehmen, die in etwa Ihrem
strategischen Zielkatalog entsprechen.

Wie Sie aus den Kurzinformationen ersehen können, kommen von diesen
Gesellschaften jedoch nur wenige tatsächlich für eine Akquisition in Frage. Als
mögliche Kandidaten würde ich Quinton, Fukuda und Cardio in Betracht
ziehen. Fukuda würde sich vor allem deshalb anbieten, da schon enge Verbindungen zwischen diesem Unternehmen und Meditec bestehen. Von Quinton
sind Gerüchte im Umlauf, daß ein Pharmazieunternehmen versucht, es am
Kapitalmarkt aufzukaufen.

Sobald Sie mich von Ihrer Entscheidung für einen oder mehrere Kandidaten
unterrichtet haben, werde ich Ihnen weitere Informationen über diese Firmen
übersenden.

Sincerly

Ed Viser

Anlage

Anlage zum Brief vom 10. 12. 87

Mögliche Kandidaten, die in etwa dem strategischen Zielkatalog entsprechen:

Quinton (USA):
Umsatz 50 Mio. $; Hauptgeschäft EKG; modernes Produktprogramm; bearbei-
tet vor allem US-Markt;

Fukuda (Japan):
Umsatz 140 Mio. $ (EKG-Bereich); rein medizintechnisches Unternehmen; 55%
des Umsatzes werden vom EKG-Geschäft erzielt; seit 1976 Kooperationsver-
trag mit Meditec über Vertrieb von Beatmungsgeräten; Bezug der Routine-
EKG-Geräte von Fukuda;

H. P. (USA):

Umsatz 350 Mio. $ im Bereich Elektromedizin; macht nur geringen Teil des gesamten Unternehmensumsatzes aus; aufgrund seiner Größe kein Akquisitionskandidat;

Cardio (USA):

Umsatz 32,6 Mio. $; nur im Bereich Elektrokardiographie tätig; Marktanteil in den USA ca. 10%;

Detroit Plate Gloss (USA):

Umsatz 150 Mio. $; relativ altes Produktprogramm (Großteil Routine-EKG-Geräte);

Nihon Kohden (Japan):

Umsatz 150 Mio. $; vor allem in Japan tätig; dortiger Marktanteil: 11%;

Marquette (USA):

Umsatz 100 Mio. $; Absatzschwerpunkte in USA und Europa (ohne Deutschland); Marktanteil USA 6%; das Unternehmen zeigt keine Verkaufsabsichten;

Von: Akquisitionsprojektgruppe

An: Dr. Wolf

Die Akquisitionsprojektgruppe hat die von unserem Consultant vorgeschlagenen Kandidaten geprüft:

Das Unternehmen Quinton wurde nun tatsächlich von einem Pharmaziekonzern aufgekauft und scheidet damit als potentieller Akquisitionskandidat aus.

Verhandlungen mit Fukuda, das uns von Mr. Viser vor allem empfohlen wurde, über eine Erhöhung unserer schon bestehenden Beteiligung sind gescheitert. Fukuda fürchtet, seine Eigenständigkeit zu verlieren und hat aufgrund seiner stabilen finanziellen Situation kein Interesse an einem Verkauf. Eine Mehrheitsbeteiligung würde aller Voraussicht nach auch unsere finanziellen Möglichkeiten überfordern.

Somit erscheint Cardio als einzig geeignetes Unternehmen. Wie uns Mr. Viser mitteilte, hat das Unternehmen konkrete Verkaufsabsichten, nachdem eine geplante Ausgabe von Aktien zur Finanzierung des Wachstums und Stärkung der Eigenkapitaldecke durch einen plötzlichen Rückgang der Börsenkurse weniger attraktiv wurde.

Cardio wurde 1984 von dem finnischen Unternehmen KRONE gekauft, das jedoch wenig Interesse am EKG-Programm zeigte, sondern vielmehr einen Vertriebsweg für seine Monitoring-Geräte in den USA suchte. Deshalb wurde sowohl die Produkt- wie auch die Prozeßentwicklung bei Cardio bis zum Management-Buy-Out 1986 sehr vernachlässigt. Auf diese Tatsache läßt sich auch die geringe Umsatzrendite im Geschäftsjahr 85/86 zurückführen, die 1987 durch starke Reduzierung der Herstellkosten enorm gestiegen ist.

Anbei übersenden wir Ihnen das von Mr. Viser erstellte Stammblatt des Unternehmens, damit Sie die Entscheidung über eventuelle Verhandlungen mit Cardio treffen können.

MfG

Bitz

Anlage

Stammblatt des Akquisitionskandidaten

1. Firmendaten:

Name: Cardio Corporation
Sitz: Milton (Wisconsin)/USA
Gründungsjahr: 1913
Branche: Elektroindustrie/Medizinische Technik
President: Peter P. Strong
1986 Management-Buy-Out;
jetzige Eigentumsverhältnisse:

State of Wisconsin:	31,5%
Peter Strong	44,6%
KRONE	11,7%
D. Montara	6,7%
J. George (VP Finance)	2,8%
A. Hofman (VP Marketing)	2,7%

Umsatz im Geschäftsjahr 86/87: 32,6 Mio. $
Mitarbeiterzahl: 215

2. Marketing

Produktlinien	MA 86
Routine EKG	6%
Computer EKG	8%
Streß Testing	4%
Holter EKG	0%

Cardio bietet folgendes Produktprogramm an:
- 1. Routine-EKG
     EK 10: Ein-Kanal-Gerät
     EK 30: Drei-Kanal-Gerät
- 2. Computer-EKG
     Comp 1: Einfaches Gerät für den niedergelassenen Arzt
     Comp 3: Höherwertiges Gerät
     ESCRIBE: Zentrales System (zugekauftes Produkt)
- 3. Streß-Testing
     Streßtest R: Laufband mit Anschluß an Routine EKG
     Streßtest C: Laufband mit Anschluß an Computer EKG
     DC 190: Defibrillator
- 4. Holter-EKG
     Medilog 600

3. Vertrieb

Märkte	MA 86
D	0%
Europa	0%
USA	10%
Japan	0%
Sonst	3%
Welt	4%

70% des Umsatzes wird über 275 Dealer in 44 Staaten abgewickelt, die Ärzte und kleinere Kliniken betreuen.

20% des Umsatzes wird über selbständige Repräsentanten abgewickelt, die in 12 Regionen größere Krankenhäuser und Gesundheitsinstitutionen betreuen.

4. Stand der Produktion/F&E

Routine-EKG:
Die Produktion des EK 10 verursacht Herstellungskosten, die nur 60% des Kaufpreises betragen, den Meditec für den Bezug eines vergleichbaren Geräts von Fukuda bezahlt.
Computer-EKG:
Comp 3 ist bei etwa gleicher Leistung ebenfalls billiger als das Gerät von Meditec.
Streß-Testing:
Hochentwickeltes Gerät mit eigenproduziertem Laufband; dazugehörender Defibrillator (Einfach-Gerät) wird selbst produziert.
Holter-EKG:
Medilog 600 ist ein vor kurzem neu entwickeltes Gerät, das dem Stand der Technik entspricht; das Produkt wurde 1986 in den Markt eingeführt.
Meßgeräte:
Kein Produkt.
Die Produkte sind mit Thermokammdruckern ausgestattet, die Cardio selbst produziert.
F & E-Ausgaben in % vom Umsatz: 4,9%
Die Produkte weisen durchweg hohe Qualität auf.

5. Abhängigkeit von Zulieferern

Zukauf des zentralen Systems ESCRIBE von Montara
Bezug von Eingangsplatinen für Comp 3 von Montara

6. Kennzahlen[1]

Umsätze und Gewinne in TDM[2]

Jahre	85	86	87
Umsatz	43.700	44.800	57.050
Jahresüberschuß v.St. in % vom Umsatz	292 0,67%	380 0,85%	4.958 8,69%
Jahresüberschuß n.St.* in % vom Umsatz	175 0,40%	228 0,51%	2.975 5,21%

*bei einem durchschnittlichen Steuersatz von 40% in USA

Liquidität (Werte in TDM)

Jahr	86	87
Anlagevermögen (AV)	12.986	13.970
Eigenkapital (EK)	8.496	8.608
Langfr. Kapital (EK + lgfr. FK)	28.075	31.302
Deckungsgrad A (EK/AV)	65%	62%
Deckungsgrad B (lgfr. Kapital/AV)	216%	224%

Finanzierung und Rentabilität (Werte in TDM)

Jahr	86	87
Eigenkapital	8.496	8.608
Gesamtkapital	34.603	40.483
Eigenkapitalquote	24,55%	21,26%
Jahresüberschuß n. St.	228	2.975
Eigenkapitalrendite	2,68%	34,56%

7. Branchendaten:

Die durchschnittliche Price-Earning-Ratio (PER) der Branche sank im Herbst 1987 von 15 auf ca. 12.

Die Elektroindustrie gilt als sehr stabile Branche, die im Durchschnitt geringeren Kursschwankungen als der Gesamtmarkt unterliegt. Es ergibt sich ein β-Faktor von 0,7856.

---

1) Werte für 1987 ausgehend vom Quartalsabschluß zum 30. 9. geschätzt.
2) Alle Angaben in DM, wobei ein Kurs von 1 $ = 1,75 DM zu Grunde gelegt wurde.

Von: Dr. Wolf

An: Akquisitionsprojektgruppe

Wie in unserer letzten Sitzung beschlossen, habe ich nun ersten Kontakt mit dem President von Cardio, Peter Strong, der zugleich größter Anteilsbesitzer ist, aufgenommen. Er erscheint mir als sehr kompetenter und realistischer Manager, dem die Zukunft des Unternehmens am Herzen liegt.

Da Cardio am Verkauf ebenso interessiert ist wie wir am Kauf, wollen wir bald in konkrete Verhandlungen treten. Um dafür entsprechend präpariert zu sein, möchte ich Sie bitten, eine Unternehmensbewertung von CARDIO durchzuführen. Am wichtigsten wäre es für mich natürlich zu wissen, welcher Preis sich für uns maximal zu bezahlen lohnt.

Damit Ihre Bewertung auf eine realistische Grundlage gestellt wird, sollten einige von Ihnen nach Milton fliegen, um das Unternehmen persönlich in Augenschein zu nehmen. Für die Buchung Ihrer Reise wenden Sie sich bitte an mein Sekretariat (Frl. Koffermann).

Beiliegend finden Sie die Abschlüsse der letzten beiden Jahre von CARDIO, die uns Mr. Strong bereits vorab zur Verfügung gestellt hat.

MfG

Wolf

Anlagen

Balance Sheet per 31. 12. 1987 in TDM

Assets	1986	1987
Cash	646	25
Accounts Receivables	7.618	12.337
Inventories	13.113	14.024
Prepaid Expenses	240	127
Current Assets	21.617	26.513
Property, plant, equipment	9.236	9.498
Long-term investments	1.372	1.256
Other Assets	2.378	3.216
Noncurrent Assets	12.986	13.970
TOTAL	34.603	40.483

Liabilities and stockholders' equity	1986	1987
Accounts Payable	2.721	3.822
Accrued Liabilities	1.861	3.376
Current Portion of Long-term Debt	1.946	1.808
Current Liabilities	6.528	9.006
Deferred Income Tax	--	175
Long-term Liabilities	19.579	22.694
Stockholder's Equity	8.496	8.608
TOTAL	34.603	40.483

Income Statement in TDM

	1986	1987
Sales	44.800	57.050
Cost of goods sold	19.615	23.952
Research and Development	2.975	3.100
Administrative expenses	9.160	9.650
Selling expenses	11.025	13.540
Operating Expenses	42.775	50.242
Other Expenses	1.645	1.850
Income before Income Taxes	380	4.958
Net Income *	228	2.975

* Steuersatz 40%

Von: Akquisitionsprojektgruppe/Dr. Bitz

An: Dr. Wolf

Sehr geehrter Herr Dr. Wolf,

nachdem ich letzte Woche zusammen mit Frau Kräuter eine Unternehmens-
analyse vor Ort bei CARDIO durchgeführt habe, kann ich Ihnen heute bereits die
Eingangsdaten für unsere Bewertungen übermitteln.
    In der Anlage finden Sie
- Anmerkungen zu den Bilanzansätzen
- Zukünftige Ergebnisplanung
- Synergieplanung

Ich hoffe, daß ich Ihnen unsere endgültigen Ergebnisse bis Ende dieser Woche
übermitteln kann.

MfG

Bitz

Anlage

- *Analysse der Bilanzansätze*

1) Aktiva
Die **Grundstücke**, die in der Bilanz mit 2,6 Mio. DM angesetzt sind, haben
einen Wiederbeschaffungswert aufgrund steigender Grundstückspreise in Milton von 3,5 Mio. DM.
    Von den **Forderungen** entfallen 0,8 Mio. DM auf Kunden, die unserer An-
sicht nach (nachdem sie trotz mehrmaliger Mahnungen ihren Zahlungsver-
pflichtungen nicht nachgekommen sind) als zahlungsunfähig anzusehen sind.
    Der Marktpreis der im Lager vorhandenen **Rohmaterialien** ist um 0,35 Mio.
DM gestiegen.
    Bei **Maschinen und maschinellen Anlagen** stellte sich im Durchschnitt
eine höhere wirtschaftliche Nutzungsdauer heraus als die angenommene bilanzielle (betriebsgewöhnliche). Der daraus resultierende Unterschied zwischen Zeitwert und Buchwert beläuft sich auf 0,55 Mio. DM.
    F & E-Kosten wurden von Cardio als Aufwendungen verbucht. Würde man
damit erstellte Patente aktivieren, so müßte man einen Betrag von ca. 3,0 Mio.
DM ansetzen.

2) Passiva

Die Rückstellungen für **Garantieverpflichtungen** sind unserer Ansicht nach unzureichend. Die erwarteten, am Abschlußstichtag noch nicht geltend gemachten Ansprüche sind um 0,4 Mio. DM zu erhöhen.

- *Künftige Entwicklung*

Unter Berücksichtigung der bei Cardio vorliegenden Planungsunterlagen sowie von Preis- und Kostenentwicklungen ergaben sich folgende **Schätzungen der Zukunftserfolge** (in TDM) Cardios der nächsten 5 Wirtschaftsjahre (ohne Berücksichtigung von Steuern).

Jahr	Umsatz	Kosten	Ergebnis
1988	63.072	57.840	5.232
1989	69.887	64.222	5.665
1990	77.606	71.309	6.297
1991	86.359	79.178	7.181
1992	96.291	87.916	8.375
ab 1992			5.000

- *Synergieplanung*

Bei einer Übernahme von Cardio kann ab 1988 mit folgenden Synergieeffekten gerechnet werden:

1) Fertigung

a) Das Analyseprogramm für CEKG 3 und 6 von Meditec wurde bisher von Montara bezogen. Bei Fortsetzung des Bezugs entstehen künftig Kosten von ca. 1,0 Mio. DM p. a. Jedoch kann das Analyseprogramm von Cardio integriert werden, wodurch Kosten von nur etwa 0,9 Mio. DM p. a. verursacht werden.

b) Durch die Produktion von EKG 1 bei Cardio ergeben sich für Meditec folgende Ersparnisse aus der Differenz Einstandspreis von Fukuda und Herstellungskosten von Cardio im Bereich EKG 1: (Vertrag mit Fukuda kann erst zum 31. 12. 88 gekündigt werden).

Jahr	89	90	91	92	ab 92
Ersparnis in TDM	1.390	1.405	1.421	1.436	1.440

2) Produkte

Durch den Erwerb von Cardio wird das Produktprogramm erweitert. Die daraus resultierenden positiven Auswirkungen auf die Nachfrage lassen sich jedoch wohl schwer quantifizieren.

3) F & E

Da Cardio bereits über ein hochwertiges Streß-Testing-Gerät (mit Laufband) verfügt, entfällt für Meditec die für 1991 geplante und mit 2,0 Mio. DM veranschlagte Eigenentwicklung.

4) Vertrieb

a) Durch den Vertrieb von Cardio-Produkten über Meditec wird das Ergebnis vor Steuern von **Cardio** erhöht.

b) Auch bei **Meditec** erhöht die Nutzung des Cardio-Vertriebsnetzes das Ergebnis.

Jahr	88	89	90	91	92	ab 92
Ergebn. erhöh. a)	742	1.877	2.064	2.205	2.412	2.500
Ergebn. erhöh. b)	480	1.412	1.555	1.694	1.863	1.900

Um diese zusätzlichen Ergebnisse realisieren zu können, sind sowohl bei Meditec als auch bei Cardio Kapazitätsanpassungen notwendig: Für Cardio fallen dabei in den ersten beiden Jahren nach erfolgter Übernahme ca. 1,5 Mio. DM bzw. 0,8 Mio. DM an. Meditec rechnet für den selben Zeitraum mit 0,7 Mio. DM bzw. 0,5 Mio. DM.

5) Integration

a) Für die Anpassung der Cardio-Produkte an die Anforderungen in Deutschland sowie für die Einführung der Meditec-Designrichtlinien wird für das erste Jahr ein Betrag von ca. 1,5 Mio. DM veranschlagt.

b) Die Kosten, die aus der Integration von Cardio in die bestehende Organisation resultieren, werden für das erste Jahr (1988) auf 0,9 Mio. DM und für das zweite Jahr auf 0,6 Mio. DM geschätzt.

Da wir der Ansicht sind, daß höchstens die Hälfte der Synergievorteile an den Akquisitionskandidaten abgetreten werden sollte, werden wir die **Preisobergrenze** wie folgt ermitteln:

$$\text{POG} = \text{Ertragswert} + (\text{Synergien} * 0{,}5)$$

Ergänzungen:
Langfristige Staatspapiere in den USA erbringen derzeit eine durchschnittliche Rendite von ca. 9%.

Die Prämie für das systematische Risiko wird auf derzeit 8,4% geschätzt.

Meditec bewertet sichere Zahlungen und das 1,5fache des Erwartungswertes riskanter Zahlungen äquivalent.

Von: Dr. Wolf

An: Akquisitionsprojektgruppe/Dr. Bitz

Sehr geehrter Herr Dr. Bitz,

am Wochenende traf ich zufällig auf dem Flug nach London Mr. Fraser, der
sowohl unsere als auch die F & E Abteilung von Cardio schon beraten hat. Er ist
zudem mit Mr. Strong lose befreundet. Von ihm erfuhr ich, daß Cardio in etwa
einen Kaufpreis von 35 Mio. $, was beim derzeitigen Kurs in etwa einem Betrag
von ca. 61 Mio. DM entspricht, erwartet.
Meine Bitte an Sie geht nun dahin,
1) zu prüfen, ob ein Kaufpreis in dieser Größenordnung akzeptabel wäre;
2) ein Konzept mit verzögerter Kaufpreiszahlung nach der Methode **realisier-
ter Ertragswerte** zu erstellen. Es sollte dabei von einer festen Anzahlung in
Höhe von 50–60% des vereinbarten Kaufpreises ausgegangen werden.

Ich erwarte Ihren Bericht bis spätestens übermorgen.

MfG

Wolf

P.S.: Bitte fügen Sie Ihrem Bericht auch die Auswertung der strategischen
Analyse bei.

WALTHER BUSSE VON COLBE/JÜRGEN BRÜGGERHOFF

5. Fallstudie: Lagoda Kommunikationstechnik AG

USW-Fall Nr. 238-90

Dieser Fall ist so entwickelt, daß er als Grundlage für Diskussionen in Seminaren geeignet ist. Es ist nicht Zweck dieses Falles, ein Beispiel für gute oder schlechte Führungsentscheidungen im Unternehmen zu geben.

Lagoda Kommunikationstechnik AG

Die Lagoda Kommunikationstechnik AG mit Sitz in Bochum ist ein international tätiger Konzern auf dem Gebiet der Kommunikationstechnik. Sie betreibt die drei Bereiche Büro-, Tele- und Industriekommunikation.

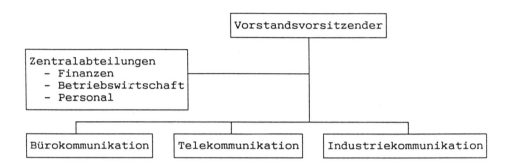

Der Bereich Bürokommunikatioon umfaßt insbesondere Computersysteme für Daten, Text und Graphik (einschl. Software), Lokale Netzwerke und Weitverkehrsnetze, ISDN-Kommunikationsanlagen, Bürotechnik und Optische Archivierungssysteme. Das Geschäftsfeld ist nach einem sprunghaften Anstieg Anfang der 80er Jahre in den letzten Jahren langsam, aber stetig gewachsen und hat 1989 einen Umsatz von 620 Mio. DM bei einem Ergebnis vor Steuern von 63 Mio. DM erzielt.

Der größere Bereich ist der der Telekommunikation. Die Lagoda Kommunikationstechnik AG vertreibt innerhalb dieses Geschäftsfeldes u. a. Übertragungssysteme für Kupfer- und Glasfasertechnik, Videokonferenz-Studios, ISDN-Ortsnetztechnik, Planung und Montage von Nachrichtenkabelanlagen und Fernmeldekabel in Kupfer- und Glasfasertechnik. Dieser Bereich ist in den letzten Jahren stark gewachsen und hat 1989 die 1 Mrd. DM-Grenze beim Umsatz überschritten. Die Umsatzrentabilität vor Steuern liegt bei ca. 20 %.

Der quantitativ kleinste Bereich der Industriekommunikation und Automatisierungstechnik umfaßt im wesentlichen Produkte und Systeme zur wirtschaftlichen Lösung von einzelnen und integrierten Automatisierungsaufgaben, die für Steuerungs-, Regelungs-, Datenverarbeitungs- und Kommunikationsaufgaben in Handwerk, Energieversorgung und Produktion benötigt werden. Schwerpunkt der Lagoda Kommunikationstechnik AG in diesem Bereich ist das Automatisierungssystem »Configuration«. Der gesamte Geschäftsbereich erreichte 1989 einen Umsatz von 250 Mio. DM bei einem Ergebnis vor Steuern von 20 Mio. DM, wobei ca. 70 % des Umsatzes und fast der gesamte Ergebnisbeitrag auf das System »Configuration« entfiel.

Vor diesem Hintergrund kommt es am 8. 1. 1990 zu einer Vorstandssitzung der Lagoda Kommunikationstechnik AG, bei der über die weitere strategische Planung diskutiert werden soll. Neben dem Vorsitzenden gehören dem Vorstand sechs weitere Mitglieder an, von denen jeweils eines zuständig ist für die drei Zentralbereiche Finanzen (Finanzierung und Beteiligungen), Betriebswirtschaft (Rechnungswesen, Controlling, Steuern), Personal und die drei Geschäftsbereiche Büro-, Tele- und Industriekommunikation.

Dr. Wirgs (Vorsitzender): Meine Damen und Herren! Das Geschäftsjahr 1989 ist für uns wieder recht erfreulich verlaufen. Der Umsatz ist um 8% auf 1,9 Mrd. DM gestiegen. Der Jahresüberschuß ist um 6% auf 130 Mio. DM gewachsen, wovon wir 60 Mio. DM an unsere Aktionäre ausschütten wollen. Auch vor 1990 ist mir nicht bange! Die Bereiche Tele- und Bürokommunikation werden wohl kräftig zulegen, nur die Industriekommunikation scheint den Anschluß zu verlieren. Herr Seidel, was sagen Sie dazu?

Dipl.-Ing. Seidel (Vorstand, zuständig für den Geschäftsbereich Industriekommunikation): Wir haben seit Jahren den Auf- und Ausbau meines Geschäftsbereiches geplant. Dies ist uns auch gut gelungen. Momentan haben wir jedoch Schwierigkeiten. Diese beruhen auf zwei Punkten:

Erstens ist unser Produktprogramm nicht vollständig. Wir haben mehr oder weniger große Lücken und können daher einige Kunden nicht für uns gewinnen, da wir nicht in der Lage sind, ihre Wünsche vollständig zu befriedigen. Die Entwicklung neuer Produkte bzw. von Produkten, die das Sortiment vervollständigen, dauert einige Zeit und ist sehr aufwendig.

Weiterhin können wir unser Automatisierungssystem »Configuration« nicht genügend vertreiben. Der deutschsprachige Markt ist fast ausgeschöpft. Wir brauchen Vertriebs- und Servicenetze außerhalb Deutschlands, insbesondere im US-amerikanischen Raum. In diesem Bereich sind wir einfach zu klein, um weiter mit einem befriedigenden Ergebnis zu existieren. Wir benötigen dringend neue Absatzgebiete, ansonsten ist eine Desinvestition dieses Teilbereiches unumgänglich. Es ergibt sich so für meinen Bereich der Industriekommunikation nur die Frage: Investion oder Desinvestition. Was uns fehlt ist ein kompetenter Partner, der uns hilft, diese Lücken zu schließen!

Dipl.-Kauffrau Rudnik (Finanzvorstand): Wir hatten Ihnen doch schon vor einem Jahr das Geld freigegeben für die Suche nach einem kompetenten Partner. Was ist daraus geworden?

Dipl.-Ing. Seidel: Wir haben Gespräche mit einigen Firmen aus den USA, Japan, Frankreich und Großbritannien geführt. Diese Unternehmen sind für uns jedoch nicht geeignet. In der Regel wollen sie bei einer Kooperation die industrielle Führerschaft behalten. Dies sollte von uns aber nicht angestrebt werden, da wir potentielle Synergieeffekte nur unter eigener Regie vollständig realisieren können.

Letzte Woche ist der Vorstand der Colgit Inc. an uns herangetreten. Die Colgit Inc. ist eine Aktiengesellschaft US-amerikanischen Rechts mit Sitz in Annapolis, Maryland. Der Umsatz von Colgit lag 1989 bei 850 Mio. US-$. Die Aktien werden an der New York Stock Exchange notiert. Colgit hat seit mehreren Jahren Ergebnisprobleme. Unter dem Druck dieser Entwicklung betreibt Colgit seit 1985 eine Ausverkaufsstrategie seiner Unternehmensbereiche. Die Anzahl der Geschäftsbereiche wurde von 17 auf 5 reduziert.

Colgit bietet uns nun ihren Geschäftsbereich »Automatisierungstechnik« Melvit einschließlich einer 60%igen Beteiligung an der Ende 1989 gegründeten Southern Electric Inc. zum Kauf an.

Genauere Unterlagen liegen mir noch nicht vor. Einige wichtige Zahlen, die ich schnell ermitteln konnte, habe ich in Anlage A aufgelistet. Auf den ersten Blick scheint mir die Sache ganz interessant zu sein. Melvit besitzt ein ähnliches Produkt wie »Configuration«.

Dr. Wirgs: Herr Seidel, dann bitte ich Sie, zusammen mit unserem BWLer, Herrn Henrich, uns bis zur nächsten Sitzung genauere Informationen zu verschaffen und eventuell ein Gutachten einer amerikanischen Unternehmensberatungsgesellschaft einzuholen.

Anlage A:

Daten zu Colgit Inc.

Organisationsstruktur von Colgit Inc.

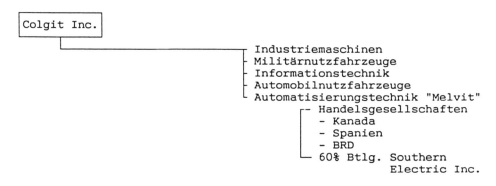

Jahr	Ergebnis v. St. (Mio. US-$)	Aktienkurs 31.12. $ je Aktie	Veränderungen gegenüber Vorjahr in %	Aktienindex (Stand. & Poor 500, 31.12.)
1984	+ 46	23	+20	167,24
1985	+ 18	27	+17	210,67
1986	− 85	35	+30	244,03
1987	−170	20	−43	247,08
1988	−103	12	−40	277,72
1989	− 72	10	−17	348,81

Verkäufe von Colgit Unternehmensteilen	(Mio. US-$)
1985	123
1986	67
1987	83
1988	105
1989	91

Auf der Sitzung vom 6.5.1990 kommt es zu folgender Diskussion:

Dr. Wirgs: Herr Seidel, wie sieht es aus mit der Colgit Inc.?

Dipl.-Ing. Seidel: Wir waren mittlerweile mit einem Team in den USA und haben uns die Colgit Inc. angeschaut. Der uns interessierende Bereich, Melvit genannt, ist ein rechtlich unselbständiger Teil der Colgit Inc., der 1989 einen Umsatz von 210 Mio. US-$ erzielt hat mit ca. 1470 Mitarbeitern. Dem Bereich angeschlossen sind Vertriebsaktivitäten in Japan, Kanada, Brasilien, Großbritannien, Spanien, Frankreich, Deutschland und Griechenland, wobei in Kanada, Spanien und Deutschland aus steuerlichen und organisatorischen Gründen rechtlich selbständige Gesellschaften bestehen. Der Kauf dieses Unternehmensteiles ist von Colgit's Seite an einen gleichzeitigen Kauf der 60%igen Beteiligung an Southern Electric gebunden. Die Southern Electric produziert Vorleistungen für Melvit und ist auch für uns von unmittelbarer Bedeutung.

Von allen bisher betrachteten Firmen ist Melvit für Lagoda die Gesellschaft, die am besten in das bestehende Konzept paßt. Bei einem Erwerb von Melvit ergibt sich die Chance, daß Lagoda in kürzester Zeit zu den drei großen Anbietern auf dem Gebiet der Industriekommunikation gezählt werden kann. Ein weiterer Ausbau ist möglich.

Den Markt für Automatisierungssysteme kann ich Ihnen an folgendem Schaubild verdeutlichen:

	Gesamtmarkt (Mio. DM)	Lagoda	Melvit
BRD	760	18%	3%
sonst.Europa (ohne Ostbl.)	1050	3%	6%
Ostblock	290	-	2%
USA	1000	-	21%
restliches Amerika	50	-	22%
Asien	500	-	19%
Rest	150	3%	10%
	3800		

Melvit hat zudem ein eingeführtes Vertriebs- und Servicenetz, das wir für unser System »Configuration« nutzen können. Außerdem hat Melvit einige Produkte entwickelt, die zusammen mit unseren Produkten ein abgeschlossenes Produktprogramm ergeben. Wir sparen also Entwicklungskosten. Auch sonst können wir einige Synergieeffekte durch den Zusammenschluß realisieren.

Melvit galt lange Zeit weltweit als technischer Marktführer. Erst nach Übernahme durch Colgit wurde die führende Position in den USA und Europa verloren. Seit 1986 ist ein neues Management bei Melvit verantwortlich. Dies hat dazu geführt, daß Anzeichen für einen »turn around« erkennbar sind.

Mit Hilfe des Managements von Melvit und Southern Electric haben wir schon eine Analyse des Vermögenswertes und der erwarteten Ergebnisse vorgenommen. In der Anlage 1 finden Sie die entsprechenden Werte. Danach hat Melvit ein bilanzielles Eigenkapital von rund 120 Mio. US-$ und Southern eines von 0,5 Mio. US-$. Wir sollten daher nicht mehr als rund 120 Mio. US-$ bezahlen.

Dr. Henrich: Dazu muß ich was sagen! Mit der Analyse von Melvit sind wir nicht einverstanden. Die Vermögenswerte erscheinen uns zu hoch, ebenso die Umsatzerwartungen, bei den Kosten dagegen sollten wir vorsichtiger kalkulieren. Ich habe in Anlage 2 meine Einschätzung wiedergegeben. Außerdem habe ich die Verbundeffekte aufgelistet, die für uns beim Kauf von Melvit eintreten können.

Dr.-Ing. Eickelmann (Vorstand, zuständig für den Bereich Telekommunikation): Was mir nicht klar ist: Welcher von den beiden Werten ist der für uns relevante, der Nettovermögenswert oder der Barwert der künftigen Erfolge? Müssen wir die Verbundeffekte denn auch bezahlen? Ich würde ja nicht mehr bezahlen, als die Vermögensgegenstände wert sind.

Dipl.-Ing. Böttcher (Vorstand, zuständig für den Bereich Bürokommunikation): Außerdem fehlt mir in dem Gutachten die Unsicherheit. Wir gehen davon aus, daß alle Daten mit Sicherheit eintreten. Müssen wir nicht für die US-Daten ein höheres Risiko einkalkulieren als für europäische oder deutsche Zahlen?

Dipl.-Kauffrau Rudnik: Die Frage ist ja auch, wo und wie das Risiko berücksichtigen; im Kalkulationszinsfuß oder in den Zahlungsströmen? Nicht geklärt ist ja auch die Frage der Finanzierung. Fraglich ist, ob uns ein Kredit nicht teurer kommt als das, was Melvit uns einbringt. Wir haben noch freie Mittel von 100 Mio. DM, die könnten wir aber in eine andere Investition mit einer Rendite von 12% nach Steuern stecken, wobei mir diese Investition nicht so risikoreich erscheint wie der Kauf von Melvit. Ich habe mal in Anlage 3 dargestellt, wie wir den Kauf finanzieren können.

Dr. Henrich: Die Zahlen, die meiner Analyse zugrundeliegen, sind absolut sicher. Das ist der niedrigst mögliche Wert, der erreicht werden kann.

Dipl.-Kff. Rudnik: Welchen Dollarkurs gegenüber der DM sollten wir unseren Überlegungen zugrundelegen? Ich rechne damit, daß er auf längere Sicht bei etwa DM 2,– liegen wird.

Dr. Wirgs: Interessant erscheint mir noch eine andere Frage. Unsere Konkurrenten weisen in den letzten Jahren immer wachsende Jahresüberschüsse auf. Kommt es auch bei uns dazu, daß der Jahresüberschuß sofort ansteigt durch den Kauf von Melvit oder drücken die Zinsen den Jahresüberschuß so, daß er erst später – wenn überhaupt – ansteigt? Ich glaube, diese Frage können wir adhoc nicht lösen. Ich würde Sie daher bitten, möglichst schnell ein Gutachten zu erstellen, daß uns besonders folgende Fragen beantwortet: Wieviel können wir für Melvit bezahlen? Wie können wir den Kaufpreis finanzieren und wie wirkt sich die ganze Aktion auf den Jahresüberschuß in unserem Einzel- und Konzernabschluß aus?

Anlage 1:

Zeitwertbilanz und Ertragsaussichten von Melvit und Southern Electric

1. Vermögenswert

a) Melvit

Balance-Sheet

12-31-89

(in Thousand US-$)

Cash	0	Notes Payable		826
Accounts Receivable	34662	Current Maturities		12
Inventories	49363	Accounts payable		15693
Other current assets	4726	Accrued Payroll Deductions	672	
Total current assets	88751	Accrued Compensation		5043
		Accrued Taxes		757
Investment	1360	Accrued Expenses		4553
Net Fixed Assets	42542	Reserves for warranty		4311
Other assets	20679	Total current Liabilities		31867
		Long term debt		320
		Total Liabilities		32187
		Equity		121145
Total Assets	153332	Total Liabilities and Equity		153332

b) Southern Electric Inc.

Balance-Sheet

12-31-89

(in Thousand US-$)

Cash	148	Current Liabilities	1087
Accounts Receivable	1283	Long-Term debt	889
Investments	315	Equity	2100
Other Assets	724	Loss	(1606)
Total Assets	2470	Total Liabilities and Equity	2470

2. Umsatz- und Ergebnisplanung

a) Melvit

Jahr	Umsatz	Ergebnis vor Steuern
	(in Mio. US-$)	
1986	175	3,6
1987	184	15,1
1988	203	1,7
1989(Ist)	212	- 7,6
1990(Plan)	231	15,1
1991(Plan)	254	17,6
1992(Plan)	283	24,8
1993(Plan)	317	32,1
1994(Plan)	357	38,7

Prämissen:
- Umsatzsteigerung Durchschnitt p. a.   11,2%
- Brutto-Profit vom Umsatz 1994   47%
- Entwicklungskosten vom Umsatz 1994   10%
- Vertriebskosten vom Umsatz 1994   19%
- Verwaltungskosten vom Umsatz 1994   5%

b) Southern Electric

Jahr	Umsatz	Ergebnis vor Steuern
	(in Mio. US-$)	
	(ohne Umsatz mit Melvit)	
1989 (Ist)	1,6	-0,2
1990 (Plan)	24	0,1
1991 (Plan)	50	5,5
1992 (Plan)	78	8,8
1993 (Plan)	95	10,5
1994 (Plan)	121	13,6

Prämissen:
- Umsatzsteigerung durchschnittlich p. a.   72,6%
- Brutto-Profit vom Umsatz 1994   53%
- Entwicklungskosten vom Umsatz   11%
- 70% des Umsatzes sind lizenzpflichtig an außenstehende Lizenzgeber

Lagoda Acquisition
Profit & Loss
Melvit
1989–1994

	1989 Mio.$	%	1990 Mio.$	%	1991 Mio.$	%	1992 Mio.$	%	1993 Mio.$	%	1994 Mio.$	%
Sales	212,0	100,0	231,0	100,0	254,0	100,0	283,0	100,0	317,0	100,0	357,0	100,0
Total Cost of Sales	123,0	58,0	122,4	53,0	134,6	53,0	150,0	53,0	168,0	53,0	189,2	53,0
Gross Profit	89,0	42,0	108,6	47,0	119,4	47,0	133,0	47,0	149,0	47,0	167,8	47,0
Engineering& Development	20,1	9,5	23,1	10,0	25,4	10,0	28,3	10,0	31,7	10,0	35,7	10,0
Marketing & Sales	62,8	29,6	49,7	21,5	52,8	20,8	57,7	20,4	62,4	19,7	67,8	19,0
Administration	14,0	6,6	16,4	7,1	13,5	5,3	14,2	5,0	14,9	4,7	17,9	5,0
Income from Operations	(7,9)	-3,7	19,4	8,4	27,7	10,9	32,8	11,6	40,0	12,6	46,4	13,0
Royalty	-	-	(0,2)	-0,1	(0,4)	-0,1	(0,5)	-0,2	(0,6)	-0,2	(0,8)	-0,2
Other Expense/(Income)	(0,3)	-0,1	-	-	-	-	-	-	-	-	-	-
Total Other	(0,3)	-0,1	(0,2)	-0,1	(0,4)	-0,1	(0,5)	-0,2	(0,6)	-0,2	(0,8)	-0,2
Pre-tax Profit (Loss)	(7,6)	-3,6	19,6	8,5	28,1	11,0	33,3	11,8	40,6	12,8	47,2	13,2
Adjustments Personnel Cost	-	-	0	0	2,0	0,8	4,0	1,4	4,0	1,3	4,0	1,1
Removal Cost.	-	-	-	-	4,0	1,6	-	-	-	-	-	-
Sublease dead space	-	-	0,5	0,2	0,5	0,2	0,5	0,2	0,5	0,2	0,5	0,1
Adjusted Pre-tax Profit	(7,6)	-3,6	19,1	8,3	21,6	8,5	28,8	10,2	36,1	11,4	42,7	12,0
Interest	-	-	4,0	1,7	4,0	1,6	4,0	1,4	4,0	1,3	4,0	1,1
Total Pre-tax Profit	(7,6)	-3,6	15,1	6,5	17,6	6,9	24,8	8,8	32,1	10,1	38,7	10,8

Lagoda Acquisition
Profit & Loss
Southern Electric
1989–1994

	1989 Mio.$	%	1990 Mio.$	%	1991 Mio.$	%	1992 Mio.$	%	1993 Mio.$	%	1994 Mio.$	%
Sales	1,6	100,0	24,0	100,0	50,0	100,0	78,0	100,0	95,0	100,0	121,0	100,0
Total Cost of Sales	1,2	75,0	14,4	60,0	23,5	47,0	36,7	47,0	44,7	47,0	56,9	47,0
Gross Profit	0,4	25,0	9,6	40,0	26,5	53,0	41,3	53,0	50,3	53,0	64,1	53,0
Engineering& Development	0,4	25,0	3,0	12,5	5,5	11,0	8,6	11,0	10,5	11,0	13,3	11,0
Marketing & Sales	-	0,0	3,8	16,0	8,0	16,0	12,5	16,0	15,2	16,0	19,4	16,0
Administration	0,3	18,8	1,4	6,0	3,0	6,0	4,7	6,0	5,7	6,0	7,3	6,0
Income from Operations	(0,3)	-18,8	1,4	5,8	10,0	20,0	15,5	19,9	18,9	19,9	24,1	19,9
Royalty	-	0,0	1,2	5,0	2,5	5,0	3,9	5,0	4,8	5,0	6,1	5,0
Pre-Tax Profit	(0,3)	-18,8	0,2	0,8	7,5	15,0	11,6	14,9	14,1	14,9	18,0	14,9
Minority Interest	0,1	6,3	(0,1)	-0,4	(2,0)	-4,0	(2,8)	-3,6	(3,6)	-3,8	(4,4)	-3,6
Total Pre-Tax Profit	(0,2)	-12,5	0,1	0,4	5,5	11,0	8,8	11,3	10,5	11,1	13,6	11,3

Anlage 2 (Dr. W. Henrich):

Betriebswirtschaftliche Wertung des Akquisitionsobjektes Melvit und Southern Electric

Anmerkungen zur Bilanz von Melvit:

1. Im Plan für 1990 ist eine zusätzliche Abschreibung für das Anlagevermögen vorgesehen in Höhe von 700 000 US-$.
2. Kosten für die Aufgabe einer Produktlinie fallen 1990 in Höhe von 680 000 US-$ an.
3. Die Garantierückstellungen sind anzupassen. Sie scheinen mir um 4,4 Mio. US-$ zu niedrig.
4. Durch Umstrukturierung von Niederlassungen fallen Kosten von 1,2 Mio. US-$ an.
5. Außerdem ist der bilanzierte Nettobuchwert dieser Betriebe zu korrigieren (900 000 US-$).
6. 4% Wertberichtigungen sind auf die Forderungen zu berücksichtigen.
7. Die Vorräte halten wir aufgrund von Überbeständen um 383 000 US-$ zu hoch bewertet, die Bewertung der restlichen Vorräte entsprechen den deutschen Bilanzierungsregeln.
8. Laut FASB Nr. 43 sind zusätzlich Entschädigungsleistungen für nicht genommenen Urlaub von 3,5 Mio. US-$ zu berücksichtigen.
9. Aufgrund von Wartungsverträgen für einzelne Produkte sind zukünftige Ausgaben in Höhe von 1,9 Mio. US-$ zu erwarten.
10. Die Vorräte sind um 10% zu hoch bewertet, da sie nicht gängiges Material beinhalten.
11. In dem Posten »Other current assets« sind Steuerrückforderungen über 1 Mio. US-$ enthalten, die ein künftiger Eigner nicht beanspruchen kann.
12. Bauzinsen in Höhe von 2 Mio. US-$ sind zu eliminieren.
13. Innerhalb des Postens »Other assets« sind Vorräte bilanziert worden, die von den Handelsgesellschaften zurückgeschickt wurden und von zweifelhaftem Wert sind (750 000 US-$), Firmenwerte und Entwicklungsaufwendungen sind aus dem Posten schon herausgerechnet worden.
14. Zusätzliche Pensionsrückstellungen sind in Höhe von 6 Mio. US-$ zu bilden für die übernommene medizinische Versorgung der Pensionäre.
15. In der Zeitwertbilanz von Melvit sind 60% des buchmäßigen Eigenkapitals von Southern Electric bilanziert worden.

Umsatz- und Ergebnisplanung

a) Melvit

Bei der Ergebnisschätzung für Melvit sollten wir von folgenden Annahmen ausgehen:
- Umsatzsteigerung Durchschnitt p. a. 7,7%
- Brutto-Profit vom Umsatz 1994 43%
- Entwicklungskosten vom Umsatz 1994 10,5%
- Vertriebskosten vom Umsatz 1994 20,7%
- Verwaltungskosten vom Umsatz 1994 6,5%
  (zusätzlich für Leistungen der Zentrale) 1,5 Mio. US-$
- Anpassungen für Personalkosten u. a. 4 Mio. US-$
- Zinsen 2,5 Mio. US-$
- Umzug der Fertigung in Annapolis 3,5 Mio. US-$

Umsatz/Ergebnis vor Steuern (in Mio. US-$)

	Umsatz	Ergebnis vor Steuern
1989 (Ist)	212	−7,6
1990 (Plan)	231	0,5
1991 (Plan)	245	0,5
1992 (Plan)	262	5,2
1993 (Plan)	282	8,6
1994 (Plan)	307	10,4

b) Southern Electric

Prämissen:
- Umsatzsteigerung siehe folgend
- Brutto-Profit vom Umsatz 1994 48%
- Entwicklungskosten vom Umsatz 1994 13%
- 70% des Umsatzes sind lizenzpflichtig an
  außerhalb des Konzerns stehende Lizenzgeber

Umsatz/Ergebnis vor Steuern (in Mio. US-$)

	Umsatz	Ergebnis
1989 (Ist)	1,6	−0,2
1990 (Plan)	20	0,4
1991 (Plan)	27	1,6
1992 (Plan)	34	1,8
1993 (Plan)	41	2,2
1994 (Plan)	48	2,4

	1989 Mio.$	1989 %	1990 Mio.$	1990 %	1991 Mio.$	1991 %	1992 Mio.$	1992 %	1993 Mio.$	1993 %	1994 Mio.$	1994 %
Sales	212,0	100,0	231,0	100,0	245,0	100,0	262,0	100,0	282,0	100,0	307,0	100,0
Total Cost of Sales	123,0	58,0	131,7	57,0	139,7	57,0	149,3	57,0	160,7	57,0	175,0	57,0
Gross Profit	89,0	42,0	99,3	43,0	105,3	43,0	112,7	43,0	121,3	43,0	132,0	43,0
Engineering& Development	20,1	9,5	24,3	10,5	25,7	10,5	27,5	10,5	29,6	10,5	32,2	10,5
Marketing & Sales	62,8	29,6	52,4	22,7	54,4	22,2	56,8	21,7	59,8	21,2	63,5	20,7
Administration	14,0	6,6	19,6	8,5	16,9	6,9	17,0	6,5	17,2	6,1	20,0	6,5
Income from Operations	(7,9)	-3,7	3,0	1,3	8,3	3,4	11,4	4,4	14,7	5,2	16,3	5,3
Royalty	–	–	(0,3)	-0,1	(0,5)	-0,3	(0,6)	-0,2	(0,7)	-0,2	(0,9)	-0,3
Other Expense/(Income)	(0,3)	-0,1	–	–	–	–	–	–	–	–	–	–
Total Other	(0,3)	-0,1	(0,3)	-0,1	(0,5)	-0,3	(0,6)	-0,2	(0,7)	-0,2	(0,9)	-0,3
Pre-tax Profit (Loss)	(7,6)	-3,6	3,3	1,4	8,8	3,6	12,0	4,6	15,4	5,5	17,2	5,6
Adjustments Personnel Cost	–	–	0	0	2,0	0,8	4,0	1,5	4,0	1,4	4,0	1,3
Removal Cost	–	–	–	–	3,5	1,4	–	–	–	–	–	–
Sublease dead space	–		0,3	0,1	0,3	0,1	0,3	0,1	0,3	0,1	0,3	0,1
Adjusted Pre-tax Profit	(7,6)	-3,6	3,0	1,3	3,0	1,2	7,7	2,9	11,1	3,9	12,9	4,2
Interest	–	–	2,5	1,1	2,5	1,0	2,5	1,0	2,5	0,9	2,5	0,8
Total Pre-tax Profit	(7,6)	-3,6	0,5	0,2	0,5	0,2	5,2	2,0	8,6	3,0	10,4	3,4

Ist- bzw. Plan-GuV
Southern Electric
1989–1994

	1989		1990		1991		1992		1993		1994	
	Mio.$	%	Mio.$	%	Mio.$	%	Mio.$	%	Mio.$	%	Mio.$	%
Sales	1,6	100,0	20,0	100,0	27,0	100,0	34,0	100,0	41,0	100,0	48,0	100,0
Total Cost of Sales	1,2	75,0	11,6	58,0	14,0	52,0	17,7	52,0	21,3	52,0	25,0	52,0
Gross Profit	0,4	25,0	8,4	42,0	13,0	48,0	16,3	48,0	19,7	48,0	23,0	48,0
Engineering& Development	0,4	25,0	2,7	13,5	3,5	13,0	4,4	13,0	5,3	13,0	6,2	13,0
Marketing & Sales	-	0,0	3,0	15,0	4,0	15,0	5,1	15,0	6,1	15,0	7,2	15,0
Administration	0,3	18,8	1,1	5,5	1,5	5,5	1,9	5,5	2,3	5,5	2,6	5,5
Income from Operations	(0,3)	-18,8	1,6	8,0	4,0	14,8	4,9	14,4	6,0	14,6	7,0	14,6
Royalty	-	0,0	1,0	5,0	1,4	5,0	1,7	5,0	2,0	5,0	2,4	5,0
Pre-Tax Profit	(0,3)	-18,8	0,6	3,0	2,6	9,8	3,2	9,4	4,0	9,8	4,6	9,6
Minority Interest	0,1	6,3	(0,2)	-1,0	(1,0)	-3,7	(1,4)	-4,1	(1,8)	-4,4	(2,2)	-4,6
Total Pre-Tax Profit	(0,2)	-12,5	0,4	2,0	1,6	6,1	1,8	5,3	2,2	5,4	2,4	5,0

c) Synergien bei Lagoda

1) Durch die Übernahme des Vertriebsnetzes von Melvit gehen wir davon aus, daß wir in Europa und den USA zusätzlich Marktanteile erreichen können. Für 1989 erwarten wir ein Marktvolumen in Europa von 2,1 Mrd. DM und in den USA von 1 Mrd. DM. Für Europa schätzen wir ein durchschnittliches jährliches Wachstum des Marktes von 6% und für die USA von 8%. Durch das größere Vertriebsnetz sollte es uns gelingen, unseren Marktanteil 1990 um 2%, 1991 um 2,5%, 1992 um 3,5% und ab 1993 um 5% jährlich auszuweiten. Aus dem Zusatzumsatz sollte sich ein Deckungsbeitrag von 25% erzielen lassen. Mit einer Änderung auf den anderen Märkten ist nicht zu rechnen.

2) Weiterhin können wir bei den Kommunikationsrechnern von einem zusätzlichen jährlichen Umsatz von 12 Mio. DM ausgehen. Auch hier sollte sich ein Deckungsbeitrag von 25% des Zusatzumsatzes erzielen lassen.

3) Auch im Bereich der Antriebstechnik sollte es uns gelingen, Synergien zu realisieren, die sich in einem zusätzlichen Umsatz niederschlagen. Der zusätzliche Umsatz ist so wie bei den Rechnern anzusetzen, jedoch können wir nur von einem 10%igen Deckungsbeitrag ausgehen.

4) Im Vertriebsnetz für Europa sollte es uns gelingen, durch eine Übernahme des Vertriebsnetzes von Melvit langfristig 30% der Personalkosten einzusparen (1991: 4 Mio. DM, ab 1992 jährlich 6,5 Mio. DM).

5) Weiterhin sparen wir im Bereich der Kommunikationstechnik schon veranschlagte Entwicklungskosten (1991: 6 Mio. DM, 1992: 5 Mio. DM, 1993: 3 Mio. DM, 1994: 1,5 Mio. DM).

6) Durch die Eingliederung müssen wir mit Mehrkosten insbesondere aufgrund von Anlaufschwierigkeiten und zusätzlicher Kapitalbindung (1991: 17 Mio. DM, 1992: 22 Mio. DM, 1993: 30 Mio. DM) rechnen.

Zu beachten ist, daß in den USA eine Konzernbesteuerung besteht. Mutter- und Tochtergesellschaft werden jedoch nur dann einheitlich besteuert, wenn die Muttergesellschaft zu 80% an der Tochtergesellschaft beteiligt ist, ansonsten ist die amerikanische Federal Income Tax von 40% beim Kapitaleigner nicht anrechenbar. Zwischen den USA und der BRD besteht ein Doppelbesteuerungsabkommen, so daß die Erträge, die der amerikanischen Federal Income Tax unterlegen haben, von der deutschen Besteuerung freigestellt sind; insgesamt rechnet die Lagoda mit einem durchschnittlichen Ertragsteuersatz von 60%.

Anlage 3 (Rudnik):

Vorschlag zur Finanzierung des Kaufes von Melvit

(1) Erstfinanzierung

Wir sollten den Kaufpreis folgendermaßen finanzieren:

100 Mio. DM besitzen wir an eigenen liquiden Mitteln. Der Rest des Kaufpreises sollte zu 80% auf dem deutschen Kapitalmarkt und zu 20% auf dem amerikanischen Kapitalmarkt entsprechend unserer Finanzierungsregeln finanziert werden. In der BRD bezahlen wir 8% und in den USA 10% Zinsen.

(2) Folgefinanzierung

Melvit sollte als selbständige Tochtergesellschaft in den USA organisiert werden. Auf diese Gesellschaft werden die Vermögensgegenstände von Melvit zu Verkehrswerten und der amerikanische Kredit übertragen. Die Tilgung sollte aus dem Cash-Flow, den Melvit erzielt, erfolgen. Die Differenz zwischen den Aktiva zu Verkehrswerten (280 Mio. DM), den übernommenen Passiva und dem amerikanischen Kredit ist als buchmäßiges Eigenkapital von Lagoda an Melvit zu geben.

In Deutschland soll zur Kredittilgung der versteuerte Ertrag aus den Synergieeffekten dienen.

WALTHER BUSSE VON COLBE

6. Fallstudie: CNT (Compañia Nacional de Tubos Ltda.)

USW-Fall Nr. 58-72/88

Dieser Fall ist so entwickelt, daß er als Grundlage für Diskussionen in Seminaren geeignet ist. Es ist nicht Zweck dieses Falles, ein Beispiel für gute oder schlechte Führungsentscheidungen im Unternehmen zu geben.

1. Gründung der Compañia Nacional de Tubos Ltda. (CNT) und Erwerb eines Beteiligungsanteils an der Compañia Mexicana de Acero S.A. (CMA)

Anfang der 50er Jahre stand die deutsche Industrie erstmals nach dem Krieg wieder vor der Frage, im Ausland zu investieren. Die Metall AG, die sich insbesondere auch auf dem Gebiet der Herstellung von Röhren betätigte, war aus der Vorkriegszeit traditionell stark auslandsorientiert und gehörte zu den Unternehmen, die als erste wieder mit Produktionsstätten ins Ausland gingen.

Mexiko stand zu diesem Zeitpunkt am Anfang einer starken industriellen Entwicklung. Es zeichnete sich durch stabile politische Verhältnisse aus und verfügte über ein ausreichendes Arbeitskräftepotential. Gegenüber deutschen Industrieansiedlungen war Mexiko sehr aufgeschlossen.

Die Versorgung des mexikanischen Röhrenmarktes erfolgte mangels eigener Produktionsanlagen überwiegend durch Importe aus den USA. Es wurde mit einem stark wachsenden Markt für Leitungsrohre gerechnet, der auch durch die Größe des Landes natürlich gegeben war. Die Metall AG entschied sich deshalb, in Mexiko ein Werk zur Produktion von nahtlosen Rohren zu errichten. Als Standort wurde Tampico gewählt, das am Golf von Mexiko rd. 500 km nordöstlich von Mexico City und etwa gleich weit von der US-amerikanischen Grenze entfernt liegt.

Hier ergab sich die Möglichkeit der Zusammenarbeit mit einem mexikanischen Hüttenwerk, der Compañia Mexicana de Acero S.A. (CMA). Die Vormaterialbasis ist bei einem nahtlosen Röhrenwerk ein entscheidender Faktor für die Standortwahl.

Zwischen der als 100%ige Beteiligungsgesellschaft der Metall AG gegründeten Compañia Nacional de Tubos Ltda. (CNT) und der CMA konnte ein langfristiger Liefervertrag für Röhrenrund (Röhrenvormaterial) abgeschlossen werden. Gleichzeitig verfügte die CMA über ausreichendes, verkehrsgünstig gelegenes Werksgelände, von dem sie der CNT die zur Errichtung eines Röhrenwerkes benötigte Grundstücksfläche von rd. 300 000 qm auf 99 Jahre verpachtete. Die Bindungen zwischen der Metall AG und der CMA wurden durch eine Beteiligung der Metall AG an der CMA verstärkt. Im Verlauf mehrerer Jahre wurde ein Beteiligungsanteil von insgesamt 25% erworben. Langfristig war an den Erwerb einer mehrheitlichen Beteiligung gedacht worden.

Die Gesellschaft wurde mit einer weitgehend automatisierten Stopfenstraße ausgestattet, auf der nahtlose Rohre im Abmessungsbereich von 4–12 3/4″ hergestellt werden können. Die technisch bedingte Kapazität dieser Anlage betrug rd. 300 000 jato. Zum Zeitpunkt der Gründung wurde auf der Grundlage einer Marktstudie die Produktion von zunächst 90 000 jato für absetzbar gehalten, die dann in etwa 5 Jahren auf 180 000 jato gesteigert werden könnte. Die Kapazität von Adjustage und sonstigen Aggregaten wurde auf rd. 225 000 jato ausgelegt. Die Zahl der Beschäftigten betrug zunächst rd. 600 Arbeiter und Angestellte.

Die Kosten- und Erlöskalkulation ließ erwarten, daß die Gesellschaft bei einer Produktion von etwa 120 000 jato kostendeckend arbeiten könne und aufgrund der Absatzerwartungen nach etwa 2 Jahren Anlaufzeit in der Lage sein müßte, Gewinne zu erwirtschaften.

Bei der Marktanalyse wurde davon ausgegangen, daß es möglich wäre, die bisherigen Importe aus den USA von rd. 120 000 jato weitgehend zurückzudrängen und darüber hinaus ca. 60–70% des jährlichen Zuwachses auf dem mexikanischen Rohrmarkt zu erhalten. Die Marktanalyse ging von durchschnittlichen jährlichen Zuwachsraten zwischen 10 und 15% aus. Der Vertrieb der Rohre war über je eine CNT-eigene Verkaufsgesellschaft in Mexiko und USA geplant.

Die Sachanlageinvestitionen für das Röhrenwerk betrugen in 1956/1957 rd. DM 150 Mio. Das Werk wurde mit einem Eigenkapital von $ 24 Mio. ausgestattet, das bei dem damaligen Kurs einem DM-Gegenwert von 100 Mio. entsprach.

2. Entwicklung CNT

1. Das Konzept, das zur Gründung der CNT führte, scheiterte aus 2 Gründen:

Die mexikanische Wirtschaft allgemein, und damit auch der Röhrenmarkt, erreichten nicht die Zuwachsraten, die der früheren Marktstudie zugrunde lagen.

Wesentlich gravierender war, daß die Schweißtechnik für die Röhrenproduktion sehr viel schnellere Fortschritte machte, als ursprünglich angenommen worden war. Das geschweißte Rohr konnte kostengünstiger hergestellt und preisgünstiger angeboten werden, so daß sich eine starke Substitutionskonkurrenz auf dem Leitungsrohrmarkt ergab.

2. Die Gesellschaft versuchte sich dieser geänderten Entwicklung anzupassen, indem sie sich langsam aus dem Markt für qualitativ anspruchslose Leitungsrohre zurückzog und dazu überging, qualitativ hochwertige Spezialrohre, wie insbesondere hochvergütete Casings[1] für die Ölindustrie herzustellen. Diese Spezialisierung zwang gleichzeitig zur Ausdehnung des Absatzgebietes über die Grenzen Mexikos hinaus. Hier bot sich der US-amerikanische Markt mit seinem großen Bedarf auf diesem Sektor an. Die Anpassung an den Markt durch Entwicklung von Spezialrohren ist der Gesellschaft insofern gelungen, als sie bis 1965 Produktion und Absatz auf rd. 210 000 jato ausweiten konnte. Hiervon wurden etwa 50% in Mexiko, 40–45% und 5–10% zu niedrigeren Erlösen in Drittländern abgesetzt. Der Marktanteil bei nahtlosen Rohren in Mexiko betrug rd. 80%.

Trotz dieses bis 1965 durch Anpassung an die veränderte Marktsituation erreichten Absatzes blieb die Ergebnissituation der Gesellschaft unbefriedigend. Für die Jahre 1965 bis 1970 ergaben sich folgende Werte (in Mio. $):

	1965	1966	1967	1968	1969	1970
Umsatz	50,3	47,6	34,2	48,0	50,1	52,3
Ergebnis v. Steuern	3,0	1,7	−1,7	0,6	0,8	0,4

---

(1) Führungsrohre für Bohrgestänge bzw. Steigrohre für Öl oder Gas in Bohrlöchern.

Für die unbefriedigende Ergebnislage wurden von der Gesellschaft folgende Gründe angeführt:

a) Die ständige Entwicklung höherwertiger Spezialrohre erforderte neben verschiedenen Zusatzinvestitionen einen erheblichen Entwicklungsaufwand.

b) Die weitgehende Spezialisierung auf hochvergütete Rohre führte

aa) zu einer starken Absatzabhängigkeit von den Bohraktivitäten der großen Ölgesellschaften und

bb) zu einer Abhängigkeit vom Export in die USA, die bedingt durch Zölle und Frachtkosten erlösungünstiger waren.

c) Die Produktion dieser hochvergüteten Rohre stellte besondere qualitative Anforderungen an das Vormaterial, die nur mit großen Schwierigkeiten und unter Preiszugeständnissen bei der CMA durchgesetzt werden konnten. Die CMA war ihrerseits nicht auf solche Qualitäten eingerichtet.

d) Den Gepflogenheiten der Konkurrenz auf diesem Spezialmarkt folgend, war die CNT verpflichtet, an allen Orten mit Bohraktivitäten Läger zu unterhalten, um jederzeit lieferbereit zu sein. Dies führte zu einer erheblichen Mittelbindung und Zinsbelastung.

e) Der Umsatz- und Ergebniseinbruch in 1967 war im wesentlichen auf größere Betriebsstörungen bei der CNT zurückzuführen.

f) Durch die Spezialisierung auf die zu 40% in den USA abgesetzten hochvergüteten Rohre trat die Gesellschaft in Konkurrenz mit den großen US-amerikanischen Herstellern. Im Vergleich zu diesen Konkurrenten, die in der Regel im Verbund mit Stahl- und Walzwerken arbeiteten, verfügte die CNT über eine sehr kleine Betriebsgröße und entsprechend niedrigen Umsatz. Die überbetrieblichen Kosten für Entwicklung, technische und kaufmännische Verwaltung, Einkauf, Vorratshaltung und Vertrieb waren gemessen am Umsatz sehr hoch. Die Vormaterialversorgung durch die CMA war im Vergleich zur Eigenerzeugung der Konkurrenten zu teuer.

3. Neben der unbefriedigenden Ergebnissituation in der Gesellschaft wirkten sich für die Metall AG auch die verschiedenen Änderungen der Währungsparitäten, die sich aus den Aufwertungen der DM ergaben, nachteilig aus, da der DM-Gegenwert der transferierten Ergebnisse entsprechend absank.

3. Interessenlage CMA gegenüber CNT/Metall AG

1. Die Röhrenvormateriallieferungen an CNT bedeuteten bei einer für 1971 geplanten Röhrenrunderzeugung von 300 000 t einen Deckungsbeitrag von rd. $ 6 Mio. für CMA. Bei einem Ausfall dieser Lieferungen hätte CMA innerhalb der nächsten 5 Jahre keine Möglichkeit, diesen Deckungsbeitrag über den Zuwachs bei bereits vorhandenen oder durch die Aufnahme neuer Produkte zu realisieren.

2. CMA war grundsätzlich daran interessiert, nach Abschluß der bereits begonnenen Erweiterungsinvestitionen in der Stahlstufe in die Weiterverarbeitung zu gehen und hierbei insbesondere auch die Fertigung von Rohren aufzunehmen. Eine Kooperation mit der Metall AG auf dem Röhrensektor würde diese Entwicklung erleichtern (Überlassung von Know-how, Patenten, Lizenzen etc.). Das starke finanzielle Engagement im Zusammenhang mit dem

bereits eingeleiteten Ausbau der Stahlstufe ließ jedoch für die nächsten 5 Jahre keinen Spielraum für weitere Investitionen.

4. Interessenlage Metall AG gegenüber CMA

Der ursprünglich vorgesehene Erwerb einer Mehrheitsbeteiligung an der CMA bedurfte einer Überprüfung, da sich abzeichnete, daß die mexikanische Regierung Maßnahmen zum Schutz der einheimischen Industrie vor Überfremdung ergreifen wird.

Anlagen
Compañia Nacional de Tubos Ltda.

Vorstand   Juni 1970
Metall AG

Sehr geehrte Herren,

Ihrem Wunsch entsprechend haben wir für die Jahre 1971–1975 eine Absatz-, Umsatz- und Ergebnisplanung der Compañia Nacional de Tubos Ltda. (CNT) erstellt, die wir als Anlage beifügen.

Wie Sie aus dieser Planung ersehen, erwarten wir langfristig aufgrund steigender Versandmengen und daraus resultierender Kostendegression eine Ergebnisverbesserung.

Wir weisen darauf hin, daß eine Realisierung dieser Ergebnisse davon abhängig ist, daß die insbesondere für den mexikanischen Markt geplanten zusätzlichen Absatzmengen ohne Preiszugeständnisse abgesetzt werden können, und daß das Ergebnis nicht durch außerordentliche Faktoren wie politische Unruhen sowie Verschlechterung der Exporterlöse beeinträchtigt wird.

Auf dieser Basis erreichen wir für den Zeitraum 1971–1975 in Abhängigkeit von alternativen Versandansätzen nur eine durchschnittliche Kapitalrendite von 8,4 bzw. 9,6% und damit nicht die von Ihnen vorgegebene Zielrendite. Selbst unter Berücksichtigung des optimistischen Ansatzes der Versandmengen würden wir in 1975 erst eine Kapitalrendite von knapp 14% realisieren und damit unter Ihren Zielvorstellungen von 15% liegen.

Die Ihnen bekannten Schwierigkeiten mit der Compañia Mexicana de Acero S.A. (CMA) hinsichtlich Vormateriallieferungen im Hinblick auf Qualität, Quantität und Termineinhaltung bestehen nach wie vor. Wir sehen auch aufgrund der langfristigen Liefervereinbarungen keine Möglichkeit, diese Verhältnisse entscheidend zu verbessern.

Wir haben uns auch erneut mit der Frage befaßt und Berechnungen darüber angestellt, ob nicht aufgrund der schwierigen Situation mit der CMA der Aufbau einer eigenen Vormaterialstufe sinnvoll ist. Die Geschäftsführung der CNT ist jedoch aufgrund der vorliegenden Rechnungen einvernehmlich zu der Überzeugung gelangt, daß dieser Weg auszuschließen ist, da der absehbare Vormaterialbedarf keine ausreichende Beschäftigungsgrundlage für eine wirtschaftlich arbeitende Vorstufe abgibt.

Darüber hinaus haben wir die seit einiger Zeit laufenden Untersuchungen über die Möglichkeiten der Fertigung geschweißter Rohre und Mechanical Tubings abgeschlossen. Neben den bekannten Schwierigkeiten, die sich bei der Errichtung dieser Anlagen auf dem uns zur Verfügung stehenden Pachtgelände der CMA und aus der Notwendigkeit der Vormaterialversorgung durch diese Gesellschaft ergeben könnten, haben diese Untersuchungen ergeben, daß für die Aufnahme dieser Produkte erhebliche Investitionsmittel (geschweißte Rohre 10 Mio. $, Mechanical-Tubings* 12 Mio. $) erforderlich sind und eine auf diese Objekte bezogene Kapitalrendite von nur etwa 9 bzw. 10% zu erwarten ist.

Der Aufbau einer eigenen Schweißrohrfertigung erscheint uns auch deshalb problematisch, weil die vorhandenen Kapazitäten nicht voll ausgelastet sind.

Wir schlagen vor, die angeschnittenen Probleme in der nächsten Beiratssitzung zu erörtern.

Mit freundlichen Grüßen

Compañia Nacional de Tubos Ltda.

---

* kaltgezogene hoch beanspruchbare Rohre.

Umsatz- und Ergebnisplanung CNT 1971–1975

	1971	1972 pess.	1972 opt.	1973 pess.	1973 opt.	1974 pess.	1974 opt.	1975 pess.	1975 opt.
				- in 1000 t -					
Versand									
Mexiko	120	128	128	135	135	141	143	147	150
USA	90	90	95	92	99	95	102	98	105
Offshore	23	27	29	30	35	30	39	30	45
Gesamt	233	245	252	257	269	266	284	275	300
				- in Mio $ -					
Nettoumsatz	54,83	57,6	59,0	60,5	63,2	62,6	66,5	64,8	70,4
Materialkosten	31,40	33,0	33,8	34,7	36,3	35,9	38,3	37,1	40,5
Verarbeitungskosten	21,86	22,5	23,0	23,3	24,0	23,9	24,9	24,5	26,0
Umsatzselbstkosten	53,2	55,5	56,8	58,0	60,3	59,8	63,2	61,6	66,5
Fabrikateerfolg	1,57	2,1	2,2	2,5	2,9	2,8	3,3	3,2	3,9
Erfolgsveränderungen*	./.0,37	./.0,5	./.0,5	./.0,5	./.0,5	./.0,5	./.0,5	./.0,6	./.0,6
Ergebnis vor Steuern	1,20	1,6	1,7	2,0	2,4	2,3	2,8	2,6	3,3
Ergebnis nach Steuern in der Gesellschaft (Steuersatz 42%)	0,70	0,9	1,0	1,2	1,4	1,3	1,6	1,5	1,9
Ergebnis nach Steuern in Deutschland**	0,56	0,7	0,8	1,0	1,1	1,0	1,3	1,2	1,5

Pessimistische und optimistische Planung unterscheiden sich lediglich durch einen unterschiedlichen Ansatz der Versandmengen. Zur Abdeckung sonstiger Risiken (Preisnachlässe, Konjunkturschwankungen) erscheint ein gesonderter Abschlag zweckmäßig.

---

* Im wesentlichen Differenzen zwischen kalkulatorischen und buchmäßigen Posten.

** Die an die deutsche Muttergesellschaft ausgeschüttete Dividende unterliegt einer 20%igen mexikanischen Quellensteuer und ist im übrigen in Deutschland steuerfrei.

Basis: Preis- und Kostenniveau 1970, keine wesentlichen Programmverschiebungen auf den Teilmärkten.

Prämisse: Kostenerhöhungen können durch Rationalisierungsmaßnahmen kompensiert bzw. über Preiserhöhungen an den Markt überwälzt werden.

Metall AG

Geschäftsführung
Compañia Nacional de Tubos Ltda.

Sehr geehrte Herren,

wir danken Ihnen für die Darlegung der wirtschaftlichen Situation und Entwicklungsmöglichkeiten Ihrer Gesellschaft. Wie Sie wissen, haben wir die Schwierigkeiten bei der Vormaterialbelieferung in der letzten Aufsichtsratssitzung bei der Compañia Mexicana de Acero S. A. (CMA) noch einmal mit Nachdruck angesprochen. Offenbar ist eine Lösung des Problems auf diesem Wege jedoch nicht zu erreichen.

Aufgrund unserer Erfahrungen mit unseren übrigen Werken sehen wir die entscheidenden Schwierigkeiten in der jetzigen Form der Zusammenarbeit. Wir könnten uns vorstellen, daß bei einer unmittelbaren Abstimmung der Röhrenvormaterial-Anforderungen mit den zuständigen Walzwerks- bzw. Stahlwerksstellen Verbesserungen möglich sein müßten.

Wir stimmen deshalb mit Ihnen überein, diese Punkte in der nächsten Beiratssitzung zu erörtern.

Zur Vorbereitung dieser Sitzung bitten wir Sie, Überlegungen anzustellen, welche Vorteile sich aus einem Verbund mit der CMA ergeben würden und hierzu folgende Unterlagen zu erarbeiten:

1. Quantifizierung der Ergebnisveränderungen, die sich für die CNT und die CMA aus der Zusammenfassung der Produktionsstufen ergeben.

2. Stellungnahme zu der sich abzeichnenden neuen mexikanischen Überfremdungsgesetzgebung.

Wir bitten Sie, wegen der gesellschaftsrechtlichen Fragen Ihren Anwalt zur nächsten Beiratssitzung einzuladen.

Mit freundlichen Grüßen

Metall AG

Auszug aus dem Protokoll der Beiratssitzung der Comañia Nacional de Tubos Ltda. am 20. 9. 1970, Tagesordnungspunkt 3

Allgemeine wirtschaftliche Lage der CNT/Entwicklungsmöglichkeiten

CNT berichtet über die z. Zt. unbefriedigende Situation der Gesellschaft und erläutert im Anschluß eingehend die Umsatz- und Ergebnisplanung 1971–1975 und die mittelfristigen Entwicklungsmöglichkeiten.

Die von der Metall AG erbetenen Unterlagen werden vorgelegt und erörtert. Nach den detaillierten Ermittlungen werden im überbetrieblichen Bereich der

500

CNT langfristig realisierbare Kosteneinsparungen in Höhe von $ 2,2 Mio./Jahr für möglich gehalten (Anlage 1). Darüber hinaus werden die bei der CMA für möglich gehaltenen Einsparungen in der Stahl- und Walzwerkstufe sowie in der Röhrenrund-Adjustage mit rd. $ 1,8 Mio./Jahr quantifiziert (Anlage 2). Die bei der CMA erwarteten Verfahrensvorteile, die sich insbesondere durch die Zusammenfassung der Verantwortung für die Produktion vom Vormaterial bis zum Fertigrohr ergeben, basieren auf den in den integrierten Hütten- und Röhrenwerken der Metall AG bereits erzielten Werten. Ebenso werden durch die Integration Einsparungen bei der Vorrätehaltung eintreten (Anlage 3).

Die ausführliche Diskussion der Einsparungsmöglichkeiten bei den überbetrieblichen Kosten ergibt, daß die Ansätze der CNT optimistisch sind, bei pessimistischer Betrachtung sollten 60% erreichbar sein.

Die Besprechungsteilnehmer sind übereinstimmend der Ansicht, daß die jetzt im einzelnen quantifizierten Vorteile eines Verbundes mit der CMA so gewichtig sind, daß eine Lösung durch Integration CNT/CMA angestrebt werden sollte. Die für 1971–1975 erwarteten Planergebnisse müßten in Verbindung mit den möglichen Verbundvorteilen die Übernahme der CNT auch für die CMA interessant machen.

Herr Fulano, der Anwalt der Gesellschaft, trägt folgendes vor: Der z.Zt. dem Parlament vorliegende Gesetzentwurf zur Begrenzung des ausländischen Einflusses auf die einheimische Industrie sieht erhebliche Einschränkungen für das Auslandskapital vor. Insbesondere sollen ausländische Gesellschaften nicht mehr die Mehrheit an mexikanischen Gesellschaften erwerben dürfen. Der Zeitpunkt für die Verabschiedung des Gesetzes ist im Augenblick zwar noch nicht absehbar, doch eine Erhöhung der Beteiligung der Metall AG an der CMA würde diese Gesetzgebung beschleunigen und erhebliche Widerstände hervorrufen. Der beabsichtigte Erwerb zusätzlicher Anteile durch ausländische Gesellschaften ist bereits heute anmeldepflichtig.

Herr Schulz, der Finanzvorstand der Metall AG, erklärt, daß die in Deutschland vorliegenden Informationen diese geänderte Einstellung der offiziellen mexikanischen Stellen gegenüber ausländischen Investitionen bestätigen und daß daher für den Vorstand der Metall AG z.Zt. eine Erhöhung des Beteiligungsanteils an der CMA ausscheidet, obwohl wirtschaftlich die Einbringung der CNT in die CMA gegen Gewährung von Gesellschaftsrechten die vernünftigste Lösung wäre.

Herr Fulano weist ergänzend auf die nachstehenden Punkte hin:
1. Die Berücksichtigung der zur Diskussion stehenden Verbundvorteile im Zusammenhang mit einer Bewertung ist für mexikanische Verhältnisse neu.
2. Bei Kooperationsverhandlungen mit der CMA darf keinesfalls der Eindruck entstehen, daß die Metall AG als Großaktionär der CMA ungerechtfertigte Vorteile erlangt (Hinweis auf »arms' length clause«).
3. Auch mit Rücksicht auf den eigenen Aufsichtsrat wird die CMA die Erstellung eines Substanzwertgutachtens fordern.
4. Die CMA hat wegen der eigenen Ausbauplanung und der ihr in diesem Zusammenhang bei der Aufnahme langfristiger Mittel gemachten Auflagen

keine Finanzierungsmöglichkeiten für eine derartige Investition. Sie darf keine zusätzlichen Kredite aufnehmen, die sie in ihrer Bilanz ausweisen müßte.

5. Die CMA verfügt über keine Erfahrungen in der Produktion und dem Vertrieb von Röhren.
6. CMA erwartet grundsätzlich eine Kapitalrendite vor Steuern von 18%.
7. Eine allgemeine Kapitalerhöung der CMA wird wegen ihres z.Zt. niedrigen Börsenkurses innerhalb der nächsten Jahre für kaum durchführbar angesehen.

Es wird beschlossen, mit der CMA Gespräche über einen Verbund CMA/CNT aufzunehmen. Herr Schulz wird den Vorstand der CMA anläßlich der bevorstehenden AR-Sitzung in diesem Zusammenhang ansprechen und die Einsetzung einer Kommission der CMA für diese Gespräche anregen. Für jede Seite soll die Besetzung der Kommission mit drei Herren vorgeschlagen werden.

Die Kommissionsmitglieder der CNT/Metall AG erhalten vorab den Auftrag, Vorschläge zu erarbeiten, die als Grundlage für die Verhandlungen über die Übernahme der CNT durch die CMA dienen können. Dabei ist u.a. der finanziellen Lage der CMA und deren fehlendem Know-how auf dem Gebiet der Röhrenproduktion und des Röhrenvertriebes Rechnung zu tragen.

Anlagen

Compañia Nacional de Tubos Ltda., Tampico – August 1970 –

Übersicht über die möglichen Kosteneinsparungen, insbesondere im überbetrieblichen Bereich der CNT beim Betreiben innerhalb eines integrierten Hütten- und Röhrenwerkes.

Compound Effect (CNT) [x)]

Cost Centre Ledgers	Actual 1.1.-30.6.70x0 Expenses Budget 1970		Compound Effect (at CNT)			
			xx) Profit p. a.	xx) Loss p. a.	xxx) Investment Savings	
	$	$	$	$	$	Remarks
4 Plant Service I. (Hilfskostenstellen)						
40 Roads, Loans, Parking	10,532		-	-	-	
41 Tube Mill Buildings	607,170		-	-	-	
42 Utility Systems						
4201 Water Distribution System	38,576		-	-	100,000	Water settling basin + oil skimming facility
4202 Compressed Air	14,914			-	-	
4203 Gas System	8,156		-	-	-	
4204 Heating	63,302		6,000	-	-	Natural Gas (difference in contract price)
4205 Electrical Power	469,402		150,000	-	-	
4206 Butane Plant	13,914		-	-	-	
4207 Trolly Wire System	750		-	-	-	
4208 Waste Heat Boiler	-	609,014	-	-	-	
43 Plant Protection + Safety	104,398		20,000	-	-	1 Messenger, 2 Guards
44 Plant Cleaning	36,008		18,000	-	-	Reduction of Office Space
45 Stores	212,698		180,000	-	-	15 men
46 Hot Mill Offices	198,398		12,000	-	-	1 Assistant Superintendent
47 Hot Mill Tool Process.	148,570		10,000	-	-	1 Foreman
49 Snow Removal	59,996		20,000	-	-	Lower Billet Inventory
Sub-Total	**1,986,784**		**416,000**	**-**	**100,000**	
5 Plant Services II. (Hilfskostenstellen)						
50 Inspection Department	1,002,732		100,000	-	-	1 Superintendent, 1 Foreman, 8 men
51 Mechanical Maintenance	1,431,036		36,000	-	-	4 Compr. Operators
52 Machine Shop	147,994		10,000	-	-	1 Foreman
53 Labour Pool	163,052		10,000	-	-	
54 Electrical Maintenance	442,778		-	-	-	
55 Finishing Mill Tool Grinding	74,526		-	-	-	
56 Cold Straighteners	125,170		-	-	-	(Operating Cost Central)
57 Test Preparation	885,684		20,000	-	-	Test Department (2) for Special Investigations
58 Shipping Department	465,788		-	-	50,000	1 Foreman + 3 men, 1 Diesel Lokomotive
59 Finishing Mill Offices (Foremen)	211,268		-	-	-	
Sub-Total	**4,150,028**		**206,000**	**-**	**50,000**	

x) Integrations- (Verbund-)effekt.
xx) lfd. Kosteneinsparungen bzw. -erhöhungen p. a.
xxx) Investitionseinsparungen, wenn auf entsprechende, ausreichend dimensionierten Anlagen eines anderen Werkes zurückgegriffen werden kann (bei einem in ein Hüttenwerk integriertes Röhrenwerk ist dies in der Regel der Fall).

Compañia Nacional de Tubos Ltda., Tampico – August 1970 –

Cost Centre Ledgers	Actual 1.1.-30.6.70x2 Expenses Budget 1970		Compound Effect (at CNT)			Remarks
	$	$	Profit p. a. $	Loss p. a. $	Investment Savings $	
6 Operating Cost Centers **(Hauptkostenstellen)**					45,000	
60 Billet Department		385,914	40,000	-	20,000	Based on Lower Inventory: Straddle-carrier
					10,000	1 Michigan Front Loader, 1 Caterpillar + 2 men
61 Hot Mill		2,681,184	36,000	-	-	Natural Gas (difference in contract price)
62 Finishing Department Cut-Off A		543,964	-	-	-	
63 Reclaim Department A (Grinding)		461,608	-	-	-	
64 Finishing Department Threading B		310,394	-	-	-	
65 Testing Department		574,166	-	-	-	
68 Heat ...		766,274	22,000	-	-	Natural Gas (difference in contract price)
69 Non-Destructive Testing		803	-	-	-	
70 Ultra-Sonic Testing		1,925	-	-	-	
71 Reclaim Department C (Adjustage)		63,660	-	-	-	
72 Finishing Department Cut-Off C		69,016	-	-	-	
76 Coupling Dept. Cut-Off		40,882	-	-	-	
77 Coupling Dept.		162,890	-	-	-	
78 Coupling-Dept.		166,270	-	-	-	
79 Coupling-Dept. El. Pl. + Paint		62,954	-	-	-	
Sub-Total		6.291,904	98,000	-	75,000	
8 Plant Adminstration **Cost Centers**						
80 General Operating		103,570	103,570	-	-	
81 Production Planning Dept.		87,030	25,000	-	-	1 Superintendent + 1 man
82 Metallurgical Dept.		216,932	60,000	-	-	1 Superint. + 2 phys. Testers + 1 Metallurgist
83 Engineering Dept.		102,472	30,000	-	-	1 Superintendent + 1 man
84 Industrial Engineering		168,146	75,000	-	-	1 Superintendent + 5 men
85 Customer Complaints		44,026	-	-	-	1 Superintendent + 1 man
Sub-Total		722,176	293,570	-	-	

Anlage 1

Compañia Nacional de Tubos Ltda., Tampico – August 1970 –

Cost Centre Ledgers	Actual 1.1.-30.6.70x2 Expenses Budget 1970		Compound Effect (at CNT)			
			Profit p. a.	Loss p. a.	Investment Savings	
	$	$	$	$	$	Remarks
9 General Adminstration and Sales Cost Centres						
90 Corporate Management	262,912	262,912	-		300,000	Office Building
91 Industrial Relation Department	66,212	50,000	-		-	except 1 man
92 Office Service Department	150,720	100,000	-		-	Communications, De-preciation on office equipment, Reduction of Interest due
93 Adminstration and Finance Expenses	447,712	165,000	-		-	lower Billet Inv. (7,000 t) and Con-troller's office
94 Accounting Department	214,680	170,000	-		-	except 4 people
95 Data Processing Department	214,976	170,000	-		-	except 4 people
96 Purchasing Department	40,616	40,616	-		-	
97/98 Sales Department	286,242	219,744	-		-	except "Traffic-Billing"
99 Outside Pipe Storage	285,720	-	-		-	
Sub Total	1,969,790	1,178,272	-		300,000	
Total	15,120,682	2,191,842	-		525,000	

Die ausgewiesenen Einsparungsmöglichkeiten stellen einen optimistischen Ansatz dar und sind z. T. über einen längeren Zeitraum realisierbar.

Anlage 2

Aktennotiz   Tampico/Mexiko, September 1970

Verfahrensvorteile eines integrierten Hütten- und Röhrenwerkes (Ausbringens-verbesserung, Fertigungsverfahren und -anlagen)

1) Verbesserung des Ausbringens im Stahlwerk durch stärkere Verwendung von Exothermic Hot Tops. Bei diesen Exothermic Hot Tops handelt es sich um spezielle Abdeckungen der Kokillen, in die der flüssige Stahl vergossen wird. Sie sollen bewirken, daß der flüssige Stahl an der Oberfläche möglichst spät erstarrt, so daß Verunreinigungen aufsteigen können und Lufteinschlüsse im Inneren des Stahlblockes vermieden werden.

Normalerweise wird durch die Verwendung der Exothermic Hot Tops das Ausbringen zwar verbessert, jedoch ist in der Regel mit einer Verschlechterung der Oberfläche des hieraus gewalzten Materials zu rechnen. MW verfügt auf diesem Gebiet über erhebliche Erfahrungen, die es ermöglichen, speziell für den Abguß von Röhrenmaterial bis zu 90% der Qualitäten diese Exothermic Hot Tops zu verwenden. Durch einen Erfahrungsaustausch sollte dies auch bei dem Vormaterialproduzenten der CNT erreicht werden.

Dieser Erfahrungsaustausch ist bis zur letzten Konsequenz nur möglich, wenn Röhrenrund- und Röhrenfertigung in einer Hand liegen, da die Entscheidung über die zweckmäßigste Verfahrensweise eine genaue Kenntnis der Röhrenfertigung erfordert und zum Teil von Fall zu Fall getroffen werden muß.

2) Die bessere Abstimmung auftragsspezifischer Qualitätsanforderungen zwischen den einzelnen Produktionsstufen betrifft insbesondere die Röhrenrundadjustage. Um den *generellen* Qualitätsanforderungen des Kunden CNT genügen zu können, muß das Vormaterial sehr stark geflämmt werden. Bei Berücksichtigung der spezifischen Qualitätsanforderungen kann die Flämmtiefe wesentlich differenzierter festgelegt und damit das Ausbringen verbessert werden. Insofern wäre es auch zweckmäßiger, die Röhrenrundflämmerei organisatorisch bei einem Verbund von Hütten- und Röhrenwerk dem Rohrwerk zuzuschlagen. Ohne Integration ist dies aus Gründen der Röhrenrundkontrolle nicht möglich.

3) Röhrenrund-Restlängen, die ohne Verbund verschrottet oder zumindest abgewertet werden müssen, könnten bei Integration zu einem Teil noch für die Rohrherstellung eingesetzt werden. Darüber hinaus ist es bei integrierten Werken möglich, Röhrenrund in Walzlängen anzuliefern und erst nach genauer Kenntnis des Verwendungszweckes in Einsatzlängen aufzuteilen, wodurch der Anfall von Restlängen stark reduziert wird.

Darüber hinaus ist es bei verbundenen Werken in einem gewissen Umfang möglich, nicht voll den Qualitätsanforderungen genügendes Röhrenrund zu Röhren weiter zu verarbeiten. Zu einem erheblichen Teil können auch aus diesen Qualitäten noch gute Rohre erzeugt werden.

Bezogen auf eine Erzeugung von rd. 300 000 t. Röhrenrund p. a. würden sich folgende quantifizierbare Vorteile ergeben:

Zu 1)   rd. 0,6 Mio. $/Jahr

Zu 2) und 3) Mittelwert zwischen pessimistischer und optimistischer Schätzung rd. 1,2 Mio. $/Jahr

Compañia Nacional de Tubos Ltda.
Tampico, August 1970

● *Vorräte*

Die besondere Situation der CNT, die durch die Abhängigkeit der Vormaterialversorgung von einem Dritten und entsprechend lange Lieferzeiten bei der Vormaterialdisposition gekennzeichnet war, erforderte im Vergleich zu unseren übrigen, integrierten Rohrwerken wesentlich höhere Vormaterialbestände.

Das zusätzlich notwendige Vorratsvolumen wurde mit etwa 15000 t veranschlagt und betrug bei einem vorsichtigen Wertansatz von 100 $/t rund 1,5 Mio. $. Die daraus resultierenden Kosten (Zinsen und Lagerkosten) beliefen sich auf mindestens 0,15 Mio. $ (10%).

Compañia Nacional de Tubos Ltda.

● *Balance Sheet*
December 31, 1970

ASSETS			LIABILITIES	
Current:	$	$	Current:	$
Cash		171.000	Bank loan	11.289.000
Accounts receivable		5.805.000	Accounts payable and	
Due from subsidiary companies		1.665.000	accrued liabilities	7.479.000
Inventories, at lower of cost			Employees' withholding	
or market			and other taxes payable	336.000
			Due to subsidiary	
			companies	357.000
			Total current liabilities	19.461.000
Finished goods [1]	7.563.000			
Work in process	2.121.000		Deferred income taxes	306.000
Raw materials	2.880.000			
Spare parts and supplies	1.353.000		Shareholders' equity:	
			Capital	24.000.000
Total inventory		13.917.000	Retained earnings	444.000
Production tools		426.000		
Prepaid expenses		228.000		
Total current assets		22.212.000		
		==========		
Investment in subsidiary companies,				
at cost		312.000		
Fixed assets, at cost	43.509.000			
Accumulated depreciation	21.822.000			
at book value		21.687.000		
		44.211.000		44.211.000
		==========		==========

[1] Soweit Erzeugnisse in den USA lagern, sind diese bei der US-Handelsgesellschaft bilanziert 31.12.1970 = $ 7,2 Mio).

Compañia Nacional de Tubos Ltda.

● *Statement of Profit and Loss and Retained Earnings*
Year ended December 31, 1970

	1970 $
Sales, less discounts and allowances	52.254.000
Interest charged to subsidiary company	615.000
	52.869.000
Cost and expenses:	
Cost and expenses excluding the following	49.386.000
Depreciation	2.520.000
Interest	543.000
	52.449.000
Net profit before taxes and extraordinary items	420.000
Income taxes	240.000
Net profit before extraordinary items	180.000
Add extraordinary items:	
Income tax credit	87.000
Net profit for the year	267.000
Retained earnings, beginning of the year	177.000
Retained earning, end of the year	444.000

Compañia Mexicana de Acero S.A.

● *Consolidated Balance Sheet*
December 31, 1970

ASSETS		LIABILITIES	
	$		$
Current:		Current:	
Cash	3.957.000	Accounts payable and	
		accrued	43.026.000
Short-term invest-			
ments, at cost	28.595.000	Provision for income	
		and other taxes	14.381.000
Accounts receivable	53 .911.000	Dividend payable	3.650.000
Inventories	79. 389.000	Current portion of long-	
Prepaid expenses	8 81.000	term debt	1.172.000
Total current		Total current	
assets	166.733.000	liabilities	62.229.000
	===========		==========
Investments in asso-		Long-term debt	55.113.000
ciated companies,		Provision for deferred	
at cost	11.117.000	income tax	76.000.000
Unamortized debenture		Shareholders' equity	
issue expense	482.000	Capital	65.700.000
Fixed assets		Retained earnings	201.565.000
Raw material proper-			267.265.000
ties, at cost	77.010.000		
Manufacturing plant s			
and properties,			
at cost	461.722.000		
	538.732.000		
Accumulated			
depreciation	256.457.000		
	282.275.000		
	460.607.000		460.607.000
	===========		===========

Compañia Nacional de Tubos Ltda.

● *Appraisal*
RCN Value and RCLD Value

Accounts	Reproduction Cost New (RCN)	Reproduction Cost LD (Less Depreciation)
Buildings and Structures	16.945.484	12.985.725
Residences	230.220	163.692
Misc.Construction (paving etc.)	550.607	442.950
Machinery and Equipment	36.544.046	26.714.186
Misc. Equipment	2.841.873	1.231.405
Power feed wiring*	240.225	215.549
Office, Furniture and Equipment	442.463	309.725
Transportation Equipment	960.218	641.863
Hot Mill Rolls	1.685.005	405.58
Sub total	60.440.141	43.110.680
add: General overheads (Organization, administrative and legal expenses, engineering and supervision, interest, taxes and insurances during period of construction and installation)	10.758.150	7.674.750
Sub-total	71.198.291	50.785.430
Property in Construction	1.947.972	1.947.972
Total	73.146.264	52.733.402

*   These accounts include misc. items of wiring and piping as the major portion of this material is includes with buildings and structures.

Der geschätzte Verwertungserlös beim Verkauf der Einzelanlagen beträgt 10,2 Mio $.

7. Fallstudie: Rheinstahl AG/Thyssen AG

USW-Fall Nr. 244-91
Dieser Fall ist so entwickelt, daß er als Grundlage für Diskussionen in Seminaren geeignet ist. Es ist nicht Zweck dieses Falles, ein Beispiel für gute oder schlechte Führungsentscheidungen im Unternehmen zu geben.

Die Rheinstahl AG und die Thyssen AG (vormals August-Thyssen Hütte AG-ATH) schlossen am 2. Juli 1974 einen Beherrschungs- und Gewinnabführungs-vertrag, durch welchen die Rheinstahl AG ihre Leitung der Thyssen AG unter-stellt und sich verpflichtet, ihren Gewinn an diese abzuführen. Dieser Vertrag enthält in den §§ 3 und 4 folgende Bestimmungen über den vertraglich zu gewährenden Ausgleich und die Abfindung für die außenstehenden Aktionäre der Rheinstahl AG:

»ATH garantiert den außenstehenden Aktionären pro 50,– DM Rheinstahl-Aktie einen jährlichen Ausgleich in Höhe von 6 Zehntel der auf eine ATH-Aktie im Nominalbetrag von 50,– DM entfallenden Dividende. Dieser jährliche Aus-gleich setzt sich zusammen aus dem Mindestbetrag gem. § 304 Abs. 2, S. 2 und 3 AktG, das sind fünf Zehntel der auf eine ATH-Aktie im Nominalbetrag von 50,– DM entfallenden Dividende, und einem weiteren Zehntel der auf eine ATH-Aktie im Nominalbetrag von 50,– DM entfallenden Dividende. Berechnungs-grundlage ist jeweils die ATH-Dividende, die von der ordentlichen Hauptver-sammlung der ATH nach Ablauf des jeweiligen Rheinstahl-Geschäftsjahres beschlossen wird«.

ATH verpflichtet sich, den außenstehenden Aktionären eine Abfindung gem. § 305 AktG zu gewähren. Sie gewährt den außenstehenden Aktionären: »Für zwei Rheinstahl-Aktien im Nominalbetrag von je 50,– DM eine ATH-Aktie im Nominalbetrag von je 50,– DM mit Gewinnberechtigung für das Geschäftsjahr 1973/74 und eine Barzahlung von 40,– DM, das sind je 40,– DM zusätzlich zu einer ATH-Aktie im genannten Nominalbetrag; dabei entspricht die Gewäh-rung von ATH-Aktien der gesetzlichen Abfindung gem. § 305 Abs. 2 Ziffer 1 i.V. mit § 305 Abs. 3 AktG.«

Die Hauptversammlungen der Rheinstahl AG und der Thyssen AG haben dem Unternehmensvertrag zugestimmt. Der Unternehmensvertrag ist in das Handelsregister eingetragen.

Einige außenstehende Aktionäre der Rheinstahl AG haben die gerichtliche Festsetzung des angemessenen Ausgleichs und der angemessenen Abfindung beantragt. Das Landgericht Dortmund hat durch Beschluß vom 8. 2. 1977 den angemessenen Ausgleich anderweitig neu festgesetzt, die Entscheidung über das Abfindungsangebot hat es offen gelassen. Auf die Beschwerde der Beteilig-ten hat das Oberlandesgericht Düsseldorf am 26. 1. 1978 diesen Beschluß auf-gehoben und das Verfahren an das Landgericht Dortmund zurückverwiesen. Das Landgericht hat daraufhin die Anträge der außenstehenden Aktionäre gemäß Beschluß vom 31. 10. 1980 als unbegründet abgewiesen, die sich auf einzelne Punkte im Sachverständigengutachten bezogen. Daraufhin klagten die außenstehenden Aktionäre vor dem Oberlandesgericht Düsseldorf.

Aus dem Gerichtsbeschluß vom 17. 2. 1984:

Zur Berechnung von Abfindung und Ausgleich nach den §§ 304, 305 AktG; »ATH/Rheinstahl«

1. Die Angemessenheit von Abfindung und Ausgleich richtet sich allein nach den Verschmelzungswertrelationen, nicht nach anderen Faktoren.

2. Maßgeblich ist dabei der Ertragswert beider Unternehmen zuzüglich des Substanzwertes des betriebsneutralen Vermögens, wobei von einem Kapitalisierungszinsfuß zwischen 8 und 10% auszugehen ist.

3. Die Barabfindung bildet nicht die Wertuntergrenze für die Abfindung in Aktien.

4. Zu den Anforderungen an Bewertungsgutachten.

(OLG Düsseldorf, Beschluß vom 17. 2. 1984 – 19 W 1/81)

(Leitsätze der Redaktion)

(Der Beschluß betrifft die Frage der Angemessenheit der in dem Beherrschungsvertrag vom 2. 7. 1974 zwischen Thyssen [ATH] und Rheinstahl festgesetzten Ausgleichs- und Abfindungsleistungen. Das LG hatte nach Zurückverweisung durch den Senat [AG 1978, 283] die diesbezüglichen Anträge der freien Aktionäre zurückgewiesen. Ihre Beschwerde hatte keinen Erfolg.)

Aus den Gründen:

1. Barabfindung?

Die vom Landgericht verneinte Frage, ob eine Barabfindung nach § 305 Abs. 2 Nr. 3 AktG anzubieten war, weil es sich nach Auffassung der Kammer bei der Antragsgegnerin zu 1) (ATH) nicht um ein abhängiges Unternehmen im Sinne des § 305 Abs. 2 AktG handelt, braucht vom Senat nicht erneut geprüft zu werden. Die Beschwerde greift diese Feststellung des Landgerichts nicht an ...

2. Angemessenheit der Abfindung in Aktien

Die demnach allein nachzuprüfende Angemessenheit der angebotenen Abfindung in Aktien und des angebotenen Ausgleichs richtet sich nach § 305 Abs. 3 S. 1 bzw. § 304 Abs. 2 S. 3 AktG. Die insoweit maßgebliche Verschmelzungswertrelation – also das Verhältnis, in dem bei einer Verschmelzung der beteiligten Unternehmen auf eine Aktie der Gesellschaft Aktien der anderen Gesellschaft zu gewähren wären – hat das Landgericht durch ein von zwei Wirtschaftsprüfern erstelltes Sachverständigengutachten ermitteln lassen, dessen Feststellungen es unter Billigung der angewandten Bewertungsmethoden gefolgt ist.

Der Senat hat gleichfalls keine Bedenken gegen die von den Sachverständigen zugrundegelegten Bewertungsmethoden.

a) Maßgeblichkeit der Verschmelzungswertrelation

Zu Recht hat sich das Landgericht allein an die im Gutachten ermittelte Verschmelzungswertrelation gehalten und andere Wertbestimmungsfaktoren wie Börsenkurse und ein früheres Umtauschangebot außer acht gelassen, weil sie mit dem wahren inneren Wert der Aktie nichts zu tun haben.

Das Aktiengesetz stellt in den hier maßgeblichen Vorschriften gerade nicht auf den Börsenwert ab, der ein außerordentlich zufälliger Wert ist (vgl. z. B. KG, DB 1971, 615). Ähnliches gilt für frühere Umtauschangebote, die eher von dem Bestreben, die Mehrheit zu erwerben, als vom wirklichen Wert des Unternehmens beeinflußt gewesen sein können.

b) Unternehmensbewertung

Die Methoden der Unternehmensbewertung, nach denen die Sachverständigen die Verschmelzungswertrelation ermittelt haben sind nicht zu beanstanden.

Ausgehend von der Maßgeblichkeit der Verschmelzungswertrelation haben die Gutachter beide Unternehmen nach gleichen Methoden bewertet. Dabei haben sie entscheidend auf den *Ertragswert* des betriebsnotwendigen Vermögens *zuzüglich* des Substanzwertes des betriebsneutralen Vermögens abgestellt. Diesem Ausgangspunkt liegt die Überlegung zugrunde, daß für die Abfindung nach der Rechtsprechung des BGH (z.B. DB 1967, 854) der Wert des Unternehmens als gesellschaftliche Einheit maßgebend sei, wobei von einer möglichst vorteilhaften Verwertung des Gesellschaftsvermögens im Ganzen auszugehen sei, und daß im allgemeinen die Fortführung des Unternehmens als lebende Einheit zugleich die bestmögliche Art der Verwertung darstelle. Soweit es sich im Einzelfall aber als vorteilhafter erweise, einzelne in sich geschlossene Betriebsteile getrennt voneinander zu veräußern oder fortzuführen, ohne das Unternehmen im Ganzen in seinem wirtschaftlichen Bestand zu beeinträchtigen, sei diese Möglichkeit auch im Rahmen der Bewertung des Unternehmens zu berücksichtigen. Gehörten zum Vermögen des zu bewertenden Unternehmens am Bewertungsstichtag Vermögensteile, die für die Fortführung des Unternehmens oder geschlossener Betriebsteile nicht erforderlich seien oder einzeln veräußert werden könnten, ohne die Weiterführung des Unternehmens als lebende Einheit zu gefährden (neutrales Vermögen), so seien diese Vermögensteile mit den erzielbaren Einzelveräußerungspreisen zu bewerten.

Den neutralen Vermögensteilen könnten auch nicht betriebsbedingte Schulden (Objektfinanzierung) gegenüberstehen.

Den Ertragswert definieren die Sachverständigen als Saldo aller auf den Bewertungsstichtag abgezinsten zukünftigen Überschüsse. Für die Errechnung des Ertragswertes haben sie die bewiesene Ertragsentwicklung in den letzten fünf Jahren vor dem Bewertungsstichtag herangezogen, wobei sie sich bemüht haben, außerordentliche Erträge oder Verluste zu eliminieren.

Ausgehend von diesen methodischen Grundlagen haben die Sachverständigen die rechtlichen und wirtschaftlichen Verhältnisse der beiden miteinander zu vergleichenden Gesellschaften dargestellt und die Ertragswerte aus den bereinigten Durchschnittsergebnissen der letzten fünf Jahre vor dem Stichtag bis hin zu dem zu erwartenden nachhaltigen Zukunftsergebnis abgeleitet.

Diese von den Sachverständigen zugrundegelegte Bewertungsmethode stellt eine sachgemäße Kombination von Ertragswert und Substanzwert dar, wobei allerdings der Ertragswert im Vordergrund steht. Wie die Sachverständigen überzeugend darlegen, richtet sich nach heutiger betriebswirtschaftlicher Auffassung der Wert wirtschaftlicher Güter und damit auch der von Unternehmen und Unternehmensteilen allein nach dem Nutzen, den sie in Zukunft erbringen werden. Bei der Bewertung eines Unternehmens komme es daher grundsätzlich nicht darauf an, welche Beträge in ein Unternehmen investiert worden seien; maßgebend sei vielmehr nur, welche Überschüsse in Zukunft aus diesem Unternehmen zu erwarten seien (vgl. WP-Handbuch 1977, S. 1148 ff.). Diese Überschüsse stammten regelmäßig aus Gewinnen oder, wenn auf diese Weise höhere Überschüsse erzielt werden könnten, aus der Liquidation der Unternehmenssubstanz.

Daß damit der Ertragswert zuzüglich dem Wert des nicht betriebsnotwendigen (neutralen) Vermögens als der maßgebende Wert des Unternehmens angesehen wird, entspricht den Anforderungen des AktG § 305 Abs. 3 S. 2 AktG, der nicht nur für die Barabfindung, sondern auch für die Fälle der Abfindung in Aktien gilt (vgl. OLG Düsseldorf, DB 1977, 296 = WM 1977, 797), fordert die Berücksichtigung der Vermögens- und Ertragslage der Gesellschaft im Zeitpunkt der Beschlußfassung ihrer Hauptversammlung über den Vertrag. Der Senat hat dazu im Zwischenbeschwerdeverfahren zwar ausgeführt, es sei der »wahre innere Wert« zu ermitteln, wobei der Ertrags- und der Substanzwert beider Unternehmen einander gegenübergestellt werden müsse. Damit ist aber nicht die Anwendung einer bestimmten Bewertungsmethode – etwa der sogenannten Mittelwertmethode – gefordert worden. Vielmehr ist der Senat von seinen Ausführungen in der Entscheidung vom 29. 10. 1976 (DB 1977, 296) ausgegangen. Danach beurteilt sich die Ermittlung des »wahren inneren Wertes« nach betriebswirtschaftlichen Gesichtspunkten, die weder von Gesetzes wegen noch durch allgemeine betriebswirtschaftliche Grundsätze festgelegt sind. Die Vielzahl der möglichen Bewertungsmethoden und der Einfluß subjektiver Vorstellungen des Zukunftsertrages stehen einer völligen Objektivierung entgegen. Daher hat es der Senat auch damals für zulässig gehalten, wenn der Sachverständige einen für den Einzelfall brauchbaren und überzeugenden Weg zur Feststellung der Verschmelzungswertrelation wählt.

Das ist hier der Fall. Die von den Sachverständigen angewandte Methode geht von einleuchtenden betriebswirtschaftlichen Überlegungen aus und stellt auch nach der Überzeugung des Senats einen brauchbaren und sachgerechten Weg zur möglichst genauen Ermittlung der hier maßgeblichen Verschmelzungswertrelation dar. Da die von den Sachverständigen gewählte Art der Bewertung zudem auch den Substanzwert – wenn auch nur auf das neutrale Vermögen bezogen – berücksichtigt und somit jedenfalls eine sinnvolle Kombination von Ertrags- und Substanzwert zugrundegelegt wird, kann die vom Senat (DB 1977, 296) offengelassene Frage, ob in Ausnahmefällen entgegen dem Wortlaut von § 305 Abs. 3 S. 2 AktG allein auf den Ertragswert abgestellt werden darf, weiter unentschieden bleiben.

Die somit nicht zu beanstandende Bewertungsmethode der Sachverständigen wird von den Beteiligten im übrigen nicht mehr in Frage gestellt.

c) Kapitalisierungszinsfuß

Das Landgericht hat zu Recht auch den von den Sachverständigen mit 10% angesetzten Kapitalisierungszinsfuß für unbedenklich gehalten.

Bei der Unternehmensbewertung hat die Höhe dieses Zinssatzes, mit dem der sogenannte nachhaltige Ertrag zum Ertragswert kapitalisiert wird, grundsätzlich beachtliches Gewicht. Geringere Bedeutung kommt ihm allerdings bei einer vergleichenden Bewertung (Verschmelzungswertrelation), wie sie hier gefordert ist, zu, weil insoweit nicht der absolute Wert des Unternehmens, sondern nur das Verhältnis des Wertes zweier Unternehmen zueinander – nach dem bei beiden in gleicher Höhe angesetzten Kapitalisierungszinsfuß – gefunden werden muß.

Ob die hier zugrundegelegten 10% zu hoch angesetzt sind, mag dahinstehen. Denn die Sachverständigen haben in einer Kontrollrechnung unter Zugrundelegung von nur 8% ein für die außenstehenden Aktionäre der Antragsgegnerin zu 2 ungünstigeres Bewertungsergebnis ermittelt. Daß aber jedenfalls ein Kapitalisierungszinsfuß von 8% nach den von den Sachverständigen im einzelnen dargelegten Verhältnissen am Kapitalmarkt für 1974/75 nicht zu hoch gegriffen ist, wird auch von den Beteiligten nicht mehr angezweifelt. Der früher einmal erfolgte Hinweis auf den vom OLG Celle (DB 1979, 1031) entschiedenen Fall, wo 7% bzw. 6% zugrundegelegt wurden, übersieht, daß dort der Bewertungsstichtag im April 1970 lag und insoweit die zu jenem Zeitpunkt gültigen Kapitalmarktsverhältnisse ausschlaggebend waren.

Wenn auch im vorliegeden Fall – wie ausgeführt – weniger die absolute Höhe des Kapitalisierungszinssatzes entscheidend ist, so ist andererseits die Frage bedeutsam, ob die nach gleichen Bewertungsgrundsätzen ermittelten nachhaltigen Zukunftsergebnisse infolge unterschiedlicher Risikostrukturen der beiden Gesellschaften mit verschiedenen Zinssätzen zu kapitalisieren sind. Die Sachverständigen haben das aus überzeugenden Gründen abgelehnt. Zwar hätte die Antragsgegnerin zu 1 (ATH) immerhin 73% des geschätzten nachhaltigen Zukunftsergebnisses im Stahlbereich, die Antragsgegnerin zu 2 (Rheinstahl) dagegen nur 47,5% erwirtschaftet, so daß das zukünftige Risiko bei der Antragsgegnerin zu 2 zunächst aufgrund der stärkeren Diversifikation geringer erschien. Dieser Vorteil wurde andererseits durch erhebliche Risiken hinsichtlich der Realisierung des geschätzten nachhaltigen Zukunftsergebnisses im Investitionsgüterbereich bei der Antragsgegnerin zu 2 wieder ausgeglichen. Für unterschiedliche Kapitalisierungszinssätze bestand daher kein zwingender Grund.

d) Zukunftsprognose

Auch die Grundlagen für die aufgestellte Zukunftsprognose begegnen keinen Bedenken.

Die Sachverständigen sind bei der Wertsetzung zunächst von den Verhältnissen ausgegangen, wie sie am Stichtag bestanden haben. Zur Ermittlung des Ertragswertes haben sie dann die Vergangenheitsergebnisse beider Gesellschaften in den letzten fünf Jahren vor dem Stichtag analysiert, um Verzerrungen durch außergewöhnliche Aufwands- und Ertragszahlungen sowie außergewöhnlich positive oder negative Entwicklungen eliminieren zu können. Für die Zukunftserwartungen insbesondere im Stahlbereich haben sie auf seinerzeit vorliegende Studien und Prognosen renommierter internationaler Institute abgestellt. Danach war nach Meinung der Experten mit einem wesentlichen Einbruch für die Rohstahlproduktion weder auf dem Weltmarkt noch auf dem Inlandmarkt zu rechnen. Dieser Umstand war für die Schätzung der Zukunftserwartungen bei der Antragsgegnerin zu 1, die fast 3/4 ihres erwarteten Zukunftsergebnisses im Stahlbereich erwirtschaften mußte, ebenso bedeutsam wie die Annahme einer Verbesserung der von der Antragsgegnerin zu 2 in einigen Bereichen bisher erzielten negativen Erträge aufgrund vorhandener Planung. Zu Recht führt das Landgericht daher aus, daß die so beeinflußte

Zukunftsprognose jedenfalls nicht zum Nachteil der Antragsgegnerin zu 2 ausgefallen sei.

Der Senat stimmt dem Landgericht auch darin zu, daß die Sachverständigen die weitere Entwicklung der Ertragsverhältnisse nach dem Stichtag nicht in größerem Umfange als geschehen berücksichtigen mußten. Sie haben die erkennbaren Entwicklungstendenzen und die konkreten Erwartungen in ihre Prognose einbezogen. Das entspricht dem von der Rechtsprechung für angebracht gehaltenen Vorgehen, auch noch die während des Bewertungszeitraums erkennbare Entwicklung des Unternehmens mit zu berücksichtigen, soweit die Wurzeln dazu in der Zeit vor dem Bewertungsstichtag liegen (vgl. BGH, DB 1973, 565; OLG Düsseldorf, DB 1977, 296; OLG Celle, DB 1979, 1031). Darunter fällt allerdings nicht – wie das Landgericht zutreffend ausführt – jede Entwicklung, für die sich rückblickend eine irgendwie geartete Kausalkette bis vor den Stichtag zurückverfolgen läßt. Wo hier im einzelnen die Grenzen zu ziehen sind, mag indes dahinstehen. Denn jedenfalls haben die Sachverständigen bei ihrer Anhörung im ersten Rechtszug erklärt, daß hier schon eine sichere Feststellung darüber, wie sich jedes der beiden Unternehmen isoliert gesehen nach dem Bewertungsstichtag tatsächlich weiterentwickelt hätte, wegen der weitreichenden und vielfältigen Verflechtungen untereinander rein rechnerisch kaum mehr möglich ist.

e) Barabfindung keine Wertuntergrenze

Schließlich hat der Senat keine Bedenken, dem Landgericht darin zu folgen, daß der Wert einer Barabfindung nicht zu ermitteln war, weil er nicht die Wertuntergrenze auch für eine Abfindung in Aktien bildet. Zwar hat der Vertreter der außenstehenden Aktionäre bezüglich Abfindung im ersten Rechtszug zur Begründung seiner gegenteiligen Auffassung angeführt, wegen der weitgehenden wirtschaftlichen Verschmelzung der Antragsgegnerinnen läge hier kein Fall der selbständigen Unternehmensführung, sondern der Unternehmensübernahme vor. Mit dieser im zweiten Rechtszug nicht mehr geltend gemachten Argumentation läßt sich die gesetzliche Regelung, die in § 305 Abs. 3 S. 1 AktG allein auf die Verschmelzungswertrelation abstellt, nicht umgehen. Zu Recht weist das Landgericht darauf hin, daß der Gesetzgeber auch in diesem Fall sich für die Abfindung in Aktien anstelle der häufig günstigeren Barabfindung entschieden hat, und zwar wie die Wahl des Ausdrucks »Verschmelzung« zeigt, auch bei einer noch so weitgehenden Vereinigung beider Unternehmen. Die der übernehmenden Gesellschaft nicht aufzwingbare Gewährung einer Barabfindung darf dann aber – wie das Landgericht weiter zutreffend ausführt – nicht auf dem Umweg über eine Barabfindung als Wertuntergrenze wieder eingeführt werden.

3. Wertrelation

Nach der von den Sachverständigen ermittelten Verschmelzungswertrelation ATH/Rheinstahl von 1:2,3 sind die von der Antragsgegnerin zu 1 angebotene Abfindung sowie der angebotene Ausgleich jedenfalls angemessen.

a) Berücksichtigung der Verbundeffekte?

Diese Verschmelzungswertrelation berücksichtigt allerdings nicht etwaige Kooperationsvorteile (Verbundeffekte).

Ob und gegebenenfalls in welcher Zuordnung solche Vorteile in die Berechnung einzubeziehen sind, ist zwischen den Beteiligten streitig und wird auch in der betriebswirtschaftlichen Literatur unterschiedlich beurteilt. Das juristische Schrifttum erörtert die Frage ebenfalls kontrovers (vgl. z. B. *Winnefeld*, DB 1975, 457 [459]; *Gansweid*, AG 1977, 334 [338 f.]). Die Rechtsprechung hat dazu – soweit ersichtlich – noch nicht ausdrücklich Stellung genommen. Allerdings scheint das OLG Hamm (AG 1973, 218 ff.) spezifische Übernahmevorteile bei der Bewertung berücksichtigen zu wollen.

Bei den hier in Rede stehenden Kooperationsvorteilen handelt es sich im wesentlichen um Rationalisierungseffekte, die aufgrund des Zusammenschlusses der Antragsgegnerinnen entweder durch Zusammenfassung oder durch Verlagerung von Funktionen möglich waren und konkretisiert werden konnten. Die von den Antragsgegnerinnen zur Ermittlung dieser Effekte eingesetzten Kommissionen haben die zusammengefaßten Kooperationsvorteile mit im Mittel 67 Mio. DM zuzüglich 10 Mio. DM für nicht quantifizierbare Vorteile, also mit insgesamt 77 Mio. DM pro Jahr ermittelt.

Die Antragstellerin und die Vertreter der außenstehenden Aktionäre sind der Auffassung, diese Vorteile seien bei der Berechnung der Verschmelzungswertrelation zu berücksichtigen ...

Die Frage einer Anrechnung von Kooperationsvorteilen, die bislang im Schrifttum – soweit ersichtlich – nur im Zusammenhang mit der Barabfindung erörtert worden ist, stellt sich bei einer Abfindung in Aktien, wie sie hier zu beurteilen ist, möglicherweise nur in modifizierter Form. Während nämlich bei einer Barabfindung die Minderheitsaktionäre nie an Verbundeffekten teilhaben, wenn diese nicht in die Ermittlung der Abfindung einbezogen werden, partizipieren sie bei einer Abfindung in Aktien – weil sie ja Aktien der Obergesellschaft erhalten – immer im Verhältnis der Umtauschquote an den Kooperationseffekten, auch wenn diese bei der Ermittlung der Quote nicht berücksichtigt werden. Deshalb halten die Sachverständigen es insoweit im Grunde nur für entscheidend, ob eine Aufteilung im Verhältnis der Unternehmenswerte vertretbar ist oder ob es andere bessere Aufteilungsmaßstäbe gibt.

Bei der Aufteilung im Verhältnis der Unternehmenswerte erübrigt sich jedoch eine Beantwortung der Frage, ob Kooperationsvorteile anzurechnen sind, weil sich dann zwar die absoluten Werte erhöhen würden, die Verschmelzungswertrelation aber gleichbliebe.

Der Frage einer Anrechnung von Kooperationsvorteilen kommt hier aber auch im übrigen keine entscheidungserhebliche Bedeutung zu, so daß sie im Ergebnis unbeantwortet bleiben kann. Das gilt auch dann, wenn die Berücksichtigung solcher Vorteile – wie die Antragstellerin meint – in den Erläuterungen des Unternehmensvertrages in der Hauptversammlung der Antragsgegnerin zu 2 »vertraglich zugesichert« sein sollten.

Sofern die Kooperationsvorteile nicht im Verhältnis der Unternehmenswerte aufgeteilt werden, wäre für die außenstehenden Aktionäre der Antragsgegnerin zu 2 das günstigste Ergebnis eine Zuordnung der Vorteile je zur Hälfte bei beiden Unternehmen. Daß irgendwelche Gründe vorliegen, der Antragsgegnerin zu 2 einen größeren Anteil an diesen Vorteilen zuzubilligen als der Antragsgegnerin zu 1, haben weder die Sachverständigen ermittelt noch die Beteiligten geltend gemacht. Auch der Senat sieht dafür keinerlei Anhaltspunkte.

Für eine Aufteilung der Kooperationsvorteile zu je 50% haben die Sachverständigen eine Wertrelation A/R von 1:1,93 errechnet. Auch unter Zugrundelegung dieses Verhältnisses wären aber die angebotene Abfindung und der angebotene Ausgleich noch angemessen.

b) Berücksichtigung der Zuzahlungen?

Denn bei der Untersuchung der Frage, ob Abfindung und Ausgleich angemessen sind, dürfen nicht nur das Umtauschangebot von einer A-Aktie gegen zwei R-Aktien – was einer Verschmelzungswertrelation von 1:1,93 nicht entspräche – und nicht nur der Dividendenausgleich von 5/10 der Dividende einer A-Aktie – was ebenfalls nicht die Relation 1:1,93 berücksichtigen würde – zugrundegelegt werden. Vielmehr sind auch die weiteren Leistungen von 40 DM bei der Abfindung und 1/10 beim Ausgleich mit der Folge einzubeziehen, daß dann auch einer Verschmelzungswertrelation von 1:1,93 Rechnung getragen wäre.

Die Antragstellerin und die Vertreter der außenstehenden Aktionäre halten allerdings auch im Beschwerdeverfahren mit Nachdruck an ihrer vom Landgericht nicht geteilten Auffassung fest, die im Unternehmensvertrag vorgesehene bare Zuzahlung von 40 DM sei bei der Berechnung der angemessenen Abfindung und die Erhöhung des Ausgleichs um 1/10 sei bei der Berechnung des angemessenen Ausgleichs nicht zu berücksichtigen, weil diese Leistungen – wie sich aus dem Wortlaut des Vertrages und aus den Umständen ergebe – zusätzlich zum Angemessenen versprochen worden seien ...

Sowohl nach dem Wortlaut des Unternehmensvertrages als auch nach den zulässigerweise für sein Verständnis heranzuziehenden Umständen ist davon auszugehen, daß das weitere Dividendenzehntel und die Barzahlung von 40 DM nicht zusätzlich zum tatsächlich angemessenen Ausgleich bzw. zur tatsächlich angemessenen Abfindung geleistet werden sollen ...

Aus den Formulierungen ist zu entnehmen, daß ein einheitlicher Ausgleich und eine einheitliche Abfindung gezahlt werden sollen ... Dieses Angebot soll insgesamt den Ausgleich bzw. die Abfindung für die außenstehenden Aktionäre darstellen ...

Auch die Argumentation des Vertreters der außenstehenden Aktionäre bezüglich Abfindung, aus § 305 AktG folge, daß – wer den Weg der Gewährung von Aktien als Abfindung wähle – in vollem Umfanf des Abfindungsanspruches auch Aktien gewähren müsse und nur Spitzenbeträge bar ausgleichen dürfe, spricht nicht für eine andere Auslegung des Unternehmensvertrages. Eine Abfindung in Aktien nach der von den Antragsgegnerinnen zugrundegelegten Wertrelation von 1:2 ist gewährt worden. Wenn sie darüberhinaus einen Barbetrag ausgeworfen haben, heißt das nicht, daß dieser – ergibt sich eine günstigere Wertrelation für die außenstehenden Aktionäre – nicht auf den dann geschuldeten Spitzenbetrag anzurechnen ist.

Nach den zulässigerweise für das Verständnis des Unternehmensvertrages heranzuziehenden außerhalb des Wortlauts liegenden Umständen ergibt sich noch deutlicher, daß die 40 DM bzw. das weitere Dividendenzehntel auf die angemessene Abfindung bzw. den angemessenen Ausgleich anzurechnen sind (wird ausgeführt).

Es bestehen von Rechts wegen keine Bedenken, die Erläuterungen des Vorstandsvorsitzenden – zusätzlich – zur Auslegung des Unternehmensvertrages heranzuziehen. Zwar war der Vertrag gemäß § 124 Abs. 2 S. 2 AktG bereits mit der Einladung zur Hauptversammlung bekanntzugeben. Daraus folgt aber nicht – wie die Antragstellerin meint –, daß die Erläuterungen in der Hauptversammlung etwa unbeachtlich sind, weil sie den Vertrag inhaltlich verändern würden. Einmal ergibt sich – wie dargelegt – schon aus dem Wortlaut des Vertrages nichts von den Erklärungen in der Hauptversammlung Abweichendes. Zum anderen sieht das AktG in § 293 Abs. 3 S. 5 eine Erläuterung des Unternehmensvertrages vor Beginn der Verhandlung vor, so daß es durchaus zulässig ist, den Wortlaut des Vertrages klarzustellen.

Daß der Inhalt des Unternehmensvertrages durch die Billigung in den Hauptversammlungen beider Gesellschaften Gegenstand von Hauptversammlungsbeschlüssen geworden ist und solche Beschlüsse Auslegungsbeschränkungen unterliegen, steht ebenfalls einer Heranziehung der Erläuterungen des Vorstandsvorsitzenden nicht entgegen. Allerdings dürfen zur Auslegung eines derartigen Beschlusses keine Umstände verwertet werden, die sich nicht aus dem Beschluß selbst ergeben. Eine Ausnahme wird nur für solche Sachzusammenhänge zugelassen, deren Kenntnis allgemein bei den Adressaten der Erklärung vorausgesetzt werden kann oder wenn sie sich aus der Öffentlichkeit zugänglichen Quellen ergeben (z.B. Registerakten) und deshalb bekannt sein müssen (vgl. BGHZ 63, 282 [290]; RGZ 165, 68 [73]). Ein solcher Ausnahmefall liegt hier deshalb vor, weil jeder Aktionär entweder selbst oder durch Vertreter an der Hauptversammlung teilnehmen kann. Unterläßt er das in Fällen, in denen das Gesetz wie in § 293 Abs. 3 S. 5 AktG eine Erläuterung in der Hauptversammlung wegen der Bedeutung der Angelegenheit ausdrücklich vorsieht, kann er sich auf eine dadurch entstandene, selbst verursachte Unkenntnis von dort erörterten Umständen nicht berufen. Das gilt um so mehr, als er sich durch Einsicht in das Protokoll der Hauptversammlung hätte informieren könne. Hierbei übersieht der Senat nicht, daß ein stenografisches Protokoll von Gesetzes wegen nicht vorgeschrieben ist und – wenn es wie hier angefertigt wird – weder nach § 131 AktG noch nach § 810 BGB dem Aktionär ein Anspruch auf eine Abschrift zusteht (vgl. *Obermüller*, Die Hauptversammlung der AG, 3. Aufl. 1967, S. 302). Entscheidend ist indes, daß in der Regel auf Verlangen Einsicht gewährt wird, nichts für ein gegenteiliges Verhalten der Antragsgegnerinnen spricht und insbesondere nicht feststeht, ob einem in der Hauptversammlung nicht vertretenen Aktionär ein etwaiger Wunsch auf Einsicht abgeschlagen worden ist.

c) *Folgerungen für die Angemessenheit*
Für eine vertragliche Verpflichtung zu Leistungen über den angebotenen Ausgleich (6/10) und die angebotene Abfindung (zwei Rheinstahl-Aktien gegen eine ATH-Aktie + 40 DM) hinaus, ist somit sowohl dem Vertragswortlaut als auch den zulässigerweise heranzuziehenden Umständen nichts zu entnehmen. Eine

abweichende Festsetzung von Ausgleich und Abfindung hätte daher nur Folgen, wenn sie höher läge als das vertragliche Angebot. Das ist aber bei einer Verschmelzungswertrelation von 1:1,93 nicht der Fall. Die im Unternehmensvertrag angebotenen Leistungen sind somit auch bei einer Berücksichtigung von Kooperationsvorteilen angemessen.

d) ...

e) Kein Risikozuschlag beim Ausgleich
Die Verschmelzungswertrelation kann schließlich auch ohne weiteres der Ermittlung des angemessenen Ausgleichs zugrundegelegt werden.

Allerdings glaubt der Vertreter der außenstehenden Aktionäre bezüglich Ausgleich der Entscheidung des Senats im Zwischenbeschwerdeverfahren entnehmen zu können, daß nur ein den gesetzlich normierten Mindestausgleich übersteigender Ausgleich angemessen sei ...

Der Senat hat indes in seinem Beschluß im Zwischenbeschwerdeverfahren die Berücksichtigung eines Risikozuschlags für den Ausgleich, also eine Festsetzung über den nach der Verschmelzungswertrelation angemessenen Werten gerade abgelehnt. An dieser Auffassung ist festzuhalten ...

4. Maßgeblichkeit des Gutachtens
Der Senat hat keine Bedenken, von den nach zutreffenden Methoden ermittelten und überzeugend begründeten Ergebnisse des Sachverständigengutachtens auch ohne Vorlage weiterer Unterlagen über Detailfeststellungen und Einzelermittlungen auszugehen. Das Gutachten ist nach der durch den Senat veranlaßten Übergabe weitere Anlagen, nach der ebenfalls vom Senat eingeholten ergänzenden gutachtlichen Stellungnahme der Sachverständigen hinsichtlich der außerordentlichen und periodenfremden Aufwendungen und Erträge sowie der planmäßigen Abschreibungen und des planmäßigen Zinsaufwandes bei der Berechnung der Ertragsergebnisse und nach Anhörung der Sachverständigen vor dem Senat in ausreichendem Maße nachvollziehbar (wird im einzelnen ausgeführt).

a) ...

b) ...

c) Keine Pflicht zur Vorlage aller Unterlagen
Der Senat hat es abgelehnt, über diese bereits sehr weitgehende Sachaufklärung bezüglich des Gutachtens hinaus den Sachverständigen auch Erläuterungen zu Einzelpositionen ihrer Berechnungen, Vorlage von Unterlagen und Belegen zu bestimmten Feststellungen, Substantiierung von Detailprüfungen oder ähnliche Informationen zu einzelnen tatsächlichen Grundlagen des Gutachtens aufzugeben.

Im Gegensatz zur Auffassung der Antragstellerin besteht – jedenfalls bei einem Bewertungsgutachten der hier vorliegenden Art – kein Anspruch der Beteiligten auf vollständige Mitteilung sämtlicher Tatsachen, auf denen das Gutachten beruht und auf Vorlage oder Einzelerläuterung aller Unterlagen und Belege, auf denen die Berechnungen des Gutachtens aufbauen.

Ein solcher Anspruch wäre schon aus praktischen Erwägungen nicht durchsetzbar. Es würde im Ergebnis dazu führen, das gesamte dem Gutachten zugrundeliegende Zahlenwerk offenzulegen, also die kompletten Buchhaltungen, Unterlagen, Belege usw. der beiden Gesamtunternehmen für mehrere Jahre vorzulegen und zu erläutern. Die Arbeit der Sachverständigen, für die diese mit ihren Hilfskräften in fast 2jähriger Bewertungsarbeit ca. 1800 Tagewerke benötigt haben, müßte im äußersten Fall im wesentlichen nachvollzogen werden. Daß eine solche Befürchtung nicht nur Theorie ist, zeigt gerade das konkrete Begehren der Antragstellerin ...

Daß ein solches Verlangen zu immer eingehenderen Detailnachprüfungen führen kann, um darauf aufbauene Feststellungen nachzuvollziehen, und eine Wiederholung der Arbeit der Sachverständigen in wesentlichen Teilen bedeutet, bedarf keiner näheren Darstellung.

Abgesehen von der praktischen Undurchführbarkeit solcher Detailnachprüfungen sind sie auch rechtlich nicht geboten. Sachverständigengutachten unterliegen auch im Verfahren der freiwilligen Gerichtsbarkeit der freien Beweiswürdigung des Gerichts. Allerdings darf das Gutachten nicht kritiklos übernommen werden, sondern es muß unter Nachvollziehung der Gedankengänge des Sachverständigen dessen tatsächliche Feststellungen, die Anwendung der wissenschaftlichen Erkenntnisse und die gezogenen Schlüsse auf ihre Tragfähigkeit und Überzeugungskraft selbständig und eigenverantwortlich geprüft werden (*Jessnitzer*, Der gerichtliche Sachverständige, 8. Aufl. 1980, S. 78; *Müller*, Der Sachverständige im gerichtlichen Verfahren, 2. Aufl. 1978, S. 339). Um dem Gericht diese Nachprüfung zu ermöglichen, muß der Sachverständige darlegen, auf welchen Grundlagen das Gutachten beruht und welche Überlegungen er angestellt hat (*Jessnitzer*, a.a.O., S. 79).

Diesen Anforderungen genügt das vom Senat zu beurteilende Gutachten. Die Sachverständigen haben ihre Erkenntnisquellen für die getroffenen tatsächlichen Feststellungen als auch ihre Untersuchungsmethoden und die von ihnen gezogenen Schlüsse in nachvollziehbarer Weise überzeugend dargelegt. Die erforderliche Nachprüfung der tatsächlichen Grundlagen des Gutachtens durch den Senat bedeutet nicht, daß die Sachverständigen zigtausende von Berechnungspositionen und Belegen im einzelnen darlegen und erläutern müssen, aus denen sie einen Wert ermittelt haben. Vielmehr ist es gerade Aufgabe des Sachverständigen in solchen Fällen, durch sein speziell ausgebildetes Personal in – wie hier – manchmal jahrelanger Arbeit aus einer unübersehbaren Fülle von Einzelpositionen nach anerkannten Grundsätzen und Methoden zusammenfassende Werte zu ermitteln, die er seinem Gutachten dann zugrundelegen kann. Das Gericht kann – und soll – diese Arbeit weder leisten noch nachvollziehen.

So ist auch in vergleichbaren Fällen durchaus anerkannt, daß eine Nachprüfung von tatsächlichen Festestellungen durch den Sachverständigen unterbleiben kann und muß. In vielen Fällen – z.B. bei ärztlichen Untersuchungen – stellt ein Gutachter Befundtatsachen fest, die eine Nachprüfung durch Nachvollziehung der Untersuchung des Sachverständigen schon deshalb nicht ermöglichen, weil letztere unter Umständen erfolgt, die die Hinzuziehung des Gerichts unmöglich machen. Bei solchen Gestaltungen kann das Gericht – wie

Müller (a.a.O., S. 30 f.) zutreffend ausführt – zu seiner Überzeugung von der Richtigkeit des Gutachtens nur mittelbar aufgrund von Umständen gelangen, die die Richtigkeit des Gutachtens indizieren. Das sind vor allem Persönlichkeit und fachliche Qualifikation des Sachverständigen ...

Bei einem Bewertungsgutachten der hier vorliegenden Art wäre zwar eine Detailprüfung sowohl von der Sachkunde des Gerichts als auch vom Untersuchungsverfahren her theoretisch möglich, praktisch aber wegen der Fülle des nachzuprüfenden Stoffes nicht zu bewerkstelligen. Daher kann der Senat sich auch hier auf die Autorität und die fachliche Qualifikation der Sachverständigen verlassen. Dazu besteht um so mehr Anlaß, als das Landgericht zwei hochqualifizierte, in der Unternehmensbewertung besonders erfahrene und renommierte Wirtschaftsprüfer zu Sachverständigen bestellt hat.

Der Senat braucht daher weder ganz noch teilweise die Auswertung des von den Sachverständigen gesichteten und verwerteten Materials nachzuprüfen. Es reicht aus, daß nachvollzogen werden kann, wie die ermittelten Werte und Berechnungen im allgemeinen (z. B. durch Auswertung aller Positionen der jeweiligen Gewinn- und Verlustrechnungen) gewonnen worden sind.

Solche Nachprüfungen lassen sich nach dem Gutachten und dem Ergänzungsgutachten aber auch für die von der Antragstellerin aufgeworfenen Fragen treffen ...

Aufgabenstellung

Nehmen Sie zu den gutachtlichen Äußerungen des Sachverständigen und zu dem Gerichtsbeschluß Stellung. Gehen Sie dabei auch auf die Fragen ein, ob und gegebenenfalls wie für den angemessenen Ausgleich bzw. die Abfindung
- die Jahresergebnisse in den letzten 5 Jahren,
- die Dividenden der letzten 5 Jahre,
- die Börsenkurse,
- die Bilanzkurse,
- neutrale Erfolge und Vermögenswerte,
- die Substanzwerte,
- Verbundvorteile und
- Erwartungen über künftige Jahresergebnisse
  zu berücksichtigen sind.

Anlage 1

Jahresüberschüsse und Bilanzkurse der Jahre 1969–1973

	1969	1970	1971	1972	1973
<u>Rheinstahl</u>					
Jahresüberschuß (in Tsd. DM)	51.4o5	37.349	./.22.684	2.046	6.338
Dividende (in DM/Aktie)	3,--	2,5o	-	-	2,5o
Grundkapital (in Tsd. DM)	47o.ooo	47o.ooo	47o.ooo	47o.ooo	47o.ooo
Bilanzkurs	145 %	149 %	144 %	143 %	143 %
<u>Thyssen</u>					
Jahresüberschuß (in Tsd. DM)	169.416	2o6.516	59.784	54.o94	153.24o
Dividende (in DM/Aktie)	6,--	7,--	3,5o	3,5o	5,--
Grundkapital (in Tsd. DM)	1.ooo.ooo	1.ooo.ooo	1.ooo.ooo	1.o1o.ooo	1.o1o.ooo
Bilanzkurs	179 %	189 %	186 %	188 %	193 %

Anlage 2

Börsenkurse Juni 1974

Börsenkurse Juni 1974

Düsseldorf			A.-Thyssen Hütte	Rheinstahl
	Fr.	31.5.	67,5	59,-
Feiertag	Mo.	3.6.	-	-
		4.6.	67,0	57,6o
		5.6.	67,7o	58,5o
		6.6.	68,1o	58,5o
		7.6.	67,6o	58,6o
Allg.Tendenz an d.dtsch.Börsen:	Mo.	1o.6.	66,9o	58,8o
		11.6.	66,7o	58,1o
sinkend		12.6.	65,2o	57,7o
Feiertag		13.6.	-	-
		14.6.	65,6o	57,6o
	Di.	18.6.	64,8o	57,5o
		19.6.	63,3o	55,5o
		2o.6.	63,-	56,-
		21.6.	63,3o	56,5o
	Mo.	24.6.	63,9o	54,7o
Allg.Erholung der Kurse		25.6.	66,-	56,5o
		26.6.	69,-	57,2o
Allg. schwach		27.6.	66,9o	55,5o
		28.6.	67,1o	57,-

Zinseszinstabellen

Abzinsungsfaktor oder Diskontierungsfaktor $\dfrac{1}{(1+i)^n} = \dfrac{1}{q^n}$.

Jahre					Zinssatz					
n	1%	2%	3%	4%	5%	6%	7%	8%	9%	10%	11%
1	0,990	0,980	0,971	0,962	0,952	0,943	0,935	0,926	0,917	0,909	0,901
2	0,980	0,961	0,943	0,925	0,907	0,890	0,873	0,857	0,842	0,826	0,812
3	0,971	0,942	0,915	0,889	0,864	0,840	0,816	0,794	0,772	0,751	0,731
4	0,961	0,924	0,888	0,855	0,823	0,792	0,763	0,735	0,708	0,683	0,659
5	0,951	0,906	0,863	0,822	0,784	0,747	0,713	0,681	0,650	0,621	0,593
6	0,942	0,888	0,837	0,790	0,746	0,705	0,666	0,630	0,596	0,564	0,535
7	0,933	0,871	0,813	0,760	0,711	0,665	0,623	0,583	0,547	0,513	0,482
8	0,923	0,853	0,789	0,731	0,677	0,627	0,582	0,540	0,502	0,467	0,434
9	0,914	0,837	0,766	0,703	0,645	0,592	0,544	0,500	0,460	0,424	0,391
10	0,905	0,820	0,744	0,676	0,614	0,558	0,508	0,463	0,422	0,386	0,352
11	0,896	0,804	0,722	0,650	0,585	0,527	0,475	0,429	0,388	0,350	0,317
12	0,887	0,788	0,701	0,625	0,557	0,497	0,444	0,397	0,356	0,319	0,286
13	0,879	0,773	0,681	0,601	0,530	0,469	0,415	0,368	0,326	0,290	0,258
14	0,870	0,758	0,661	0,557	0,505	0,442	0,388	0,340	0,299	0,263	0,232
15	0,861	0,743	0,642	0,555	0,481	0,417	0,362	0,315	0,275	0,239	0,209
16	0,853	0,728	0,623	0,534	0,458	0,394	0,339	0,292	0,252	0,218	0,188
17	0,844	0,714	0,605	0,513	0,436	0,371	0,317	0,270	0,231	0,198	0,170
18	0,836	0,700	0,587	0,494	0,416	0,350	0,296	0,250	0,212	0,180	0,153
19	0,828	0,686	0,570	0,475	0,396	0,331	0,277	0,232	0,194	0,164	0,138
20	0,820	0,673	0,554	0,456	0,377	0,312	0,258	0,215	0,178	0,149	0,124

Jahre					Zinssatz					
n	12%	13%	14%	15%	16%	17%	18%	19%	20%	21%	30%
1	0,893	0,885	0,877	0,870	0,862	0,855	0,847	0,840	0,833	0,826	0,769
2	0,797	0,783	0,769	0,756	0,743	0,731	0,718	0,706	0,694	0,683	0,592
3	0,712	0,693	0,675	0,658	0,641	0,624	0,609	0,593	0,579	0,565	0,455
4	0,636	0,613	0,592	0,572	0,552	0,534	0,516	0,499	0,482	0,467	0,350
5	0,567	0,543	0,519	0,497	0,476	0,456	0,437	0,419	0,402	0,386	0,269
6	0,507	0,480	0,456	0,432	0,410	0,390	0,370	0,352	0,335	0,319	0,207
7	0,452	0,425	0,400	0,376	0,354	0,333	0,314	0,249	0,233	0,218	0,159
8	0,404	0,376	0,351	0,327	0,305	0,285	0,266	0,209	0,194	0,180	0,123
9	0,361	0,333	0,308	0,284	0,263	0,243	0,225	0,176	0,162	0,149	0,094
10	0,322	0,295	0,270	0,247	0,227	0,208	0,191	0,176	0,162	0,149	0,073
11	0,287	0,261	0,237	0,215	0,195	0,178	0,162	0,148	0,135	0,123	0,056
12	0,257	0,231	0,208	0,187	0,168	0,152	0,137	0,124	0,112	0,102	0,043
13	0,229	0,204	0,182	0,163	0,145	0,130	0,116	0,104	0,093	0,084	0,033
14	0,205	0,181	0,160	0,141	0,125	0,111	0,099	0,088	0,078	0,069	0,025
15	0,183	0,160	0,140	0,123	0,108	0,095	0,084	0,074	0,065	0,057	0,020
16	0,163	0,141	0,123	0,107	0,093	0,081	0,070	0,062	0,054	0,047	0,015
17	0,146	0,125	0,108	0,093	0,080	0,069	0,060	0,052	0,045	0,039	0,012
18	0,130	0,111	0,095	0,081	0,069	0,059	0,051	0,044	0,038	0,032	0,009
19	0,116	0,098	0,083	0,070	0,060	0,051	0,043	0,037	0,031	0,027	0,007
20	0,104	0,087	0,073	0,061	0,051	0,043	0,037	0,031	0,026	0,022	0,005

Rentenbarwertfaktor $\dfrac{(1+i)^n - 1}{i(1+i)^n} = \dfrac{q^n - 1}{(q-1)\,q^n}$.

Jahre					Zinssatz						
n	1 %	2 %	3 %	4 %	5 %	6 %	7 %	8 %	9 %	10 %	11 %
1	0,990	0,980	0,971	0,962	0,952	0,943	0,935	0,926	0,917	0,909	0,901
2	1,970	1,942	1,913	1,886	1,859	1,833	1,808	1,783	1,758	1,736	1,713
3	2,941	2,884	2,829	2,775	2,723	2,673	2,624	2,577	2,529	2,487	2,445
4	3,902	3,808	3,717	3,630	3,546	3,465	3,387	3,312	3,236	3,170	3,105
5	4,853	4,713	4,580	4,452	4,329	4,212	4,100	3,993	3,884	3,791	3,700
6	5,795	5,601	5,417	5,242	5,076	4,917	4,766	4,623	4,478	4,355	4,236
7	6,728	6,472	6,230	6,002	5,786	5,582	5,389	5,206	5,023	4,868	4,719
8	7,652	7,325	7,020	6,733	6,463	6,210	5,971	5,747	5,523	5,335	5,154
9	8,566	8,162	7,786	7,435	7,107	6,802	6,515	6,247	5,982	5,759	5,546
10	9,471	8,983	8,530	8,111	7,722	7,360	7,024	6,710	6,403	6,145	5,899
11	10,368	9,787	9,253	8,760	8,306	7,887	7,499	7,139	6,789	6,495	6,217
12	11,255	10,575	9,954	9,385	8,863	8,384	7,943	7,536	7,143	6,814	6,504
13	12,134	11,348	10,635	9,986	9,394	8,853	8,356	7,904	7,468	7,103	6,763
14	13,004	12,106	11,296	10,563	9,899	9,295	8,745	8,244	7,766	7,367	6,996
15	13,865	12,849	11,938	11,118	10,380	9,712	9,108	8,559	8,039	7,606	7,206
16	14,718	13,578	12,561	11,652	10,838	10,106	9,447	8,851	8,289	7,824	7,395
17	15,562	14,292	13,166	12,166	11,274	10,477	9,763	9,122	8,518	8,022	7,565
18	16,398	14,992	13,754	12,659	11,690	10,828	10,059	9,372	8,728	8,201	7,718
19	17,226	15,678	14,324	13,134	12,085	11,158	10,335	9,604	8,921	8,365	7,856
20	18,046	16,351	14,877	13,590	12,462	11,470	10,594	9,818	9,098	8,514	7,980

Jahre					Zinssatz						
n	12 %	13 %	14 %	15 %	16 %	17 %	18 %	19 %	20 %	21 %	30 %
1	0,893	0,885	0,877	0,870	0,862	0,855	0,847	0,840	0,833	0,826	0,769
2	1,690	1,668	1,647	1,626	1,605	1,586	1,566	1,546	1,528	1,510	1,361
3	2,402	2,361	2,322	2,283	2,246	2,211	2,174	2,139	2,106	2,074	1,816
4	3,037	2,974	2,914	2,855	2,798	2,745	2,690	2,637	2,589	2,540	2,166
5	3,605	3,517	3,433	3,352	3,274	3,202	3,127	3,055	2,991	2,926	2,436
6	4,111	3,998	3,889	3,784	3,685	3,593	3,498	3,406	3,326	3,245	2,643
7	4,564	4,424	4,288	4,160	4,039	3,927	3,812	3,701	3,605	3,508	2,802
8	4,968	4,801	4,639	4,487	4,344	4,213	4,078	3,949	3,837	3,726	2,925
9	5,328	5,135	4,946	4,772	4,607	4,458	4,303	4,157	4,031	3,905	3,019
10	5,650	5,431	5,216	5,019	4,833	4,667	4,494	4,332	4,192	4,054	3,092
11	5,988	5,693	5,453	5,234	5,029	4,846	4,656	4,479	4,327	4,177	3,147
12	6,194	5,925	5,660	5,421	5,197	4,999	4,793	4,602	4,439	4,278	3,190
13	6,424	6,130	5,842	5,583	5,342	5,130	4,910	4,705	4,533	4,362	3,223
14	6,628	6,311	6,002	5,724	5,468	5,242	5,008	4,792	4,611	4,432	3,249
15	6,811	6,471	6,142	5,847	5,575	5,338	5,092	4,865	4,675	4,489	3,268
16	6,974	6,613	6,265	5,954	5,669	5,420	5,162	4,926	4,730	4,536	3,283
17	7,120	6,739	6,373	6,047	5,749	5,490	5,222	4,977	4,775	4,576	3,295
18	7,250	6,851	6,467	6,128	5,818	5,550	5,273	5,020	4,812	4,608	3,304
19	7,366	6,950	6,550	6,198	5,877	5,601	5,316	5,056	4,844	4,635	3,311
20	7,469	7,038	6,623	6,259	5,929	5,645	5,353	5,089	4,870	4,657	3,316

Literaturverzeichnis

Abkürzungsverzeichnis der Zeitschriftentitel

AG   Die Aktiengesellschaft
BB   Der Betriebs-Berater
BFHE   Sammlung der Entscheidungen des Bundesfinanzhofes
BFuP   Betriebswirtschaftliche Forschung und Praxis
BStBl   Bundessteuerblatt
DB   Der Betrieb
DBW   Die Betriebswirtschaft
DStR   Deutsches Steuerrecht
EFG   Entscheidungen der Finanzgerichte
FamRZ   Zeitschrift für das gesamte Familienrecht
FR   Finanz-Rundschau
HBR   Harvard Business Review
HM   Harvard-Manager
HWB   Handwörterbuch der Betriebswirtschaft
HWR   Handwörterbuch des Rechnungswesens
JR   Juristische Rundschau
JZ   Juristenzeitung
NJW   Neue juristische Wochenschrift
STuW   Steuer und Wirtschaft
WIST   Wirtschaftswissenschaftliches Studium
WISU   Das Wirtschaftsstudium
WM   Wertpapier-Mitteilungen
WPg   Die Wirtschaftsprüfung
ZfB   Zeitschrift für Betriebswirtschaft
ZfbF   Zeitschrift für betriebswirtschaftliche Forschung
ZfhF   Zeitschrift für handelswissenschaftliche Forschung
ZIR   Zeitschrift für Interne Revision

Abbel, D. F./Hammond, J. S.: **Strategic Market Planning:** Problems and Analytical Approaches, Englewood Cliffs, N. J. 1979.

Ackermann, K.-F./Scholz, H. (Hrsg.): Neue Entwicklungen – Neues Denken – Neue Strategien, Stuttgart 1991.

Adolf, R./Cramer, J./Ollmann, M.: Die Bewertung von Kreditinstituten, in: Die Bank, 1989, H. 9, S. 485–492.

Albach, H.: Die Koordination der Planung im Großunternehmen. Manuskript eines Vortrags anläßlich der Tagung des Vereins für Socialpolitik in Hannover am 28. 9. 1966.

Albach, H.: **Probleme der Ausgleichszahlung** und der Abfindung bei Gewinnabführungsverträgen nach dem Aktiengesetz 1965, in: AG, 11. Jg. (1966), S. 180–186.

Albach, H.: **Strategische Unternehmensplanung** bei erhöhter Unsicherheit, in: ZfB, 48. Jg. (1978), S. 702–715.

Alvano, W.: Unternehmensbewertung auf der Grundlage der Unternehmensplanung, Köln 1988.

Anderson, P. F./Masters, S.: Building a **Global Enterprise** in the 1990s, in: Outlook. o. Jg. (1990), H. 14, S. 4–13.

Ansoff, H. I.: Corporate Strategy, New York 1965

Ansoff, H. I./Weston, J. F.: **Merger Objectives** and Organization Structure, in: Review of Economics and Business, 1963, S. 49–58.

Arbeitskreis »Unternehmensbewertung im Rahmen der unternehmerischen Zielsetzung« der Schmalenbach-Gesellschaft: **Unternehmensbewertung** als Grundlage unternehmerischer Entscheidungen (Teil I: Grundsatzfragen), in: ZfbF, 28. Jg. (1976), S. 99–121.

Arbeitskreis »Langfristige Unternehmensplanung« der Schmalenbach-Gesellschaft: Strategische Planung, in: ZfbF, 29. Jg. (1977), S. 1–20.

Arbeitskreis »Unternehmensakquisition« der Schmalenbach-Gesellschaft: Unternehmensakquisition, Stuttgart 1989.

Arbeitskreis »Unternehmerische Bewertung« des IdW: **Angemessene Abfindung** und angemessener Ausgleich im Aktienrecht, in: WPg, 22. Jg. (1969), S. 129–133.

Arbeitskreis »Unternehmensbewertung« des JdW: **Entwurf einer Verlautbarung** des Arbeitskreises Unternehmensbewertung: Grundsätze zur Durchführung von Unternehmensbewertungen, in: WPg, 33. Jg. (1980), S. 409–421.

Authenrieth, K. H.: **Gewerbesteuerliche Auswirkungen** von Ergänzungs- und Sonderbilanzen, in: Deutsche Steuerzeitung, 1988, S. 120 ff.

Baetge, J. (Hrsg.): Das neue Bilanzrecht – Ein Kompromiß divergierender Interessen?, Düsseldorf 1985.

Baetge, J./Moxter, A./Schneider, D. (Hrsg.): Bilanzfragen, Festschrift für Ulrich Leffson, Düsseldorf 1976.

Bain, J. S.: Industrial Organization, 2. Aufl., New York 1968.

Ballwieser, W.: **Insiderrecht** und positive Aktienkurstheorie, in: ZfbF, 28. Jg. (1976), S. 231–253.

Ballwieser, W.: Möglichkeiten der **Komplexitätsreduktion** bei einer prognoseorientierten Unternehmensbewertung, in: ZfbF, 32. Jg. (1980), S. 50–73.

Ballwieser, W.: Die **Wahl des Kalkulationszinsfußes** bei der Unternehmensbewertung unter Berücksichtigung von Risiko und Geldentwertung, in: BFuP, 33. Jg. (1981), S. 97–114.

Ballwieser, W.: Unternehmensbewertung und Komplexitätsreduktion, 3. Aufl., Wiesbaden 1990.

Ballwieser, W./Leuthier, R.: **Betriebswirtschaftliche Steuerberatung:** Grundprinzipien, Verfahren und Probleme der Unternehmensbewertung, in: DStR, 24. Jg. (1986), S. 545–551 und S. 604–610.

Bamberg, G./Coenenberg, A. G.: Betriebswirtschaftliche Entscheidungslehre, 6. Aufl., München 1991.

Bartke, G.: Erkenntnisobjekt und Zwecke der Unternehmensbewertung, in: BFuP, 12. Jg. (1960), S. 266–279.

Bartke, G.: Grundsätze ordnungsmäßiger Unternehmensbewertung, in: ZfbF, 30. Jg. (1978), S. 238–250.

Bartke, G.: Zur **Bedeutung des Liquidationswertes** als Wertuntergrenze, in: BFuP, 33. Jg. (1981), S. 393–406.

Baus, R. D.: **Benefit Design** and Funding: Key Issues for U.S. Acquisitions by Foreign Companies, in: Benefits International, 12. Jg. (1983), H. 7, S. 2–5.

Beaver, W. H./Manegold, J.: The Association between Market Determined and Accounting Determined **Measures of Systematic Risk:** Some Further Evidence, in: Journal of Financial and Quantitative Analysis, Vol. 10 (1975), S. 231–284.

Beisel, W./Klumpp, H. H.: Der Unternehmenskauf, München 1985, 2. Aufl. 1991.

Bellinger, B.: Eine Wende in der Unternehmungsbewertung?, in: WPg, 33. Jg. (1980), S. 575–584.

Bellinger, B./Vahl. G.: Unternehmensbewertung in Theorie und Praxis, 2. Aufl., Wiesbaden 1991.

Bellinger, B./Vahl, G.: Zweckgerechte Werte für Unternehmen und Unternehmensanteile, in: DB, 42. Jg. (1989), S. 1529–1534.

Beyerle, K.: Die Unternehmensbewertung im gerichtlichen Verfahren, in: 50 Jahre Wirtschaftsprüferberuf, Bericht über die Jubiläumsfachtagung vom 21. bis 23. Oktober 1981 in Berlin, Düsseldorf 1981, S. 247–264.

Blume, M. E./Friend, J.: A New Look at the **Capital Asset Pricing Model**, in: Jensen, M. C. (Hrsg.): Studies in the Theory of Capital Markets, New York 1972, S. 79, 121.

Böckel, J.-J.: **Diversifikation** durch Unternehmenserwerb – richtig geplant, Wiesbaden 1972.

Bolman, L. G./Deal, T. E.: Reframing Organizations, San Francisco und Oxford 1991.

Bonbright, J. C.: The Valuation of Property, 1937.

Börner, D.: Unternehmensbewertung, in: HdWW, Bd. 8, Stuttgart/New York 1980, S. 111–123.

Borschberg, E.: Die **Diversifikation als Wachstumsform** der industriellen Unternehmung, Bern/Stuttgart 1969.

Böttcher, C./Meilicke, H.: **Umwandlung und Verschmelzung** von Kapitalgesellschaften, 5. Aufl., 1958.

Breidenbach, B.: Unternehmenswert und steuerliche Geschäftswertabschreibung, in: DB, 42. Jg. (1989), S. 136–138.

Bressmer, C./Moser, A./Sertl, W.: Vorbereitung und Abwicklung der **Übernahme von Unternehmen**, Stuttgart/Berlin/Köln/Mainz 1989.

Bretzke, W.-R.: Das **Prognoseproblem** bei der Unternehmungsbewertung, Düsseldorf 1975.

Bretzke, W. R.: Zur Problematik des Objektivitätsanspruchs in der Unternehmungsbewertungslehre, in: BFuP, 28. Jg. (1976), S. 543–553.

Bretzke, W.-R.: Die Nutzung von **Prognoseverfahren** und die Berücksichtigung des Risikos in der Praxis der Unternehmungsbewertung, in: Goetzke, W./Sieben, G. (Hrsg.): Moderne Unternehmungsbewertung und Grundsätze ihrer ordnungsgemäßen Durchführung, GEBERA-Schriften Band I, Köln 1977, S. 201–219.

Bretzke, W.-R.: Risiken in der Unternehmungsbewertung, in: ZfbF, 40. Jg. (1988), S. 813–823.

Bröhl, K.: Der Kalkulationszinsfuß, Diss., Köln 1966.

Brüggerhoff, J.: Management von Desinvestitionen, Wiesbaden 1992.

Brunner, E. M.: **Simulationsmodell** zur Unternehmensbewertung – unter spezieller Berücksichtigung des Akquisitionsentscheides im Konzern, Bern 1977.

Bühner, R.: Rendite- und Risikovorteile der **Auslandsdiversifikation**, in: ZfbF, 37. Jg. (1985), S. 1019–1029.

Bühner, R.: Strategie und Organisation, Wiesbaden 1985.

Bühner, R.: Unternehmenszusammenschlüsse, Stuttgart 1990.

Buono, A. F./Bowditch, J. L.: The **Human Side** of Mergers and Acquisitions, San Francisco 1989.

Business International (Hrsg.): **Making Acquisitions Work**, Lessons from Companies' Successes and Mistakes, Genf 1988.

Busse von Colbe, W.: **Der Zukunftserfolg.** Die Ermittlung des künftigen Unternehmenserfolges und seine Bedeutung für die Bewertung von Industrieunternehmen, Wiesbaden 1957.

Busse von Colbe, W.: **Zur Maßgeblichkeit des Börsenkurses** für die Abfindung der bei einer Umwandlung ausscheidenden Aktionäre, in: AG, 9. Jg. (1964), S. 263–267.

Busse von Colbe, W.: Unternehmensbewertung als Investitionskalkül, in: Die Unternehmung, (1966), S. 49–61.

Busse von Colbe, W.: Gesamtwert der Unternehmung, in: Handwörterbuch des Rechnungswesens, 2. Aufl., 1981, Sp. 595–606.

Busse von Colbe, W.: Die Resonanz betriebswirtschaftlicher Erkenntnisse zur Unternehmensbewertung in der zivilrechtlichen und steuerlichen Rechtsprechung, in: Steuerberater – Jahrbuch 1981/82, S. 257–274.

Busse von Colbe, W.: Die Rechtsprechung zur **Bewertung ertragsschwacher Unternehmen**, in: BFuP, 36. Jg. (1984), S. 508–517.

Busse von Colbe, W.: Der **Konzernabschluß** im Rahmen des Bilanzrichtlinien-Gesetzes, in: ZfbF, 37. Jg. (1985), S. 761–782.

Busse von Colbe. W./Chmielewicz, K.: Das neue Bilanzrichtlinien-Gesetz, in: DBW, 46. Jg. (1986), S. 289–347.

Busse von Colbe. W./Ordelheide, D.: Konzernabschlüsse, 5. Aufl., Wiesbaden 1984.

Busse von Colbe, W./Sieben, G. (Hrsg.): Betriebswirtschaftliche Information, Entscheidung und Kontrolle, Festschrift für Hans Münstermann, Wiesbaden 1969.

Buwert, H.: Das Problem der **Abfindung** der ausscheidenden Aktionäre bei der erleichterten Umwandlung, in: Der Wirtschaftstreuhänder, 7. Jg. (1938), S. 145–148.

Caves, R.: **American Industry:** Structure, Conduct, Performance, 5. Aufl., Englewoood Cliffs, N. J. 1982.

Centre for Organisational Studies (Hrsg.): Mergers and Acquisitions: Organisational and cultural issues, Barcelona 1990.

Coenenberg, A. G.: Entscheidungskriterien im **Gewinnschwellenkalkül**, in: Busse von Colbe, W./Sieben, G. (Hrsg.): Betriebswirtschaftliche Information, Entscheidung und Kontrolle. Festschrift für Hans Münstermann, Wiesbaden 1969, S. 171–194.

Coenenberg, A. G.: Unternehmensbewertung mit Hilfe der **Monte-Carlo-Simulation**, in: ZfB, 40. Jg. (1970), S. 793–804.

Coenenberg, A. G.: Das **Informationsproblem** in der entscheidungsorientierten Unternehmensbewertung, in: Zeitschrift Interne Revision, 6. Jg. (1971), S. 57–76.

Coenenberg, A. G.: **Unternehmensbewertung** aus der Sicht der Hochschule, in: 50 Jahre Wirtschaftsprüferberuf, Bericht über die Jubiläumsfachtagung vom 21. bis 23. Oktober 1981 in Berlin, Düsseldorf 1981, S. 221–245.

Coenenberg, A. G./Brandi, E. H.: The Information Content of **Annual Accounting Income Numbers** of German Corporations – A Review of German Accounting Standards and Some Preliminary Empirical Results, in: The Annals of School of Business Administration, Kobe University, No. 23, 1979.

Coenenberg, A. G./Sautter, M. T.: Strategische und finanzielle Bewertung von **Unternehmensakquisitionen**, in: DBW, 48. Jg. (1988), S. 691–710.

Coenenberg, A. G./Sieben, G.: Unternehmensbewertung in: Handwörterbuch der Betriebswirtschaft, 4. Aufl., 1976, Sp. 4062–4079.

Coffee, J. C./Lowenstein, L./Rose-Ackerman, S. (Hrsg.): **Knights**, Raiders, and Targets, New York 1988.

Coley, S. C./Reinton, S. E.: The Hunt for Value, in: McKinsey Quaterly, 1988, Frühj.-Ausg., S. 29–34.

Copeland, T. E./Weston, J. F.: **Financial Theory** and Corporate Policy, 2. Aufl., Reading, Ma. 1983.

Csik, A.: **Substanzwert** als Funktion der Ertragserwartungen, in: DB, 38. Jg. (1985), S. 1901–1907.

Davies, P.: Das Prinzip Chaos, 1988.

Derkinderen, F. G. J./Crum, R. L. (Hrsg.): Risk, Capital Costs and Project Financing Dicisions, Boston, Ma. 1981.

Diedrich, R.: **Substanzwertorientierte Verfahren** zur Bewertung von Unternehmen in der ehemaligen DDR, in: BFuP, 43. Jg. (1991), S. 155–167.

Dirrigl, H.: Die **Bewertung von Beteiligungen** an Kapitalgesellschaften, Hamburg 1988.

Dirrigl, H.: Die Angemessenheit des Umtauschverhältnisses bei einer Verschmelzung als Problem der Verschmelzungsprüfung und der gerichtlichen Überprüfung, in: WPg, 42. Jg. (1989), S. 413–421 u. S. 454–462.

Domsch, M./Eisenführ, F./Ordelheide, D./Perlitz, M. (Hrsg.): Unternehmenserfolg: Planung – Ermittlung – Kontrolle, Walther Busse von Colbe zum 60. Geburtstag, Wiesbaden 1988.

Dörner, W.: Überlegungen zum **Zinsfuß** bei Unternehmensbewertungen, in: Bericht über die Fachtagung 71 des Instituts der Wirtschaftsprüfer in Deutschland e.V., Düsseldorf 1971, S. 135–144.

Dörner, W.: Überlegungen zu Theorie und Praxis der subjektiven **Unternehmensbewertung** – die Funktionen des Wirtschaftsprüfers als Gutachter, in: WPg, 34. Jg. (1981), S. 202–208.

Drukarczyk, J.: Investitionstheorie und Konsumpräferenz, Berlin 1970.

Drukarczyk, J.: Zum Problem der angemessenen Barabfindung bei zwangsweise ausscheidenden Anteilseignern, in: AG, 18. Jg. (1973), S. 358–365.

Drukarczyk, J.: Finanzierungstheorie, München 1980.

Dychman, T. R./Downes, D. H./Magee, R. P.: Efficient **Capital Markets** and Accounting, Englewood Cliffs 1975.

Earl, P./Fisher, F. G.: International Mergers and Acquisitions, London 1986.

Eisenführ, F.: Preisfindung für **Beteiligungen mit Verbundeffekt**, in: ZfbF, 23. Jg. (1971), S. 467–479.

Elmendorff, W.: Bewertung von Unternehmensanteilen im Streubesitz, in: WPg, 19. Jg. (1966), S. 548–555.

Engeleiter, H.-J.: Unternehmensbewertung, Stuttgart 1970.

Engels, W.: Betriebswirtschaftliche **Bewertungslehre** im Licht der Entscheidungstheorie, Köln–Opladen 1962.

Falkenhausen, B. Freiherr von: Verfassungsrechtliche **Grenzen der Mehrheitsherrschaft** nach dem Recht der Kapitalgesellschaft, Karlsruhe 1967.

Fama, E. F.: »**Efficient Capital Markets:** A Review of Theory and Empirical Work«, in: Journal of Finance, Vol. 25 (1970), Mai-Ausg., S. 383–417.

Fama, E. F./MacBeth, J. D.: **Risk, Return and Equilibrium:** Empirical Tests, in: Journal of Political Economy, Vol. 81 (1973), S. 607–636.

Fischer, L.: Problemfelder und Perspektiven der **Finanzierung durch Venture Capital** in der Bundesrepublik, in: DBW, 47. Jg. (1987), S. 8–32.

Foster, G.: **Asset Pricing Models:** Further Tests, in: Journal of Financial and Quantitative Analysis, Vol. 12 (1977), S. 512–539.

Forster, K.-H.: Zur Ermittlung der angemessenen **Abfindung** nach § 305 AktG, in: AG, 25. Jg. (1980), S. 45–47.

Frank, E.: **Die angemessene Abfindung der Minderheitsaktionäre** bei der Umwandlung von Aktiengesellschaften kraft Mehrheitsbeschlusses, in: Bank-Archiv, 17. Jg. (1937/38), S. 641–646.

Franke, G.: Betriebswirtschaftliche Theorie, in: Handwörterbuch der Wirtschaftswissenschaften, 11. Lieferung 1977, S. 359 ff.

Fraser, R./Henderson, M. S.: Uncertainty in **Capital Budgeting** – The Simulation Approach, in: Cost and Management, Vol. 44 (1970), H. 2, S. 49 ff.

Freund, W.: Die Integration übernommener Unternehmen, in: DBW, 51. Jg. (1991), S. 491–498.

Funk, J.: Die **Bilanzierung nach neuem Recht** aus der Sicht eines international tätigen Unternehmens, in: Baetge, J. (Hrsg.): Das neue Bilanzrecht – Ein Kompromiß divergierender Interessen?, Düsseldorf 1985.

Funk, J.: Die **Verwendung von Planergebnissen** für die Unternehmensbewertung aus der Sicht der Praxis, in: Wirtschaft und Wissenschaft im Wandel, Festschrift für Carl Zimmerer, Frankfurt 1986, S. 129–136.

Funk, J.: Der Goodwill aus der Sicht des Konzernabschlusses und der Unternehmensbewertung, in: Unternehmenserfolg. Planung – Ermittlung – Kontrolle, Walther Busse von Colbe zum 60. Geburtstag, Wiesbaden 1988, S. 157–167.

Gälweiler, A.: Die strategische **Führung der Unternehmung**, in: Der kaufmännische Geschäftsführer, 3. Nachlieferung, 1979.

Gansweid, W.: Zur gerichtlichen Überprüfung der angemessenen **Barabfindung** nach § 305 AktG, in: AG, 22. Jg. (1977), S. 334–341.

Gerling, K.: Unternehmensbewertung in den USA, Bergisch-Gladbach 1985.

Gerpott, T.: Strategieadäquates Personalmanagement bei der Integration von internationalen Akquisitionen, in: BFuP, 42. Jg. (1990), S. 414–432.

Gerpott, T. J.: **Bleiben oder Gehen?** Zur Erklärung der Verbleibensquote von Top-Managern nach Unternehmensakquisitionen, in: ZfB, 61. Jg. (1991), S. 5–32.

Gessler, E.: Die **Umwandlung von Kapitalgesellschaften** und bergrechtlichen Gewerkschaften, in: BB, 11. Jg. (1956), S. 1175–1179.

Gluck, F. W.: »**Strategic Choice** and Resource Allocation«, in: McKinsey Quaterly, 1980, Winter-Ausg., S. 22–23.

Goetzke, W./Sieben, G. (Hrsg.): Moderne Unternehmungsbewertung und Grundsätze ihrer ordnungsgemäßen Durchführung, GEBERA-Schriften Band I, Köln 1977.

Gole, V. S.: Valuation of businesses, shares and property, Sydney 1982.

Göppl, H.: Unternehmensbewertung und **Capital-Asset-Pricing-Theorie**, in: WPg, 33. Jg. (1980), S. 237–245.

Gorden, M. J./Shapiro, E.: **Capital Equipment Analysis:** The Required Rate of Profit, in: Management Science, Vol. 2 (1956), S. 102–110.

Gösche, A.: Ein integratives Management aufbauen, in: FAZ (1990), Nr. 145 vom 26. 6. 1990, Verlagsbeilage Unternehmensbeteiligungen, S. B 19.

Goutier, K.: § 8 Nr. 10 GewStG n. F. und die gewerbesteuerliche Organschaft, in: DB, Jg. (1989), S. 244–246.

Granger, C. W./Morgenstern, O.: Predictability of Stock Market Prices, Lexington 1970.

Großfeld, B.: Unternehmensbewertung als Rechtsproblem, in: JZ, 36. Jg. (1981), S. 641–647.

Großfeld, B.: Unternehmens- und Anteilsbewertung im Gesellschaftsrecht: Zur Barabfindung ausscheidender Gesellschafter, 2. Aufl., Köln 1987.

Großfeld, B.: Zweckmäßige Abfindungsklauseln, in: AG, 33. Jg. (1988), S. 217–223.

Groves-Raines, M./Bryant, E.: **Better Human Resource Planning** Means Better Acquisitions, in: M & A Europa, 1. Jg. (1988), Nr. 1, S. 37–43.

Grüter, H.: **Unternehmensakquisition**. Bausteine eines Integrationsmanagements, Bern und Stuttgart 1991.

Guy, J. R.: The Behavior of **Equity Securities** on the German Stock Exchange, in: Journal of Banking and Finance, Vol. 1 (1977), Juni-Ausg., S. 71–93.

Haberlandt, K.: Das **Wachstum** der industriellen Unternehmung, Neuwied/Berlin 1970.

Hackmann, A.: Unternehmensbewertung und Rechtsprechung, Wiesbaden 1987.

Haegert, L.: Zur neueren Entwicklung der Investitions- und Finanzierungstheorie, in: Proceedings in Operations Research, 1980, S. 161 ff.

Hamada, R. S.: **Portfolio Analysis**, Market Equilibrium and Corporate Finance, in: Journal of Finance, Vol. 24 (1969), S. 13–31.

Hamada, R. S.: The Effect of the Firm's Capital Structure on the **Systematik Risk of Common Stocks**, in: Journal of Finance, Vol. 27 (1972), Mai-Ausg., S. 435–452.

Hammel, R./Wahls, W.: **Dynamische Investitionsrechnung** – Anwendung und Aussagefähigkeit in der Praxis, in: ZfbF – Kontaktstudium, 1979, S. 107–115.

Harms, J. E./Küting, K.: Zur Anwendungsproblematik der angelsächsischen Methode der **Kapitalkonsolidierung** im Rahmen der 7. EG-Richtlinie, in: AG, 25. Jg. (1980), S. 93–100.

Hartmann, B.: Zur Praxis der **Unternehmenswert-Ermittlung**, in: Aktuelle Betriebswirtschaft, Festschrift zum 60. Geburtstag von Konrad Mellerowicz, Berlin 1952, S. 178–205.

Hasenack, W./Mayer, H.: Wert und Preis der ganzen **Unternehmung**, in: BFuP, 19. Jg. (1967), S. 527–529.

Haspeslagh, P. C./Jemison, D. B.: **Managing Acquisitions** – Creating Value Through Corporate Renewal, New York 1991.

Havermann, H.: Aktuelle Grundsatzfragen aus der **Praxis der Unternehmensbewertung**, in: Wirtschaft und Wissenschaft im Wandel, Festschrift für Carl Zimmerer zum 60. Geburtstag, Frankfurt a. M., 1986, S. 157–170.

Hax, K.: Langfristige **Finanz- und Investitionsentscheidungen**, in: Hax, K./Wessels, T. (Hrsg.): Handbuch der Wirtschaftswissenschaften, 2. Aufl., Bd. I, Köln-Opladen 1966, S. 468–489.

Heigl, A.: Der **Ertragswert** der Unternehmung bei Geldwertänderungen, in: WPg, 20. Jg. (1967), S. 34–39.

Helbing, C.: Unternehmensbewertung und Steuern, 4. Aufl., Düsseldorf 1982, 6. Aufl. 1990.

Henderson, B. D.: Henderson on **Corporate Strategy**, Cambridge, Ma. 1979.

Henderson, G.: Die **Erfahrungskurve** in der Unternehmensstrategie, Frankfurt a. M./New York 1974.

Henderson, J. M./Quandt, R. E.: Mikroökonomische Theorie, München 1967, 5. Aufl. 1983.

Henn, R./Künzi, H. P.: Einführung in die **Unternehmensforschung I**, Berlin-Heidelberg–New York 1968.

Hertz, D. B.: **Risk Analysis** in Capital Investment, in: HBR, Vol. 42 (1964), No. 1, S. 95–106.

Hertz, D. B.: **Investment Policies** that Pay off, in: HBR, Vol. 46 (1968), H. 1, S. 96–108.

Herzig, N.: Die **Beendigung eines unternehmerischen Engagements** als Problem der Steuerplanung, Habilitationsschrift, Köln 1981.

Herzig, N.: Verluste im Körperschaftsteuerlichen Anrechnungsverfahren, in: Steuerberater-Jahrbuch 1982/83, Köln 1983, S. 141–180.

Herzig, N.: Nachversteuerung nichtabziehbarer Ausgaben und Organschaft, in: DStR, 25. Jg. (1987), S. 671–675.

Herzig, N.: Die **Neuordnung der Besteuerung außerordentlicher Einkünfte**: Gestaltungsmaßnahmen bei Beteiligungen und Veräußerungen, in: Bericht über die Steuerfachtagung '88 des IdW, Düsseldorf 1988, S. 57 ff.

Herzig, N.: Steuerorientierte Gestaltung des Unternehmenskaufs, in: Steuerberater-Jahrbuch 1989/1990, Köln 1990, S. 257–294.

Herzig, N.: Steuerorientierte **Grundmodelle des Unternehmenskaufs**, in: DB, 43. Jg. (1990), S. 133–138.

538

Herzig, H. J./Hötzel, O.: Ausschüttungsbedingte Teilwertabschreibung, in: DB, 41. Jg. (1988), S. 2265–2272.

Herzig, H. J./Hötzel, O.: Steuerorientierte Gestaltungsinstrumente beim Unternehmenskauf, in: DBW, 50. Jg. (1990), S. 513–523.

Heun, W.: Zur Frage der angemessenen **Abfindung** der bei der Umwandlung ausscheidenden Minderheitsaktionäre, in: Der Wirtschaftstreuhänder, 7. Jg. (1938), S. 220–223.

Hielscher, U./Heintzelmann, H.: BETA-Faktoren. Berücksichtigung psychologischer Einflußgrößen in der Wertpapieranalyse, in: DVFA, Beiträge zur Aktienanalyse, Heft 14, Darmstadt 1975.

Hinterhuber, H. H.: Strategische Unternehmensführung, Berlin/New York 1977, 4. Aufl. 1989.

Hoffmann, F.: So wird Diversifikation zum Erfolg, in: HM, 1989, H. 4, S. 52–58.

Hofstede, G.: The Interaction Between National and Organizational **Value Systems**, in: Journal of Management Studies, 22. Jg. (1985), S. 347–357.

Hölters, W. (Hrsg.): Handbuch des Unternehmens- und Beteiligungskaufs, 2. Aufl., Köln 1989.

Holzapfel, H. J./Pöllath, R.: Recht und Praxis des Unternehmenskaufs, 4. Aufl., Köln 1989, 5. Aufl. 1990.

Hostein, W. J.: The Stateless Coporation, in: Business Week (1990), Nr. 3152-482 vom 14. 5. 1990, S. 52–59.

Humpert, F. W.: Unternehmensakquisition, in: DBW, 45. Jg. (1985), S. 30–41.

Hunt, J. W./Lees, S./Grumbar, J. J./Vivian, P. D.: **Acquisitions** – The Human Factor, London 1987.

Huppert, W.: **Unternehmensbewertung** zur Abfindung außenstehender Aktionäre, in: Zeitschrift für das gesamte Kreditwesen, 23. Jg. (1970), S. 316–322.

Ibbotson, R. G./Sinquefield, R. A.: **Stocks, Bonds, Bills and Inflation:** The Past and the Future. Research Foundation Monograph No. 15, 1982.

Institut der Wirtschaftsprüfer (IdW): Grundsätze zur Durchführung von **Unternehmensbewertungen**, Stellungnahme HFA 2/1983, Düsseldorf 1983.

Institut der Wirtschaftsprüfer (IdW): **Wirtschaftsprüfer-Handbuch** 1992. Handbuch für Rechnungslegung, Prüfung und Beratung, 10. Aufl., Düsseldorf 1992.

Institut der Wirtschaftsprüfer (IdW): Ministerium der Finanzen, Berlin: Hinweise für die **Bewertung von Unternehmen in der DDR**, Düsseldorf 1990.

Institut der Wirtschaftsprüfer (IdW): **Stellungnahme** HFA 2/90, in: WPg, 43. Jg. (1990), S. 403–404.

Jacob, H.: Die Methoden zur **Ermittlung des Gesamtwertes** einer Unternehmung, in: ZfB, 30. Jg. (1960), S. 131–147.

Jacob, N.: The **Measurement of Systematic Risk** for Securities and Portfolios: Some Empirical Results, in: Journal of Financial and Quantitive Analysis, Vol. 6 (1971), S. 815–834.

Jaensch, G.: Ein einfaches Modell der **Unternehmensbewertung ohne Kalkulationszinsfuß**, in: ZfbF, 18. Jg. (1966), S. 660–679.

Jaensch, G.: **Wert und Preis** der ganzen Unternehmung, Köln–Opladen 1966.

Jaensch, G.: Der **Einfluß des Dollarkurses auf Investitionen** deutscher Unternehmen in den USA, in: ZfbF, 39. Jg. (1987), S. 1023–1033.

Jaensch, G.: Unternehmensbewertung bei Akquisitionen in den USA, in: ZfbF – Kontaktstudium, 41. Jg. (1989), S. 329–339.

Jensen, M. E.: **Takeovers** – Folklore and Science, in: HBR, 62. Jg. (1984), H. 6, S. 109–121.

Jensen, M. E./Ruback, R. S.: The Market for **Corporate Control** – The Scientific Evidence, in: Journal of Financial Economies, 1983, H. 4.

Jung, W.: **US-amerikanische und deutsche Rechnungslegung** – Bilanzierungsleitfaden für beide Länder mit Besteuerungs- Richtlinien für deutsche Unternehmen in den USA, 1979.

Jung, W.: Praxis des Unternehmenskaufs, Stuttgart 1983.

Käfer, K.: Zur **Bewertung der Unternehmung** als Ganzes. Rechnungsführung in Unternehmung und Staatsverwaltung, Festgabe für Otto Juzi, Zürich 1946, S. 71–98.

Käfer, K.: **Substanz und Ertrag** bei der Unternehmensbewertung, in: Busse von Colbe, W./Sieben, G. (Hrsg.): Betriebswirtschaftliche Information, Entscheidung und Kontrolle, Festschrift für Hans Münstermann, Wiesbaden 1969, S. 295–357.

Kindermann, H. H.: Der **Einfluß des Börsenkurses** auf die angemessene Abfindung nach § 12 UmwG, in: AG, 9. Jg. (1964), S. 178–181.

Kirchner, M.: Strategisches Akquisitionsmanagement im Konzern, Wiesbaden 1991.

Kitching, J.: Why do mergers miscarry?, in: HBR, Vol. 45 (1967), November–Dezember, S. 84–101.

Kitching, J.: Winning and loosing with **European acquisitions**, in: HBR, Vol. 53 (1974), H. 2, S. 124–136.

König, W.: Die **Bewertung** von Unternehmen unter Anwendung von Konventionen, in: WPg, 23. Jg. (1970), S. 72–78.

Koppenberg, H.-J.: **Bewertung von Unternehmen**. Höchstrichterliche Entscheidungen nach dem Umwandlungsgesetz, Düsseldorf 1964.

Koxholt, R.: Die **Simulation**, ein Hilfsmittel der Unternehmensforschung, München–Wien 1967.

Krag, J.: Konfliktbezogene Unternehmensbewertung, Meinsenheim am Glan 1975.

Krag, J.: Anmerkungen zu den neuen berufsständischen Empfehlungen zur **Bewertung ganzer Unternehmungen**, in: WPg, 34. Jg. (1981), S. 285–290.

Krahnen, H. J.: Die Finanzierung nicht-emissionsfähiger mittelständischer Unternehmen, in: Christians, F. W. (Hrsg.): Finanzierungshandbuch, 2. Aufl., Wiesbaden 1988, S. 563–576.

Kraus-Grünewald, M.: Ertragsermittlung bei Unternehmensbewertung, Wiesbaden 1982.

Kromschröder, B.: Unternehmensbewertung und Risiko, Berlin/Heidelberg/ New York 1979.

Kropff, B.: **Rechtsfragen der Abfindung** ausscheidender Aktionäre, in: DB, 15. Jg, (1962), S. 155–158.

Krüfer, W.: Management von Akquisitionsobjekten, in: Zfo, 57. Jg. (1988), S. 371–377.

Krüger, W./Müller-Stevens, G.: Matching **Acquisition Policy** and Integration Style, in: Van Krogh, G./Sinatra, A./Singh, H.: Managing corporate acquisitions: A comparative analysis, 1992.

Künnemann, M.: Objektivierte Unternehmensbewertung, Frankfurt a.M. 1985.

Küppers, C.: **Der Firmenwert** in Handels- und Steuerbilanz nach Inkrafttreten des Bilanzrichtlinien-Gesetzes – Rechtsnatur und bilanzpolitische Spielräume, in: DB, 39. Jg. (1986), S. 1633–1639.

Lange, C.: Jahresabschlußinformation und Unternehmensbewertung, Frankfurt a.M. 1989.

Laux, H.: Unternehmensbewertung bei Unsicherheit, in: ZfB, 41. Jg. (1971), S. 525–540.

Laux, H./Franke, G.: Zum Problem der **Bewertung von Unternehmungen** und anderen Investitionsgütern, in: Ufo, 13. Jg. (1969), S. 205–225.

Lehmann, M.: Zur Theorie der Zeitpräferenz, Berlin 1975.

Leimer, W.: Die Integration akquirierter Unternehmungen, Bern und Stuttgart 1991.

Leissle, F.: **Der betriebliche Geschäftswert** und seine Bedeutung im Wirtschafts- und Steuerrecht, in: STuW, 30. Jg. (1953), S. 642–651.

Leunig, M.: Die Bilanzierung von Beteiligungen, Bochum 1970.

Leuthier, R.: Das Interdependenzproblem bei der Unternehmensbewertung, Frankfurt a.M. 1988.

Lindgren, U.: Strategic Aspects of **Postacquisition Management** in Multinational Corporations, in: International Studies of Management & Organization, 12. Jg. (1982), S. 83–123.

List, St.: Die Bewertung der GmbH, Frankfurt a.M. 1987.

Lutz, H.: Zum **Konsens und Dissens** in der Unternehmensbewertung, in: BFuP, 33. Jg. (1981), S. 146–155.

Lutz, H.: **Entscheidungswerte** im Planungsprozeß der Unternehmensakquisition, München/Köln 1984.

Maaßen, K.: Die neuen Thesen des BFH zur **Berechnung des Teilwertes** des Geschäftswertes, in: FR, 32. Jg. (1977), S. 465–467.

Manzini, A. O./Gridley, J. D.: **Human Resource Planning** for Mergers and Acquisitions, in: Human Resource Planning, 9. Jg. (1986), H. 2, S. 51–57.

Markowitz, H. M.: Portfolio Selection, in: Journal of Finance, Vol. 7 (1952), S. 77–91.

Marks, M. L./Mirvis, P.: **Merger Syndrome:** Stress and Uncertainty, in: Mergers & Acquisitions, 20. Jg. (1985), H. 2, S. 50–55.

Matschke, M. J.: Der Kompromiß als betriebswirtschaftliches Problem bei der **Preisfestsetzung** eines Gutachters im Rahmen der Unternehmensbewertung, in: ZfbF, 21. Jg. (1969), S. 57–77.

Matschke, M. J.: Der **Arbitrium- oder Schiedsspruchwert** der Unternehmung – Zur Vermittlerfunktion eines unparteiischen Gutachters bei der Unternehmensbewertung, in: BFuP, 23. Jg. (1971), S. 508–520.

541

Matschke, M. J.: Der **Gesamtwert der Unternehmung** als Entscheidungswert, in: BFuP, 24. Jg. (1972), S. 146–161.

Matschke, M. J.: Der Entscheidungswert der Unternehmung, Wiesbaden 1975.

Matschke, M. J.: Funktionale Unternehmungsbewertung, Band II: **Der Arbitriumwert** der Unternehmung, Wiesbaden 1979.

Matschke, M. J.: Unternehmungsbewertung in dominierten Konfliktsituatio-
nen am Beispiel der **Bestimmung der angemessenen Barabfindung** für
den ausgeschlossenen oder ausscheidungsberechtigten Minderheits-Kapitalgesellschafter, in: BFuP, 33. Jg. (1981), S. 115–129.

Matschke, M. J.: Geldentwertung und Unternehmensbewertung, in: WPg,
39. Jg. (1986), S. 549–555.

Matuschka, A.: Risiken von Unternehmensakquisitionen, in: BFuP, 42. Jg.
(1990), S. 104–113.

Maul, K.-H.: Probleme prognose-orientierter **Unternehmensbewertung**,
Wiesbaden 1976.

Maus, N.: **Unternehmensbewertung** als Grundlage unternehmerischer Entscheidungen, in: Busse von Colbe. W./Sieben, G. (Hrsg.): Betriebswirtschaftliche Information, Entscheidung und Kontrolle, Festschrift für Hans Münstermann, Wiesbaden 1969, S. 381–399.

McManus, M. L./Hergert, M. L.: Surviving Merger and Acquisition, Glenview
1988.

Meffert, H.: **Globalisierungsstrategien** und ihre Umsetzung im internationalen Wettbewerb, in: DBW, 49. Jg. (1989), S. 445–463.

Meilicke, W.: Die **Barabfindung** für den ausgeschlossenen oder ausscheidungsberechtigten Minderheits-Kapitalgesellschafter, Berlin 1975.

Meilicke, W.: **Rechtsgrundsätze** zur Unternehmensbewertung, in: DB, 33. Jg.
(1980), S. 2121–2123.

Mertens, P.: Simulation, Stuttgart 1969, 2. Aufl. 1982.

Miller, M. H./Scholes, M. S.: **Rates of Return** in Relation to Risk: A Re-
Examination of Some Recent Findings, in: Jensen, M. C. (Hrsg.): Studies in
the Theory of Capital Markets, New York 1972, S. 47–78.

Mirvis, P. H./Marks, M. L.: Managing the Merger, Englewood Cliffs 1992.

Mitchell, D.: The Importance of Speed in **Post-Merger Reorganisation**, Genf
1989.

Modigliani, F./Pogue, G. A./Scholes, M. S./Solnik, B. H.: Efficiency of **European
Capital Markets** and Comparison with the American Market, Proceedings
of the 1st International Congress on Stock Exchanges, Milan 1972.

Möller, H. P.: **Bilanzkennzahlen** und Ertragsrisiken des Kapitalmarktes,
Stuttgart 1986.

Möller, W.-P.: **Der Erfolg von Unternehmenszusammenschlüssen** – eine
empirische Untersuchung, München 1983.

Moser, A. C.: Gefahren beim Kauf von Unternehmen, Stuttgart 1991.

Moser, A. C.: Gefahren beim Verkauf von Unternehmen, Stuttgart 1991.

Moxter, A.: Lineares Programmieren und betriebswirtschaftliche Kapitaltheorie, in: ZfhF, N. F., 15. Jg. (1963), S. 285–309.

Moxter, A.: Das »Stuttgarter Verfahren« und die Grundsätze ordnungsmäßiger
Unternehmensbewertung, in: DB, 29. Jg. (1976), S. 1585–1589.

Moxter, A.: Die Bedeutung der Grundsätze ordnungsmäßiger Unternehmensbewertung, in: ZfbF, 32. Jg. (1980), S. 454–459.

Moxter, A.: Wirtschaftsprüfer und Unternehmensbewertung, in: Seicht, G.
(Hrsg.): Management und Kontrolle, Festgabe für Erich Loitlsberger zum
60. Geburtstag, Berlin 1981, S. 409–429.

Moxter, A.: Grundsätze ordnungsmäßiger **Unternehmensbewertung**, Wiesbaden 1976, 2. Aufl. 1983.

Mühlbrandt, F. W./Reiss, W.: Das Verhalten deutscher Aktienkurse, in: AG,
25. Jg. (1980), S. 113–125.

Müller, E.: Der Einfluß des Bilanzrichtlinien-Gesetzes auf die **Daten zur
Steuerung eines Konzerns**, in: DB, 38. Jg. (1985), S. 241–247.

Müller, M.: Aktienpaket und Paketzuschlag, Diss. Ffm. 1972.

Müller, W.: Der Wert der Unternehmung, in: JuS, 13. Jg. (1973), S. 603–606,
745–749, 14. Jg. (1974), S. 147–151, 288–291, 424–429, 558–561, 15. Jg.
(1975), S. 489–494, 553–558.

Müller-Dahl, F. P.: Die **Bilanzierung des Goodwill** – betriebswirtschaftliche
sowie handels- und steuerrechtlich unter Berücksichtigung des Vorentwurfs
eines Bilanzrichtlinien-Gesetzes, in: BB, 36. Jg. (1981), S. 274–284.

Müller-Stewens, G.: **Personal-Management** bei Mergers & Acquisitions, in:
Jahrbuch Weiterbildung 1991, Düsseldorf 1991, S. 57–59.

Müller-Stewens, G.: Personalwirtschaftliche und organisationstheoretische
Problemfelder bei Mergers & Acquisitions, In: Ackermann, K.-F./
Scholz, H. (Hrsg.): Neue Entwicklungen – Neues Denken – Neue Strategien,
Stuttgart 1991, S. 157–171.

Müller-Stewens, G./Salecker, J.: **Kommunikation** – Schlüsselkompetenz im
Akquisitionsprozeß, in: Absatzwirtschaft, 1991, H. 10, S. 104–113.

Müller-Stewens, G./Zappei, L./Vanselow, J.: Integration von Unternehmensakquisitionen in den neuen Bundesländern, in: Handelsblatt 1992, i. V.

Münstermann, H.: Der Gesamtwert des Betriebes, in: Schweizerische Zeitschrift für kaufmännisches Bildungswesen, 46. Jg. (1952), S. 181–193,
209–219.

Münstermann, H.: **Wert und Bewertung** der Unternehmung, 3. Aufl., Wiesbaden 1970.

Münstermann, H.: **Zukunftsentnahmewert** der Unternehmung und seine
Beurteilung durch den Bundesgerichtshof, in: BFuP, 32. Jg. (1980),
S. 114–124.

Myers, St.: The Evaluation of an Acquisition Target, in: Midland Corporate
Finance Journal, Winter 1983, S. 39 ff.

Myers, S. C./Turnbull, S. M.: **Capital Budgeting** and the Capital Asset Pricing
Model: Good News and Bad News, in: Journal of Finance, Vol. 32 (1977),
S. 321–333.

Napier, N. K.: **Mergers and Acquisitions**, Human Resource Issues and Out-
comes: A Review and Suggested Typology, in: Journal of Management Studies, 26. Jg. (1989), S. 271–289.

Napier, N. K./Simmons, G./Stratton, K.: **Communication During a Merger:**
The Experience of Two Banks, in: Human Resource Planning, 12. Jg. (1989),
H. 2, S. 105–122.

Naylor, T. H./Balinfy, J.L./Burdick, D. S./Chu, K.: Computer Simulation Techniques, New York–London–Sydney 1966.

Neuhaus, C.: Unternehmensbewertung und Abfindung bei freiwilligem Ausscheiden aus der Personengesellschaft, Heidelberg 1990.

Niehus, R. J.: **Vor-Bemerkungen** zu einer Konzernbilanzrichtlinie (Teil II), in: WPg, 37. Jg. (1984), S. 320–326.

Nolte, C./Leber, H.: Feindliche Unternehmensübernahmen – eine Gefahr für deutsche Unternehmen?, in: DBW, 50. Jg. (1990), S. 573–585.

Nolte, W.: **Synergien** – Nur durch Wertschöpfung erschließbar, Arbeitskreis »Das Unternehmen am Markt« der Schmalenbach-Gesellschaft, Frankfurt 1987 (unveröffentlichtes Manuskript).

Ordelheide, D.: **Anschaffungskostenprinzip** im Rahmen der Erstkonsolidierung gem. § 301 HGB, in: DB, 39. Jg. (1986), S. 493–499.

Otto, H.-J.: **Fremdfinanzierte Übernahmen** – Gesellschafts- und steuerrechtliche Kriterien des Leveraged Buy-Out, in: DB, 42. Jg. (1989), S. 1389–1396.

o.V.: Strategische Unternehmensbewertung, Lust auf Cash-Kühe, in: Wirtschaftswoche Nr. 11 vom 7. 3. 1986, S. 64 ff.

o.V.: Hat die Bundesrepublik Deutschland als Industriestandort ausgespielt?, in: Neue Züricher Zeitung v. 23. 3. 1988.

o.V.: Cross-Border M & A Thrives Europe as Deal Volume Hits $ 50 Bn, in: M & A Europe, 2. Jg. (1990), H. 3, S. 47–53.

Pauka, D.: **Änderungen des Gewerbesteuerrechts** durch das StRefG 1990, in: DB, 41. Jg. (1988), S. 2224–2228.

Peemöller, V. H.: Ermittlung des Unternehmenswertes, in: Steuer und Studium, 10. Jg. (1989), H. 2, S. 41–49.

Peemöller, V. H.: Handbuch Unternehmensbewertung, Landsberg am Lech 1984.

Piltz, D. J.: Die Unternehmensbewertung in der Rechtsprechung, 2. Aufl., Düsseldorf 1989.

Pogue, G. A./Solnik, B. H.: The Market Model Applied to **European Common Stocks:** Some Empirical Results, in: Journal of Financial and Quantitative Analysis, Vol. 9 (1974), Dez.-Ausg., S. 917–944.

Pöllath, R./Wenzel, B.: **Gewerbesteuerliche Teilwertabschreibung** bei Organschaft, in: DB, 42. Jg. (1989), S. 797–798.

Porter, M. E.: How Competitive Forces Shape Strategy, in: HBR, Vol. 57 (1979), H. 2, S. 137–145.

Porter, M. E.: **Wettbewerbsvorteile** – Spitzenleistungen erreichen und behaupten, Frankfurt/New York 1986.

Porter, M. E.: Diversifikation – Konzerne ohne Konzept, in: HM, o. Jg. (1987), H. 4, S. 30–49.

Porter, M. E.: From Competitive Advantage to **Corporate Strategy**, in: HBR, Vol. 65 (1987), H. 3, S. 43–59.

Porter, M. E.: Wettbewerbsstrategie: Methoden zur Analyse von Branchen und Konkurrenten, 5. Aufl., Frankfurt 1988.

Purwins, H.: Steuerrechtliche Fragen, in: Hölters, W. (Hrsg.): Handbuch des Unternehmens- und Beteiligungskaufs, 2. Aufl., Köln 1989, S. 229–285.

Rädler, A./Pollath, R.: Handbuch der Unternehmensakquisition, Frankfurt a. M. 1982.

Rall, W.: Organisation für den Weltmarkt, in: ZfB, 59. Jg. (1989), S. 1074–1089.

Rappaport, A.: **Strategic analysis** for more profitable acquisitions, in: HBR, Vol. 57. (1979), H. 4, S. 99–110.

Rappaport, A.: **Selecting strategies** that create shareholder value, in: HBR, Vol. 59. (1981), S. 139–149.

Ravenscraft, D. A./Scherer, F. M.: Mergers and Managerial Performance. Manuskript, vorgetragen auf der »Conference on Takeovers and Contests for Corporate Control«, Columbia Law School, New York 1985.

Reineke, R.-D.: Akkulturation von Auslandsakquisitionen, Wiesbaden 1989.

Reuter, A. L.: Die Berücksichtigung des Risikos bei der **Bewertung von Unternehmen**, in: WPg, 23. Jg. (1970), S. 265–276.

Rieger, W.: **Zur Frage der angemessenen Abfindung** der bei der Umwandlung ausscheidenden Minderheitsaktionäre, in: Der Wirtschaftstreuhänder, 7. Jg. (1938), S. 256–258.

Robichek, A./Myers, S. C.: Optimal Financing Dicisions, Englewood Cliffs, N. J. 1965.

Roessel, R. van: **Führungskräfte-Transfer** in internationalen Unternehmen, Köln 1988.

Rosenberg, B./Guy, J.: Prediction of Beta from Investment Fundamentals, in: Financial Analysis Journal, 1976, Vol. 3 (May-June), S. 60 and Vol. 4 (July-August), S. 62.

Roser, U.: Unternehmensbewertung und Kapitalisierungszinsfuß bei der **Barabfindung** im Falle eines Beherrschungs- und Gewinnabführungsvertrages, in: DB, 33. Jg. (1980), S. 894–895.

Rudolph, B.: Zur Theorie des Kapitalmarktes – Grundlagen, Erweiterungen und Anwendungsbereiche des »Capital Asset Pricing Model (CAPM)«, in: ZfB, 49. Jg. (1979), S. 1034–1067.

Rummel, K.: Die Verfahren zur **Ermittlung des Zeitwertes** (Substanzwertes) von Industrieanlagen, in: ZfhF, 12. Jg. (1917/18), S. 1 ff.

Ruhnke, K.: Unternehmensbewertung: Ermittlung der Preisobergrenze bei strategisch motivierten Akquisitionen, in: DB, 44. Jg. (1991), S. 1889–1894.

Saelzle, R.: **Kapitalmarktreaktionen** bei Investitionsentscheidungen, in: Die Unternehmung, 30. Jg. (1976), S. 319–331.

Salter, M. S./Weinhold, W. A.: Diversification Through Acquisition, New York 1979.

Salter, M. S./Weinhold, W. A.: Choosing compatible acquisitions, in: HBR, Vol. 59. (1981), S. 117–127.

Samuels, J. M.: Inefficient **Capital Markets** and Their Implications, in: Derkinderen, F. G. J./Crum, R. L. (Hrsg.): Risk, Capital Costs and Project Financing Dicisions, Boston, Ma. 1981, S. 129–148.

Sautter, M. T.: Strategische Analyse von Unternehmensakquisitionen, Frankfurt a. M. 1989.

Schein, E. H.: **Mergers and Acquisitions:** Some Critical Issues for CEO's, in: Centre for Organisational Studies (Hrsg.): Mergers and Acquisitions: Organisational and cultural issues, Barcelona 1990, S. 9–14.

Scheiter, D.: Die **Integration** akquirierter Unternehmungen, St. Gallen 1989.

Schell, G. R.: Die Ertragsermittlung bei Bankbewertungen, Frankfurt a. M. 1988.

Scherer, F. M.: **Industrial Market Structure** and Economic Performance, 2. Aufl., Boston, Ma., 1980, 3. Aufl. 1990.

Scherer, F. M.: **Mergers**, Sell-Offs and Managerial Behavior, in: Thomas, L. G. (Hrsg.): The Economics of Strategic Planning, Lexington/Ma. 1986.

Scherer, H.-P.: **Fremdübernahme** der eigenen Firma kann Top-Managern neue Chancen bescheren, in: Handelsblatt-Beilage Karriere (1989), Nr. 31 vom 28./29. 7. 1989, S. K1–K2.

Schildbach, T.: Die Berücksichtigung der Geldentwertung bei der Unternehmungsbewertung, in: Goetzke, W./Sieben, G. (Hrsg.): Moderne Unternehmungsbewertung und Grundsätze ihrer ordnungsgemäßen Durchführung, GEBERA-Schriften Band I, Köln, 1977, S. 225–235.

Schmalenbach, E.: **Vergütung für den Wert des Geschäftes** bei dessen Übergang in andere Hände, in: ZfhF, 7. Jg. (1912/13), S. 36–42.

Schmidt, H.: Menschen und Mächte, 1987.

Schmidt, R. H.: Empirische **Kapitalmarktforschung** und Anlageentscheidung, in: Zeitschrift für die gesamte Staatswissenschaft, 132. Jg. (1976), S. 649–678.

Schmidt, R.: Der **Sachzeitwert** als Übernahmepreis bei der Beendigung von Konzessionsverträgen, Kiel 1991.

Schneeweiß, H.: Entscheidungskriterien bei Risiko, Berlin–Heidelberg–New York 1967.

Schneider, D.: Die wirtschaftliche **Nutzungsdauer von Anlagegütern** als Bestimmungsgrund der Abschreibungen, Köln–Opladen, 1961.

Schneider, D.: Das Versagen der **Paradigmavorstellung** für die Betriebswirtschaftslehre, in: ZfbF, 34. Jg. (1982), S. 849–869.

Schneider, D.: Allgemeine Betriebswirtschaftslehre, 3. Aufl., 1987.

Schneider, D.: Investition und Finanzierung, 4. Aufl., Wiesbaden 1975, Investition, Finanzierung und Besteuerung, 6. Aufl., 1989.

Schneider, D.: **Was verlangt eine marktwirtschaftliche Steuerreform:** Einschränkung des Verlust-Mantelkaufs oder Ausweitung des Verlustausgleichs durch handelbare Verlustverrechnungsgutscheine, in: BB, 43. Jg. (1988), S. 1222–1229.

Schneider, E.: Wirtschaftlichkeitsrechnung. Theorie der Investition, 7. Aufl., Tübingen–Zürich 1968 (2. Aufl. 1958).

Schneider, J.: Die Ermittlung strategischer **Unternehmenswerte**, in: BFuP, 40. Jg. (1988), S. 529.

Schreib, H. P.: Zur Bewertung von Minderheitsanteilen, in: Das Wertpapier, 15. Jg. (1967), S. 132–136.

Schult, E.: Bilanzanalyse, 6. Aufl., Freiburg i. B. 1986, 8. Aufl. 1991.

Schwegmann, V./Pfaffenberger, W. C.: Möglichkeiten und Grenzen von Abwehrmaßnahmen der Verwaltung gegen feindliche Übernahmeangebote, in: DBW, 51. Jg. (1991), S. 561–580.

Schweiger, D. M./De Nisi, A. S.: The **Effects of Communication** with Employees Following a Merger: A Longitudinal Field Experiment, Arbeitspapier,

University of South Carolina, Columbia 1989 (Hektographisches Manuskript, 42 S.).

Schweider, D. M./Weber, Y.: Strategies for **Managing Human Resources** During Mergers and Acquisitions: An Empirical Investigation, in: Human Resource Planning, 12. Jg. (1989), H. 2, S. 69–86.

Seelbach, H.: Die Planung mehrstufiger Produktionsprozesse in Mehrproduktunternehmen mit Hilfe von **Simulationsverfahren**, unveröff. Habilitationsschrift, Köln 1970.

Servatius, H.-G.: New Venture Management, Wiesbaden 1988.

Sharpe, W. F./Cooper, G. M.: **Risk-Return Classes** of New York Stock Exchange Common Stocks 1931–1967, in: Financial Analysts Journal, Vol. 28 (1972), März/April-Ausg., S. 46–54.

Shrivastava, P.: Postmerger Integration, in: Journal of Business Strategy, 7. Jg. (1986), H. 1, S. 65–76.

Sieben, G.: Der Substanzwert der Unternehmung, Wiesbaden 1963.

Sieben, G.: Der **Anspruch auf angemessene Abfindung** nach § 12 UmwG, in: AG, 11. Jg. (1966), S. 6–13, S. 54–58 und S. 83–89.

Sieben, G.: **Bewertungs- und Investitionsmodelle** mit und ohne Kapitalisierungszinsfuß, in: ZfB, 37. Jg. (1967), S. 126–147.

Sieben, G.: Die **Bewertung** von Erfolgseinheiten, Köln 1968.

Sieben, G.: **Angemessener Ausgleich** und angemessene Abfindung beim Abschluß von Beherrschungs- und Gewinnabführungsverträgen, in: Busse von Colbe, W./Sieben, G. (Hrsg.): Betriebswirtschaftliche Information, Entscheidung und Kontrolle, Festschrift für Hans Münstermann, Wiesbaden 1969, S. 401–418.

Sieben, G.: Die **Bewertung von Unternehmen** aufgrund von Erfolgsplänen bei heterogenen Zielen, in: Busse von Colbe, W./Meyer-Dohm, P. (Hrsg.): Unternehmerische Planung und Entscheidung, Bielefeld 1969, S. 71–100.

Sieben, G.: Zur Problematik einer auf Bilanzgewinnen basierenden Unternehmensbewertung in Zeiten der **Geldentwertung**, in: Beatge, J./Moxter, A./Schneider, D. (Hrsg.): Bilanzfragen, Festschrift für Ulrich Leffson, Düsseldorf 1976, S. 255–271.

Sieben, G.: Funktion der Bewertung ganzer Unternehmen und von Unternehmensanteilen, in: WISU, 12. Jg. (1983), S. 539–542.

Sieben, G.: **Unternehmensstrategien und Kaufpreisbestimmung** – Ein Beitrag zur Bewertung ganzer Unternehmen, in: Festschrift 40 Jahre Der Betrieb, Stuttgart 1988, S. 81 ff.

Sieben, G./Diedrich, R.: Aspekte der Wertfindung bei strategisch motivierten Unternehmensakquisitionen, in: ZfbF – Kontaktstudium, 42. Jg. (1990), S. 794–809.

Sieben, G./Lutz, H.: Akquisition und strategische Planung, in: Goetzke, W./Sieben, G. (Hrsg.): Unternehmensakquisitionen – Betriebswirtschaftliche und juristische Gestaltungsfragen, Bd. 8 der GEBERA-Schriften, Köln 1981, S. 13 ff.

Sieben, G./Schildbach, T.: Zum Stand der Entwicklung der Lehre von der **Bewertung ganzer Unternehmen**, in: DStR, 17. Jg. (1979), S. 455–461.

Sieben, G./Schildbach, T.: Betriebswirtschaftliche Entscheidungstheorie, 3. Aufl., Düsseldorf 1990.

Sieben, G./Sielaff, M. (Hrsg.): **Unternehmensakquisition**, Bericht des Arbeitskreises Unternehmensakquisition der Schmalenbach-Gesellschaft, Stuttgart 1989.

Sieben, G./Stein, H. G. (Hrsg.): Unternehmensakquisitionen – Strategien und Abwehrstrategien, Stuttgart 1992.

Sieben, G./Zapf, B. (Hrsg.): Arbeitskreis »Unternehmensbewertung im Rahmen der unternehmerischen Zielsetzung«: **Unternehmensbewertung als Grundlage unternehmerischer Entscheidungen,** Stuttgart 1981.

Sieber, E. H.: Der **Simulation** gehört die Zukunft, in: Der Volkswirt, 23. Jg. (1969), H. 14, S. 44–48.

Siefert, B.: Besonderheiten bei der Bewertung von Unternehmen in den fünf neuen Bundesländern, in: DStR, 12. Jg. (1991), S. 393–399.

Siegel, Th.: Das Risikoprofil als Alternative, in: Rückle, D. (Hrsg.): Aktuelle Fragen der Finanzwirtschaft und der Unternehmensbesteuerung, Festschrift für E. Loitlsberger zum 70. Geburtstag, Wien 1991, S. 619–638.

Standop, D.: Die Kapitaltheorie der Chicago-School, in: Zeitschrift für Wirtschafts- und Sozialwissenschaften, 96. Jg. (1976), S. 55–70.

Streitferdt, L.: Grundlagen und Probleme der betriebswirtschaftlichen **Risikotheorie**, Wiesbaden 1973.

Sturges, J. S.: A Method for **Merger Madness**, in: Personnel Journal, 68. Jg. (1989), H. 3. S. 60–69.

Stützel, W.: Aktienrechtsreform und Konzentration, in: Die Konzentration in der Wirtschaft, II. Bd., Ursachen der Konzentration, Berlin 1960, S. 907–987.

Süchting, J.: Finanzmanagement, 3. Aufl., Wiesbaden 1980, 5. Aufl. 1988.

Swoboda, P.: **Kapitaltheorie**, betriebswirtschaftliche, in: Grochla, E./Wittmann, W.: Handwörterbuch der Betriebswirtschaft, 4. Aufl., Stuttgart 1975, Sp. 2123 ff.

Swoboda, P./Uhlir, H.: **Einfluß der Einkommensbesteuerung** der Aktionäre auf den Dividendenabschlag – eine empirische Untersuchung, in: ZfbF, 27. Jg. (1975), S. 489–499.

Thomas, L. G. (Hrsg.): The Economics of Strategic Planning, Lexington/Ma. 1986.

Trautwein, F.: **Merger Motives** and Merger Prescriptions, in: Strategic Management Journal, 11. Jg. (1990), S. 283–295.

Tung, R. L.: **Expatriate Assignments:** Enhancing Success and minimizing Failure, in: Academy of Management Executive, 1. Jg. (1987), S. 117–126.

UEC: **Empfehlung** zur Vorgehensweise von Wirtschaftsprüfern bei der Bewertung ganzer Unternehmen, München 1980.

Vahl, G.: Die **Stellungnahme** des Instituts der Wirtschaftsprüfer zur Unternehmensbewertung, in: DB, 37. Jg. (1984), S. 1205–1209.

Vandell, R. F./Kester, G. L.: A History of **Risk-Premia Estimates** for Equities: 1944 to 1978, Charlottesville, Va. 1983.

Van Krogh, G./Sinatra, A./Singh, H.: Managing corporate acquisitions: A comparative analysis, 1992.

548

Vizjak, A.: **Wachstumspotentiale** durch Strategische Partnerschaften, München 1990.

Voigt, J. F.: Unternehmensbewertung und Potentialanalyse, Wiesbaden 1990.

Wächter, H.: **Personalwirtschaftliche Voraussetzungen** und Folgen von Unternehmenszusammenschlüssen, in: BFuP, 42. Jg. (1990), S. 114–128.

Wagenhofer, A.: Die **Bestimmung von Argumentationspreisen** in der Unternehmensbewertung, in: ZfbF, 40. Jg. (1988), S. 340–359.

Wagner, F. W.: Zur **Zweckmäßigkeit von Bewertungskalkülen** für die Entscheidung über Kauf und Verkauf von Unternehmungen, in: BFuP, 25. Jg. (1973), S. 301–312.

Wagner, F. W./Nonnenmacher, R.: Die **Abfindung** bei der Ausschließung aus einer Personengesellschaft, in: ZGR, 10. Jg. (1981), S. 674–683.

Wagner, W. H./Lau. S. C.: The Effect of **Diversification** on Risk, in: Financial Analysts Journal, Vol. 27 (1971), S. 48–53.

Wahl, S. von: Die **Bewertung** von Bergwerkunternehmungen auf der Grundlage der Investitionsrechnung, Köln-Opladen 1966.

Warneke, H.: Zur Frage der Ermittlung der ausscheidenden Aktionäre zu gewährenden angemessenen Abfindung, in: WPg, 17. Jg. (1964), S. 446–452.

Weber, C.-P./Haeger, B./Zündorf, H.: Die **Übergangsvorschriften** des Bilanzrichtlinien-Gesetzes, in: DB, 39. Jg. (1986), Beilage 17.

Wegmann, J.: Die Unternehmensbewertung als Grundlage der Sanierungsprüfung, in: BB, 1988, H. 12, S. 801–810.

Welge, M. K.: Globales Management, in: Welge, M. K. (Hrsg.): Globales Management, Stuttgart 1990, S. 1–16.

Weston, J. F.: Principles of Postmerger, in: Management Guides to Mergers and Acquisitions, London 1969.

Wheeler, K. G./Gray, D. A./Giacobbe, J./Quick, J. C.: Organizational and Human Resource Results of Corporate Restructuring, Beitrag zur 50. Jahresversammlung der Academy of Management, San Francisco 1990 (Hektographiertes Manuskript, 14 S.).

Wiechmann, G.: Ist die **Rechtsprechung des I. Senats des BFH** zur indirekten und direkten Methode der Geschäftswertermittlung miteinander vereinbar?, in: DStR, 18. Jg. (1980), S. 9–12.

Wilkers, F. M.: **Inflation** and Capital Budgeting Decisions, in: JoBF, Vol. 4 (1972), S. 46–53.

Winnefeld, Robert: Zukunftsbezogene Wertfaktoren bei der Ermittlung der Barabfindung nach § 305 AktG, in: DB. 28. Jg. (1975), S. 457–459.

Wittkämper, G. W.: Grundlagen der Beurteilung technischer Verfahren im Rahmen der Unternehmensbewertung, in: DB, 41. Jg. (1988), S. 1339–1342.

Wittmann, W.: **Unternehmung** und unvollkommene Information, Köln–Opladen 1959.

Wixon, R./Kell, W. G./Bedford, N. M.: Accountants' Handbook, 5th ed., 1970.

Wupper Report: Wupper Report 1987.

Wupper Report: Wupper Report 1989: Analyse der Beteiligungstransaktionen und Unternehmensneubildungen deutscher Unternehmen im In- und Ausland und ausländischer Unternehmen auf dem bundesdeutschen Markt, Hamburg 1990.

Wysocki, K. von/Wohlgemuth, M.: Konzernrechnungslegung, 3. Aufl., Düsseldorf 1986.

Zehner, K.: **Unternehmensbewertung im Rechtsstreit** – Zur Fehlinterpretation neuerer höchstrichterlicher Entscheidungen, in: DB, 34. Jg. (1981), S. 2109.

Zimmerer, C.: **Ertragswertgutachten**. Eine Polemik, in: DBW, 48. Jg. (1988), S. 417–420.

Verzeichnis der zitierten Entscheidungen

Gericht	Datum	Aktenzeichen	Fundstelle
OLG Hamm	30.4.1960	8 AR 1/58	AG 1961, S. 74
OLG Celle	6.1.1961	9 Wx 2/59	Koppenberg, Bewertung, 1964, S. 54
BVerfG	7.8.1962	1 BvL 16/60	AG 1962, S. 249–253
OLG Düsseldorf	27.11.1962	6. Spruchverf. 1/60	AG 1963, S. 159
OLG Hamm	23.1.1963	8 AR 1/60	AG 1963, S. 218–224
OLG Hamm	15.5.1963	8 AR 2/60	AG 1964, S. 41
KG Berlin	28.4.1964	5 U 1493/63	AG 1964, S. 217–221
OLG Düsseldorf	31.7.1964	6. Spruchverf. 1/60	AG 1964, S. 246
BGH	30.3.1967	II ZR 141/64	AG 1967, S. 264
BGH	9.5.1968	IX ZR 190/66	WM 1968, S. 897
BFH	21.3.1969	III R 121/68	BFHE 95, S. 506
FG Baden-Württemberg	14.5.1970	III 58/68	EFG 1970, S. 627
FG Nürnberg	9.6.1970	II 324/65	EFG 1970, S. 515
BFH	16.6.1970	II 95–96/64	BStBl. II 1970, S. 690
KG Berlin	15.12.1970	I W 2982/69	DB 1971, S. 613
FG Hamburg	14.6.1971	II 219/68	EFG 1971, S. 604
FG Berlin	11.11.1971	III 1997/71	EFG 1972, S. 226
BGH	26.4.1972	IV ZR 114/70	NJW 1972, S. 1270
BFH	12.10.1972	IV R. 37/68	BStBl. II 1973, S. 76
BGH	17.1.1973	IV ZR 142/70	NJW 1973, S. 509
FG Berlin	25.3.1975	V 150/74	EFG 1975, S. 562
FG Nürnberg	24.10.1975	III 150/72	EFG 1976, S. 65
OLG Frankfurt	6.7.1976	14 U 103/75	AG 1976, S. 298
BFH	28.10.1976	IV R 76/72	BStBl. II 1977, S. 73
OLG Düsseldorf	29.10.1976	19 W 6/73	DB 1977, S. 296
BFH	8.12.1976	I R 215/73	BStBl. II 1977, S. 409
BFH	9.2.1977	I R 130/74	BStBl. II 1977, S. 412
BGH	9.3.1977	IV ZR 166/75	JZ 1977, S. 403
BFH	17.3.1977	IV R 218/72	BStBl. II 1977, S. 595
BGH	28.4.1977	II ZR 208/75	WM 1977, S. 781
BGH	13.3.1978	II ZR 142/76	WM 1978, S. 401
BGH	10.10.1978	IV ZR 79/78	WM 1978, S. 405
BFH	25.1.1979	IV R 56/75	BStBl. II 1979, S. 302
LG Hannover	6.2.1979	26/22 AktE 2/72	AG 1979, S. 234
BGH	12.2.1979	II ZR 106/78	WM 1979, S. 432
OLG Celle	4.4.1979	9 Wx 2/77	AG 1979, S. 230
OLG Hamburg	17.8.1979	11 W 2/79	DB 1980, S. 77
BFH	24.4.1980	IV R. 61/77	BStBl. II 1980, S. 690
OLG Celle	1.7.1980	9 Wx 9/79	AG 1981, S. 234
LG Dortmund	31.10.1980	18 AktE 2/79	AG 1981, S. 238
LG Dortmund	16.11.1981	18 AktE 1/78	AG 1982, S. 257
BGH	1.7.1982	IV ZR 34/81	NJW 1982, S. 2441
LG Berlin	24.11.1982	98 AktE 3/80	AG 1983, S. 135
LG Frankfurt	8.12.1982	3/3 AktE 104/79	BB 1983, S. 1244

BGH	9.6.1983	IX ZR 41/82	FamRZ 1983, S. 882
OLG Düsseldorf	27.1.1984	3 UF 50/83	FamRZ 1984, S. 699
OLG Düsseldorf	17.2.1984	19 W 1/81	DB 1984, S. 817
LG Frankfurt	16.5.1984	3/3 AktE 144/80	AG 1985, S. 58
BGH	24.9.1984	II ZR 256/83	BB 1984, S. 2082
LG Fulda	19.9.1985	4 O 29/77	nicht veröffentlicht
BGH	23.10.1985	IVb ZR 62/84	BB 1986, S. 91
OLG Düsseldorf	28.10.1985	34 AktE 1/78	AG 1987, S. 50
BGH	24.9.1986	IVa ZR 31/85	nicht veröffentlicht
BGH	1.10.1986	IVb ZR 69/85	DB 1986, S. 2427
LG Frankfurt	1.10.1986	3/3 O 145/83	AG 1987, S. 559
BGH	22.10.1986	IVa ZR 143/85	NJW 1987, S. 1260
LG Konstanz	1.10.1987	3 HO 69/86	RR 1988, S. 1184
LG Düsseldorf	16.12.1987	34 AktE 1/82	AG 1989, S. 138
OLG Düsseldorf	11.4.1988	19 W 32/86	AG 1988, S. 275
OLG Frankfurt	24.11.1989	20 W 477/86	DB 1989, S. 469

Stichwortverzeichnis